全本全注全译丛书

中华经典名著

邱　锋　常孙昊田◎译注

论　衡 下

中華書局

卷第二十

须颂篇第六十

【题解】

本篇反复论述汉朝功德隆盛,治已太平,但需要有"鸿笔之臣"加以颂扬,才能将之昭于天下,名垂千古。

王充认为,后代之所以能知道古代帝王的功德,主要是有得力的臣子加以颂扬记载,汉朝名声平平,"咎在俗儒不实论也"。他指责那些"俗儒""拘儒""盲喑之儒","信久远之伪,忽近今之实""好称古而毁今""涉圣世不知圣主",或者"知圣主不能颂",致使汉代的地位在"百代之下"。因此,王充认为提高汉朝历史地位的最重要的一个环节就是需要有"鸿笔之臣"对汉代的功德加以记述与颂扬。他自我推荐说:"今上即命,未有褒载,《论衡》之人,为此毕精。"他写作《论衡》的目的就在于"为汉平说",但遗憾的是自己未受重用,未能在皇帝的身边任职,因此在论述汉朝的功德时"褒功失丘山之积,颂德遗膏腴之美"。因此他希望能够获得皇帝的提拔,以便"论功德之实,不失毫厘之微","彰汉德于百代,使帝名如日月"。

古之帝王建鸿德者[1],须鸿笔之臣褒颂纪载[2],鸿德乃彰[3],万世乃闻。问说《书》者[4]:"'钦明文思'以下[5],谁所言也?"曰:"篇家也⑥。""篇家谁也?""孔子也。"然则孔子鸿笔之人也⑦。"自卫反鲁⑧,然后乐正⑨,《雅》《颂》各得其所也⑩。"鸿笔之奋⑪,盖斯时也⑫。或说《尚书》曰⑬:"尚者,上也⑭;上所为,下所书也。""下者谁也?"曰:"臣子也。"然则臣子书上所为矣。问儒者:"礼言'制'⑮,乐言'作'⑯,何也?"曰:"礼者,上所制,故曰制;乐者,下所作,故曰作。天下太平,颂声作。"方今天下太平矣,颂诗乐声,可以作未⑰,传者不知也⑱,故曰"拘儒"⑲。卫孔悝之鼎铭⑳,周臣劝行㉑。孝宣皇帝称颍川太守黄霸有治状㉒,赐金百斤,汉臣勉政㉓。夫以人主颂称臣子,臣子当褒君父,于义较矣㉔。虞氏天下太平㉕,夔歌舜德㉖。宣王惠周㉗,《诗》颂其行㉘。召伯述职㉙,周歌棠树㉚。是故《周颂》三十一,《殷颂》五,《鲁颂》四,凡《颂》四十篇㉛,诗人所以嘉上也㉜。由此言之,臣子当颂,明矣。

【注释】

①鸿德:盛大的恩德。鸿,大。

②鸿笔之臣:指有杰出写作能力的臣子。褒:赞美。

③彰:显著。

④说:解释。《书》:《尚书》。

⑤钦明文思:这是《尚书·书序》中歌颂尧的话。今本《尚书》作"聪明文思"。钦,恭敬。明,聪明。文,有才华。思,善于思考。

⑥篇家:著作家。

⑦然则:这样说来。

⑧自卫反鲁:指孔子周游列国,从卫国回到鲁国。卫,春秋时卫国,

在今河南北部滑县一带。反,同"返"。鲁,春秋时鲁国,在今山东西南部。

⑨乐正:指孔子对鲁国保存的古乐进行整理,因春秋时礼崩乐坏,孔子便整理古乐,使其合乎周朝礼的标准。正,纯正。

⑩《雅》《颂》各得其所:指孔子在将鲁国保存的歌乐进行整理分类以后,将《雅》《颂》归类到它们应当在的位置,发挥其应有的礼乐教化的作用。《雅》《颂》,《诗经》中的两类诗,当时都配有乐曲。《雅》是朝廷用的歌乐,分为《大雅》与《小雅》。《颂》是宗庙祭祀用的歌乐,内容分为《商颂》《周颂》《鲁颂》三个部分。引文参见《论语·子罕》。

⑪奋:奋起,挥动。

⑫盖:大概。斯时:指自卫反鲁以后。斯,这。

⑬或:有的。

⑭上:此处意为君主。

⑮制:制定。

⑯作:创作。

⑰未:否。

⑱传者:指解释经书的人。

⑲拘儒:固执守旧、目光短浅的儒生。拘,狭隘,目光短浅。

⑳卫孔悝(kuī)之鼎铭:孔悝曾辅佐丧失君位的卫庄公重新恢复统治。庄公为了表彰他的功劳,特地在一个铜鼎上铸刻铭文,赞扬孔悝祖先的功劳。孔悝,卫国大夫。铭,铭文,古代一种文体,常刻在碑版或钟、鼎一类的器物上,用以歌功颂德或表示戒鉴。参见《礼记·祭统》。

㉑周臣:春秋时期,周天子与各国诸侯之间名义上还存有君臣关系,各国诸侯都算是周天子的"陪臣",所以这里的周臣也包含各国的君臣在内。周,东周。劝:劝勉,激励。行:操行。

㉒孝宣皇帝:汉宣帝(前91—前48)。颍川:郡名。战国秦王政十
　　七年(前230)置,治所在阳翟县(今河南禹州)。西汉高帝五年
　　(前202)改为韩国,六年(前201)复为颍川郡。黄霸(?—前
　　51):人名。汉宣帝时由颍川太守升为丞相,封"建成侯",以政绩
　　清平闻名于世。治状:优良的政绩。

㉓勉:勉励。政:政事。

㉔较:明显,清楚。

㉕虞氏:有虞氏,舜统治的时代。

㉖夔(kuí)歌舜德:《史记·夏本纪》:"舜德大明,于是夔行乐。"夔,
　　传说是舜的乐官。歌,歌颂。

㉗宣王惠周:周宣王对周朝做出了贡献,即宣王中兴。

㉘《诗》颂其行:这里指《诗经·小雅》中的《六月》《车攻》《斯干》
　　等篇。

㉙召(shào)伯:周武王的弟弟姬奭(shì)。述职:诸侯向天子报告
　　统治情况。这里指勤于职守。

㉚周歌棠树:传说召伯为了不误农时,在农忙时会离开城邑到甘
　　棠树下判案,因此诗人作《甘棠》来歌颂他。棠,甘棠,俗名"棠
　　梨"。参见《诗经·召南·甘棠》。

㉛凡:总共。

㉜嘉:赞美,褒扬。

【译文】

古代建立了鸿大功德的帝王,必须要有擅长写作的臣子对他的功德
赞美颂扬并将其载入史册,他的鸿大功德才会彰明显著,才能流传万世。
询问解释《尚书》的人:"'钦明文思'四字以下的话,是谁人说的?"答:
"是著作家说的。""著作家是谁呢?""是孔子。"这样说来孔子就是擅长
写作的人了。"我从卫国返回鲁国后,把鲁国保存的古乐进行了整理,将
《雅》和《颂》归到其适当的位置。"孔子发挥文采,整理传承《尚书》,大

约就在这个时候。有人解释《尚书》的含义说："'尚',就是'上'的意思;君王的所作所为,下面的人把它记录下来,因此叫《尚书》。""下面的人是谁呢?"回答说:"是臣子。"这样说来就是臣子在记录君王的所作所为了。问儒者:"为什么把礼说成是'制定'的,把乐说成是'创作'的呢?"回答说:"礼是君主制定的,所以说是制定;乐是下面的人创作的,所以说是创作。天下太平,歌功颂德的乐曲就创作出来了。"当今天下太平了,歌颂功德的诗歌乐曲,可以创作了吗? 释经的人不知道,所以这些人只是些目光短浅的儒生。卫国孔悝有卫庄公为了表彰他而铸造的鼎铭,周代的臣子都以此互相激励操行。宣帝称赞颍川太守黄霸有优良的政绩,赏赐一百斤黄金,结果汉朝的大臣都尽职于政事。一般来说,君王称颂了臣子,臣子也应当颂扬君父的功德,这在道理上是清楚不过的。舜在位的时代,天下太平,乐官夔就歌颂舜的功德。周宣王复兴周朝,《诗经》里就有颂扬他品行的篇章。召伯勤于政事,周朝的诗人就作《甘棠》一诗来歌颂他的功德。所以《周颂》有三十一篇,《殷颂》有五篇,《鲁颂》有四篇,颂总共有四十篇,它们都是诗人写来颂扬君王的。照此说来,臣下应当颂扬君王的功德,是很明白的了。

　　儒者谓汉无圣帝,治化未太平。《宣汉》之篇,论汉已有圣帝,治已太平。《恢国》之篇,极论汉德非常,实然乃在百代之上。表德颂功,宣褒主上,《诗》之颂言,古臣之典也①。舍其家而观他人之室②,忽其父而称异人之翁③,未为德也。汉,今天下之家也;先帝、今上④,民臣之翁也。夫晓主德而颂其美,识国奇而恢其功⑤,孰与疑暗不能也⑥? 孔子称"大哉,尧之为君也! 唯天为大,唯尧则之⑦。荡荡乎民无能名焉"⑧! 或年五十,击壤于涂⑨。或曰:"大哉,尧之德也。"击壤者曰:"吾日出而作⑩,日入而息,凿井而饮⑪,耕田而食,尧何等力⑫?"孔子乃言"大哉! 尧之德"者,乃知尧者也。涉圣世不知圣主⑬,是则盲者不能别青黄也;知圣主不能颂,是则喑者不能言是非也⑭。然则方今盲喑之儒,与唐击壤之民⑮,同一才矣。夫孔子及唐人言"大哉"者,知尧德,盖尧盛也⑯;击壤之民云"尧何等力",是不知尧德也。

【注释】

①古:底本作"右",章录杨校宋本作"古",据改。典:执掌。

②观:赞赏。

③忽:轻视。翁:父亲。

④先帝:指汉明帝(28—75)。今上:指汉章帝(56—88)。

⑤恢:发扬,表彰。

⑥疑:糊涂。

⑦则:效法。

⑧荡荡乎民无能名焉:这句话一般理解为:尧的功德如此广大,百姓竟不知道该怎样来称赞他了。王充则理解为尧的统治顺应自然无为的原则,不刻意去追求名声,所以没有人说得出他的功德。荡荡,形容广大的样子。引文参见《论语·泰伯》。

⑨涂:道路。

⑩作:干活。

⑪凿:挖掘。

⑫力:这里意为功劳。

⑬涉:经历。

⑭喑(yīn):哑。

⑮唐:指尧统治的时期。

⑯盖:连词,表示原因。

【译文】

儒者认为汉代没有圣明的帝王，统治教化尚未达到天下太平的地步。《宣汉篇》论述了汉代已经有了圣明的帝王，国家的治理已经太平。《恢国篇》充分论述了汉代功德非同一般，确实是超过了过去所有的朝代。表彰颂扬功德，宣扬称颂皇帝，如《诗经》中颂诗的创作，是古代臣子的职责。抛开自己的家而赞赏别人的家，轻视自己的父亲而颂扬别人的父亲，这种做法并不得当。汉朝，就是当今天下人的家；明帝和当今皇上，就是老百姓和臣子的父亲。那种知道君王的功德而称颂他的美行，看到汉朝的杰出而表彰它功德的人，和那些愚昧而不能这样做的人相比，谁更高明呢？孔子称颂说："真是太伟大了，尧这样的君王！只有天最伟大，只有尧能够效法它。尧的功德浩大无际，百姓都不知道该如何称颂才好。"有位五十岁的老人，在路上玩击壤的游戏。有人说："真伟大呀，尧的功德！"击壤的人说："我太阳升起就干活，太阳落山就休息，自己挖井饮水，自己耕田吃饭，这有尧什么功劳呢？"孔子和称颂"真伟大呀，尧的功德"的人，都是了解尧的功德的人。身处圣明之世而不了解圣君功劳的人，就像是盲人分不出青色黄色一样；知道有圣明的君王而不能称颂其功德，这就像是哑巴不能说明是非一样。这样说来，当今那些又瞎又哑的儒生，和尧时击壤的人，才智是同样的低劣了。孔子和尧时称颂尧"真伟大"的人，那是能够认识尧的功德，因为尧的功德确实很伟大啊；击壤的人说"这有尧什么功劳"，这是因为他不了解尧的功德啊。

夜举灯烛，光曜所及①，可得度也②；日照天下，远近广狭，难得量也。浮于淮、济③，皆知曲折④；入东海者，不晓南北。故夫广人，从横难数⑤，极深，揭厉难测⑥。汉德酆广⑦，日光海外也⑧。知者知之⑨，不知者不知汉盛也。汉家著书，多上及殷、周，诸子并作⑩，皆论他事，无褒颂之言，《论衡》有之。又《诗》颂国名《周颂》⑪，与杜抚、班固所上汉颂⑫，相依类也。宣帝之时，画图汉列士⑬，或不在于画上者，子孙耻之。何则？父祖不贤，故不画图也。夫颂言，非徒画⑭，文也。如千世之后，读经书不见汉美，后世怪之。故夫古之通经之臣，纪主令功⑮，记于竹帛⑯；颂上令德⑰，刻于鼎铭。文人涉世，以此自勉。汉德不及六代⑱，论者不德之故也⑲。

【注释】

①曜（yào）：明亮，光辉。及：达到。

②度（duó）：测量。

③浮：漂浮，这里指乘船。淮：古河名，地理位置相当于今淮河与新淮河河道。济：古河名，地理位置相当于今山东境内黄河河道。

④曲折：指河流的情况。

⑤从（zòng）：同"纵"，直。南北曰纵，东西曰横。

⑥揭（qì）厉：涉渡。揭，提起衣服过水，这里形容水浅。厉，涉深水，这里形容水深。《诗经·邶风·匏有苦叶》："深则厉，浅则揭。"

⑦酆：引申为丰盛，纯厚。

⑧外：外表，这里指水面。

⑨知者：即"智者"。下文"不知者"的"知"与此同。

⑩诸子：这里指汉代的学者。

⑪国：这里指周。

⑫杜抚：即杜叔和，东汉人。班固：底本无"班"字，据《宣汉篇》"观杜抚、班固等所上汉颂"补。班固（32—92），东汉著名学者。汉颂：指歌颂汉朝功德的辞赋文章。

⑬"宣帝之时"二句：这里指汉宣帝时画像表彰霍光、苏武等十一人。列士，指那些建立过功勋的杰出人物。

⑭非徒：不仅仅是。

⑮纪：通"记"。令：美。

⑯竹帛：古代书写用的竹简与丝帛。

⑰上：指君主。

⑱六代：指尧、舜、夏、商、周、秦。

⑲不德：不传颂记述功德。

【译文】

夜间点燃灯烛，烛光能达到的地方，是可以测量到的；太阳照耀天下，阳光所能照耀的地方，其距离的远近，面积的广狭，是难于测量的。在淮河、济河中乘船，人人都能知道河道曲折的情况；乘船进入东海，就分不清南北了。所以，如果地域过于广阔，横竖的距离就很难计算；如果水非常深，深浅就很难测量。汉朝功德盛广，就像太阳的光辉、大海的海面一样。明智的人知道汉朝功德的盛广，愚昧的人就不知道汉朝功德的盛广了。汉朝人写书，大多上溯到殷、周时代，汉代的作者写文章，论述的都是无关汉朝之德的事，没有褒颂帝王功德的话，而《论衡》里面就有。再看《诗经》，其中称颂周代的篇目叫《周颂》，与杜抚、班固所呈献的歌颂汉朝的辞赋，是相类似的。宣帝的时候，画像表彰汉朝的功臣，有的人不在被画像表彰之列，他的子孙都感到羞耻。为什么呢？他们的父祖辈不贤良，所以没有受到画像的表彰。那些称颂的文章，不仅仅是画张像而已，而是能够长久流传文字记录。如果千代以后，读经书的人看不到汉朝的美德，后代的子孙就会感到奇怪。所以古代通晓经书的大臣，会记载君王的盛功，将其书写在竹帛之上；称颂君王的美德，将其铸刻于鼎的铭文上。文人经历世事，可以以此来自我勉励。汉朝的功德被认为不如尧、舜、夏、商、周、秦六代，是由于论述的人不注意颂扬汉朝君王美德的缘故。

地有丘洿^①，故有高平，或以镢、锸平而夷之^②，为平地矣。世见五帝、三王为经书，汉事不载，则谓五、三优于汉矣。或以论为镢、锸^③，损三、五，少丰满汉家之下^④，岂徒并为平哉^⑤！汉将为丘，五、三转为洿矣。湖池非一，广狭同也^⑥，树竿测之^⑦，深浅可度。汉与百代，俱为主也，实而论之，优劣可见。故不树长竿，不知深浅之度；无《论衡》之论，不知优劣之实。汉在百代之末，上与百代料德^⑧，湖池相与比也^⑨，无鸿笔之论，不免庸庸之名。论好称古而毁今，恐汉将在百代之下，岂徒同哉！

【注释】

①洿（wū）：停滞不流的水。此指池塘。

②镢（jué）、锸（chā）：镢，镢头。锸，铁锹。二者皆为挖土的工具。夷：平，齐。

③论：议论。

④少：略微。

⑤平：相等。

⑥广狭：宽窄，这里泛指面积。

⑦树：立。

⑧料：衡量，比较。

⑨相与：互相。

【译文】

地上有山丘有池塘，所以有高有低，如果有人用镢、锸铲平山丘填满池塘，那么就都成为平地了。一般人看到五帝、三王的事迹写成经书了，而汉朝的事迹不见记载，就认为五帝、三王时代比汉代要优越。如果有人将议论作为镢、锸，减损一点五帝、三王之高，略微增添一点到汉代之低,岂止会把二者拉平啊! 汉代将会成为山丘,五帝、三王反而成为池塘了。湖和池不一样,尽管面积相同,立起竿子去测量它们,深浅的差别是可以测量得到的。汉代的君王与以往各朝代的君王,同样都是君王,依据事实来评论他们,他们的优劣就可以看出来了。所以,不树立长竿,就不知道湖池的深浅;没有《论衡》的评论,就不知道历代君王优劣的真实情况。汉代处于百代的最后,向上与百代比较功德,如同湖和池互相对比一样,没有擅长作文者的评论,就不能免掉平庸的名声。论述问题喜欢颂古非今,恐怕汉代就会在百代之下了,岂止是相同呢?

谥者^①,行之迹也^②。谥之美者^③,"成""宣"也;恶者,"灵""厉"也。成汤遭旱,周宣亦然,然而成汤加"成",宣王言"宣",无妄之灾^④,不能亏政^⑤,臣子累谥^⑥,不失实也。由斯以论尧,尧亦美谥也。时亦有洪水,百姓不安,犹言"尧"者,得实考也。夫一字之谥,尚犹明主^⑦,况千言之论,万文之颂哉^⑧?

【注释】

①谥(shì):谥号,古代君主、贵族、大臣或其他有地位的人死后,会根据他的生平事迹,给予一个褒贬的称号,叫谥号。

②迹:痕迹。

③美:好。

④无妄之灾:王充指的是在君主德行好、政治好的时候发生的自然灾害。参见《明雩篇》。

⑤亏:亏损,贬低。

⑥累:积,这里指罗列生平事迹。

⑦明:表彰。

⑧文：字。

【译文】

谥号，是对人生前行为的评价。谥号好的，如"成""宣"之类；谥号不好的，有"灵""厉"之类。成汤时遇到旱灾，周宣王时也同样遇到旱灾，但是商汤死后给他加上"成"的谥号，宣王死后的谥号称为"宣"，他们在位时遭遇的是偶然发生的灾害，不能因此而贬低他们的政绩，臣子依据他们的生平事迹所上的谥号，并没有违反真实情况。据此以评论尧，"尧"也是好的谥号。尧在位时也发生了水灾，百姓不得安宁，但仍然给他"尧"这个谥号，是因为如实考核了他的政绩。一个字的谥号，尚且能起到表彰君王的作用，何况是千言的评论，万字的颂扬呢？

船车载人，孰与其徒多也①？素车朴船②，孰与加漆采画也？然则鸿笔之人，国之船车、采画也。农无疆夫③，谷粟不登④；国无强文⑤，德暗不彰。汉德不休⑥，乱在百代之间⑦，强笔之儒不著载也。高祖以来⑧，著书非不讲论汉。司马长卿为《封禅书》⑨，文约不具⑩。司马子长纪黄帝以至孝武⑪，杨子云录宣帝以至哀、平⑫。陈平仲纪光武⑬。班孟坚颂孝明⑭。汉家功德，颇可观见⑮。今上即命⑯，未有褒载，《论衡》之人⑰，为此毕精⑱，故有《齐世》《宣汉》《恢国》《验符》。

【注释】

①徒：步行。多：优胜。

②朴：质朴，未经修饰。

③疆夫：强劳力。疆，同"强"，递修本作"强"。

④不登：没有收成，歉收。登，成熟。

⑤强文：好文章，这里是指擅长写文章的人。

⑥休：称赞，赞美。

⑦乱：混杂。

⑧高祖：汉高祖。

⑨司马长卿为《封禅书》：司马长卿（前179—前118），即司马相如，西汉文学家，曾写过《封禅书》，歌颂汉代功德，劝武帝行封禅之礼。

⑩约：简略。具：完备。

⑪司马子长纪黄帝以至孝武：司马迁的《史记》记载了从黄帝到汉武帝太初元年以前的事。司马子长，司马迁（约前145—约前87），字子长。

⑫杨子云录宣帝以至哀、平：据《史通·正史篇》记载，扬雄曾续写司马迁的《史记》，其文今已亡佚。杨子云（前53—18），杨，一作"扬"，扬雄，汉代文学家，思想家。哀，汉哀帝。平，汉平帝。

⑬陈平仲纪光武：据《史通·覈才篇》记载，陈平仲曾与班固等人一起编撰光武帝的传记。陈平仲，即陈宗，字平仲，汉章帝时任睢县令。光武，汉光武帝刘秀。

⑭班孟坚：班固。孝明：汉明帝。

⑮颇：稍微，略。

⑯即命：即位。

⑰《论衡》之人：《论衡》的作者，指王充自己。

⑱毕精：用尽心思。

【译文】

　　用船车运载人和让人步行相比较，哪种办法好呢？没有装饰的车船和漆上彩画的车船相比较，哪一个更美观呢？如此说来擅长写文章的人，就好比是国家的船车和彩画了。种田没有强劳力，庄稼就不会丰收；一个国家没有擅长写文章的人，帝王的功绩就隐蔽而不彰显。汉朝的功德之所以不被称颂，混杂在百代之中，是因为那些擅长著述的儒生不记载的缘故。自从汉高祖以来，撰文著书者并非完全不评论汉代。司马长卿写过《封禅书》，但文章写得简略，论述汉朝的功德不够完备。司马子长记载了从黄帝到武帝太初元年以前的史实，杨子云记录了宣帝以至哀帝、平帝时期的事迹。陈平仲记录了光武帝时期的事情。班孟坚颂扬了明帝的功业。汉代的功德，通过他们的记述，可以略微了解到一些。当今皇帝即位，没有人对他的功德颂扬并加以记载，《论衡》的作者，为此费尽了精力，所以有《齐世》《宣汉》《恢国》《验符》等篇问世。

　　龙无云雨，不能参天①，鸿笔之人，国之云雨也。载国德于传书之上，宣昭名于万世之后②，厥高非徒参天也③。城墙之土，平地之壤也，人加筑蹜之力④，树立临池⑤。国之功德，崇于城墙；文人之笔，劲于筑蹜⑥。圣主德盛功立，莫不褒颂纪载⑦，奚得传驰流去无疆乎⑧？人有高行，或誉得其实，或欲称之不能言，或谓不善，不肯陈一⑨。断此三者⑩，孰者为贤？五、三之际，于斯为盛⑪。孝明之时，众瑞并至，百官臣子，不为少矣，唯班固之徒，称颂国德，可谓誉得其实矣。颂文谲以奇⑫，彰汉德于百代，使帝名如日月，孰与不能言，言之不美善哉？

【注释】

①参天：高入云霄。参，入。

②宣：传播。昭名：显著的声名。昭，显赫。

③厥：其，这样的。高：高度。

④筑：把土夯结实。蹜：踩。

⑤池：指护城河。

⑥劲：强。

⑦莫：据文意，疑为"若"字之讹。

⑧奚得：怎么能。传驰：指迅速传播四方。流去：指长久流传于后
　　代。无疆：没有穷尽。

⑨陈：叙述。

⑩断：判断。

⑪斯：这，指汉代。

⑫谲（jué）：奇异。以：而，又。

【译文】

　　龙不借助云雨，就不能飞上霄汉，擅长写作的人，就好比是国家的云
雨。将国家的功德记载在传书之上，使国家显赫的名声于万世之后仍可
以传播，这样的高度就不仅仅是飞上霄汉了。城墙上的土，原来是平地
上的土，经过人力的夯踩，城墙才屹立在护城河边。国家的功德，要比城
墙崇高；文人的笔，比夯踩更有力。圣主具有隆盛的德行，建立有杰出的
功业，如果不加以赞美称颂记载下来，怎么能迅速传播出去而永久流传
呢？假如一个人有高尚的品行，有的人对他颂扬得完全符合实际，有的
人想称赞他却说不出来，有的人却认为他不好而不愿说一句称颂的话。
判断这三种人，哪一种贤良呢？从五帝、三王时代开始，直到汉代才算得
上功德最为盛大。明帝的时候，各种祥瑞同时出现，当时朝中各级官吏
臣子，人数不算少了，但只有班固等人称颂国家的功德，可以算是完全符
合实情。歌颂功德的文章写得奇异且出色，用以表彰汉朝的功德在百代
之上，使帝王的名声显明如日月在天，这和想称颂而又说不出来以及说
它不好而根本不称颂相比较，哪一个好呢？

　　秦始皇东南游①，升会稽山②，李斯刻石③，纪颂帝德。
至琅琊亦然④。秦，无道之国，刻石文世⑤，观读之者，见尧、
舜之美。由此言之，须颂明矣。当今非无李斯之才也，无从
升会稽、历琅琊之阶也⑥。弦歌为妙异之曲，坐者不曰善⑦，

弦歌之人必怠不精⑧。何则？妙异难为，观者不知善也。圣国扬妙异之政⑨，众臣不颂，将顺其美⑩，安得所施哉？今方板之书在竹帛⑪，无主名所从生出⑫，见者忽然⑬，不卸服也⑭。如题曰"甲甲某子之方"⑮，若言"已验尝试"⑯，人争刻写⑰，以为珍秘。上书于国⑱，记奏于郡⑲，誉荐士吏⑳，称术行能㉑，章下记出㉒，士吏贤妙。何则？章表其行，记明其才也。国德溢炽㉓，莫有宣襃，使圣国大汉有庸庸之名，咎在俗儒不实论也㉔。

【注释】

①游：巡视。

②升：登。会稽山：在今浙江绍兴东南。

③李斯刻石：秦始皇巡视全国时，曾在六个地方刻石立碑，碑文大部分出自李斯的手笔。李斯，秦始皇时任丞相。刻石，这里指秦始皇三十七年（前210）在会稽的刻石。

④琅琊：山名，一作"琅邪"，在今山东胶南市南海滨。秦始皇二十八年（前219）在山上筑台立碑。亦然：也是如此。以上事参见《史记·秦始皇本纪》。

⑤文：粉饰。

⑥历：一步步地登上。阶：阶梯。

⑦坐者：听众。

⑧精：精心，用心。

⑨扬：传播，推行。

⑩将顺：顺势助成，这里是发扬光大的意思。将，扶助。

⑪板：据文意，疑为"技"字之讹。方技之书，这里指医书。

⑫主名：作者的名字。

⑬忽然：形容看不起的样子。忽，不重视。

⑭卸：通"写"，倾。递修本作"御"。写服，倾服，佩服，认同。

⑮题：署名。甲甲：据文意，疑当作"某甲"。某甲某子，泛指某人。

　方：药方。

⑯若：及。

⑰刻写：传抄。

⑱国：指朝廷。

⑲记奏：奏记，向上级陈述书面意见。

⑳士：这里泛指封建社会的读书人。

㉑术：通"述"，陈述。行能：操行与才能。

㉒章下：指奏章得到批准。记出：指陈述的书面意见得到批准。

㉓溢炽（chì）：形容功德非常伟大崇高。溢，水满外流。炽，火旺。

㉔咎：过错。实论：如实加以论述。

【译文】

秦始皇到东南方巡视，登上会稽山，李斯在此刻石立碑，用以记载和颂扬秦始皇的功德。巡视到琅琊山也是如此。秦朝，是个无道的国家，刻石立碑粉饰太平，观看阅读碑文的人，仿佛看到了像尧、舜那样的美德。由此说来，必须颂扬帝王的功德是很明白的了。当今并不是没有李斯那样的人才，而是没有像李斯那样能跟随皇帝登上会稽山、琅琊山的机会和条件。弹唱的是美妙奇异的歌曲，可是听众不称赞演奏好，弹唱的人必然会懈怠而不愿精心弹唱。为什么呢？因为奇异美妙的歌曲是很难弹唱的，听众却不懂得它的妙处。汉朝施行如妙异之曲一般美好的统治，可是朝中大臣没有人赞颂，不会顺势发扬它的美好之处，又怎么能继续施行这种统治呢？假如当今有一部医书写在竹简丝帛之上，没有作者的姓名和来源，见到它的人就忽视它，不认同它。如果书上明确题写为"某某人的处方"，并说"尝试过很有疗效"，就会人人争着刻写传抄，把它视为珍贵的秘方。向朝廷上奏章，向郡守陈述书面意见，称赞推荐士子和官吏，称颂他们的操行和才能，等到文件得到批准与公示，这些士子和官吏就获得了操行好、才能高的美名。为什么呢？因为奏章上表彰了他们的操行，奏记中宣扬了他们的才能。汉朝的功德伟大崇高，却没有人加以宣扬和歌颂，使得圣明的大汉国只有很一般的名声，过错就在于俗儒们没有如实加以论述。

古今圣王不绝，则其符瑞亦宜累属①。符瑞之出，不同于前，或时已有②，世无以知，故有《讲瑞》③。俗儒好长古而短今④，言瑞则渥前而薄后⑤。《是应》实而定之⑥，汉不为少。汉有实事，儒者不称；古有虚美，诚心然之。信久远之伪，忽近今之实，斯盖三增、九虚所以成也⑦，《能圣》《实圣》所以兴也⑧。儒者称圣过实⑨，稽合于汉⑩，汉不能及。非不能及，儒者之说使难及也。实而论之，汉更难及。谷熟岁平⑪，圣王因缘以立功化⑫，故《治期》之篇⑬，为汉激发⑭。治有期⑮，乱有时，能以乱为治者优⑯。优者有之。建初孟年⑰，无妄气至⑱，圣世之期也⑲。皇帝执德⑳，救备其灾，故《顺鼓》《明雩》㉑，为汉应变㉒。是故灾变之至，或在圣世，时旱、祸湛㉓，为汉论灾。是故《春秋》为汉制法㉔，《论衡》为汉平说㉕。

【注释】

①符瑞：祥瑞，吉祥的征兆。累属（zhǔ）：接连不断。

②或时：或者，或许。

③《讲瑞》：《讲瑞篇》。

④长古而短今：是古非今。

⑤渥（wò）前：厚古。渥，厚。

⑥《是应》:《是应篇》。

⑦三增:指本书的《语增篇》《儒增篇》《艺增篇》。九虚:指本书的《书虚篇》《变虚篇》《异虚篇》《感虚篇》《福虚篇》《祸虚篇》《龙虚篇》《雷虚篇》《道虚篇》。

⑧《能圣》《实圣》:王充写的两篇文章,今已亡佚。兴:作。

⑨过实:超过实际情况。

⑩稽合:考核。稽,考察。

⑪谷熟:粮食丰收。岁平:年岁太平,指气候正常,风调雨顺。

⑫因缘:凭借。功化:功德教化。

⑬《治期》之篇:《治期篇》。

⑭激发:发扬光大。

⑮治有期:王充认为,国家的治乱是由自然条件决定的,自然条件的变化有一定的周期,所以国家的治、乱就有一定的期数,与统治者的德行无关。治,社会安定。期,时期,期数。参见《治期篇》。

⑯为:变为。

⑰建初:汉章帝的年号,76—84年。孟年:初年。

⑱无妄气:又称"无妄之变",王充指的是在君主道德好、政治太平的时候发生的自然灾变。参见《明雩篇》。

⑲圣世:指东汉。

⑳执德:坚持一贯的道德与政治。王充认为面对"无妄之灾",君主不应该改变过去的道德与政治,但应该做一些"慰民心"的工作。参见《明雩篇》。

㉑《顺鼓》《明雩》:《顺鼓篇》《明雩篇》。

㉒应变:应付灾变,指提出应付灾变的方法。

㉓时旱、祸湛(yín):此处疑有脱误,可能"时旱""祸湛"是王充两篇遗失的文章的篇名,也可能"祸"字为"偶"字之误,"湛"后所举文章篇名已佚。湛,大水,涝。

㉔《春秋》为汉制法：意为孔子在《春秋》中已经为汉朝定下了治国
　　纲略。
㉕平说：公平地论定是非曲直。

【译文】

　　从古至今圣王不断出现，那么他们遇到的符瑞也应当接连不断地出现。每一代符瑞的出现，与前代的不会相同，或许祥瑞已经出现了，但是世人无法识别出它，所以我就写了《讲瑞篇》。俗儒喜好颂古非今，讲到祥瑞就厚古薄今。《是应篇》对古今的祥瑞加以核实与判断，证明汉代的祥瑞并不比古代的少。汉代的功德明确地存在，俗儒不称颂；古代那些不真实的赞誉，俗儒却真心诚意地相信它。俗儒相信远古时代虚假的美名，却忽视当今的事实，这就是我写作"三增""九虚"的原因，也是《能圣》《实圣》写出来的原因。俗儒称颂古代圣王言过其实，用这样的标准来考核汉代的实事，汉代自然赶不上前代。并不是汉代赶不上前代，而是俗儒的论说使汉朝难以赶上前代。如果根据实际情况来评论，汉代更是前代所难以赶上的。粮食丰收，年岁太平，圣王借此可以建立功德，施行教化，所以《治期篇》，就是为发扬光大汉朝功德的。社会的安定与动乱都有一定的期数，能把混乱变为平治的是最好的君主。这种杰出的君主在汉代是存在的。建初初年，出现了无妄之灾，这是汉朝注定要遇到的期数。皇帝坚持一贯的道德和政治方针，做一些救灾备荒的事情，所以《顺鼓篇》《明雩篇》中，为汉朝提出了应付灾变的办法。所以灾变有时也会出现在圣明之世，有时是旱灾，有时是水灾，我为汉朝论述了灾变出现的原因。所以《春秋》为汉朝制定了治国的纲略，《论衡》为汉朝的功德做了公正的评论。

　　从门应庭①，听堂室之言②，什而失九；如升堂窥室③，百不失一。《论衡》之人，在古荒流之地④，其远非徒门庭也。日刺径千里⑤，人不谓之广者，远也；望夜甚雨⑥，月光不暗，人不睹曜者⑦，隐也。圣者垂日月之明⑧，处在中州⑨，隐于百里⑩，遥闻传授，不实。形耀不实⑪，难论。得诏书到⑫，计吏至⑬，乃闻圣政。是以褒功失丘山之积，颂德遗膏腴之美⑭。使至台阁之下⑮，蹈班、贾之迹⑯，论功德之实，不失毫厘之微⑰。武王封比干之墓⑱，孔子显三累之行⑲。大汉之德，非直比干、三累也⑳。道立国表㉑，路出其下，望国表者昭然知路。汉德明著，莫立邦表之言㉒，故浩广之德未光于世也㉓。

【注释】

①从门应庭：指服役于门庭之间。从，侍从，服役。应，应对。

②堂室：这里指主人所在的地方。堂，堂屋。室，内室。

③升堂：登上堂屋。窥室：窥探内室。

④荒流之地：这里指王充的家乡会稽郡，在汉朝属于边远地区。流，古代称边远地区为"流"。

⑤日刺径千里：底本作"日刻径重千里"，据《谈天篇》"日刺径千里"改。刺径，直径。

⑥望：夏历每月十五、六日。甚雨：雨下得很大。

⑦曜（yào）：光亮，指月光。

⑧圣者：指汉朝皇帝。

⑨中州：古地区名，指今河南一带。

⑩隐于百里：形容皇帝住在深宫里面，一般人看不见。

⑪形耀：日月的形状和光芒，比喻皇帝的功德。

⑫诏书：皇帝的命令。

⑬计吏至：指计吏从中央回来。计吏，即"上计吏"，是汉代郡国每年年底派到中央汇报地方治理情况的官吏。汇报完后，又把中央

的情况与指示带回郡国。

⑭遗：遗漏。膏腴（yú）：肥沃的土地，这里形容功德非常完美。

⑮台阁：这里指兰台与麒麟阁、天禄阁，都是汉代中央藏书的地方，设有官吏整理与审定书籍。

⑯班：班固。贾：贾逵，东汉人。明帝时写过《神雀颂》，歌颂汉朝的功德。此二人均曾在兰台任职。

⑰毫厘：形容非常细小。

⑱武王封比干之墓：周武王伐纣之后，为了表彰比干，曾加高了他的坟墓。武王，周武王。封，堆土，这里是指加高坟墓上的土。比干，商纣王的亲属，因规劝纣王被剖心而死。

⑲显：表扬。三累之行：指孔父（fǔ）嘉、仇（qiú）牧、荀息三人忠君的品质。三累，三个被连累而死的人。累，连累。参见《公羊传·桓公二年》《公羊传·庄公十二年》《公羊传·僖公十年》。

⑳非直：不仅。

㉑国表：国家建立的路标。表，标志，这里指路标。

㉒邦：国。

㉓光：明。

【译文】

在门庭侍奉，听堂室里的话，十句里有九句都听得不清楚；如果登上堂屋窥探内室，一百句话也不会有一句遗漏。《论衡》的作者，居住在自古荒僻边远的地方，那里距京城不只是门庭离堂屋那么远了。太阳直径千里，人们不认为它大，因为它离人太远了；十五的夜晚下了大雨，月光并没有减弱，但是人们却看不见月光，是因为月光被云雨遮隐住了。皇帝的功德本像日月一样放射光芒，却因为皇帝住在中州，更隐居在深宫里，这样远远地听到关于皇帝的传闻，往往是不真实的。掌握的情况不真实，就难以充分歌颂皇帝那如日月般光辉的功德。如果得不到验证，就难以充分论述。要等皇帝的诏书下达，上计吏归来，才能了解到圣王的政治。因此，歌颂皇帝的功业时就连丘山那么大的功绩也会给漏掉了，赞颂皇帝的道德时就连膏腴般的美德也被遗忘了。假如我有机会到台阁任职，追随班固、贾逵的事业，那么就能如实地论述皇帝的功德，不会有丝毫的失误。周武王加高比干的坟墓，孔子表彰三位受连累而死的忠臣的操行。大汉朝的功德，不仅仅是比干和三累的品行能相比的。大道上设立路标，道路就在路标下，看到路标的人就能清楚地认出道路的方向。汉朝的功德显明卓著，可是没有人写出像路标那样醒目的文章，所以汉朝浩大宽广的功德就没能在世间显耀光大。

佚文篇第六十一

【题解】

　　本篇以汉武帝时获得古文佚书一事引入正题，论述了文人以及文章书籍的重要作用，颂扬了汉朝文采隆盛的景象。

　　王充认为人与天都是具备文采的，一个国家聚集着文采斐然的人是国家昌盛的标志。他认为"文人之休，国之符也"，"鸿文在国，盛世之验也"，因此汉代的皇帝都十分重视文人和文章，形成了文采独盛的局面。

　　本篇中，王充申明文人之笔墨具有劝善惩恶的作用，指出"善人愿载，思勉为善；恶人恶载，力自禁裁"。因此文人要用笔公正，从而揭示出《论衡》一书"疾虚妄"的根本宗旨。

　　孝武皇帝封弟为鲁恭王①。恭王坏孔子宅以为宫②，得佚《尚书》百篇、《礼》三百、《春秋》三十篇、《论语》二十一篇③，闻弦歌之声④，惧复封涂，上言武帝。武帝遣吏发取⑤，古经、《论语》⑥，此时皆出⑦。经传也⑧，而有闻弦歌之声，文当兴于汉⑨，喜乐得闿之祥也⑩。当传于汉，寝藏墙壁之中⑪，恭王闿之，圣王感动弦歌之象⑫。此则古文不当掩，汉俟以为符也⑬。

【注释】

①孝武皇帝:汉武帝(前156—前87)。鲁恭王(? —前128):汉景帝的儿子刘余。据《史记·五宗世家》记载,鲁恭王受封是在景帝的时候。

②坏:拆毁。

③佚(yì):失落,散失。

④弦歌:弹唱。

⑤发:打开。

⑥古经:指上文所说曾经失传的《书》《礼》《春秋》。

⑦此时皆出:上事参见《汉书·艺文志》。

⑧传:这里指藏在孔子旧宅中的《论语》。也:表示停顿的语气词。

⑨文:此指古代经传。

⑩阖(kǎi):开启。

⑪寝:止息。

⑫圣王:指汉武帝。

⑬俟(sì):等待。符:符瑞,吉祥的征兆。

【译文】

汉武帝封弟弟为鲁恭王。鲁恭王拆毁孔子的旧宅以扩建自己的宫室,意外地发现了失传的《尚书》一百篇、《礼》三百篇、《春秋》三十篇、《论语》二十一篇,同时听到宅内有弹琴瑟、唱诗歌的声音,因为惧怕,又重新把这些经传封闭起来,用泥涂好,并将此事上奏给武帝。武帝派遣官吏打开封泥取出里面封藏的经传,那些经书和《论语》,就这样都重现于世间了。经传本是一些书籍,但是却能令人听见弹琴瑟、唱诗歌的声音,这是古代经传当在汉代得到兴盛,欢庆自己被发掘出来而显示出来的吉兆。经传应当流传于汉代,所以静静地藏在墙壁之中,鲁恭王发掘了它们,就出现了使圣王感动的弹琴瑟、唱诗歌的声音。这就说明古代经传不当被埋没,而汉朝等待着它们的出现,作为朝代兴盛的征兆。

孝成皇帝读百篇《尚书》^①，博士、郎吏莫能晓知^②，征天下能为《尚书》者^③。东海张霸通《左氏春秋》^④，案百篇序^⑤，以《左氏》训诂^⑥，造作百二篇^⑦，具成奏上。成帝出秘《尚书》以考校之^⑧，无一字相应者^⑨，成帝下霸于吏^⑩，吏当霸辜大不谨敬^⑪。成帝奇霸之才，赦其辜，亦不灭其经^⑫，故百二《尚书》传在民间。孔子曰："才难。"^⑬能推精思，作经百篇，才高卓逴^⑭，希有之人也。成帝赦之，多其文也^⑮。虽奸非实^⑯，次序篇句^⑰，依倚事类^⑱，有似真是，故不烧灭之。疏一椟^⑲，相遗以书^⑳，书十数札^㉑，奏记长吏^㉒，文成可观，读之满意，百不能一。张霸推精思至于百篇，汉世寡类，成帝赦之，不亦宜乎^㉓？杨子山为郡上计吏^㉔，见三府为《哀牢传》不能成^㉕，归郡作上，孝明奇之^㉖，征在兰台^㉗。夫以三府掾史^㉘，丛积成才，不能成一篇。子山成之，上览其文。子山之传，岂必审是？传闻依为之有状^㉙，会三府之士^㉚，终不能为，子山为之，斯须不难^㉛。成帝赦张霸，岂不有以哉^㉜？

【注释】

①孝成皇帝：汉成帝（前51—前7）。

②博士：此处指五经博士，汉武帝时设立的专门掌管经书传授的官职。郎吏：郎官。郎，帝王侍从官。

③为：治，研究。

④东海：郡名。秦置，治所在郯县（今山东郯城北门外）。张霸：西汉成帝时人。曾伪造古文《尚书》百两篇，乃分析今文《尚书》二十九篇为数十篇，又采《左传》《书叙》而成。托词受授于其父。《左氏春秋》：即《左传》，相传为春秋末期鲁国史官左丘明所作。

⑤案:根据。

⑥训诂:文字解释。

⑦造作:编造。

⑧秘《尚书》:指保存在宫廷中的《尚书》。秘,秘藏。考校:核对,
校对。

⑨应:合。

⑩吏:指掌管司法的官员。

⑪当:判罪。霸:底本作"器",伦明录涩江校宋本作"霸",据改。
辜:罪。大不谨敬:这是古代一种最为严重的罪名,指欺君之罪。

⑫减:疑为"灭"之讹,与"灭"繁体"滅"形近而误。

⑬"孔子曰"二句:引文参见《论语•泰伯》。

⑭卓逾(yù):卓越。逾,邪僻。

⑮多:欣赏,赞赏。

⑯奸:伪。

⑰次序:编排。

⑱依倚事类:指组织材料,安排内容。依倚,依傍,这里是组合的意思。

⑲疏:整治。椟(dú):书匣。

⑳遗(wèi):底本作"遣",递修本作"遗",据改。遗,赠。

㉑书:写。札:古代书写用的木简。

㉒奏记:指向上级官吏陈述书面意见。

㉓宜:应该。

㉔杨子山:杨终,东汉人。

㉕三府:指太尉府、司徒府、司空府,是当时朝廷的最高官府。哀牢:
汉代西南少数民族建立的国家,在今云南西部。汉明帝时在此设
置了哀牢、博南两个县。

㉖孝明:汉明帝。

㉗兰台:汉代的宫廷藏书处。

㉘掾史：汉代中央与地方机构中属官的通称。史，底本作"吏"，据
　　《后汉书·百官志》与本书《程材篇》改。

㉙依为：同"依违"，模棱两可，指传说纷纭。

㉚会：聚集。

㉛斯须：一会，顷刻。

㉜以：原因。

【译文】

　　成帝阅读百篇《尚书》，朝中的博士、郎官没有人能通晓，于是征求天下能研习《尚书》的学者。东海郡张霸精通《左氏春秋》，根据百篇《尚书》的书序，利用《左氏春秋》中的文字训诂，编造出一百零二篇本的《尚书》，书成后奏报给成帝。成帝取出宫中所藏的《尚书》来考订校对它，没有一个字是相合的，成帝就把张霸下放给官吏治罪，司法官判决张霸犯了欺君之罪。成帝看重张霸的才能，赦免了他的罪，也没有毁掉他编撰的经书，所以一百零二篇本的《尚书》得以在民间流传。孔子说："人才难得啊。"张霸能发挥精审的思考，编造出经书一百零二篇，才智高超卓越，是世上罕有的人才。成帝赦免他，就是欣赏珍惜他的文才。他的经文虽然是伪造的，但在编排篇章句子，组织材料安排内容上，就像真的经书一样，所以成帝没有烧毁他的经书。整理一只书匣，把自己的作品赠送别人，写出十几根木简长度的公文呈报长官，文章写成后值得阅读，阅读后令人感到满意，这样的人一百个当中难以挑出一个来。张霸发挥精审的思考写成一百零二篇文章，在汉代很少有这类人才，成帝赦免他的罪，不也是应该的吗？杨子山担任郡里的上计吏，看到三府官员不能完成《哀牢传》的编写，他回到郡中作成后上报给朝廷，明帝认为他是奇才，征召他在兰台任职。凭借三府属官中聚集了大批人才的条件，不能完成一部《哀牢传》。杨子山写成《哀牢传》，皇帝也看中了他的文章。杨子山的《哀牢传》，难道就这么好吗？关于哀牢的情况当时传说纷纭，聚集三府中的文人学士，终究不能写成，而杨子山一人就能够完

成它,并且是在顷刻写成,丝毫没有感觉到困难。成帝赦免张霸,难道没有原因吗?

孝武之时,诏百官对策①,董仲舒策文最善。王莽时,使郎吏上奏,刘子骏章尤美②。美善不空,才高知深之验也③。《易》曰:"圣人之情见于辞④。"文辞美恶,足以观才。永平中⑤,神雀群集,孝明诏上《神爵颂》⑥。百官颂上,文皆比瓦石,唯班固、贾逵、傅毅、杨终、侯讽五颂金玉⑦,孝明览焉⑧。夫以百官之众,郎吏非一,唯五人文善,非奇而何? 孝武善《子虚》之赋⑨,征司马长卿⑩。孝成玩弄众书之多⑪,善扬子云⑫,出入游猎,子云乘从⑬。使长卿、桓君山、子云作吏⑭,书所不能盈牍⑮,文所不能成句,则武帝何贪,成帝何欲! 故曰:"玩扬子云之篇,乐于居千石之官;挟桓君山之书,富于积猗顿之财⑯。"

【注释】

①对策:汉代选拔官员时的一种考试方法,应考者根据皇帝提出的问题,发表自己的意见。

②刘子骏(约前50—23):刘歆,西汉末及新朝时期学者。章:奏章。

③验:效验。

④见:同"现"。引文参见《周易·系辞》。

⑤永平:汉明帝的年号,58—75年。

⑥孝明诏上《神爵颂》:明帝下诏书,让朝臣以神雀出现为主题,撰写歌颂功德的作品。《神爵颂》,底本作"《爵颂》",《太平御览》卷五百八十八引《论衡》文,本句"爵"字上有一"神"字,据补。爵,通"雀"。

⑦班固、贾逵、傅毅、杨终、侯讽：均是当时的文学之士。五颂金玉：
　　五人写的颂像金玉一样美好。

⑧孝明览焉：上事参见《后汉书·贾逵传》。

⑨《子虚》之赋：司马相如作的《子虚赋》。赋，一种文体。

⑩司马长卿（前179—前118）：司马相如，西汉文学家。

⑪玩弄：欣赏，阅读。

⑫善：欣赏。

⑬乘从：乘车随从。

⑭使：假如。

⑮所：若，如果。盈：满。牍（dú）：古代写字用的木板。

⑯猗（yī）顿：春秋时鲁国的大富翁。

【译文】

　　武帝时，下诏召见百官对策，其中董仲舒的策文最为优秀。王莽时，命郎官上奏章，其中刘子骏的奏章尤其华美。这种美和善都不是空洞的，而是他们才高智深的证明。《周易》上说："圣人的情感从文辞当中表现出来。"文辞的好坏，足以看出一个人的才能。永平年间，有一群神雀停落在京师，明帝下诏，令群臣以神雀的出现为题，献上歌功颂德的文章。百官的颂文献上，文辞大都如同瓦石，只有班固、贾逵、傅毅、杨终、侯讽五个人写的文辞如金玉般美好，得到了明帝的赞赏。百官的人数众多，郎官也不止一人，只有这五个人的文辞美善，他们不是奇才又是什么呢？武帝欣赏《子虚赋》，就征召司马长卿为官。成帝阅读的书很多，只欣赏扬子云的文章，无论出入游猎，扬子云都乘车随从。假如让司马长卿、桓君山、扬子云当官，写书不能成篇，写文章不能成句，那么武帝贪图他们什么文采，成帝欲求他们什么文辞呢？所以说："玩味扬子云的文章，比当了年俸千石的大官还要高兴；拥有桓君山的著述，比聚积有猗顿般的财富更加富有。"

　　韩非之书，传在秦庭，始皇叹曰："独不得与此人同时①。"陆贾《新语》，每奏一篇，高祖左右，称曰万岁②。夫叹思其人与喜称万岁，岂可空为哉？诚见其美③，欢气发于内也④。候气变者⑤，于天不于地，天文明也⑥。衣裳在身⑦，文着于衣⑧，不在于裳，衣法天也⑨。察掌理者左⑩，不观右，左文明也⑪。占在右⑫，不观左，右文明也。《易》曰："大人虎变其文炳⑬，君子豹变其文蔚⑭。"又曰："观乎天文，观乎人文。"⑮此言天人以文为观，大人君子以文为操也⑯。高祖在母身之时⑰，息于泽陂⑱，蛟龙在上，龙觡炫耀⑲；及起，楚望汉军⑳，气成五采㉑；将入咸阳，五星聚东井㉒，星有五色㉓。天或者憎秦，灭其文章㉔，欲汉兴之，故先受命㉕，以文为瑞也。

【注释】

①"韩非之书"几句：上事参见《史记·老庄申韩列传》。

②"陆贾《新语》"几句：据《史记·陆贾列传》记载，刘邦令陆贾写文章论述秦亡汉兴的原因，陆贾每写成一篇，刘邦看后都加以赞扬，左右的人也高呼"万岁"，以示庆贺。《新语》，陆贾的著作。高祖，汉高祖刘邦。万岁，当时表示庆贺的习惯用语。

③诚：确实。

④欢气：高兴之气。内：内心。

⑤候：观测。气变：气象变化。

⑥文：文采。明：鲜明。

⑦衣：上身的服装。裳：下身的服装。

⑧着：附着，装饰。

⑨法：效法，象征。

⑩察掌理者：指看人手上的纹路以判断吉凶的人。掌理，手掌的纹路。

⑪文：指掌纹。

⑫占：占卜。

⑬变：变革，指改变前代的礼仪制度。炳：鲜明。

⑭蔚：华美。引文参见《周易·革卦·象辞》。王充引此二句的意思是：大人与君子的德行有别，他们按照仪礼规定所享用的文饰也有差别。参见《书解篇》。

⑮"又曰"几句：引文参见《周易·贲卦·象辞》。原文是："观乎天文，以察时变；观乎人文，以化成天下。"意为观察天的文采（星象），以了解天气的变化；借鉴大人君子的文采（指礼），以教化好天下。

⑯操：仪表。

⑰高祖在母身之时：疑当作"高祖母任身之时"。"任"字讹为"在"字。任，通"妊"。

⑱息：休息。泽陂（bēi）：湖泽岸边。

⑲龙觩（qiú）：此指龙角。觩，兽角上曲貌。

⑳楚：项羽率领的军队。

㉑气：云气。上事参见《吉验篇》。

㉒五星聚东井：指五星同时出现在东井附近。汉代人视其为刘邦受命的象征。五星，指金、木、水、火、土五颗行星。东井，二十八宿之一。

㉓星有五色：按阴阳五行的说法，金、木、水、火、土五星与金、木、水、火、土五行以及白、青、黑、赤、黄五色相配属。

㉔文章：文采。

㉕受：同"授"。

【译文】

韩非的书，流传到秦朝的宫廷里，秦始皇感叹说："我偏偏不能和此人生活在同一个时代。"陆贾写作《新语》，每写完一篇上奏，高祖左右的臣子就高呼"万岁"以示庆贺。感叹思慕那样的人与高兴地欢呼万岁，难道能凭空产生吗？是因为确实看到了文章的优美之处，喜悦的情绪就发自于内心。观测气象变化的人，专注于天象的变化而不关心地理，因为天表现气象的文采鲜明。衣裳穿在身上，文采装饰在衣，而不在裳，是因为衣是效法于天的。看手相的人察看左手，不看右手，是因为左手手纹鲜明。占卜时注意力在右边，不看左边，是因为右手文采卦数鲜明。《周易》上说："圣人进行的改革，就像老虎的毛色一样鲜明；贤人君子追随圣人进行的改革，就像豹子的毛色一样华美。"又说："观察天上的天文，观察世间的人文。"这是说天和人都是以文采作为外观的，大人和君子都是以文饰表现仪表的。高祖尚在母胎时，他的母亲在湖泽边休息，蛟龙伏在她的身上，龙角光彩夺目；等到汉高祖兴起之时，楚军遥望汉军，发现汉军头顶的云气成五彩；高祖将要进入咸阳时，金、木、水、火、土五星聚集于东井，五星又呈现白、青、黑、赤、黄五种颜色。上天也许是憎恶秦朝，使它的文采消失，想让汉朝兴盛，所以先授予天命，以文采作为汉朝的祥瑞。

　　恶人操意^①，前后乖违^②。始皇前叹韩非之书，后惑李斯之议^③，燔五经之文^④，设挟书之律^⑤。五经之儒，抱经隐匿；伏生之徒^⑥，窜藏土中。殄贤圣之文^⑦，厥辜深重^⑧，嗣不及孙^⑨。李斯创议，身伏五刑^⑩。汉兴，易亡秦之轨^⑪，削李斯之迹^⑫。高祖始令陆贾造书，未兴五经。惠、景以至元、成^⑬，经书并修。汉朝郁郁^⑭，厥语所闻^⑮，孰与亡秦？王莽无道，汉军云起，台阁废顿^⑯，文书弃散。光武中兴^⑰，修存未详^⑱。孝明世好文人^⑲，并征兰台之官，文雄会聚。今上即令^⑳，诏求亡失，购募以金^㉑，安得不有好文之声！唐、虞既远，所在书散；殷、周颇近^㉒，诸子存焉。汉兴以来，传文未远，以所闻见，伍唐、虞而什殷、周^㉓，焕炳郁郁^㉔，莫盛于斯^㉕。天晏旸者^㉖,星辰晓烂^㉗;人性奇者,掌文藻炳^㉘。汉今为盛,故文繁凑也^㉙。

【注释】

① 操:品行。意:思想。

② 乖违:背离,违背。乖,不合。

③ 李斯之议:指李斯反对是古非今,主张销毁《诗》《书》的提议。

④ 燔(fán):焚烧。

⑤ 挟(xié):怀藏,隐藏。上事参见《史记·秦始皇本纪》以及《史记·李斯列传》。

⑥ 伏生:指伏胜,秦末汉初儒生,精通《尚书》。徒:流,辈。

⑦ 殄(tiǎn):灭绝。

⑧ 厥:其,他的。辜:罪过。

⑨ 嗣不及孙:指秦二世而亡。

⑩ 身伏五刑:《史记·秦始皇本纪》:"斯卒囚,就五刑。"秦汉时的五刑为:黥(qíng,脸上刺字)、劓(yì,割鼻)、斩左右趾、枭首(斩首示众)、菹(zū,剁成肉酱)其骨肉。

⑪ 易:改变。轨:法度。

⑫ 迹:事迹,这里指做法。

⑬ 惠:汉惠帝。景:汉景帝。元:汉元帝。成:汉成帝。

⑭ 郁郁:形容文化昌盛。

⑮ 厥:句首助词,无义。

⑯ 台阁:指兰台、麒麟阁、天禄阁,都是汉代宫中藏书的地方。废顿:败坏。

⑰ 光武:光武帝(前6—57)。

⑱ 修存:这里指收集和整理图书。详:完备。

⑲ 世:时代。好:喜欢。

⑳今上：指汉章帝（56—88）。即令：即位。

㉑募：广泛征集。

㉒颇：稍微。

㉓伍：五倍。什：十倍。

㉔焕炳：明亮。焕，光明。郁郁：浓烈貌，旺盛貌。

㉕斯：此。

㉖晏：无云。旸（yáng）：晴朗。

㉗晓烂：明亮。

㉘掌文：手掌的纹理。藻：文采。

㉙繁凑：繁茂。凑，聚集。

【译文】

恶人的操行思想，前后自相矛盾。秦始皇先是赞叹韩非的论著，后来又迷惑于李斯的倡议，烧毁五经，并制定了禁止藏书的法令。研习五经的儒生，抱着经书隐藏起来；伏生这些人，都逃窜躲藏于深山之中。秦始皇灭绝贤圣的经文，罪恶深重，因此帝位没有传到孙辈秦朝就灭亡了。李斯首先提出烧经书的建议，因此最终身受五刑。汉代兴起，改变了秦代的法令，废除了李斯的做法。高祖开始要陆贾论著文章，还没来得及使五经复兴。从惠帝、景帝以至元帝、成帝各朝，五经及各种书籍修治齐备。汉朝的文化兴盛，就已经知道的情况来说，同秦朝相比怎么样呢？王莽不行道义，汉朝的军队如云般兴起，藏书的台阁因战争遭到毁坏，文章书籍丢失散佚。光武帝中兴汉代，收集整理图书的工作未能详尽。明帝一代喜欢文人，把他们征召到兰台做官，文豪们会聚在一起。当今皇帝即位，下诏征求亡佚的图书，并用重金广泛征集收购，怎么会没有喜好文化的好名声呢？尧、舜距离现在时代久远，当时的图书都已散佚；殷、周时代距今稍微近一些，诸子的书籍还有留存。汉兴以来，文章流传的时间还不长，但根据人们的所见所闻，已经五倍于尧、舜时代，十倍于殷、周时代，文章典籍辉煌灿烂，没有哪一个朝代比汉代还要兴盛的。天空晴朗无云,星辰便明亮无比;人的本性奇异,手掌的纹理便文采鲜明。汉朝发展到今天已经很昌盛,所以文化繁荣发达。

　　孔子曰:"文王既殁①,文不在兹乎②!"文王之文,传在孔子。孔子为汉制文③,传在汉也。受天之文④,文人宜遵⑤。五经、六艺为文⑥,诸子传书为文⑦,造论著说为文⑧,上书奏记为文,文德之操为文⑨。立五文在世⑩,皆当贤也。造论著说之文,尤宜劳焉⑪。何则?发胸中之思,论世俗之事,非徒讽古经、续故文也⑫。论发胸臆,文成手中,非说经艺之人所能为也⑬。周、秦之际,诸子并作,皆论他事,不颂主上,无益于国,无补于化⑭。造论之人,颂上恢国⑮,国业传在千载,主德参贰日月⑯,非适诸子书传所能并也⑰。上书陈便宜⑱,奏记荐吏士,一则为身,二则为人,繁文丽辞,无上书⑲。文德之操,治身完行,徇利为私⑳,无为主者。夫如是,五文之中,论者之文多矣㉑,则可尊明矣。

【注释】

①殁(mò):死。

②兹:此,这里指孔子自己。引文参见《论语·子罕》。

③孔子为汉制文:意思是孔子整理五经,并为汉朝定下了治国大纲。

④受天之文:承受从天而降的文章,这里是指上述的《尚书》《礼》《春秋》以及《论语》等经传失而复得。

⑤遵:遵从,奉行。

⑥五经、六艺:这里指诵习和解释五经六艺。六艺,指礼、乐、射、御、书、数。为:是。

⑦诸子传书:泛指先秦诸子的著作。

⑧造论著说：指写出有独到见解、自成体系的著作。

⑨文德之操：即上文中说的"大人君子以文为操"的意思，指用礼义规定的文饰修饰起来的这种大人君子的仪表。文德，指体现德行的文采，即礼义规定的文饰，主要表现在衣服上。王充认为，德高官尊之人，享用的文饰就繁。参见《书解篇》。

⑩立：建树，成就。

⑪劳：慰劳，嘉奖。

⑫非徒：不仅。徒，仅仅。讽：背诵。故：旧。

⑬说经艺之人：只懂得解释经书的人。说，解释。

⑭化：教化。

⑮恢：弘大，充分发挥。

⑯参贰：鼎力为三，并列为二。此处意为相等、并列。

⑰适：刚才。并：比。

⑱便宜：指有关治理国家的建议与办法。

⑲无上书：下文言"无为主者"，疑本句当作"无为上者"。

⑳徇：曲从。

㉑论者之文：即造论著说之文。多：优。

【译文】

孔子说："周文王死了以后，一切礼乐文化不都在我这里吗！"周文王的文化遗产，传给了孔子。孔子为汉代整理文化典籍，文化又传给了汉代。汉代时受天降命，埋藏的文化典籍失而复得，文人应当遵从奉行。五经、六艺是文，诸子著作是文，有独特见解的著作是文，上呈皇帝的奏疏是文，文饰仪表也是文。在世间能够成就五种文当中的一种，都应当受到称赞。其中有独特见解的著作，尤其应当受到嘉奖。为什么呢？抒发胸中的思想，论述世俗间的事情，不仅仅是背诵古经、续写旧文而已。议论发自胸中的思考，文章成于手中，这不是只懂得解释经书的人所能做到的。周、秦时代，诸子都在著书立说，但是他们论述的全是其他的事情,没有人称颂帝王,这对国家没有什么好处,对于教化也没有什么补益。《论衡》的作者,歌颂君王的功德,弘扬国家的兴盛,使国家的功业流传千载,使君王的德行与日月同辉,这不是刚才提到的诸子传说能够相比的。上书陈述治理国家的建议和办法,写奏记向上级推荐官吏士人,一则是为了自身,二则是为了他人,虽然文章繁多词句华丽,却没有一点是为了君王的。在文采仪表上,根据礼仪修养自己,使行为完美无缺,实际上仍是为了个人的私利,没有一点是为了君王的。如果是这样,那么在五种文之中,有独特见解的著作是最好的,因而这类文章值得尊重也就很清楚了。

　　孔子称周曰:"唐、虞之际①,于斯为盛②,周之德,其可谓至德已矣③!"孔子,周之文人也,设生汉世④,亦称汉之至德矣。赵他王南越,倍主灭使⑤,不从汉制,箕踞椎髻⑥,沉溺夷俗。陆贾说以汉德,惧以帝威,心觉醒悟,蹶然起坐⑦。世儒之愚,有赵他之惑,鸿文之人,陈陆贾之说,观见之者,将有蹶然起坐,赵他之悟。汉氏浩烂,不有殊卓之声。

【注释】

①唐、虞:指尧与舜。

②斯:此,指周武王时代。

③至德:最高的道德。至,最高。引文参见《论语·泰伯》。

④设:假设,如果。

⑤倍主:指背叛汉朝。倍,通"背",反叛。灭使:指不向汉朝派遣使臣。灭,断绝。

⑥箕踞椎髻:这是当时越人的习俗。箕踞,坐下时两脚张开,形似簸箕。椎髻,像椎形的发髻。

⑦蹶然：猛然。上事参见《史记·陆贾列传》《史记·南越列传》。

【译文】

孔子称颂周代说："尧、舜以后，就数周武王这个时代人才最盛，周代的功德，可以说是最高的了！"孔子是周代的文人，假如他生在汉代，也会称颂汉代的功德最高了。赵他在南越称王，背弃汉朝断绝使臣往来，不行汉朝的制度，坐似簸箕发挽椎髻，沉溺于夷人的风俗之中。陆贾用汉朝的功德去劝说他，用汉朝君王的威势去恐吓他，使他从内心觉察醒悟，猛然起身端坐。俗儒的愚昧，有如赵他的糊涂一样，如果有擅长写文章的人，能记述陆贾劝说赵他的言辞，读到文章的人，也将会产生猛然起身端坐，如赵他一般醒悟的效果。汉代的功德浩大灿烂，怎么会不享有卓越的名声呢？

　　文人之休①，国之符也。望丰屋知名家，睹乔木知旧都②。鸿文在国，圣世之验也。孟子相人以眸子焉③，心清则眸子瞭④，瞭者，目文瞭也。夫候国占人⑤，同一实也。国君圣而文人聚，人心惠而目多采⑥。蹂蹈文锦于泥涂之中⑦，闻见之者莫不痛心。知文锦之可惜，不知文人之当尊，不通类也⑧。夫文人文章岂徒调墨弄笔为美丽之观哉⑨？载人之行，传人之名也！善人愿载，思勉为善；邪人恶载，力自禁裁⑩。然则文人之笔，劝善惩恶也。谥法所以章善⑪，即以著恶也⑫。加一字之谥，人犹劝惩，闻知之者，莫不自勉。况极笔墨之力，定善恶之实，言行毕载，文以千数，传流于世，成为丹青⑬，故可尊也。

【注释】

①休：美好，卓越。

②睹：看到。乔木：高大的树木。

③相：察看。眸子：瞳仁。

④瞭：明亮。上事参见《孟子·离娄上》。

⑤候：占验。

⑥惠：通"慧"，聪明。

⑦蹂蹈：蹂躏，践踏。文锦：漂亮的有花纹的丝绸。

⑧不通类：不懂得类比，不能触类旁通。

⑨夫文人文章：底本作"天文人文文"，递修本作"夫文人文章"，据改。

⑩裁：节制。

⑪谥（shì）：赐谥的规定。上古有号无谥，周初始置谥法，秦废而不用，汉复行谥法。谥，谥号，古代帝王、后妃、贵族、大臣等死后，根据其生平事迹，给予褒或贬的称号，叫做"谥"。章：表彰。

⑫即：或。著：显出，暴露。

⑬丹青：两种经久不变的颜色，这里指不可磨灭的作品。

【译文】

　　文人卓越，是国家的祥瑞。看到宏丽的住宅就知道是户有名望的人家，看到高大的树木就知道这里曾经是旧都。国家有大文人，这是太平盛世的证明。孟子凭人的眸子去察看人，心地光明，眼眸就明亮，所谓明亮，指的是眼中闪着文采的光亮。预测国运和卜问人的吉凶，实际上是同一回事。国君圣明，文人就会聚起来，人心聪敏，眼中就闪烁着文采。在烂泥中践踏有花纹的锦绸，听说看见的人没有不痛心的。知道践踏文锦可惜，却不知道文人应当尊重，这就是不懂得类比了。文人写的文章，哪里只是玩弄笔墨追求华丽的辞藻呢？它是为了记载人们的行为，传播人们的声名的。好人希望被记载，所以想努力去做好事；恶人不想被记载，所以就尽力节制不去作恶。这样说来，文人的笔的作用在于劝善惩恶了。谥法是用以表彰美善，或是用以暴露丑恶的。通过加一个字的谥号，人们就知道劝善惩恶，听说了解谥法的人，没有不自勉的。何况极尽笔墨之力,评定人们善恶的真实情况,将他们的言语行动全部记载下来,文章以千数计算,流传在世间,成为不可磨灭的作品,所以这样的文章是值得尊重的。

　　扬子云作《法言》①,蜀富人赟钱十万②,愿载于书。子云不听,曰③:"夫富无仁义之行,犹圈中之鹿④,栏中之牛也,安得妄载!"班叔皮续《太史公书》⑤,载乡里人以为恶戒⑥。邪人枉道,绳墨所弹⑦,安得避讳?是故子云不为财劝⑧,叔皮不为恩挠。文人之笔,独已公矣⑨。贤圣定意于笔,笔集成文,文具情显,后人观之,见以正邪,安宜妄记?足蹈于地,迹有好丑;文集于札⑩,志有善恶。故夫占迹以睹足,观文以知情。"《诗》三百⑪,一言以蔽之,曰:思无邪⑫。"《论衡》篇以十数⑬,亦一言也,曰:"疾虚妄⑭。"

【注释】

①《法言》:书名,扬雄著作之一。

②赟(jī):把东西送人。十:底本作"千",递修本作"十",据改。

③曰:底本无,《初学记》卷十八引《论衡》文"夫"字前有"曰"字,据补。

④犹:底本无,《初学记》卷十八引《论衡》文"圈"字前有一"犹"字,据补。

⑤班叔皮续《太史公书》:班彪曾收集史料,继《史记》作后传六十多篇,班固在此基础上写成《汉书》。班叔皮(3—54),班彪,东汉初年人,班固的父亲。《太史公书》,即《史记》。

⑥乡里:家乡。

⑦绳墨所弹:指依法度加以制裁、谴责。绳墨,木工画直线用的工

　　具,比喻规矩、法度。弹,弹劾。

⑧劝:劝诱。

⑨独:唯独。已:甚,最。

⑩札:底本作"礼",章录杨校宋本作"札",据改。

⑪《诗》三百:《诗》有三百零五篇,这里是举整数而言。

⑫思:思想,内容。邪:邪恶。引文参见《论语·为政》。

⑬以十数:以十为单位计算,即几十的意思。

⑭疾虚妄:对虚假不实的事物、言论展开批驳。疾,仇视,反对。虚妄,虚假不实。

【译文】

　　扬子云写作《法言》时,有蜀郡的富商送给他十万钱,希望把自己记载到书中去。扬子云不接受,说:"富了却没有仁义的品行,好比是圈中的鹿,栏中的牛一样,怎么能够胡乱记载呢?"班叔皮续写《太史公书》,记载了家乡人的恶行作为对恶人的警戒。邪僻的人不从正道,要依法度加以制裁,怎么能够为他回避忌讳呢? 所以扬子云不被钱财所引诱,班叔皮不因私恩而屈从。天下最公正的算是文人笔了。贤圣之人将思想通过笔端写成文字,文字聚集起来就汇集成文章,文章具备贤圣之人的真情就显露出来了,后人观看文章,以此为标准就能分辨正邪,怎么能胡乱记载呢? 脚踩在地上,足迹就有好有丑;文章汇集在书札上,记载就有善有恶。所以占验足迹就可以看出脚长得如何,阅读文章就可以知道作者的情感如何。《诗经》三百篇,可以用一句话来概括它,就是没有邪恶的思想。《论衡》的几十篇文章,也可以用一句话来概括,那就是:"反对虚假荒诞的事物和言论。"

论死篇第六十二

【题解】

本篇论述了"人死不为鬼"这一论题。当时世人大多认为"死人为鬼,有知,能害人"。王充针对这种说法提出"死人不为鬼,无知,不能害人",并详细加以论述。他指出:"人死血脉竭,竭而精气灭,灭而形体朽,朽而成灰土,何用为鬼?""人之死,犹火之灭也。火灭而耀不照,人死而知不惠。""夫死,骨朽筋力绝,手足不举……何以能害人也?"他认为,人是由无知的气构成的,"气凝为人""死还为气",并进一步指出"天下无独燃之火,世间安得有无体独知之精",精神必须要有形体的支撑才能产生的观点。人死,精神也会随之消失,因而不会害人。

《对作篇》中王充解释了写作《论死篇》的目的在于"使俗薄丧葬也",可谓切中时弊。

世谓死人为鬼,有知[①],能害人。试以物类验之,死人不为鬼,无知,不能害人。何以验之?验之以物。人,物也;物,亦物也。物死不为鬼,人死何故独能为鬼[②]?世能别人物不能为鬼[③],则为鬼不为鬼尚难分明[④];如不能别,则亦无以知其能为鬼也。

【注释】

①知：知觉。

②独：唯独。

③别：辨别。人：据文意，疑当移至下句"则"字后。

④尚：还。分明：辨明。

【译文】

世上的人说，死人能变成鬼，有知觉，能害人。试用人以外的物类来验证一下，死人并不能变成鬼，没有知觉，不能害人。用什么来证明这一点呢？用人以外的万物来验证。人是物，人以外的万物也是物。物死后不变成鬼，人死后为什么偏偏能够变成鬼呢？世人即使能够辨别物死后不能变成鬼，那么对于人死后能否变成鬼也还不一定能够辨明；如果连物死后变不变为鬼尚不能辨明，那么就更无法知道人死后能否变成鬼了。

　　人之所以生者，精气也①，死而精气灭②。能为精气者③，血脉也。人死血脉竭，竭而精气灭，灭而形体朽，朽而成灰土，何用为鬼④？人无耳目则无所知，故聋盲之人，比于草木。夫精气去人⑤，岂徒与无耳目同哉⑥？朽则消亡，荒忽不见⑦，故谓之鬼神。人见鬼神之形，故非死人之精也⑧。何则？鬼神，荒忽不见之名也⑨。人死精神升天⑩，骸骨归土⑪，故谓之鬼⑫。鬼者，归也；神者，荒忽无形者也。或说⑬：鬼神，阴阳之名也⑭。阴气逆物而归⑮，故谓之鬼；阳气导物而生⑯，故谓之神。神者，伸也⑰。申复无已⑱，终而复始。人用神气生⑲，其死复归神气。阴阳称鬼神，人死亦称鬼神。气之生人，犹水之为冰也⑳。水凝为冰，气凝为人；冰释为水㉑，人死复神㉒。其名为神也，犹冰释更名水也。人见名异㉓,则谓有知,能为形而害人,无据以论之也。

【注释】

①精气:王充认为气是构成人和万物的基础元素,具体分为阴气与阳气两种。阴气构成人的骨肉,阳气构成人的精神。参见《订鬼篇》。

②灭:消亡,指离开人体回到自然界的元气中去。

③为:维护,保持。

④何用:靠什么。用,以,靠。

⑤去:离开。

⑥徒:仅仅,只。

⑦荒忽:恍恍惚惚。

⑧故:本来。精:精神。

⑨名:称呼。

⑩精神:这里指精气。王充认为精气在自然界中是无知的,构成人的精神后才是有知的,人死后,它离开人的形体,仍旧回归于无知的状态。本篇中,王充有时会混用精神与精气这两个概念。升天:指精气又回到自然界的元气中去。

⑪骸(hái)骨:尸骨。

⑫故谓之鬼:据文意,疑本句"鬼"字后脱一"神"字。

⑬或:有人。

⑭阴阳:指阴气与阳气。

⑮阴气逆物而归:阴阳五行家认为,地属阴,又认为阴气主杀,所以说阴气阻止万物与人的生长,使他们死后形体归于地。逆,违背,阻止。归,这里指死后形体归于地。

⑯阳气导物而生:阴阳五行家认为,天属阳,又认为阳气主生,所以说阳气助长万物与人的生长,使他们获得生命。导,引导,助长。

⑰伸：舒展，这里指使万物和人获得生命。

⑱申复无已：指阳气与阴气结合构成有生命的东西，又离开阴气构成的形体回复到自然界，如此无止境地循环下去。申，伸展，伸张。复，还原，这里指阳气离开形体回复到自然界。

⑲神气：即阳气。

⑳犹：就像。

㉑释：融化。

㉒神：指神气。

㉓名异：名称不同，意思是，活时称"人"，死后称"神"。

【译文】

　　人之所以活着，是因为有精气的存在，人死了精气便消失了。能够保存体内精气的是血脉。人死了血脉就枯竭了，血脉枯竭精气就消失了，精气消失形体就腐朽了，形体腐朽就会化成灰土，死人靠什么变成鬼呢？人没有耳目就什么都不知道，所以聋人盲人，就如同草木一样。精气离开人体，哪里只是和人没有耳目一样呢？身体腐朽了精神就会消亡，变成恍恍惚惚看不见形体的东西，所以把它叫鬼神。人们所见到的有形体的鬼神，本来就不是死人的精气变成的。为什么呢？因为鬼神是"荒忽不见"这类东西的名称。人死后精气回到自然之中，尸骨归葬于土中，所以称它叫"鬼神"。鬼，是归的意思；神，是荒忽无形的意思。有人说：鬼神是阴气和阳气的名称。阴气阻止万物生长而使它们的形体归于地，所以就称它叫鬼；阳气助长万物使它们获得生命，所以就称它叫神。神，是人和物获得生命的意思。阳气与阴气结合构成有生命的东西，之后阳气又离开阴气构成的形体回复到自然界，如此无止境地循环下去，终而复始。人因阳气获得生命，人死后形体中的阳气又回到自然界的阳气中去。阴气阳气称为鬼神，人死后也称为鬼神。阳气使人获得生命，就像水结成冰一样。水凝结成冰，气凝聚成人；冰融化为水，人死还原为阳气。它的名称叫"神"，好比冰融化后就改称为水一样。人们见名称不同,就认为鬼有知觉,能变成形体而害人,这是毫无根据地对这个问题乱发议论。

人见鬼若生人之形①。以其见若生人之形②,故知非死人之精也。何以效之③?以囊橐盈粟米④。米在囊中,若粟在橐中⑤,满盈坚强⑥,立树可见⑦,人瞻望之⑧,则知其为粟米囊橐。何则?囊橐之形,若其容可察也⑨。如囊穿米出⑩,橐败粟弃⑪,则囊橐委辟⑫,人瞻望之,弗复见矣⑬。人之精神藏于形体之内,犹粟米在囊橐之中也。死而形体朽,精气散,犹囊橐穿败,粟米弃出也。粟米弃出,囊橐无复有形,精气散亡,何能复有体而人得见之乎?禽兽之死也,其肉尽索⑭,皮毛尚在,制以为裘⑮,人望见之,似禽兽之形。故世有衣狗裘为狗盗者⑯,人不觉知,假狗之皮毛⑰,故人不意疑也⑱。今人死,皮毛朽败,虽精气尚在,神安能复假此形而以行见乎⑲?夫死人不能假生人之形以见,犹生人不能假死人之魂以亡矣⑳。六畜能变化象人之形者㉑,其形尚生,精气尚在也。如死,其形腐朽,虽虎兕勇悍㉒,不能复化。鲁公牛哀病化为虎㉓,亦以未死也。世有以生形转为生类者矣,未有以死身化为生象者也。

【注释】

①若:像。生人:活人。

②以:根据。

③效:证明。

④囊橐(tuó):盛物的袋子。盈:装满。

⑤若：或。

⑥坚强：结实。

⑦立树：竖立。

⑧瞻望：从远处看。

⑨若：及。容：容纳，包含。察：看。

⑩穿：穿孔，破。

⑪败：坏。弃：洒。

⑫委辟：指口袋瘪了。委，通"萎"。辟，通"襞"，折叠。

⑬弗：不。复：再。

⑭尽索：全没有了。索，尽。

⑮裘：用毛皮制成的御寒衣服。

⑯衣（yì）：穿。盗：贼。

⑰假：借。

⑱意疑：怀疑。

⑲安：怎么。行：活动。见：同"现"。

⑳魂：这里指精神。

㉑六畜能变化象人之形：王充认为六畜可以变化为人形，但必须是活着的六畜。六畜，指马、牛、羊、狗、鸡、猪。参见《订鬼篇》。

㉒兕（sì）：古代兽名。皮厚，可以制甲。悍：凶暴。

㉓鲁公牛哀病化为虎：公牛哀，春秋时鲁国人。据《淮南子·俶真训》记载，他得病后变成了老虎。

【译文】

　　人们看见鬼像活人的形状。就因为他们见到的鬼像活人的形状，所以知道鬼不是死人的精气变成的。用什么来证明这一点呢？用装满粟米的囊橐来证明。米装在囊中，或粟装在橐中，装满了米粟的囊橐就坚强结实，竖立起来就能看得到，人从远处看见它，就知道它是装粟米的囊橐。为什么呢？因为从囊橐的形状和所装的东西可以清楚看到。如果囊破米漏了出来，橐坏粟洒了出来，那么口袋就瘪下去了，人从远处看它，就再也看不出来了。人的精气隐藏在形体里面，就像粟米装在囊橐中一样。人死而形体腐朽，精气散失，就好比囊橐穿孔，粟米洒漏出来一样。粟米洒漏出来，囊橐就不再具有形体；人死精气散亡以后，怎么能够再有形体而使人们会看到他呢？禽兽死后，它们的肉腐败消亡，只有皮毛还存在，将它制成皮衣，人们望见皮衣，觉得好像禽兽的形状。所以世上有穿着狗皮袍装扮成狗的小偷，人们不能觉察，是因为借助于狗的皮毛，所以人们就不会怀疑。如今人死了，皮毛腐败消亡，即使精气仍然存在，精神又怎么能再借这个腐烂的形体来活动和现形呢？死人不能借活人的形体出现，就像活人不能借死人的精神使自己的形体消失一样。六畜能变化成像人的形体，是因为它们的形体还活着，精气仍然存在的缘故。如果死了，它的形体已腐朽，即使像老虎、兕那样凶猛的动物，也不能再变化成人形了。鲁国公牛哀生病后变化成老虎，也是由于他的形体还没有死的缘故。世上有活的形体转化为另一种活的形体的现象，却从来没有以死了的身体变成活的形体这类事情。

　　天地开辟，人皇以来①，随寿而死②，若中年夭亡③，以亿万数，计今人之数不若死者多。如人死辄为鬼，则道路之上，一步一鬼也。人且死见鬼，宜见数百千万，满堂盈廷④，填塞巷路，不宜徒见一两人也⑤。人之兵死也⑥，世言其血为磷⑦。血者，生时之精气也。人夜行见磷，不象人形，浑沌积聚⑧，若火光之状。磷，死人之血也，其形不类生人之血也⑨。其形不类生人之形，精气去人，何故象人之体？人见鬼也皆象死人之形，则可疑死人为鬼，或反象生人之形⑩。病者见鬼，云甲来⑪，甲时不死⑫，气象甲形⑬。如死人为鬼，病者何故见生人之体乎？

【注释】

①人皇：古代传说中的三皇之一，据说是最早的人。

②随寿而死：指活到百岁左右而死。寿，寿限，王充认为人正常可以
　活到一百岁左右。参见《气寿篇》。

③夭亡：早死。

④廷：同"庭"，院子。

⑤人：据文意，疑当作"鬼"字。

⑥兵死：被兵器杀死。兵，兵器。

⑦磷：磷火。

⑧浑沌：模糊不清。

⑨类：似，像。

⑩或：有的。

⑪云：说。甲：泛指某人。

⑫时：当时。

⑬气：这里指阳气。王充认为单独的阳气只能幻化成瞬间即逝的人
　的样子，而不能成为真的人。参见《订鬼篇》。

【译文】

　　天地开辟之后，自从人皇以来，人通常能活到百岁的寿限而死，如果
加上中年早死的，有亿万人之多，计算一下现在活着的人数，不如自古以
来死去的人多。如果人死了就变成鬼，那么在道路上，每走一步就会碰
到一个鬼了。人将要死的时候会见到鬼，就应当是千百万个鬼，充满堂
屋庭院，塞满街巷道路，不应当只是见到一两个鬼啊。人被兵器杀死，世
人说他的血会变为磷。血，是人活着时候的精气。人们夜间行走看见的
磷，并不像人的形状，模模糊糊地聚积在一起，好像火光的形状。磷，是
死人的血变成的，它的形状不同于活人的血。既然它的形状不像活人的
形体，那么精气离开了人体后，为什么会像活人的形体呢？如果人们看
到的鬼都像死人的样子，那还可以怀疑是死人变成了鬼，然而有人看到

的鬼却像活人的形状。病人见到鬼,就说某人来了,可是当时某人并没有死,病人见到的只是阳气构成的像某人的形状。如果死人会变成鬼,病人为什么见到的是活人的形体呢?

　　天地之性①,能更生火②,不能使灭火复燃;能更生人,不能令死人复见③。能使灭灰更为燃火,吾乃颇疑死人能复为形④。案火灭不能复燃以况之⑤,死人不能复为鬼,明矣。夫为鬼者,人谓死人之精神。如审鬼者死人之精神⑥,则人见之,宜徒见裸袒之形⑦,无为见衣带被服也⑧。何则? 衣服无精神,人死与形体俱朽,何以得贯穿之乎⑨? 精神本以血气为主,血气常附形体。形体虽朽,精神尚在,能为鬼可也。今衣服,丝絮布帛也⑩,生时血气不附着,而亦自无血气,败朽遂已⑪,与形体等⑫,安能自若为衣服之形⑬? 由此言之,见鬼衣服象之,则形体亦象之矣。象之,则知非死人之精神也。

【注释】

①天地:自然。

②更:再,重新。

③令:使。

④乃:才。颇:略微,多少。

⑤案:根据。况:比拟,对照。

⑥审:确实。

⑦裸袒(tǎn):赤身露体。

⑧无为:不应该。衣(yì):裹扎。这里指系。被:披,穿。

⑨贯:穿,这里指系。

⑩絮:粗丝绵。帛:丝织品。

⑪遂：就。已：完。

⑫等：一样。

⑬自若：照旧。

【译文】

自然界的规律，能够重新产生火，却不能使熄灭了的火复燃起来；能够重新产生人，却不能使死人重现活时的样子。能使死灰复燃，我才稍疑死人能再变成活着时候的样子。根据火熄灭了不能复燃的情况来对照，死人不能再变成鬼，是很明白的了。变成鬼的，人们认为是死人的精神。如果确实鬼是死人的精神变的，那么人见到鬼，应当只见到赤身裸体的形状，不应该见到鬼系带穿衣的模样。为什么呢？因为衣服没有精神，人死后，衣服与人的形体一起腐朽，鬼怎能够系带穿衣呢？精神本来是以血气为主的，血气经常附在形体之上。形体即使腐朽了，精神仍然存在，以此来说，精神成为鬼是可以的。衣服，是丝絮布帛做的，人活的时候血气并不依附在衣服上，而衣服本身又没有血气，腐烂了也就消失了，和死人的形体一样，怎么能照旧保持为衣服的形状呢？由此说来，见到鬼穿的衣服像死人原来的衣服，那么形体也就不过是像死人原来的形体了。像死人原来的形体，就知道鬼不是死人的精神变成的了。

夫死人不能为鬼，则亦无所知矣。何以验之？以未生之时无所知也。人未生，在元气之中；既死，复归元气。元气荒忽，人气在其中①。人未生无所知，其死归无知之本②，何能有知乎？人之所以聪明智惠者③，以含五常之气也④；五常之气所以在人者，以五藏在形中也⑤。五藏不伤则人智惠，五藏有病则人荒忽⑥，荒忽则愚痴矣⑦。人死五藏腐朽，腐朽则五常无所托矣⑧，所用藏智者已败矣，所用为智者已去矣。形须气而成⑨，气须形而知。天下无独燃之火，世间安得有无体独知之精？

【注释】

①人气：指构成人的气。

②本：本原，这里指原始状态。

③惠：通"慧"。

④五常之气：王充指的是分别具有仁、义、礼、智、信五种道德属性的气。五常，指儒家宣扬的仁、义、礼、智、信五种道德规范。

⑤五藏：即"五脏"，指心、肝、脾、肺、肾。王充认为五常之气是寄托在五脏之中的。藏，同"脏"。

⑥荒忽：指神志不清。

⑦痴：呆，傻。

⑧五常：指五常之气。托：寄托。

⑨须：待，靠。

【译文】

死人不能变成鬼，那么也就没有什么知觉。用什么来验证它呢？用人尚未出生时没有任何知觉来验证。人还没有出生时，在元气之中；人死了以后，又回归到元气之中去。元气是恍惚不清的，构成人的气就存在其中。人还没有出生时没有什么知觉，死了又回复到没有知觉的原始状态，怎么会有知觉呢？人之所以聪明智慧，是由于含有五常之气；五常之气之所以能够存在于人体，是由于五脏在人体之中的缘故。五脏没有受到伤害，那么人就聪明；五脏有病，人就神志不清，神志不清就变成愚昧痴呆的人了。人死了五脏就会跟着腐朽，五脏腐朽了那么五常之气就没有寄托之处了，用来蕴藏智慧的器官已经腐朽了，用来产生智慧的五常之气已经离开人体了。形体要靠精气才能生成，精气要靠形体才能产生知觉。天下没有离开物体而独自燃烧的火，世间怎么能有脱离形体而独自产生知觉的精气呢？

人之死也，其犹梦也①。梦者，殄之次也②；殄者，死之比也③。人殄不悟则死矣④。案人殄复悟⑤，死从来者⑥，与梦相似，然则梦、殄、死⑦，一实也。人梦不能知觉时所作⑧，犹死不能识生时所为矣⑨。人言谈有所作于卧人之旁⑩，卧人不能知，犹对死人之棺为善恶之事，死人不能复知也。夫卧，精气尚在，形体尚全，犹无所知，况死人精神消亡，形体朽败乎！

【注释】

①梦：指睡着了。

②殄（tiǎn）：昏迷。次：差一等，差不多。

③比：类，近似。

④悟：醒。

⑤案：考察。

⑥从：疑为"复"字之讹，二字繁体"從""復"形近而误。

⑦然则：既然这样，那么。

⑧觉：醒。

⑨识（zhì）：记得。

⑩卧人：睡着的人。

【译文】

人死了，就好比睡着了一样。睡着了，和昏迷差不多；昏迷，和死亡相近。人如果昏迷不醒就是死了。考察一下人昏迷后又醒过来，死过去又复活过来的这种情况，与睡着了又醒来是相似的，既然这样，那么睡着、昏迷、死亡，是同一回事了。人睡着的时候不能够知道醒时所做的事情，就像是死了以后不能够记得活的时候所做的事情一样。人们在睡着的人旁边说话做事，睡着的人是不能知道的，就像对着死人的棺材做或善或恶的事情,死人是不能再知道的。人睡着,精气还存在于人体,人的形体依然完整,尚且无所知觉,何况死人的精气已经消失,形体已经朽烂了呢?

　　人为人所殴伤①,诣吏告苦以语人②,有知之故也。或为人所杀,则不知何人杀也③,或家不知其尸所在。使死人有知,必恚人之杀己也④,当能言于吏旁,告以贼主名⑤;若能归语其家,告以尸之所在。今则不能,无知之效也。世间死者,今生人殄而用其言⑥,及巫叩元弦⑦,下死人魂⑧,因巫口谈⑨,皆夸诞之言也⑩。如不夸诞,物之精神为之象也⑪。或曰:不能言也。夫不能言,则亦不能知矣。知用气,言亦用气焉。人之未病也⑫,智惠精神定矣⑬,病则昏乱,精神扰也⑭。夫死,病之甚者也。病,死之微,犹昏乱⑮,况其甚乎⑯!精神扰,自无所知⑰,况其散也!

【注释】

①殴:打。

②诣:到。

③则:而。

④恚(huì):怨恨。

⑤贼主名:凶手的名字。

⑥今:疑为"令"字之讹,形近而误。令,使。

⑦巫:古代以侍奉鬼神替人消灾祈福为职业的人。叩:弹。元弦:不详,可能是一种弦乐器。

⑧下:召来。

⑨因:凭借,通过。

⑩夸诞:浮夸,荒唐。

⑪物之精神:这里指老物的精神。王充认为活着的老物(如六畜)的精神可以变成人形。参见《订鬼篇》。

⑫病:底本作"死",伦明录杨校宋本作"病",据改。

⑬精神:这里指神志。定:安定,平静。

⑭扰:乱。

⑮犹昏乱:据文意,疑本句"犹"字前脱一"微"字。

⑯其:指病。

⑰自:犹自,尚且。

【译文】

谁要是被别人打伤了,就会到官吏那里去告状诉苦,并把这件事告诉人们,这是被打伤的人尚有知觉的缘故。有的人被杀死了,却不知道是谁杀的,有的家里人还不知道他的尸体在什么地方。假如死人有知觉,必然怨恨那个人杀害自己,应当能在官吏面前诉说,告知凶手的名字;或者能够回去告诉家里的人,告知尸体在什么地方。这些都不能做到,就是死人没有知觉的明证。世间死去的人,能够让活人处于昏迷状态,然后借用他的口说话,以及巫师叩动元弦,召来死人的灵魂,通过巫师的口说话,这些全是浮夸荒唐的说法。如果不是荒诞无稽的,那就是老物的精神所造成的虚像,总之不是死人在显灵。有人说:死人只是不能说话而已。既然不能说话,那么也就是没有知觉。知觉依靠精气产生,说话也凭借着精气。人没有生病的时候,智慧精神是安定的,生了病,就会头脑发昏,精神错乱。死亡,是疾病最严重的结果。疾病,只是死亡的轻微阶段,处于轻微阶段的神志尚且昏乱,更何况疾病发展到严重的阶段呢!神志昏乱,尚且没有知觉,何况人死后精气消散了呢?

人之死,犹火之灭也。火灭而耀不照①,人死而知不惠,二者宜同一实,论者犹谓死有知,惑也②。人病且死,与火之且灭何以异？火灭光消而烛在，人死精亡而形存。谓人死有知，是谓火灭复有光也。

【注释】

①耀：光。照：亮。

②惑：糊涂。

【译文】

人的死亡，好比火熄灭一样。火熄灭了光就黯淡了，人死了知觉也就失灵了，二者实质上是同一个道理，议论者还认为死去的人有知觉，太糊涂了。人病得将要死的时候，与火将要熄灭的时候有什么差别呢？火熄灭了光消失了，只有蜡烛还存在，人死后精气消失，只有形体还存在。说人死了还有知觉，这就如同说火熄灭了还有光亮一样。

隆冬之月，寒气用事①，水凝为冰。逾春气温②，冰释为水。人生于天地之间，其犹冰也。阴阳之气，凝而为人，年终寿尽③，死还为气。夫春水不能复为冰，死魂安能复为形？

【注释】

①用事：主事。

②逾：越。

③年：指活的岁数。

【译文】

隆冬季节，寒气主宰一切，水凝结成冰。经过春季天气温暖，冰融化成水。人生在天地之间，他们就好比是冰。由于阴阳之气的调和，凝聚成人，寿命到了尽头，死了又还原为气。春水不能再结成冰，死人的魂怎么能再变为形体呢？

　　妒夫媢妻①,同室而处②,淫乱失行③,忿怒斗讼④。夫死妻更嫁⑤,妻死夫更娶,以有知验之⑥,宜大忿怒⑦。今夫妻死者⑧,寂寞无声,更嫁娶者,平忽无祸⑨,无知之验也。

【注释】

①媢(mào):嫉妒。

②处:居住。

③失行:行为不端。

④斗讼:争讼。讼,争辩是非。

⑤更:改,再。

⑥之:指改嫁、再娶。

⑦大:十分,非常。忿怒:愤怒。

⑧夫妻死者:已死的丈夫或妻子。

⑨平忽:平息,平静。

【译文】

　　一对嫉妒成性的夫妻,同在一室居住,由于二者淫乱而行为不端,经常忿怒地争辩是非。夫死妻改嫁,妻死夫另娶,用死人有知觉这种说法来检验改嫁和另娶这件事,死去的夫或妻应该大为忿怒。如今已死的夫或妻都寂静无声,改嫁的另娶的也很平静没有灾祸,这就是死人没有知觉的证明了。

　　孔子葬母于防①,既而雨甚至②,防墓崩。孔子闻之,泫然流涕曰③:"古者不修墓。"遂不复修④。使死有知,必恚人不修也。孔子知之⑤,宜辄修墓,以喜魂神⑥,然而不修,圣人明审⑦,晓其无知也。

【注释】

①防:指防山,在今山东曲阜东。

②既而:不久。雨甚至:暴雨到来。甚,极大。

③泫然:落泪的样子。

④遂不复修:上事参见《礼记·檀弓上》。

⑤之:指死人怨恨人不修墓。

⑥喜:讨好。

⑦明审:明白道理。

【译文】

孔子将母亲埋葬于防山,不久暴雨到来,防山的墓倒塌了。孔子听说了这件事,伤心地流着泪说:"古代是不修墓的。"于是就不再为他的母亲修墓。假如死人有知觉,一定会怨恨活人不为他修墓。孔子知道了死人怨恨人不修墓,应该立即去修墓,以此讨好魂神,然而孔子却不修墓,说明圣人明白道理,知道死人是无知的。

　　枯骨在野,时鸣呼有声①,若夜闻哭声,谓之死人之音,非也。何以验之?生人所以言语吁呼者②,气括口喉之中③,动摇其舌,张歙其口④,故能成言。譬犹吹箫笙,箫笙折破,气越不括⑤,手无所弄⑥,则不成音。夫箫笙之管,犹人之口喉也;手弄其孔,犹人之动舌也。人死口喉腐败,舌不复动,何能成言?然而枯骨时呻鸣者,人骨自有能呻鸣者焉⑦。或以为秋也⑧,是与夜鬼哭无以异也。秋气为呻鸣之变,自有所为。依倚死骨之侧⑨,人则谓之骨尚有知,呻鸣于野。皋泽暴体以千万数⑩,呻鸣之声,宜步属焉⑪。

【注释】

①呜呼：呼叫。

②吁（xū）：叹气。

③括：包含，存在。

④张歙（xī）：一张一合。歙，敛缩，收敛。

⑤越：散。

⑥弄：把玩，这里指按。

⑦呻鸣：谓发出凄楚之声。呻，哀叹。

⑧或以为秋也：据下文"秋气为呻鸣之变"，疑本句"秋"字后疑脱一"气"字。秋气，这里指秋风。

⑨依倚：依靠，依附。

⑩草泽：泛指荒野。暴（pù）体：没有埋葬的尸体。暴，显露，暴露。

⑪属（zhǔ）：连续。

【译文】

　　枯骨在荒野，有时发出哀叹鸣叫的声音，好像夜间听到人的哭声一样，有人认为这是死人发出的声音，那就错了。用什么来证明这一点呢？活人之所以能够说话叹息，是由于气包含在口喉之中，动摇舌头，口一张一合，所以能够说话。好比吹奏箫笙，箫笙折断破损，气散了不能包含在其中，手不配合按的动作，就不能发出声音。箫笙的管子，好比是人的口喉；手按箫笙的孔，就像人活动舌头一样。人死了口喉就腐烂了，舌头不能再动，怎么能够说话呢？然而枯骨有时哀叹鸣叫，是因为人骨自有发出哀鸣的道理。有人认为是秋风所发出的声音，这就和夜间鬼哭没有什么不同。秋风形成哀鸣这种怪异的声音，自有它的道理。由于这种声音紧靠在枯骨旁边，人们就认为这种枯骨尚有知觉，所以在野外哀鸣。荒野之中暴露在外的尸体成千上万，哀鸣的声音，应该每走一步都能不断地听到了。

　　夫有能使不言者言，未有言者死能复使之言。言者亦①，不能复使之言，犹物生以青为气②，或予之也③，物死青者去，或夺之也。予之物青，夺之青去，去后不能复予之青，物亦不能复自青。声色俱通④，并禀于天⑤。青青之色，犹枭枭之声也⑥，死物之色不能复青，独为死人之声能复自言⑦，惑也。

【注释】

①亦：据文意，疑当作"死"字。

②物：这里指植物。生：指活着的时候。气：据文意，疑当作"色"字。

③或：有一种力量，这里指自然。予：给，赋予。

④通：相通。

⑤天：这里指自然。

⑥枭枭（xiāo）：呼喊的声音。

⑦为：认为。

【译文】

世间有能让不会说话的人说话这种事情，却没有能让会说话的人死后重新说话这样的事情。会说话的人死了，不能再使他会说话，犹如植物活着的时候呈现青色，这是自然所赋予它的，植物死了青色就消失，这是自然去掉了它的青色。赋予，植物就成青色；去掉，植物的青色就消失，青色消失后不能再赋予它青色，植物也不能自己再发青。声音和颜色的道理是相通的，都是从自然中承受来的。青青的颜色，好比是枭枭的声音，枯死的植物，颜色不能再转青，偏偏认为死人能够发出声音，再次说话，这真是糊涂啊。

　　人之所以能言语者，以有气力也，气力之盛，以能饮食也。饮食损减则气力衰,衰则声音嘶①,困不能食②,则口不能复言。夫死,困之甚,何能复言? 或曰:"死人歆肴食气③,故能言。"夫死人之精,生人之精也。使生人不饮食,而徒以口歆肴食之气,不过三日则饿死矣。或曰:"死人之精,神于生人之精,故能歆气为音。"夫生人之精在于身中,死则在于身外,死之与生何以殊④? 身中身外何以异? 取水实于大盎中⑤,盎破水流地,地水能异于盎中之水乎? 地水不异于盎中之水,身外之精,何故殊于身中之精?

【注释】

①嘶(sī):沙哑。

②困:困乏,虚弱。

③歆(xīn):鬼神享用供物。肴(yáo):熟肉。亦泛指鱼肉之类的荤菜。食:饭食。

④死之与生:指死人的精气与活人的精气。殊:不同。

⑤实:装满。盎(àng):盆类盛器。

【译文】

　　人之所以能够言语,是因为有气力的缘故,而气力旺盛,是由于能够饮食的缘故。饮食减少则气力衰弱,衰弱则声音沙哑,身体虚弱不能吃东西,那么口就不能再出声。死亡,是虚弱的极端,怎么能够再说话呢?有人说:"死人只需要享受饭菜的香气,所以能够说话。"死人的精气,就是活人的精气。如果活人不饮食,只是用口享受菜饭的香气,不过三天也就饿死了。有人说:"死人的精气比活人的精气更神灵,所以能够靠享受饭菜的香气而发出声音。"活人的精气存在于身体内,死了精气则在身体外,死人与活人的精气有什么不同呢? 身体内与身体外的精气有什么差别呢? 取水装满大盎中,盎破了水流到地上,流到地上的水能不同于盎中的水吗？地上的水与盎中的水没有区别，身体外的精气为什么不同于身体内的精气呢？

人死不为鬼，无知，不能语言，则不能害人矣。何以验之？夫人之怒也用气，其害人用力，用力须筋骨而强，强则能害人。忿怒之人，呴呼于人之旁①，口气喘射人之面②，虽勇如贲、育③，气不害人。使舒手而击④，举足而蹶⑤，则所击蹶无不破折。夫死，骨朽筋力绝，手足不举，虽精气尚在，犹呴吁之时无嗣助也⑥，何以能害人也？凡人与物所以能害人者，手臂把刃⑦，爪牙坚利之故也⑧。今人死，手臂朽败，不能复持刃，爪牙隳落⑨，不能复啮噬⑩，安能害人？儿之始生也，手足具成，手不能搏，足不能蹶者，气适凝成⑪，未能坚强也⑫。由此言之，精气不能坚强⑬，审矣⑭。气为形体，形体微弱，犹未能害人，况死，气去精神绝！微弱犹未能害人，寒骨谓能害人者邪⑮？死人之气不去邪？何能害人？

【注释】

①呴（hǒu）呼：大声呵斥。呴，吼叫。

②喘射：喷射。

③贲、育：孟贲与夏育，古代传说中的两个大力士。

④舒：伸。

⑤蹶（jué）：踢。

⑥呴吁：同"呴呼"。嗣（sì）：继续。

⑦把：拿。刃：指刀剑之类锋利的兵器。

⑧坚利：坚硬锋利。

⑨隳（huī）：毁坏。

⑩啮噬（niè shì）：咬。

⑪适：刚刚。

⑫坚强：指筋骨结实。

⑬精气不能坚强：意思是婴儿初生之时，虽已有了精气，由于筋骨还不结实，所以手不能打人，脚不能踢人。

⑭审：明白，清楚。

⑮邪（yé）：语气助词。表疑问。

【译文】

　　人死了不变成鬼，没有知觉，不能说话，就不能再伤害人了。用什么来证明呢？人发怒要用气，伤害人要用力，用力必须筋骨强健，强健就能伤害人。忿怒的人，在别人面前大声吼叫，口中的气喷射到别人的脸上，即使他像孟贲、夏育那样勇武有力，口中的气也不能伤害人。假如伸手去打，举脚去踢，那么被打被踢的人没有不皮破骨折的。人死了，骨头腐朽筋力衰竭，手足不能举动，即使精气仍然存在，就像是大声吼叫之后不能继之以拳打脚踢一样，怎么能够伤害人呢？那些人与物之所以能伤害人，是由于手拿兵器，爪牙坚硬锋利的缘故。人死了，手臂腐烂了，不能拿兵器，动物爪牙毁坏脱落，不能再撕咬了，怎么能再伤害人呢？婴儿刚生下来，手足全都成形，手不能搏斗，脚不能踢打的原因，是因为精气刚刚凝聚成人，筋骨还不结实的缘故。据此说来，精气并不能自行变得坚强，这是很清楚的了。精气构成形体，形体微弱，尚且不能伤害人，何况人死了，精气离去精神消散了呢！身体微弱尚且不能伤害人，死人的枯骨怎么能说可以伤害人呢？难道是死人的精气没有离开形体吗？怎么能伤害人呢？

　　鸡卵之未字也①，澒溶于㲉中②，溃而视之③，若水之形。良雌伛伏④，体方就成⑤，就成之后，能啄蹶之。夫人之死，犹澒溶之时⑥，澒溶之气安能害人？人之所以勇猛能害人者，以饮食也,饮食饱足则强壮勇猛,强壮勇猛则能害人矣。人病不能饮食,则身羸弱⑦,羸弱困甚,故至于死。病困之时,仇在其旁,不能咄叱⑧,人盗其物,不能禁夺,羸弱困劣之故也。夫死,羸弱困劣之甚者也,何能害人?有鸡犬之畜,为人所盗窃,虽怯无势之人,莫不忿怒。忿怒之极,至相贼灭。败乱之时,人相啖食者⑨,使其神有知⑩,宜能害人。身贵于鸡犬,已死重于见盗⑪,忿怒于鸡犬,无怨于食己,不能害人之验也。蝉之未蜕也为复育⑫,已蜕也去复育之体,更为蝉之形。使死人精神去形体,若蝉之去复育乎!则夫为蝉者不能害为复育者⑬。夫蝉不能害复育,死人之精神,何能害生人之身?

【注释】

①字:生育,这里指孵化。递修本作"孚"字。

②渑(hòng)溶:浑沌。觳(kòu):蛋壳。

③溃:打碎。

④伛(yǔ)伏:孵卵。

⑤就成:形成。

⑥犹:递修本作"归"。

⑦羸:底本作"赢",递修本作"嬴",据改。下句"赢"字同此。羸(léi),瘦弱,虚弱。

⑧咄叱(duō chì):大声呵斥。

⑨啖(dàn):吃。

⑩其:指被吃掉的人。

⑪见:被。

⑫蜕:蜕去皮壳。复育:蝉的幼虫。

⑬则夫：那么。

【译文】

鸡蛋没有孵化时，在蛋壳内是混混沌沌的一片，打碎它来看一下，里面像水的形状一样。经过母鸡孵育，小鸡的躯体才能形成，形成之后，才能用嘴啄用脚踢。人死后，犹如混混沌沌的状态，混沌之气怎么能伤害人呢？人之所以勇猛能伤害人，是由于有饮食的缘故，饮食饱足则身体强壮勇猛，强壮勇猛就能伤害人了。人生病不能吃东西，则身体虚弱，虚弱困乏到极点，就会到死亡的地步。生病困乏的时候，仇人在他的面前，他也不能大声呵斥，有人偷他的东西，他也不能制止抢夺，这是身体虚弱困乏无力的缘故。人死了，身体虚弱困乏无力到极点了，怎么能伤害人呢？鸡犬之类的家禽家畜，被人偷走了，即使是胆小无势的人，没有谁会不忿怒。忿怒到极点，甚至会去杀人拼命。荒年乱世，会发生人吃人的现象，假如被吃的人神气有知，应该能伤害人。人的身体比鸡犬宝贵，自己被杀死比鸡犬被人偷走更严重，然而活着可对鸡犬被偷表示忿怒，死后却连别人把自己吃掉也不怨恨，这就是死人不能害人的证明。蝉还没有蜕皮时叫复育，已蜕皮就脱离了复育的形体，变为蝉的形体。难道说死人的精神离开人的形体就像蝉脱离复育那样吗？那么蝉是不能伤害复育的。蝉不能伤害复育，死人的精神怎么能伤害活人的身体呢？

梦者之义疑①。惑言②："梦者，精神自止身中③，为吉凶之象。"或言："精神行，与人物相更④。"今其审止身中，死之精神，亦将复然。今其审行，人梦杀伤人，梦杀伤人⑤，若为人所复杀，明日视彼之身，察己之体，无兵刃创伤之验。夫梦用精神⑥，精神，死之精神也。梦之精神不能害人，死之精神安能为害？火炽而釜沸⑦，沸止而气歇⑧，以火为主也。精神之怒也，乃能害人，不怒不能害人。火猛灶中，釜涌气蒸,精怒胸中,力盛身热。今人之将死,身体清凉⑨,凉益清甚⑩,遂以死亡⑪。当死之时,精神不怒,身亡之后,犹汤之离釜也,安能害人?

【注释】

①义:道理。

②惑:疑为"或"字之讹,形近而误。

③止:停留。

④相更:相交,接触。

⑤梦杀伤人:四字重复,疑为衍文。

⑥精神:这里指做梦时的精神。

⑦炽(chì):火旺盛。釜(fǔ):古炊器。敛口,圜底,或有二耳。置于灶口,上置甑以蒸煮。盛行于汉代。有铁制,也有铜和陶制的。沸:沸腾。

⑧歇:止。

⑨清(qìng):通"凊",寒。下文"清"同此。

⑩益:增长。甚:厉害。

⑪遂以:于是就,终于。

【译文】

做梦的道理是难以解释清楚的。有人说:"梦,是人的精神在自己的身体内所产生的吉或凶的虚象。"又有人说:"梦是人的精神离开了身体,和别人以及物相接触而产生的。"现在假设做梦时精神确实留在身体中,那么死人的精神也将是与此情况相同。现在假设做梦时人的精神确实离开了人体,人梦见杀伤人以及自己又被人杀伤,第二天察看别人和自己的身体,并没有兵刃创伤的迹象。做梦,用的是精神,这精神,就是人死后的精神。做梦时的精神不能害人,死后的精神怎么会害人呢?火势旺盛锅里的水就沸腾,水停止沸腾蒸汽也就停止,这是由火势所决定的。

人的精神发怒才能害人,不怒就不能害人。火在灶中猛烈燃烧,锅里就沸水翻滚热气蒸腾;精神愤怒于胸中,就气力强盛身体发热。现在人将要死了,身体寒凉,寒凉得厉害了,人就死了。当人死的时候,精神并不激怒,死亡以后,就像水离开了锅一样变得寒凉,怎么能害人呢?

物与人通①,人有痴狂之病,如知其物然而理之②,病则愈矣③。夫物未死,精神依倚形体,故能变化④,与人交通⑤;已死,形体坏烂,精神散亡,无所复依,不能变化。夫人之精神,犹物之精神也。物生,精神为病;其死,精神消亡。人与物同,死而精神亦灭,安能为害祸?设谓人贵⑥,精神有异,成事,物能变化,人则不能,是反人精神不若物,物精奇于人也。

【注释】

①物与人通:指老物精和人发生关系。王充认为老物精和人发生关系,就会使人得病。物,这里指"物之精神"。通,发生关系。参见《订鬼篇》。

②然:如此。理:治。

③愈:痊愈。

④变化:这里指老物精变成人形。

⑤交通:指发生关系。

⑥设:假如。

【译文】

老物精与人发生关系,人就会得痴狂病,如果知道是哪一种老物精造成的病而去治它,病就会痊愈。老物精没有死的时候,精神依附在形体上,所以能够变化,与人发生关系;老物精死了,形体腐烂,精神散失消亡,没有依附的东西,就不能变化为人形。人的精神,就如老物精的精神一样。老物精活的时候，它的精神能使人害病；它死了，精神也就消散了。人与物相同，人死了精神也就消散了，怎么能造成祸害呢？假如认为人比物高贵，精神有差别，然而已有的事实，是老物精能变化，人则不能变化，这样说来，人的精神反而不如物的精神，物的精神反而比人的精神更神奇了。

　　水火烧溺，凡能害人者，皆五行之物①。金伤人，木殴人，土压人，水溺人，火烧人。使人死，精神为五行之物乎，害人；不为乎，不能害人。不为物则为气矣。气之害人者，太阳之气为毒者也②。使人死，其气为毒乎，害人；不为乎，不能害人。夫论死不为鬼，无知，不能害人，则夫所见鬼者，非死人之精，其害人者，非其精所为，明矣。

【注释】

①五行之物：指金、木、水、火、土构成的东西。

②太阳之气：极盛的阳气。王充认为它是有毒的，能害人。太，大，甚。参见《言毒篇》。

【译文】

　　水火能淹死、烧死人，凡是能伤害人的东西，都是由金、木、水、火、土所构成的。金杀伤人，木打死人，土压死人，水淹死人，火烧死人。如果人死后，精神变成五行之物的话，就能害人；不变成五行之物，就不能害人。不变成五行之物就会变成气。气能伤害人，是由于太阳之气有毒的缘故。假如人死后，变成的气有毒，就能害人；不变成有毒的气，就不能害人。论述死人不会变成鬼，没有知觉，不能够害人，那么人们所见到的鬼，不是死人的精神，那些伤害人的，不是死人的精神所为，就很明白了。

卷第二十一

死伪篇第六十三

【题解】

　　本篇是《论死篇》的继续。本篇中王充通过引用大量关于人死为鬼的记载并对其加以辨析，以说明死人无知，不能变成鬼的道理。在辨析的过程中，王充运用许多的史事进行类比推论，还从人物的心理、物理常识的角度进行解释，揭露人死变为鬼这一说法的虚假性。例如：田蚡在病中看到被他害死的窦婴与灌夫，王充就认为是由于田蚡本就亏心以及病中精神错乱所致，并非是窦婴、灌夫死后变成了鬼。又如尹齐死，尸体自己逃走归葬，王充认为是他的部下害怕怨家烧尸报复，所以偷偷弄走的，并非是尸体能自己逃走。再如改葬傅太后，棺材中发出的臭气熏死了人，王充认为是由于陪葬的食物腐烂所致，并非傅太后所为。诸如此类的辨析，对于当时普遍认为的人死为鬼的观念是很有力的反驳。

　　传曰①：周宣王杀其臣杜伯而不辜②，宣王将田于圃③，杜伯起于道左④，执彤弓而射宣王⑤，宣王伏韔而死⑥。燕简公杀其臣庄子义而不辜⑦，简公将入于桓门⑧，庄子义起于道左，执彤杖而捶之⑨，毙于车下⑩。二者⑪，死人为鬼之验⑫，鬼之有知、能害人之效也⑬。无之⑭，奈何⑮？

【注释】

①传:泛指儒家经书以外或解释经书的书籍。

②周宣王(?—前782):西周君主。杜伯:周宣王时大夫。不辜:无罪。不,无。辜,罪。

③田:打猎。圃(yòu):这里指古代帝王畜养禽兽的园林。

④杜伯:这里指杜伯死后化为的鬼。起:出现。道左:道路的左边。

⑤彤:红色。

⑥帐(chàng):盛弓的袋子。

⑦燕:底本作"赵",据《墨子·明鬼》改。燕简公(?—前370),春秋时燕国君主。庄子义:燕国大夫。

⑧桓门:即"和门",军营的门,是用两根旌旗作标志的。

⑨捶:打。

⑩毙于车下:上事参见《墨子·明鬼》。

⑪二者:指以上两件事。

⑫验:证明。

⑬效:证明。

⑭之:指死人为鬼,有知,能害人。

⑮奈何:怎么解释。

【译文】

传文上说:周宣王杀害了他无罪的大臣杜伯,后来宣王将要去范围打猎,杜伯的鬼魂出现在道路的左边,手执红色的弓箭来射宣王,宣王伏在弓袋上被射死了。燕简公杀害了他无罪的大臣庄子义,后来简公将要进入军营的门,庄子义的鬼魂出现在道路的左边,手执红色的杖段打简公,简公被打死于车子下。这两件事,都是死人变为鬼的证明,也是鬼有知觉,能害人的证明。要是说死人不变鬼,无知,不能害人,那么对这两件事又怎么解释呢?

曰①：人生万物之中，物死不能为鬼，人死何故独能为鬼？如以人贵能为鬼，则死者皆当为鬼，杜伯、庄子义何独为鬼也？如以被非辜者能为鬼②，世间臣子被非辜者多矣，比干、子胥之辈不为鬼③。夫杜伯、庄子义无道，忿恨报杀其君，罪莫大于弑君④，则夫死为鬼之尊者当复诛之，非杜伯、庄子义所敢为也。凡人相伤，憎其生，恶见其身，故杀而亡之。见杀之家诣吏讼其仇⑤，仇人亦恶见之⑥。生死异路，人鬼殊处。如杜伯、庄子义怨宣王、简公，不宜杀也，当复为鬼，与己合会。人君之威固严人臣⑦，营卫卒使固多众⑧，两臣杀二君，二君之死，亦当报之，非有知之深计，憎恶之所为也。如两臣神⑨，宜知二君死当报己，如不知也，则亦不神。不神，胡能害人⑩？世多似是而非，虚伪类真，故杜伯、庄子义之语，往往而存。

【注释】

①曰：以下是王充对上述说法的反驳。本篇后面用"曰"字开头的段落均与此同。

②被：遭受。

③比干：殷末贵族，传说被纣王挖心而死。子胥：伍子胥，春秋时吴国大臣，后遭陷害而死。辈：类。

④弑（shì）：古代卑幼杀死尊长叫弑。多指臣子杀君、子女杀死父母。

⑤见：被。诣（yì）：到。讼（sòng）：诉讼，控告。仇：仇人。

⑥之：指死者的家属。

⑦固：本来。严：尊。

⑧营卫：卫士。卒使：差役。

⑨神:神奇,神灵。

⑩胡:何,怎么。

【译文】

解释说:人生活于万物之中,万物死后不能变成鬼,人死后为什么唯独能变成鬼呢?如果认为人于万物之中较为尊贵,所以能变成鬼,那么死去的人都应当变成鬼,为什么唯独杜伯、庄子义变成鬼呢?如果认为无辜被害的人能变成鬼,世间被无辜杀害的臣子多得很,比干、伍子胥这类人却并没有变成鬼。杜伯、庄子义无道,由于忿恨而仇杀了他们的君王,罪过没有比弑君更大的了,那么死后作为官长的那些鬼,就会再一次杀死他们,这不是杜伯、庄子义所敢做的事。大凡人们互相伤害,总是憎恨对方活着,厌恶见到对方,所以把他杀死然后逃走。被害人的家属到官吏那儿状告他的仇人,仇人也厌恶见到被害人的家属。生人死者有着不同的道路,人与鬼有着不同的居处。如果杜伯、庄子义怨恨宣王、简公,就不应该杀死他们,因为他们被杀死后也会变成鬼,同自己相会在一起。再加上君王的威仪本来就超过了臣下,卫士差役本来就众多,两个臣子变成鬼杀死两个君王,两个君王死后,变成鬼也一定会进行报复,这样的举动不是有智慧有谋略,憎恨并厌恶见到仇人的鬼应有的作为。如果两位臣子死后真有神灵的话,应当知道两位君王死后变成鬼一定会报复自己,如果他们不知道这一点,那么他们也就不算神灵了。如果不算神灵,怎么能害人呢?世间多似是而非,往往把虚假的事说得像真的一样,所以杜伯、庄子义这一类传说,往往会留存下来。

晋惠公改葬太子申生①。秋,其仆狐突适下国②,遇太子。太子趋登仆车而告之曰③:"夷吾无礼④,余得请于帝矣⑤,将以晋畀秦⑥,秦将祀余⑦。"狐突对曰:"臣闻之,神不歆非类⑧,民不祀非族,君祀无乃殄乎⑨!且民何罪⑩?失刑

乏祀⑪，君其图之⑫！"太子曰："诺⑬，吾将复请。七日，新城
西偏将有巫者而见我焉⑭。"许之⑮，遂不见⑯。及期，狐突之
新城西偏巫者之舍⑰，复与申生相见。申生告之曰："帝许罚
有罪矣，毙之于韩⑱。"其后四年，惠公与秦穆公战于韩地⑲，
为穆公所获，竟如其言。非神而何？

【注释】

①晋惠公改葬太子申生：据《左传·僖公十年》记载，申生是被其父
　亲晋献公的夫人骊姬谗害死的，当时埋葬的不符合礼节，所以晋
　惠公即位后改葬申生。晋惠公（？—前637），姓姬，名夷吾，春秋
　时晋国君主。申生（？—前656），晋惠公的哥哥，晋献公原来的
　太子。

②狐突：申生生前的驾车人。适：到。下国：指晋国的别都曲沃，在
　今山西闻喜东北。曲沃是宗庙的所在地，在国都之南，故称下国。

③趋：快步走。

④无礼：这里指改葬不符合礼的规定。

⑤余：我。帝：指上帝。

⑥畀（bì）：给。

⑦祀：祭祀。

⑧歆（xīn）：飨，嗅闻。谓祭祀时神灵享用祭品的香气。非类：不同族。

⑨殄（tiǎn）：灭绝，绝尽。

⑩且民何罪：况且百姓又有什么罪过呢？意思是不应把晋国送给秦
　国，让无辜的百姓亡国。

⑪失刑：刑罚不当。意思是因晋惠公的错误而使得整个晋国灭亡。
　乏祀：指国亡没有人给祭祀。

⑫其：表示命令、劝勉的语气词。图：考虑。之：指将晋国送给秦国

这件事。

⑬诺：表示赞同的声音。

⑭新城：即曲沃，太子申生居此，因新为太子筑城，故名新城。西偏：西侧。巫：古代以侍奉鬼神替人求福消灾为职业的人。见：同"现"，显现。

⑮许：答应，同意。之：指太子。

⑯遂：于是。

⑰之新城：到新城。之，到。舍：住处。

⑱毙：《左传》作"散"，意为败。韩：指晋国的韩原，在今陕西韩城西南。上事参见《左传·僖公十年》。

⑲秦穆公（？—前621）：春秋时秦国君主。

【译文】

晋惠公改葬太子申生。当年秋天，申生生前的驾车人狐突到曲沃去，在路上遇到太子申生的鬼魂。太子申生快步登上狐突的车并告诉他说："夷吾改葬我的行为不符合礼制，我惩罚夷吾的请求已得到上帝的许可了，将把晋国送给秦国，秦国将会祭祀我。"狐突对太子申生说："臣下听说神灵不享受他族的供物，百姓不祭祀他族的人，对您的祭祀不是要断绝了吗？况且晋国的百姓有什么罪呢？刑罚不当，导致国亡无人祭祀，您要好好考虑一下这件事啊！"太子说："好吧，我将再向上帝请示。七天以后，在曲沃新城的西边将会有一位巫，通过他能让我显灵。"狐突答应了申生，于是申生就不见了。到了约定的日期，狐突到曲沃新城西边巫的住处，又和申生相见。申生告诉他说："上帝准许只惩罚有罪的人了，夷吾将会在韩原战败。"四年以后，惠公与秦穆公在韩原交战，被穆公俘虏，竟然如申生所说的一样。这不算神灵又该算什么呢？

曰：此亦杜伯、庄子义之类。何以明之？夫改葬，私怨也，上帝，公神也，以私怨争于公神，何肯听之？帝许以晋畀秦,狐突以为不可,申生从狐突之言,是则上帝许申生非也。神为上帝,不若狐突,必非上帝,明矣。且臣不敢求私于君者,君尊臣卑,不敢以非干也①。申生比于上帝②,岂徒臣之与君哉！恨惠公之改葬,干上帝之尊命,非所得为也。骊姬谮杀其身③,惠公改葬其尸。改葬之恶,微于杀人④;惠公之罪,轻于骊姬。请罚惠公,不请杀骊姬,是则申生憎改葬,不怨见杀也。秦始皇用李斯之议⑤,燔烧《诗》《书》⑥,后又坑儒。博士之怨⑦,不下申生;坑儒之恶,痛于改葬⑧。然则秦之死儒,不请于帝,见形为鬼⑨,诸生会告以始皇无道,李斯无状⑩。

【注释】

①非:错误的事情,指私怨。干:请求。

②比于上帝:和上帝比起来。

③骊姬:申生的后母。谮(zèn):说坏话,陷害。其:指申生。

④微:轻。

⑤议:建议。

⑥燔(fán):焚烧。

⑦博士:秦朝开始设立的用作顾问的官员。

⑧痛:可恨。

⑨见:同"现"。

⑩无状:不肖,不贤。

【译文】

解释说:这也是杜伯、庄子义一类的事情。用什么来证明呢？改葬,只是私怨,而上帝,则是公神,以私怨在公神面前争论,上帝怎么肯听这些事呢？上帝准许把晋国送给秦国,狐突认为这样做不行,申生就听从

了狐突的话，这就是说，上帝先前答应申生的要求是不对的。作为公神
的上帝，还不如一个狐突高明，必定不是上帝，这是很明白的道理。况且
臣子不敢以私事请求于君王，是由于君尊臣卑，臣子不敢以私怨冒犯君
王的缘故。申生和上帝比起来，尊卑悬殊，岂止是臣子与君王之别呢？
申生由于怨恨惠公的改葬，不惜冒犯上帝的尊命，这不是申生所应该做
的事情。骊姬诬陷杀害申生，惠公改葬申生的尸体。改葬的罪恶，小于
杀人；惠公的罪，比骊姬要轻。申生只是请求上帝惩罚惠公，不请求杀掉
骊姬，那么申生只是憎恨改葬，不怨恨被人杀害了。秦始皇采纳李斯的建
议，焚烧《诗》《书》，随后又坑杀儒生。博士官的怨恨，不下于申生；坑杀
儒生的罪恶，比改葬更可恨。然而秦朝被坑杀的儒生，并没有向上帝请求
惩罚秦始皇，也没有现形为鬼，会集并告诉活着的儒生，说秦始皇无道，
李斯不贤。

周武王有疾不豫①，周公请命②，设三坛同一墠③，植璧
秉圭④，乃告于太王、王季、文王⑤。史乃策祝⑥，辞曰⑦："予
仁若考⑧，多才多艺，能事鬼神⑨。乃元孙某不若旦多才多
艺⑩，不能事鬼神⑪。"鬼神者，谓三王也⑫。即死人无知⑬，不
能为鬼神，周公，圣人也，圣人之言审⑭，则得幽冥之实⑮；得
幽冥之实，则三王为鬼神，明矣。

【注释】

①周武王：西周的第一个君主。不豫：古代称君主生病为"不豫"。

②周公请命：据《尚书·金縢》记载，有一次武王得病，周公曾请求
　上天和祖先允许自己代替武王去死。请命，即请求天命。

③坛：祭祀用的土台。墠（shàn）：供祭祀用的经清扫的场地。

④植：立，摆设。璧：玉器。秉：持，拿。圭（guī）：玉器。古代帝王、

诸侯举行朝聘、祭祀、丧葬等隆重仪式时所用的玉制礼器。长条形,上尖下方。其名称、大小因爵位及用途不同而异。

⑤太王:武王的曾祖父。王季:武王的祖父。文王:武王的父亲。

⑥史:史官。策:这里指写有祷词的竹简。祝:祈祷。

⑦辞:祷词。

⑧予:我。若:而。考:通"巧",聪明。

⑨事:侍奉。

⑩乃:你,你的。元孙:长孙。这里指武王。元,大,长。

⑪不能事鬼神:上事参见《尚书·金縢》。

⑫三王:指太王、王季、文王。

⑬即:如果。

⑭审:真实可靠。

⑮得:获得。幽冥:指阴间。

【译文】

周武王生病,周公向先祖请命,在同一块墠地上设三个坛,摆上璧拿着圭,向太王、王季、文王祷告。史官就宣读祷辞为武王祈祷,祷辞说:"我仁爱聪明,多才多艺,能侍奉鬼神。你们的长孙某某不如我姬旦多才多艺,不能侍奉鬼神。"所谓鬼神,说的是太王、王季、文王。如果死人没有知觉,不能变成鬼神,周公是圣人,圣人说的话真实可信,那么就反映了阴间的实情;反映了阴间的实情,那么三王死后变为鬼神,就很清楚明白了。

曰:实人能神乎①?不能神也。如神,宜知三王之心,不宜徒审其为鬼也②。周公请命,史策告祝,祝毕辞已③,不知三王所以与不④,乃卜三龟⑤,三龟皆吉,然后乃喜。能知三王有知为鬼,不能知三王许己与不,须卜三龟,乃知其实。定其为鬼⑥,须有所问,然后知之。死人有知无知,与其许人不许人，一实也。能知三王之必许己，则其谓三王为鬼，可信也；如不能知，谓三王为鬼，犹世俗之人也，与世俗同知⑦，则死人之实未可定也。且周公之请命，用何得之？以至诚得之乎⑧？以辞正得之也？如以至诚，则其请之说⑨，精诚致鬼⑩，不顾辞之是非也⑪。董仲舒请雨之法⑫，设土龙以感气⑬，夫土龙非实⑭，不能致雨⑮，仲舒用之致精诚，不顾物之伪真也。然则周公之请命，犹仲舒之请雨也；三王之非鬼，犹聚土之非龙也。

【注释】

①实人能神乎：据文意，疑本句"人"字前脱一"圣"字。

②审：明白，知道。

③已：完，止。

④所以：据下文"不能知三王许己与不"，疑当作"许己"。许己，答应自己。不（fǒu）：同"否"。

⑤卜三龟：指占卜了三次。卜，用龟甲占卜吉凶。

⑥定：肯定。

⑦知：见解，知识。

⑧至诚：最大的诚意。

⑨则其请之说：据文意，疑本句"之"字前脱一"命"字。

⑩精诚：最大的诚意。致：给，表达。

⑪不顾辞之是非：没有考虑祝辞提到的鬼真实与否。顾，问，管。

⑫请雨：求雨。

⑬感气：感动云雨之气。关于王充对董仲舒设土龙求雨的看法，详见《乱龙篇》。

⑭实：真。

⑮致：招来。

【译文】

　　解释说：实际上圣人能这样神通广大吗？是不可能如此神通的。如果圣人有这样的神通，就应当事先知道三王的心意，不应当只明白三王变成了鬼。周公向先祖请命，史官宣读祷辞，祷告完毕祷辞念完，还不知道三王答不答应自己的请求，于是占卜了三次，三次结果都吉利，这才感到高兴。能够知道三王有知变成了鬼，不能知道三王答不答应自己的要求，必须占卜三次，才能知道实情。肯定三王变为鬼，还需要再问一问，然后才知道他们的心意。死人有知无知，和他们答不答应人的要求实际上是一回事。周公能够知道三王必定答应自己的请求，那么他说三王变成了鬼，是可以相信的；如果不能知道三王是否答应自己，说三王是鬼，就和世俗之人一样了，与世俗之人的见解相同，那么死人的实情就不能肯定了。况且周公向先祖请命，是根据什么达到目的的呢？是靠抱有盼望武王病好的最大的诚意达到目的的呢？还是靠祷辞的正确达到目的的呢？如果是靠最大的诚意达到目的的，那么他请命的祷辞，只不过是向所谓三王变的鬼表达了他最大的诚意，就不会考虑祷辞所提到的鬼是真还是假了。董仲舒祈求下雨的方法，是设置土龙用以感动云雨之气，土龙不是真实的龙，本不能招来降雨，董仲舒用它来表达自己最大的诚意，就不会考虑土龙的真假了。如此说来，周公请命，如同董仲舒祈求下雨一样；三王没有变为鬼，就如同堆的土龙不是真龙一样了。

　　晋荀偃伐齐①，不卒事而还②。瘅疽生③，疡于头④，及著雍之地⑤，病，目出⑥，卒而视⑦，不可唅⑧。范宣子浣而抚之曰⑨："事吴敢不如事主⑩。"犹视⑪。宣子睹其不瞑⑫，以为恨其子吴也⑬，人情所恨，莫不恨子，故言吴以抚之。犹视者，不得所恨也。栾怀子曰⑭："其为未卒事于齐故也乎？"乃复抚之曰："主苟死^⑮，所不嗣事于齐者^⑯，有如河^⑰。"乃瞑受啥^⑱。伐齐不卒，荀偃所恨也，怀子得之，故目瞑受啥，宣子失之^⑲，目张口噤^⑳。

【注释】

①荀偃（yǎn，？—前554）：春秋时晋国大夫。

②不：没有。卒：完成。事：指战事。

③癉疽（dàn jū）：毒疮。

④疡（yáng）：溃烂。

⑤及：到达。著雍：古地名。

⑥目出：眼珠突出。

⑦卒：死。视：眼睛睁着。

⑧啥（hàn）：含东西，古代贵族死后嘴里要含着珠玉。啥，同"含"。

⑨范宣子（？—前548）：即士匄，春秋时晋国大夫。浣（huàn）：洗手。抚：抚摩。

⑩吴：荀吴，荀偃的儿子。主：当时大夫的属官称大夫为"主"，这里指荀偃。

⑪犹：还。

⑫睹：看见。瞑：闭上眼睛。

⑬恨：遗憾，惦念。

⑭栾怀子（？—前550）：栾盈，春秋时晋国大夫。

⑮苟：假如。

⑯嗣：继续。

⑰有如河：与"有如日""有如大江"一样，是古代赌咒发誓时的常用语，意思是有像日、月、江、河一类长存的东西作保证，如违背誓言，就没有好下场。河，黄河。

⑱乃瞑受啥：上事参见《左传·襄公十九年》。

⑲失：判断失误。

⑳噤（jìn）：闭口。

【译文】

　　晋国的荀偃进攻齐国，没有结束战事就回来了。他的头上生了毒疮，并且溃烂，到达著雍时，病情加重，眼珠突出，死后眼睛还睁着，嘴紧闭塞不进珠玉。范宣子洗手后抚摩荀偃说："我侍奉您的儿子吴，一定像侍奉您一样。"荀偃的眼睛还是睁着。范宣子看见他不闭上眼睛，认为他惦念他的儿子荀吴，按人常情，有所惦念，没有不惦念儿子的，所以就提到他的儿子荀吴来安慰他。仍然睁着眼睛，是因为没有说中荀偃所惦念的事情。栾怀子说："大概是没有完成伐齐之事的缘故吧！"于是又安慰他说："如果您死后，我们有谁不继续讨伐齐国这件事，可用黄河作见证。"荀偃才闭上眼睛含进东西。讨伐齐国的事没有完成，是荀偃所遗憾的，栾怀子知道了他的心意，所以荀偃闭上眼睛含进东西，范宣子判断错了，所以荀偃的眼睛睁着嘴巴紧闭。

　　曰：荀偃之病卒，苦目出①，目出则口噤，口噤则不可晗。新死气盛，本病苦目出，宣子抚之早，故目不瞑，口不闿②。少久气衰③，怀子抚之，故目瞑口受晗。此自荀偃之病④，非死精神见恨于口目也。凡人之死，皆有所恨。志士则恨义事未立⑤，学士则恨问多不及⑥，农夫则恨耕未畜谷⑦，商人则恨货财未殖⑧，仕者则恨官位未极⑨，勇者则恨材未优⑩。天下各有所欲乎⑪，然而各有所恨，必有目不瞑者为有所恨⑫，夫天下之人死皆不瞑也⑬。且死者精魂消索⑭，不复闻人之言。不能闻人之言，是谓死也。离形更自为鬼，立于人傍，虽人之言⑮，已与形绝，安能复入身中瞑目闿口乎⑯？能入身中以尸示恨⑰，则能不免⑱，与形相守。案世人论死,谓其精神有若能更以精魂立形见面,使尸若生人者⑲,误矣。

【注释】

①苦:患。

②闿(kǎi):开启。

③少久:过了一会。

④自:原是。

⑤义事:正义事业。

⑥问:学问。多不及:指很多方面造诣不高。

⑦畜:积蓄,积储。

⑧殖:增殖。

⑨仕者:当官的人。极:达到顶点。

⑩勇者则恨材未优:据文意,疑本句"材"字前脱一"用"字。材,才能,这里指武艺。优,指达到最高水平。

⑪欲:追求。乎:句尾表示停顿的语气词。

⑫有:据文意,疑当作"以"字。

⑬夫:发语词。

⑭精魂:精神。消索:消失。索,尽。

⑮虽人之言:据文意,疑"人"字前脱一"闻"字。

⑯安:怎么。

⑰以:通过。

⑱免:脱,离开。

⑲生人:活人。

【译文】

解释说:荀偃病死,患的是眼珠突出的病,眼珠突出则口自然紧闭,口紧闭便不能含东西。刚死的时候体内还充满着气,本来又是患的眼珠突出的病,范宣子抚摩他过早,所以眼睛不闭,口不张开。过了一会,体内的气减弱了,栾怀子安慰他,所以眼睛闭上口就含进了东西。这原本是荀偃的病造成的,并不是他死后精神通过口目的张闭来表示遗憾的心情。凡是人死去,都有遗憾的事情。志士遗憾正义的事业没有成功,学士遗憾学问上很多方面造诣不高,农夫遗憾种了地没有积储粮食,商人遗憾货物钱财没有更多地增殖,当官的人遗憾官位没能达到顶点,勇武的人遗憾武艺没有达到最高水平。天下的人各有各的欲望,那么也各有各自遗憾的事情,如果一定要说死人眼睛不闭是因为有什么遗憾的话,那么天下的人死后眼睛都不会闭上了。况且死去的人精神消失,不能再听见人说话。不能听见人说话,这就是死了。假使精神离开形体另外变成鬼,站立在人的旁边,即使听见人说话,可是精神已经与形体脱离,怎么能够又进入身体中去使眼闭口开呢? 精神如果能够再进入身体中通过尸体来表示遗恨,那么也就能够不离开身体,精神和身体永远相守在一起而变成活人。考察世人对死的看法,说死人的精神就像这样,能够重新用灵魂立形现面,使尸体像活人一样,这就错了。

楚成王废太子商臣①,欲立王子职②。商臣闻之,以宫甲围王③。王请食熊蹯而死④,弗听。王缢而死⑤。谥之曰"灵"⑥,不瞑;曰"成",乃瞑⑦。夫为"灵"不瞑,为"成"乃瞑,成王有知之效也。谥之曰"灵",心恨故目不瞑⑧;更谥曰"成"⑨,心喜乃瞑。精神闻人之议,见人变易其谥,故喜目瞑。本不病目,人不抚慰⑩,目自翕张⑪,非神而何?

【注释】

①楚成王(? —前626):春秋时楚国君主,前671—前626年在位。

商臣:楚穆王(? —前614),前625—前614年在位。

②王子职：商臣的异母弟。

③宫甲：宫里的卫兵。

④熊蹯（fán）：熊掌。蹯，兽足。

⑤缢（yì）：用绳子吊死。

⑥谥：古代君主、后妃、贵族、大臣或名人死后，会根据其生平事迹给其一个用作褒贬的称号，叫"谥"。

⑦乃瞑：上事参见《左传·文公元年》。

⑧恨：怨恨，不满意。

⑨更：改。

⑩抚慰：按抚。

⑪翕（xī）：和合，聚合。

【译文】

楚成王打算废掉太子商臣，想立王子职为太子。商臣听说了此事，派宫里的卫士包围了楚成王。楚成王请求吃一顿熊掌再让他死，商臣不同意。于是楚成王上吊而死。开始时给楚成王的谥号叫"灵"，成王不闭眼；改谥号叫"成"，他才闭上眼睛。谥号为"灵"不闭眼，为"成"才闭眼，这是楚成王死后有知的证明。给他的谥号叫"灵"，他心里不满意所以不闭眼；改谥号为"成"，他心里高兴才闭眼。死人的精神听见人们的议论，见到人们改变了他的谥号，所以心里高兴眼睛就闭上了。本来眼睛没有病，也没有人按抚他，死后眼睛能睁能闭，这不是神灵又是什么呢？

曰：此复荀偃类也。虽不病目，亦不空张①。成王于时缢死②，气尚盛，新绝，目尚开，因谥曰"灵"③。少久气衰，目适欲瞑④，连更曰"成"⑤。目之视瞑，与谥之为"灵"⑥，偶应也⑦。时人见其应"成"乃瞑⑧，则谓成王之魂有所知。

则宜终不瞑也⑨。何则？太子杀己，大恶也；加谥为"灵"，小过也。不为大恶怀忿，反为小过有恨，非有神之效，见示告人之验也⑩。夫恶谥非"灵"则"厉"也，纪于竹帛⑪，为"灵""厉"者多矣，其尸未敛之时⑫，未皆不瞑也。岂世之死君不恶，而独成王憎之哉？何其为"灵"者众，不瞑者寡也？

【注释】

① 空：凭空，无缘无故。

② 于时：在那时候，指刚吊死时。

③ 因：袭，接着。

④ 适：刚巧。

⑤ 连：接着。

⑥ 与谥之为"灵"：据文意，疑本句"灵"字后脱一"成"字。

⑦ 偶应：巧合。

⑧ 时人：当时的人。

⑨ 则宜终不瞑也：据文意，疑"则"字前脱"有所知"三字。

⑩ 见示：显示。

⑪ 竹帛：古代书写用的竹简和丝织品。

⑫ 敛：通"殓"，将死人装进棺材。

【译文】

解释说：这也是与荀偃同类的事情。成王虽然眼睛没有病，也不会凭空睁开。成王刚吊死的时候，身体内的气尚旺盛，刚断气，眼睛还睁着，接着就给他的谥号叫"灵"。一会儿体内的气衰弱了，眼睛刚巧要闭上，接着就改谥号叫"成"。眼睛的开闭，与给他的谥号叫"灵"叫"成"，都是偶然巧合的。当时的人看见他应和了谥号"成"才闭眼，就说楚成王的魂有所知觉。有所知觉，就应当始终不闭上眼睛。为什么呢？太子

杀死了自己，这是罪大恶极；加给谥号叫"灵"，这只是小过错。楚成王
不为极大的罪恶忿怒，反而为小过错怀有遗恨，不是魂有神灵的证明，也
不是魂能显示告知人的证明。坏的谥号不是"灵"就是"厉"之类，记载
在史书上谥号称为"灵""厉"的人是很多的，他们的尸体没有装殓之时，
并非都睁着眼睛啊！难道世上死后得坏谥号的君王都不厌恶坏谥号，而
唯独楚成王憎恶坏谥号吗？为什么被谥为"灵"的君王那么多，而不瞑
目的却这样少呢？

　　郑伯有贪惏而多欲^①，子晳好在人上^②，二子不相得^③。
子晳攻伯有^④，伯有出奔^⑤。驷带率国人以伐之^⑥，伯有死。
其后九年，郑人相惊以伯有，曰："伯有至矣。"则皆走^⑦，不
知所往。后岁^⑧，人或梦见伯有介而行^⑨，曰："壬子^⑩，余将
杀带也。明年壬寅^⑪，余又将杀段也^⑫。"及壬子之日，驷带
卒，国人益惧。后至壬寅日，公孙段又卒，国人愈惧。子产
为之立后以抚之^⑬，乃止矣^⑭。其后子产适晋^⑮，赵景子问
曰^⑯："伯有犹能为鬼乎？"子产曰："能。人生始化曰魄^⑰，
既生魄，阳曰魂^⑱。用物精多则魂魄强^⑲，是以有精爽至于
神明^⑳。匹夫匹妇强死^㉑，其魂魄犹能凭依人以为淫厉^㉒，
况伯有我先君穆公之胄^㉓，子良之孙^㉔，子耳之子^㉕，弊邑之
卿^㉖，从政三世矣^㉗。郑虽无腆^㉘，抑谚曰'蕞尔小国'^㉙，而
三世执其政柄^㉚，其用物弘矣^㉛，取精多矣。其族又大，所凭
厚矣。而强死，能为鬼，不亦宜乎^㉜！"伯有杀驷带、公孙段
不失日期，神审之验也。子产立其后而止，知鬼神之操也^㉝。
知其操，则知其实矣。实有不空，故对问不疑^㉞。子产，智
人也，知物审矣。如死者无知，何以能杀带与段？如不能为

鬼,子产何以不疑?

【注释】

①伯有(? —前543):春秋时郑国大夫。愎(bì):任性。多欲:贪得无厌。

②子皙(xī):春秋时郑国大夫。好(hào):喜欢。

③不相得:合不来。

④攻:率兵攻打。

⑤出奔:逃跑。

⑥驷带率国人以伐之:据《左传·襄公三十年》记载,伯有出奔后,不久又回到国都。驷带讨伐他是其回到国都以后的事。驷带,春秋时郑国大夫,子皙一族的族长。国人,古代称住在国都中的人为"国人"。之,指伯有。

⑦走:逃跑。

⑧后岁:又过一年。

⑨人或:有人。介:盔甲。

⑩壬子:古代用天干与地支相配以纪日,这里指鲁昭公六年(前536)周历三月二日。

⑪壬寅:指鲁昭公七年(前535)周历正月二十七日。

⑫段:公孙段,驷带的同党。

⑬子产(? —前522):春秋时郑国大夫。之:此句两个"之"均指伯有。后:后代。

⑭乃止矣:就不再作怪了。此句后原本有"伯有见梦曰:'壬子,余将杀带;壬寅,又将杀段。'及至壬子日,驷带卒;至壬寅,公孙段死",因与上文重合,疑为衍文,故删。

⑮适:往,去。

⑯赵景子:赵成,春秋时晋国大夫。

⑰人生始化曰魄：古代认为人生下来最初支配身体活动（如耳听、目看等）的是"魄"，它由阴气构成，依附于形体。化，生，形成。

⑱阳曰魂：古代认为人生下来逐渐有了思想意识，这是"魂"在起作用。"魂"由阳气构成，可以离开人体而存在。阳，阳气。

⑲用：享用。精：精华。

⑳有：具备。精爽：指精神的低级阶段。神明：指精神的高级阶段。

㉑匹夫匹妇：普通百姓。强死：无病而死，指被杀。强，健康。

㉒淫厉：邪恶。

㉓穆公：郑穆公，春秋时郑国君主，前627—前606年在位。胄（zhòu）：古代帝王或贵族的后嗣。

㉔子良：郑穆公的儿子。

㉕子耳：郑穆公的孙子。

㉖弊邑：指本国。卿：春秋时官名，相当于后来的"相"。弊，通"敝"，谦词。

㉗从政：当权。三世：三代。

㉘无腆（tiǎn）：不雄厚。腆，丰厚，富足。

㉙抑：可能就是。谚：俗话。蕞（zuì）尔：形容小的样子。

㉚政柄：政权。

㉛弘：多，大。

㉜不亦宜乎：上事参见《左传·襄公三十年》《左传·昭公七年》。

㉝操：品德，性格。

㉞对问：指子产答复赵景子的问话。

【译文】

郑国的伯有任性妄为而又贪得无厌，子皙则喜欢压制别人，两个人很合不来。子皙率兵攻打伯有，伯有出逃。驷带率领国人讨伐伯有，杀死了伯有。事后九年，郑国人用伯有的名字互相惊吓，一说："伯有的鬼魂来了。"大家就都逃跑，慌张得不知道往哪里跑才好。又过了一年，有人梦见伯有穿着盔甲走来,说:"壬子日,我将要杀掉驷带。明年壬寅日,我又将要杀掉公孙段。"到了壬子日那天,驷带死了,国人更加惧怕。后来到了壬寅日,公孙段又死了,国人愈加恐惧。子产以任命伯有的后代为官来安慰伯有,伯有就不再作怪了。事后子产到晋国去,赵景子问他:"伯有还能变成鬼吗?"子产说:"能。人生下来控制本能的叫'魄',已经由阴气产生了'魄',由阳气构成的精神就叫'魂'。生时享用的物的精华充裕,魂魄就强健,所以精神就从精爽发展到神明的境界。普通百姓被杀,他们的魂魄仍然能凭借活人的形体来作恶,何况伯有是我先君穆公的后代,子良的孙子,子耳的儿子,本国的卿,他们家族已经当权三代了。郑国即使不富足,可能就是俗话说的'蕞尔小国',可是三代掌握国家政权,他们享用的物够多了,所取的精华也够多的了。他的宗族又强大,他所依靠的权势相当厚实了。而伯有命不该绝却被人杀死,能变成鬼,不也是应该的吗?"伯有杀驷带、公孙段,不错过定下的日期,这就是神灵的确存在的证明。子产任命伯有的后代为官,伯有就不再作怪,从而可知鬼神的品德了。知道鬼神的品德,那么就知道真的有鬼了。确实有鬼神而不是凭空捏造的,所以在问答中子产对鬼的存在深信不疑。子产,是有智慧的人,对事物的认识是很清楚透彻的。如果死者无知,为什么能杀掉驷带与公孙段呢? 如果不能变成鬼,为什么子产不怀疑呢?

曰:与伯有为怨者,子晳也。子晳攻之,伯有奔,驷带乃率国人遂伐伯有①。公孙段随驷带,不造本辩②,其恶微小。杀驷带不报子晳,公孙段恶微,与带俱死,是则伯有之魂无知,为鬼报仇轻重失宜也③。且子产言曰:"强死者能为鬼。"何谓强死? 谓伯有命未当死而人杀之邪④? 将谓伯有无罪而人冤之也⑤? 如谓命未当死而人杀之,未当死而死者多。如谓无罪人冤之,被冤者亦非一。伯有强死能为鬼,比干、子胥不为鬼。春秋之时，弑君三十六[6]。君为所弑，可谓强死矣。典长一国[7]，用物之精可谓多矣。继体有土[8]，非直三世[9]。贵为人君，非与卿位同也[10]。始封之祖[11]，必有穆公、子良之类也。以至尊之国君[12]，受乱臣之弑祸，其魂魄为鬼，必明于伯有[13]，报仇杀仇，祸繁于带、段[14]。三十六君无为鬼者，三十六臣无见报者。如以伯有无道，其神有知，世间无道莫如桀、纣，桀、纣诛死，魄不能为鬼。然则子产之说[15]，因成事者也[16]。见伯有强死，则谓强死之人能为鬼。如有不强死为鬼者，则将云不强死之人能为鬼。子晳在郑，与伯有何异？死与伯有何殊[17]？俱以无道为国所杀[18]。伯有能为鬼，子晳不能，强死之说通于伯有[19]，塞于子晳[20]。然则伯有之说，杜伯之语也，杜伯未可然，伯有亦未可是也。

【注释】

①乃：才。遂：就此。

②不造本辩：指公孙段不是造成根本纠纷的人。意思是说他不是主犯。辩，争论是非，纠纷。

③失宜：不得当。

④邪（yé）：语气助词。表疑问。

⑤将：还是。

⑥弑君三十六：《春秋》中记载有三十六起君主被弑杀的事件。

⑦典：主，管理。长（zhǎng）：统治。

⑧继体：继位。有土：拥有国土。

⑨非直：不仅。

⑩位：地位。

⑪始：最初。

⑫以：作为。至尊：地位最高。

⑬明：神灵。

⑭繁：多。

⑮然则：既然这样，那么。

⑯因：承袭。成事：既成事实。

⑰死：指子皙死。据《左传·昭公二年》记载，前540年，子皙谋反未遂，子产逼其自杀。

⑱俱：都。以：因为。

⑲通：适用。

⑳塞：不通，这里指不适用。

【译文】

解释说：与伯有结怨仇的人是子皙。子皙攻打伯有，伯有逃跑，驷带才率领国人就此去讨伐伯有。公孙段只是跟随驷带去讨伐，不是害死伯有的主犯，因此他的罪恶微小。伯有杀驷带不报复子皙，公孙段罪小，却与驷带同死，这就是说伯有的魂无知，变成鬼来报仇，对罪的轻重处理得不适当。况且子产说："命不当绝而被杀的人能变成鬼。"什么叫命不当绝而被杀呢？是说伯有命不当死而别人杀死了他呢？还是说伯有没有罪而别人冤枉了他呢？如果是说命不应当死而别人杀了他的话，不当死而死掉的人太多了。如果是说没有罪而别人冤枉了他的话，被冤枉的人也并非只有他一人。伯有命不当绝而被杀死能变成鬼，比干、伍子胥却没有变成鬼。春秋时期，被臣下弑杀的君王有三十六个。君王被臣下杀死，可以说是命不当绝而被杀死的了。主管统治一个国家，享受的物的精华可以说是很多的了。继承君位拥有国土，也不仅仅是三代。作为君王的尊贵，不是卿位的尊贵可比的。最早受封的祖先，必然有穆公、子良这类人物。作为最高地位的国君，遭受乱臣贼子发动的篡弑之祸，他的魂魄变成鬼，一定比伯有更为神灵，报复仇人杀死仇人，造成的祸乱，一定比伯有杀死驷带、公孙段更多。三十六个君王没有变成鬼的，三十六位臣子也没有被报复的。如果认为伯有无道来解释他死后精神有知，那么世间无道的人没有超过桀、纣的，桀、纣被杀死，魂魄却不能变成鬼。既然如此，那么子产的说法，只是根据既成事实来说的。看见伯有命不当绝而被杀死，就说被杀死的人能变成鬼。如果有善终而变成鬼的人，就将会说善终的人能变成鬼。子晳在郑国，跟伯有有什么不同呢？子晳的死与伯有有什么不一样呢？都是由于无道而被国人所杀。伯有能变鬼，子晳不能变鬼，命不当绝而被杀死变鬼的说法适用于伯有，却不适用于子晳。既然这样，那么伯有死后变鬼的传说，和杜伯死后变鬼的传说，是同样性质的，关于杜伯的传说既然认为不对，那么有关伯有的传说也就不能认为是对的。

　　秦桓公伐晋①，次于辅氏②。晋侯治兵于稷③，以略翟土④，立黎侯而还⑤。及雒⑥，魏颗败秦师于辅氏⑦，获杜回⑧。杜回，秦之力人也⑨。初，魏武子有嬖妾无子⑩。武子疾，命颗曰："必嫁是妾⑪。"病困⑫，则更曰："必以是为殉⑬。"及武子卒，颗不殉妾。人或难之⑭，颗曰："疾病则乱，吾从其治也⑮。"及辅氏之役，魏颗见老人结草以亢杜回⑯，杜回踬而颠⑰，故获之。夜梦见老父曰："余，是所嫁妇人之父也。尔用先人之治命⑱，是以报汝⑲。"夫嬖妾之父知魏颗之德⑳，故见体为鬼，结草助战，神晓有知之效验也㉑。

【注释】

①秦桓公：春秋时秦国君主，前603—前577年在位。

②次：停留，驻扎。辅氏：春秋时晋地，在今陕西大荔东。

③晋侯：指晋景公，春秋时晋国君主，前599　前581年在位。治兵：发兵。稷（jì）：春秋时晋地，在今山西稷山县南稷山下。

④略:夺取。翟(dí):同"狄"。古族名,主要居住在北方。亦为中原人对各少数民族的泛称。

⑤立黎侯:指晋景公派兵到黎国后,赶走翟人,恢复了黎侯的君位。黎侯,黎国君主,因土地被翟人侵占而失位。黎,古国名,在今山西黎城东北,一说在今山西长治西南。

⑥雒:底本无,据《左传·宣公十五年》补。雒,同"洛",古地名,在今陕西大荔东,当时属晋国,晋军从黎国回来,到达这里。

⑦魏颗:春秋时晋国将领。

⑧获:俘获。杜回:春秋时秦国将领。

⑨力人:大力士。

⑩魏武子:魏犨(chōu),魏颗的父亲。嬖(bì):宠爱。

⑪是:这。

⑫病困:病重。

⑬殉:殉葬。

⑭难(nàn):责难。

⑮治:指"治命",合理的遗嘱。

⑯结草:把草编成结。喻受恩深重,虽死犹报。结,联结,编织。亢:阻挡。

⑰踬(zhì):绊倒。颠:倒。

⑱尔:你。先人:指魏颗的父亲魏犨。

⑲是以:因此。报:报答。汝:你。上事参见《左传·宣公十五年》。

⑳德:恩德。

㉑晓:聪明。

【译文】

秦桓公进攻晋国,军队驻扎在辅氏。晋侯发兵于稷地,以夺取翟人占据的土地,恢复了黎侯的君位而返。到达雒地时,魏颗在辅氏打败了秦军,俘虏了秦将杜回。杜回,是秦国的大力士。当初,魏武子有宠妾没有儿子。武子刚生病时，授命魏颗说："我死后一定要把这个妾嫁出去。"武子病重时，就改变主意说："一定要这个妾为我殉葬。"到武子死后，魏颗没有将这个妾殉葬。有人以此责难他，魏颗说："人病重了思维就会混乱，我遵从他头脑清醒时合理的遗嘱。"到辅氏之战时，魏颗看见一位老人把草编成结用来阻挡杜回，杜回被绊倒在地，所以魏颗俘获了他。晚上魏颗梦见这位老人对他说："我，是你嫁出去的那个妇人的父亲。你执行你父亲清醒时合理的遗嘱，因此我来报答你。"魏武子宠妾的父亲，知道了魏颗的恩德，所以现出形体为鬼，编织草结来助战，这是鬼神聪明有知的证明。

曰：夫妇人之父，能知魏颗之德，为鬼见形以助其战，必能报其生时所善，杀其生时所恶矣。凡人交游^①，必有厚薄，厚薄当报，犹妇人之当谢也^②。今不能报其生时所厚，独能报死后所善，非有知之验，能为鬼之效也。张良行泗水上，老父授书^③；光武困厄河北，老人教诲^④。命贵时吉^⑤，当遇福喜之应验也。魏颗当获杜回，战当有功，故老人妖象结草于路者也^⑥。

【注释】

①交游：交朋友。

②妇人：指魏武子的嬖妾。

③"张良行泗水上"二句：传说张良年轻时，遇到一个老人授予其一部兵书，后来他用此书帮助刘邦统一了全国。参见《纪妖篇》。

④"光武困厄河北"二句：据《后汉书·光武帝纪》记载，更始二年（24），刘秀在河北遭到王郎的打击，逃过滹沱河，不知道去哪里才对自己有利，此时一位路过的白衣老人对他做出了指点。光

武,指刘秀。厄,指处境困难。

⑤命:王充也称其为天命,认为这是一种决定人生死寿夭和贵贱贫富的神秘力量,具体分为寿命与禄命两种,是人胚胎于母体时,受了不同的气而形成的。参见《命义篇》。时:时势,时运。王充认为,一个人的遭遇是由命决定的,是碰到一定的外在条件偶然得以实现的。参见《偶会篇》。

⑥老人妖象:指老人是一种"气"构成的妖象,而非人死后精神变成的鬼。王充认为国家或个人将遭遇吉凶之事,就有一种由气构成的妖象作为征兆事先出现。参见《订鬼篇》。结草于路者也:底本"路"之后有一"人"字,刘盼遂认为"人"字衍,为是。

【译文】

解释说:那位妇人的父亲,能知道魏颗的恩德,变鬼现形来帮助魏颗作战,必定能够报答他活着时所交好友善的人,杀死他活着时所憎恶的人。凡是人们交朋友,交情一定会有深有浅,无论深浅都应当报答,如同魏武子的宠妾应当感谢魏颗一样。可妇人的父亲不能报答生前交游深厚的人,唯独能报答他死后对其友善的人,这不是死人有知的证明,也不是死人能变鬼的证明。张良行走在泗水河旁,有位老人送给他一部兵书;光武帝在河北处境艰难,有位老人给他指点迷津。命当富贵的人时运吉利,这是应当遇到吉祥事情的证明。魏颗命中注定要俘获杜回,战斗中应当立功,所以老人的妖象就出现在路上结草来帮助他。

　　王季葬于滑山之尾①,栾水击其墓②,见棺之前和③。文王曰:"嘻!先君必欲一见群臣百姓也夫④!故使栾水见之。"于是出而为之张朝⑤,而百姓皆见之,三日而后更葬。文王,圣人也,知道、事之实。见王季棺见,知其精神欲见百姓,故出而见之。

【注释】

①滑山:古山名。尾:脚下。

②栾水:古河名。

③前和:棺材前端的木板。和,棺材两头的木板。

④先君:指王季。也夫:语尾叹词。

⑤出而为之张朝:离开宫廷,到棺材旁为王季设朝。出,底本作"也",据《吕氏春秋·开春》改。张朝,设朝,召集百官来朝见。

【译文】

王季被埋葬在滑山脚下,栾水冲击到他的墓,现出了棺材前端的木板。周文王说:"唉!先君一定是想要见一见群臣和老百姓吧!所以让栾水冲击现出棺材。"于是离开宫廷,到棺材旁为王季设朝,百姓都来朝见他,三天以后又改葬。周文王是位圣人,他明白道理和事情的实质。看到王季的棺材现出来,知道是他的精神想要见到老百姓,所以才会让百姓出城朝见王季的棺材。

　　曰:古今帝王死,葬诸地中①,有以千万数,无欲复出见百姓者,王季何为独然?河、泗之滨②,丘冢非一③,水湍崩壤④,棺椁露见⑤,不可胜数,皆欲复见百姓者乎?栾水击滑山之尾,犹河、泗之流湍滨圻也⑥。文王见棺和露,恻然悲恨⑦,当先君欲复出乎⑧,慈孝者之心,幸冀之意⑨。贤圣恻怛⑩,不暇思论⑪,推生况死⑫,故复改葬。世俗信贤圣之言,则谓王季欲见百姓者也。

【注释】

①诸:"之""于"的合音。

②河:黄河。泗:泗水。滨:水边。

③丘冢：底本作"立家"，递修本作"丘冢"，据改。丘冢，坟堆。

④湍（tuān）：冲刷，冲激。崩：倒塌。壤：土。

⑤棺椁（guǒ）：内棺和外椁。椁，古代套在棺外的大棺。

⑥圻（qí）：通"碕"，岸。

⑦恻然：形容悲痛的样子。

⑧当：连词，相当于"傥""倘若"，表示假设，意为或许。

⑨幸冀：希望。

⑩恻怛（dá）：悲痛，难过。

⑪不暇：顾不上。

⑫推：类推。况：比。

【译文】

解释说：古今帝王死后，埋葬在地中的，人数成千成万，没有想要再出来见百姓的，为什么唯独王季是这样呢？黄河、泗水岸边，坟墓不止一座，河水冲击使土倒塌，棺椁显露出来的，不可胜数，难道都是想要再见一见百姓吗？栾水冲击滑山脚，就如同黄河和泗水的急流冲击河岸一样。周文王看到棺材前头的木板露出来，心情悲伤，认为或许是先君想要再出现，这是慈孝人的心思，希望是这样的原因。贤圣心情悲痛，顾不上思索判断，用活人的心理类推死人，所以又改葬王季。世俗之人深信贤圣的话，就说是王季想见一见百姓。

齐景公将伐宋①，师过太山②，公梦二丈人立而怒甚盛③。公告晏子，晏子曰："是宋之先④，汤与伊尹也。"公疑以为泰山神。晏子曰："公疑之，则婴请言汤、伊尹之状。汤晳以长⑤，颐以髯⑥，锐上而丰下⑦，据身而扬声⑧。"公曰："然，是已⑨。""伊尹黑而短，蓬而髯⑩，丰上而锐下，偻身而下声⑪。"公曰："然，是已。今奈何？"晏子曰："夫汤、太甲、武丁、祖乙⑫，天下之盛君也⑬，不宜无后。今唯宋耳，而公伐之，故汤、伊尹怒。请散师和于宋⑭。"公不用⑮，终伐宋，军果败⑯。夫汤、伊尹有知，恶景公之伐宋，故见梦盛怒以禁止之⑰。景公不止，军果不吉。

【注释】

①齐景公（？—前490）：春秋时齐国君主，前547—前490年在位。宋：春秋时宋国，在今河南东部商丘一带，是周灭商后封商遗民而建立的国家。

②师：军队。太山：即泰山。

③丈人：老人。

④先：祖先。

⑤皙（xī）：肤色白净。以：而。

⑥颐以髯（rán）：指下巴长满了胡子。颐，下巴。髯，颊毛，亦泛指胡须。

⑦锐：尖。

⑧据身：指仰头、挺胸的样子。据，通"倨"，傲慢。扬声：声音洪亮。

⑨已：表示肯定的语气词。

⑩蓬：指头发蓬乱。

⑪偻（lǔ）身而下声：曲背弯腰，低声下气。形容谦恭的样子。偻，泛指身体弯曲。下，低。

⑫太甲、武丁、祖乙：三人是商朝的君主。

⑬盛君：有盛名的君主。

⑭散师：退兵。

⑮用：采纳。

⑯军果败：上事参见《晏子春秋·内篇谏上》。

⑰见梦：出现在梦中。

【译文】

　　齐景公将要进攻宋国，军队路过泰山，景公梦见两位老人站在面前对他极为愤怒。景公把这件事告诉了晏子，晏子说："这是宋国人的祖先成汤和伊尹。"景公怀疑他们是泰山神。晏子说："您怀疑他们不是成汤和伊尹，就请让我说说成汤和伊尹的形象。成汤皮肤白而身材高，下巴上长满了胡子，面部上尖下阔，昂首挺胸声音洪亮。"景公说："对，正是这模样。"晏子说："伊尹皮肤黑而身材矮小，头发蓬乱长着胡子，面部上阔下尖，曲背弯腰样子谦恭。"景公说："对，正是这模样。现在怎么办呢？"晏子说："成汤、太甲、武丁、祖乙，都是天下有盛名的君王，不应当没有后代。现今商的后代只剩下宋国了，而您进攻他们，所以成汤、伊尹要发怒。请您退兵和宋国讲和。"景公没有采纳晏婴的意见，最终还是进攻了宋国，军队果然吃了败仗。成汤、伊尹死后精神有知，憎恶景公进攻宋国，所以出现在梦中以大怒的方式禁止景公伐宋。景公不停止进攻，军队果然不吉利。

　　曰：夫景公亦曾梦见彗星①，其时彗星不出，然而梦见之者，见彗星其实非。梦见汤、伊尹，实亦非也。或时景公军败不吉之象也②。晏子信梦，明言汤、伊尹之形，景公顺晏子之言，然而是之③。秦并天下④，绝伊尹之后，遂至于今，汤、伊尹不祀⑤，何以不怒乎？

【注释】

①彗星：俗称扫帚星，古代认为它的出现是不吉利的预兆。上事参见《晏子春秋·外篇》。

②或时：或者，或许。象：妖象。

③然而是之:指同意并肯定晏子所说的成汤、伊尹的样子。

④并:统一。

⑤不祀:没有人祭祀。

【译文】

解释说:景公也曾经梦见过彗星,可是当时彗星并没有出现,这就是说梦见的那颗彗星,其实并不是真的彗星。梦见成汤、伊尹,其实也并不是真的成汤、伊尹。或许是景公的军队要吃败仗而出现的不吉利的妖象。晏子相信梦,明确地说出成汤、伊尹的形象,景公顺从晏子的话,同意并肯定晏子所说的成汤、伊尹的相貌。秦国统一天下,断绝了成汤、伊尹的后代,一直到今天,成汤、伊尹没有人祭祀,怎么却不发怒呢?

郑子产聘于晋①。晋侯有疾②,韩宣子逆客③,私焉④,曰:"寡君寝疾⑤,于今三月矣,并走群望⑥,有加而无瘳⑦。今梦黄熊入于寝门⑧,其何厉鬼也⑨?"对曰:"以君之明⑩,子为大政⑪,其何厉之有!昔尧殛鲧于羽山⑫,其神为黄熊,以入于羽渊⑬,实为夏郊⑭,三代祀之⑮。晋为盟主⑯,其或者未之祀乎⑰?"韩子祀夏郊⑱,晋侯有间⑲。黄熊,鲧之精神,晋侯不祀,故入寝门。晋知而祀之,故疾有间。非死人有知之验乎?

【注释】

①聘:访问。

②晋侯:指晋平公,春秋时晋国君主。

③韩宣子(?—前497):韩起,春秋时晋国大夫。逆:迎。

④私:私下谈话。

⑤寡君:臣子对别国人称呼本国君主时用的谦称。寝疾:卧病。

⑥并：都，俱。望：祭祀名，指祭祀山川。

⑦加：加重。瘳（chōu）：病愈。

⑧寝门：卧室门。

⑨厉鬼：恶鬼。

⑩君：指晋国的君主。明：英明。

⑪子：韩宣子。

⑫殛（jí）：杀。羽山：古山名，传说在今山东郯城东北。

⑬羽渊：羽山附近的深渊。

⑭郊：祭祀名，指祭天。

⑮三代：指夏、商、周。

⑯晋为盟主：周衰落后，晋逐渐强大，成为当时诸侯国的盟主。盟主，诸侯国的首领。

⑰之：指鲧。

⑱祀夏郊：祭祀夏朝所祭祀的鲧。

⑲间：病好转。上事参见《左传·昭公七年》。

【译文】

郑国的子产访问晋国。晋侯有病，由韩宣子接待，他同子产私下交谈，说："我国君卧病，至今已三个月了，把该祭祀的山川都去祭遍了，君王的病只见加重而不见好转。现在梦见黄熊进入卧室门，它是什么恶鬼呢？"子产说："凭你们国君的英明，您任正卿掌权，会有什么恶鬼呢？从前尧在羽山杀了鲧，鲧的精神变成黄熊，钻进羽山的深渊中，成为夏朝祭天时配祭的神灵，夏、商、周三代都祭祀他。晋国作为盟主，晋侯可能没有祭祀鲧吧？"于是韩宣子按照夏朝郊祀的仪式来祭祀鲧，晋侯的病就有所好转。黄熊，是鲧的精神变的，晋侯不祭祀它，所以它进入卧室门。晋国知道了就祭祀它，所以晋侯的病好转了。这不是死人有知的证明吗？

夫鲧殛于羽山①，人知也。神为黄熊，入于羽渊，人何以得知之？使若鲁公牛哀病化为虎[2]，在[3]，故可实也[4]。今鲧远殛于羽山，人不与之处[5]，何能知之！且文曰[6]："其神为熊。"是死也。死而魂神为黄熊，非人所得知也。人死世谓鬼，鬼象生人之形，见之与人无异，然犹非死人之神，况熊非人之形，不与人相似乎！审鲧死其神为黄熊，则熊之死，其神亦或时为人，人梦见之，何以知非死禽兽之神也！信黄熊谓之鲧神，又信所见之鬼以为死人精也，此人、物之精未可定，黄熊为鲧之神未可审也。且梦，象也[7]，吉凶且至[8]，神明示象，熊罴之占[9]，自有所为[10]。使鲧死其神审为黄熊，梦见黄熊，必鲧之神乎？诸侯祭山川，设晋侯梦见山川[11]，何复不以祀山川[12]，山川自见乎？人病，多或梦见先祖死人来立其侧，可复谓先祖死人求食，故来见形乎？人梦所见，更为他占[13]，未必以所见为实也。何以验之？梦见生人，明日问所梦见之人[14]，不与己相见[15]。夫所梦见之人不与己相见，则知鲧之黄熊不入寝门。不入，则鲧不求食。不求食，则晋侯之疾非废夏郊之祸[16]。非废夏郊之祸，则晋侯有间非祀夏郊之福也。无福之实，则无有知之验矣。亦犹淮南王刘安坐谋反而死[17]，世传以为仙而升天。本传之虚，子产闻之，亦不能实。偶晋侯之疾适当自衰[18]，子产遭言黄熊之占[19]，则信黄熊鲧之神矣。

【注释】

①夫鲧殛（jí）于羽山：据文例，疑本句"大"字前脱一"曰"字。

②使：假使。若：象。公牛哀：春秋时鲁国人，据《淮南子·俶真训》

记载,他在患病七天后化为虎。

③在:指虎在。

④实:肯定。

⑤处:在一起。

⑥文曰:指上面子产的话。

⑦象:虚象,这里指征兆。

⑧且:将。

⑨熊罴(pí):这里指黄熊。罴,熊的一种。占:预兆。

⑩所为:预示的事情。

⑪设:假设。

⑫何:据文意,疑为"可"字之讹。

⑬更:另外。

⑭明日问所梦见之人:底本无"问",递修本本句"所"字前有一"问"字,据补。

⑮不:未。

⑯废:废掉,停止。

⑰亦犹:也就像。刘安:西汉宗室,因谋反被察觉,畏罪自杀。坐:因……被治罪。

⑱衰:减轻。

⑲遭言:碰巧说。

【译文】

解释说:鲧被杀死在羽山,这是人们所知道的事。鲧的精神变成黄熊,进入羽山的深渊,人们是根据什么得知的呢?假如鲁国的公牛哀患病后变成老虎,老虎确实存在,所以可以肯定这件事。鲧被杀于远远的羽山,人们又没有和他在一起,怎么能知道他变为黄熊呢?况且子产说:"鲧的精神变成了黄熊。"这是说鲧死了。死后魂魄变成黄熊,这不是人们所能知道的。人死后世人称为鬼,鬼的形象和活人的一样,看见鬼和人没有什么不同,然而他不是死人的精神所变的,何况黄熊不是人的形状,并不与人相似呢!如果鲧死后他的精神确实变成了黄熊,那么黄熊死后,它的精神或许能变成人形,人们在梦中见到一个人,怎么知道这不是死去的禽兽的精神变成的呢?相信黄熊是鲧的精神变的,又相信梦中见到的鬼是死人的精神变的,这就是说连梦见的黄熊是人的精神变的还是熊的精神变的都不能确定,那么黄熊是鲧的精神变的也不能确定了。况且梦是一种征兆,吉凶将要出现,神明用梦来向人预示,熊罴表现的预兆,自有它所要预示的事情。假如鲧死后他的精神确实变成了黄熊,晋侯梦中见到的黄熊,就一定是鲧的精神所变的吗?诸侯祭祀山川,假如晋侯梦见山川,难道还能认为由于晋侯不祭山川,山川会自己出现在梦中吗?人病了,有时多会梦见先祖站在他的身旁,难道还能说先祖来要求享受供物,所以在梦中现形吗?人在梦中见到的,可能是别的事情的征兆,不一定真是梦见的那种事情的预兆。用什么来证明这一点呢?梦中见到某位活着的人,第二天问梦中所见到的那个人,他并没有和自己相见。从梦中所见到的人并没有和自己相见的事例,就能知道鲧变的黄熊不会进入卧室门。黄熊不进入卧室门,那么就不是鲧要求享受供物。不要求享受供物,那么晋侯的病并不是因为废止了夏朝郊祀时一并祭祀鲧的传统而引起的灾祸。不是因为废止了夏朝郊祀时一并祭祀鲧而引起的灾祸,那么晋侯的病好转也并不是由于祭祀了夏朝郊祀的鲧而获得的福佑。既然夏郊没有真正得到福佑,那也就证明鲧死后是没有知觉的。也就像淮南王刘安因谋反而畏罪自杀,世人传说他成仙升天了一样。这本来是虚妄的传说,子产听到这种传说,也是不能加以证实的。遇上晋侯的病正好自己减轻,子产碰巧说到黄熊的预兆,人们就相信黄熊是鲧的精神了。

高皇帝以赵王如意为似我而欲立之①,吕后恚恨②,后鸩杀赵王③。其后,吕后出,见苍犬④,噬其左腋⑤。怪而卜之,赵王如意为祟⑥,遂病腋伤⑦,不愈而死⑧。盖以如意精神为苍犬,见变以报其仇也⑨。

【注释】

①高皇帝:汉高祖刘邦。如意:刘如意,刘邦的第四个儿子,为戚夫人所生,被封为赵王。似我:像自己。立:指立为太子。

②恚(huì)恨:怨恨。

③鸩(zhèn)杀:鸩酒,有剧毒。这里指用鸩酒杀人。

④苍犬:灰白色的狗。

⑤噬:咬。

⑥为祟(suì):作祟,指鬼神带给人灾祸。

⑦病:害,患。

⑧愈:病好。上事参见《史记·吕太后本纪》。

⑨变:变异,异常现象。

【译文】

高祖因为赵王如意很像自己而想把他立为太子,吕后怨恨此事,后来就用鸩酒毒杀了赵王。事后,吕后外出,看见一只灰白色的狗,这只狗咬伤了她的左腋。吕后感到奇怪就占卜此事,发现是赵王如意在作祟,于是吕后因腋伤而病倒,病情未能好转就死了。大概是赵王如意的精神变成灰白色的狗,现出异变来报他的仇。

曰:勇士忿怒,交刃而战,负者被创①,仆地而死。目见彼之中己②,死后其神尚不能报。吕后鸩如意时,身不自往,使人饮之,不知其为鸩毒,愤不知杀己者为谁,安能为祟以报吕后?使死人有知,恨者莫过高祖。高祖爱如意而吕后杀之,高祖魂怒,宜如雷霆,吕后之死,宜不旋日③。岂高祖之精,不若如意之神? 将死后憎如意④,善吕后之杀也?

【注释】

①创:伤。

②中:击中,伤。

③不旋日:不超过一天。

④将:抑,还是。

【译文】

解释说:勇士忿怒之时,双方刀刃相交进行战斗,战败的被刀刃所伤,倒地而死。他亲眼看到对方击中自己,死后他的精神尚且不能报仇。吕后用鸩酒毒杀如意时,并没有亲自前往,派人让如意喝酒,如意不知道那是鸩毒,即使愤怒也不知道杀死自己的是谁,怎么能作祟向吕后报仇呢? 如果死人有知,没有谁比高祖更痛恨杀死如意的人。高祖喜爱如意而吕后杀了如意,高祖魂神的震怒应当像雷霆一般,吕后被处死应当不超过一天。是高祖的精神还不如如意的精神神灵呢? 还是高祖死后又憎恨起如意来,赞成吕后杀死他呢?

丞相武安侯田蚡与故大将军灌夫杯酒之恨①,事至上闻②。灌夫系狱③,窦婴救之④,势不能免灌夫坐法⑤,窦婴亦死。其后,田蚡病甚,号曰"诺诺"⑥,使人视之⑦,见灌夫、窦婴俱坐其侧,蚡病不衰,遂至死⑧。

【注释】

①田蚡(?—前131):汉武帝时丞相,封武安侯。灌夫(?—前131):汉景帝、武帝时大臣,因罪失官,后在酒席上得罪田蚡,与窦婴同时被田蚡设法杀死。

②上闻：臣子将事情报告给朝廷。

③系狱：逮捕入狱。

④窦婴（？—前131）：西汉外戚，武帝时曾任丞相。

⑤势：力量，能力。

⑥号（háo）：大声喊叫。诺诺：是是，表示承认错误。

⑦人：指下文的占鬼之人。

⑧遂至死：上事参见《史记·魏其武安侯列传》。

【译文】

　　丞相武安侯田蚡与故大将军灌夫因为在酒席上的纠纷成仇，事情发展到皇上听说了这件事。灌夫被逮捕入狱，窦婴要援救他，但凭借他的力量并不能使灌夫免罪，灌夫因此被治罪，窦婴也因罪被处死。事后，田蚡病得很厉害，喊叫"是是"来认罪，派占鬼的人去看他，发现灌夫、窦婴的鬼魂都坐在他的身旁，田蚡的病不见转轻，终至于死亡。

　　曰：相杀不一人也①，杀者后病，不见所杀②，田蚡见所杀。田蚡独然者，心负愤恨③，病乱妄见也。或时见他鬼④，而占鬼之人闻其往时与夫、婴争⑤，欲见神审之名，见其狂"诺诺"⑥，则言夫、婴坐其侧矣。

【注释】

①不：不止。

②所杀：被杀的人。

③心负：亏心。愤：烦闷。

④鬼：指妖象。

⑤占鬼之人：指以占卜鬼神为职业的人。往时：过去。

⑥狂：狂叫。

【译文】

解释说：杀过人的不止是田蚡一个，后来杀人的人病了，并不见被他杀害的人来作祟，田蚡却见到他所杀的人来作祟。唯独田蚡如此，是由于他感到亏心而烦闷悔恨，病中神志昏乱，误认为看到了鬼。或许是看到了其他的妖象，而占鬼之人了解他过去与灌夫、窦婴的仇恨，想显示一下自己占卜鬼神非常灵验的名声，看到田蚡狂叫"是是"，就说灌夫、窦婴坐在他的身旁。

淮阳都尉尹齐为吏酷虐①，及死，怨家欲烧其尸②，尸亡去归葬③。夫有知，故人且烧之也④；神，故能亡去。

【注释】

①淮阳：西汉高帝十一年（前196），立子友为淮阳王，都陈县（今河南淮阳）。惠帝元年（前194）改为郡。此后或国、或郡。都尉：官名，郡的武官。尹齐：汉武帝时的官吏。酷虐：残暴。

②怨家：指怨恨尹齐的人。

③尸亡去归葬：底本无"尸"，据《史记·酷吏列传》补。亡，逃走。上事参见《史记·酷吏列传》。

④故人且烧之也：据文意，疑本句"故"字后脱一"知"字。

【译文】

淮阳郡都尉尹齐为吏残暴，到他死后，怨恨尹齐的人想烧毁他的尸体，可是他的尸体自己逃离去安葬了。看来死人有知，所以知道别人将要烧他的尸体；死人有神灵，所以尸体能够逃离。

曰：尹齐亡，神也，有所应①。秦时三山亡②，周末九鼎沦③，必以亡者为神，三山、九鼎有知也。或时吏知怨家之谋^④,窃举持亡,惧怨家怨己,云自去。凡人能亡,足能步行也。今死,血脉断绝,足不能复动,何用亡去?吴烹伍子胥^⑤,汉菹彭越^⑥。烧、菹,一僇也^⑦;胥、越,一勇也。子胥、彭越不能避烹亡菹^⑧,独谓尹齐能归葬,失实之言,不验之语也。

【注释】

①应:感应。

②三山亡:有三座山不见了。

③九鼎:传说夏禹曾用九州进贡的铜铸造了九个鼎,象征九州,后代将其视为象征统治天下的宝器。沦:亡。

④吏:属吏,指尹齐的部下。

⑤烹:煮。

⑥菹(zū):古代一种酷刑,把人剁成肉酱。彭越:西汉初异姓诸侯王,被封为梁王。

⑦一:同样。僇(lù):通"戮",杀。

⑧亡:逃脱。

【译文】

解释说:尹齐的尸体能逃走,是死人有神灵,能够有所感应。秦代时候有三座山不见了,周代末期九鼎沦亡了,一定认为能逃走的东西就是有神灵,那么三山、九鼎也有知觉了。或许是尹齐的部吏知道冤家们的打算,便偷偷地运走了尹齐的尸体,又害怕这些人恨自己,就说尹齐的尸体是自己逃走的。凡是人能逃亡,必须有脚能行走。人死了,血脉断绝,脚不能再动,靠什么逃走呢?吴王烹煮伍子胥,汉朝把彭越剁成肉酱。烧和烹、剁,是同样的杀法;尹齐与伍子胥、彭越,同样勇敢。伍子胥和彭越不能逃避烹煮和剁成肉酱的刑戮,唯独说尹齐的尸体能自己归葬,这是不真实的谣言,是没有验证的传闻。

亡新改葬元帝傅后①，发其棺②，取玉柙印玺③，送定陶④，以民礼葬之。发棺时，臭憧于天⑤，洛阳丞临棺⑥，闻臭而死。又改葬定陶共王丁后⑦，火从藏中出⑧，烧杀吏士数百人⑨。夫改葬礼卑，又损夺珍物，二恨怨⑩，故为臭出火，以中伤人。

【注释】

①亡新：新朝灭亡后，东汉人对其的贬称。新，新朝。西汉末年王莽代汉，建立新朝。元帝傅后：汉元帝的妃子，汉哀帝的祖母。汉平帝元始五年（5），王莽掌权，用薄礼改葬傅太后与哀帝母丁太后。

②发：打开。

③玉柙（xiá）：玉制的匣子。印玺：这里指傅太后的印。

④送定陶：哀帝是成帝的侄子，因成帝无子，被选为帝。他的父亲刘康原封为定陶王，为傅太后所生。傅太后原来跟着刘康住在定陶，哀帝继位后，迁居京城。死后，与元帝合葬。王莽掌权，为贬低她，将其陪葬的玉玺毁坏，将其尸首移送到定陶埋葬。定陶，县名。战国秦置，属东郡，治所在今山东定陶西北。汉成帝封其异母兄弟刘康于此。

⑤憧（chōng）：通"冲"，直向某一方向而去。

⑥丞：县丞，县令的助手。临：靠近。

⑦丁后：定陶共王的妻子，哀帝的母亲，哀帝继位后封为皇太后。

⑧藏（zàng）：墓穴，坟墓。

⑨烧杀吏士数百人：上事参见《汉书·外戚传》。

⑩二：指傅后与丁后。

【译文】

新朝改葬汉元帝傅太后，打开她的棺材，取出玉匣印玺，将尸首送回定陶，用一般百姓的礼节埋葬她。打开棺材时，臭气冲天，洛阳丞靠近棺材，闻了臭气被毒死了。又改葬定陶共王丁后，烈火从墓穴中冲去，烧死吏士几百人。用卑下的礼节改葬，又毁坏夺取陪葬的珍贵之物，使傅后和丁后怨恨，所以放出臭气冲出烈火，用来伤害参与改葬的人。

曰：臭闻于天，多藏食物，腐朽猥发[①]，人不能堪毒愤[②]，而未为怪也。火出于藏中者，怪也，非丁后之神也。何以验之？改葬之恨，孰与掘墓盗财物也？岁凶之时[③]，掘丘墓取衣物者以千万数，死人必有知[④]，人夺其衣物，倮其尸骸[⑤]，时不能禁[⑥]，后亦不能报[⑦]。此尚微贱[⑧]，未足以言。秦始皇葬于骊山[⑨]，二世末[⑩]，天下盗贼掘其墓，不能出臭为火以杀一人。贵为天子，不能为神，丁、傅妇人，安能为怪？变神非一，发起殊处[⑪]，见火闻臭，则谓丁、傅之神，误矣。

【注释】

①猥（wěi）：猛烈。

②堪：忍受。毒：毒气，臭气。愤：闷，窒息。

③岁凶：荒年。

④必：假使，果真。

⑤倮（luǒ）：光身。尸骸：尸骨。

⑥时：当时。

⑦报：报复。

⑧微贱：指死人的身份低下。

⑨骊山：山名，在今陕西西安临潼区东南。

⑩二世：秦二世。

⑪殊处：地方不同。

【译文】

解释说：臭气冲天，是因为墓中储藏食物很多，腐烂后臭气猛烈发作的缘故，人不能忍受臭气而窒息，并不是怪事。烈火出于墓穴中，虽然奇怪，但并不是丁后的鬼魂所为。用什么来证明呢？改葬与掘墓盗窃财物相比，哪样更让人痛恨呢？饥荒年头，挖掘丘墓盗取衣物的人以千万数，假如死人有所知觉，活人夺取他的衣物，裸露他的尸骨，为何当时既不能禁止，事后也不能报复。这尚且是微贱人的事，不足以说明问题。秦始皇葬在骊山，秦二世末年，天下盗贼挖掘秦始皇的墓，墓中却不能放出臭气冲出烈火来杀死一个人。秦始皇贵为天子，都不能显示出他的灵验，丁后、傅后是妇人，怎么能作怪呢？怪异现象的出现不止一个，又发生在不同的地方，见到烈火闻到臭气，就说是丁后、傅后的灵验，这就错了。

纪妖篇第六十四

【题解】

　　本篇对当时记载与流传的八件关于鬼神的传说,进行了分析与解释。"纪妖"就是考订怪事的意思。王充认为"死人不为鬼",因此否认了殷纣王的琴师师延死后仍在濮水边弹琴这种"死人为鬼"的说法,指出师延"自投濮水,形体腐于水中,精气消于泥涂",根本不可能再有能力弹琴,就像是屈原死后,手已经腐烂,不能再写文章一样。之后对于各种关于鬼神的传说,上到天帝,下到黄石成精,王充认为它们都是虚假不真实的。

　　但是王充在否认这些鬼神存在同时,却又提出了"妖象"的观念来解释以上的记载,认为各种神怪的出现都是由阳气构成的妖象,这些妖象与现实中的事物十分相似,它们的出现是对于国家或个人命运吉凶的征兆。由此一来,王充实际上并未完全抛弃有鬼论的观点,而是为其找到了另外的解释。

　　卫灵公将之晋①,至濮水之上②,夜闻鼓新声者③,说之④,使人问之,左右皆报弗闻⑤。召师涓而告之曰⑥:"有鼓新声者,使人问,左右尽报弗闻,其状似鬼⑦,子为我听而写之⑧。"师涓曰:"诺⑨。"因静坐抚琴而写之。明日报曰:"臣得之矣,然而未习⑩,请更宿而习之⑪。"灵公曰:"诺。"因复宿。明日已习,遂去之晋。晋平公觞之施夷之台⑫,酒酣⑬,灵公起曰:"有新声,愿请奏以示公。"公曰⑭:"善。"乃召师涓,令坐师旷之旁⑮,援琴鼓之⑯。未终,旷抚而止之,曰:"此亡国之声,不可遂也⑰。"平公曰:"此何道出⑱?"师旷曰:"此师延所作淫声⑲,与纣为靡靡之乐也⑳。武王诛纣,悬之白旄㉑,师延东走㉒,至濮水而自投㉓,故闻此声者必于濮水之上。先闻此声者其国削㉔,不可遂也。"平公曰:"寡人好者音也㉕,子其使遂之㉖。"师涓鼓究之㉗。

【注释】

①卫灵公(? —前493):春秋时卫国君主。之:到。晋:春秋时晋国,在今山西、河北西南部、河南北部一带。

②濮(pú)水:古河名,今已淤塞,故道在今河南东北部与山东西南部。上:岸边。

③鼓:奏。新声:新曲。

④说:同"悦",喜欢。

⑤左右:在身边侍候的人。弗:没有。

⑥师涓:人名,卫灵公的乐师。

⑦状:情况。

⑧子:你,古代对男子的尊称。写:仿效,摹写。之:指听到的乐曲。

⑨诺:答应的声音,表示同意。

⑩习:熟习,熟练。

⑪更宿:再住一夜。

⑫晋平公(? —前532):春秋时晋国君主。觞(shāng):盛酒的器

皿,这里指请人喝酒。前一个"之":指卫灵公。施夷:古地名。

⑬酒酣:喝酒喝得很痛快。

⑭公:指晋平公。

⑮师旷:人名,春秋时晋国有名的乐师。

⑯援:拿。

⑰遂:终,这里指奏完。

⑱道:由,从。

⑲师延:人名,殷纣王的乐师。淫声:放荡、不正派的音乐。

⑳纣:殷纣王。靡靡(mǐ):柔弱,颓靡。

㉑悬之白旄(máo):这里指把纣王的脑袋悬挂在用白色牦牛尾作装饰的旗杆上。旄,古时旗杆头上用牦牛尾做的装饰。

㉒东走:向东逃跑。

㉓自投:投河自杀。

㉔国削:国土被人侵占,亡国。

㉕寡人好(hào)者音也:《韩非子·十过》《史记·乐书》"好"字上有一"所"字。寡人,古代君主的自称。好,喜爱,爱好。

㉖其:表示命令、劝勉的语助词。

㉗究:到底,完。

【译文】

卫灵公将要到晋国去,经过濮水岸边,晚上听见有人在弹奏新曲子,很喜欢这首乐曲,派人去寻问弹奏的人,身边的人都说没有听见弹琴声。卫灵公召见师涓并把此事告诉他说:"有人弹奏新的曲子,派人寻问,我身边的人全都说没有听见弹琴声,这种现象有点像是鬼在弹奏乐曲,你为我认真听曲子并把它谱写下来。"师涓说:"好。"于是静坐弹琴并谱写曲子。第二天向卫灵公报告说:"我已经掌握了这首新曲,然而还不熟练,请求再住一夜让我熟练它。"卫灵公说:"好吧。"于是又研习了一晚。第二天师涓完全熟习这首新曲,于是离开濮水前往晋国。晋平公在施夷台招待灵公喝酒,酒饮到畅快时,灵公起身对平公说:"我有新曲子,请允许奏给您听。"平公说:"好。"就召来师涓,让他坐在师旷的身旁,拿琴弹奏起来。曲子尚未奏完,师旷按住琴阻止师涓继续弹奏,说:"这是亡国之音,不可以奏完。"平公问:"这支曲子出自何处?"师旷回答说:"这是师延所作的淫乐,是奏给纣王听的靡靡之音。武王诛灭纣王,把纣王的头悬挂在白旄旗杆上,师延向东逃跑,到濮水时投河自杀,所以,一定是在濮水岸边听到这支曲子的。先听见这支曲子的人,他的国土会被侵占而亡国,所以不能让这首曲子奏完。"平公说:"我所喜好的就是音乐,你让师涓奏完吧。"于是师涓弹奏完这支曲子。

　　平公曰:"此所谓何声也?"师旷曰:"此所谓清商①。"公曰:"清商固最悲乎②?"师旷曰:"不如清徵③。"公曰:"清徵可得闻乎④?"师旷曰:"不可!古之得听清徵者,皆有德义之君也。今吾君德薄⑤,不足以听之。"公曰:"寡人所好者音也,愿试听之。"师旷不得已,援琴鼓之。一奏⑥,有玄鹤二八从南方来⑦,集于郭门之上危⑧;再奏而列⑨,三奏延颈而鸣⑩,舒翼而舞⑪。音中宫商之声⑫,声彻于天⑬。平公大悦,坐者皆喜⑭。

【注释】

①清商:古乐曲名。商,五音中的一音。古代以宫、商、角、徵、羽为五音。

②固:必,确实。悲:悲哀,指乐曲动人。

③清徵:古乐曲名。

④可得:能够。

⑤吾君:指晋平公。

⑥一奏：奏第一遍。

⑦玄：黑色。二八：十六。

⑧集：聚集。郭：疑当作"郎"，形近而误。《感虚篇》言"廊门之危"，下文亦言"廊瓦""廊室"。郎，通"廊"。上：高。危：屋脊。

⑨列：排列，指玄鹤排列成跳舞的队形。

⑩延：伸。

⑪舒：展。

⑫音：指玄鹤的叫声。中：合乎。

⑬彻：通。

⑭坐者：在座的人。

【译文】

平公问："这是什么曲子？"师旷说："这称为清商曲。"平公问："清商曲确实是乐曲中最悲哀动人的吗？"师旷说："比不上清徵悲哀。"平公问："清徵曲能够演奏给我听吗？"师旷说："不行！古代能够听清徵曲的人，都是有德义的君王。现在你的德义浅薄，不能听清徵曲。"平公说："我所喜好的就是音乐，希望能听听清徵曲。"师旷迫不得已，只好拿琴来弹奏清徵曲。当演奏第一遍时，有黑鹤十六只从南方飞来，停聚在廊门高高的屋脊上；演奏第二遍时，黑鹤排列成跳舞的队形，当演奏第三遍时，黑鹤伸长脖颈鸣叫，展翅起舞。鹤的叫声与宫商之音相应合，声音响彻天空。平公很高兴，在座的人全都欣喜不已。

平公提觞而起，为师旷寿①，反坐而问曰②："乐莫悲于清徵乎？"师旷曰："不如清角③。"平公曰："清角可得闻乎？"师旷曰："不可！昔者黄帝合鬼神于西大山之上④，驾象舆⑤，六玄龙，毕方并辖⑥，蚩尤居前⑦，风伯进扫⑧，雨师洒道⑨，虎狼在前，鬼神在后，虫蛇伏地，白云覆上⑩，大合鬼神,乃作为清角。今主君德薄,不足以听之。听之,将恐有败⑪。"平公曰:"寡人老矣,所好者音也,愿遂听之。"师旷不得已而鼓之。一奏之,有云从西北起;再奏之,风至,大雨随之,裂帷幕⑫,破俎、豆⑬,堕廊瓦⑭,坐者散走。平公恐惧,伏于廊室。晋国大旱,赤地三年⑮。平公之身遂癃病⑯。何谓也?

【注释】

①寿:敬酒祝贺。

②反坐:回到自己的座位上。

③清角:古乐曲名。

④合:召集。西大山:传说中的山名。

⑤象舆:用象拉的车。舆,车。

⑥毕方:传说中的神名。辖:车轴头上的键。

⑦蚩尤:古代传说中东方九黎族的首领。

⑧风伯:传说中的风神。进扫:扫地开路。

⑨雨师:传说中的雨神。

⑩覆上:指白云飘浮在他的车子上空。覆,盖。

⑪败:坏,凶祸。

⑫帷幕:帐幕。

⑬俎(zǔ)、豆:古代祭祀、宴飨时盛食物用的两种礼器。亦泛指各种礼器。

⑭堕:落下。

⑮赤地:严重的旱灾、虫灾等使地面寸草不生。

⑯癃(lóng)病:衰弱疲病。癃,衰老病弱。上事参见《韩非子·过》《史记·乐书》。

【译文】

平公举杯起身，向师旷敬酒祝贺，回到座位上问道："乐曲没有比清徵更悲哀动人的了吗？"师旷说："清徵不如清角悲哀。"平公问："清角曲能够演奏给我听吗？"师旷说："不行！从前黄帝召集鬼神于西大山上，驾着象拉的车，六条黑龙和毕方并列站在车键上，蚩尤坐在车前面，风伯扫地开路，雨师清洒道路，虎狼走在车前开路，鬼神跟在车后，虫蛇拜伏在地，白云覆盖在车上空，召集众多鬼神的宏大场面，才演奏清角曲。现今您的德薄，不能听清角曲。假如听了，恐怕会有凶祸。"平公说："我已经年老了，所喜好的就是音乐，就让我听听它吧。"师旷不得已而弹奏清角曲。当演奏第一遍时，就有云气从西北方升起；当演奏第二遍时，就有暴风刮来，大雨随风而降，帷幕被撕裂，俎、豆等礼器被打破，廊房上的瓦都被吹落下来，在座的人都逃散了。平公恐惧万分，仆伏在廊室之间。此后晋国遭受大旱，三年寸草不生。平公也衰弱疲病。以上这事该怎么解释呢？

曰①：是非卫灵公国且削②，则晋平公且病，若国且旱亡妖也③。师旷曰"先闻此声者国削"，二国先闻之矣④。何知新声非师延所鼓也？曰：师延自投濮水，形体腐于水中，精气消于泥涂⑤，安能复鼓琴？屈原自沉于江，屈原善著文，师延善鼓琴。如师延能鼓琴，则屈原能复书矣。扬子云吊屈原，屈原何不报？屈原生时，文无不作，不能报子云者，死为泥涂，手既朽，无用书也⑥。屈原手朽无用书，则师延指败无用鼓琴矣。孔子当泗水而葬⑦，泗水却流⑧，世谓孔子神而能却泗水⑨。孔子好教授⑩，犹师延之好鼓琴也。师延能鼓琴于濮水之中，孔子何为不能教授于泗水之侧乎？

【注释】

①曰：以下是王充的解释。本篇用"曰"字开头的段落都是此意。

②是：这。

③若：或者。亡：据文意，疑为"之"字之讹，形近而误。妖：指妖象。王充认为国家或者个人将亡，必会有凶的征兆出现，一般将其称为"妖"；将兴，必会有吉的征兆出现，一般称其为"祥"。参见《订鬼篇》。

④二国先闻之矣：意思是卫灵公与晋平公都听了乐曲，但并没有丧失国土，因此这不是预示"卫灵公国且削"的妖象。

⑤精气：精神之气。王充认为，气是构成人和万物的根本元素，分为阴气与阳气两种，因为阳气构成人的精神，所以有时又称其为精气。参见《订鬼篇》。泥涂：污泥之中。

⑥用：以。

⑦当：面对。泗（sì）水：古水名。源于今山东泗水县东，四源并发，故名。古代泗水东南流经今苏北入淮。

⑧却：倒。

⑨神：神灵。却泗水：王充对此事的评论见《书虚篇》。

⑩教授：这里指教书，传授知识。

【译文】

解释说：这如果不是卫灵公将要亡国，那就是晋平公将要得病，或者是晋国将遭大旱的妖象。师旷说"首先听到这支曲子的国君，他的国家将被侵占而灭亡"，卫、晋二国君王都已经听到了乐曲，但国家并未被人侵占导致亡国。怎么知道新曲子不是师延所弹奏的呢？解释说：师延投濮水自杀，身体腐烂在河水中，精气消散于污泥之中，怎么能再奏琴呢？屈原自投于汨罗江而死，屈原善于写文章，师延善于奏琴。如果师延能在水中奏琴，那么屈原也能在江底写文章了。扬子云曾写文章悼念屈原，屈原为什么不回应他呢？屈原活着的时候，什么文章都能写，不能回应扬子云的原因,是因为他死后变成污泥,手已经腐烂了,没有手来写文章的缘故。屈原手腐烂了不能用来写文章,那么师延的手指腐烂了也就不能用来奏琴了。孔子死后,面对泗水而葬,泗水倒流,世人认为孔子神灵而能使泗水倒流。孔子喜欢教书授业,就如同师延爱好奏琴一样。师延死后能在濮水之中奏琴,孔子死后为什么不能在泗水岸边教书传授知识呢?

赵简子病①,五日不知人②,大夫皆惧,于是召进扁鹊。扁鹊入视病,出,董安于问扁鹊③。扁鹊曰:"血脉治也④,而何怪⑤?昔秦缪公尝如此矣,七日悟⑥。悟之日,告公孙支与子舆曰⑦:'我之帝所,甚乐。吾所以久者,适有学也⑧。帝告我晋国且大乱,五世不安⑨,其后将霸⑩,未老而死⑪,霸者之子且令而国男女无别⑫。'公孙支书而藏之,秦谶于是出⑬。晋献公之乱⑭,文公之霸⑮,襄公败秦师于崤而归纵淫⑯,此之所谓⑰。今主君之病与之同⑱,不出三日,病必间⑲,间必有言也。"

【注释】

①赵简子(? —前475):赵鞅,春秋末晋国大夫。

②不知人:不省人事。

③董安于:赵简子的属官。

④治:平,正常。

⑤而何怪:底本无"何",据《史记·赵世家》补。而,你。

⑥悟:醒。

⑦公孙支、子舆:春秋时期秦国大夫。

⑧适:正好。学:领教。

⑨五世不安:指晋献公逼死太子申生,随后的四个君主奚齐、悼子、晋惠公、晋怀公又相继争夺君位。

⑩其后:晋国君主的后代,指晋文公。后,底本作"复",当为"后"字之讹,"复"与"后"繁体"後"形近而误。据《史记·赵世家》改。霸:成就霸业。

⑪未老而死:指晋文公活不到老年就会死亡。实际上晋文公死时已经七十岁左右了。

⑫霸者之子且令而国男女无别:此句意为晋文公的儿子晋襄公将使得秦国发生淫乱。具体事迹不详。霸者之子,指晋文公之子晋襄公。令,使。男女无别,此指淫乱。

⑬秦谶(chèn)于是出:底本作"于筐于是",递修本作"秦筐于是",《史记·赵世家》作"秦谶于是出",今据《史记》改。谶,预言。

⑭晋献公之乱:晋献公宠骊姬,逼死太子申生,立骊姬子奚齐。另外两个公子重耳、夷吾也被骊姬诬告,分别逃亡在外。献公死后,晋大夫里克杀死奚齐和他的兄弟悼子,鞭杀骊姬于市,迎立夷吾为晋惠公。惠公死,子怀公又迫害重耳。大臣杀怀公,立重耳,即晋文公。晋献公,春秋时晋国君主,前676—前651年在位。

⑮文公之霸:晋文公曾会集诸侯,成为霸主。

⑯崤(xiáo):崤山,在今河南洛宁北。晋襄公元年(前627)晋国打败秦师于此。归纵淫:回来后纵欲淫乱。

⑰此之所谓:《史记·赵世家》作"此子之所闻"。

⑱主君:指赵简子。与之同:此处"之"指秦缪公。

⑲间:指疾病好转。

【译文】

赵简子患病,五天不省人事,官员们都忧心如焚,于是召来扁鹊。扁鹊进去看病,出来时,董安于向扁鹊打听病情,扁鹊说:"血脉正常,你惊慌什么呢? 过去秦穆公也曾经出现这种情况,过了七天就苏醒了。穆公醒过来的那天,告诉公孙支和子舆说:'我去到天帝住的地方,非常高兴。我所以在那停留这么久,是因为正好有所领教啊。天帝告诉我晋国将要大乱,五世不得安宁,往后将会出现霸主,但他不到老年便会死去,霸主的儿子将会使秦国发生淫乱之事。'公孙支记下穆公的话并收藏起来,秦国的谶语就从这里出现了。晋献公时的骊姬之乱,晋文公成就的霸业,晋襄公在崤山打败秦国军队回来后纵欲淫乱,这些都是你所知道的事情。现在赵简子的病与秦穆公的相同,不出三天,病必然好转,病好转后一定会有话要讲。”

　　居二日半①,简子悟,告大夫曰:“我之帝所,甚乐,与百神游于钧天②,广乐九奏万舞③,不类三代之乐④,其声动人心。有一熊欲援我⑤,帝命我射之,中熊,熊死。有罴来⑥,我又射之,中罴,罴死。帝甚喜,赐我二笥⑦,皆有副⑧。吾见儿在帝侧,帝属我一翟犬⑨,曰:'及而子之长也⑩,以赐之。'帝告我:'晋国且衰⑪,七世而亡⑫,嬴姓将大败周人于范魁之西⑬,而亦不能有也。今余将思虞舜之勋⑭,适余将以其胄女孟姚配而七世之孙⑮。'”董安于受言而书藏之,以扁鹊言告简子。简子赐扁鹊田四万亩。

【注释】

①居:停留。

②百神:众神。钧天:天的中央。

③广:底本作“靡”,章录杨校宋本作“广”,据改。九:形容次数多。

④不类:不像。三代:指夏、商、周。

⑤援:底本作“授”,据《史记·赵世家》改。援,攀、抓。

⑥罴(pí):熊的一种。

⑦二:底本作"一",章录杨校宋本作"二",据改。笥(sì):盛东西的
　　竹器。

⑧副:指备用的笥。

⑨属(zhǔ):委托,嘱咐。翟:同"狄"。古族名,主要居住在北方。
　　亦为中原人对各少数民族的泛称。

⑩及:到。长:长大。

⑪衰:底本作"襄",据《史记·赵世家》改。

⑫七世:七代,指晋定公、出公、哀公、幽公、烈公、孝公、静公。七,底
　　本作"十",据《史记·赵世家》改。

⑬嬴姓:即赵氏,赵氏的祖先是嬴姓。大败周人:指后来赵成侯伐
　　卫,侵占了七十三邑。周人,指卫人,卫国的祖先康叔是周武王的
　　同母弟,后封于卫。范魁:古地名。

⑭虞舜:即舜。

⑮适:正好。胄:后代。孟姚:人名。七世之孙:指赵武灵王,他是赵
　　简子的七世孙。七,底本作"十",据《史记·赵世家》改。

【译文】

过了两天半,赵简子苏醒过来,他告诉其他官员说:"我去到天帝住
的地方,非常高兴,与众神仙遨游在天的中央,宏伟壮丽的乐曲多番演
奏,万人齐舞,不像夏、商、周三代的乐曲,乐曲声激动人心。有一头熊想
要抓我,天帝命令我射熊,我射中熊,熊死了。有一头黑过来,我又射黑,
射中黑,黑也死了。天帝很高兴,赏赐我两个竹笥,而且都有备用的。我
看到一个小孩子在天帝身边,天帝交给我一只狄犬,说:'等到你的儿子
长大以后,就把这只狄犬赐给他。'天帝告诉我说:'晋国将要衰败,七代
以后就要灭亡,嬴姓将要在范魁之西大败卫国,但也不能占有它。我现
在思念舜的功劳,正要把他的后代的女儿孟姚许配给你的七世孙。'"董
安于听了赵简子的话,将之写下并收藏起来,又把扁鹊说的话告诉了赵
简子。赵简子赏赐四万亩田给扁鹊。

他日，简子出，有人当道①，辟之不去②，从者将拘之③。当道者曰："吾欲有谒于主君④。"从者以闻，简子召之，曰："嘻⑤！吾有所见子晰也⑥。"当道者曰："屏左右⑦，愿有谒。"简子屏人。当道者曰："日者主君之病⑧，臣在帝侧。"简子曰："然，有之。子见我何为？"当道者曰："帝令主君射熊与罴皆死。"简子曰："是何也？"当道者曰："晋国且有大难，主君首之⑨。帝令主君灭二卿⑩，夫熊罴⑪，皆其祖也。"简子曰："帝赐我二笥，皆有副，何也？"当道者曰："主君之子将克二国于翟⑫，皆子姓也。"简子曰："吾见儿在帝侧，帝属我一翟犬，曰：'及而子之长，以赐之。'夫儿何说以赐翟犬？"当道者曰："儿，主君之子也。翟犬，代之先也⑬。主君之子，且必有代。及主君之后嗣⑭，且有革政而胡服⑮，并二国于翟⑯。"简子问其姓，而延之以官⑰。当道者曰："臣野人，致帝命⑱。"遂不见⑲。是何谓也？

【注释】

①当道：挡着道路。

②辟：屏除，驱逐。

③拘：逮捕。

④谒（yè）：禀告，陈说。

⑤嘻：惊叹词，表示高兴。

⑥子晰（zhé）：也作"子晳"，人名。郑简公时任上大夫。晰，底本作"游"，据《史记·赵世家》改。

⑦屏（bǐng）：使退避。

⑧日者：前些时候。

⑨首之：首当其冲。

⑩二卿：指晋国的中行文子与范昭子。前490年，他们被赵简子打败。

⑪夫：那个。黑：底本作"罴"，据伦明录涩江校宋本改。

⑫主君之子：指赵襄子（？—前425），名无恤。二国：指代国与知氏领地。代国在今河北蔚县一带。知氏，晋国六卿之一，前453年，赵襄子和韩、魏共灭知氏，瓜分了他的领地。

⑬先：祖先。

⑭后嗣：后代，指赵武灵王。

⑮革政：改革政治。胡服：指穿胡人的短装，以便于骑马打仗。

⑯二国：指后文所说的"中山"与"胡地"。于：底本无，据《史记·赵世家》补。

⑰延之以官：请他做官。延，请。

⑱致：传达。

⑲遂不见：上事参见《史记·赵世家》。

【译文】

后来有一天，赵简子外出，有人挡住道路，驱赶他也不离开，随从的人准备逮捕他。挡路的人说："我有事要当面告诉主君。"随从的人把他的话告诉了赵简子，简子召见了他，说："好呀！这是我在梦中见到过的子晰啊。"挡路的人说："请屏退随从的人，我有事要当面告诉您。"简子屏退了随从的人。挡路的人说："早些日子主君生病时，我在天帝的身旁。"简子说："对，有这回事。您来见我是有什么事情呢？"挡路的人说："天帝命令你射熊与黑，熊、黑都被射死了。"简子问："这意味着什么呢？"挡路的人说："晋国将有大难，主君首当其冲。天帝命令主君消灭的二卿，那熊和黑都是他们的祖先。"简子问："天帝赐给我两个竹筥，都有备用的，意味着什么呢？"挡路的人说："主君的儿子将在翟地战胜两个国家，两国都姓子。"简子问"我看见一个小孩了在天帝身边，天帝交给我一只狄犬，说：'等到你的儿子长大后，就把这只狄犬赐给他。'为什么要把翟犬赐给我儿子呢?"挡路的人说:"小孩,是主君的儿子。狄犬,是代国的祖先。主君的儿子,一定会拥有代国。到主君的后代,将会有革新政治而穿胡人衣服,在翟地吞并二国的事。"简子问他的姓名,要请他当官。挡路的人说:"我是山野之人,只是传达天帝的命令。"于是就不见了。以上这事该怎么解释呢?

曰:是皆妖也。其占皆如当道者言所见于帝前之事①。所见当道之人,妖人也。其后晋二卿范氏、中行氏作乱,简子攻之,中行昭子、范文子败②,出奔齐。始③,简子使姑布子卿相诸子④,莫吉⑤,至翟妇之子无恤⑥,以为贵。简子与语,贤之⑦。简子募诸子曰⑧:"吾藏宝符于常山之上⑨,先得者赏。"诸子皆上山,无所得。无恤还曰:"已得符矣。"简子问之,无恤曰:"从常山上临代⑩,代可取也。"简子以为贤,乃废太子而立之⑪。简子死,无恤代,是为襄子。襄子既立,诱杀代王而并其地⑫,又并知氏之地。后取空同戎⑬。自简子后,七世至武灵王⑭,吴广人其女娃嬴⑮,孟姚也⑯。其后,武灵王遂取中山⑰,并胡地⑱。武灵王之十九年,更为胡服⑲,国人化之⑳。皆如其言,无不然者。盖妖祥见于兆㉑,审矣㉒,皆非实事。吉凶之渐㉓,若天告之㉔。何以知天不实告之也㉕?以当道之人在帝侧也。夫在天帝之侧,皆贵神也,致帝之命,是天使者也。人君之使,车骑备具,天帝之使,单身当道,非其状也。天官百二十㉖,与地之王者无以异也。地之王者,官属备具㉗,法象天官㉘,禀取制度。天地之官同,则其使者亦宜钧㉙。官同人异者,未可然也。

【注释】

①占:征兆。

②中行昭子、范文子:据《左传·定公十三年》应为中行文子、范昭子。

③始:当初。

④使:让。姑布子卿:姓姑布,字子卿,一个相面的人。相:相面,看骨相。诸子:指赵简子的几个儿子。

⑤莫:没有一个。

⑥翟妇之子:指赵鞅与狄族婢女生的儿子。

⑦贤:器重。

⑧募:召集。

⑨常山:即恒山,在今河北曲阳西北。

⑩临:居高临下。代:即代国,在常山北面。

⑪太子:指赵简子原来的太子伯鲁。

⑫诱杀代王:前457年,赵襄子宴请代王,叫人把他当场打死,随后就发兵占领了代地。

⑬后取空同戎:《史记·赵世家》作"其后娶空同氏,生五子"。空同戎,古代少数民族,以崆峒山为氏姓。

⑭七:底本作"十",据《史记·赵世家》改。武灵王:赵武灵王,战国时赵国君主,前325—前299年在位。

⑮广:底本作"庆"。女娃嬴:底本作"母姓嬴"。均据《史记·赵世家》改。吴广,人名,传说是舜的后代。娃嬴,人名。入:献。

⑯孟姚也:底本作"子孟姚",据《史记·赵世家》改。

⑰中山:中山国,在今河北中、南部。

⑱胡地:在今山西北部、内蒙古一带。

⑲更:更换。

⑳化:习惯。

㉑妖祥:这里指吉凶。见:同"现"。兆:征兆,这里指赵简子梦见上

　帝一事。

㉒审：清楚，明白。

㉓渐：苗头。

㉔若天告之：意思是看上去好像是上天在预告，实际上并不是上天
　在预告。

㉕以：根据。

㉖天官百二十：汉代一些人认为天上有一百二十种官，古代天子置
　三公、九卿、二十七大夫、八十一元士，共一百二十官，就是模仿天
　官的。

㉗官属：大小官吏。

㉘法象：效法。

㉙钧：通"均"，相同。

【译文】

　　解释说：这些全都是妖象。这些妖象预示的内容，完全和挡路的人
说的在天帝面前发生的事情一样。简子所见到的挡路人，是个妖人。那
以后，晋国的二卿范氏和中行氏作乱，简子攻伐他们，中行文子和范昭子
兵败，逃亡到齐国去。当初，简子让姑布子卿给自己的几个儿子看相，前
面看的几个没有一个是吉相，看到狄妇生的儿子无恤时，认为他是贵人
之相。简子和无恤谈话，也认为他很贤能，因此很器重他。简子召集几
个儿子说："我在常山上藏有宝符，谁先找到它有赏。"几个儿子都上山
去找，谁也没有找到。无恤回来说："我已经找到宝符了。"简子问他，无
恤说："从常山上下临代国，就可以占领代国。"简子认为他有才能，就废
掉太子而立无恤。简子死后，无恤继位，这就是赵襄子。襄子继位以后，
诱杀代王并吞并了代国的土地，之后又吞并了知氏的领地。后来娶空同
戎女子为妻。自赵简子以后，七代传到赵武灵王，吴广把他的女儿娃嬴
献给武灵王，她就是天帝说过的孟姚。从那以后，武灵王终于夺取了中
山国，吞并了胡地。武灵王十九年，更换为胡人的服装，国内的人也习惯

了这种胡装。这一切都如挡路的人所预言的那样,没有一处不是如此。这是吉凶通过某些征兆表现出来,是很清楚的了,全都不是真实的事情。吉凶的苗头,好像是上天在预告简子一般,实际并非如此。根据什么知道上天不是以实事预告给简子呢? 根据挡路的人在天帝的身旁就能判断出来。在天帝身旁的,都是些尊贵的神灵,传达天帝命令的,是上天的使者。人君的使者,车骑都很完备,天帝的使者,却独自一人挡在路上,这不是天帝使者该有的样子。天上有一百二十个官,和地上君王设置的官数没有什么不同。地上的君王,大小各级官吏都设置完备,效法天官的数目,承受上天的制度。天上与地上的官制既然相同,那么使者也应当一样。天地官制相同而使者的制度不同,不能认为是正确的。

　　何以知简子所见帝非实帝也? 以梦占知之①。楼台山陵,官位之象也②。人梦上楼台、升山陵,辄得官位③。实楼台山陵非官位也,则知简子所梦见帝者非天帝也④。人臣梦见人君,人君必不见,又必不赐。以人臣梦占之,知帝赐二笥、翟犬者,非天帝也。非天帝,则其言与百鬼游于钧天,非天也。鲁叔孙穆子梦天压己者⑤,审然,是天下至地也。至地,则有楼台之抗⑥,不得及己,及己,则楼台宜坏。楼台不坏,是天不至地。不至地,则不得压己。不得压己,则压己者,非天也,则天之象也⑦。叔孙穆子所梦压己之天非天,则知赵简子所游之天非天也。

【注释】
①占:推测,判断。
②象:象征。
③辄:往往。

④非天帝：意思是梦见楼台山陵只是当官的征兆，楼台山陵并不是官位，因此可以推断梦见的天帝也只是一种征兆，并不是真的天帝。

⑤叔孙穆子：叔孙豹，春秋时鲁国大夫。上事参见《左传·昭公四年》。

⑥抗：顶住。

⑦则：而，而是。

【译文】

根据什么知道简子所梦见的天帝不是真实的天帝呢？根据梦的道理来推断就可以知道这一点。楼台山陵，都是官位的象征。人梦见上楼台、登山陵，往往可以获得官位。实际上楼台山陵并不是官位本身，那么就可知简子所梦见的天帝并不真是天帝。臣子梦见君王，可君王必定没有见过臣子，也必然没有赏赐臣子。根据臣子的梦来推测赵简子的梦，就知道梦中所谓的天帝赐给简子两个竹笥和一只狄犬，这个天帝并不是真的天帝。既然不是真的天帝，那么简子说他和百神在天中央遨游，也就不是真的天上了。鲁国叔孙穆子梦见天压住了自己，如果真是这么回事，那么是天掉到地上来了。天掉到地上，那么会有楼台顶住它，不会压到叔孙穆子自己的身上，如果压到他自己的身上，那么楼台该是被压坏了。既然楼台没有被压坏，那么天就没有掉到地上。天没有掉到地上，就不会压到他自己的身上。不会压到他自己的身上，那么压到他自己身上的，也就不是天了，而是天的虚象。叔孙穆子所梦见的压在自己身上的天并不是天，那么就能知道赵简子所遨游的天也并不是天了。

或曰："人亦有直梦①，见甲②，明日则见甲矣；梦见君，明日则见君矣。"曰：然。人有直梦，直梦皆象也③，其象直耳。何以明之？直梦者，梦见甲，梦见君，明日见甲与君，此直也。如问甲与君，甲与君则不见也。甲与君不见，所梦见甲与君者,象类之也④。乃甲与君象类之,则知简子所见帝者象类帝也。且人之梦也,占者谓之魂行。梦见帝,是魂之上天也。上天犹上山也。梦上山,足登山,手引木⑤,然后能升。升天无所缘⑥,何能得上? 天之去人以万里数⑦。人之行,日百里。魂与体形俱,尚不能疾,况魂独行,安能速乎? 使魂行与形体等,则简子之上下天,宜数岁乃悟,七日辄觉,期何疾也⑧!

【注释】

①直梦:直接应验的梦。

②见甲:梦见某人。

③象:王充在这里指的是由"阳气"构成的虚象。

④类:类似。之:指甲与君。

⑤引:攀,拉。

⑥无所缘:没有可以借以攀登的东西。缘,循。

⑦去:距离。以万里数:王充认为天是实体,距离地有六万里。参见《谈天篇》。数,计算。

⑧期:往返一次天地的时间。

【译文】

有人说:"人做梦也有直接应验现实的梦,如梦见某甲,第二天就见到某甲了;梦见君王,第二天就见到君王了。"解释说:确实如此。人有直接应验的梦,直接应验的梦也是虚象,这种虚象不过是直接应验的罢了。用什么来证明这一点呢? 所谓直梦,梦见某甲,梦见君王,第二天果真见到某甲和君王,这就叫直接应验。但是如果去问某甲和君王,某甲与君王则没有梦见到他。某甲与君王没有梦见到他,他所梦见的某甲与君王,只是类似某甲与君王的虚象。既然是类似某甲与君王的虚象,就可以知道赵简子所梦见的天帝只是类似天帝的虚象而已。况且人所做的梦，占卜者认为它是魂在行动。梦见天帝，是魂到天上去了。上天如同登山。梦见上山，脚要登山，手要攀着树木，然后才能登上去。可是升天并没有可以攀援的东西，怎么能上得去呢？况且天距离人要以万里计算。人行走，每天不过一百里。魂与形体在一起，尚且不能走得很快，更何况魂单独行走，怎么能走得很快呢？即使魂行走的速度与形体相等，那么赵简子在梦中上天下地，也应该几年以后才能苏醒，现在七天就醒过来，为什么往返得这么快呢？

　　夫魂者，精气也，精气之行与云烟等，案云烟之行不能疾。使魂行若蜚鸟乎[①]？行不能疾[②]。人或梦蜚者，用魂蜚也，其蜚不能疾于鸟。天地之气尤疾速者[③]，飘风也[④]。飘风之发，不能终一日[⑤]。使魂行若飘风乎？则其速不过一日之行，亦不能至天。人梦上天，一卧之顷也[⑥]，其觉[⑦]，或尚在天上，未终下也。若人梦行至雒阳[⑧]，觉，因从雒阳悟矣。魂神蜚驰何疾也[⑨]！疾则必非其状，必非其状则其上天非实事也。非实事则为妖祥矣。夫当道之人，简子病见于帝侧，后见当道象人而言，与相见帝侧之时，无以异也。由此言之，卧梦为阴候[⑩]，觉为阳占[⑪]，审矣。

【注释】

①蜚（fēi）：通"飞"。

②行：指魂行。

③尤：最。

④飘风：狂风，大风。

⑤终一日：满一天。终，尽。

⑥顷：顷刻。

⑦觉：醒。

⑧雒阳：即洛阳。

⑨魂神：指赵简子的精神。

⑩阴候：梦中出现的征兆。候，征兆。

⑪阳占：醒时看到的征兆。

【译文】

魂，是由精气构成的，精气运行的速度和云烟相同，考察云烟的飘行不能很快。假使说魂行如同飞鸟一样吗？飞鸟的速度也不是很快。人有时梦见在飞行，是靠魂在飞，它飞行的速度并不比鸟快。天地之气中速度最快的，是狂风。狂风吹起来，不能吹一整天。要说魂行如同狂风一样吗？那么它的速度虽快也不会超过狂风一天行走的距离，也不能到达天上。人梦见上天，不过睡一觉那么短的时间，醒来的时候，或许感到自己也许还在天上，没有最终回到地上来。好像有人做梦到了洛阳，醒来的时候，就感到自己是在洛阳醒过来的了。简子的魂神飞驰何等迅速啊！飞得极快就一定不符合实际情况，不符合实际情况，那么他上天就不是实事了。既然不是实事，那么所谓上天就是妖象征兆了。那个挡路的人，简子病中见到他在天帝身旁，后来见他挡在路上像人一样的说话，和在天帝身旁相见的时候，没有什么不同。由此说来，睡梦中出现的征兆是"阴候"，醒时看到的征兆是"阳占"，这就很清楚了。

　　赵襄子既立，知伯益骄①，请地韩、魏②，韩、魏予之③；请地于赵，赵不予。知伯益怒，遂率韩、魏攻赵襄子。襄子惧，乃奔保晋阳④。原过从⑤，后⑥，至于托平驿⑦，见三人，自带以上可见⑧，自带以下不可见。予原过竹二节，莫通⑨，曰："为我以是遗赵无恤⑩。"既至，以告襄子。襄子齐三日⑪，亲自割竹⑫,有赤书曰⑬:"赵无恤,余霍大山阳侯天子⑭。三月丙戌,余将使汝灭知氏,汝亦祀我百邑⑮,余将赐汝林胡之地⑯。"襄子再拜,受神之命⑰。是何谓也?

【注释】

①知伯(前506—前453):指知瑶,春秋末期晋国执政大夫之一。
　益:更加。

②请地:索取土地。

③予:给。

④晋阳:古地名,在今山西太原西南。

⑤原过:人名,赵襄子的属官。从:指跟着逃跑。

⑥后:落在后面。

⑦托平驿:《史记·赵世家》作"王泽"。王泽,古地名,在今山西新绛东南。

⑧带:腰带。

⑨莫通:指竹节不通。

⑩是:这个,指竹子。遗(wèi):赠送。

⑪齐(zhāi):同"斋",古人在祭祀或举行其他典礼前整洁身心,以示庄敬。

⑫割:《史记·赵世家》作"剖"。

⑬赤书:红字。

⑭霍大(tài)山阳侯:《史记·赵世家》作"霍泰山山阳侯"。霍太山,山名,一称"霍山""太岳山",在今山西中部。大,同"太"。天子:《史记·赵世家》作"天使也"。

⑮百邑:古地名,在今山西霍县东南。

⑯林胡之地:指今山西朔县西北至内蒙古包头以南一带。林胡,古代胡族的一支。

⑰受神之命：上事参见《史记·赵世家》。

【译文】

　　赵襄子继位后，知伯更加骄横，他向韩、魏两家索取土地，韩、魏两家都给予了他；他向赵氏索取土地，赵襄子不给。知伯大怒，于是率领韩、魏进攻赵襄子。襄子惧怕，于是出奔保守晋阳。原过随他逃跑，落在后边，到达王泽时，看到三个人，这三人自腰带以上的部分看得见，而自腰带以下的部分却看不见。三人给原过两节竹子，竹节不通，说："替我们把这竹子赠送给赵无恤。"原过赶上赵襄子，把这件事告诉了襄子。襄子斋戒三天，亲自剖开竹子，竹子里有红字，写的是："赵无恤，我是霍太山山阳侯，是天帝的使者。三月丙戌日，我将让你消灭知氏，你也要在百邑祭祀我，我将把林胡之地赐给你。"襄子拜了两拜，接受了神的指示。以上这事该怎么解释呢？

　　曰：是盖襄子且胜之祥也①。三国攻晋阳岁余②，引汾水灌其城③，城不浸者三板④。襄子惧，使相张孟谈私于韩、魏⑤，韩、魏与合谋，竟以三月丙戌之日，大灭知氏⑥，共分其地。盖妖祥之气象人之形，称霍大山之神，犹夏庭之妖象龙，称褒之二君⑦。赵简子之祥象人，称帝之使也。何以知非霍大山之神也？曰：大山，地之体，犹人有骨节，骨节安得神？如大山有神，宜象大山之形。何则？人谓鬼者死人之精⑧，其象如生人之形。今大山广长不与人同，而其精神不异于人。不异于人，则鬼之类人。鬼之类人，则妖祥之气也⑨。

【注释】

①祥：吉兆。

②三国：指韩、魏、知氏。岁余：一年多。

③汾水：今山西汾河。

④浸：淹没。板：指筑墙用的板，古代一般宽二尺，合今一尺多。

⑤相：官名。张孟谈：人名。私于韩、魏：和韩、魏暗中谈判。

⑥大：《史记·赵世家》作"反"。

⑦称褒之二君：传说夏朝快灭亡时，宫廷中出现两条龙相斗，自称是褒国的两个君主。参见《异虚篇》。

⑧鬼：王充反对人死后精神为鬼的说法，但是承认阳气可以构成鬼。

⑨妖祥之气：构成妖祥的气，即阳气。

【译文】

解释说：这大概是赵襄子将要取胜的预兆吧。三家联合进攻晋阳一年多，引汾河水灌晋阳城，晋阳城只差三板的高度就要被淹没了。襄子惧怕，派相官张孟谈和韩、魏私下谈判，韩、魏与赵合谋，最终在三月丙戌日那天，反而灭掉了知氏，三家共分了知氏的领地。大概是妖祥之气构成像人的样子，自称是霍太山的神，就如同夏朝末年宫廷的妖象像龙，自称是褒国的两位君王一样。赵简子遇到的妖象像人，自称是天帝的使者。根据什么知道不是霍太山的神呢？解释说：大山，是地的形体，好比人有骨节一样，骨节怎么会成为神呢？如果大山有神灵，那么神灵应该像大山的样子。为什么呢？人们认为鬼是死人的精神变的，它的形象如同活人的形象。现在大山又广又长与人的形貌不同，而它的精神却和人没有一点不同。和人没有一点不同，那就不是山神，而是鬼类似人的样子。既然是鬼类似人的样子，那就是妖祥之气构成的了。

秦始皇帝三十六年①，荧惑守心②，有星坠下，至地为石。刻其石曰③："始皇死而地分④。"始皇闻之，令御史逐问⑤，莫服⑥，尽取石旁家人诛之，因燔其石⑦。秋⑧，使者从关东夜过华阴平舒⑨，或有人持璧遮使者⑩，曰："为我遗镐池君⑪。"因言曰："今年祖龙死⑫。"使者问之，因忽不见，置其璧去⑬。使者奉璧具以言闻⑭，始皇帝默然良久⑮，曰："山鬼不过知一岁事。"乃言曰："'祖龙'者，人之先也。"使御府视璧⑯，乃二十八年行渡江所沉璧也⑰。明三十七年⑱，梦与海神战，如人状⑲。是何谓也？

【注释】

①秦始皇帝三十六年：即前211年。

②荧惑守心：古人认为这是不祥的征兆。荧惑，即火星。守，迫近，侵犯。心，二十八宿之一。

③刻其石曰：本书《语增篇》作"民或刻其石曰"，《史记·秦始皇本纪》作"黔首或刻其石曰"。

④地分：国土分裂。指国家的统一破裂，出现割据。

⑤御史：官名，主要掌管纠察。

⑥莫服：没有人承认。

⑦燔（fán）：焚烧。

⑧秋：底本作"妖"，据《史记·秦始皇本纪》改。

⑨关东：指函谷关以东。华阴：县名。西汉置，属弘农郡，治所在今陕西华阴东南。平舒：古地名，在今华阴西北。舒，底本作"野"，据《史记·秦始皇本纪》改。

⑩遮：拦住。

⑪镐（hào）池君：这里指水神。镐池，古池名，在今陕西西安丰镐村西北洼地一带。

⑫祖龙：指秦始皇。

⑬置：留下。

⑭具：全部，原原本本。

⑮默然良久：沉默很久。

⑯御府：掌管制造和供应宫廷服饰的机构。

⑰二十八年：即前219年。行：巡行。

⑱明：明年，次年。三十七年：即前210年。

⑲如人状：上事参见《史记·秦始皇本纪》。

【译文】

　　秦始皇帝三十六年，荧惑星侵犯心宿，有星从天坠落下来，落到地上变为石头。有人在这块陨石上刻字："始皇死后国家分裂。"始皇听见这件事，命令御史追查，没有人承认，于是就把住在陨石旁的人全部杀掉，接着烧毁了这块陨石。秋天，秦始皇的使者从关东来，在晚上路过华阴平舒，有人拿着一块璧拦住使者，说："请为我把璧赠送给镐池君。"随后又说："今年祖龙要死了。"使者想追问这件事，忽然这个人就不见了，只是留下那块璧就离开了。使者献上璧并把事情的经过原原本本地报告了秦始皇，秦始皇沉默很久，说："山鬼只不过能知道一年以内的事情。"于是又说："所谓'祖龙'，是人的祖先。"让御府的官员来看这块璧，原来是二十八年出巡时沉入江中的那块璧。第二年是秦始皇三十七年，秦始皇梦见与海神交战，海神像人的样子。以上这事该怎么解释呢？

　　曰：皆始皇且死之妖也。始皇梦与海神战，恚怒①，入海，候神射大鱼②，自琅邪至荣成山不见③。至之罘山④，还见巨鱼，射杀一鱼，遂旁海西至平原津而病⑤，至沙丘而崩⑥。当星坠之时，荧惑为妖，故石旁家人刻书其石，若或为之⑦，文曰"始皇死"，或教之也。犹世间童谣，非童所为，气导之也⑧。

【注释】

①恚（huì）怒：生气，愤怒。恚，愤怒，怨恨。

②候：等候。

③琅邪：山名，在今山东胶南市南海滨。荣成山：又名"成山"，在今
　山东荣成东北。荣，底本作"劳"，据《史记·秦始皇本纪》改。

④之罘（fú）山：亦作"芝罘"，在今山东烟台北。

⑤旁（bàng）：同"傍"，靠，沿。平原津：古黄河渡口名，在今山东平
　原县南境。

⑥沙丘：古地名，在今河北巨鹿东南。崩：古代称帝、后死为"崩"。
　上事参见《史记·秦始皇本纪》。

⑦若或为之：好像有什么东西让人这样刻的。意思是，不是人有意
　刻的，而是阳气诱人刻的。

⑧气：指阳气。王充认为，童谣是阳气诱导儿童唱出来的。参见《订
　鬼篇》。

【译文】

解释说：这些全是秦始皇将要死去而出现的妖象。始皇梦见和海神
交战，很愤怒，就乘船入海，等候射杀象征海神的大鱼，从琅邪山直到荣
成山都没有看见大鱼。到了之罘山，回来时看见了大鱼，射杀一条，于是
沿着海岸向西航行到达平原津，秦始皇就病了，到了沙丘秦始皇就死了。
当天上的星坠下之时，荧惑星现出妖象，所以陨石旁住家的人便在陨石
上刻字，好像是有什么东西让他们刻的，刻的字是"始皇死"，好像是有
什么东西教人这样刻的。如同世间的童谣，并不是儿童所编造的，是阳
气诱导他们唱的。

　　凡妖之发①，或象人为鬼，或为人象鬼而使②，其实一
也。晋公子重耳失国③，乏食于道，从耕者乞饭。耕者奉块
土以赐公子，公子怒。咎犯曰④："此吉祥，天赐土地也。"其
后公子得国复土，如咎犯之言⑤。齐田单保即墨之城⑥，欲诈
燕军⑦，云"天神下助我"。有一人前曰："我可以为神乎？"

田单却走再拜事之，竟以神下之言闻于燕军⑧。燕军信其有神，又见牛若五采之文⑨，遂信畏惧，军破兵北⑩。田单卒胜⑪，复获侵地⑫。此人象鬼之妖也。

【注释】

①发：出现。

②或为人象鬼而使：有的是人像鬼而活动。王充认为这种人和"鬼"起的作用一样，也是阳气在作怪，所以也属于妖象。参见《订鬼篇》。

③失国：这里指逃往别国。

④咎犯：晋文公重耳的舅舅。

⑤如咎犯之言：上事参见《左传·僖公二十三年》。

⑥齐田单保即墨之城：前279年，当时燕军占领了齐国大部分的领土，田单守即墨，最后出奇兵打败燕军，恢复了失地。田单，战国时齐国将军。即墨，古地名，在今山东平度东南。

⑦诈：欺骗。

⑧竟：终于。

⑨牛若五采之文：牛的身上好像有五色花纹。据《史记·田单列传》记载，田单在夜间从城里赶出很多牛，角上带尖刀，身上绑着画有五采龙文的红丝绸，冲向燕军，后面跟着士兵，燕军看到了十分害怕。五采，指青、赤、黄、白、黑五色。

⑩北：败。

⑪卒：最后，终于。

⑫侵地：指被燕军侵占的齐国土地。上事参见《史记·田单列传》。

【译文】

大凡妖象出现，有的是像人形的鬼，有的是人，却像鬼一样活动，其实质都是一样的。晋公子重耳逃亡别国，在路上绝了粮，向农民乞讨饭食。农民抱着一块土献给公子，公子很愤怒。咎犯说："这是吉祥的征兆，是上天赐给你土地。"后来重耳回到晋国拥有了国土，完全像咎犯所讲的一样。齐国的田单守卫即墨城，想欺骗燕军，说"有天神下来帮助我作战"。有一人上前说："我可以成为神吗？"田单退走拜了两拜恭敬侍奉，终于把神从天上下来帮助齐国的话传到了燕军那里。燕军相信齐国有神帮助，又看见牛身上好像有五色花纹，于是更加相信而害怕起来，燕军被攻破吃了败仗。田单终于获胜，收复了被燕国侵占的国土。这是人像鬼一样活动的妖象。

　　使者过华阴，人持璧遮道，委璧而去①，妖鬼象人之形也。夫沉璧于江，欲求福也。今还璧，示不受物②，福不可得也。璧者，象前所沉之璧，其实非也。何以明之？以鬼象人而见③，非实人也。人见鬼象生存之人，定问生存之人，不与己相见④，妖气象类人也。妖气象人之形，则其所赍持之物⑤，非真物矣。"祖龙死"，谓始皇也。祖，人之本；龙，人君之象也。人物类⑥，则其言祸亦放矣⑦。

【注释】

①委：弃，放下。

②受：接受。

③以鬼象人而见：根据鬼像人的样子而出现。

④己：指看见鬼的那个人。

⑤赍（jī）持：拿。

⑥人物类：指上文所说的持璧者和璧都是一种类似人和璧的虚象。

⑦则其言祸亦放（fǎng）矣：意为既然持璧者和璧都是一种类似人和璧的虚象，那么所预言的祖龙死这样的灾祸，也是一种用祖龙

　　死来比方秦始皇要死了。放，仿佛，类似。

【译文】

　　秦始皇的使者路过华阴，有人拿着璧拦在路上，又放下璧离去，这是妖气构成的鬼像人的样子。沉璧在江中，是想祈求福佑。现在水神把璧归还秦始皇，是表示他不接受礼物，秦始皇得不到福佑。这块璧，只是像从前沉于江中的那块璧，但其实并不是同一块璧。用什么证明它呢？根据鬼像人的样子出现，却并不是真实的人来证明。有人看见鬼像是活着的某个人，一定会去问这个活着的人，可是这个活着的人并没有与自己见过面，这就是妖气构成的鬼像人的样子。妖气构成的鬼像人的样子，那么它所拿着的璧，自然就不是真的璧了。"祖龙死"，说的是秦始皇。祖，是人的祖先（始）；龙，是君王的象征（皇）。人和物都只是类似的虚象，那么所预言的"祖龙死"也只是一种比方而已。

　　汉高皇帝以秦始皇崩之岁①，为泗上亭长②，送徒至骊山③。徒多道亡④，因纵所将徒⑤，遂行不还。被酒⑥，夜经泽中⑦，令一人居前。前者还报曰："前有大蛇当道，愿还。"高祖醉，曰："壮士行，何畏！"乃前，拔剑击斩蛇，蛇遂分两。径开⑧，行数里，醉因卧。高祖后人至蛇所⑨，有一老妪夜哭之⑩。人曰："妪何为哭？"妪曰："人杀吾子。"人曰："妪子为何见杀⑪？"妪曰："吾子，白帝子⑫，化为蛇当径。今者，赤帝子斩之，故哭。"人以妪为妖言，因欲笞之⑬，妪因忽不见⑭。何谓也？

【注释】

①汉高皇帝：汉高祖刘邦。崩之岁：死的那一年。
②亭长：官名，掌管追捕盗贼。亭，秦汉地方行政单位，十里为一亭。

③徒：服劳役的人。骊山：在今陕西临潼东南。

④道亡：半路逃跑。

⑤纵：放。将：送。

⑥被酒：带着醉意。

⑦泽：沼泽地。

⑧径：小道。开：通。

⑨高祖后人：跟随刘邦而落在后面的人。

⑩老妪（yù）：老年妇女。

⑪见：被。

⑫白帝：阴阳五行说法中的五天帝之一。五天帝指东方苍帝、西方白帝、南方赤帝、北方黑帝和中央黄帝。

⑬笞（chī）：用鞭子或板子打人。

⑭妪因忽不见：上事参见《史记·高祖本纪》。

【译文】

高祖皇帝在秦始皇死的那一年，作为泗水亭长，押送服劳役的人前往骊山。役徒大部分在半路上逃跑了，高祖因此把所有押送的役徒全部都放走了，便远走没有再回去复职。一次高祖带着酒意，于夜间在大泽中的小道上行走，让一个人做前哨。走在前头的人回来报告说："前面有大蛇挡在路上，请往回走吧。"高祖带着醉意，说："壮士往前走，怕什么！"于是往前走，拔剑砍斩大蛇，大蛇被分成两截。道路通了，又往前走了几里路，高祖由于酒醉而躺了下来。跟随高祖而落在后边的人走到斩蛇的地方，看见有一个老妇人在夜间哭泣。后边来的人问："老妇为什么事痛哭？"老妇说："有人杀了我的儿子。"后边的人问："你的儿子为什么被杀呢？"老妇说："我的儿子是白帝的儿子，变化成蛇挡在小道上。现在，赤帝的儿子斩杀了他，所以哭。"人们认为老妇是妖言惑众，因而想鞭打她，老妇人忽然不见了。以上这事该怎么解释呢？

曰：是高祖初起威胜之祥也①。何以明之？以妪忽然不见也。不见，非人，非人则鬼妖矣。夫以妪非人，则知所斩之蛇非蛇也。云白帝子，何故为蛇夜而当道？谓蛇白帝子，高祖赤帝子，白帝子为蛇，赤帝子为人。五帝皆天之神也，子或为蛇，或为人。人与蛇异物，而其为帝同神，非天道也。且蛇为白帝子，则妪为白帝后乎？帝者之后，前后宜备②，帝者之子，官属宜盛③。今一蛇死于径，一妪哭于道，云白帝子，非实，明矣。夫非实则象，象则妖也，妖则所见之物皆非物也，非物则气也。高祖所杀之蛇非蛇也。则夫郑厉公将入郑之时，邑中之蛇与邑外之蛇斗者，非蛇也④，厉公将入郑，妖气象蛇而斗也。郑国斗蛇非蛇，则知夏庭二龙为龙象⑤，为龙象，则知郑子产之时龙战非龙也⑥。天道难知，使非，妖也；使是，亦妖也。

【注释】

①起：兴起。威胜：威力胜人。

②前后宜备：指前后应该有开道和护卫的人。

③盛：多。

④"则夫郑厉公将入郑之时"几句：郑厉公与兄郑昭公争夺君位，郑厉公失败逃亡，后又率兵打回都城，杀昭公。传说在这之前，都城南门中有城内蛇和城外蛇争斗，城内蛇死。当时人认为这就是郑厉公取胜的征兆。郑厉公，春秋时郑国君主，前700—前697年在位。郑，指新郑，郑国国都，在今河南新郑。参见《左传·庄公十四年》。邑，指郑的国都新郑。

⑤为龙象：指阳气变成的龙的形象，并不是真龙。

⑥龙战：传说子产掌权时，都城外的一条河里有龙相斗。当时郑国
　比较弱小，因此"龙斗"被认为是郑国将要和大国发生战争而遭
　受失败的征兆。但因为子产采取措施避免了战争，征兆并未应
　验。参见《左传·昭公十九年》《汉书·五行志》。

【译文】

　解释说：这是高祖刚兴起时威力胜人的祥兆。用什么来证明呢？
根据老妇人忽然不见来证明。忽然不见，必不是人，不是人那就是鬼妖
了。由于老妇不是人，就可知高祖斩杀的蛇不是真的蛇了。说是白帝的
儿子，为什么要变为蛇在夜间挡在小道上呢？说蛇是白帝的儿子，高祖
是赤帝的儿子，白帝的儿子为蛇，赤帝的儿子却为人。五帝都是天神，他
们的儿子有的为蛇，有的却为人。人和蛇是不同的东西，而他们的父亲
都是五帝之一同为天神，这不符合天道。况且蛇是白帝的儿子，那么老
妇岂不是白帝的后吗？作为白帝的妻子，前后该有随从，白帝的儿子，官
员下属也应该很多。现在却是一条蛇死在小道上，一个妇人在小道上痛
哭，并说他是白帝的儿子，这并不是真实的，就很明白了。不真实则是虚
象，虚象则是妖，既然是妖象那么所见到的东西就不是真实的物，不是真
实的物则是阳气了。高祖斩杀的那蛇不是真实的蛇。郑厉公将要进入
都城新郑时，城内之蛇与城外之蛇争斗，它们也不是真蛇，厉公将要进入
郑时，妖气像蛇的样子而相斗。既然郑国相斗的蛇不是真实的蛇，那么
可知夏朝宫廷里出现的两条龙只是阳气构成的龙的虚象，既然是龙的
虚象，那么可知郑国子产时互相争斗的龙也不是真正的龙。天道难以
知晓，如果不是龙、蛇，那么就是妖象；如果是龙、蛇，那么也还是妖象。

　　留侯张良椎秦始皇①，误中副车②。始皇大怒，索求张
良③。张良变姓名，亡匿下邳④。常闲从容步游下邳圯上⑤，
有一老父衣褐至良所⑥，直堕其履圯下⑦，顾谓张良："孺子下
取履⑧。"良愕然，欲殴之，以其老，为强忍下取履，因跪进履。

父以足受履,笑去。良大惊。父去里所复还⑨,曰:"孺子可教矣。后五日平明⑩,与我期此⑪。"良怪之,因跪曰:"诺。"五日平明,良往,父已先在,怒曰:"与老人期,后,何也? 去,后五日早会。"五日鸡鸣复往,父又已先在,复怒曰:"后,何也? 去,后五日复早来。"五日,良夜未半往,有顷,父来,喜曰:"当如是矣。"出一篇书,曰:"读是则为帝者师。后十三年,子见我济北⑫,穀成山下黄石即我也⑬。"遂去,无他言,弗复见⑭。旦日视其书⑮,乃《太公兵法》也⑯。良因异之,习读之⑰。是何谓也?

【注释】

①留侯(? —前186):张良的封爵,"留"是他的封地,在今江苏沛县东南。椎:同"槌",用槌击。

②副车:随从的车。

③索求:搜捕。

④匿:隐藏。下邳(pī):古地名,在今江苏邳州境内。

⑤常:曾经。圯(yí):底本作"泗",据《史记·留侯世家》改。下文"圯"同此。圯,桥。

⑥衣:穿。褐:粗布衣。

⑦直:特地,故意。堕:掉。履(lǚ):鞋。

⑧孺子:儿童,后生。

⑨里所:里许,一里左右。

⑩平明:天刚亮。

⑪期:约会。

⑫济北:郡名。秦置,秦末楚汉相争时项羽置为济北国。汉高祖五年(前202)国除为郡。

⑬穀成山：山名，在今山东东阿南。

⑭弗：不。

⑮旦日：明日，指天亮。

⑯《太公兵法》：传说是姜太公著的一部兵书，今已亡佚。太公，即姜太公。

⑰习读之：上事参见《史记·留侯世家》。

【译文】

留侯张良椎杀秦始皇，误中随从的车。始皇大怒，命令搜捕张良。张良改名换姓逃跑去下邳躲藏。张良曾经在下邳桥上散步游览，有一个老头穿着粗布衣来到张良跟前，故意把他的鞋掉到桥下去，看着张良说："年轻人到桥下面去给我捡鞋子。"张良很惊讶，想打这位老头，但因为老头年纪大，勉强忍气吞声到桥下面捡起了鞋子，接着跪下奉上鞋子。老头伸脚穿上了鞋，笑着离开了。张良很惊奇。老头走了一里左右又回来，说："后生有出息，可把本事传给你。五天以后天刚亮时，和我在此相见。"张良很奇怪，就跪下说："好的。"五天后天刚亮，张良就去那里，老头已经先在那里了，生气地说："和老年人约会，迟到算怎么回事呢？回去！五天后早点来见面。"五天后鸡叫时张良又去，老头又已经先在那里了，又生气地说："又迟到，怎么回事呢？回去！五天后再早点来。"五天后，张良未到半夜就去了，一会儿，老头来了，高兴地说："就应当像这样啊。"他拿出一本书来，说："读了这本书就能做帝王的老师。十三年后，你在济北来见我，穀成山下的黄石就是我。"于是就离开了，没有再说其他的话，再也没有出现。第二天天明，张良看这本书，是一部《太公兵法》。张良因此很珍视这部书，反复熟读。以上这事该怎么解释呢？

曰：是高祖将起，张良为辅之祥也①。良居下邳，任侠②，十年陈涉等起③，沛公略地下邳④，良从，遂为师、将⑤，封为留侯。后十三年，从高祖过济北界⑥，得穀成山下黄石，取而葆祠之⑦。及留侯死，并葬黄石。盖吉凶之象神矣，天地之化巧矣，使老父象黄石，黄石象老父，何其神邪！

【注释】

①辅：辅佐。

②任侠：抑强扶弱。

③十年：《史记·留侯世家》作"后十年"。陈涉：即陈胜，秦末反秦领袖。

④沛公：即刘邦。略：夺取。

⑤师：即上文所说的"帝者师"。

⑥从：底本作"后"，递修本作"从"，据改。

⑦葆：通"宝"，珍爱。祠：祭祀。

【译文】

这是高祖将要兴起，张良将成为辅佐的吉兆。张良隐居在下邳，抑强扶弱，十年后陈涉等人起兵，沛公占领下邳，张良从此跟随沛公，沛公于是以张良为师、将，封张良为留侯。十三年后，张良随高祖经过济北界，得到了穀成山下的黄石，张良取回来珍藏并且加以祭祀。等到留侯死时，与黄石一起下葬。大概由于吉凶之象很神奇，天地的变化很巧妙，让老头变得像黄石，黄石变得像老头，多么神妙啊！

问曰："黄石审老父①，老父审黄石耶？"曰：黄石不能为老父②，老父不能为黄石。妖祥之气见，故验也③。何以明之？晋平公之时，石言魏榆④。平公问于师旷曰："石何故言？"对曰："石不能言，或凭依也⑤。不然，民听偏也⑥。"夫石不能人言，则亦不能人形矣。石言，与始皇时石坠东郡⑦，民刻之，无异也。刻为文，言为辞。辞之与文，一实也。民刻文,气发言,民之与气,一性也⑧。夫石不能自刻,则亦不能言。不能言,则亦不能为人矣。《太公兵法》,气象之也。何以知非实也? 以老父非人,知书亦非太公之书也。气象生人之形,则亦能象太公之书。

【注释】

①审:真是。

②黄石不能为老父:底本无"黄",递修本"石"字前有一"黄"字,据补。

③验:征兆。

④魏榆:古地名,在今山西榆次。

⑤凭依:凭借。

⑥偏:失实,出差错。上事参见《左传·昭公八年》。

⑦东郡:郡名。秦王嬴政五年(前242)置,治所在濮阳县(今河南濮阳西南)。东,底本作"车",递修本作"东",据改。

⑧性:性质。

【译文】

有人问道:"黄石真能变老人,老人真能变黄石吗?"回答说:黄石不能变为老人,老人也不能变为黄石。这都是妖祥之气出现,所以显现出征兆。用什么来证明呢? 晋平公的时候,魏榆的石头说了话。平公问师旷:"石头为什么能说话?"师旷回答说:"石头不能说话,可能是有什么东西凭借石头说话。如不是这样,就是老百姓听错了。"石头不能说人话,那么也就不能变成人的样子。石头说话,与秦始皇时陨石落在东郡,百姓在石头上刻字,没有什么不同。只不过雕刻出来是文字,说出来是言辞。言辞与文字,实质上是一样的。百姓雕刻文字,气能发出声音,老百姓与气,性质是一样的。石头不能自己刻文字,那么也就不能自己说话。不能说话,那也就不能变成人了。《太公兵法》是阳气构成的虚象。

根据什么知道它不是真实的呢？根据老人不是真实的人，就可知书也不
是太公的书。阳气能构成像活人的样子，那么也能构成像《太公兵法》
那样的书。

　　问曰："气无刀笔，何以为文？"曰：鲁惠公夫人仲子①，
生而有文在其掌②，曰"为鲁夫人"。晋唐叔虞文在其手③，
曰"虞"。鲁成季友文在其手④，曰"友"。三文之书，性自
然；老父之书，气自成也。性自然，气自成，与夫童谣口自
言，无以异也。当童之谣也，不知所受⑤，口自言之。口自
言，文自成，或为之也。推此以省太公钓得巨鱼⑥，刳鱼得
书⑦，云"吕尚封齐"；及武王得白鱼，喉下文曰"以予发"⑧，
盖不虚矣⑨。因此复原河图、洛书言兴衰存亡、帝王际会⑩，
审有其文矣。皆妖祥之气，吉凶之端也⑪。

【注释】

①鲁惠公：春秋时鲁国君主。仲子：人名。

②文：字。

③晋唐叔虞：周武王之子，名虞，封于唐（今山西翼城西），晋国的始祖。

④鲁成季友：鲁桓公的儿子，名友，字成季。

⑤受：传授。

⑥推此：从这里推测。省（xǐng）：知晓，懂得。

⑦刳（kū）：剖开。

⑧以予发：指把天下给周武王。发，指周武王姬发。

⑨盖：大概。

⑩原：考察。河图、洛书：《周易》有"河出图，洛出书"这样的话，汉
　　代儒生将其解释为河图、洛书是龙、龟从黄河、洛水里衔出或背出

来的,以此宣扬天人感应论。帝王际会:指帝王碰上祥瑞,即帝王
的兴起。际会,遇合。

⑪端:苗头,征兆。

【译文】

问道:“气没有刀笔,用什么写成文字呢?”回答说:鲁惠公的夫人仲子,生下来就有字在她的手掌上,是“为鲁夫人”这几个字。晋唐叔虞有文字在他的手上,是“虞”字。鲁成季友有字在他的手上,是“友”字。三个人手掌上的字,是天生就有的;那么老人所传的书,也是阳气自然形成的。本性自然成文,阳气自然成书,和那些童谣是从儿童口里自然说出来的,没有什么不同。儿童唱童谣时,也不知是谁传授的,是儿童口中自然唱出的。童谣由口中自说,手上的文字自然形成,或许是有什么东西造成的。从这里推测知道太公钓得一条大鱼,剖开鱼得到一本书,书上说“吕尚将封在齐”;以及周武王得到白鱼,喉下有文字“把天下交给姬发”,这些大概都不会是虚假的了。由此又考察河图、洛书上所说的国家的兴衰存亡与帝王遇合兴起,确实有那些文字预兆了。这些全都是妖祥之气构成的,是吉凶的征兆。

订鬼篇第六十五

【题解】

本篇对于当时流传的各种关于鬼的说法进行了分析考订,同时把《死伪篇》《纪妖篇》中关于鬼神的观点,进行了系统的梳理。

王充在此篇中继续强调"死人不为鬼,无知,不能害人"的观点。他首先反对死人精神能为鬼的观点,认为"凡天地之间有鬼,非人死精神为之也,皆人思念存想之所致也"。他认为所谓的"见鬼",是疾病的缘故。人得病就会"畏惧鬼至,畏惧则存想,存想则目虚见"。就是说人们所见的鬼,只是一种心理作用。同时还驳斥了鬼有知、能害人的说法,指出人死并不是鬼害的,就像国家的灭亡不是鬼造成的而是战争造成的一样,人死亡的原因是疾病。人的死亡,离不开人的自身因素,与鬼无关。

但是王充在否定"死人精神为鬼"的说法后,却承认世上确实有由"太阳之气"构成的鬼,这种鬼一般是作为个人或者国家命运吉凶的预兆出现,有时甚至能够以阳气构成的毒击杀那些命中注定要死的人,把本不存在的鬼又给予了物质性解释。

凡天地之间有鬼,非人死精神为之也①,皆人思念存想之所致也②。致之何由?由于疾病。人病则忧惧,忧惧则鬼出③。凡人不病则不畏惧。故得病寝衽④,畏惧鬼至,畏惧则存想,存想则目虚见⑤。何以效之⑥?传曰:"伯乐学相马,顾玩所见,无非马者。宋之庖丁学解牛,三年不见生牛,所见皆死牛也。"⑦二者用精至矣。思念存想,自见异物也⑧。人病见鬼,犹伯乐之见马,庖丁之见牛也。伯乐、庖丁所见非马与牛,则亦知夫病者所见非鬼也⑨。病者困剧身体痛⑩,则谓鬼持棰杖殴击之⑪,若见鬼把椎锁绳纆立守其旁⑫,病痛恐惧,妄见之也。初疾畏惊,见鬼之来,疾困恐死,见鬼之怒;身自疾痛,见鬼之击,皆存想虚致,未必有其实也。夫精念存想⑬,或泄于目,或泄于口,或泄于耳。泄于目,目见其形;泄于耳,耳闻其声;泄于口,口言其事。昼日则鬼见⑭,暮卧则梦闻。独卧空室之中,若有所畏惧,则梦见夫人据案其身哭矣⑮。觉见卧闻⑯,俱用精神⑰;畏惧存想,同一实也。

【注释】

①为:变成。

②存想:专心思索某一事物。存,寄托。致:招致。

③则:底本作"见",递修本作"则",据改。

④寝衽(rèn):躺在席子上。衽,卧席。指床褥。

⑤虚见:这里指虚幻地看见了鬼。

⑥效:证明。

⑦"传曰"几句:引文参见《吕氏春秋·精通》。传,泛指儒家经书以外的或解释经书的书籍。伯乐,传说是古时一个特别善于鉴别马的人。相,看,鉴别。顾,察看。玩,玩味,琢磨。宋,春秋时宋国。庖丁,厨师。解,解剖。生牛,活牛。

⑧自见异物:递修本作"虚见其物"。

⑨夫:句中语助词。

⑩困剧:被病折磨得很厉害。

⑪棰(chuí):鞭子。杖:棍棒。

⑫若:或。把:拿。椎(chuí):捶击的工具。后亦为兵器。锁:锁链。
　绳缰(mò):绳索。

⑬精念:精心思索。

⑭昼日:白天。见:同"现"。

⑮据案:压。据,按。案,通"按"。哭:疑为衍文,章录杨校宋本无。

⑯觉见卧闻:递修本本句"觉"字前有一"夫"字。觉,醒。

⑰用:由。

【译文】

凡是天地之间所谓的有鬼,并不是人死后其精神变成的,都是人的思念与想象招致的。是怎么招来鬼的呢?是由于人有疾病。人病了就会忧惧,忧惧鬼就会出现。大凡人不病就不会畏惧。所以病倒在床上,就会畏惧鬼的到来,畏惧就会去想,只要想象就会虚幻地看见鬼。用什么来证明这一点呢?传书上说:"伯乐学习鉴别马的时候,察看琢磨他所见到的一切,没有一样不是马的。宋国的厨师学习解剖牛,三年之后,没有看见过一头活牛,所见到的全是死牛。"这是因为二人的精神集中到了极点。时时刻刻都在思念想象,自然就会看到这些异常的东西。人病了看见鬼,如同伯乐看见马,厨师看见牛一样。既然伯乐、厨师所看见的不是马和牛,那么也就知道病人所看见的不是鬼了。病人病得厉害身体疼痛,就认为是鬼在拿鞭子棍棒殴打他,或者是见鬼拿椎、锁链、绳索站立守候在他的身旁,这是由于病痛中十分恐惧,虚妄地看见了鬼。刚生病时由于畏惧惊慌,就看见鬼来了,病得厉害时由于害怕死去,就看见鬼在发怒;当病人的身体感到疼痛时,就看见鬼在殴打他,这些都是忧虑过度遭致的虚象,不一定有真实的鬼出现。对于鬼专心地思虑与想象,有时通过眼睛表现,有时通过嘴表现,有时通过耳朵表现。通过眼睛表现,眼睛就看见鬼的形状;通过耳朵表现,耳朵就听见鬼的声音;通过嘴表现,嘴里就说关于鬼的事。白天就看见有鬼出现,晚上睡觉就听见鬼的声音。一个人睡在空空的卧室之中,如果心里有所畏惧,就会梦见有人压在自己的身上。醒时看见鬼、睡时梦见鬼,都是由于精神在起作用;这与病人因为心里畏惧而想象有鬼,实际上是同一回事。

一曰①:人之见鬼,目光与卧乱也②。人之昼也③,气倦精尽,夜则欲卧,卧而目光反④,反而精神见人物之象矣。人病亦气倦精尽,目虽不卧,光已乱于卧也,故亦见人物象。病者之见也,若卧若否⑤,与梦相似。当其见也,其人不自知觉与梦⑥,故其见物不能知其鬼与人,精尽气倦之效也。何以验之?以狂者见鬼也⑦。狂痴独语⑧,不与善人相得者⑨,病困精乱也。夫病且死之时,亦与狂等。卧、病及狂,三者皆精衰倦,目光反照,故皆独见人物之象焉。

【注释】

①一曰:一种说法。本篇中共引用七个"一曰",这些内容大都是当时流行的关于鬼神的说法,王充对这些说法都用他自己的观点作了解释。

②与:因为。

③之:在。

④反:反照。意思是闭上眼睛后目光不是向外而是向里。

⑤若卧若否:似睡非睡。

⑥不:底本作"能",据《札逢》卷九引元本改。

⑦以:用,根据。狂者:精神病患者。

⑧痴：傻子。独语：自言自语。

⑨善人：健康的人。相得：相合，相同。

【译文】

有一种说法认为：人之所以看见鬼，是目光因为睡觉的缘故而昏乱了。人在白天累得筋疲力尽，晚上就想睡觉，睡觉以后目光就会反照，目光反照，那么精神就看见人和物的虚象。人病了也会被弄得筋疲力尽，眼睛即使没有像睡觉那样闭上，但目光已经比正常人睡觉时还要昏乱，所以也会看见人和物的虚象。病人看见虚象时，似睡非睡，和做梦相似。当病人看见人和物的虚象时，他并不知道自己是醒着还是在做梦，所以他看见的物就不能知道那是鬼还是人，这是他筋疲力尽的证明。根据什么来证明这一点呢？根据精神病患者看见鬼的情况就可以证明。精神病人痴呆，自言自语，和健康的人不相同，是由于病得厉害精神错乱的缘故。当人快病死的时候，也就和精神病人一样。睡觉的人、生病的人以及精神病人，这三种人都是精衰气倦，目光反照，所以唯独他们能看见人和物的虚象。

一曰：鬼者，人所见得病之气也。气不和者中人①，中人为鬼，其气象人形而见。故病笃者气盛②，气盛则象人而至，至则病者见其象矣。假令得病山林之中③，其见鬼则见山林之精④。人或病越地者，病见越人坐其侧。由此言之，灌夫、窦婴之徒⑤，或时气之形象也⑥。凡天地之间，气皆纯于天⑦，天文垂象于上⑧，其气降而生物⑨。气和者养生⑩，不和者伤害。本有象于天，则其降下，有形于地矣。故鬼之见也，象气为之也⑪。众星之体为人与鸟兽⑫，故其病人⑬，则见人与鸟兽之形⑭。

【注释】

①和：协调。中：伤害。

②病笃（dǔ）：常形容病情严重。

③假令：假如。

④山林之精：山林中的精怪。

⑤灌夫、窦婴：汉武帝时期的两个大臣，被丞相田蚡害死。传说田蚡病重时，已死去的灌夫与窦婴又出现在他身旁，田蚡不久就死了。参见《史记·魏其武安侯列传》与《死伪篇》。

⑥或时：或是，可能是。

⑦气皆纯于天：王充认为，天和地一样，是一种物质实体，天地运动，就自然而然地施放出构成万物的气。气为天所掌握，所以说"气皆纯于天"。纯，专，独自掌握和占有。

⑧天文：指日月星辰等天体。垂：从上往下显示。

⑨其气降而生物：这是王充"自然命定论"的一个基本观点，他认为地上的人和万物以及他们的遭遇都是天上各种星象施放的气造成的。参见《命义篇》《物势篇》。

⑩气和：指阴阳之气协调和谐。养生：有益于活着的东西。生，生物。

⑪象：星象。为：造成。

⑫众星之体为人与鸟兽：天上星星的分布，呈现出各种的形状，古人为了便于区分识别，给这些星星以各种名称，有的以鸟兽为名，有的以神话人物为名。

⑬其：他，指气构成的鬼。病人：使人得病。

⑭见：同"现"。

【译文】

有一种说法认为：鬼是人们见到的使人得病的一种气。气不调和就会伤害人，伤害人的气被叫鬼，这种不调和的气构成像人的形状而出现。所以病情严重的人不和之气盛，不和之气盛就会构成像人的形状到来，一旦到来病人就会看见鬼的虚象了。假如人在山林之中得病,他看见鬼就是看见山林中的精怪。有人在越地得病,病中看见越人坐在他的身旁。据此说来,田蚡看见的灌夫、窦婴这类人死后的鬼,可能是使人得病的气所形成的虚象。凡天地之间的气,都统属于天,日月星辰从天空向地上显示各种形象,天上的气降下来而生成万物。阴阳之气调和就能生养万物,失和就会伤害万物。这些气本来有各自的星象在天上,那么它们降下来,就会在地上产生出各种形象了。所以鬼的出现,是星象的气造成的。由于各种星象是人和鸟兽的样子,所以当鬼使人得病时,就以人和鸟兽的形象出现。

　　一曰:鬼者,老物精也。夫物之老者,其精为人[1],亦有未老,性能变化[2],象人之形。人之受气[3],有与物同精者,则其物与之交[4]。及病,精气衰劣也,则来犯陵之矣[5]。何以效之?成事:俗间与物交者,见鬼之来也。夫病者所见之鬼,与彼病物何以异[6]?人病见鬼来,象其墓中死人来迎呼之者[7],宅中之六畜也[8]。及见他鬼非是所素知者,他家若草野之中物为之也。

【注释】

①其精为人:指构成老物的精气,可以离开形体,虚构成人的样子。

②性:天生。

③受气:指从天承受气。

④之:他,指人。交:交接。

⑤犯陵:侵犯。陵,欺侮。

⑥病物:指病时来交接之物。

⑦迎呼:迎接呼唤。

⑧六畜:马、牛、羊、鸡、狗、猪,这里指六畜的精气变成的鬼。

【译文】

有一种说法认为:鬼,就是老物的精气变成的。老物,它的精气可以离开形体虚构成人形,然而也有未老的东西,它们天生就能离开形体而变化成像人的样子。人从天承受了气,如果有和某种物相同的精气,那么,那种物就能与他交接。等到他生了病,精气衰弱的时候,那种物的精气就会来侵犯他了。用什么来证明这一点呢?以往的事例:民间凡是生病时与物交接的人,都能看见有鬼到来。病人见到的鬼,与那些趁人生病时来交接的物有什么不同呢?人生病见到鬼来,如果这个鬼像是自家墓中的死人来迎接呼唤自己的,那么,它就是自己家中的六畜的精气变成的。如果见到的鬼不是平时所熟悉的人,那么,它就是别人家里或草野之中的物的精气变成的。

一曰:鬼者,本生于人①,时不成人②,变化而去。天地之性,本有此化③,非道术之家所能论辩④。与人相触犯者病,病人命当死⑤,死者不离人。何以明之?《礼》曰:"颛顼氏有三子,生而亡去为疫鬼。一居江水,是为虐鬼;一居若水,是为魍魉鬼;一居人宫室区隅沤库,善惊人小儿。"⑥前颛顼之世,生子必多,若颛顼之鬼神以百数也。诸鬼神有形体法,能立树与人相见者⑦,皆生于善人⑧,得善人之气,故能似类善人之形,能与善人相害。阴阳浮游之类⑨,若云烟之气,不能为也。

【注释】

①生:生育。

②时:有时。不成人:指生下来以后没有成为人。

③"天地之性"二句：天地间有生命的东西,本来存在着这样的变化。王充在《无形篇》认为,天地间某些有生命的东西,他们的形体是可以变化的。他所指的,一种是对某些动物由幼虫转化为成虫的感性认识,如蝉的幼虫变为蝉；一种是他所相信的传说,如人化为虎。这里他认为有时刚生下来未成人形的婴儿可以化为鬼。性,有生命的东西。

④道术之家：指以炼丹、求仙为职业的人。

⑤命：这里指寿命。

⑥"《礼》曰"几句：引文参见《太平御览》卷五百三十。《礼》,这里指《礼纬稽命征》,是汉代无名氏创作的谶纬类书籍。颛顼(zhuān xū),传说中的上古帝王。亡去,逃去,变化而去。疫鬼,指使人生病的鬼。江水,长江。虐鬼,使人得重病(如瘟疫之类)的鬼。虐,暴。若水,古河名,即今雅砻江,在今四川西部。魍魉(wǎng liǎng),疫神。传说颛顼之子所化。区隅,角落。沤库,当为衍文,"区隅"的音注而误入正文。沤,"庚"字之讹。

⑦立树：站立。

⑧善人：正常的人。

⑨浮游：飘忽不定。

【译文】

有一种说法认为：鬼,本来是由人生出来的,有时生下来后没有成为人,而是变化成别的东西走掉了。天地之间有生命的东西,本来就存在着这样的变化,不是道术之家所能谈论清楚的。鬼能触犯人是由于人自身有病,得病的人命中注定应当死,死的原因离不开这个人自身而不是鬼造成的。用什么来证明这一点呢?《礼纬稽命征》上说："颛顼氏有三个儿子,生下来时变化而成疫鬼。一个住在长江,这是虐鬼；一个住在若水,这是魍魉鬼；一个住在房屋隐蔽的角落与潮湿库房中,喜欢吓唬别人家的小孩子。"颛顼以前的时代,出生的孩子一定很多,像颛顼的儿子那样生下来变成鬼神的应该有成百个。这些鬼神都具有变化形体的本事，能站着和活人相见，这些都是正常人所生下来的，它们得到正常人的精气，所以能模仿正常人的形体，来伤害正常的人。如阴阳之气这类飘忽不定的东西，就像是云烟之气，是不能变成这种形态的。

一曰：鬼者，甲乙之神也①。甲乙者，天之别气也②，其形象人。人病且死，甲乙之神至矣③。假令甲乙之日病④，则死见庚辛之神矣。何则？甲乙鬼⑤，庚辛报甲乙⑥，故病人且死，杀鬼之至者⑦，庚辛之神也。何以效之？以甲乙日病者，其死生之期⑧，常在庚辛之日。此非论者所以为实也⑨。天道难知，鬼神暗昧⑩，故具载列，令世察之也⑪。

【注释】

①甲乙之神：古代用甲、乙、丙、丁……十个天干纪日。根据《诘术篇》，甲乙之神指值日神，这些神是按照不同的日子轮流值日主事的。

②别气：指不是正常构成万物的气。别，另外。

③甲乙之神至：病人临死时就会看到值日的甲、乙之类的神到来。

④甲乙之日：逢到天干是甲、乙的日子。

⑤甲乙鬼：指甲、乙之日看见鬼。

⑥庚辛报甲乙：根据阴阳五行之说，庚、辛属金，甲、乙属木，金克木，因此庚、辛之神克制甲、乙之神。报，克，胜。

⑦杀鬼：凶神恶鬼。杀，通"煞"，凶神，煞鬼。迷信谓人初死，其魄变为"煞"。

⑧死生之期：这里指死期。

⑨论者：这里指王充本人。

⑩暗昧：不明。

⑪察:考察,判断。

【译文】

　　有一种说法认为:鬼就是甲乙之神。甲乙之神,是由天产生的不是正常构成万物的气所构成的,它的外貌与人相似。人生病将死时,就会看见甲乙之神到来。如果一个人恰逢天干是甲、乙的日子生病,那么死的时候就会见到庚辛之神。为什么呢? 甲乙之日看见鬼,庚辛之神克甲乙之神,所以病人临死,到来的恶鬼,是庚辛之神。用什么来证明这一点呢? 因为甲乙日生病的人,他的死期经常在庚辛之日。我并不认为这些看法是符合事实的。因为天道很难弄清楚,鬼神的事也很难弄明白,所以我原原本本地记载罗列出来,让世人去判断它。

　　一曰:鬼者,物也,与人无异。天地之间,有鬼之物,常在四边之外①,时往来中国,与人杂则②,凶恶之类也,故人病且死者乃见之。天地生物也,有人如鸟兽③,及其生凶物,亦有似人象鸟兽者。故凶祸之家,或见蜚尸④,或见走凶⑤,或见人形,三者皆鬼也。或谓之鬼,或谓之凶,或谓之魅⑥,或谓之魑⑦,皆生存实有,非虚无象类之也⑧。何以明之? 成事:俗间家人且凶⑨,见流光集其室,或见其形若鸟之状,时流入堂室⑩,察其不⑪,谓若鸟兽矣。夫物有形则能食,能食则便利⑫。便利有验,则形体有实矣。《左氏春秋》曰:"投之四裔,以御魑魅。"⑬《山海经》曰:"北方有鬼国⑭。"说魅者谓之龙物也⑮,而魅与龙相连,魅则龙之类矣⑯。又言"国"⑰,人物之党也⑱。《山海经》又曰⑲:"沧海之中,有度朔之山⑳。上有大桃木,其屈蟠三千里㉑,其枝间东北曰鬼门,万鬼所出入也。上有二神人,一曰神荼㉒,一曰郁垒㉓,主阅领万鬼。恶害之鬼,执以苇索㉔,而以食虎㉕。于是黄帝乃作礼以时驱之㉖,立大桃人,门户画神荼、郁垒与虎,悬苇索以御。"凶魅有形,故执以食虎。案可食之物,无空虚者。其物也,性与人殊,时见时匿,与龙不常见,无以异也。

【注释】

①四边之外:指四方非常边远的地区。

②杂则:混杂,夹杂。则,通"厕",杂。

③如:像。

④蜚(fēi)尸:能飞行的尸体。蜚,通"飞"。

⑤走凶:会奔跑的凶物。

⑥魅:指老物变成的精怪。

⑦魑(chī):鬼怪。

⑧之:指魑魅等。

⑨俗间:民间。家人:百姓。且凶:指将要发生不吉利的事情。

⑩堂室:即堂屋。

⑪不:疑为"光"字之讹,形近而误。

⑫便利:指大小便。

⑬"《左氏春秋》曰"几句:引文参见《左传·文公十八年》。之,指浑沌、穷奇、梼杌、饕餮四个人,舜将他们流放。四裔(yì),四方边远的地区。御魑魅,指流放四凶于四方边远处。御,承受,抵挡。

⑭北方有鬼国:引文参见《山海经·海内北经》。

⑮螭(chī):古代传说中无角的龙。

⑯"而魅与龙相连"二句:意思是由于魑、魅经常连用,魑是龙的一种,所以魅也是龙一类的东西。

⑰国:指《山海经》讲的鬼国。

⑱党：类。

⑲《山海经》又曰：以下引文参见《后汉书·礼仪志中》注引《山海经》。

⑳度朔：传说中的山名。

㉑屈蟠（pán）：盘绕。

㉒神荼（tú）：传说中能制伏恶鬼的神人。常与另一神人郁垒并称。

㉓郁垒（lǜ）：是神荼的兄弟，也是门神。

㉔执：捆。苇索：芦苇做的绳子。

㉕食（sì）：供养，喂养。

㉖作礼：指规定一些礼节仪式，其中包括驱鬼的方法。以时：按照一定时间。

【译文】

有一种说法认为：鬼即是物，和人没有什么不同。天地之间的鬼，常居住在四方之外的边远地区，时常往来于中原地区，与人混杂在一起，是一种凶恶的东西，所以人生病临死时就看见它。天地生育万物，有人如同鸟兽，至于天地生出凶恶之物，也有像人像鸟兽样子的。所以遭受凶祸的人家，有时看见能飞行的尸体，有时看见会奔跑的凶物，有时看见像人形的东西，这三种都是鬼。只不过有人称它是鬼，有人称它是凶物，有人称它是物精，有人称它是山怪，它们都是活着的实际存在的东西，而不是虚无的类似怪物的虚象。用什么来证明这一点呢？以往的事例：百姓家将要发生不吉利的事，就会看见一种流动的光聚集在他的屋子里，或者看见它的形体像鸟的形状，有时流进堂室，观察这光的形体，就像鸟兽一样。物有形体就能吃东西，能吃东西就要大小便。有大小便可以验证，那么形体就是可以证实是实际存在的了。《左氏春秋》上说："流放他们到四方边远地区，以承受、抵挡魑魅的灾害。"《山海经》上说："北方有个鬼国。"谈论螭的人认为它为龙一类的动物，而魅又与龙经常连用，那么魅也就是龙一类的动物了。《山海经》既然说"国"，那么里边的鬼就该和通常的人和物是一类的东西。《山海经》上又说:"沧海之中,有一座度朔山。山上有棵大桃树,它的枝干盘绕达三千里,它的树枝间的东北方叫鬼门,是所有的鬼出入的地方。上面有两个神人,一个叫神荼,一个叫郁垒,负责检查和统领所有鬼怪。有作恶祸害的鬼,他们就用苇索把它捆起来,将它喂老虎。于是黄帝就制订礼仪按一定的时间驱鬼,立一个大桃木人,在门户上画神荼、郁垒与虎的形象,并悬挂苇索以防御鬼怪。"凶恶的魅有形体,所以能够捆它去喂老虎。考察可以食用的东西,没有一样是虚而不实的。魍魅这一类东西,本性与人不同,有时出现有时隐藏,和龙的不经常出现,没有什么不同。

一曰:人且吉凶,妖祥先见[1]。人之且死见百怪[2],鬼在百怪之中。故妖怪之动[3],象人之形,或象人之声为应[4],故其妖动不离人形。天地之间,妖怪非一[5],言有妖,声有妖,文有妖。或妖气象人之形,或人含气为妖[6]。象人之形,诸所见鬼是也;人含气为妖,巫之类是也[7]。是以实巫之辞[8],无所因据[9],其吉凶自从口出,若童之谣矣[10]。童谣口自言,巫辞意自出。口自言,意自出,则其为人[11],与声气自立[12],音声自发,同一实也。

【注释】

①妖祥:吉凶的征兆。

②百怪:指各种奇怪现象。

③动:行动。

④应:应和。

⑤非一:不止一种。

⑥气:这里指妖气。

⑦巫：古代以侍奉鬼神替人求福消灾为职业的人。

⑧是以：因此。实：核实，审查。

⑨因据：根据。

⑩谣：歌谣。

⑪其：指鬼。

⑫立：形成。

【译文】

有一种说法认为：人将要发生吉凶之事，征兆就会预先出现。人将要死的时候会看见各种怪异现象，鬼是各种怪异现象之中的一种。所以妖怪行动的时候，或类似人的形象，或模仿人的声音作为应和，因此那些妖怪行动不会离开人的形象。天地之间，妖怪不止一种，有以说话为表现方式的妖怪，有以声音为表现方式的妖怪，有以文字为表现方式的妖怪。有的妖气模仿成人的形状，有的则是人含着妖气表现出一种怪异现象。妖气模仿人的形状时，就是大家所见到的鬼；人含着妖气表现出怪异现象的，就是巫师一类的人。因此核实巫师的言辞，并不是有什么根据而说出来的，那些预示吉凶的话，是通过巫师的口自己自然说出来的，就像儿童唱的歌谣一样。童谣是儿童的嘴里自然而然唱出来的，巫师话语中的意思也是自然而然流露出来的。口自动说出，意思自然流露出来，那么鬼之成为人形，也就和声音是妖气自动形成的、自然发出来的，同属于一回事情。

世称纣之时，夜郊鬼哭，及仓颉作书①，鬼夜哭。气能象人声而哭，则亦能象人形而见，则人以为鬼矣。鬼之见也，人之妖也②。天地之间，祸福之至，皆有兆象，有渐不卒然③，有象不猥来④。天地之道，人将亡，凶亦出；国将亡，妖亦见。犹人且吉，吉祥至；国且昌，昌瑞到矣。故夫瑞应妖祥,其实一也。而世独谓鬼者不在妖祥之中,谓鬼犹神而能害人,不通妖祥之道⑤,不睹物气之变也⑥。国将亡,妖见,其亡非妖也。人将死,鬼来,其死非鬼也。亡国者,兵也⑦;杀人者,病也。何以明之?齐襄公将为贼所杀⑧,游于姑棼⑨,遂田于贝丘⑩,见大豕⑪。从者曰:"公子彭生也⑫。"公怒曰:"彭生敢见!"引弓射之⑬,豕人立而啼⑭。公惧,坠于车,伤足丧履,而为贼杀之⑮。夫杀襄公者,贼也。先见大豕于路,则襄公且死之妖也。人谓之彭生者,有似彭生之状也。世人皆知杀襄公者非豕,而独谓鬼能杀人,一惑也⑯。

【注释】

①仓颉:传说中文字的创造者。作书:创造文字。

②人之妖:像人的妖气。

③渐:逐步,苗头。卒:同"猝",突然。

④象:迹象。猥:仓猝,突然。

⑤通:懂,理解。

⑥物气:指所谓物质性的"妖气"。

⑦兵:兵器,这里指战争。

⑧齐襄公(?—前686):春秋时齐国君主,前697—前686年在位。

⑨姑棼(fén):古地名,在今山东淄博北。

⑩田:狩猎。贝丘:古地名,在今山东博兴南。

⑪豕(shǐ):猪。

⑫彭生:齐襄公的堂弟,为齐襄公所杀。

⑬引:拉。

⑭人立:像人一样站起来。

⑮而为贼杀之:上事参见《左传·庄公八年》。

⑯一：据文例，疑为衍文。惑：糊涂。

【译文】

　　世间传说纣王的时候，夜晚郊外有鬼在哭，在仓颉创造文字时，也有鬼在晚上哭泣。妖气既然能模仿人的声音而哭泣，那么也能模仿人的形貌而出现，人们就认为是鬼了。鬼的出现，是一种像人形的妖气构成的。天地之间，祸福将要到来，都会有征兆，它们都是有苗头的不会突然到来，是有迹象而不会猝然到来。天地间的规律是，人将要死亡时，凶兆就会出现；国家将要灭亡时，妖象就会出现。如同人将有吉事，吉兆就出现；国家将要昌盛，昌盛的祥瑞就会出现一样。所以那些瑞应和妖祥，作为一种征兆实质上是一样的。然而世人唯独说鬼不在妖祥之中，说鬼就像神一样能够害人，这是不懂得吉凶征兆出现的道理，看不到物气发生的变化。国家将要灭亡，妖象就会出现；然而国家的灭亡，并不是由于妖象造成的。人将要死了，鬼就会到来，然而人死不是由于鬼造成的。使国家灭亡的是战争，杀人致死的是疾病。用什么来证明这一点呢？齐襄公将要被贼人杀死的时候，他巡游于姑棼，接着又在贝丘打猎，在路上看见一头大猪。随从说："猪是公子彭生变的。"齐襄公发怒说："彭生敢出现！"拉弓射大猪，大猪像人一样站立起来呼号。齐襄公很害怕，吓得从车上掉了下去，摔伤了脚弄丢了鞋，结果被贼人杀了。杀死襄公的是贼人。先看见大猪在路上，就是襄公将要死而出现的妖象。随从的人说猪是彭生变的，是因为猪有点像彭生的样子的缘故。世人都知道杀死襄公的不是大猪，而唯独要说鬼能杀人，这是糊涂啊。

　　天地之气为妖者，太阳之气也①。妖与毒同，气中伤人者谓之毒，气变化者谓之妖。世谓童谣，荧惑使之②，彼言有所见也③。荧惑火星，火有毒荧④，故当荧惑守宿⑤，国有祸败。火气恍惚，故妖象存亡⑥。龙，阳物也，故时变化；鬼，阳气也,时藏时见。阳气赤,故世人尽见鬼,其色纯朱。蜚凶⑦,阳也,阳,火也,故蜚凶之类为火光。火热焦物,故止集树木⑧,枝叶枯死。

【注释】

①太阳之气:极盛的阳气。王充认为它可以形成"妖"这一现象。太,极,盛。

②荧惑:星名,即火星。

③见:见地,见解。

④荧:疑为"蝥"之讹。蝥,毒虫的咬刺。

⑤守:迫近,侵犯。宿:古代天文学把某些星的集合体称为"宿",这里指心宿。

⑥存亡:时有时无。

⑦蜚凶:能飞的怪物。

⑧止集:停聚。

【译文】

天地间的气能变成妖的,是极盛的阳气。妖与毒相同,阳气能够中伤人的称之为毒,阳气能够变化的称之为妖。世上的人说童谣是荧惑星的精气诱导儿童唱的,这话是有一定见解的。荧惑是火星,火有毒刺,所以倘若荧惑星侵犯心宿,国家就会有祸败。由于荧惑星的火气是恍恍惚惚的,所以它产生的妖象时有时无。龙,是随阳气而出没的动物,所以时常变化;鬼,是阳气构成的,所以时隐时现。阳气是红的,所以世人所看见的鬼,颜色都是纯红的。能飞的凶物,是阳气构成的,阳,也就是火,所以能飞的凶物之类的东西都有火光。火灼热能烤焦东西,所以能飞的凶物停聚在树上,树的枝叶就会枯死。

《鸿范》^①，五行二曰火^②，五事二曰言^③。言、火同气^④，故童谣、诗歌为妖言。言出文成，故世有文书之怪。世谓童子为阳，故妖言出于小童。童、巫含阳，故大雩之祭^⑤，舞童暴巫^⑥。雩祭之礼，倍阴合阳^⑦。故犹日食阴胜^⑧，攻社之阴也^⑨。日食阴胜，故攻阴之类；天旱阳胜，故愁阳之党^⑩。

【注释】

①《鸿范》：即《尚书》中的《洪范》。

②五行二曰火：按《洪范》记载，五行排列顺序为水、火、木、金、土，火排在第二位。

③五事二曰言：按《洪范》记载，五事为貌、言、视、听、思，言排在第二位。

④同气：指火与言都属于阳气。

⑤大雩（yú）之祭：古代一种求雨的祭祀。

⑥暴（pù）：晒。

⑦倍：增加，助长。合：调和。

⑧日食阴胜：按阴阳五行说，太阳属阳，月亮属阴，日食是阴胜阳的结果。参见《说日篇》。

⑨攻：伐。社：指土地神。古代认为社是阴气之主，所以出现日食，就用击鼓等办法对社表示讨伐。

⑩愁：据文意，疑为"焚"字之讹。

【译文】

《洪范》记载，五行中第二位是火，五事中第二位是言。言与火都同属于阳气，所以童谣、诗歌都是妖言。说出为话，写出为文，所以世间有以文书表现的怪异现象。世人认为童子属阳，所以作为妖言的童谣出于儿童之口。儿童、巫师都含有阳气，所以举行雩祭时，要让儿童不停地跳舞,把巫师放在太阳下曝晒。雩祭这种典礼,是为了助长阴气以调和阳气。所以如同日食时阴气过于旺盛,就得讨伐社神所代表的阴气一样。日食时阴气胜过阳气,所以要攻伐属于阴类的东西;天旱时阳气胜过阴气,所以要焚烧阳气的同类。

巫为阳党,故鲁僖遭旱①,议欲焚巫②。巫含阳气,以故阳地之民多为巫③。巫党于鬼,故巫者为鬼巫。鬼巫比于童谣④,故巫之审者⑤,能处吉凶⑥。吉凶能处,吉凶之徒也。故申生之妖见于巫⑦,巫含阳,能见为妖也。申生为妖,则知杜伯、庄子义、厉鬼之徒皆妖也⑧。杜伯之厉为妖⑨,则其弓、矢、投措皆妖毒也⑩。妖象人之形,其毒象人之兵。鬼、毒同色,故杜伯弓矢皆朱彤也⑪。毒象人之兵,则其中人,人辄死也。中人微者即为痱⑫,病者不即时死。何则？痱者,毒气所加也。妖或施其毒⑬,不见其体;或见其形,不施其毒;或出其声,不成其言;或明其言,不知其音。若夫申生,见其体、成其言者也;杜伯之属,见其体、施其毒者也;诗妖、童谣、石言之属⑭,明其言者也;濮水琴声、纣郊鬼哭⑮,出其声者也。

【注释】

①鲁僖:指鲁僖公,春秋时鲁国君主。

②议:商议。上事参见《左传·僖公二十一年》。

③阳地:南方。

④比:等同。

⑤审:高明。

⑥处：判断。

⑦申生（？—前656）：晋献公的太子，传说他死后通过巫显形来预言吉凶。参见《死伪篇》。

⑧杜伯：周宣王的大夫，传说他无辜被周宣王杀害后变成了鬼，并用弓将宣王射死。参见《死伪篇》。庄子义：战国时燕国大夫，传说他无辜被燕简公杀害后变成了鬼，并用杖将燕简公打死。参见《死伪篇》。厉鬼：恶鬼，传说春秋时宋文公病重，让负责祭祀的夜姑主持祭祀，祭奉厉鬼以除病，因祭物不丰盛，夜姑被厉鬼用船桨打死。参见《祀义篇》。

⑨厉：疑当作"属"字，下文言"杜伯之属"。

⑩投措：疑当作"杖楫"。楫（jí），船桨。

⑪彤：红色。

⑫腓（féi）：通"痱"，一种半身不遂的病。

⑬施：发，放。

⑭石言：这里指石头说话。传说春秋时晋国魏榆有个地方曾发生石头说话的事。参见《纪妖篇》。

⑮濮水琴声：传说春秋时卫灵公到濮水，听到有鬼弹琴的声音。濮水，古河名，今已淤塞，故道在今河南东北部和山东西南部。参见《纪妖篇》。

【译文】

巫师属于阳类，所以鲁僖公时遭受旱灾，就和大臣们商议要烧死巫师。巫师含阳气，所以南方的百姓多以巫师为业。巫师与鬼同类，所以称巫师为鬼巫。鬼巫等同于童谣之妖，因此巫师中的高明者，能够判断吉凶之事。既然能够判断吉凶，巫师也就和预示吉凶的妖象同属于一类了。所以申生的妖象通过巫师显形，巫师含有阳气，所以能把申生的妖象表现出来。申生死后变成妖象出现，那么就可知杜伯、庄子义、厉鬼这类鬼的出现都是妖象了。杜伯这类鬼是妖象，那么他们的弓、矢、杖、楫就都是妖毒了。妖气化成的鬼像人的形体，它的毒像人的兵器。鬼和毒颜色相同，所以杜伯的弓矢都是红色的。鬼毒模仿成人的兵器，那么鬼毒伤人，人往往就会死。伤害轻微的也会得腓病，病人不会立即死去。为什么呢？腓病，是毒气所造成的。妖有的施放它的毒，不显现它的形体；有的显现它的形体，不施放它的毒；有的能发出声音，却不能形成完整的话；有的能讲出话来，却又听不见它的声音。如像申生，就是既能显现形体，又能讲出言语；如杜伯这一类，就是既能显现形体，又能施放他们的毒气；如诗妖、童谣、石头说话这一类，就能说出话来；在濮水旁听见琴声、纣王时郊外有鬼哭，就是能发出声音的妖象。

妖之见出也，或且凶而豫见①，或凶至而因出②。因出，则妖与毒俱行③；豫见，妖出不能毒。申生之见，豫见之妖也；杜伯、庄子义、厉鬼至，因出之妖也。周宣王、燕简公、宋夜姑时当死，故妖见毒因击。晋惠公身当获④，命未死，故妖直见而毒不射⑤。然则杜伯、庄子义、厉鬼之见，周宣王、燕简、夜姑且死之妖也。申生之出，晋惠公且见获之妖也⑥。伯有之梦⑦，驷带、公孙段且卒之妖也。老父结草⑧，魏颗且胜之祥，亦或时杜回见获之妖也。苍犬噬吕后⑨，吕后且死，妖象犬形也。武安且卒⑩，妖象窦婴、灌夫之面也。

【注释】

①且凶：指人将遇到凶祸。豫：预先。

②因：依附，接着。

③俱行：一起发生。

④晋惠公（？—前637）：春秋时晋国君主，前650—前637年在位。传说他因为改葬申生不合礼制，申生就变鬼作怪，使他被秦国俘

获。参见《死伪篇》。获:被俘获。

⑤直:仅仅。

⑥见:被。

⑦伯有:春秋时晋国大夫,传说他被驷带与公孙段杀死后,人们在梦中见到他,他说要在某日杀死驷带,在某日杀死公孙段,后来两人果真在其预言的那天死去。参见《死伪篇》。

⑧老父结草:指春秋时一个老人,传说他变的鬼因感谢晋国将军魏颗救了他的女儿,所以在魏颗与秦将杜回作战时,他就帮助魏颗,用草绳将杜回绊倒。参见《死伪篇》。

⑨苍犬噬吕后:传说刘邦的庶子刘如意被吕后害死后变成一条苍犬来咬吕后,吕后因此得病而死。苍,灰白色。噬,咬。吕后,刘邦的皇后吕雉。参见《死伪篇》。

⑩武安:指汉武帝时的丞相武安侯田蚡。

【译文】

妖象的出现,有的是人将遇到凶祸而预先出现,有的是随着凶祸的到来而一同出现。如果是一同出现的,那么妖象与妖毒一起发生;预先出现,就只出现妖象而不能毒害人。申生的出现,是预先出现的妖象;杜伯、庄子义、厉鬼的到来,是一同出现的妖象。周宣王、燕简公、宋夜姑当时命中注定他们当死,所以妖象出现,妖毒也随之打中他们了。晋惠公自己注定应当被秦国俘虏,但命中注定还不会死,所以妖象只是出现而没有放毒。这样说来,杜伯、庄子义、厉鬼的出现,就是周宣王、燕简公、夜姑将要死时出现的妖象。申生的出现,就是晋惠公将要被俘的妖象。伯有在梦中出现,就是驷带、公孙段将要死的妖象。老人编结草绳,就是魏颗将要获胜的吉兆,也有可能是杜回要被俘的妖象。灰白色的狗咬吕后,就是吕后将要死了,妖气显出像狗的形状。武安侯将要死了,看到灌夫、窦婴坐在身旁,是妖气显出像窦婴、灌夫面貌的妖象。

故凡世间所谓妖祥,所谓鬼神者,皆太阳之气为之也。太阳之气,天气也①。天能生人之体,故能象人之容②。夫人所以生者,阴、阳气也。阴气主为骨肉,阳气主为精神。人之生也,阴、阳气具③,故骨肉坚,精气盛。精气为知④,骨肉为强⑤,故精神言谈,形体固守。骨肉精神,合错相持⑥,故能常见而不灭亡也。太阳之气,盛而无阴,故徒能为象,不能为形。无骨肉,有精气,故一见恍惚,辄复灭亡也。

【注释】

①天气:天施放的气。

②容:容貌,样子。

③具:齐备。

④为:产生。知:知觉,智慧。

⑤强:指筋力。

⑥合错:交错,结合。相持:相互依赖。

【译文】

所以大凡世间所说的妖象瑞祥和鬼魂神怪之类的现象,都是由极盛的阳气构成的。极盛的阳气,是天施放的气。天能生育人的形体,所以极盛的阳气就能模仿人的容貌。人之所以生出,是由于承受了天施放的阴阳之气的结果。阴气主要形成骨肉,阳气主要形成精神。人出生以后,阴阳之气齐备,所以骨肉坚硬,精气旺盛。精气产生知觉,骨肉产生筋力,所以精神掌管说话,形体维持生存。骨肉与精神,交错结合相互依持,所以人体能长期存在而不消失。极盛的阳气,虽极盛却没有阴气配合,所以只能形成虚象,不能构成形体。由于虚象没有骨肉,只有精气,所以虚象就恍恍惚惚地出现一下,马上又消失了。

言毒篇第六十六

【题解】

王充认为,"万物"都是由气构成的,有人对此提出责难说"万物之生,皆禀元气,元气之中,有毒螫乎?"针对这一问题,王充在本篇中集中论述了"毒"的来源与危害。王充列举了世间存在的与传说中的各种有毒的事物,诸如草木中有巴豆、野葛,虫类有蝮蛇、蜂,鱼有鲑、鲦、鲰,乃至于巫祝、美丽的人、小人的口舌谗言,这些在王充看来都是有毒的,而且认为一切的毒均来源于"太阳之热气"。王充特别强调小人的口舌之毒最为猛烈,危害最大——"人中诸毒,一身死之;中于口舌,一国溃乱"。说明王充对于小人之谗言最为痛恨。

但是本篇对于各种毒的论述,大多是通过表面现象类比与附会,因而并没有真正做到探求毒的来源。

或问曰①:"天地之间,万物之性②,含血之虫③,有蝮蛇、蜂、虿④,咸怀毒螫⑤,犯中人身,谓謼获疾痛⑥,当时不救,流遍一身;草木之中,有巴豆、野葛⑦,食之凑瀱⑧,颇多杀人。不知此物,禀何气于天⑨?万物之生,皆禀元气,元气之中,有毒螫乎?"

【注释】

①或：有人。

②性：特性。

③含血之虫：泛指动物。

④蝮蛇：一种毒蛇，头三角形，体灰褐有斑纹。虿（chài）：蝎子一类的毒虫。

⑤咸：都。毒螫（shì）：指毒针，毒素。螫，毒虫或蛇咬刺。

⑥谓護：疑当作"渭濩"，声、形相近而误。渭濩，流散，漫延。

⑦巴豆：一种常绿乔木，种子有毒。野葛：即"冶葛"，一种有毒的植物。

⑧凑懑（mèn）：气积胸闷。凑，聚积。懑，烦闷。

⑨禀：承受。气：又称"元气"，王充认为它是构成人和万物的物质元素，是天体星宿在不断的运动中自然而然施放的。

【译文】

有人问道："天地之间，万物的本性，在含有血气的各种动物中，有蝮蛇、蜂、虿等，它们都含有毒素，蜇了人之后，毒素就会漫延人体产生疾痛，如果不及时救治，毒素就会流遍全身；草木之中，有巴豆、野葛，吃了它就会使人气积胸闷，很多人都曾被它毒死。不知道这类东西是从天上承受了什么样的气而形成的？万物的产生，都是承受了上天的元气，元气之中，难道也有形成毒螫的气吗？"

曰：夫毒，太阳之热气也①，中人人毒。人食凑懑者，其不堪任也②。不堪任则谓之毒矣。太阳火气③，常为毒螫，气热也。太阳之地④，人民促急⑤，促急之人，口舌为毒⑥。故楚、越之人促急捷疾⑦，与人谈言，口唾射人，则人脈胎⑧，肿而为创⑨。南郡极热之地⑩，其人祝树树枯⑪，唾鸟鸟坠。巫咸能以祝延人之疾、愈人之祸者^⑫，生于江南，含烈气也。夫毒，阳气也，故其中人，若火灼人^⑬。或为蝮所中，割肉置地焦沸，火气之验也^⑭。四方极皆为维边^⑮，唯东南隅有温烈气^⑯。温烈气发，常以春夏^⑰。春夏阳起。东南隅，阳位也^⑱。他物之气，入人鼻目，不能疾痛。火烟入鼻鼻疾，入目目痛，火气有烈也^⑲。物为靡屑者多^⑳，唯一火最烈^㉑，火气所燥也^㉒。食甘旨之食^㉓，无伤于人。食蜜少多^㉔，则令人毒。蜜为蜂液，蜂则阳物也^㉕。人行无所触犯，体无故痛，痛处若棰杖之迹^㉖。人腓^㉗，腓谓鬼殴之^㉘。鬼者，太阳之妖也^㉙。微者^㉚，疾谓之边，其治用蜜与丹^㉛。蜜丹阳物，以类治之也^㉜。夫治风用风，治热用热，治边用蜜、丹，则知边者阳气所为，流毒所加也。

【注释】

①太阳：极盛的阳气。太，极，盛。

②不堪任：不能忍受。

③太阳火气：阴阳五行家认为，"太阳"和五行中的"火"是相配属的，"太阳"之气就是火气。

④太阳之地：阴阳五行家认为，"太阳"和南方是相配属的，"太阳之地"指南方最热的地方。

⑤促急：这里指性情急躁。

⑥为：产生。

⑦楚、越：泛指南方。捷疾：这里形容说话急促。疾，快。

⑧脤（shèn）胎：疑当作"脤胀"，形近而误。脤胀，肿胀。

⑨创（chuāng）：通"疮"。

⑩南郡：郡名。战国秦昭王二十九年（前278）置，治所在郢（今湖

北荆州西北）。也有可能泛指南方诸郡。

⑪祝（zhòu）：诅咒。

⑫巫：古代以侍奉鬼神替人消灾求福为职业的人。愈：增加。

⑬灼（zhuó）：烧。

⑭验：证明。

⑮四方极皆为维边：四面最远的地方是地的四个角的边缘。极，最远的地方。维，地维，指地的四角。边，边缘。

⑯隅（yú）：角落。温烈气：温气指春天温暖的气，烈气指夏天炽热的气。温，热。

⑰以：于，在。

⑱阳位：阳气正常的位置。阴阳五行家认为阳气在春天从东北方开始出现，逐渐南行，夏天达到它的正常的位置，即正南方。此时阳气最盛，天气最热。东南角紧靠正南方，所以王充认为这里是"阳位"。

⑲烈：指炽热的特性。

⑳靡屑：粉碎。

㉑一：独自。

㉒燥：烤干，烧焦。

㉓甘旨之食：甘甜美味的食物。

㉔少：稍。

㉕阳物：指属于阳类的动物。

㉖棰（chuí）杖：用棍棒拷打。

㉗腓（féi）：为"痱"之假借，指一种半身不遂的病。

㉘腓谓鬼殴之：腓病据说是被鬼殴打后得的。

㉙太阳之妖：指"太阳之气"构成的妖象。参见《订鬼篇》。

㉚微者：轻一些的"腓"病，指痹症。

㉛丹：丹砂，即朱砂。

㉜以类治之：用同类的东西进行治疗，即以毒攻毒。

【译文】

　　回答说：这些毒，是极盛的阳气所散发的热气，毒气侵入人体就会使人中毒。人吃了巴豆、野葛气积胸闷，那是因为承受不了的缘故。承受不了就说是毒了。极盛的阳气就是火气，经常产生毒素，是因为极盛的阳气非常热的缘故。南方最热的地方，百姓性情急躁，急躁的人，口舌都会产生毒素。所以楚、越地方的人性情急躁，说话急促，与人谈话，口中的唾液喷射到别人身上，被喷的人身上就会肿胀，肿了就会生疮。在南部非常热的地方，那里的人诅咒树，树就枯死；对鸟吐唾沫，鸟就会坠落下来。那里的巫师都能够用诅咒拖延人的疾病、加剧人的灾祸，这是由于他们生在江南，含有火气的缘故。毒，是阳气构成的，所以它中伤人以后，人就会产生像是被火烧一样的感觉。有人被蝮蛇咬了，把被咬伤的那块肉割下来扔到地上，肉就会枯焦沸腾起来，这就是毒为火气的证明。四面最远的地方是大地四个角的边缘，唯有东南角有温烈气。温烈之气的产生，常常是在春夏两季。春夏两季阳气产生。大地的东南角，是阳气所处的正位。其他东西的气进入人的鼻子眼睛，并不能使鼻子眼睛产生疾痛。火烟侵入鼻子，鼻子会得病；侵入眼睛，眼睛就会疼痛，因为火有炽热的特性。在万物之中，能够粉碎其他物品的东西很多，唯独火是最厉害的，因为火气能把物烧焦烤干变成碎末。吃甘甜美味的食物，对人没有伤害。开始稍微多吃一些蜂蜜，就会让人中毒。因为蜜是蜂的体液，而蜂是阳物的缘故。人走路并没有碰撞到什么东西，而身体却无缘无故地疼痛起来，疼痛的地方像是有被鞭棍打过的痕迹。人患了腓病，而腓病据说是被鬼殴打后得的。鬼，是极盛的阳气构成的妖象。轻一些的腓病，被称为"边病"，边病的治疗方法是用蜂蜜和朱砂。蜂蜜和朱砂是阳物，这是用同类的阳物来治疗由阳气造成的病。治疗风病用风，治疗热病用热，治疗边病用蜂蜜和朱砂，那么可知边病是由阳气所导致的，是流毒所造成的。

　　天地之间,毒气流行,人当其冲①,则面肿疾,世人谓之火流所刺也。人见鬼者,言其色赤,太阳妖气,自如其色也②。鬼为烈毒,犯人辄死③,故杜伯射④,周宣立崩⑤。鬼所赍物⑥,阳火之类,杜伯弓矢,其色皆赤。南道名毒曰短狐⑦。杜伯之象,执弓而射。阳气因而激⑧,激而射,故其中人象弓矢之形。火困而气热,血毒盛,故食走马之肝杀人⑨,气困为热也。盛夏暴行⑩,暑暍而死⑪,热极为毒也。人疾行汗出⑫,对炉汗出,向日亦汗出⑬,疾温病者亦汗出⑭。四者异事而皆汗出,困同热等,火日之变也。

【注释】

①当:遇到。

②自如其色也:阴阳五行家认为,和"太阳"相配属的颜色是红色,所以王充说"太阳之气"造成的妖象,自然也就有"太阳之气"的本色。

③辄:就,立即。

④杜伯:周宣王的大夫,无罪被周宣王杀死。后传说其变为鬼,射杀周宣王。王充认为杜伯的鬼是妖气变的。参见《死伪篇》。

⑤崩:古代称帝、后死为"崩"。

⑥赍(jī):携带。

⑦南道:指南方。短狐:亦作"短弧",即"蜮(yù)",又名"射工""水弩",古代传说中一种在水中能含沙(或用气)射人的毒虫。

⑧因:据文意,疑为"困"之讹,形近而误。困,被围住。

⑨走:奔跑。

⑩暴(pù):晒。

⑪暑暍(yē):中暑。暍,中暑,伤暑。

⑫疾行：快走。

⑬向日：晒太阳。

⑭疾温病：得热病。疾，害病。

【译文】

　　天地之间，毒气流行，人遇到毒气冲击，那么面部就会患肿疾，世人说它是热气流行造成的刺激所引起的。人们见到鬼，说鬼的颜色是红的，鬼是由极盛的阳气构成的，自然也就是阳气的本色。鬼是一种剧毒，触到人，人就会立即死亡，所以杜伯射周宣王，周宣王马上就死了。鬼所携带的东西，也属于阳气火气一类，所以杜伯的弓矢，其颜色都是红的。南方把蜮这种毒虫称为短狐。杜伯的妖象，拿着弓箭射人。因为阳气被困阻而激发，激发而喷射，所以它击中人就像用弓箭射中的一样。火被围住而气发热，含火而气热的动物，其血非常毒，所以吃了刚刚奔驰过的马的肝，就会把人毒死，这是由于气因发热的缘故。盛夏顶着烈日走路，人会中暑而死，这就是热极了而产生毒的缘故。人走得很快会出汗，对着火炉烤会出汗，对着太阳晒会出汗，得热病的人也会出汗。四种不同的情况都会出汗，都是由于阳气受困而产生同样的热毒，这都是火和太阳所引起的变化。

　　天下万物，含太阳气而生者，皆有毒螫。毒螫渥者①，在虫则为蝮蛇、蜂、虿；在草则为巴豆、冶葛；在鱼则为鲑与鲙、鰅②，故人食鲑肝而死，为鲙、鰅螫有毒③。鱼与鸟同类，故鸟蜇鱼亦蜇④，鸟卵鱼亦卵⑤，蝮蛇、蜂、虿皆卵，同性类也。其在人也为小人⑥，故小人之口，为祸天下。小人皆怀毒气，阳地小人毒尤酷烈⑦，故南越之人⑧，祝禁辄效⑨。谚曰："众口烁金⑩。"口者，火也⑪。五行二曰火，五事二曰言。言与火直⑫，故云烁金。道口舌之烁⑬，不言"拔木焰火"⑭，必云烁金,金制于火^⑮,火、口同类也。

【注释】

①渥(wò):厚,多。

②鲑(guī):河豚,一种有毒的鱼。鲹:读音不详,一种毒鱼。鯱
(shū):古籍中所指的一种毒鱼。

③为:被。

④鱼亦蜚(fēi):指鱼会跃出水面。蜚,通"飞"。

⑤鱼亦卵:鱼也产卵。卵,产卵。

⑥其:指"太阳之气"。

⑦阳地:处在阳位的地方,指南方。酷烈:厉害。

⑧南越:泛指南方地区。

⑨禁:底本作"誓",递修本作"禁",据改。禁,禁咒,一种所谓能镇
邪驱除疾痛的法术。辄效:立即灵验。

⑩众口烁金:比喻众口一词,可以混淆是非。烁,通"铄",熔化金属。

⑪"口者"二句:口属火。这是阴阳五行家的说法。

⑫言与火直:指言与火次序都是第二,位置相当。意为"口"与
"火"的性质相同。直,抵,相当。

⑬道:说,提到。

⑭拔:取。焰:烧。

⑮金制于火:按阴阳五行之说,火克金。制,克。

【译文】

天下万物,凡是含有极盛的阳气而生出的,全都有毒素。毒素多的,
在动物里面是蝮蛇、蜂、虿;在草木里面是巴豆、冶葛;在鱼类里面是鲑和
鲹、鯱,所以人吃了鲑肝会被毒死,被鲹、鯱蜇了也会中毒。鱼与鸟同属
一类,所以鸟会飞,鱼也会跃出水面,鸟产卵,鱼也产卵,蝮蛇、蜂、虿都产
卵,它们都是同性质同类属的动物。含有极盛的阳气在人里面就表现为

小人,所以小人的口,会给天下造成祸乱。小人都含有毒气,南方的小人毒气特别厉害,所以南方的人发出咒禁都会立刻有效验。俗话说:"众口烁金。"口属火。五行中排第二位的是火,五事中排第二位的是言。言和火位置与性质相同,所以称为"烁金"。提到口舌能熔化东西,不说它像"取木烧火"一样,而一定要说它"烁金",是因为金受火所克,而火和口是同类属的缘故。

　　药生非一地,太伯辞之吴①。铸多非一工②,世称楚棠溪③。温气天下有,路畏入南海④。鸩鸟生于南⑤,人饮鸩死⑥。辰为龙⑦,巳为蛇⑧,辰、巳之位在东南⑨。龙有毒,蛇有螫,故蝮有利牙,龙有逆鳞⑩。木生火⑪,火为毒,故苍龙之兽含火星⑫。冶葛、巴豆,皆有毒螫,故冶在东南⑬,巴在西南⑭。土地有燥湿,故毒物有多少,生出有处地⑮,故毒有烈不烈。蝮蛇与鱼比⑯,故生于草泽。蜂、虿与鸟同,故产于屋、树。江北地燥,故多蜂、虿;江南地湿,故多蝮蛇。生高燥比阳⑰,阳物悬垂,故蜂、虿以尾刺⑱。生下湿比阴,阴物柔伸⑲,故蝮蛇以口齰⑳。毒或藏于首尾,故螫齰有毒;或藏于体肤,故食之辄懑;或附于唇吻,故舌鼓为祸㉑。

【注释】

①太伯辞之吴:传说因为太伯知道父亲古公亶父有意将君位传给季历(太伯的弟弟)之子姬昌(周文王),所以就离开周,跑到吴地去了。太伯,周文王的伯父。辞,辞别,离开。之,往。吴,古吴地,在今江苏南部。参见《四讳篇》。

②铸:指铸剑。工:善,这里指善于铸剑。

③称:赞美。楚:春秋时楚国,在今湖北、湖南南部、河南南部以及安

徽西南部。棠溪:古地名,在今河南西平西北,据传此地出产利剑。

④路:行路,旅行。南海:泛指南方靠海的地方。

⑤鸩(zhèn)鸟:传说是一种毒鸟,用它的羽毛泡酒,可以毒死人。

⑥鸩:指鸩酒。

⑦辰为龙:阴阳五行家把十二地支与十二种动物相配属,辰属龙。

⑧巳为蛇:阴阳五行家把十二地支与十二种动物相配属,巳属蛇。

⑨辰、巳之位在东南:阴阳五行家把十二地支与四方相配属,卯在正东,午在正南,辰、巳在二者之间,位于东南。

⑩龙有逆鳞:传说龙的脖子下面有一尺多长倒着长的鳞,如果人碰着,就会被杀死。参见《韩非子·说难》。

⑪木生火:按五行相生的规律,木生火。

⑫苍龙之兽含火星:王充在此意为“木生火”,所以属木的苍龙七宿包含大火星。苍龙之兽,指东方的一组像龙的七个星宿,又称为“青龙”。阴阳五行家把方位、颜色与五行相配属,“苍龙之兽”在五行中属木。火星,指苍龙七宿中的心宿,古代天文学家又叫它“大火”。

⑬冶:古地名,在今福建福州。

⑭巴:古地名,在今四川东部。

⑮处地:地方。

⑯比:类似。

⑰比:靠近。

⑱蜂、虿(chài)以尾刺:意思是蜂、虿是阳物,头朝天,尾朝地,所以刺人用尾针。

⑲阴物柔伸:意思是一切生在低下、潮湿靠近阴气的地方的动物都是软体向上屈伸爬行的。

⑳蝮蛇以口螫(zé):意思是蝮蛇是阴物,在地上屈伸爬行,头朝上,所以用嘴咬人。螫,咬啮。

㉑鼓：摇动。

【译文】

药物并不只是在一个地方生长，而太伯却要到吴地去采药。铸剑的地方很多，不止一个地方善于铸剑，可世人却多赞美楚国棠溪铸的剑好。温热之气天下到处都有，可行路就害怕到南方沿海一带去。鸩鸟生在南方，人饮了鸩酒就会被毒死。辰属龙，巳属蛇，辰、巳的位置属东南方。龙有毒，蛇也有毒，所以蝮蛇有锋利的毒牙，龙有倒长的逆鳞。木生火，火有毒，所以苍龙星宿中含有大火星。冶葛、巴豆都有毒素，所以冶地处在东南，巴处在西南。土地有的地方干燥有的地方潮湿，所以毒物有的地方多有的地方少；毒物出生在不同的地方，所以毒性有的剧烈有的不剧烈。蝮蛇与鱼类似，所以产生于草泽之中。蜂、虿与鸟类同，所以产生于屋上与树上。长江以北的地方干燥，所以蜂、虿很多；长江以南的地方潮湿，所以蝮蛇很多。由于生在高而干燥的地方靠近阳气，所以生长在这里的阳物都是悬空向下垂的，所以蜂、虿刺人用尾针。由于生在低处且潮湿的地方靠近阴气，因此生长在这里的阴物都是软体屈伸爬行的，所以蝮蛇用口咬人。有的毒素藏在头部或尾部，所以被刺咬就会中毒；有的毒素藏在身体皮肤内，所以吃了就感到胸闷；有的毒素是附在嘴唇上，所以摇唇鼓舌就会产生祸害。

　　毒螫之生，皆同一气，发动虽异①，内为一类②。故人梦见火，占为口舌③；梦见蝮蛇，亦口舌。火为口舌之象④，口舌见于蝮蛇⑤，同类共本⑥，所禀一气也。故火为言，言为小人，小人为妖⑦，由口舌。口舌之征⑧，由人感天⑨。故五事二曰言，言之咎征⑩，僭恒旸若⑪。僭者奢丽，故蝮蛇多文。文起于阳，故若致文⑫。旸若则言从⑬，故时有诗妖⑭。

【注释】

①发动：指咬人、蜇人等动作。

②内：同"纳"，使进入，放入。

③占：卜问，预测。口舌：指因说话而引起纠纷。

④象：征兆。

⑤见：同"现"。

⑥本：本源。

⑦妖：妖象，坏的征兆。

⑧口舌之征：由口舌所构成的征兆，即下文的"诗妖"。征，征兆。

⑨由人感天：王充反对天人感应，但认为同类可以相感（参见《感类篇》）。此处意为，"口舌之征"是由含太阳之气的小人与天相互感应造成的。

⑩咎征：凶兆。

⑪僭（jiàn）恒旸（yáng）若：指君主骄横常常会造成天旱这种灾祸。僭，超越本分，这里指君主骄横。恒，常常。旸，晴，这里指久晴天旱。若，顺，伴随。参见《尚书·洪范》。

⑫致：招致，带来。

⑬言：指怨恨不满的话。

⑭诗妖：指含有怨恨和不满情绪的童谣、诗歌，古人认为这是一种预示吉凶存亡的妖象，所以称为"诗妖"。参见《汉书·五行志》与《订鬼篇》。

【译文】

　　毒素的产生，都是源于同样的阳气，毒害人的方式虽然不同，但都可以归结为一类。所以人梦见火，占卜认为将由口舌纠纷出现；梦见蝮蛇，也是有口舌纠纷的预兆。火是口舌纠纷的征兆，口舌纠纷的征兆也表现于蝮蛇，这是因为口舌纠纷、火、蝮蛇是同一类而共一个本源，承受的是同一种气的缘故。所以火与言语相配，言语与小人相配，小人成为一种妖象，就是由于口舌的缘故。口舌之征，是小人与天感应而造成的。所以五事中排在第二位的是言，言语显示的凶兆，便是"君王骄横，常常会使旱灾到来"。超越本分的人讲究奢侈华丽，所以同类的螣蛇身上多花纹。花纹是由阳气构成的，所以就伴随着阳气产生了花纹。天旱伴随君王的骄横出现，怨恨与不满的话便随之产生了，所以经常有"诗妖"出现。

妖气生美好①，故美好之人多邪恶。叔虎之母美②，叔向之母知之，不使视寝③。叔向谏④，其母曰："深山大泽，实生龙、蛇⑤。彼美⑥，吾惧其生龙、蛇以祸汝⑦。汝弊族也⑧，国多大宠⑨，不仁之人间之⑩，不亦难乎⑪？余何爱焉⑫！"使往视寝，生叔虎，美有勇力，嬖于栾怀子⑬。及范宣子逐怀子⑭，杀叔虎，祸及叔向⑮。夫深山大泽，龙、蛇所生也，比之叔虎之母者，美色之人怀毒螫也。生子叔虎，美有勇力。勇力所生⑯，生于美色；祸难所发，由于勇力。火有光耀，木有容貌⑰。龙、蛇，东方木，含火精⑱，故美色貌丽。胆附于肝⑲，故生勇力。火气猛，故多勇；木刚强，故多力也。生妖怪者，常由好色⑳；为祸难者，常发勇力㉑；为毒害者，皆在好色。

【注释】

①美好：指容貌美丽。

②叔虎：羊舌虎，春秋时晋国大夫，叔向（羊舌肸）的异母弟。

③视寝：犹侍寝，陪伴睡觉。

④谏：古代称臣劝君、子劝父、下劝上为谏。

⑤实：是，这里。

⑥彼：她，指叔虎的母亲。

⑦龙、蛇：这里指带来灾祸的子女。汝：你。

⑧弊族:势力弱小的家族。弊,弱小。

⑨大宠:指受到特别宠幸的大族。

⑩间之:指挑拨叔向一族与大族的关系。间,挑拨离间。

⑪难:遭难。

⑫爱:惜。

⑬嬖(bì):宠爱。栾怀子:即栾盈,春秋时晋国大夫。

⑭范宣子逐怀子:范宣子因为和栾盈有矛盾,便在前552年驱逐了栾盈,同时杀死叔虎,囚禁叔向。范宣子,即士匄,春秋时晋国大夫。逐,底本作"遂",递修本作"逐",据改。

⑮祸及叔向:上事参见《左传·襄公二十一年》。

⑯勇力:据下文"生妖怪者,常由好色",疑当作"妖怪"。

⑰木:树。

⑱火精:火的精气。

⑲肝:我国医学认为肝属木。

⑳好色:美色。

㉑发:发自,来源。

【译文】

　　妖气会生出美丽的容貌,所以美貌的人大多邪恶。叔虎的母亲很漂亮,叔向的母亲明白美貌之人多邪恶,所以不让她去侍寝。叔向向母亲劝谏,他的母亲说:"深山大泽,是产生龙、蛇一类毒物的地方。她长得漂亮,我担心她会生下如龙、蛇般的子女给你带来灾祸。你的家族势力弱小,晋国多有受宠的大族,如果有不仁的人挑拨你与大族的关系,那不是要遭难了吗?我有什么舍不得而不让她去侍寝呢?"就让她去侍寝,生下了叔虎,叔虎长得健美有勇力,受到栾怀子的宠爱。后来范宣子驱逐栾怀子时,宣子杀了叔虎,灾祸也波及叔向。深山大泽是产生龙、蛇的地方,叔向的母亲用它比喻叔虎的母亲,是因为容貌美丽的人都怀有毒螫啊。生下的儿子叔虎,健美而有勇力。勇力之所以产生,就是产生于美色;祸难之所以发生,就是由于有勇力。火有光亮,树有容貌。龙、蛇是配属于东方和木的,含有火的精气,所以与龙、蛇相配的人都色美貌丽。胆附着在肝上,所以胆产生勇力。火气猛烈,所以多有勇气;木属刚强,所以多有力气。产生妖怪现象的,经常是因为美色;造成祸难的,经常源于勇力;产生毒害的人,全都在于有美色。

美酒为毒,酒难多饮①。蜂液为蜜,蜜难益食②。勇夫强国,勇夫难近。好女说心③,好女难畜④。辩士快意⑤,辩士难信。故美味腐腹,好色惑心,勇夫招祸,辩口致殃。四者,世之毒也。辩口之毒,为害尤酷⑥。何以明之?孔子见阳虎却行⑦,白汗交流⑧。阳虎辩,有口舌。口舌之毒,中人病也。人中诸毒,一身死之;中于口舌,一国溃乱⑨。《诗》曰:"谗言罔极,交乱四国。"⑩四国犹乱,况一人乎!故君子不畏虎,独畏谗夫之口⑪。谗夫之口,为毒大矣。

【注释】

①难:不宜。

②益:多。

③说心:使人喜悦。说,同"悦",取悦。

④畜:养。

⑤辩士:能说会道的人。快意:指讲得头头是道,使人感到满意,痛快。

⑥酷:烈,厉害。

⑦阳虎:春秋时鲁国执政大夫季孙氏的属官。却行:向后退走。

⑧白:指脸色吓得苍白。

⑨溃乱:衰亡。

⑩"《诗》曰"几句:引文参见《诗经·小雅·青蝇》。谗言,指说别

　　人坏话。罔极,无边。罔,无。四国,四方。

⑪谗夫:进谗言的人。

【译文】

　　美酒也是毒,因此不宜多饮。蜂液是蜂蜜,蜂蜜不宜多吃。勇士能使国家强盛,但勇士不宜多接近。美女使人喜悦,但是难于畜养。辩士口若悬河使人听了痛快满意,但对辩士不宜轻易信从。所以美味会伤害肠胃,美色会迷惑心性,勇士会带来祸患,辩士之口会惹起灾殃。这四方面,都是世间的毒。其中辩士之口的毒,为害尤其厉害。用什么来证明这一点呢?孔子见到阳虎,吓得向后退走,脸色苍白大汗淋漓。因为阳虎有辩才,会引起口舌之祸。口舌的毒,中伤人会使人生病。一个人中了各种毒,就会使自身死亡;君王听信谗言,就会使一国衰亡。《诗经》上说:"谗言泛滥,会使天下大乱。"天下尚且会被搅乱,何况一个人呢!所以君子不害怕猛虎,唯独害怕谗夫的口。谗夫的口,产生的毒是最为严重的呀!

薄葬篇第六十七

【题解】

    本篇旨在反对厚葬,提倡薄葬。王充认为当时社会厚葬的风俗严重,许多人"竭财以事神,空家以送终"的恶习愈演愈烈,根源在于儒、墨两家对于死人有知无知的问题没有彻底论述清楚。墨家持"人死辄为神鬼而有知,能形而害人"的有鬼论,这为厚葬提供了理论依据。王充认为墨家的有鬼论与他们主张的薄葬自相矛盾。墨家对于鬼的错误认识,来源于"信闻见于外,不诠订于内",只相信耳目得到的表面现象。儒家虽然认为"死人无知,不能为鬼",但是为了推行教化,维护孝道,以免后人"倍死亡先",也有意不讲清楚死人有知无知的问题,同时主张视死如生,同样也助长了厚葬风气的发展,导致了财物的大量浪费。王充认为只有让大家明白"死人无知,厚葬无益"的道理,才能改变人们厚葬的风俗,施行薄葬。

    王充在此篇中提出认识事物要"开心意",用理性进行分析,才能去伪存真的观点。即从耳目等感官得到的信息,必须通过理性的分析判断,这一主张是应该加以肯定的。

    圣贤之业①,皆以薄葬省用为务②。然而世尚厚葬③,有奢泰之失者④,儒家论不明,墨家议之非故也⑤。墨家之议右鬼⑥，以为人死辄为神鬼而有知⑦，能形而害人⑧，故引杜伯之类以为效验⑨。儒家不从⑩，以为死人无知，不能为鬼，然而赙祭备物者⑪，示不负死以观生也⑫。陆贾依儒家而说⑬，故其立语⑭，不肯明处⑮。刘子政举薄葬之奏⑯，务欲省用，不能极论⑰。是以世俗内持狐疑之议⑱，外闻杜伯之类，又见病且终者⑲，墓中死人来与相见，故遂信是，谓死如生。闵死独葬⑳，魂孤无副㉑，丘墓闭藏㉒，谷物乏匮㉓，故作偶人以侍尸柩㉔，多藏食物以歆精魂㉕。积浸流至㉖，或破家尽业㉗，以充死棺㉘，杀人以殉葬，以快生意㉙。非知其内无益而奢侈之心外相慕也㉚。以为死人有知，与生人无以异。孔子非之㉛，而亦无以定实然。而陆贾之论，两无所处㉜。刘子政奏，亦不能明儒家无知之验，墨家有知之故㉝。事莫明于有效，论莫定于有证㉞。空言虚语，虽得道心㉟，人犹不信。是以世俗轻愚信祸福者㊱，畏死不惧义㊲，重死不顾生㊳，竭财以事神㊴，空家以送终㊵。辩士文人有效验㊶，若墨家之以杜伯为据㊷，则死无知之实可明，薄葬省财之教可立也。

【注释】

①业：事业。

②用：财物。务：宗旨。

③世：社会上。尚：崇尚。

④奢泰：铺张浪费。泰，过分。失：缺点，恶习。

⑤墨家：墨家学派，创始人是战国初期鲁国人墨翟。

⑥右：崇尚，重视。

⑦辄：就。为：变成。知：知觉。

⑧能形:能变成活人的形象。

⑨效验:证明。

⑩从:听从,相信。

⑪赗(fù)祭:赠送财物以祭死者。赗,拿财物帮别人办理丧事。
祭,祭祀。

⑫负:背弃。观:通"劝",劝勉。生:活人。

⑬陆贾依儒家而说:意思是陆贾按照儒家的观点谈论葬礼的问题。
现存的《新语》中并无记载。

⑭立语:阐明主张。

⑮不肯明处:不愿明确地判定有鬼还是没有鬼。处,判定。

⑯刘子政举薄葬之奏:汉成帝时刘向曾上书劝阻成帝修建奢侈的陵
墓,主张薄葬。刘向,字子政。参见《汉书·楚元王传》。

⑰极论:透彻地说明道理。

⑱狐疑:怀疑。

⑲且终:将死。

⑳闵:哀怜。

㉑无副:指无人陪伴。

㉒丘墓:坟墓。闭藏:闭塞掩藏。闭,封闭。藏,掩藏。

㉓乏匮:缺乏。

㉔偶人:俑,古代殉葬用的陶或木制的假人。尸柩(jiù):装着尸体
的棺材。

㉕歆(xīn):飨,嗅闻。谓祭祀时神灵享用祭品的香气。精魂:灵
魂,鬼。

㉖积浸:逐渐发展。流至:影响所至。

㉗或:有的人。

㉘充:装满。

㉙快:满足。

㉚内：同"纳"，指把殉葬品放在棺内。

㉛非：反对。之：指上文"以为死人有知，与生人无以异"。

㉜两：指死人有知或无知。无所处：没有做出肯定的回答。

㉝故：疑为"效"字之讹。

㉞定：肯定。证：证据。

㉟得：符合。道心：根本的道理。

㊱轻愚：愚陋无知。

㊲死：死人。义：道理。

㊳重：重视，看中。顾：顾全，顾及。

㊴竭：耗尽。事：侍奉。

㊵空家：倾家荡产。送终：办理丧事。

㊶辩士：指能说会道的人。文人：指擅长引经据典写文章的人。

㊷若墨家之以杜伯为据：就像墨家用杜伯变鬼的例子来论证人死有知一样。

【译文】

　　圣贤的事业，都是将薄葬省用作为宗旨。但是世间崇尚厚葬，有铺张浪费的恶习，这是由于儒家的论述不够明确，墨家的论述又不正确的缘故。墨家的观点是崇尚鬼神，认为人死后就会变为鬼而且有知觉，能变成活人的样子来害人，所以引用杜伯变鬼一类的事例来作为证明。儒家不相信墨家的观点，认为死人没有知觉，不能变成鬼，然而在帮助别人办理丧事和举行祭祀时却主张备办各种的东西，说是为了表示不背弃死去的人，借以劝勉活着的人。陆贾依照儒家的观点谈论葬礼的问题，所以他在阐述自己的主张时，不愿明确地判定人死后会不会变成鬼。刘子政呈递关于薄葬的奏章，其宗旨是想节省财物，但也没有透彻地说明人死后是否为鬼的道理。因此世俗之人内心持有怀疑的看法，外面又听见杜伯变鬼之类的传说，又听说将要病死的人往往有坟里的死人来和他相见的事，所以就相信了有鬼的说法，认为死人像活人一样。人们哀怜死人单独埋葬,魂魄孤单无人陪伴,坟墓又封闭掩藏,缺乏谷物,所以制作偶人去侍奉棺材内的尸体,多多储藏食物以便死人的魂魄享用。这种风气逐渐发展流传开来,有的人就倾家荡产,用殉葬品装满死人的棺材,甚至杀人以殉葬,以满足活人的心愿。他们并不知道把殉葬品放在棺内没有好处,同时又受奢侈之心的影响在外观上相互炫耀,讲究排场。认为死人有知觉,跟活人没有什么不同。孔子虽然反对这种说法,但也无法去断定事情的真相是怎样的。而陆贾的论述,对于人死为鬼还是不为鬼两方面都没有做出肯定的回答。刘子政的奏章,也不能明确说出儒家关于鬼无知的证据是什么,墨家关于鬼有知的理由是什么。凡事没有比有效验更能说明事情真相的了,言论没有比有证据更能得到肯定的了。一番空洞的语言,即使符合根本的道理,人们仍然不会相信。因此社会上鄙陋无知轻信祸福的人,怕得罪死人而不怕违背道理,只看重死人而不顾全活人,耗尽财产以侍奉鬼神,倾家荡产办理丧事。如果辩士、文人能够论证人死无知并且确有根据,就像墨家用杜伯变鬼的例子来论证人死有知一样,那么人死无知的真实情况就可以明白,薄葬节省财物的教化就可以树立了。

今墨家非儒,儒家非墨,各有所持^①,故乖不合^②,业难齐同^③,故二家争论。世无祭祀复生之人,故死生之义未有所定^④。实者死人暗昧^⑤,与人殊途^⑥,其实荒忽^⑦,难得深知。有知无知之情不可定,为鬼之实不可是。通人知士^⑧,虽博览古今,窥涉百家^⑨,条入叶贯^⑩,不能审知^⑪。唯圣心贤意,方比物类^⑫,为能实之^⑬。

【注释】

①持:坚持的主张。

②乖：乖离，互相矛盾。

③业：事业，这里是指人死后是否为鬼。齐同：一致。

④死生之义：指人死后能否变为鬼以及是否有知的道理。

⑤暗昧：情况不明。

⑥殊途：异途，不同途径。殊，不同。途，道。

⑦荒忽：同"恍惚"，捉摸不定。

⑧通人：这里指博览古今，知识渊博的人。知士：有见识的人。

⑨窥涉：遍阅。百家：这里指诸子百家的著作。

⑩条入叶贯：这里比喻看书深入细致，能融会贯通。条，枝条。叶，树叶。

⑪审：清楚。

⑫方比：比方，比较。方，比。

⑬实：确定，肯定。

【译文】

现今墨家反对儒家，儒家反对墨家，各自有坚持的主张，所以两家互相矛盾不能相合，因为观点难以协同一致，所以两家争论不休。世上没有因为受到祭祀而复活的人，所以人死后能否变为鬼以及是否有知的道理没有定论。实际上死人的情况不明；它与活人不同道，真实情况是捉摸不定的，难以深入了解。死人有知与无知的真情不能断定，人死后是否变鬼也就不可能确定。知识渊博的有见识的人，即使博览古今，遍阅诸子百家著作，能深入细致地理解知识，将其融会贯通，也不能清楚地了解此事。只有圣贤的心思，将各种事物进行对比研究，才能肯定哪一种观点是正确的。

夫论不留精澄意①，苟以外效立事是非②，信闻见于外，不诠订于内③，是用耳目论，不以心意议也。夫以耳目论，则以虚象为言，虚象效④，则以实事为非。是故是非者，不徒耳目，必开心意⑤。墨议不以心而原物⑥，苟信闻见，则虽效验章明⑦，犹为失实。失实之议难以教⑧，虽得愚民之欲⑨，不合知者之心，丧物索用⑩，无益于世，此盖墨术所以不传也⑪。

【注释】

①留精澄意：精力集中，头脑清醒。

②苟：但，只是。外效：指耳目所听到、见到的表面现象。

③诠（quán）订：考订，判断。诠，通"铨"，衡量，考虑。

④虚象效：相信了虚假的现象。

⑤开心意：通过内心的思考。

⑥墨议：墨家的观点，指有鬼论。原：考察。

⑦章明：十分显著。章，明显，显著。

⑧教：教导。

⑨得：符合。欲：心意。

⑩丧物索用：即空家送终，这里指无知之人因为相信有鬼论，畏鬼而厚葬；有知之人虽然不相信有鬼，但为了表示不背弃死人与劝勉活人，一贯主张厚葬，所以社会上流行着倾家荡产以殉葬的习俗。索，尽。

⑪盖：大概。

【译文】

论证问题如果不集中精力，通过理性进行深入的思考，只是根据表面现象来判断事情的是非，只相信外在的见闻，不通过内心进行分析判断，这就是光凭耳目见闻来考察，而不是通过内心思考来论事。光凭耳目见闻来论事，那就会凭虚假的现象说话，相信了虚假现象，那反而会把实事当成错的了。所以判断事情的是非，不能只依靠耳目的见闻，一定要通过内心的思考才能得到正确的结论。墨家的观点并不是通过用心思考得出的，而只是通过考察事物的表面现象得出来的，如果只是相信耳目的见闻，那么即使事情的效验十分显著，所得出的结论仍然是偏离真实情况的。偏离真实的主张难以用来指导别人，即使符合无知之人的心意，也不会符合有智之士的心意，耗尽财务以厚葬死人，对世人也没有好处，这大概就是墨家学说不能流传的原因。

　　鲁人将以玙璠敛①，孔子闻之，径庭丽级而谏②。夫径庭丽级，非礼也，孔子为救患也③。患之所由，常由有所贪。玙璠，宝物也，鲁人用敛，奸人僩之④，欲心生矣⑤。奸人欲生，不畏罪法。不畏罪法，则丘墓抇矣⑥。孔子睹微见著⑦，故径庭丽级，以救患直谏。夫不明死人无知之义⑧，而著丘墓必抇之谏⑨，虽尽比干之执人⑩，人必不听。何则？诸侯财多不忧贫，威强不惧抇。死人之议，狐疑未定，孝子之计⑪，从其重者⑫。如明死人无知，厚葬无益，论定议立，较著可闻⑬，则玙璠之礼不行，径庭之谏不发矣。今不明其说而强其谏⑭，此盖孔子所以不能立其教。孔子非不明死生之实，其意不分别者⑮，亦陆贾之语指也⑯。夫言死无知，则臣子倍其君父⑰。故曰："丧祭礼废，则臣子恩泊。臣子恩泊，则倍死亡先。倍死亡先，则不孝狱多。"⑱圣人惧开不孝之源，故不明死无知之实。异道不相连⑲，事生厚⑳，化自生㉑，虽事死泊，何损于化？使死者有知，倍之非也；如无所知，倍之何损？明其无知，未必有倍死之害；不明无知，成事已有贼生之费㉒。

【注释】

①鲁人将以玙璠（yú fán）敛：鲁国的季平子（？—前505）在前517

年赶走了鲁昭公,自己代理君主事务,并把君主的玙璠佩戴在身上。季平子死后,他的家臣阳虎要用玙璠给他陪葬,仲梁怀认为这是违反君臣之礼的,坚决不交出玙璠。鲁,春秋时期鲁国,在今山东西南部。玙璠,美玉。敛,通"殓",这里指把美玉放在死者的棺材中。参见《左传·定公五年》。

②径庭丽级而谏:据《吕氏春秋·安死》记载,当孔子听说阳虎要用玙璠给季平子装殓时,就不顾礼节,急忙跑去劝阻,表面上说是怕导致掘墓,使实体暴露,实际上与仲梁怀一样,是反对季平子用君主的佩玉殉葬。径庭,急急忙忙穿过庭院。按照礼仪,客人入大门后,应该绕左侧而行,"径庭"是不符合礼的。径,径直,直接穿过。庭,庭院。丽级,一步跨上一级台阶。按照礼仪,上台阶应该走一步把双脚并齐一下,"丽级"是不符合礼的。丽,历,跨。级,台阶。

③救:防止。患:祸乱。

④倜(xiàn):通"睍",窥视,偷看。

⑤欲心:贪欲。

⑥丘墓扣(hú):坟墓被盗。扣,一说"掘"的古字。张湛注:"扣,古'掘'字。"

⑦睹微见著:从细微的小事预见到明显的大事。

⑧明:阐明,讲清楚。

⑨著:标榜。

⑩执人:疑二字为"埶"字之讹。埶,至也,在此为诚恳之义。

⑪计:考虑,想法。

⑫其:指葬礼。

⑬较著:明显。

⑭说:主张,指死人无知、厚葬无益的主张。

⑮意:有意。不分别:指不讲清楚死人无知的事实。

⑯陆贾之语：指前面提到的陆贾对死人有知或无知"不肯明处"的那种议论。指：意旨，意向。

⑰倍：通"背"，违背。

⑱"故曰"几句：引文参见《礼记·经解》。泊，通"薄"，淡薄。亡，通"忘"。狱，罪案。

⑲异道不相连：活人与死人的道理互不相干。

⑳事生厚：对活着的人奉养优厚。

㉑化：教化，好的风俗。

㉒成事：已有的事实。贼：损害。

【译文】

鲁国人将要用玙璠装殓季平子，孔子听见这件事，直接穿过庭院，一步跨上一级台阶前去谏阻。直接穿过庭院，一步跨上一级台阶，不符合礼的规范，孔子是为了防止祸乱产生，就不顾礼节了。祸乱的根源，常常是由人的贪欲引起的。玙璠是宝物，鲁人用它来装殓，奸诈的人窥探到它，贪欲之心必然产生。奸诈之人的贪欲一旦产生，就不怕犯罪触法。不怕犯罪触法，那么坟墓就会被盗掘了。孔子从细微的小事预见到未来将要发生的大事，所以直接穿过庭院，一步跨上一级台阶，为防止祸乱而直接谏阻。孔子不阐明死人无知的道理，而标榜坟墓一定会被盗的阻谏，即使尽到像比干那样的忠诚，人们也必定不会相信的。为什么呢？诸侯因为财产多就不怕厚葬把自己搞穷，因为权势大也不怕人家来掘墓。由于对死人有知还是无知的议论还有怀疑拿不定主意，所以孝子的想法总是倾向于厚葬。如果阐明死人无知，厚葬没有好处的道理，让这一观点成为定论，明明白白地让大家都知道，那么用玙璠装殓的礼节就不会实行，孔子直接穿过庭院去谏阻的事就不会发生了。现在不阐明死人无知，厚葬无益的主张，却只是极力去谏阻，这大概就是孔子不能传播他的教化的原因了。孔子不是不明白死人有知无知的真实情况，他之所以故意不讲清楚人死无知，也出于陆贾议论的那种意旨。如果说了人死无知，那么臣、子就会违背君、父。所以说："假如丧祭的礼节荒废，那么就会使臣、子的恩情淡薄。臣、子的恩情淡薄，那就会背弃死人，忘记祖先。背弃死人，忘记祖先，那么不孝之罪就会多起来了。"圣人怕开不孝之罪的源头，所以有意不阐明死人无知的真实情况。活人与死人的道路并不相同，对活着的人奉养优厚，好的风俗自然会形成，即使对死去的人事奉淡薄些，对于风俗教化有什么损害呢？假如死人是有知的，违背他是不对的；假如死人什么也不知道，违背他又有什么损害呢？阐明死人无知的道理，不一定就会产生违背死人的祸害；不阐明死人无知的道理，事实上已经存在着损害活人财物的浪费现象了。

孝子之养亲病也①，未死之时，求卜迎医②，冀祸消、药有益也③。既死之后，虽审如巫咸④，良如扁鹊，终不复使⑤。何则？知死气绝，终无补益⑥。治死无益，厚葬何差乎！倍死恐伤化，绝卜拒医，独不伤义乎⑦！亲之生也，坐之高堂之上；其死也，葬之黄泉之下⑧。黄泉之下，非人所居，然而葬之不疑者，以死绝异处⑨，不可同也。如当亦如生存，恐人倍之⑩，宜葬于宅，与生同也⑪。不明无知，为人倍其亲⑫，独明葬黄泉⑬，不为离其先乎⑭？亲在狱中，罪疑未定，孝子驰走以救其难。如罪定法立，终无门户，虽曾子、子骞⑮，坐泣而已。何则？计动无益，空为烦也。今死亲之魂定无所知，与拘亲之罪决不可救⑯，何以异？不明无知，恐人倍其先，独明罪定，不为忽其亲乎⑰！圣人立义，有益于化，虽小弗除⑱；无补于政，虽大弗与⑲。今厚死人⑳，何益于恩？倍之弗事，何损于义？

【注释】

①养：侍奉。亲：双亲。

②卜：指占卜算卦的人。

③冀：希望。

④审：精明。巫咸：传说是商代的一个神巫。

⑤使：底本作"生"，递修本作"使"，据改。使，用。

⑥补益：益处。

⑦独：难道。

⑧黄泉：地下深处，古代认为是人死后所在的地方。

⑨处：居。

⑩人：指死者的亲属。

⑪同：聚。

⑫为：通"畏"。据赵逵夫《历代赋评注·汉代卷》《神乌赋》"为狸狌得"，"为"注为通"畏"。

⑬独：偏偏。

⑭离：遗弃。

⑮虽：即使。曾子、子骞：孔子的学生，是儒家所标榜的孝子。

⑯决：判决，定罪。

⑰忽：忽略，轻视。

⑱弗：不。除：取消。

⑲与：许，赞同。

⑳厚：指厚葬。

【译文】

　　孝子侍奉父母的病，在父母还没有死的时候，求人算卦请医生治疗，希望灾祸能够消除、医药能够有效。父母死了之后，即使有精明如巫咸，高明如扁鹊那样的人，也不会再请他们治病。为什么呢？因为知道人死气绝，再求他们终归也不会有什么益处。既然医治死人没有益处，那么厚葬和给死人治病有什么差别呢？如果认为背弃死人恐怕有损教化，那么不去卜问不请医生，难道就不损伤道义吗？父母活着的时候，安坐在高堂之上；父母死了，就把他们埋葬在黄泉之下。黄泉之下，并不是人居住的地方，然而埋葬他们在黄泉之下时，人们并没有任何疑虑，是因为死人断气以后应该安葬在别处，不能同活人住在一起的缘故。如果对待死人也应当像对待活人一样，恐怕活着的亲人背弃他，就应当把死者安葬在家中，跟活人居住在一起。不肯阐明死人无知的道理，因为害怕人们会背弃他们的父母，却偏偏阐明人死后应该埋葬在黄泉，难道不怕人们遗弃他们的祖先吗？父母亲关押在牢里，当罪行不清尚未定案时，孝子会四处奔走以解救父母的灾难。如果罪已确定依法判处，就再也找不到什么门路来救亲人了，这时即使是曾子、子骞这样的孝子，也只能坐着哭泣罢了。为什么呢？因为考虑到再去活动也无济于事，只不过是白费精力而已。如今死去的父母亲的魂魄肯定是没有知觉的，这和被关押的父母亲已定罪而无法救援，有什么不同呢？不肯阐明死人无知的道理，担心人们会背弃他们的祖先，偏偏阐明父母的罪行确定就不必去援救，这岂不是轻视他们的父母吗？圣人确立的道义，有益于教化的，即使再微小的事也不应取消；如果对政治没有补益，即使是再大的事也不应赞许。现在厚葬死人，对报答亲人的恩义有什么好处呢？背弃死者，不搞厚葬，对报答亲人的恩义有什么损害呢？

　　孔子又谓：为明器不成①，示意有明②。俑则偶人③，象类生人。故鲁用偶人葬，孔子叹。睹用人殉之兆也，故叹以痛之④。即如生当备物⑤，不示如生，意悉其教⑥，用偶人葬，恐后用生殉，用明器，独不为后用善器葬乎⑦？绝用人之源，不防丧物之路，重人不爱用，痛人不忧国⑧，传议之所失也⑨。

【注释】

①明器：专门为随葬而制作的器物，一般用陶或木制成。不成：不
　好，粗糙。

②示意有明：表示人们认为人死后还很神明的心意。上文参见《礼
　记·檀弓上》。

③俑（yǒng）：古代殉葬用的以陶土或木头做成的假人。偶人：以陶
　土或木头做成的人像。

④"故鲁用偶人葬"几句：睹用人殉之兆，意思是从用俑殉葬看到了
　将来用人殉葬的苗头。出自《孟子·梁惠王上》："仲尼曰：'始作
　俑者，其无后乎。'为其象人而用之也。"实际上早在孔子之前的
　殷商时期就已经有人殉了，用俑殉葬则是在这之后的事。

⑤即：如果。如：像。

⑥悉：详尽，充分。

⑦善器：精致的器物。

⑧痛：爱惜。

⑨传：疑为"儒"字之讹，形近而误。

【译文】

　　孔子又说，用作殉葬的器物做得不必精致，但表示了人们认为人死
后还很神明的心意。俑就是偶人，形状像活人一样。所以鲁国用偶人殉
葬，孔子为此而叹息。因为他从中看出将来会用活人殉葬的苗头，因此
叹息哀痛用偶人殉葬一事。如果说孔子认为对待死人应当像对待活人
那样为他备办器物，并不是表示死人真像活人一样，用意全在于宣扬他
的礼教，看到用偶人殉葬，就担心以后会用活人殉葬，那么用明器殉葬，
难道就不怕后人发展到用精致的器物殉葬吗？杜绝了用活人殉葬的根
源，而不堵塞浪费财物的渠道，重视人而不爱惜财物，爱惜人而不担忧国
家的贫弱，儒家议论的错误就在于此。

救漏防者^①，悉塞其穴^②，则水泄绝。穴不悉塞，水有所漏，漏则水为患害。论死不悉，则奢礼不绝^③，不绝，则丧物索用^④。用索物丧，民贫耗之至，危亡之道也。

【注释】

①漏防：有漏洞的堤坝。防，堤坝。

②悉：尽。

③奢礼：指厚葬。

④丧物索用：指倾家荡产。索，尽。

【译文】

治理有漏洞的堤坝，就要把堤坝的漏洞全部堵塞，这样水的泄漏就会停止。如果漏洞不全部堵塞，水还有泄漏的地方，那么水就会造成灾害。论述死人无知不彻底，那么奢侈的厚葬之礼就不会杜绝，不杜绝，就会让人倾家荡产。倾家荡产，百姓就会贫困到极点，这将使国家走向危亡的道路。

苏秦为燕^①，使齐国之民高大丘冢^②，多藏财物，苏秦身弗以劝勉之^③，财尽民贫^④，国空兵弱，燕军卒至^⑤，无以自卫，国破城亡，主出民散^⑥。今不明死之无知，使民自竭以厚葬亲^⑦，与苏秦奸计同一败^⑧。

【注释】

①苏秦为燕：据《史记·苏秦列传》记载，苏秦为了帮助燕国，曾到齐国做官，借机向齐湣王提倡厚葬，扩建宫室园囿，以此消耗齐国的财力。

②高大丘冢：把坟墓造得又高又大。丘冢，坟墓。

③弗：通"绋"，送葬时引棺的绳索。

④贫：底本作"贪"，递修本作"贫"，据改。

⑤卒：同"猝"，突然。

⑥主出：君主出走。主，君主。据《史记·田敬仲完世家》记载，前
　　284年，燕军攻破齐都，齐湣王出逃。

⑦自竭：耗尽自己的财物。

⑧败：祸害。

【译文】

　　苏秦为了帮助燕国，让齐国的老百姓把坟墓造得又高又大，在坟墓中多储藏财物，苏秦还亲自引棺送葬，以劝勉齐人厚葬，结果弄得齐国财物耗尽，百姓贫穷，国库空虚，兵备削弱，燕军突然打来，齐国无法自卫，以致国都被攻破，城市被占领，君王逃走，百姓离散。现在若不阐明死人无知的道理，让老百姓耗尽自己的财物来厚葬亲人，这和苏秦的奸计一样，都是国家的祸害。

　　墨家之议，自违其术①，其薄葬而又右鬼，右鬼引效②，以杜伯为验。杜伯死人，如谓杜伯为鬼，则夫死者审有知③。如有知而薄葬之，是怒死人也④。情欲厚而恶薄⑤，以薄受死者之责⑥，虽右鬼，其何益哉？如以鬼非死人，则其信杜伯非也；如以鬼是死人，则其薄葬非也。术用乖错⑦，首尾相违，故以为非。非与是不明⑧，皆不可行。

【注释】

①术：道，这里指基本观点。

②引效：举例证明。

③则夫：那么。审：确实。

④怒：激怒。

⑤情欲厚而恶（wù）薄：据《案书篇》"人情欲厚恶薄"，疑本句"欲"字前脱一"人"字。恶，讨厌。

⑥以：因为。薄：指薄葬。责：责罚。

⑦用：运用，指运用在具体问题上的主张。

⑧非与是不明：指前文所说"儒家论不明，墨家议之非"。

【译文】

墨家的主张同他的观点自相矛盾，墨家主张薄葬而又尊崇鬼神，尊崇鬼神还举例证明，比如以杜伯为例。杜伯是死人，如果认为杜伯死后变为鬼，那么死人确实有知。如果死人有知却薄葬他，这是在激怒死人啊。人的心情是想厚葬而讨厌薄葬，因为薄葬而受到死人的责罚，那么即使再尊崇鬼神，又有什么好处呢？如果认为鬼不是死人变的，那么相信杜伯死后变鬼就不对了；如果认为鬼是死人变的，那么对他薄葬也就不对了。墨家的基本观点和具体主张互相违背，前后矛盾，所以墨家的观点是错的。墨家的论述不正确，儒家的论述不明确，所以都是行不通的。

　　夫如是①，世俗之人，可一详览②。详览如斯③，可一薄葬矣。

【注释】

①夫如是：既然如此。

②一：全，都。览：察看，鉴别。

③斯：此，指王充本篇所分析的。

【译文】

既然如此，世俗之人，可以全面详细地鉴别。详细鉴别如上文所分析的，就可以一律实行薄葬了。

四讳篇第六十八

【题解】

在东汉天人感应、谶纬思想泛滥的背景下，各种忌讳大行其道。从本篇到《解除篇》，就是王充批判当时流行的各种忌讳的八篇文章。

本篇列举并批驳了四种忌讳：忌讳在住宅西边扩建新房，忌讳受过刑的人上坟祭扫，忌讳看到产妇，忌讳养育一月与五月出生的小孩。王充反驳以上忌讳，主要是抓住了两个关键点，一是重视义理：忌讳在住宅西边扩建新房，实际上是因为尊长在西，"尊无二上"，故不宜；受过刑的人不能上坟祭扫，义在维护祖宗神灵；忌讳看到产妇，在于劝导常人保持身体的清洁。二是重事实：他以六畜产子与妇人产子类比，人不忌讳六畜产子而忌讳妇人，又以田文生于五月为例，说明忌讳养育一月与五月出生的小孩这一观点的荒谬。

王充认为这些忌讳都有一共同点，就是假托神怪，搬出死人的亡灵，借以恐吓世人，使人"信用畏避"。实际上并不存在什么"鬼神之害，凶丑之祸"，所谓的禁忌本来是一些"教人重慎，勉人为善"的说法，在天人感应、谶纬思想泛滥的背景下，以讹传讹，因而变成了各种触犯神怪的忌讳。

俗有大讳四。 曰讳西益宅[1]。西益宅谓之不祥，不祥必有死亡，相惧以此，故世莫敢西益宅。防禁所从来者远矣②。传曰③:"鲁哀公欲西益宅④,史争以为不祥⑤。哀公作色而怒⑥,左右数谏而弗听。以问其傅宰质睢曰⑦:'吾欲西益宅,史以为不祥,何如?'宰质睢曰:'天下有三不祥,西益宅不与焉⑧。'哀公大说⑨。有顷,复问曰:'何谓三不祥?'对曰:'不行礼义,一不祥也;嗜欲无止⑩,二不祥也;不听规谏,三不祥也。'哀公缪然深惟⑪,慨然自反,遂不益宅⑫。"令史与宰质睢止其益宅⑬,徒为烦扰,则西益宅祥与不祥未可知也。令史、质睢以为西益宅审不祥,则史与质睢与今俗人等也。

【注释】

①益:增添,这里指扩建。

②防禁:禁忌。

③传:泛指经书以外的或注释经书的书籍。

④鲁哀公(?—前468):春秋时鲁国君主。

⑤史:史官。争:通"诤(zhèng)",直言规劝。

⑥作色:变了脸色。

⑦傅:太傅,官名。宰质睢:人名。

⑧与:参与,这里意为在其中。

⑨说:同"悦",喜悦,高兴。

⑩嗜:嗜好。欲:欲望。无止:没有止境。

⑪缪(mù)然:缪,通"穆",静。此指沉默思索状。惟:思索。

⑫遂:于是。上事参见《淮南子·人间训》。

⑬令:假使,如果。

【译文】

世间有四大忌讳。一是忌讳向住宅的西边扩建新房。向住宅的西边扩建新房这一做法被认为是不吉利的,不吉利就会有死亡,人们用这一说法互相恐吓,所以世间没有谁敢向西边扩建住房。这种禁忌由来很久远了。传上说:"鲁哀公打算在住宅的西边扩建新房,史官直言规劝,认为这样做不吉利。哀公因此脸色一变,发起怒来,左右大臣屡次劝谏他都不听。他以此事询问太傅宰质睢说:'我打算向住宅的西边扩建新房,史官认为不吉利,你以为如何?'宰质睢说:'天下有三种不吉利的事,向住宅的西边扩建新房不在其中。'哀公听了很高兴。一会儿,他又问:'三种不吉利的事都是哪些?'宰质睢回答说:'不施行礼义,这是第一件不吉利的事;嗜好欲望无止境,这是第二件不吉利的事;不听直言规劝,这是第三件不吉利的事。'鲁哀公听后默默地深思,感慨地自我反省,于是就不扩建新房了。"假如史官与宰质睢劝止鲁哀公扩建新房,仅仅是因为怕烦扰多事,那么向西扩建新房是吉利还是不吉利,就不可能知道了。假如史官、宰质睢认为向住宅的西边扩建新房确实不吉利,那么史官与宰质睢就与今天的俗人一样了。

　　夫宅之四面皆地也,三面不谓之凶,益西面独谓不祥,何哉? 西益宅,何伤于地体,何害于宅神? 西益不祥,损之能善乎①? 西益不祥,东益能吉乎? 夫不祥必有祥者,犹不吉必有吉矣。宅有形体,神有吉凶,动德致福②,犯刑起祸③,今言西益宅谓之不祥,何益而祥者? 且恶人西益宅者,谁也? 如地恶之,益东家之西,损西家之东,何伤于地? 如以宅神不欲西益④,神犹人也,人之处宅欲得广大,何故恶之? 而以宅神恶烦扰⑤,则四面益宅,皆当不祥。诸工技之家⑥,说吉凶之占⑦,皆有事状⑧。宅家言治宅犯凶神⑨,移徙言忌岁月⑩,祭祀言触血忌⑪,丧葬言犯刚柔⑫,皆有鬼神凶恶之禁。人不忌避,有病死之祸。至于西益宅,何害而谓之不祥？不祥之祸，何以为败^⑬？

【注释】

①损：减少，拆掉。

②动：行动。

③刑：法。起：引起。

④以：认为。

⑤而：如果。

⑥工技之家：这里指替人占卜吉凶（择时日、看风水等）的人。工技，指各种手工艺。

⑦说：解释。占：征兆。

⑧皆有事状：都有一套说辞。

⑨宅家：推算住宅吉凶的人。治宅：修盖房屋。

⑩移徙：搬迁。

⑪血忌：古代说法中的忌日名，逢血忌日忌讳见血，不宜杀牲和针灸。

⑫刚柔：古代用天干（甲、乙、丙、丁……）与地支（子、丑、寅、卯……）相配来计日，如甲子、乙卯等。并且将甲、丙、戊、庚、壬称为刚日，乙、丁、己、辛、癸称为柔日。人在刚日死，应该选在柔日下葬，柔日死，应该在刚日下葬，否则就是"犯刚柔"，会招致灾祸。参见《讥日篇》。

⑬败：疑为"效"字之讹误，形近而误。效，验证。

【译文】

　　住宅的四面都是土地，向其他三面扩建新房都不称之为凶，而唯独向西面扩建新房为不吉利，是什么缘故呢？向西面扩建住房，对地体有什么伤害呢？对宅神有什么伤害呢？向西面扩建新房不吉利，拆掉西面的房屋就吉利吗？向西面扩建新房不吉利，那么向东面扩建新房就吉利吗？有不吉祥就必定有吉祥的，就好比有不吉利就必定有吉利一样。房屋有各种结构,神灵有吉有凶,行为符合道德就招来福佑,触犯刑律就会引来祸患,现在将向西面扩建新房称之为不吉祥,那么向哪个方向扩建新房才算是吉祥呢? 而且憎恨人们向西面扩建新房的是谁呢? 如果是土地憎恨这件事,那么在东家的西面扩建住房,拆除西家东面的住房,对土地有什么伤害呢? 如果认为是宅神不允许向西扩建新房,神也如人一样,人们住房总想能够宽敞一些,宅神为什么要憎恨扩建新房呢? 如果认为是宅神厌烦搅扰多事,那么向四面扩建新房,应当都不吉祥。各种预测吉凶的人,解释吉凶的征兆,都有自己的一套说辞。推测住宅吉凶的人说修建房屋应注意忌犯凶神,搬迁应注意禁犯岁月禁忌,祭祀应注意要避开血忌日,埋葬死人应注意选择刚柔日,这些说法都是因为鬼神凶恶而有禁忌。人们若是不忌讳避让,就会遭受病死的祸难。至于向西扩建新房,是触犯了什么鬼神而被称为不吉祥? 这种不吉祥的灾祸,用什么来验证呢?

实说其义①,不祥者,义理之禁,非吉凶之忌也。夫西方,长老之地②,尊者之位也③。尊长在西④,卑幼在东⑤。尊长,主也;卑幼,助也⑥。主少而助多,尊无二上⑦,卑有百下也⑧。西益主⑨,益主不增助,二上不百下也,于义不善⑩,故谓不祥。不祥者,不宜也。于义不宜,未有凶也。何以明之? 夫墓,死人所藏;田,人所饮食;宅,人所居处。三者于人,吉凶宜等。西益宅不祥,西益墓与田,不言不祥。夫墓,死人所居,因忽不慎⑪。田,非人所处,不设尊卑。宅者,长幼所共,加慎致意者⑫,何可不之讳? 义详于宅⑬,略于墓与田也。

【注释】

①实：如实，根据事实。义：道理。

②长老：年长的人。

③尊者：辈分高的人。

④尊长在西：古代室内以坐西朝东的席位为尊。

⑤卑幼：指晚辈和年龄幼小的人。

⑥助：辅助，从属。

⑦尊无二上：一家的尊长只能有一个。

⑧卑有百下也：晚辈可以有很多。

⑨主：据文意，疑当作"宅"字。

⑩善：妥善。

⑪因：因此。慎：慎重，重视。

⑫加慎：格外重视。致意：特别留心。

⑬详：周到。

【译文】

依据事实解释它的道理，所谓不吉利，主要是义理方面的禁忌，而不是吉凶方面的忌讳。西方，是年长者和辈分高的人坐的位子。尊者、长辈在西边就座，晚辈和小孩在东边就座。尊者、长辈是主，晚辈和小孩是从属。主宜少而从属要多，一家的尊长只能有一个，而晚辈可以有很多。向西扩建新宅，象征着增加了尊长而没有增加晚辈，尊长出现了两个而晚辈却很少，从义理上说是不妥当的，所以称之为不吉利。不吉利，就是不适宜。从义理上来说不应当，但并没有什么凶险。用什么来证明它呢？坟墓，是埋葬死人的地方；田地，是人们获取饮食的地方；住宅，是人们居住的地方。这三个地方对于人来说，吉凶应该相等。向西扩建新房不吉利，向西扩建坟墓和田地，却不说不吉利。坟墓，是死人居住的地方，因而忽略不予重视。田地，不是人居住的地方，所以并不设立尊卑的次序。住宅，是老少共同居住的地方，是应该特别重视和格外留意的，怎么可以不讲究忌讳呢？因此从义理上对住宅规定得很周详，对于田地和坟墓就规定得比较简略了。

二曰讳被刑为徒①，不上丘墓②。但知不可，不能知其不可之意。问其禁之者，不能知其讳；受禁行者，亦不要其忌③。连相放效④，至或子被刑⑤，父母死，不送葬，若至墓侧⑥，不敢临葬⑦。甚失至于不行吊伤⑧，见佗人之柩⑨。

【注释】

①被刑为徒：指曾经受到肉刑被罚做苦役的人。被刑，指受肉刑。徒，罚做苦役的囚犯。

②丘墓：坟墓。丘，坟头。

③要：审察，明了。伦明录杨校宋本作"晓"。

④放（fǎng）：仿效，模拟。

⑤至或子：底本作"至或于"，递修本作"至或子"，据改。

⑥若：或。

⑦临：面临，面对。

⑧吊伤：祭奠死者或慰问丧主。

⑨佗：同"他"。柩（jiù）：灵柩。已装尸体的棺材。

【译文】

二是忌讳曾受过肉刑被罚做苦役的人，不准他们上坟祭扫。人们只知道不能这样做，却不明白不能这样做的原因。问那些宣扬此种忌讳的人，他们也不明白这种忌讳的由来；那些因为曾经为刑徒而被禁止上坟祭扫的人，也不明白其中的含义。人们只是一个个相互仿效，以至于有的儿子受了刑罚，父母死了，不能送葬，或者送葬到了墓旁，也不敢面对着墓葬。这种错误甚至发展到不去吊丧，不敢见别人的灵柩。

夫徒，善人也^①，被刑谓之徒。丘墓之上，二亲也^②，死亡谓之先^③。宅与墓何别？亲与先何异？如以徒被刑，先人责之，则不宜入宅与亲相见。如徒不得与死人相见^④，则亲死在堂，不得哭柩。如以徒不得升丘墓^⑤，则徒不得上山陵^⑥。世俗禁之，执据何义？

【注释】

① 善人：这里指身躯完整无缺的人。善，完善。

② 二亲：指父母。

③ 先：自称死去的尊长。例如死去的父母分别称为"先考""先妣"。

④ 如徒不得与死人相见：据下文"如以徒不得升丘墓"，疑本句"徒"字前脱一"以"字。

⑤ 升：上。

⑥ 上山陵：指给帝王修筑陵墓。山陵，帝王的坟墓。

【译文】

服劳役的囚犯，也是身体完整的人，受过肉刑以后才称他为"徒"。坟墓里面埋葬的是父母，父母死亡就尊称为"先"。住宅和坟墓有什么区别呢？活着的双亲与死去的双亲有什么不同呢？如果因为刑徒受过肉刑，父母会责怪他，那么他就不应该进入住宅与父母相见。如果因为是刑徒而不允许与死人相见，那么父母死在堂上，就不允许在灵柩边哭泣。如果因为是刑徒而不允许上坟墓祭扫，那么刑徒也不允许修筑帝王的陵墓。世间习俗禁止刑徒上坟墓祭扫，依据的是什么道理呢？

实说其意，徒不上丘墓有二义，义理之讳，非凶恶之忌也。徒用心^①，以为先祖全而生之^②，子孙亦当全而归之。故曾子有疾，召门弟子曰③："开予足④，开予手，而今而后，吾知免夫⑤。小子⑥！"曾子重慎，临绝效全⑦，喜免毁伤之祸也。孔子曰："身体发肤，受之父母，弗敢毁伤。"⑧孝者怕入刑辟⑨，刻画身体，毁伤发肤⑩，少德泊行⑪，不戒慎之所致也。愧负刑辱⑫，深自刻责，故不升墓祀于先。古礼庙祭⑬，今俗墓祀，故不升墓，惭负先人⑭。一义也。墓者，鬼神所在，祭祀之处。祭祀之礼，齐戒洁清⑮，重之至也⑯。今已被刑，刑残之人，不宜与祭供侍先人⑰，卑谦谨敬，退让自贱之意也⑱。缘先祖之意⑲，见子孙被刑，恻怛憯伤⑳，恐其临祀㉑，不忍歆享㉒，故不上墓。二义也。

【注释】

①徒用心：据文意，疑本句"用"字前脱一"之"字。

②全：完好。

③门弟子：门徒。

④开：《论语·泰伯》原作"启"，汉代避景帝刘启的讳而改，意思是掀开被子看。

⑤免：指免于遭受刑罚而使得身体损伤。夫：表示感叹的语气词。

⑥小子：对门徒的称呼。引文见《论语·泰伯》。

⑦临绝效全：临死时检验身躯完好无损。

⑧"孔子曰"几句：引文参见《孝经·开宗明义》。

⑨怕：通"迫"。入：遭受。刑辟：刑罚。

⑩毁伤发肤：指因为受到髡（kūn）刑或黥刑，而被剃去头发或在脸上刺字。

⑪泊：通"薄"。

⑫负：遭受。

⑬庙祭:在祖庙中祭祀。

⑭负:对不起。

⑮齐(zhāi)戒:即斋戒。古人在祭祀前,不喝酒,不吃荤,以表示虔
　诚,叫"斋戒"。齐,同"斋"。洁清:指沐浴洁身。

⑯重:郑重。

⑰供侍:供奉侍候。

⑱自贱:自认为卑贱。

⑲缘:推究,推想。

⑳恻怛(cè dá):哀伤。憯(cǎn)伤:惨痛。憯,同"惨"。

㉑其:指先祖。临:来到。祀:指祭祀的地方。

㉒歆(xīn)享:指鬼神享受贡品。

【译文】

依据事实解释它的道理,刑徒不能上坟墓有两层含义,是出于义理
方面的禁忌,而不是吉凶方面的忌避。刑徒这样做的用意是认为祖先完
整无缺地把子孙生下来,子孙也应当完整无缺地回到祖先那里去。所以
曾子患病,就召集他的门徒说:"掀开被子看看我的脚,看看我的手,从今
以后,我才知道我是可以免于祸害刑戮的了。弟子们!"曾子特别慎重,
临死时仍要检查身体是否完整,很高兴能够避免毁坏损伤身体的灾祸。
孔子说:"身体、毛发、肌肤,是父母授予的,不能够有一点毁坏损伤。"讲
孝道的人如果被迫遭受刑罚,身体被刻画,毛发肌肤被毁坏损伤,这是由
于道德差,行为恶劣,不谨慎所造成的。他们因遭受刑罚、屈辱而感到
惭愧,深深地责备自己,所以不上坟墓在亡父亡母面前祭祀。古代的礼
仪是在祖庙中祭祀,现在的习俗是在坟墓上祭祀,所以刑徒不上坟墓,是
因辜负先人而内心感到惭愧。这是第一层含义。坟墓,是鬼神居住的地
方,也是鬼神接受祭祀的地方。祭祀的礼仪规定,要斋戒沐浴洁身,极为
郑重。现在已经受刑,受刑而伤残的人,不宜参与祭祀侍奉死去的父母,
谦逊、恭敬,退让于后是自认为卑贱的意思。推想先祖的心意,如果见到

子孙受刑,一定悲伤心痛,担心先人来到祭祀之地,不忍心享受祭供之物,所以刑徒不上坟墓。这是第二层含义。

昔太伯见王季有圣子文王①,知太王意欲立之②,入吴采药③,断发文身④,以随吴俗。太王薨⑤,太伯还,王季辟主⑥。太伯再让,王季不听。三让,曰:"吾之吴越⑦,吴越之俗,断发文身,吾刑余之人⑧,不可为宗庙社稷之主⑨。"王季知不可,权而受之⑩。夫徒不上丘墓,太伯不为主之义也。是谓祭祀不可,非谓枢当葬身不送也⑪。

【注释】

①太伯:周文王的伯父。王季:季历,太伯的弟弟,周文王的父亲。圣子:圣明的儿子。

②太王意欲立之:太王即古公亶父,周文王的祖父,"太王"是后来对他追加的尊号。他有三个儿子:太伯、虞仲、季历。太王想立王季为继承人,以便将君位传给姬昌。本来按照礼法,应该是嫡长子太伯继承君位的。

③吴:古吴地,在今江苏南部。

④断发文身:剪断长发,身刺花纹。这是古吴地的习俗。断,剪。

⑤薨(hōng):古代称呼诸侯死为"薨"。

⑥辟(bì):退避,躲避。主:这里指主祭宗庙社稷的人,即君主。

⑦之:到,往。越:古越地,在今浙江北部。

⑧刑余之人:受过肉刑,肢体残缺的人。太伯这里指自己是断过发、文过身,因而损伤了头发与皮肤的人。

⑨宗庙:君主祭祀祖先的地方。社稷:君主祭祀土地神与谷神的地方。社,指土地神。稷,谷神。

⑩权：权变，变通。

⑪身：亲自。

【译文】

　　过去太伯见到王季有个圣明的儿子文王，知道太王想立王季为继承人，因此他便到吴地去采药，剪断自己的头发，在身上刺上花纹，以适应吴地的风俗。太王死后，太伯归来，王季就回避祭祀宗庙社稷的主位。太伯两次让给王季，王季不听从。太伯第三次让位时说："我到吴越两地去，吴越两地的风俗，是断发文身，我已经如同是受过肉刑而损伤了头发与皮肤的人了，不可做主祭宗庙社稷的人。"王季知道已经无法推辞，就根据这一特殊情况接受了王位。刑徒不能上坟墓，就与太伯不做主祭的道理一样。这只是说不能做主祭，并不是说棺材入土时刑徒不该亲自去送葬。

　　葬死人，先祖痛；见刑人，先祖哀。权可哀之身送可痛之尸①，使先祖有知②，痛尸哀形③，何愧之有？如使无知④，丘墓，田野也，何惭之有？惭愧先者，谓身体刑残，与人异也。古者用刑⑤，形毁不全⑥，乃不可耳。方今象刑⑦，象刑重者，髡钳之法也⑧。若完城旦以下⑨，施刑⑩，彩衣系躬⑪，冠、带与俗人殊⑫，何为不可？世俗信而谓之皆凶，其失至于不吊乡党尸⑬，不升佗人之丘，惑也⑭。

【注释】

①权：暂且。可哀之身：受过刑的人。

②使：假使。

③痛尸哀形：痛惜死人哀伤受过肉刑人残缺的身体。形，指受过肉刑的人残缺的身体。

④如使:假使。

⑤用:当作"肉"。肉刑,指切断肢体或割裂肌肤的刑罚。古代肉刑
　主要有四种,即墨(在额头刺字)、劓(yì,割掉鼻子)、刖(fèi,断
　足)、宫(割掉男子生殖器)。

⑥形毁:肢体残缺。

⑦方今象刑:汉文帝时起,废除墨、劓、刖刑,改为杖刑后穿上特殊颜
　色的衣服服劳役,有的还要剃去头发,颈上束铁箍。象刑,传说是
　古代一种让犯人穿特殊颜色的衣服或特殊式样的鞋以示羞辱的
　刑罚。

⑧髡(kūn):古代剃去头发的刑罚。钳:用铁圈束颈的刑罚。

⑨完城旦:不伤害犯人的肢体,强迫他白天防御敌寇,晚上筑城。

⑩施:通"弛(shǐ)",免除。

⑪彩衣:指犯人穿的特殊颜色的衣服。系躬:穿在身上。

⑫冠:帽子。带:束腰的带子。殊:不同。

⑬乡党:同乡,族人,亲戚。尸:死。

⑭惑:糊涂。

【译文】

　　埋葬死人,先祖感到痛心;见到受过刑的人,先祖感到哀伤。暂且让
受过刑的人去埋葬那使先祖感到痛心的死尸,假使先祖有知觉,痛惜死
人哀伤受刑人残缺的身躯,受过刑的人有什么可惭愧的呢? 假使先祖没
有知觉,坟墓,就同田野一样,受过刑的人又有什么可惭愧的呢? 愧对先
祖的原因,是说身体受刑致残,与别人的躯体不同。古代用肉刑,会使得
刑徒的肢体残缺不全,这才不可以去送葬。当今使用象刑,象刑判得最
重的,不过是髡钳的刑罚。如果不伤害犯人的肢体,只是作为城旦以下
的刑罚,还可以免除刑罚,只是让他穿上特殊颜色的囚服,帽子和腰带也
只是与普通人有差别罢了,为什么不可以去送葬的呢? 世俗相信刑徒不
能够上坟墓祭扫的禁忌并认为这是凶象,这种错误甚至发展到亲友死了

不去吊唁，不上别人的坟墓，实在是太糊涂了。

三曰讳妇人乳子①，以为不吉。将举吉事②，入山林，远行，度川泽者③，皆不与之交通④。乳子之家，亦忌恶之。丘墓庐道畔⑤，逾月乃入⑥，恶之甚也⑦。暂卒见若为不吉⑧，极原其事⑨，何以为恶？

【注释】

①乳：生育。

②举：办。

③度：通"渡"，过江湖。

④交通：来往，接触。

⑤丘墓庐道畔：据文意，疑本句"丘"字前脱一"舍"字。

⑥逾月：过了一个月，满月。入：回家。

⑦甚：厉害，极。

⑧暂卒：突然。卒，同"猝"，突然。若：仿佛，好像。

⑨极原其事：彻底追问这件事的根源。

【译文】

三是忌讳妇人生孩子，认为不吉利。凡是将要办喜事，入山林，出门远行，横渡大河大湖的人，都不与产妇接触。产妇的家里，也忌讳厌恶产妇。让产妇住在墓侧或路旁的茅舍里，满月才能回家，厌恶产妇到了极点。突然见到产妇就好像是不吉利的事，彻底追究这一忌讳的根源，为什么世人如此厌恶见到产妇呢？

夫妇人之乳子也，子含元气而出①。元气，天地之精微也，何凶而恶之？人，物也；子，亦物也。子生与万物之生何以异？讳人之生谓之恶，万物之生又恶之乎？生与胞俱出②，如以胞为不吉，人之有胞，犹木实之有扶也③，包裹儿身，因与俱出，若鸟卵之有壳，何妨谓之恶？如恶以为不吉，则诸生物有扶壳者，宜皆恶之。万物广多，难以验事。人生何以异于六畜④？皆含血气怀子，子生与人无异，独恶人而不憎畜，岂以人体大、气血盛乎？则夫牛马体大于人。凡可恶之事，无与钧等⑤，独有一物，不见比类，乃可疑也。今六畜与人无异，其乳皆同一状。六畜与人无异，讳人不讳六畜，不晓其故也。世能别人之产与六畜之乳⑥，吾将听其讳；如不能别，则吾谓世俗所讳，妄矣。

【注释】

①元气：即气，王充认为它是构成人与万物的物质元素，是天、地、星宿这种物质实体在不断的运动中自然而然施放出来的。

②胞：胎衣。

③扶：通"肤"。这里指包裹果核的果皮。下文"扶壳"之"扶"同此。

④六畜：指马、牛、羊、猪、狗、鸡。

⑤钧等：相等，相同。钧，通"均"。

⑥别：区别。

【译文】

妇人生育孩子，孩子含有元气而出生。元气，是天地间最精微的东西，有什么凶险而要厌恶他呢？人是物，孩子也是物。孩子的出生与万物的产生有什么不同之处呢？忌讳人的出生，称之为恶，那么万物的产生也同样恶吗？婴儿出生时胎衣也随之而出，如果认为胎衣为不吉利的，人有胎衣，就如同树木的果实有花萼一样，胎衣包裹婴儿的身体，随着婴儿一起出来，就像鸟蛋有壳一样，有什么妨害而认为它是恶的呢？

如果厌恶它，认为不吉利，那么各种生物中凡是有花萼、蛋壳的，就都应该被人厌恶了。万物众多，难以一一列举出来验证一下事实。人生子与六畜有什么不同呢？都因含有血气而怀上幼子，六畜的幼子出生与人没有什么不同，唯独厌恶人生子而不憎恶六畜生子，难道是由于人的躯体大、气血旺盛吗？但是牛、马的躯体比人更大。大凡可恶的事物，没有同它均等的，只有这一种事物有这种情况，找不出可以类比的事物，这才是可疑的。现在六畜既然和人没有什么不同，他们的生育都是同一种情况了。既然六畜生子和人没有不同，忌讳人生子而不忌讳六畜生子，不明白这是什么缘故。世人如果能区别开人生子与六畜生子的不同，那么我将相信他们的忌讳；如果不能区别，那么我就认为世俗忌讳妇人生子是无知的妄说了。

　　且凡人所恶，莫有腐臭①。腐臭之气，败伤人心②，故鼻闻臭，口食腐，心损口恶，霍乱呕吐③。夫更衣之室④，可谓臭矣；鲍鱼之肉⑤，可谓腐矣。然而，有甘之更衣之室⑥，不以为忌；肴食腐鱼之肉⑦，不以为讳。意不存以为恶，故不计其可与不也⑧。凡可憎恶者，若溅墨漆，附著人身⑨。今目见鼻闻，一过则已⑩，忽亡辄去⑪，何故恶之？出见负豕于涂⑫，腐渐于沟⑬，不以为凶者，洿辱自在彼人⑭，不著己之身也。今妇人乳子，自在其身，斋戒之人，何故忌之？

【注释】

①莫有：莫过。

②败伤：损害。

③霍乱：中医泛指有剧烈腹痛、吐泻的肠胃疾病。

④更衣之室：指厕所。

⑤鲍鱼：腌鱼。

⑥有：通"又"，复，更加。甘之：乐于去。甘，自愿。之，到，往。

⑦肴（yáo）：熟肉。亦泛指鱼肉之类的荤菜。

⑧计：计较。不（fǒu）：同"否"。

⑨著：依附，沾。

⑩已：止，完结。

⑪忽：迅速。辄：立即。

⑫豕（shǐ）：猪。

⑬腐澌（sī）：指腐烂的死尸。澌，死。

⑭涴（wū）辱：耻辱，侮辱。涴，污辱。彼人：别人。

【译文】

　　况且人们所厌恶的东西，莫过于腐臭的东西。腐鼻的气味，损害人心，所以当鼻子闻到臭气，口吃到腐败的东西，心受到损伤，口里感到厌恶，腹痛呕吐不止。厕所，可说是很臭的了；腌鱼的肉，可说是腐败的了。然而，人自愿上厕所去，并不认为有什么忌讳；把腐鱼的肉当好菜吃，也不认为有什么忌讳。心里不认为那是坏东西，所以就不计较可去不可去，可吃不可吃了。凡是可憎恶的东西，就像溅出的墨漆沾在人的身上一样。现在眼睛看到鼻子闻到，一过也就完了，很快就消逝了，为什么要厌恶它呢？出门在路上碰见有人背着猪，水沟里有腐烂的尸体，人们不认为是凶，因为污秽本来在别人身上，并没有沾在自己身上的缘故。现在妇人生子，污秽自在妇人的身上，斋戒的人，为什么要忌讳它呢？

　　江北乳子，不出房室，知其无恶也。至于犬乳①，置之宅外，此复惑也。江北讳犬不讳人，江南讳人不讳犬，谣俗防恶②，各不同也。夫人与犬何以异？房室、宅外何以殊？或恶或不恶，或讳或不讳，世俗防禁，竟无经也③。

【注释】

①犬乳：狗产子。

②谣俗：风俗。防恶（wù）：憎恶，忌讳。防，通"妨"。

③经：常，固定标准。

【译文】

　　江北人生孩子，产妇并不离开房间卧室，因为他们知道这件事不是坏事。至于母狗产子，要将母狗放到房子外面，这又让人迷惑了。江北地区忌讳狗生子而不忌讳人生子，江南地区忌讳人生子而不忌讳狗生子，风俗禁忌，各地都不相同。人和狗生子有什么不同呢？房室、宅外又有什么区别呢？有的憎恶有的不憎恶，有的忌讳有的不忌讳，看来世俗间的禁忌，竟然是没有一个固定标准的。

　　月之晦也^①，日月合宿^②，纪为一月^③。犹八日^④，月中分谓之弦^⑤；十五日，日月相望谓之望^⑥；三十日，日月合宿谓之晦。晦与弦、望一实也，非月晦日月光气与月朔异也^⑦。何故逾月谓之吉乎？如实凶，逾月未可谓吉；如实吉，虽未逾月，犹为可也。

【注释】

①晦：夏历每月的最后一天，从地上看不到月光。

②日月合宿（xiù）：指夏历每月初一前后，月亮运行到地球与太阳之间，在地上看不到月光。合宿，古代以二十八宿作为观测日月五星运行所经位置的标志，有时日月五星中有两个或几个正好交汇于同一位置，称为合宿。

③纪：通"记"，记载，记录。

④八日：初八。

⑤中分：指月亮呈半圆形。夏历初七、初八是上弦月，二十二、二十三是下弦月。

⑥日月相望谓之望：日月相望的日子就称为望。后一个"望"指夏历每月十五日前后，地球运行到月亮与太阳之间，这一天太阳西下时，月亮正好从东方升起，从地上可以看到满月。

⑦朔：夏历每月的初一。

【译文】

从月晦之日，到日月合宿之日，记为一个月。如同初八那一天，月亮呈半圆形称为弦月；十五那天，日月相望的日子就称为望；三十日那天，日月合宿就称为晦。晦月与弦月、望月实际上是一回事，并不是月底那一天的太阳和月亮的光气与初一那天的有什么不同。为什么说产妇独居满一个月后就算吉利了呢？如果妇人生子真是凶事，那么即使满月也不能称为吉利；如果实际上就是吉事，即使没有满月，仍然可以说是吉利的。

实说，讳忌产子、乳犬者，欲使人常自洁清，不欲使人被污辱也。夫自洁清则意精①，意精则行清②，行清而贞廉之节立矣③。

【注释】

①意：意念，思想。精：纯一。

②行清：行为高尚。

③而：则。贞廉：正直廉洁。贞，忠正。廉，廉洁。节：节操。

【译文】

据实而论，忌讳妇人生子、狗产子者，只是想让人们经常保持身体的清洁，不想让人们被脏东西所污染。能保持自身的清洁，那么思想意识就会纯洁，思想意识纯洁，行为就会高尚，行为高尚，那么忠正廉洁的节操就树立起来了。

四曰讳举正月、五月子①。以为正月、五月子杀父与母,不得举也②。已举之,父母偶死③,则信而谓之真矣。夫正月、五月子何故杀父与母?人之含气,在腹肠之内,其生,十月而产,共一元气也。正与二月何殊?五与六月何异?而谓之凶也?世传此言久,拘数之人④,莫敢犯之。弘识大材⑤,实核事理,深睹吉凶之分者⑥,然后见之。

【注释】

①举:抚养。正月、五月子:正月、五月生的孩子。

②举也:《太平御览》卷二十二引《论衡》文"得"字后有"举也"二字,据补。

③偶:底本作"祸",《太平御览》卷二十二引《论衡》文作"偶",据改。

④拘数:拘泥。数,术数,指用各种手段推算吉凶。

⑤弘识:见识广。弘,大,广。

⑥深睹:看透。分:区别。

【译文】

四是忌讳抚养正月和五月出生的孩子。认为正月和五月出生的孩子会克杀父母亲,所以不能抚养。已经抚养了的,他的父母偶然死亡,人们就对忌讳信以为真了。正月和五月出生的孩子为什么会克杀父母亲呢?人体所含有的元气,是在母亲的肚子里禀受的,逐渐生长,经十个月而生下来,人们承受的同样都是共有的一种元气。正月与二月有什么不同?五月与六月有什么区别?而认为正月和五月出生的孩子为凶呢?世间流传这种说法很久了,拘泥于术数的人,没有敢去触犯这一忌讳的。见识广,才智高的人,据实考察事情的道理,看透了吉凶的区别,这样做以后就能完全认识事情的本质。

　　昔齐相田婴贱妾有子①，名之曰"文"②。文以五月生③，婴告其母勿举也，其母窃举生之④。及长，其母因兄弟而见其子文于婴⑤，婴怒曰："吾令女去此子⑥，而敢生之⑦，何也？"文顿首⑧，因曰⑨："君所以不举五月子者，何故？"婴曰："五月子者，长至户，将不利其父母。"文曰："人生受命于天乎？将受命于户邪⑩？"婴嘿然⑪。文曰："必受命于天，君何忧焉？如受命于户，即高其户⑫，谁能至者⑬？"婴善其言⑭，曰："子休矣！"其后使文主家⑮，待宾客，宾客日进⑯，名闻诸侯⑰。文长过户，而婴不死。以田文之说言之，以田婴不死效之，世俗所讳，虚妄之言也。夫田婴俗父，而田文雅子也。婴信忌，不实义⑱；文信命，不辟讳⑲。雅俗异材，举措殊操，故婴名暗而不明⑳，文声驰而不灭㉑。

【注释】

①田婴（约前356—前298）：战国时齐宣王的弟弟，曾任齐相。

②文：田文，封号"孟尝君"，他出生在夏历五月初五。

③以：在。

④窃：偷偷地，私下。举生之：抚养他，使他活下来。

⑤见：引见。

⑥女（rǔ）：通"汝"，你。去：抛弃。

⑦而：却。

⑧顿首：磕头。

⑨因：趁机。

⑩将：还是。邪（yé）：语气助词。表疑问。

⑪嘿（mò）：同"默"，不说话，不出声。

⑫即：则，那就。

⑬至:达到。

⑭善:称赞。

⑮主:主持。

⑯日进:一天比一天多起来。

⑰名闻诸侯:上事参见《史记·孟尝君列传》。

⑱不实义:不考究道理。

⑲辟:避忌。

⑳名暗:指没有名望。

㉑声:名声。驰:远扬。

【译文】

　　从前齐相田婴的贱妾生了个儿子,给他取名叫"文"。田文在五月出生,田婴警告田文的母亲不要抚养他,他的母亲偷偷地抚养他,使他活了下来。等到田文长大了,他的母亲通过兄弟把田文引荐给田婴,田婴生气地说:"我叫你抛弃这个孩子,你却还敢让他活了下来,这是为什么呢?"田文磕头并趁机说:"您不抚养五月生的孩子,原因是什么呢?"田婴说:"五月生的孩子,等长到和门一样高时,将对他的父母不利。"田文问:"人是受命于天呢,还是受命于门户呢?"田婴沉默不语。田文又说:"如果肯定是受命于天,您有什么可忧虑的呢? 如果受命于门户,那就增加门的高度,谁还能长到和门一样高呢?"田婴很赞赏他的话,说:"你不用说了!"以后,让田文主持家政,接待宾客,宾客一天天增多,田文因此闻名于诸侯之中。田文长高超过了门时,而田婴并没有死。以田文的说法来说,以田婴没有死来验证,世间所忌讳的,都是虚妄的传言而已。田婴是个庸俗的父亲,而田文是个高雅的儿子。田婴迷信忌讳而不考究道理,田文相信天命而不避忌讳。高雅与庸俗不同材,举止与操行也不同,所以田婴名望不显著,而田文却名声远扬,久传不绝。

　　实说,世俗讳之,亦有缘也①。夫正月岁始,五月阳

盛②,子以此月生③,精炽热烈④,厌胜父母⑤,父母不堪⑥,将
受其患。传相仿效,莫谓不然。有空讳之言,无实凶之效,
世俗惑之⑦,误非之甚也⑧。

【注释】

①缘:原因,根据。

②五月阳盛:按照阴阳五行说,五月是一年之中阳气最旺盛的月份。
　阳盛,底本作"盛阳",《太平御览》卷二十二引《论衡》文作"阳
　盛",据改。

③子以此月生:"此月"二字底本无,《太平御览》卷二十二引《论衡》
　文,"以"字前有"此月"两字,据补。

④精:精气。炽(chì):旺盛。

⑤厌(yā):压制,抑制。胜:克。

⑥不堪:经受不起。

⑦惑:迷信。

⑧误非:谬误。

【译文】

据实说来,世俗所忌讳的事,也是有所根据的。正月是一年的开始,
五月是阳气最旺盛的时候,孩子在这个月份出生,所承受的精气旺盛热
烈,压过了父母,父母经受不起,将会受到他的伤害。这种看法互相流传
仿效,就没有人说不是这样。只是空洞的忌讳之说,没有实际的凶祸以
验证,社会上的人迷信这一忌讳,错误得太厉害了。

夫忌讳非一①,必托之神怪,若设以死亡②,然后世人信
用畏避。忌讳之语,四方不同,略举通语③,令世观览。若夫
曲俗微小之讳④,众多非一,咸劝人为善⑤,使人重慎,无鬼

神之害、凶丑之祸⑥。世讳作豆酱恶闻雷,一人不食⑦,欲使人急作⑧,不欲积家逾至春也⑨。讳厉刀井上⑩,恐刀堕井中也;或说以为"刑"之字,井与刀也,厉刀井上,井刀相见,恐被刑也。毋承屋檐而坐⑪,恐瓦堕击人首也。毋反悬冠,为似死人服;或说恶其反而承尘溜也⑫。毋偃寝⑬,为其象尸也。毋以箸相受⑭,为其不固也⑮。毋相代扫⑯,为修冢之人冀人来代己也⑰。诸言"毋"者⑱,教人重慎,勉人为善。《礼》曰:"毋抟饭,毋流歠。"⑲礼义之禁,未必吉凶之言也。

【注释】

①非一:不止一种。

②若:或者。设:陈设,摆出。

③略举通语:简单地列举一些流行的说法。

④曲俗:地方性的风俗。曲,局部。

⑤咸:都。

⑥凶丑:指凶恶怪异的东西。丑,怪异。

⑦一人不食:此四字与上下文意不合,疑为衍文。《太平御览》卷八百六十五引《论衡》文无此四字。

⑧急作:快点做好。

⑨积家:据文意,疑当作"积久"。《太平御览》卷八百六十五引《论衡》文作"积久"。

⑩厉:同"砺",磨。

⑪毋:不要。承:顶着。

⑫承:接受。尘溜:指房子上落下的灰尘和水滴。

⑬偃(yǎn)寝:仰卧。偃,仰卧。

⑭箸(zhù):筷子。受:同"授",付与。

⑮固：牢靠。

⑯扫：扫墓。

⑰修冢（zhǒng）之人：指服苦役，被强迫去修帝王陵墓的人。修，修筑。冢，坟。

⑱诸：大凡。

⑲"《礼》曰"几句：引文参见《礼记·曲礼上》。《礼》，《礼记》。毋抟（tuán）饭，意思是不要成块地盛饭，这样做是争吃，没有礼貌。抟，把散碎的东西捏聚成团。毋流歠（chuò），意思是不要大口大口不停地喝汤，这样做是抢喝，没有礼貌。歠，喝。

【译文】

忌讳不止一种，一定要假托神怪之名，或者搬出死人的亡灵，这样做以后让世上的人才会迷信它，畏惧回避它。关于忌讳的说法，各个地方都不相同，在此简略地列举一些共通、流行的说法，让世人看一看。就像那些地区性风俗中的微小的忌讳，就有很多，不止一种，这些全都是为了规劝人们行善，希望人们郑重谨慎，并不是真的有什么鬼神灾害、凶恶怪异之物为祸。世俗有的忌讳制作豆酱时听到雷声，这是想督促人们快点把豆酱做好，不想让人们把豆子储存太久直到春季。世俗忌讳在井上磨刀，这是担心刀落入井中；有的说法认为"刑"字是由"井""刀"两字组成的，在井上磨刀，井与刀相遇在一起，担心会受刑罚。不要坐在屋檐下，是担心瓦落下来打在头上。不要倒挂帽子，因为它像死人的服饰；有人说讨厌帽子倒挂是因为怕帽子沾上房上落下的灰尘和水滴。不要仰卧，因为那样像死尸一样。不要用筷子互相递送食物，因为那样不牢靠。不要互相替代去扫墓，因为修筑帝王陵墓的人希望有人来代替自己做苦役。以上种种说"不要"的，都是在教育人要郑重谨慎，劝勉人们行善。《礼记》说："不要成块地盛饭，不要不停地大口喝汤。"这是礼义方面的禁忌，不一定与吉凶的说法有关。

調时篇第六十九

【题解】

本篇驳斥了把岁、月等时间概念说成是神而且会祸害人的谬论。調（lán），即"谰"，是诬妄、胡说的意思。按照当时的说法，某年某月某地兴工建房，另一地的人家就会遭到岁神、月神的吞蚀，如果不是采取厌胜之法，悬挂能厌胜对方的五行之物、举办祭祀或举家迁徙，这些人家就会被"食"，甚至死人。

王充驳斥说"岁""月"只不过是用来计时的名称而已，"积日为月，积月为时，积时为岁"，"安得鬼神之怪、祸福之验乎"？指出岁、月食之家的那一套说辞，乃是虚妄之说。

世俗起土兴功①，岁、月有所食②，所食之地，必有死者。假令太岁在子③，岁食于酉④，正月建寅⑤，月食于巳⑥，子、寅地兴功，则酉、巳之家见食矣⑦。见食之家，作起厌胜⑧，以五行之物悬金木水火⑨。假令岁、月食西家，西家悬金，岁、月食东家，东家悬炭。设祭祀以除其凶，或空亡徙以辟其殃⑩。连相仿效，皆谓之然。如考实之⑪，虚妄述也⑫。

【注释】

①世俗起土兴功：据《辨祟篇》"世俗信祸祟"，疑本句"俗"字后脱一"信"字。起土兴功，指修筑房屋。

②岁、月：这里指岁神与月神。食：吞蚀。

③太岁在子：古人把一周天以及地面分为十二等分，用十二地支（子、丑、寅、卯、辰、巳、午、未、申、酉、戌、亥）作为标志，按顺时针顺序依次排列，太岁每年运行一等分，十二年一个循环。太岁运行到子位时叫"太岁在子"，运行到卯位时叫"太岁在卯"，以此类推，子在正北。太岁，古代天文学家把由西向东运行的木星叫岁星，用它来纪年。后来为了方便，又虚构了一个与岁星运行方向相反，即由东向西运行的假岁星来纪年，叫太岁。古代将太岁说成是运行于地的岁神，又简称"岁"。

④酉：指酉所标志的方位，即西方。

⑤正月：指夏历正月。建：北斗星的斗柄旋转所指的十二辰方位，又称"月建"。周历以建子之月为正月，殷历以建丑之月为正月，夏历以建寅之月为正月，秦历以建亥之月为正月。

⑥巳：指巳标志的方位，即东南。

⑦见：被。

⑧厌胜：一种巫术，指用符咒等手段制服人或鬼怪等。

⑨以五行之物悬金木水火：意思是用五行相生相克的道理根据岁神与月神所在的方位，被食的人家就悬挂能厌胜对方的五行之物。五行，指金、木、水、火、土。

⑩空亡：全家出走。徙：搬迁。辟：躲避。

⑪考：考订。实：核实。

⑫述：底本作"迷"，章录杨校宋本作"述"，据改。述，通"术"，道术。

【译文】

世俗相信破土建房，岁神、月神就会吞蚀另一个地方，被吞蚀之处，一定会死人。假如太岁运行到正北方的子位,那么岁神就会吞蚀位于酉位的人家,正月时如果北斗星的斗柄指向寅位,那么月神就会吞蚀位于巳位的人家,子、寅方位的人家如果破土建房,那么位于酉、巳位的人家就会被吞蚀了。因此被吞蚀的人家,就要施行厌胜之术,用五行相生相克的道理,根据岁神与月神所在的方位,悬挂能厌胜对方的五行之物。假如岁神、月神吞蚀西面的人家,西面的人家就悬挂金以避祸害。岁神、月神吞蚀东面的人家,东面的人家就悬挂木炭以避祸害。有的则举行祭祀以消除这种凶祸,有的人家全家出走搬迁以躲避这种祸殃。一家一家相互仿效,都认为这样做是对的。如果考订核实一下这种做法,就能知道这是一种虚妄的主张。

何以明之?夫天地之神,用心等也①。人民无状②,加罪行罚,非有二心两意,前后相反也。移徙不避岁、月③,岁、月恶其不避己之冲位④,怒之也。今起功之家,亦动地体,无状之过⑤,与移徙等。起功之家,当为岁所食⑥,何故反令巳、酉之地受其咎乎⑦?岂岁、月之神怪移徙而咎起功哉⑧?用心措意⑨,何其不平也!鬼神罪过人⑩,犹县官谪罚民也⑪。民犯刑罚,多非一⑫,小过宥罪⑬,大恶犯辟⑭,未有以无过受罪⑮。无过而受罪,世谓之冤。今巳、酉之家,无过于月、岁,子、寅起宅⑯,空为见食⑰,此则岁、冤无罪也⑱。且夫太岁在子,子宅直符⑲,午宅为破⑳,不须兴功起事㉑,空居无为,犹被其害。今岁、月所食,待子、寅有为㉒,巳、酉乃凶㉓。太岁㉔,岁、月之神,用罚为害,动静殊致㉕,非天从岁、月神意之道也。

【注释】

①用心：居心。等：相同。

②无状：没有礼貌，行为恶劣。

③移徙不避岁、月：按迷信的说法，如果搬家时不避开岁神、月神，就要遭殃。参见《难岁篇》。

④恶（wù）：憎恨。其：指搬迁的人。冲位：指与岁神、月神所在的方位正相对的位置。冲，迷信说法指相忌相克。如子午相冲，酉卯相冲。

⑤过：过错。

⑥当为岁所食：据文意，疑本句"岁"字后脱一"月"字。

⑦咎：祸害。

⑧而：疑为"不"字之讹，形近而误。咎：憎恨。

⑨措意：用心。措，施，用。

⑩罪过：归罪，惩罚。

⑪县官：古代称天子所居的都城以及其周围地区为县，所以称天子为县官。谪（zhé）：谴责。

⑫多非一：据文意，疑本句"多"字前脱一"众"字。

⑬宥（yòu）：宽恕，赦免。

⑭犯辟：这里指受刑法处分。辟，泛指刑法。

⑮以：因为。

⑯寅：底本作"家"，据文意改。

⑰空：平白无故。

⑱此则岁、冤无罪也：据文意，疑本句"岁"字后脱一"月"字。

⑲直符：一种禁忌的名称，指和太岁所在的方位正好符合。

⑳午：地支的第七位，指正南方。

㉑起：举办。

㉒寅：底本作"宅"，据文意改。

㉓巳、酉:指巳、酉之地。

㉔太岁:据文意,疑为衍文。

㉕动:指兴工起事。静:指空居无为。殊致:指加给的祸害不一样。殊,不同。致,给予。

【译文】

用什么来证明这一点呢? 天上与地上的神,居心是相同的。百姓无礼行为恶劣,就加以罪名予以惩罚,天地之神不会有二心两意,前后相反的情况。如果搬家不避开岁神和月神,那么岁神和月神就会憎恨他们不避开自己的冲位,就会对他们发怒。现在修建房屋的人家,也触动了地体,这种无礼的过错,和搬迁之家的过错是相同的。建房的人家,按理应当被岁神和月神所吞蚀,为什么反而让南方、西方之地的人家受到他们的祸害呢? 难道岁神、月神只责怪搬迁而不憎恨建房的人家吗? 岁神、月神的居心用意,多么不公平啊! 鬼神惩罚人,如同天子谴责惩罚百姓一样。百姓触犯刑法而受惩罚的人很多不止一个,犯小过错的可以得到宽赦,犯大罪恶的就要受刑法处治,但是没有因无过错而被定罪受刑的人。无过错而被定罪受刑,世人就称其为受冤枉。现在位于巳、酉之位的人家,并没有得罪岁神、月神,因为位于子、寅之位的人家建房,他们就平白无故地被吞蚀,这就是岁神、月神冤枉无罪的人家了。而且太岁运行到子位,子位的房屋正好与太岁所在的方位相符,午位的房屋正好与太岁相对,不须建房办事,就算空坐家中什么也不干,仍然会被岁神所吞蚀。现在岁神、月神所吞蚀的地方,一定要等到子、寅之地破土动工,巳、酉之地才有凶祸。岁神、月神给予惩罚造成灾害,对兴功起事和空居无为的人家造成的祸害不一样,这不符合上天采纳岁月之神的意见进行惩罚的道理。

审论岁、月之神①,岁则太岁也,在天边际,立于子位。起室者在中国一州之内②,假令扬州③,在东南。使如邹衍之言，天下为一州^④，又在东南，岁食于西，食西羌之地^⑤，东南之地安得凶祸？假令岁在人民之间，西宅为酉地^⑥，则起功之家，宅中亦有酉地，何以不近食其宅中之酉地，而反食佗家乎？且食之者审谁也^⑦？如审岁、月，岁、月，天之从神^⑧，饮食与天同。天食不食人^⑨，故郊祭不以为牲^⑩。如非天神，亦不食人。天地之间，百神所食，圣人谓当与人等。推生事死，推人事鬼，故百神之祀皆用众物，无用人者。物食人者，虎与狼也。岁、月之神，岂虎狼之精哉？仓卒之世^⑪，谷食乏匮^⑫，人民饥饿，自相啖食^⑬。岂其啖食死者，其精为岁、月之神哉？岁、月有神，日亦有神，岁食、月食，日何不食？

【注释】

①审：仔细，认真。

②起室者：盖房的人。

③扬州：汉代所置州之一，辖境相当于今安徽淮水和江苏长江以南及江西、浙江、福建三省。

④天下为一州：按照邹衍的大九州说，中国所在的赤县神州是其中的一州，在大九州的东南方。天下，指中国。参见《谈天篇》。

⑤西羌之地：指汉代少数民族羌人居住的西部地区。

⑥西宅为酉地：意为凡是动土之处以西的房屋都被认为是酉地。

⑦审：果真，究竟。

⑧从：从属的。

⑨天食不食人：天饮食时不吃人。

⑩郊祭：古代帝王于冬至那一天在南郊祭天叫"郊祭"。牲：牺牲，指上供的牛、羊、猪等。

⑪仓卒之世：战乱灾荒的年代。卒，同"猝"，突然。

⑫乏匮（kuì）：缺乏，欠缺。匮，穷尽，空乏。

⑬啖（dàn）食：吃，吞食。啖，吃。

【译文】

　　仔细论述岁神、月神的相关问题，岁就是太岁，它在天的边缘，居于子位。盖房的人在中国的某一个州之内，假设这个州是扬州的话，它处在东南方。假如按邹衍的说法，中国所处之地为一州，处在大九州的东南方，岁神吞蚀酉地，那么受害的该是西羌那些地方，位于东南方的地区怎么会遭受凶祸呢？如果岁神就在民间，凡是西边的房屋都是酉地，修建房屋的人家，自家的房子中也有酉地，为什么不就近吞蚀他家房中的酉地，反而去吞蚀别家呢？况且吞蚀人的究竟是谁呢？如果确实是岁神和月神，岁神和月神是天的从属之神，它们的饮食与天相同。天饮食时不吃人，所以帝王郊祭时不用人作牺牲。如果岁神和月神不是天神，那也不会吃人的。天地之间，各种神所吃的东西，圣人认为应当和人吃的一样。根据侍奉活人的道理去侍奉死人，根据侍奉人的道理去侍奉鬼神，所以在祭祀各种神的时候，会用到各种东西，却没有用人来作祭品的。动物中会吃人的，是虎、狼。岁神、月神，难道是虎狼的精气吗？战乱灾荒的年头，谷物粮食缺乏，人民因为饥饿，导致自相残食。难道那些吃饿死者的尸体的人，他们的精气变成了岁神、月神了吗？岁、月有神，日也有神，岁神吞蚀人，月神吞蚀人，为什么日神不吞蚀人呢？

　　积日为月，积月为时①，积时为岁②，千五百三十九岁为一统③，四千六百一十七岁为一元④，增积相倍之数，分余终竟之名耳⑤，安得鬼神之怪、祸福之验乎？如岁、月终竟者宜有神，则四时有神，统、元有神。月三日魄⑥，八日弦⑦，十五日望⑧，与岁、月终竟何异？岁、月有神，魄与弦复有神也⑨？一日之中，分为十二时⑩，平旦寅⑪，日出卯也⑫。十二月建寅、卯,则十二月时所加寅、卯也⑬。日加十二辰不食,月建十二辰独食,岂日加无神,月建独有哉?何故月建独食,日加不食乎!如日加无神,用时决事,非也。如加时有神,独不食,非也。

【注释】

①时:指四时,即春、夏、秋、冬。

②岁:年。

③一统:当时通行的历法"三统历"中的术语,指一个计时周期。这个周期以夜半是冬至,朔旦的甲子日为起点,经过一千五百三十九年,在某一天的夜半又是冬至、朔旦的甲子日,这就是一统。

④一元:三统为一元,即经过四千六百一十七年,在某一天的夜半又是冬至、朔旦的甲子日,这个周期就叫一元。

⑤分余终竟之名:意思是说,月、岁、时、岁、统、元是把逐月逐年的分余化零为整,取一定的整数作为周期而制定的名称。分余,三统历把一日(一昼夜)分为八十一等分,按实际观测月亮的运行周期,每月合日,一年十二个月,合日。分余指其中不足一日的分数。终竟,完毕。

⑥魄:新月始生,初露光芒叫"魄"。

⑦弦:月亮半圆时称"弦"。

⑧望:月亮成正圆形时称"望"。

⑨魄与弦复有神也:据文意,疑本句"弦"字后脱一"望"字。复,也。

⑩时:时辰,古代一个时辰相当于两个小时。

⑪平旦:天刚亮。寅:寅时,指凌晨三点到五点。

⑫卯:卯时,指上午五点到七点。

⑬月:据文意,疑为衍文。加:施,用。

【译文】

　　一天天积累起来就成月，一月月积累起来就成季，一季季积累起来就成年，每一千五百三十九年为一统，每四千六百一十七年为一元，月、时、岁、统、元这些概念只是不断积聚互相成倍的时数，分余取整而取的名称而已，怎么能产生鬼神的怪象、祸福的征验呢？如果岁、月终结的时候应当有神，那么四季也应当有神，统、元也应当有神。月亮初三日露微光，初八日成弦月，十五日成望月，这与岁、月终结有什么不同呢？岁、月有神，新月、弦月、满月时也有神吗？一天之中，分为十二个时辰，天刚亮时属于寅时，太阳出来属于卯时。十二个月建月所用的寅、卯等十二辰，也就是每日十二时所用的寅、卯等十二辰。每日用的十二辰不吞蚀人，唯独月建用的十二辰会吞蚀人，难道每日用的十二辰没有神，唯独月建用的十二辰就有神了吗？为什么月建用的十二辰吞蚀人，而每日用的十二辰就不吞蚀人呢？如果每天用的十二时辰没有神，那么用时辰来决定事情，就不对了。如果每天用十二时辰有神，那么，唯独日神不吞蚀人，也是说不通的。

　　神之口腹，与人等也。人饥则食，饱则止，不为起功乃一食也①。岁、月之神，起功乃食，一岁之中，兴功者希，岁、月之神饥乎？仓卒之世，人民亡，室宅荒废，兴功者绝，岁、月之神饿乎？且田与宅俱人所治，兴功用力，劳佚钧等②。宅掘土而立木③，田凿沟而起堤，堤与木俱立，掘与凿俱为。起宅，岁、月食；治田，独不食。岂起宅时岁、月饥，治田时饱乎？何事钧作同④，饮食不等也？

【注释】

　　①一：据文意，疑为衍文。

②佚（yì）：安逸，安乐。钧：通"均"。

③立木：指树立房架。

④事钧作同：事情相等，劳动相同。

【译文】

　　神的嘴巴、肚子，和人的是相同的。人肚子饿了就要吃东西，吃饱了便停止，不是因为有人盖房子才吃东西。如果岁神、月神要等到有人盖房子才吃东西，一年之中，盖房子的人毕竟很少，那么岁神、月神会感到饥饿吗？战乱灾荒年代，百姓逃亡，室宅没有人住，根本没有盖房子的人，岁神、月神会饿死吗？况且田地和住宅都是人整修的，修田造屋所花的气力，劳逸是相等的。盖房子要挖土并树立屋架，修田地要挖沟并修筑堤坎，堤坎与屋架都是人建立起来的，掘土和挖沟也都是人的作为。盖房子时，岁神、月神会吞蚀人；修田地时，岁神、月神却不吞蚀人。难道盖房子时岁神、月神刚好饥饿，修田地时它们刚好饱了吗？为什么所做的事情相等，劳动相同，而岁神、月神却有的吞蚀有的不吞蚀，表现如此不同呢？

　　说岁、月食之家①，必铨功之小大②，立远近之步数③。假令起三尺之功，食一步之内；起十丈之役④，食一里之外。功有小大，祸有近远。蒙恬为秦筑长城⑤，极天下之半⑥，则其为祸宜以万数⑦。案长城之造，秦民不多死。周公作雒⑧，兴功至大⑨，当时岁、月宜多食。圣人知其审食⑩，宜徙所食地，置于吉祥之位。如不知避，人民多凶，经传之文，贤圣宜有刺讥。今闻筑雒之民，四方和会⑪，功成事毕，不闻多死。说岁、月之家⑫，殆虚非实也⑬。

【注释】

①说岁、月食之家：用岁神、月神能祸害人的说法来替人推测吉凶的人。

②铨（quán）：衡量。功：工程。

③步：长度单位，秦汉时以六尺为一步。

④役：事。

⑤蒙恬（？—210）：姬姓，蒙氏，名恬，齐国蒙山（今山东临沂蒙阴西南）人。秦始皇时大将，为抵御匈奴，秦始皇派他率领三十万人到北方驻防并修筑长城。

⑥极：达到。天下：指中国。

⑦以万数：以万里为计算单位。

⑧作：营建。雒：同"洛"，指洛邑，在今河南洛阳东北。

⑨至：极。

⑩圣人：指周公。

⑪和会：和睦相聚。

⑫说岁、月之家：据上文"说岁、月食之家"，疑本句"月"字后脱一"食"字。

⑬殆（dài）：大概，几乎。

【译文】

说岁神、月神吞蚀人的人，必定要根据工程的大小来确定岁神、月神将要祸害的人家的远近范围。假设兴建三尺的工程，就会使一步以内的人家遭受灾祸；如果兴建十丈的工程，就会使一里以上的人家遭受灾祸。如果工程有大小之分，造成的祸害就有远近之别。那么蒙恬为秦朝修筑长城，工程达到全中国的一半，那么岁神、月神为害的范围就该有以万里为计了。考察长城的建造，当时秦朝的百姓并没有因此死很多人。周公兴建洛邑，建造工程极大，当时岁神、月神应当吞蚀很多人。周公如果知道岁神、月神确实会吞蚀人，就应该把岁月之神所吞蚀之地的老百姓迁走，安置在吉祥的地方。如果周公不知道避开岁神、月神的吞蚀，人民就会多有凶祸，经传上的记载，就应该有贤人圣人对此事的刺讥。现今听说建造雒邑的百姓，来自四方而能和睦相聚，建造工程完毕之后，没有听说死很多人。说岁神、月神会吞蚀人的人,说的恐怕都是虚假不实的话。

　　且岁、月审食,犹人口腹之饥必食也,且为巳、酉地有厌胜之故①,畏一金刃②,惧一死炭③,岂闭口不敢食哉!如实畏惧,宜如其数④。五行相胜⑤,物气钧适⑥。如泰山失火⑦,沃以一杯之水⑧;河决千里⑨,塞以一捂之土⑩,能胜之乎?非失五行之道,小大多少不能相当也。天地之性,人物之力,少不胜多,小不厌大⑪。使三军持木杖⑫,匹夫持一刃,伸力角气⑬,匹夫必死。金性胜木,然而木胜金负者,木多而金寡也。积金如山,燃一炭火以燔烁之⑭,金必不消⑮,非失五行之道,金多火少,少多小大不钧也。五尺童子与孟贲争⑯,童子不胜,非童子怯,力少之故也。狼众食人,人众食狼。敌力角气,能以小胜大者希;争强量功,能以寡胜众者鲜⑰。天道人物⑱,不能以小胜大者,少不能服多。以一刃之金,一炭之火,厌除凶咎,却岁之殃⑲,如何也?

【注释】

①且:提起连词,无义。为:因为。故:缘故。

②金刃:指刀、剑。

③死炭:没有点燃的炭。

④如:同,相当。数:数量。

⑤相胜:相克。

⑥钧:通"均"。适(dí):通"敌",匹敌,相当。

⑦泰:底本作"秦",递修本作"泰",据改。

⑧沃:浇。

⑨河:指黄河。决:决口。

⑩一抔(póu):一捧。形容数量少。抔,量词,犹捧、握。

⑪厌:胜。

⑫三军:这里泛指人数众多的军队。

⑬伸:施展。角:斗。

⑭燔(fán):烧。烁:通"铄",熔化。

⑮消:通"销"。递修本作"销"。

⑯五尺:秦汉时的五尺相当于今三市尺多(约合一米)。这里形容
　　身材矮小。孟贲:古代传说中的大力士。

⑰鲜(xiǎn):少。

⑱天道:自然界的道理。人物:人事。

⑲却:除掉。据文意,疑本句"岁"字后脱一"月"字。

【译文】

　　况且岁神、月神如果确实能吃东西,那就好比人的口腹饿了一定要吃东西一样,难道因为巳、酉地搞厌胜术的缘故,岁神、月神由于害怕刀剑,畏惧没有燃烧的炭,就闭口不敢吃东西了吗!如果真要使岁神、月神畏惧,就该用与建筑工程数量相当的五行之物来压制它们。五行相克,物和物、气和气之间的数量多少要相当。假如泰山失火,仅仅用一杯水去浇火;黄河决口千里,仅仅用一捧土去堵塞决口,能够灭火堵决吗?这并不是没有把握五行相克的道理,而是小与大、多与少太不相称了。根据天地万物的特性,人和物的力量,都是少不能胜多,小不能胜大。让人数众多的军队拿着木杖,让一个人拿着一把刀,施展力气,互相争斗,这个人必然会死。金克木,然而木胜金败,是因为木多金少的缘故。堆积如山一般的金,燃烧一盆炭火去烧熔它,这堆金必然不会熔化,这不是没有把握五行相克的道理,而是金多而炭火少的缘故,少与多、小与大太不相称了。身材矮小的儿童与孟贲争斗,儿童不可能取胜,并不是儿童胆小,而是儿童力气太小的缘故。狼多就吃人,人多就吃掉死狼。施展力

气,相互争斗,能够以小胜大的很少;争比强弱,较量威力,能够以少胜多的极少。天道人事,不能以小胜大的原因,是由于少数不能胜过多数。用一把刀剑,一盆炭火,希望能压过或解除凶祸,消除岁神、月神带来的灾殃,怎么可能呢?

卷第二十四

讥日篇第七十

【题解】

本篇名为"讥日",旨在讥刺当时世间流行的办事要选吉日、回避凶日的禁忌。东汉时民间流传着大量的"日禁之书",规定日常行动都要遵循吉凶之日的规定,不仅下葬、祭祀要回避凶日,连洗头、裁衣、写字等也不能触犯禁忌,如果办事"不合此历,转为凶恶"。

王充反驳并揭露了这些说法的荒诞,他指出"百祀无鬼,死人无知","祭之无福,不祭无祸""况日之吉凶,何能损益"。他主张人们办事应该根据"人事之可否",不应拘泥于"日之吉凶",并认为所有的吉凶忌讳,本都是源于先人为了尊重或纪念某一历史事件或人物所设立的,是在后世流传中,后人不明由来,所以才附会以吉凶的说法。王充自己就说写作本篇的目的就是要"明其是非,使信天时之人,将一疑而倍之",并表示对于这些禁忌"吾不从其讳"。

本篇所述的迷信禁忌,今日尚未绝迹,王充本篇所讥刺者,对于当今仍有借鉴意义。

世俗既信岁时[①],而又信日。举事若病、死、灾、患[②],大则谓之犯触岁、月[③],小则谓之不避日禁[④]。岁、月之传既用⑤，日禁之书亦行⑥。世俗之人，委心信之⑦；辩论之士⑧，亦不能定。是以世人举事⑨，不考于心而合于日⑩，不参于义而致于时⑪。时日之书，众多非一，略举较著⑫，明其是非，使信天时之人⑬，将一疑而倍之⑭。夫祸福随盛衰而至⑮，代谢而然⑯。举事曰凶⑰，人畏凶有效；曰吉，人冀吉有验⑱。祸福自至，则述前之吉凶以相戒惧⑲。此日禁所以累世不疑⑳，惑者所以连年不悟也㉑。

【注释】

①岁时：指有关岁、月的迷信禁忌。参见《调时篇》《难岁篇》。

②举事：办事情。若：如果。患：祸。

③大：严重的。

④小：轻的。日禁：指当时流行的某日不宜做某事的禁忌。

⑤岁、月之传（zhuàn）：指有关岁、月禁忌的记载。传，记载。用：信用，流传。

⑥行：流行。

⑦委心：一心一意。委，托。之：这里指岁、月、日的禁忌。

⑧辩论之士：善于论辩的人。

⑨是以：因此。

⑩考：考核，判断。

⑪参：检验。义：道理。致：求。

⑫较著：明显，突出。

⑬天时：这里指上述关于岁、月、日的禁忌。

⑭一：都。倍：通"背"，背弃，抛弃。

⑮盛衰：指禄命的好坏。王充认为，人的祸福是由禄命决定的，禄命好（盛）就有福，不好（衰）就有祸。参见《命义篇》。

⑯代谢：更迭，交替。

⑰日凶：指历书上规定某个时间不吉利。

⑱冀：希望。

⑲戒：警告。惧：恫吓。

⑳累世：世世代代。

㉑惑者：糊涂人。

【译文】

　　世俗之人既迷信岁、月有禁忌，而且又迷信时日也有禁忌。办事情如果遇到病、死、灾、祸，严重的就认为是触犯了岁、月方面的禁忌，轻微的就认为是没有回避日禁造成的。有关岁、月禁忌的书已经广为流传，有关时日禁忌的书也很流行。社会上的人，毫不怀疑地迷信这些禁忌；善于辩论的士人，也不能确定这些禁忌到底对不对。因此世俗之人办事情，不是通过内心的思考来判断事情本身是否该办，而只讲究符合吉日，不从事理上去检查事情应不应该做，而只要求符合吉时。有关时日禁忌的书，种类众多不止一种，略微举几本较为突出的，来明辨它们的是与非，使那些迷信天时禁忌的人，都能对它产生怀疑而抛弃它。一个人的福祸是由"禄命"的好坏而决定的，祸福交替出现是自然发生的事情。办事情时禁忌之书上说将会遇到凶祸，人们就害怕凶祸真的会应验；说吉，人们就希望吉祥真能应验。等到事后福祸自然到来的时候，人们就议论事前禁忌书上所说的吉凶如何灵验，以此互相告诫和恫吓作为今后遵守禁忌的教训。这就是为什么有关时日的禁忌世代不被人们怀疑，糊涂的人之所以长年不觉悟的原因。

　　葬历曰①："葬避九空、地臽②，及日之刚柔③，月之奇耦④。日吉无害，刚柔相得⑤，奇耦相应，乃为吉良。不合此历，转为凶恶。"夫葬，藏棺也⑥；敛⑦，藏尸也。初死藏尸于棺,少久藏棺于墓⑧。墓与棺何别？敛与葬何异？敛于棺不避凶,葬于墓独求吉。如以墓为重⑨,夫墓,土也;棺,木也,五行之性⑩,木土钧也⑪。治木以赢尸⑫,穿土以埋棺⑬,治与穿同事,尸与棺一实也⑭。如以穿土贼地之体⑮,凿沟耕园,亦宜择日。世人能异其事⑯,吾将听其禁⑰;不能异其事,吾不从其讳。日之不害⑱,又求日之刚柔,刚柔既合,又索月之奇耦⑲。夫日之刚柔,月之奇耦,合于葬历,验之于吉⑳,无不相得㉑。何以明之？春秋之时㉒,天子、诸侯、卿、大夫死以千百数,案其葬日㉓,未必合于历。

【注释】

①葬历:选择葬日的历书。

②九空、地臽(xiàn):都是葬历上规定的忌日的名称。

③刚柔:古代用天干(甲、乙、丙、丁……)与地支(子、丑、寅、卯……)相配来计日,如甲子、乙卯等。并将甲、丙、戊、庚、壬称为刚日,乙、丁、己、辛、癸称为柔日。人在刚日死,应该选在柔日下葬,柔日死,应该在刚日下葬,否则就是"犯刚柔",会招致灾祸。

④月之奇(jī)耦:古代称单月为奇月,双月为偶月。按照禁忌之说,人在奇月死,应选在偶月下葬,偶月死,应选在奇月下葬,奇月、偶月要配合好。耦,双数,与单数"奇"相对。

⑤得:适合。

⑥藏棺:埋棺材。

⑦敛:通"殓",给死人穿衣入棺。

⑧少久:不久。

⑨重:重要。

⑩五行:木、火、土、金、水。

⑪钧:通"均",一样。

⑫治木:这里指把木料制成棺材。赢(yíng):裹,装。

⑬穿:破。

⑭一实:同一回事。

⑮贼:损害。

⑯异其事:指说明装尸入棺和埋棺入墓的区别,挖土和凿沟的区别。
异,区别。

⑰听:听从,相信。

⑱日之不害:日子吉利不凶。

⑲索:求。

⑳吉:疑为"古"字之讹,形近而误。

㉑无:这里用作句首助词,没有意义。

㉒春秋之时:指前770—前476年。

㉓案:考察。

【译文】

葬历上说:"下葬要避开九空、地臽,并且要配合好日子的刚柔,月份的奇偶。日子吉利没有妨害,刚日、柔日协调得当,单月、双月互相适应,这才是下葬的吉日。要是下葬的日子不符合葬历的要求,就会转变为凶事。"下葬,就是把棺材埋在地下;装殓,就是把尸体装入棺材之中。人刚死时要将尸体装进棺材,不久要将棺材埋到坟墓里。坟墓和棺材有什么区别呢?装殓同下葬有什么不同呢?装殓尸体于棺材中不用避开凶日,下葬于坟墓中却偏偏要选择吉日。如果认为墓更为重要,墓,是土堆起来的;棺,是木头做的,从五行的本性来看,木和土是一样的。把木料制成棺材用来装人的尸体,破土为穴用以埋葬棺材,制棺与破土是一回事,尸体和棺材也是同一回事。如果认为破土为墓损害了地之体,那么开凿沟渠耕种田园,也应当选择吉日。世人如果能说明装尸入棺和埋棺入墓的区别,挖土和开沟的区别,那么我将相信这些禁忌;如果不能说明这些区别，我将不相信这些忌讳。日子吉利不凶，又要求日子的刚柔相配，刚柔已经配合好了，又要求月份的单双。下葬讲究日子的刚柔相配，月份的单双相应，这些虽然符合葬历的规定，但是若用古代的事实来验证，却又与葬历不相符合。用什么来证明这一点呢？春秋时期，天子、诸侯、卿、大夫死去的人数以千百来计算，考察他们下葬的日子，不一定都符合葬历上的规定。

又曰："雨不克葬，庚寅日中乃葬。"①假令鲁小君以刚日死②，至葬日己丑，刚柔等矣③。刚柔合，善日也。不克葬者，避雨也。如善日，不当以雨之故，废而不用也。何则？雨不便事耳④，不用刚柔，重凶不吉⑤，欲便事而犯凶⑥，非鲁人之意，臣子重慎之义也⑦。今废刚柔，待庚寅日中，以旸为吉也⑧。《礼》："天子七月而葬，诸侯五月，卿、大夫、士三月。"⑨假令天子正月崩⑩，七月葬；二月崩，八月葬。诸侯、卿、大夫、士皆然⑪。如验之葬历，则天子、诸侯葬月常奇常耦也⑫。衰世好信禁，不肖君好求福⑬。春秋之时，可谓衰矣，隐、哀之间⑭，不肖甚矣，然而葬埋之日，不见所讳，无忌之故也。周文之世⑮，法度备具⑯，孔子意密⑰，《春秋》义纤⑱，如废吉得凶，妄举触祸，宜有微文小义⑲，贬讥之辞⑳。今不见其义，无葬历法也㉑。

【注释】

①"又曰"几句：引文参见《春秋·宣公八年》，说的是鲁宣公的母亲嬴氏下葬的事情。但本篇在此之前并未引用过《春秋》，也没有提到过鲁小君下葬之事，故本篇疑有脱误。克，能。日中，中

午。嬴氏死于六月戊子日（刚日），原定于十月己丑日（柔日）下葬，因下雨没能下葬成，就改在庚寅日（刚日）下葬。

②鲁小君：即嬴氏，鲁文公的夫人。春秋时称君主的夫人为小君。以：在。

③等：相合。

④事：指下葬。耳：语尾助词，而已，罢了。

⑤重：大。

⑥犯凶：犯凶日。

⑦重慎：重视，谨慎。

⑧旸（yáng）：晴天。

⑨"《礼》"几句：引文参见《礼记·王制》。《礼》，这里指《礼记》。七月，这里指死后七个月才下葬（包括死的月份在内）。

⑩崩：古代称帝、后死为"崩"。

⑪皆然：指也都各自按照《礼》的规定办理。

⑫葬月：下葬的月份。常：经常，总是。

⑬不肖：不好，不成材。

⑭隐：鲁隐公，春秋初年鲁国君主，前722—前712年在位。哀：鲁哀公，春秋末年鲁国君主，前494—前467年在位。

⑮周文：夏、商、周三代统治者所施行的教化不同。儒家认为夏朝注重"忠"，结果"忠"的末流之弊是"野"；商代以"敬"来救"野"之弊，结果"敬"的末流之弊是"鬼"；周代以"文"来救"鬼"之弊，结果"文"的末流之弊是"僿"（sài，浇薄，不诚实）。参见《齐世篇》。文，文采，指礼乐制度。

⑯法度：制度。

⑰意密：用意周密。

⑱义纤：道理很细致。

⑲微文：隐晦的文字，指含蓄的批评。小义：轻视的议论。小，轻视。

义,通"议"。

⑳贬讥:指责讽刺。

㉑法:规定。

【译文】

又说:"下雨天不能下葬,庚寅日的中午才下葬。"假如鲁小君是在刚日死的,到下葬的日子是己丑,那么刚日、柔日相合。刚柔相合,就是好日子。没有下葬,是为了避雨。如果真是好日子,就不该由于下雨的缘故而废弃不用。为什么呢?下雨只是对下葬有些不方便罢了,不在刚柔相合的吉日下葬,是会遭到大凶,不吉利的,为了下葬方便而故意去触犯凶日,这既不符合鲁国人的本心,也不符合臣子对葬礼应该重视和谨慎的道理。现在废弃刚柔相合的吉日不用,等到庚寅日的中午午葬,这是把晴天当作吉日了。《礼记》上说:"天子死后七个月下葬,诸侯死后五个月下葬,卿、大夫、士死后三个月下葬。"假如天子在正月死,那么就在七月下葬;二月死,在八月下葬。诸侯、卿、大夫、士死后也都按礼的规定下葬。如果用葬历来检验,那么天子、诸侯下葬的月份和死的月份对照,总是奇月对上奇月,偶月对上偶月。没落衰败的时代喜好迷信禁忌,不贤能的君王喜好祈求福佑。春秋时期,可以说是很衰落了,从鲁隐公到鲁哀公这段时期,君王可以说是不贤极了,然而当时关于死后下葬的日子,不见有什么忌讳,是因为那时没有禁忌的缘故。周朝以礼乐制度教化人民,各种制度都十分完备,孔子用意周密,《春秋》一书的道理很细致,如果鲁国人由于废弃吉日不用而遇到凶祸,胡乱做事而遭灾祸,那么《春秋》上应当有含蓄的批评,轻视的议论,以及指责讥讽的言辞。现在从《春秋》上看不到这方面的内容,可见当时是没有葬历上的那套规定的。

祭祀之历①,亦有吉凶。假令血忌、月杀之日固凶②,以杀牲设祭③,必有患祸。夫祭者,供食鬼也;鬼者,死人之精也④。若非死人之精,人未尝见鬼之饮食也。推生事死,推人事鬼,见生人有饮食,死为鬼,当能复饮食,感物思亲,故祭祀也。及他神百鬼之祠,虽非死人,其事之礼,亦与死人同。盖以不见其形,但以生人之礼准况之也⑤。生人饮食无日⑥,鬼神何故有日?如鬼神审有知,与人无异,则祭不宜择日。如无知也,不能饮食,虽择日避忌,其何补益⑦?实者⑧,百祀无鬼⑨,死人无知。百祀报功,示不忘德。死如事生,示不背亡。祭之无福,不祭无祸。祭与不祭,尚无祸福,况日之吉凶,何能损益⑩?如以杀牲见血,避血忌、月杀,则生人食六畜⑪,亦宜辟之⑫。海内屠肆⑬,六畜死者日数千头,不择吉凶,早死者,未必屠工也。天下死罪,冬月断囚亦数千人⑭,其刑于市,不择吉日,受祸者,未必狱吏也⑮。肉尽杀牲,狱具断囚⑯。囚断牲杀,创血之实⑰,何以异于祭祀之牲?独为祭祀设历⑱,不为屠工、狱吏立日⑲,世俗用意不实类也⑳。祭非其鬼,又信非其讳,持二非往求一福㉑,不能得也。

【注释】

①祭祀:这里指用食品给鬼神上贡,请求保佑。

②血忌、月杀:两个忌日名,逢血忌、月杀日忌讳见血,不宜杀生。

　固:确实。

③设祭:上贡品。设,摆,供。

④精:精神,灵魂。王充反对鬼是"死人之精"的荒谬说法(参见《论死篇》),这里讲鬼是"死人之精",是在叙述信鬼之人的看法。

⑤但:仅,只。准况:比拟,类比。之:指鬼神。

⑥无日:不择日,没有禁日。

⑦补益：好处。

⑧实者：实际上。

⑨百祀：各种祭祀。

⑩损益：指带给人祸福。

⑪六畜：马、牛、羊、鸡、狗、猪。

⑫辟：躲避。之：指忌日。

⑬屠肆：屠宰铺。肆，商店。

⑭冬月：十一月。断囚：处决罪犯。

⑮狱吏：处决罪犯的小吏。

⑯狱具：罪案已定。

⑰创：被锋利的东西杀伤。

⑱设：制定。

⑲立日：规定吉日、凶日。日，底本作"见"，章录杨校宋本作"日"，据改。

⑳不实类：不充实其类，不完备。实，充实。

㉑持：抱。二非：指"祭非其鬼，又信非其讳"。非，错误。

【译文】

有关祭祀的历书，也有吉日与凶日的规定。假如血忌、月杀的日子确实是凶日，那么在这两个忌日宰杀牲畜用来祭祀，一定会招来灾祸。祭，就是供东西给鬼吃；鬼，就是死人的精气变的。鬼如果不是死人的精气变的，人们就不会用食品上供，因为人们从来没有见过鬼吃东西。这是把供养活人的做法类推到供奉死人上，把侍奉人的做法类推到侍奉鬼上，看到活人要吃东西，就认为人死了变成鬼，应当仍能吃东西，触及与死人有关的东西就会引起对死去的亲人的思念，所以就上贡来祭祀亲人的鬼魂。至于对其他各种鬼神的祭祀，虽然它们不是死人的精气变的，但是祭祀它们的礼节也与祭祀死人相同。这大概是由于人们看不见鬼神的形体，因此只能以对待活人的礼节进行类比用来对待鬼神。活人吃东西没有禁忌的日子,鬼神吃东西为什么有禁忌的日子呢?如果鬼神果真有知,和人没有什么不同,那么祭祀鬼神就不应当选择日子。如果鬼神无知,不能吃东西,即使选择日子避开忌日,那又有什么好处呢?实际上,各种各样的祭祀并没有什么鬼,死人也没有知觉。各种各样的祭祀是为了报答被祭祀者的功劳,表示生者不会忘记先人的恩德。对待死者如同侍奉活人一样,是表示生者不背弃死去的人。祭鬼不会得到福佑,不祭也不会招来灾祸。祭与不祭,尚且没有什么祸福,更何况祭祀日子的吉凶,又怎么能带给人福祸呢?如果认为由于宰杀牲畜要见血,应当避开血忌、月杀两个忌日,那么活人吃六畜,也应当避开忌日。海内的屠宰铺,每天宰杀的六畜有好几千头,宰杀牲畜时并不会选择吉日凶日,但先死的,不一定是屠工。天下犯死罪的人,到冬季被处决也有好几千人,在市上处决他们时,也不曾选择吉日,但遭受灾祸的,不一定都是狱吏。肉卖完了就要杀牲口,罪案已定就处决犯人。犯人被处决牲口被宰杀,被杀流血的情况,与用来祭祀的牲畜被杀流血有什么区别呢?偏偏为祭祀制定历书,不为屠工、狱吏规定吉凶日,这是世间习俗用意不完备周全的地方。祭祀那些不该祭祀的根本不存在的鬼,又迷信不该相信的那些忌讳,抱着这两种错误的想法去祈求一种福佑,这是不可能获得的。

　　沐书曰[①]:"子日沐,令人爱之;卯日沐,令人白头。"夫人之所爱憎,在容貌之好丑;头发白黑,在年岁之稚老。使丑如嫫母[②],以子日沐,能得爱乎?使十五女子[③],以卯日沐,能白发乎?且沐者,去首垢也[④];洗,去足垢;盥[⑤],去手垢;浴,去身垢,皆去一形之垢[⑥],其实等也。洗、盥、浴不择日,而沐独有日。如以首为最尊,尊则浴亦治面,面亦首也。如以发为最尊,则栉亦宜择日[⑦]。栉用木,沐用水,水与木俱五行也。用木不避忌,用水独择日。如以水尊于木,则诸用水者宜皆择日⑧。且水不若火尊⑨，如必以尊卑⑩，则用火者宜皆择日。且使子沐人爱之，卯沐其首白者，谁也？夫子之性，水也⑪；卯，木也。水不可爱，木色不白。子之禽鼠⑫，卯之兽兔也。鼠不可爱，兔毛不白。以子日沐，谁使可爱？卯日沐，谁使凝白者⑬？夫如是，沐之日无吉凶，为沐立日历者，不可用也。

【注释】

①沐书：选择洗头日子的书。沐，洗头。

②使：假使。嫫（mó）母：传说是黄帝的妃子，长相非常丑陋。

③十五：指十五岁。

④首：头。垢（gòu）：脏东西。

⑤盥（guàn）：洗手。

⑥一形：同一个身体。

⑦栉（zhì）：梳头。

⑧诸：凡，所有。

⑨水不若火尊：按阴阳五行说，火是阳，水是阴，阳尊阴卑，所以火尊于水。若，如。参见《白虎通义·五行》。

⑩以：根据。

⑪"夫子之性"二句：按阴阳五行说，十二地支分别配属五行，子属水，卯属木。

⑫子之禽鼠：按阴阳五行说，十二地支分别配属十二种动物，子属鼠，卯属兔。

⑬凝：成。

【译文】

沐书上说："子日洗头，能被人喜爱；卯日洗头，会使人的头发变白。"

人之所以被喜爱或不喜爱,在于容貌的美丑;头发的白与黑,在于年龄的老幼。如果一个人相貌丑得像嫫母一样,即使在子日洗头,能被别人喜爱吗?让一个十五岁的女孩在卯日洗头,能使她的头发变白吗?况且"沐",是为了洗去头上的脏东西;"洗",是除掉足上的脏东西;"盥",是除掉手上的脏东西;"浴",是除掉身上的脏东西,都是洗去同一个身体上的脏东西,它们是同一回事。洗足、洗手、洗身不选择日子,而唯独洗头要有忌日。如果是因为觉得头最尊贵而认为洗头要选择日子,那么洗澡时也要洗脸,脸也是头的一部分,洗澡也应该选择日子了。如果认为头发最尊贵,那么梳头也应该选择日子了。梳头用木,洗头用水,水与木,都是五行之物。用木可以不避忌日子,用水唯独要选择日子。如果认为水比木尊贵,那么所有用水的事情应当都要选择日子。而且水不如火尊贵,如果一定要根据尊卑来定,那么用火的事情应当都要选择日子了。况且一个人如果在子日洗头就能让人喜爱他,在卯日洗头他的头发变白,这样做的究竟是谁呢?子属水,卯属木。水并不可爱,木的颜色也不是白的。子属鼠,卯属兔。鼠并不可爱,兔毛的颜色也不是白的。在子日洗头,谁让他变得可爱呢?在卯日洗头,谁让他的头发变成白的呢?照此说来,洗头的日子并没有什么吉凶的区别,为洗头规定日历的办法,是不可以信用的。

裁衣有书,书有吉凶。凶日制衣则有祸,吉日则有福。夫衣与食俱辅人体①,食辅其内,衣卫其外。饮食不择日,制衣避忌日,岂以衣为于其身重哉?人道所重,莫如食急②,故八政③,一曰食,二曰货④。衣服,货也。如以加之于形为尊重⑤,在身之物,莫大于冠⑥。造冠无禁,裁衣有忌,是于尊者略⑦,卑者详也⑧。且夫沐去头垢,冠为首饰,浴除身垢,衣卫体寒。沐有忌,冠无讳,浴无吉凶,衣有利害。俱为一体,共为一身,或善或恶⑨,所讳不均,俗人浅知,不能实也⑩。且衣服不如车马。九锡之礼⑪,一曰车马,二曰衣服。作车不求良辰,裁衣独求吉日,俗人所重,失轻重之实也⑫。

【注释】

①俱:都。辅:助。

②急:重要。

③八政:古代国家施政的八个方面,即:一曰食,二曰货,三曰祀,四曰司空,五曰司徒,六曰司寇,七曰宾,八曰师。参见《尚书·洪范》。

④货:指金、玉、布匹、衣服等。

⑤形:身体。

⑥大:重要。冠:帽子。

⑦略:轻视。

⑧详:重视。

⑨善、恶:这里是说没有忌讳是善,有忌讳是恶。

⑩实:证实,判断。

⑪九锡:古代君主赐给有大功或有权势的诸侯大臣的九样器物,即:一曰车马,二曰衣服,三曰乐则,四曰朱户,五曰纳陛,六曰虎贲,七曰宫矢,八曰铁钺,九曰秬鬯。锡,赐。参见《礼记·曲礼上》。

⑫失:违背。实:实情。

【译文】

裁剪衣服也有历书,书上也规定了裁衣的日子有吉凶。凶日缝制衣服就有灾祸,吉日缝制衣服就会有福运。衣服和饮食都是有助于人体的,饮食辅于体内,衣服防护于体外。人们饮食不择日子,缝制衣服却要避开忌日,难道认为衣服对了人的身体更为重要吗?人生最重要的事,没有比饮食更重要的了,所以《洪范》所说的八种政务中第一件就是饮食,第二件是财货。衣服,属于财货。如果认为穿戴在身上的就尊贵重要,那么穿戴在人身上的东西,没有比帽子更为重要的了。制帽没有禁忌,裁剪衣服反而有忌讳,这是轻视尊贵的,反而重视低贱的了。洗头是洗去头上的污垢,帽子是头上的装饰品,洗澡是洗去身上的泥垢,衣服是防护身体受寒。洗头有忌日,制帽子却没有忌讳,洗澡没有什么吉日凶日,缝制衣服却有或吉或凶的日子。头与躯干都是一个人的身体,帽与衣服全穿在一个人身上,有的有忌讳有的不忌讳,所忌讳的标准并不一致,俗人的智识浅薄,是不能正确判断的。而且衣服也不如车马重要。九锡之礼第一件就是车马,第二件才是衣服。造车不要求选择吉利日子,裁剪衣服唯独要选择吉日,俗人所看重的,完全违背了事物轻与重的实情。

　　工伎之书①,起宅盖屋必择日②。夫屋覆人形,宅居人体,何害于岁、月而必择之? 如以障蔽人身者神恶之③,则夫装车、治船、着盖、施帽亦当择日④。如以动地穿土神恶之,则夫凿沟耕园亦宜择日。夫动土扰地神,地神能原人无有恶意⑤,但欲居身自安,则神之圣心必不忿怒⑥。不忿怒,虽不择日,犹无祸也。如土地之神不能原人之意,苟恶人动扰之⑦,则虽择日何益哉? 王法禁杀伤人,杀伤人皆伏其罪⑧,虽择日犯法,终不免罪。如不禁也,虽妄杀伤,终不入法⑨。县官之法⑩,犹鬼神之制也⑪;穿凿之过,犹杀伤之罪也。人杀伤,不在择日;缮治室宅⑫,何故有忌?

【注释】

　　①工伎之书:这里指选择盖房日子的书。工伎,指各种手工技艺。这里指盖房。

②起:兴建。

③障蔽:遮盖。恶(wù):讨厌,憎恨。

④装:装配。治:造。着盖:打伞。盖,伞。施帽:戴帽。

⑤原:考察,弄清楚。

⑥圣心:善良的心。

⑦苟:果真。

⑧伏其罪:按照罪行受到制裁。伏,通"服",承受。

⑨入法:受到法律制裁。

⑩县官:古代称天子所居的都城以及周围地区为县,所以称天子为县官。

⑪制:法。

⑫缮(shàn)治:修盖。

【译文】

工伎之书,规定了起宅盖屋必须选择吉日。房屋遮盖人的形体,住宅让人居住在其中,这对于岁神月神有什么损害而一定要选择建房日子呢? 如果由于宅屋遮盖人的身体而鬼神厌恶它,那么人们装配车子、造船、打伞、戴帽也应当选择日子了。如果因为动地破土而使鬼神厌恶,那么人们开沟耕园也应当选择日子了。动土惊扰了土地神,土地神能弄清人并没有恶意,只不过想有居息安身的地方,那么神的善良之心就一定不会忿怒。鬼神不忿怒,即使不选择起宅盖屋的日子,仍然是没有祸患的。如果土地神不能弄清人的本意,果真厌恶人动土惊扰了它,那么即使是选择了日子又有什么好处呢? 王法禁止杀人伤人,杀人伤人的人都要按照罪行受到应有的制裁,即使选择吉日犯法,也终归不能免去他的罪行。假如王法不禁止,即使胡乱杀人伤人,最终也不会受到法律制裁。天子的法令,如同鬼神的法令一样;破土开沟的过错,如同犯了杀伤罪一样。杀伤了人,犯不犯法不在选择日子;修建房屋,为什么就有忌讳呢?

又学书讳丙日①，云仓颉以丙日死也②。礼不以子、卯举乐③，殷、夏以子、卯日亡也④。如以丙日书，子、卯日举乐，未必有祸，重先王之亡日⑤，凄怆感动，不忍以举事也⑥。忌日之法⑦，盖丙与子、卯之类也，殆有所讳⑧，未必有凶祸也。堪舆历⑨，历上诸神非一，圣人不言，诸子不传⑩，殆无其实。天道难知，假令有之，诸神用事之日也⑪，忌之何福？不讳何祸？王者以甲子之日举事，民亦用之，王者闻之，不刑法也。夫王者不怒民不与己相避⑫，天神何为独当责之？王法举事以人事之可否，不问日之吉凶。孔子曰："卜其宅兆而安厝之⑬。"《春秋》祭祀不言卜日。《礼》曰："内事以柔日，外事以刚日。"⑭刚柔以慎内外，不论吉凶以为祸福。

【注释】

①又：此外。书：写字。

②云：说。

③举乐：奏乐。参见《礼记·檀弓下》。

④殷、夏以子、卯日亡：传说殷商的最后一位君主纣是在甲子日死的，夏朝的最后一位君主桀是在乙卯日死的。

⑤重：尊重。先王：这里指桀、纣。

⑥不忍以举事：一般解释为周朝规定在桀、纣的死日不奏乐，是为了警惕自己不要重蹈亡国的覆辙，这与王充的说法有所不同。

⑦法：规定。

⑧殆（dài）：大概，几乎。

⑨堪舆历：一种选择吉日的历书。堪舆，一种说法认为是神名，一种说法认为指天地或高下。后代专指看风水。

⑩诸子：指先秦以及汉初的各派学者。

⑪用事：管事，主宰。

⑫怒：责怪。

⑬卜：占卜。宅：墓穴。兆：墓地。厝（cuò）：停柩待葬。引文参见《孝经·丧亲》。

⑭"《礼》曰"几句：引文参见《礼记·曲礼上》。内事，一般指祭祀祖先以及婚丧等事。外事，一般指战争、朝聘等。

【译文】

此外学习写字忌讳丙日，原因是说仓颉是在丙日死的。周礼规定不在子日、卯日奏乐，是因为殷纣、夏桀是在子、卯日死的。如果在丙日写字，在子、卯日奏乐，不一定会有什么灾祸，这是为了尊重先王的亡日，心情悲哀有所感动，不忍心奏乐。规定的众多忌日，大概就是丙日与子日、卯日这一类，可能有什么忌讳，不一定就会有凶祸。有一种堪舆历，历书上记载的众多鬼神不止一种，但圣人没有提过，诸子也没有传授它，恐怕并没有那种事实。天道很难了解，假设有各种鬼神，在各种鬼神管事的日子，忌讳它有什么福佑？不忌讳它有什么祸害呢？君王在甲子日办事情，百姓也在这一天办事，君王知道了这件事，并不会用法律惩治百姓。既然君王不迁怒责怪百姓不回避自己办事的日子，那么鬼神为什么偏要责备百姓呢？按照王法办事只要看对人是否方便，不必过问日子的吉凶。孔子说："占卜墓穴吉地以安葬。"《春秋》上记载祭祀并不讲要占卜吉日。《礼记》说："内事在柔日办理，外事在刚日处理。"区别刚日和柔日，是为了慎重地对待内事和外事，并不是认为刚日、柔日本身有什么吉凶，会造成什么祸福。

卜筮篇第七十一

【题解】

本篇主要围绕卜筮的问题展开论述。王充针对"谓卜者问天,筮者问地"的说法,论述了"天道自然无为"的观点,揭露了天地能回答人所提出的疑问这一说法的荒谬性。王充认为龟兆著数并不是天对人的答复,即使人们不带有任何问题,凭空去进行卜筮,"戏弄天地",也会得到兆数。这就能够证明"天地审告报,著龟真神灵",完全是荒谬的无稽之谈。

但是王充并未完全否定卜筮,认为"卜筮非不可用"。他依据命定论的观点,认为"善人"卜筮总会得到吉兆,"恶人"卜筮总会碰到凶兆。因此他认为,卜筮还是能够昭示吉凶的,之所以有时不灵验,只是由于占卜之人错误地判断了兆数显示的吉凶:"吉凶失实者,占不巧工也。"

俗信卜筮^①,谓卜者问天,筮者问地,著神龟灵^②,兆数报应^③,故舍人议而就卜筮^④,违可否而信吉凶^⑤。其意谓天地审告报^⑥,著龟真神灵也。如实论之^⑦,卜筮不问天地,著龟未必神灵。有神灵,问天地,俗儒所言也。

【注释】

①俗:世俗,一般人。卜:用龟甲占卜吉凶。筮(shì):用蓍草算卦。

②蓍(shī)：俗称锯齿草，传说这种草生存时间极长，所以被认为是神
　　灵之物。

③兆：古人灼龟甲占卜吉凶，龟甲被灼后出现的裂纹叫兆，占卜的人根
　　据它来推测吉凶。数：指算卦的人按照规定办法分配五十根蓍草得
　　出的构成卦象的数目，算卦的人根据它来推测吉凶。报应：答复。

④舍人议而就卜筮：遇到事情不与人商量而去占卜算卦。

⑤违可否：违反事情是否可行的道理。

⑥审：确实。告报：指示，答复。

⑦如实：按照实际情况。

【译文】

　　世俗迷信卜筮，认为卜是向天问疑，筮是向地问疑，蓍草和龟甲都是神灵之物，龟兆和蓍数就是天地对占卜者提问的答复，因此遇事便不和人商议而去占卜算卦，违反事情是否可行的道理而去迷信吉凶之说。人们是从内心认为天地确实会给予问题的答复，蓍草和龟甲真的很神灵。按照实情论述此事，卜筮并不能向天地询问吉凶，蓍草和龟甲也不一定那么神灵。说它们有神灵，能向天地问吉凶，这都是俗儒的说法。

　　何以明之？子路问孔子曰："猪肩羊膊可以得兆①，藋苇藁芼可以得数②，何必以蓍龟③？"孔子曰："不然，盖取其名也④。夫蓍之为言，耆也⑤；龟之为言，旧也⑥。明狐疑之事⑦，当问耆旧也⑧。"由此言之，蓍不神，龟不灵，盖取其名，未必有实也。无其实，则知其无神灵；无神灵，则知不问天地也。

【注释】

①猪肩羊膊：猪和羊的肩胛骨。

②萑（huán）：同"萑"，芦苇一类的植物。藁（gǎo）：谷类的茎。芼
　　（mào）：通"毛"，草名。

③以：用。

④取其名：取蓍和龟两个名字的含义。

⑤耆（qí）：老，生存时间长。

⑥旧：年代久远。"旧"和"龟"古音相近。

⑦明：辨明。狐疑：疑惑不定。

⑧耆旧：指年岁大，有经验的人。

【译文】

　　用什么来证明这一点呢？子路问孔子说："猪羊的肩胛骨灼后同样可以得到兆，用萑苇藁芼这些草同样可以得到卦数，为什么一定要用蓍草和龟甲来卜筮呢？"孔子说："不能这样说，大概只是取蓍和龟这两个名字的含义吧。称之为蓍，是指生存时间长；称之为龟，是指年代久远。意为要辨明疑惑不定的事情，应该请教年岁大、经历多的人。"由此说来，蓍草并不神，龟甲也不灵，这只是取它们名字的含义而已，不一定有什么实际的意义。既然没有实际意义，就说明它们并不神灵；既然不是神灵之物，就能知道用龟蓍占卜问卦并不是向天地问吉凶。

　　且天地口耳何在，而得问之①？天与人同道②，欲知天，以人事。相问，不自对见其人，亲问其意，意不可知。欲问天，天高，耳与人相远。如天无耳，非形体也。非形体，则气也。气若云雾，何能告人？蓍以问地，地有形体，与人无异。问人，不近耳，则人不闻；人不闻，则口不告人。夫言问天，则天为气，不能为兆；问地，则地耳远，不闻人言。信谓天地告报人者③，何据见哉？

【注释】

①得：能够。

②天与人同道：自然与人事的道理是一样的。

③信：确实，真正。谓：认为。

【译文】

况且天地的口耳在哪里，而能够向它们询问吉凶呢？自然和人事的道理是相同的，想要了解天，根据人事就可以知道。相互提问，如不当面看见对方，亲自问对方的意见，那么对方的意见就没法了解。想问天，天很高，天的耳与人相距很远。如果天没有耳，那么天就没有形体。没有形体，那就是气。气像云雾一样，怎么能答复人的问题呢？蓍草是用来问地的，地有形体，与人没有差异。向人提问，如果不靠近耳朵，那么人就听不见；人听不见，口就不会回答人。说问天，天只是气，不能使龟甲产生兆象；说问地，地的耳朵很遥远，听不见人的提问。那些确实认为天地会答复人的提问的人，有什么根据呢？

人在天地之间，犹蚤虱之着人身也①。如蚤虱欲知人意，鸣人耳傍，人犹不闻。何则？小大不均②，音语不通也。今以微小之人，问巨大天地，安能通其声音③？天地安能知其旨意？或曰："人怀天地之气。天地之气在形体之中，神明是矣④。人将卜筮，告令蓍龟，则神以耳闻口言。若己思念，神明从胸腹之中闻知其旨。故钻龟揲蓍⑤，兆见数著⑥。"夫人用神思虑，思虑不决，故问蓍龟。蓍龟兆数，与意相应⑦，则是神可谓明告之矣⑧。时或意以为可，兆数不吉；或兆数则吉，意以为凶。夫思虑者，己之神也；为兆数者，亦己之神也。一身之神，在胸中为思虑，在胸外为兆数，犹人入户而坐，出门而行也。行坐不异意，出入不易情。如神明为兆数，不宜与思虑异。

【注释】

①犹：如同。虮（jǐ）：虱子的卵。着：依附。

②均：相同。

③安：怎么。

④神明：指神。

⑤揲（shé）：古代用蓍草算卦时，按规定的数目和程序将蓍草分份叫"揲"。

⑥见：同"现"，出现。

⑦相应：相吻合。

⑧则是神可谓明告之矣：据文意，疑本句"神"字当在"谓"字后。

【译文】

人生活在天地之间，就如同虮虱附着在人身上一样。如果虮虱想了解人的心意，即使它们在人的耳边鸣叫，人仍然听不见。为什么呢？因为虮虱和人小大不同，声音语言不通的缘故。现在用微小的人，去问巨大的天地，他们的声音怎么能相通呢？天地怎么能了解人的意思呢？有人说："人怀有天地之气。天地之气在人的形体之中，这就是神了。人将要进行卜筮，告知蓍草龟甲，那么神就会用耳朵听到卜筮者嘴里说出的话。如果自己思念一件事，神就能从胸腹之中了解到人的心意。所以钻龟甲、揲分蓍草，兆象就会出现，卦数就会显现。"人用精神进行思考，经思考后还无法决定，所以就要求问著龟。如果著龟表现出的兆数，与人的心意相吻合，就可以认为这是神明答复人的提问了。有时自己的心意认为可行，兆数却不吉利；有时兆数是吉的，但自己的心意又认为是凶。进行思考的，是自己体内的神；形成兆数的，也是自己体内的神。同一个身体的神，在胸中就表现为思虑，在胸外就表现为兆数，就同人进屋坐下，出门行走一样。或行或坐不会和自己的心意不一致，或出或入也不会违背自己的心意。如果兆数是由神明形成的，就不应该和思虑有什么不同。

天地有体，故能摇动①。摇动，有生之类也。生，则与人同矣。问生人者须以生人②，乃能相报③。如使死人问生人，则必不能相答。今天地生而蓍龟死，以死问生，安能得报？枯龟之骨，死蓍之茎，问生之天地，世人谓之天地报应，误矣。

【注释】

①摇动：运动。

②生人：活人。

③报：回答。

【译文】

天地有形体，所以能够运动。凡是能运动的，都是活着的东西。天地既然是活的，那就与人相同了。向活人问疑的，必须也是活人，才能得到回答。如果让死人问活人，那就一定不能得到应答。现在天地是活的而蓍龟是死的，通过死的龟甲、蓍茎去问活的天地，怎么能得到回答呢？用干枯的龟甲，已死的蓍茎，去询问活着的天地，世人认为天地会答复，这就错了。

如蓍龟为若版牍①，兆数为若书字②，象类人君出教令乎③？则天地口耳何在，而有教令？孔子曰："天何言哉？四时行焉，百物生焉。"④天不言，则亦不听人之言。天道称自然无为⑤，今人问天地，天地报应，是自然之有为以应人也。案《易》之文⑥，观揲蓍之法，二分以象天地⑦，四揲以象四时⑧,归奇于扐⑨,以象闰月⑩。以象类相法⑪,以立卦数耳,岂云天地告报人哉⑫?

【注释】

①为若:有如。为,若。版牍（dú）:泛指古代写字用的木片。

②书字:文字。

③象类:类似。教令:命令。

④"孔子曰"几句:引文参见《论语·阳货》。

⑤称:崇尚。无为:指听其自然,无意识、无目的地进入活动。

⑥案:考察。《易》:《周易》。

⑦二分以象天地:据《周易·系辞上》的说法,算卦要用五十根策（蓍茎）,先提出一根放在一边,然后把余下的四十九根任意分为两组,分别象征天与地。

⑧四揲以象四时:指把分成两组的其中一组先抽出一策,再分别以四策为单位往下数,"四"被认为象征春、夏、秋、冬四时。

⑨归奇（jī）于扐（lè）:指把两组策分别以四为单位数到最后的余数（或一,或二,或三,或四）夹在指缝中。奇,余数,零头。扐,手指缝。

⑩闰月:夏历的一年与回归年相差约10天21时,所以需要置闰,即每三年一个闰月,五年两个闰月,十九年七个闰月,每逢闰年加的一个月叫闰月。以上四句参见《周易·系辞上》。

⑪象类:指类似的事物。法:效仿。

⑫告:底本作"合",递修本作"告",据改。

【译文】

难道说蓍龟有如版牍,兆数有如文字,就像君王发布命令一样吗?那么天地的口耳在何处,而能发布命令呢?孔子说:"天说过什么呢?但四季照常运行,万物照常生长。"天不言语,那么也就不听人的言语。天道崇尚自然无为,现在人去问天地,天地如果答复,这就成了自然有意识地答复卜筮者了。考察《周易》上的文字，看它所载的用蓍草算卦的方法，是将蓍草分成两部分以象征天地，四根四根地数以象征四季，所剩的余数就夹在手指缝中，以象征闰月。这是用类似的事物相互仿效，以此确定构成卦象的数字罢了，怎么能说是天地真的会答复卜筮的人呢？

　　人道，相问则对①，不问不应。无求，空扣人之门②，无问，虚辨人之前③，则主人笑而不应，或怒而不对。试使卜筮之人空钻龟而卜④，虚揲蓍而筮，戏弄天地，亦得兆数，天地妄应乎？又试使人骂天而卜，殴地而筮⑤，无道至甚，亦得兆数。苟谓兆数天地之神，何不灭其火，灼其手，振其指而乱其数⑥，使之身体疾痛，血气凑踊⑦？而犹为之见兆出数，何天地之不惮劳⑧，用心不恶也？由此言之，卜筮不问天地，兆数非天地之报，明矣。

【注释】

①对：回答。

②空：平白无故地。扣：敲。

③虚：凭空，毫无目的。辨：通"辩"。

④钻龟：指把龟甲钻薄以便灼龟甲占卜。

⑤殴：敲打。

⑥振其指：使算卦的人手指发抖。

⑦血气凑踊：这里指由于剧烈的疼痛，使面部充血，青筋暴露。凑，积聚。踊，递修本作"涌"。

⑧惮（dàn）：怕。

【译文】

人事的道理，是相问就回答，不问就不回答。没有所求，平白无故地去敲别人家的门,不提出问题,毫无目的地在别人的面前空辩,那么主人或者只笑一笑不应答,或者发怒而不回答。假如让卜筮的人平白无故地钻龟甲而卜问,毫无目的地摆弄著草来算卦,玩弄天地,也会得到兆数,难道天地在胡乱答复吗?又试着让人一边咒骂上天一边占卜,一边敲打着地一边算卦,无理至极,也会得到兆数。如果说兆数是天地神灵的表现,那么为什么不灭掉他灼龟的火,烧他的手,使算卦人的手发抖而扰乱他求得的卦数,让卜筮的人身体剧烈地疼痛,面部充血,青筋暴露呢?反而还为卜筮的人显示兆数,为什么天地如此不怕辛劳,用心如此善良呢?据此说来,卜筮并不能询问天地,兆数也不是天地的答复,是很明白的了。

　　然则卜筮亦必有吉凶①。论者或谓随人善恶之行也,犹瑞应应善而至②,灾异随恶而到③。治之善恶④,善恶所致也⑤,疑非天地故应之也⑥。吉人钻龟,辄从善兆⑦;凶人摡著,辄得逆数⑧。何以明之?纣,至恶之君也,当时灾异繁多,七十卜而皆凶⑨,故祖伊曰:"格人元龟,罔敢知吉。"⑩贤者不举⑪,大龟不兆⑫,灾变亟至⑬,周武受命⑭。高祖龙兴⑮,天人并佑⑯,奇怪既多,丰、沛子弟⑰,卜之又吉⑱。故吉人之体⑲,所致无不良;凶人之起⑳,所招无不丑。卫石骈卒㉑,无适子㉒,有庶子六人㉓,卜所以为后者㉔,曰㉕:"沐浴佩玉则兆㉖。"五人皆沐浴佩玉。石祁子曰㉗:"焉有执亲之丧而沐浴佩玉㉘!"不沐浴佩玉,石祁子兆㉙。卫人卜,以龟为有知也。龟非有知,石祁子自知也。祁子行善政,有嘉言㉚,言嘉政善,故有明瑞㉛。使时不卜㉜,谋之于众㉝,亦犹称善。何则?人心神意同吉凶也。此言若然㉞,然非卜筮之实也。

【注释】

①然则：然而，但是。

②瑞应：祥瑞，吉祥的征兆。

③灾异：灾变和反常现象，指凶兆。

④治之善恶：指国家治理的好坏。

⑤善恶所致：指由国家治理的好坏相应招致的瑞应或灾异。

⑥故：有意，故意。应：应和。

⑦辄：往往。

⑧逆数：不吉利的筮数，凶卦。

⑨七十卜：占卜了七十次。

⑩"故祖伊曰"几句：引文参见《尚书·西伯戡黎》。祖伊，纣王的
　大臣。格人，贤人。元龟，大龟。古代用以占卜。罔，无。

⑪举：称道，赞成。

⑫不兆：不出现吉兆。

⑬亟（qì）：屡次。

⑭周武：周武王。受命：指接受"天命"而当君主。儒生宣扬在武王
　灭商的过程中，上天曾降下祥瑞，以表示周武王的行动是顺应天
　命的。

⑮高祖：汉高祖刘邦。龙兴：古代将帝王称呼为龙，把帝王建立一个
　新王朝最初的活动叫龙兴。

⑯并：全，都。佑：保佑。

⑰丰、沛：指沛县丰邑一带，是刘邦出生、早年活动以及起义的地方。
　丰，丰邑，秦时属沛县，在今江苏丰县。沛，沛县，在今江苏沛县。

⑱卜之又吉：指沛地百姓拥护刘邦起义之前曾占卜得到吉兆。参见
　《史记·高祖本纪》。

⑲体：占卜时的卦兆，这里指占卜。

⑳起：起卦，占卜。

㉑卫:春秋时卫国,在今河南滑县一带。石碏:卫国大夫。卒:死。

㉒适子:即嫡子,古代正妻所生的儿子。适,同"嫡"。

㉓庶子:古代妾生的儿子。

㉔后:继承人。

㉕曰:指占卜人说。

㉖兆:得到吉兆。

㉗石祁子:石碏的庶子之一,"祁"是他的谥号。

㉘执亲之丧:守父丧。执,持,守。

㉙石祁子兆:上事参见《礼记·檀弓下》。

㉚嘉:善,好。

㉛明瑞:明显的吉兆。

㉜使:假使。时:当时。

㉝谋:商议。

㉞此言:指以上一整段关于"论者"的全部论述。

【译文】

然而卜筮也一定会表现出吉凶。有些议论的人说卜筮的吉凶是随人们行为的善恶而相应出现的,如同祥瑞应善行而出现,灾异随着恶行而来一样。国家治理的好坏,相应地招致祥瑞或灾异,怀疑这并不是天地有意应和的。吉人钻龟甲卜问,吉兆往往随之出现;恶人揲著算卦,往往得到凶卦。用什么来证明这一点呢?殷纣王,是极恶的君主,他在位时灾异一个接一个地发生,他一连占卜了七十次都是凶兆,所以祖伊说:"贤人和大龟板,都觉察不出一点吉兆。"贤人不称赞,大龟板不显现吉兆,灾异屡次到来,因此周武王承受天命灭殷称王。刘邦初起之时,天和人全都护佑他,奇异的现象已经出现了很多,丰、沛的百姓,为他占卜又得到吉兆。所以吉人的占卜,所招致的全是好的兆象;恶人起卦,所得到的全是凶的筮数。卫国的石碏死了,没有嫡子,只有六个庶子,就通过占卜决定谁作为继承人,占卜的人说:"要沐浴净身,佩带玉佩,就会得吉兆。"其他的五个庶子都沐浴带玉佩。石祁子说:"哪有为父亲守丧期间还沐浴并带玉佩的呢?"他并没有沐浴净身带玉佩,却得到了应继承父位的吉兆。卫国人占卜,认为龟甲是有知的。其实并不是龟甲有知,而是石祁子自己有知。石祁子施行善政,又有好的言语,言语好,施政善,所以得到明显的吉兆。假使当时不用占卜决定继承人,让众人来商议推举,人们仍然会称赞石祁子好。为什么呢? 因为人心和神意对吉凶的看法是相同的。以上论者所说的这些话好像是对的,但却并不符合占卜算卦的实际。

夫钻龟揲蓍,自有兆数,兆数之见,自有吉凶,而吉凶之人,适与相逢①。吉人与善兆合,凶人与恶数遇,犹吉人行道逢吉事②,顾睨见祥物③,非吉事祥物为吉人瑞应也。凶人遭遇凶恶于道,亦如之。夫见善恶,非天应答,适与善恶相逢遇也。钻龟揲蓍有吉凶之兆者,逢吉遭凶之类也。何以明之? 周武王不豫④,周公卜三龟⑤。公曰:"乃逢是吉⑥。"鲁卿庄叔生子穆叔⑦,以《周易》筮之,遇明夷之谦⑧。夫卜曰"逢",筮曰"遇",实遭遇所得,非善恶所致也。善则逢吉,恶则遇凶,天道自然,非为人也。推此以论,人君治有吉凶之应,亦犹此也。君德遭贤,时适当平⑨,嘉物奇瑞偶至。不肖之君⑩,亦反此焉。

【注释】

①适:碰巧。

②道:路。

③顾睨(nì):随便看一下。顾,回头看。睨,斜视。

④不豫:古代称君主生病为"不豫"。

⑤周公卜三龟：传说周武王生病，周公替武王祈福延寿，向周王朝建立前的三王（太王、王季、文王）占卜问吉凶，三次龟兆都吉。

⑥乃逢是吉：上事参见《尚书·金縢》。

⑦鲁：春秋时鲁国，在今山东西南部。卿：官名。庄叔：鲁国大夫叔孙得臣，死后谥号是"庄"。穆叔：叔孙豹，死后谥号为"穆"。他在齐国避难期间，先后生了三个儿子，其中一个叫"牛"。叔孙豹很宠爱他，史籍中称他为"竖牛"。竖牛挑拨是非，大乱叔孙一家，并饿死了他的父亲。

⑧明夷之谦：由明夷卦变为谦卦。据《左传》记载，占卜人根据这个卦象解释说，这个孩子将来先是逃难，后回国当卿，最后信谗言而被饿死。明夷，《周易》六十四卦之一。谦，六十四卦之一。上事参见《左传·昭公五年》。

⑨时适当平：指国家恰好要出现太平局面。王充认为国家的治乱是由时运决定的，时运变化有一定的周期，所以国家的治乱就有一定的期数，与统治者的德行无关。参见《治期篇》。时，时势、时运。王充认为一个人的遭遇是由"命"决定的，是碰到一定的外部条件偶然得以实现的。参见《偶会篇》。

⑩不肖：不贤。

【译文】

钻龟甲摆弄蓍草，自然会得兆数，兆数的出现，自然会有吉凶，而命吉与命凶的人，碰巧与兆数预示的吉凶相遇。命吉的人与吉祥之兆相合，命凶的人与恶的筮数相遇，如同命吉的人走在路上就能遇到吉事，随便一瞥就可以看到吉祥之物一样，并不是吉事与祥物有意应命吉的人而出现。命凶的人在路上碰到坏事，也是如此。善恶事物的出现，并不是天对人的回答，是碰巧与命运或吉或凶之人相遇到一起了。钻龟占卜揲蓍算卦会出现吉凶的征兆，就属于遇上吉凶事物这类的情况。用什么来证明这一点呢？周武王生病，周公用龟甲占卜了三次。周公说："所遇到的都是吉兆。"鲁国大夫庄叔生下儿子叫穆叔,用《周易》给儿子算命,遇上明夷卦变为谦卦的卦象。占卜称为"逢",算卦称为"遇",实际上就是碰巧所得到的卦象,并不是由善恶所招致而来的。命好就遇上吉兆,命凶就碰上凶兆,天道自然如此,不是特意为人而产生的。根据这种情况而论,君王治国有吉凶的征兆出现,也同样是这个道理。君王碰巧道德高尚,时运碰巧是天下应当太平,美好的事物吉祥的征兆就恰巧出现了。而不贤德的君王碰到的情况,也就和这种情况恰恰相反了。

　　世人言卜筮者多,得实诚者寡①。论者或谓蓍龟可以参事②,不可纯用③。夫钻龟揲蓍,兆数辄见。见无常占,占者生意。吉兆而占谓之凶④,凶数而占谓之吉,吉凶不效,则谓卜筮不可信。周武王伐纣,卜筮之,逆⑤,占曰:"大凶。"太公推蓍蹈龟而曰⑥:"枯骨死草,何知而凶⑦!"夫卜筮兆数,非吉凶误也,占之不审吉凶⑧,吉凶变乱⑨。变乱,故太公黜之⑩。

【注释】

①实诚:真正的道理。寡:少。

②参:参考,参照。

③纯:全。用:信赖。

④占:占卜的人。

⑤逆:不吉。

⑥太公:姜太公。推蓍蹈龟:推开蓍草,践踏龟甲。

⑦而:疑为"吉"字之讹,形近而误。上事参见《史记·齐世家》。

⑧不审:辨别不清楚。

⑨变乱:颠倒。

⑩黜(chù):排斥,不听。

【译文】

世人谈论卜筮的很多，而懂得卜筮的真正道理的人却很少。有的论者认为龟蓍卜筮的结果可以作为做事的参考，但不能完全信赖它。钻龟占卜揲蓍算卦，兆数总是会出现的。它的出现并没有固定不变的解释，而是由占卜的人根据兆数主观加以解释的。出现吉兆而占卜的人认为它是凶兆，出现凶数而占卜的人认为它是吉数，如果吉凶不灵验，就认为卜筮不可信。周武王伐纣，卜筮吉凶，得到的兆数不吉利，占卜的人说："大凶。"姜太公推开蓍草践踏龟甲后说："枯骨死草，如何能知道吉凶！"卜筮出现兆数，不是兆数所显示的吉凶错了，而是占卜的人辨别不清吉凶，把吉凶说颠倒了。吉凶颠倒了，所以姜太公否认这一结论。

夫蓍筮龟卜，犹圣王治世[1]；卜筮兆数，犹王治瑞应。瑞应无常，兆数诡异[2]。诡异则占者惑，无常则议者疑。疑则谓平未治，惑则谓吉不良。何以明之？夫吉兆数，吉人可遭也；治遇符瑞，圣德之验也[3]。

【注释】

①治世：治理天下。

②诡异：变化多端。

③验：证明。

【译文】

用蓍草算卦龟甲占卜，如同圣王治理天下；卜筮出现的兆数，如同圣王治理天下时出现的祥瑞。祥瑞不是固定不变的，兆数同样变化多端。兆数变化多端就使占卜的人疑惑，祥瑞不经常出现就使议论的人怀疑。怀疑就认为天下尚未太平，疑惑就将吉兆说成是凶兆了。用什么来证明这一点呢？吉利的兆数，命吉之人可以遇上；治理天下遇上祥瑞，是圣王有德的证明。

　　周王伐纣,遇乌鱼之瑞①,其卜曷为逢不吉之兆②？使武王不当起③,出不宜逢瑞④；使武王命当兴,卜不宜得凶。由此言之,武王之卜,不得凶占,谓之凶者,失其实也。鲁将伐越⑤,筮之,得"鼎折足"⑥。子贡占之以为凶。何则？鼎而折足,行用足,故谓之凶。孔子占之以为吉,曰："越人水居⑦,行用舟,不用足,故谓之吉。"鲁伐越,果克之⑧。夫子贡占"鼎折足"以为凶,犹周之占卜者谓之逆矣。逆中必有吉,犹折鼎足之占宜以伐越矣。周多子贡直占之知⑨,寡若孔子诡论之材⑩,故睹非常之兆⑪,不能审也。世因武王卜,无非而得凶,故谓卜筮不可纯用,略以助政,示有鬼神,明己不得专⑫。

【注释】

①"周王伐纣"二句：据《史记·周本纪》记载,相传周武王伐纣于孟津渡黄河时,有一条白鱼跳入船中,渡河后,又有一团火落到他的屋顶,变成一只红色的乌鸦,这被认为是商朝灭亡,周朝兴起的征兆。

②曷为：为什么。曷,何。

③起：兴起。

④出：指出兵伐纣。

⑤鲁将伐越：以下王充引述的史事可能有误,因为孔子在世时,吴国尚未被越国所灭,鲁国不可能越过吴国去伐越。据《太平御览》卷二十八记载,孔子曾派子贡出门办事,很久没有回来,孔子占得"鼎"卦。弟子们说,"鼎"卦上讲"鼎折足",一只鼎足折断了,看

来子贡回不来了。颜回暗笑。孔子问颜回为何发笑,颜回说子贡
一定会回来,鼎断了脚,说明子贡不是走路,而是坐船。不久,子
贡果真坐船回来了。王充讲的可能和这件事有关,或另有所本。
越,春秋时越国,在今浙江东北部。

⑥鼎折足:《周易》六十四卦中的鼎卦,其中爻辞说:"鼎折足,覆公
餗(sù),其形渥,凶。"意思是:鼎足折断,里面的食物倾翻,沾湿
了身体,所以是凶兆。参见《周易·鼎卦·九四》。

⑦越人水居:越国人住在江边、海滨。

⑧果:果然。克:战胜。

⑨直占:指死板地解释兆数。

⑩诡论:谬论,欺世之论。此指孔子异于常人的论辩之才。诡,异,
与众不同。

⑪睹:看到。非常:异乎寻常。

⑫专:专断。

【译文】

周武王伐纣,遇到赤乌和白鱼的祥瑞,而他占卜时为什么会遇上不
吉利的兆数呢? 假如周武王命中不应当兴起,出兵就不该遇上祥瑞;假
如周武王命运该当兴盛,占卜就不该遇上凶兆。据此说来,武王的占卜,
不应该得凶兆,说它是凶兆,就违背了它的真实情况。鲁国将要攻打越
国,算卦以求此事的吉凶,得的爻辞是"鼎折断了足"。子贡解释这件事
认为是凶兆。为什么呢? 鼎折断了足,行走要用足,所以认为它是凶兆。
孔子解释这件事认为是吉兆,孔子说:"越人居住在水边,行动用船,不用
足,所以认为它是吉兆。"之后鲁国攻打越国,果然战胜了越国。子贡占
卜"鼎折断了足"认为是凶兆,就同武王伐纣时占卜人说此事不吉利一
样。不吉中一定含有吉,就像"折鼎足"这样的卦象就象征着应该攻打
越国一样。周代人多数都像子贡那样只能死板地解释兆数的吉凶,而很
少有人能有像孔子那样的与众不同的论辩之材,所以看到异乎寻常的兆

数，就不能辨别清楚了。世人因为武王占卜，没有过失而得凶兆，所以认为卜筮不能完全信赖，只能略微用来辅助政务，表示有鬼神在支配，说明自己不会专断。

　　著书记者①，采掇行事②，若韩非《饰邪》之篇③，明已效之验，毁卜訾筮④，非世信用。夫卜筮非不可用，卜筮之人占之误也。《洪范》稽疑⑤，卜筮之变⑥，必问天子卿士，或时审是⑦。夫不能审占，兆数不验，则谓卜筮不可信用。晋文公与楚子战⑧，梦与成王搏⑨，成王在上而盬其脑⑩，占曰："凶。"咎犯曰⑪："吉！君得天⑫，楚伏其罪⑬。盬君之脑者，柔之也⑭。"以战果胜，如咎犯占。夫占梦与占龟同。晋占梦者不见象指⑮，犹周占龟者不见兆者为也。象无不然，兆无不审，人之知暗⑯，论之失实也。传或言⑰：武王伐纣，卜之而龟熸⑱。占者曰："凶。"太公曰："龟熸，以祭则凶，以战则胜。"武王从之，卒克纣焉⑲。审若此传，亦复孔子论卦，咎犯占梦之类也。盖兆数无不然，而吉凶失实者，占不巧工也⑳。

【注释】

①著书记者：编写书籍的人。

②采掇（duō）：收集。掇，拾取。行事：已有的事例。

③《饰邪》：《韩非子》中的一篇，文中列举春秋战国时期的著名战役以及重大政治事件，来说明卜筮并不灵验，依靠卜筮决定行动是愚蠢的。

④毁：抨击。訾（zǐ）：指责。

⑤《洪范》：《尚书》中的一篇。稽：考察，商讨。疑：疑难问题。

⑥卜筮之变：这里指对卜筮卦象的不同解释。

⑦或时:或许。

⑧晋文公与楚子战:指前632年晋楚两国在卫国的城濮(在今山东鄄城西南)附近进行的战役,史称城濮之战。楚子,即楚成王。

⑨搏:搏斗。

⑩监(gǔ):吸饮。

⑪咎犯:晋文公的舅舅。

⑫君得天:意思是由于晋文公脸朝上,对着天,所以能得到上天的保佑。

⑬楚伏其罪:意思是楚成王背对天,头朝下,所以意味着低头认错。

⑭柔之:使他软弱无力。这里指楚成王吮吸晋文公的脑子后,就会软弱无力。上事参见《左传·僖公二十八年》。

⑮象:梦象。指:旨意,意向。

⑯知:同“智”。

⑰传:泛指儒家经书以外或解释经书的书籍。

⑱皵:疑为“皵”之异体字。皵(què),指皮肤皴裂。《说苑·权谋》作“龟燋(jiān)”,意思是龟兆不清楚。

⑲卒:终于。

⑳巧:高明。工:细致,巧妙。

【译文】

编书记史的人,收集以往的事例,如韩非《饰邪》一篇,就用已经发生的史事做证明,来抨击指责占卜算卦,反对人们迷信卜筮。卜筮并不是完全不能用,而是进行卜筮的人对兆数的解释出现了错误。《尚书·洪范》记载,考察疑难问题,卜筮的卦象出现了不同的解释,一定要求教于天子和大臣,或许确实是正确的。不能对兆数做出确切的解释,或是兆数得不到验证,就认为卜筮不可信赖。晋文公与楚成王开战,梦见同楚成王搏斗,楚成王伏在他身上吮吸他的脑汁,占梦的人说:“是凶兆。”咎犯说:“是吉兆! 您得到天的保佑,楚成王则是低头认罪。吮吸您的脑汁,是要使他软弱无力。”事后与楚成王交战果然获胜,正如咎犯所占断的一样。占断梦象与占断龟兆相同。晋国占梦的人不明白梦兆的意思，如同周代占卜的人不明白龟兆的意思一样。梦兆没有不对的，龟兆没有不明的，由于占卜的人才智愚昧，论断兆象就偏离了实情。有的传上说：武王伐纣，占卜时龟兆不清楚。占卜的人说："是凶兆。"姜太公说："龟兆不清楚，依照这个兆象举行祭祀就不吉利，依照这个兆象进行战争就能取胜。"武王听从了太公的意见，终于战胜了纣王。如果真像传书记载所说的那样，也就又同孔子解释卦象，咎犯解释梦兆是同一类的了。大约兆数没有不对的，而吉凶不符合实际情况，是因为占卜的人不高明不巧妙的缘故。

辨祟篇第七十二

【题解】

　　祟，《说文解字》云："神祸也。"意为神怪害人。本篇就是为批驳神鬼能给人造成灾祸而作。汉代时，社会上流行着遇事要选择吉日，否则就会"触鬼逢神"而遭到灾祸的各种禁忌。王充对此现象进行了批驳，他认为岁时禁忌都是一些方士利用人们做事总会有吉凶这一点有意编造出来的，目的是为了"惊惑愚暗，渔富偷贫"。它之所以会泛滥，是因为"人君惜其官，人民爱其身"，世人都害怕惹祸上身，而又"用知浅略，原事不实"的缘故。

　　他质问道，人与其他动物都生活在同一个天地间，为什么"鬼神之祸独加于人"？"人有死生，物亦有终始"，人们即使完全按照迷信禁忌行事，"比至百年，能不死乎"？他认为之所以要进行占卜活动，是圣人表明行事不专的行为，"从之未必有福，违之未必有祸"。人们之所以会遭受吉凶，全都是由于自己的行事造成的，但为避祸却不去修养自己的节操，而完全归咎于禁忌时日，王充认为这些人都是"用知浅略，原事不实"的"俗人之材"。

　　世俗信祸祟①，以为人之疾病死亡，及更患被罪②，戮辱欢笑③，皆有所犯④。起功、移徙、祭祀、丧葬、行作、入官、嫁娶⑤,不择吉日,不避岁月⑥,触鬼逢神,忌时相害⑦。故发病生祸,绊法入罪⑧,至于死亡,殚家灭门⑨,皆不重慎⑩,犯触忌讳之所致也⑪。如实论之,乃妄言也。

【注释】

①世俗:社会上的一般人。祸祟:指鬼神给人造成灾祸。祟,指鬼神害人。

②更:经历,遭受。患:苦难。被罪:受到处罚。

③戮(lù)辱:受刑被辱。此指羞辱。戮,羞辱。欢笑:取笑,讥笑。

④犯:指触犯鬼神。

⑤起功:动土盖房。移徙(xǐ):搬迁。行作:出门办事。入官:上任做官。

⑥岁月:指岁神与月神。参见《调时篇》。

⑦忌时:指有关岁、月方面的迷信禁忌。相害:加害。

⑧绊(guà)法:触犯法网。绊,绊。入罪:被判罪。

⑨殚(dān):尽。

⑩重慎:谨慎。这里指谨慎地选择吉日。

⑪致:招致,造成。

【译文】

世俗之人都迷信鬼神会给人造成灾祸,认为人的疾病死亡,以及经历苦难受到惩罚,被别人侮辱讥笑,都是由于触犯了鬼神。如果动土盖房、搬迁、举行祭祀、丧葬、出门办事、上任做官、嫁女娶妇时,不选择吉日,不回避岁神月神,触犯鬼神,就会因触犯岁月时日的禁忌而被鬼神加害。所以生病遇祸,犯法被判刑,以至于死亡,遭到灭门之祸,都是由于不谨慎地选择时日,触犯了忌讳所招致的。据实说来,这些都是荒诞的说法。

凡人在世①,不能不作事,作事之后,不能不有吉凶。见吉②,则指以为前时择日之福;见凶,则剌以为往者触忌之祸③。多或择日而得祸④,触忌而获福。工伎射事者欲遂其术⑤,见祸忌而不言⑥,闻福匿而不达⑦,积祸以惊不慎⑧,列福以勉畏时⑨。故世人无愚智、贤不肖、人君布衣⑩,皆畏惧信向⑪,不敢抵犯。归之久远⑫,莫能分明,以为天地之书,贤圣之术也。人君惜其官⑬,人民爱其身,相随信之,不复狐疑⑭。故人君兴事⑮,工伎满阃⑯;人民有为⑰,触伤问时⑱。奸书伪文,由此滋生,巧惠生意⑲,作知求利⑳,惊惑愚暗㉑,渔富偷贫㉒,愈非古法度圣人之至意也㉓。

【注释】

①凡:大凡,凡是。

②见:遇到。

③剌(cì):同"刺",责怪。往者:过去。

④多或:往往。

⑤工伎射事者:以宣扬禁忌、替人推算吉凶为职业的人。遂:成就。
　术:方术,指工伎射事者宣扬的择日而行能求福避祸的骗术。射,
　猜测。

⑥祸:指择日而行后仍然遭到的祸。忌:讳,避。言:宣扬。

⑦福:指触犯忌讳以后仍得到的福。匿:隐瞒。达:表露,公开。

⑧积:积累。祸:指触犯禁忌的人得到的祸。惊:恫吓。

⑨列:列举。福:指选择吉日的人得到的福。勉:勉励。畏:惧怕。
　时:指岁、月禁忌。

⑩无:无论。不肖:不贤。人君:这里指长官。布衣:平民,百姓。

⑪信向:信奉。

⑫归：归附，信服。

⑬惜：珍惜。官：指官位。

⑭复：再。狐疑：怀疑。

⑮兴事：办事。

⑯工伎：指工伎射事者。阁：古代官署的门。亦借指官署。

⑰有为：有所行动。

⑱触：触动，这里指打听。伤：这里指犯忌所带来的伤害。

⑲巧：奸巧。惠：通"慧"，这里指狡猾。

⑳作知（zhì）：耍小聪明。知，同"智"。

㉑愚暗：愚昧无知的人。

㉒渔富：敲诈有钱的人。偷：骗取。

㉓愈：更。

【译文】

大凡人生在世，不可能不做事，做事之后，不可能没有或吉或凶的结果。遇到吉事，就针对这件吉事认为是由于事前选择了吉日而得的福；遇到凶事，就责怪是由于事前触犯了禁忌而造成的祸。往往有选择吉日而得祸，触犯了禁忌仍获福的情况。那些方士想顺利推行他们的骗术，遇到选择日子后遭祸的事例，就避忌不宣扬，遇到触犯禁忌后获福的结果，就隐瞒事实并不公开，却积累许多因触犯禁忌而遭祸的事例去恫吓那些行事不谨慎地选择时日的人，列举许多因办事择日而获福的事例去鼓励那些畏惧岁、月禁忌的人。因此社会上无论愚昧或是聪明的人、贤良或是不贤的人、长官或是百姓，都畏惧信奉这些禁忌，不敢抵制触犯。世人信服这些禁忌已经很久远了，没有人能弄清楚它的真假，认为这是天地的垂示，圣贤的道术。官员珍惜他们的官位，百姓爱惜自己的身体，于是就互相追索着迷信那些禁忌，不再有怀疑。因此，当官府办事时，工伎射事者就充斥在官府中；百姓要办事，就要打听时日忌讳。伪造禁忌的书籍文章，便由此产生，奸猾的人就生出坏主意，耍小聪明谋求私利，去惊吓迷惑那些愚昧无知的人，敲诈富人哄骗穷人，这就更加不符合古代的法度与圣人的真正心意了。

　　圣人举事，先定于义①。义已定立，决以卜筮②，示不专己，明与鬼神同意共指③，欲令众下信用不疑④。故《书》列七卜⑤，《易》载八卦⑥，从之未必有福⑦，违之未必有祸。然而祸福之至，时也⑧；死生之到，命也⑨。人命悬于天⑩，吉凶存于时⑪。命穷⑫，操行善，天不能续⑬；命长，操行恶，天不能夺。天，百神主也⑭。道德仁义，天之道也；战栗恐惧⑮，天之心也。废道灭德，贱天之道⑯；崄隘恣睢⑰，悖天之意⑱。世间不行道德，莫过桀、纣；妄行不轨⑲，莫过幽、厉⑳。桀、纣不早死，幽、厉不夭折㉑。由此言之，逢福获喜，不在择日避时；涉患丽祸㉒，不在触岁犯月，明矣。

【注释】

①义：宜，道理。

②卜：用龟甲占卜。筮：用蓍草算卦。

③指：旨意，意向。

④下：臣民。

⑤《书》：《尚书》。七卜：指雨、霁、蒙、驿、克五种龟兆和贞（下卦）、悔（上卦）两种卦象。参见《尚书·洪范》。

⑥《易》：《周易》。八卦：指《周易》中记载的八种卦象。

⑦从：顺。

⑧时：时运，时势。王充认为，一个人的遭遇是由命决定的，是碰到一定的外在条件偶然得以实现的。参见《偶会篇》。

⑨命：此指寿命。

⑩人命悬于天：王充认为形成人命的气是由天施放的，所以这样说。悬于，决定于。天，王充所说的天，是一种无意识的物质实体。他认为天运动，就自然而然地释放出气来。自然界与人类社会的各种不同，是因为各自承受的气不同而形成的，参见《自然篇》《说日篇》《幸偶篇》《气寿篇》《命义篇》。

⑪存：在。

⑫穷：尽，完结。

⑬续：延长。

⑭主：主宰。

⑮战栗恐惧：战战兢兢，这里指人们有所畏惧，不敢恣意妄为。战栗，发抖。

⑯贱：鄙视。

⑰崄（xiǎn）隘：铤而走险。恣睢（suī）：放肆，随心所欲。

⑱悖（bèi）：违背。

⑲妄行：胡作非为。不轨：违反正道。

⑳幽：周幽王，西周君主，由于宠爱褒姒，废申后及太子宜臼，立之为后，以其子伯服为太子。后被申侯联合缯国、犬戎所攻杀。厉：周厉王，西周君主。姬姓，名胡，金文作"𪫺"。在位期间，实行暴政，激起人民反抗。前841年，国人暴动，他逃往彘（今山西霍州），十四年后死于彘。

㉑夭折：短命。

㉒涉：经历。丽：通"罹"，遭受，蒙受。

【译文】

圣人办事情，首先要从道理上确定这件事该不该办。确定这件事该办，再用卜筮来做最后的决定，以表示这不是个人专断，证明这些行为和鬼神的旨意是一致的，是想让所有的臣民深信不疑。所以《尚书》列举七种兆数，《周易》上记载了八种卦象，信奉忌讳不一定有福，触犯忌讳也不一定有祸。然而祸福之所以到来,是由时运决定的;死亡的到来,这是由寿命决定的。人命决定于上天,吉凶决定于时运。命数已尽,操行再好的人,天也不能延长他的寿命;寿数还长,操行再恶的人,天也不能削夺他的寿命。天,是百神的主宰。道德仁义,是天规定的道义;让人们战栗恐惧不敢恣意妄为,是天的心意。废弃道义毁灭道德,就是鄙视天道,铤而走险放肆无羁,就是违背天意。世间不遵行道德的,谁也赶不上桀、纣;胡作非为不行正道的,谁也赶不上周幽王、周厉王。然而桀、纣并没有早死,幽王、厉王也非短命。据此说来,遇到福佑获得喜事,不在于是否择日避时;遇上灾难蒙受祸害,不在于触犯岁月禁忌,这是很明白的了。

　　孔子曰:"死生有命,富贵在天。"①苟有时日,诚有祸祟②,圣人何惜不言③?何畏不说?案古图籍,仕者安危④,千君万臣,其得失吉凶,官位高下,位禄降升,各有差品⑤。家人治产⑥,贫富息耗⑦,寿命长短,各有远近⑧。非高大尊贵举事以吉日⑨,下小卑贱以凶时也。以此论之,则亦知祸福死生,不在遭逢吉祥、触犯凶忌也。然则人之生也,精气育也⑩;人之死者,命穷绝也。人之生,未必得吉逢喜,其死,独何为谓之犯凶触忌?以孔子证之,以死生论之,则亦知夫百祸千凶⑪,非动作之所致也。孔子圣人,知府也⑫;死生,大事也;大事,道效也⑬。孔子云:"死生有命,富贵在天。"众文微言不能夺⑭,俗人愚夫不能易,明矣。人之于世,祸福有命;人之操行⑮,亦自致之。其安居无为,祸福自至,命也。其作事起功,吉凶至身,人也。人之疾病,希有不由风湿与饮食者。当风卧湿⑯,握钱问祟;饱饭餍食⑰,斋精解祸⑱。而病不治⑲,谓祟不得⑳,命自绝,谓筮不审㉑,俗人之知也㉒。

【注释】

①"孔子曰"几句:引文参见《论语·颜渊》。

②诚:果真。祸祟:旧谓鬼神所兴作的灾祸。

③惜:保留。

④仕者:做官的人。

⑤差品:等级。

⑥家人:百姓。治产:经营产业。

⑦息耗:盈亏。息,生长,增加。耗,损耗。

⑧远近:差距,差别。

⑨以:在。

⑩精气:精神之气。王充认为,气是构成人和万物的物质元素,具体分为阴气与阳气两种,因为阳气构成人的精神,所以又称其为精气。参见《订鬼篇》。育:生存,存在。这里指精气没有离开由阴气构成的形体。

⑪夫:那些。

⑫知府:形容智慧非常丰富。府,库。

⑬效:征验,实现。

⑭众文:文章众多。微言:语言微妙。夺:改变,驳倒。

⑮操行:这里指人的行动。

⑯当:对。

⑰餍(yàn):饱。

⑱斋精:指诚心诚意地举行祭祀。斋,斋戒,古人在祭祀前不喝酒,不吃荤,沐浴更衣以表示诚敬。精,精诚。

⑲而:如果。

⑳祟不得:没搞清楚是什么鬼怪在作祟。

㉑审:清楚,正确。

㉒知:见识。

【译文】

孔子说:"死生由命决定,富贵由上天安排。"如果有时日的禁忌,鬼神果真能给人带来祸害,圣人为什么要有所保留而不讲呢?畏惧什么而不肯说呢?考察古代的图籍,当官者官位的安危,千万个君主和臣子,他们的得失吉凶,官位的高低,职位俸禄的升降,各有等级。百姓经营产业,有贫有富有增有亏,寿命的长短,也各有差别。并不是得到高官厚禄的人都在吉日办事,也不是地位低贱的人都在凶时办事。以此来说,也就知道人的祸福死生,并不在于是否遇上了吉祥之日或触犯了凶忌之时。然而人之所以活着,是由于精气还存在;人之所以死亡,是因为寿命已经穷尽了。人活着,不一定是由于得到吉日碰到喜时;人死了,为什么偏说是因为遇到凶时触犯了忌讳呢?用孔子的话来论证,用死生的问题来说明,也就知道那百祸千凶,并不是由人的行为所招致的。孔子是圣人,是智慧的府库;死生,是人的大事;大事,是道的具体体现。孔子说:"死生由命决定,富贵由上天安排。"文章再多,言语再微妙,也驳不倒这句话,俗人愚夫更不能变更这一结论,这是很明白的了。人在世上,祸福由命决定;人的行动,本身也能招致祸福。人们安居家中无所作为,祸福自己还是会到来,这是命中注定的。人们办事情盖房子,吉凶影响到自身,是人本身的行为造成的。人的疾病,很少不是由风湿和饮食引起的。对着风睡在潮湿的地方因而得病,却用铜钱占卜是什么鬼神在作祟;吃东西过量而得病,却诚心诚意地斋戒祭祀以解除祸患。如果病不痊愈,就认为是由于没有搞清楚是什么鬼神在作怪,命数自己到头了,就认为是由于卜筮的结果不正确,这全是俗人的见识。

夫倮虫三百六十,人为之长①。人,物也,万物之中有知慧者也。其受命于天，禀气于元②，与物无异。鸟有巢栖③，兽有窟穴，虫鱼介鳞④，各有区处⑤，犹人之有室宅楼台也。能行之物，死伤病困，小大相害。或人捕取以给口腹⑥，非作窠穿穴有所触⑦，东西行徙有所犯也。人有死生，物亦有终始；人有起居，物亦有动作。血脉、首足、耳目、鼻口与人不别，惟好恶与人不同，故人不能晓其音⑧，不见其指耳⑨。及其游于党类⑩，接于同品⑪，其知去就⑫，与人无异。共天同地，并仰日月，而鬼神之祸独加于人，不加于物，未晓其故也。天地之性，人为贵，岂天祸为贵者作，不为贱者设哉⑬？何其性类同而祸患别也！"刑不上大夫"⑭，圣王于贵者阔也⑮。圣王刑贱不罚贵，鬼神祸贵不殃贱⑯，非《易》所谓"大人与鬼神合其吉凶"也⑰。

【注释】

①"夫倮(luǒ)虫三百六十"二句：引文参见《大戴礼记·易本命》。倮虫，泛指没有羽毛、鳞甲、贝壳的动物。倮，赤体。长，首领。

②禀：承受。元：指元气，王充认为气是构成人和万物的原始物质，所以称它为元气。

③巢栖(qī)：鸟窝。

④介：甲壳。

⑤区处：居住的地方。

⑥给(jǐ)：供给。

⑦窠(kē)：动物的巢穴。穿：凿洞。

⑧晓：懂得。

⑨见：了解。

⑩游：往来。党类：同类。

⑪接：接触。同品：指同类的东西。

⑫去：离开。就：接近。

⑬贱：指除人以外的动物。设：安排。

⑭刑不上大夫：古代为维护贵族阶级的尊严，锻炼他们的节操，规定对犯了法的大夫以上的贵族不施肉刑。上，上达，达到。大夫，古代官名。引文参见《礼记·曲礼上》。

⑮阔：宽大。

⑯殃：祸害。

⑰非《易》所谓"大人与鬼神合其吉凶"：引文参见《周易·乾·文言》。非，不符合。大人，统治者，这里指圣王。

【译文】

在三百六十种倮虫中，人是首领。人，是物，是万物之中最有智慧的。人从上天承受天命，从天地元气那里承受气，这和万物没有什么不同。鸟有鸟窝，兽有兽穴，虫鱼有甲壳鳞片，各种动物有各自的居处，就如同人有室宅楼台一样。能行动的动物，都会有死伤病困，小的大的相互侵害等灾祸。有的还被人捉去以饱口腹，并不是因为它们做窝、凿洞时触犯了什么鬼神，也不是因为向东或向西搬迁时触犯了什么忌讳。人有生有死，动物也有始有终；人有日常生活，动物也有各种活动。动物的血脉、首足、耳目、口鼻和人没有区别，只是爱憎和人不同，所以人不懂得它们的声音，不了解它们的意图。当它们往来于同类之间，与同类相互接触的时候，它们知道需要躲避什么接近什么，这和人并没有什么不同。人和动物生存在一个天地之间，抬头看见的是同样的日和月，而鬼神的祸患偏偏只施加于人的身上，而不施加于动物，不明白这是什么缘故。天地间有生命的东西，人最为尊贵，难道上天的灾祸只是为尊贵的人设置的，而不为低贱的动物设置吗？为什么同样是有生命的动物而遭受的祸患却如此不一样呢？"大夫犯法不施肉刑"，这是圣王对于尊贵者表示出的一种宽大。圣王只惩罚卑贱的人而不惩罚尊贵的人，鬼神却只祸害尊贵的人而不祸害低贱的动物，这就不符合《周易》上所说的"圣王的赏罚应与鬼神相一致"了。

　　或有所犯①，抵触县官②，罗丽刑法③，不曰过所致④，而曰家有负⑤。居处不慎，饮食过节⑥，不曰失调和⑦，而曰徙触时。死者累属⑧，葬棺至十，不曰气相污⑨，而曰葬日凶。有事归之有犯，无为归之所居。居衰宅耗⑩，蜚凶流尸⑪，集人室居，又祷先祖⑫，寝祸遗殃⑬。疾病不请医，更患不修行，动归于祸⑭，名曰犯触。用知浅略⑮，原事不实⑯，俗人之材也。

【注释】

①或：底本作"我"，递修本作"或"，据改。

②县官：古代称天子所居的都城及其周围地区为县，所以称天子为县官。这里泛指各级官吏。

③罗丽：遭受。

④过：过错。

⑤负：违背，指触犯忌讳。

⑥过节：过度。

⑦失调和：这里指居处、饮食不当。调和，和谐。

⑧累属（zhǔ）：连续，接连不断。

⑨气相污：使人得病的污浊之气相互传染。污，感染。

⑩居衰宅耗：指家庭败落。

⑪蜚（fēi）凶流尸：在本书《订鬼篇》和《解除篇》中又称为"蜚尸走凶""飞尸流凶"，指能奔走飞行的尸体和怪物。蜚，通"飞"。

⑫祷:祷告,祈求。

⑬寝:止,息。遗:据文意,疑为"遣"字之讹,形近而误。遣,排解,
　　排除。

⑭动:动辄。

⑮浅略:肤浅。

⑯原:追究,分析。

【译文】

　　有人犯了罪,触犯了各级官吏,受到刑法处治,不说是由于自己的过失造成的,却说是由于家里有触犯禁忌的事情。因居处不谨慎,饮食不节制而遭祸,不说是自己居处、饮食不当,却说是搬迁时触犯了时日禁忌。死人接连不断,葬棺至数十个,不说是使人得病的污浊之气相互传染造成的,却说是由于葬日选择在凶日造成的。做事遇上凶祸就把它归之于触犯了禁忌,没有做事而遇上凶祸,就把它归之于住处不吉利。家庭败落,认为是飞尸流凶聚集到屋子里来造成的,又去祈求先祖,希望能制止、解除灾祸。生了病不去请医生看病,遭受灾祸不去修养自己的操行,动不动就归于鬼神带来的凶祸,说是触犯了禁忌。考虑问题如此肤浅粗略,对事情的分析如此不符合实际,这是俗人之才啊。

　　犹系罪司空作徒①,未必到吏日恶,系役时凶也。使杀人者求吉日出诣吏②,觋罪③,推善时入狱系④,宁能令事解、赦令至哉⑤?人不触祸不被罪⑥,不被罪不入狱。一旦令至,解械径出⑦,未必有解除其凶者也⑧。天下千狱,狱中万囚,其举事未必触忌讳也。居位食禄⑨,专城长邑⑩,以千万数,其迁徙日未必逢吉时也。历阳之都⑪,一夕沉而为湖⑫,其民未必皆犯岁、月也。高祖始起⑬,丰、沛俱复⑭,其民未必皆慎时日也。项羽攻襄安⑮,襄安无噍类⑯,未必不祷赛

也[17]。赵军为秦所坑于长平之下[18]，四十万众同时俱死[19]，其出家时，未必不择时也。辰日不哭[20]，哭有重丧[21]。戊、己死者[22]，复尸有随[23]。一家灭门，先死之日，未必辰与戊、己也。血忌不杀牲[24]，屠肆不多祸[25]；上朔不会众[26]，沽舍不触殃[27]。涂上之暴尸[28]，未必出以往亡[29]；室中之殡柩[30]，未必还以归忌[31]。由此言之，诸占射祸祟者，皆不可信用。信用之者[32]，皆不可是[33]。

【注释】

①系：囚拘，监禁。司空：牢狱。徒：服劳役的犯人。

②使：假使。诣（yì）：到。

③剬（tuán）罪：判罪。剬，同“刌”，裁决，治理。

④推：推算。

⑤宁：难道。令：使。赦令：免罪的命令文书。赦，免罪。

⑥触祸：遇祸。

⑦械：刑具。径：即，就。

⑧解除：一种为了消除灾祸而举行的祭祀、驱除凶神恶鬼的活动。

⑨居位：当官。

⑩专城长（zhǎng）邑：指当地方长官。专，独自掌握和占有，统治。长，主管。

⑪历阳：县名。秦置，治所在今安徽和县。都：城。

⑫一夕沉而为湖：上事参见《淮南子·俶真训》。

⑬高祖：汉高祖刘邦。起：兴起。

⑭丰、沛俱复：据《史记·高祖本纪》记载，高祖十二年（前195），免除了丰沛地区的赋税徭役。丰沛，指沛县丰邑一带，是刘邦出生、早年活动以及起义的地方。丰，丰邑，秦时属沛县，在今江苏丰

县。沛,沛县,在今江苏沛县。复,免除徭役赋税。

⑮襄安:当系"襄城"之误。据《汉书·高祖纪》记载,项羽"尝攻襄城,野无噍类"。

⑯噍(jiào)类:能吃东西的动物,特指活着的人。噍,咬,嚼。

⑰赛:祭祀酬神。

⑱赵:战国时赵国,在今河北西部、山西西北部一带。长平:古地名,在今山西高平西北。

⑲四十万众同时俱死:上事参见《史记·秦本纪》。

⑳辰日不哭:辰为地支的第五位。按迷信说法,辰日埋死人不能哭。

㉑重(chóng):副词。表示动作行为的重复,相当于"再""又""重新"。

㉒戊:天干的第五位。己:天干的第六位。

㉓复尸有随:意思是,如果戊、己两日死了人,这家接着还要死人。

㉔血忌:忌日名,逢血忌日忌讳见血,不宜杀牲和针灸。

㉕屠肆:屠宰铺。

㉖上朔:忌日名。

㉗沽舍:酒店。

㉘涂:道路。暴(pù):晒。

㉙往亡:忌日名,逢往亡日不宜出远门。

㉚殡柩(jiù):指停放的死人。殡,停放灵柩。柩,装有尸体的棺材。

㉛归忌:忌日名,逢归忌日出远门的人不宜回家。

㉜信用:信任使用。

㉝是:对。

【译文】

如同犯了罪被监禁在牢狱里罚作劳役的人,未必被抓到官府去的那一天是凶日,被判监禁罚作劳役的那个时辰是凶时。假如杀人犯选择吉日到官府自首,被判了刑,又推算吉时进监狱被监禁,难道就能使事情消解、赦罪的命令到来吗？人不遇祸不会被判刑，不被判刑就不会入监狱。一旦赦罪的命令到来，解掉刑具立即出狱，不一定是有人替罪犯祭祀驱除了凶神恶鬼。天下有上千座监狱，监狱中有上万的囚犯，他们起事犯罪不一定都触犯了忌讳。当官食禄，掌管一城的地方长官，成千上万，他们搬迁的日子不一定都遇上吉时。历阳城一夜之间就下沉变成一个大湖，那里的百姓不一定都触犯了岁月之神。高祖刚兴起时，丰沛地区全都免除了赋税徭役，未必是由于那里的百姓做事都慎重地选择时日。项羽攻进襄城，襄城中不剩一个活人，未必是由于那里的百姓没有祭祀酬神。赵军被秦国坑杀在长平，四十万人同时死去，他们离开家时，未必没有选择好的时日。辰日埋死人不能哭，如果哭了，这家还会死人。如果在戌、己两日死了人，这家接着还要死人。一家人全死光，第一个人死的那一天，未必就是在辰日或戌、己日吧。血忌日不能宰杀牲口，但屠宰铺却没有引来许多的祸害；上朔日不宜会见众人，酒店却也没有因触犯忌讳而遭殃。在道路上被暴晒的尸体，未必是在"往亡"这一天出的门；室中停放的死人，未必是在"归忌"日回的家。由此说来，各种通过占卜来推测祸害的人，都是不可信任使用的。信任使用了他们，都不能认为是对的。

　　夫使食口十人[①]，居一宅之中，不动镶锸[②]，不更居处[③]，祠祀嫁娶[④]，皆择吉日，从春至冬，不犯忌讳，则夫十人比至百年[⑤]，能不死乎？占射事者必将复曰[⑥]："宅有盛衰，若岁破、直符[⑦]，不知避也。"夫如是，令数问工伎之家[⑧]，宅盛即留，衰则避之，及岁破、直符，辄举家移[⑨]，比至百年，能不死乎？占射事者必将复曰："移徙触时，往来不吉。"夫如是，复令辄问工伎之家，可徙则往[⑩]，可还则来，比至百年，能不死乎？占射事者必将复曰："泊命寿极[⑪]。"夫如是，人之死生,竟自有命,非触岁月之所致,无负凶忌之所为也⑫。

【注释】

①使:让。食口:人口。

②镢锸(jué chā):掘地用的两种工具。锸,底本作"锤",据《程材篇》"不秉镢锸"改。

③更:改变,换。

④祠祀:祭祀。

⑤比至:等到。

⑥复:又。

⑦若:或。岁破:一种禁忌的名称,指太岁所冲的方位。迷信说法认为,在太岁所冲的方位或向太岁所冲的方位搬迁是不吉利的。岁,太岁,古代天文学家把由西向东运行的木星叫岁星,用它来纪年。后来为了方便,又虚构了一个与岁星运行方向相反,即由东向西运行的假岁星来纪年,叫太岁,认为太岁是运行于地的岁神。参见《难岁篇》。直符:一种禁忌的名称,指和太岁所在的方位正好符合。认为在太岁所在的位置或向太岁所在的位置搬迁是不吉利的。参见《诘时篇》。

⑧数(shuò):屡次。

⑨辄:就。举家:全家。

⑩可徙则往:指按照禁忌的规定可以搬迁就搬迁。

⑪泊:通"薄"。极:终。

⑫无:非。

【译文】

假如让十个人居住在一间房子里,他们不动用镢锸,不迁移住处,祭祀嫁娶,都选择吉日,从春到冬,一年都不触犯任何忌讳,那么这十个人等到一百年后,能够不死吗? 占射事者一定又会说:"他们还是会死,是因为住宅有盛有衰，或者是对岁破、直符，不知道避忌吧。"如果是这样的话，那就让人再三询问占卜算卦之人，住宅兴盛就留下，衰败时就搬走，碰上岁破、直符，就全家搬走，等到一百年后，这些人能不死吗？占射事者一定又会说："他们还是会死，是因为搬迁触犯了时日，往来都不吉利。"如果是这样的话，再让人问占卜算卦之人，可以搬迁就搬迁，可以回来就回来，等到一百年后，这些人能不死吗？占射事者一定又会说："他们还是会死，因为薄命寿终就会死。"如果是这样，人的死生，终究有自己的命数，并不是因为触犯了岁、月禁忌而造成死亡，也不是因为触犯了凶日凶时的忌讳所引起的了。

难岁篇第七十三

【题解】

本篇主要针对工伎之家宣扬的搬迁时要忌讳太岁所在方位的说法提出责难。工伎之家宣扬"太岁在甲子,天下之人皆不得南北徙",否则就会遭受灾祸。王充反驳说,天地之间用天干、地支、八卦来划分,每一种划分方法都会有相冲的说法,天干、地支、八卦的地位相同,但为何仅仅是与在子位的太岁相冲才会遭受灾祸?而且如果太岁是神,触犯了就会遭受灾祸,那么天地之间最大的神莫过于天地,工伎之家却从未提出过触犯天地的禁忌,为何唯独由天地之气构成的太岁如此憎恨人,只要被触犯就会降下灾祸。而且所谓的"岁",其实与时、日、月、统、元一样是计时单位,"十二月为一岁,四时节竟,阴阳气终,竟复为一岁",根本不是什么神。

王充认为工伎之家的说法之所以如此泛滥,主要是因为普通百姓普遍具有的趋吉避凶的侥幸心理造成的,"工伎之人,见今人之死,则归祸于往时之徙",而普通人又"俗心险危,死者不绝,故太岁之言,传世不灭"。王充在本篇最后,点出了这些迷信禁忌之说泛滥的根本原因,是十分有见地的。

俗人险心①,好信禁忌,知者亦疑②,莫能实定③。是以儒雅服从④，工伎得胜⑤。吉凶之书⑥，伐经典之义⑦；工伎之说，凌儒雅之论⑧。今略实论，令世观览⑨，揔核是非⑩，使世一悟⑪。

【注释】

①险心：侥幸免祸的心理。

②知：同"智"。

③实：核实。定：判断。

④是以：因此。儒雅：博学的儒生。

⑤工伎：这里指工伎之家，即以宣传禁忌，替人推算吉凶为职业的人。得胜：得势，占上风。

⑥吉凶之书：指宣扬禁忌之说的书。

⑦伐：战胜。经典：指儒家经书。义：道理。

⑧凌：压倒。

⑨令世观览：底本"令"字下疑脱一"世"字，据《四讳篇》补。观，底本作"亲"，当作"观"，繁体"覾""覌"形近而误。

⑩揔（zǒng）：同"总"，总共。

⑪悟：醒悟。

【译文】

一般人都存有侥幸免祸的心理，倾向于相信迷信禁忌，一些聪明的人也对此有怀疑，但谁也不能核实判断清楚。因此博学的儒生也都信从了禁忌之说，工伎之家得势于一时。宣扬迷信禁忌的书，战胜了经书上的道理；工伎之家的说法，压倒了博学之士的言论。现在略为据实评论一下，让世人都观看清楚，总核一下是非，使社会上的人都能醒悟。

《移徙法》曰①："徙抵太岁凶②，负太岁亦凶③。"抵太岁名曰岁下④，负太岁名曰岁破⑤，故皆凶也。假令太岁在甲子⑥，天下之人皆不得南北徙⑦，起宅嫁娶亦皆避之⑧。其移东西⑨，若徙四维⑩，相之如者⑪，皆吉。何者？不与太岁相触，亦不抵太岁之冲也⑫。实问：避太岁者，何意也？令太岁恶人徙乎⑬？则徙者皆有祸。令太岁不禁人徙，恶人抵触之乎？则道上之人南北行者皆有殃。太岁之意，犹长吏之心也⑭。长吏在涂⑮，人行触车马，干其吏从⑯，长吏怒之，岂独抱器载物、去宅徙居触犯之者而乃责之哉？昔文帝出⑰，过霸陵桥⑱，有一人行逢车驾⑲，逃于桥下，以为文帝之车已过，疾走而出⑳，惊乘舆马㉑。文帝怒，以属廷尉张释之㉒，释之当论㉓。使太岁之神行若文帝出乎㉔？则人犯之者，必有如桥下走出之人矣。方今行道路者，暴病仆死㉕，何以知非触遇太岁之出也㉖？为移徙者㉗，又不能处㉘。不能处，则犯与不犯未可知。未可知，则其行与不行未可审也㉙。

【注释】

①《移徙法》：一种宣扬搬迁禁忌的书。移徙，搬迁。

②抵：当，面对。太岁：古代天文学家把由西向东运行的木星叫岁星，用它来纪年。后来为了方便，又虚构了一个与岁星运行方向相反，即由东向西运行的假岁星来纪年，叫太岁。古代将太岁说成是运行于地的岁神，又简称"岁"。

③负：背。

④岁下：一种禁忌的名称，指太岁所在的方位。

⑤岁破：一种禁忌的名称，指太岁所冲的方位。

⑥假令：假使。甲：据《讕时篇》"假令太岁在子"，疑为衍文。子：地

支的第一位,古代天文学家把一周天以及地面分为十二个方位,并用十二地支(子、丑、寅、卯……)作为标志,子代表正北方,其余方位代表的方向按照顺时针方向依次类推。

⑦南北徙:朝南、朝北搬迁。

⑧起宅:盖房。

⑨移东西:指向东、向西搬迁。

⑩若:或。四维:四角,指东北、东南、西北、西南。

⑪相:相互。之如:往来,来回。之,往。如,来。

⑫冲:对着,指与太岁相对的方位。

⑬恶(wù):讨厌,憎恨。

⑭犹:好像。长吏:官长,官吏。

⑮涂:道路。

⑯干:触犯。吏从:随从的官吏。

⑰文帝:汉文帝刘恒(前203—前157),汉代第五位皇帝。

⑱霸陵桥:即霸桥,故址在今陕西西安东。

⑲逢:遇。车驾:皇帝乘的车子,这里指文帝的车队。

⑳疾走:快跑。

㉑乘舆:古代称君主所乘坐的车为"乘舆"。

㉒属(zhǔ):委托,嘱咐。廷尉:九卿之一,主管司法。张释之:字季,西汉时堵阳(今河南南阳方城)人。

㉓释之当论:据《史记·张释之列传》记载,张释之判处这个人罚金。当,判罪。论,定罪。

㉔若:像。

㉕暴病:突然得病。病,底本作"溺",递修本作"病",据改。仆死:倒毙。

㉖出:出行。

㉗为移徙者:指宣扬搬迁禁忌的人。为,通"谓",说。

㉘处：判断，说明。

㉙审：确知。

【译文】

《移徙法》上说："搬迁到面对太岁所在方位的地方不吉利，搬迁到背对太岁所在方位的地方也不吉利。"面对太岁名叫"岁下"，背对太岁名叫"岁破"，所以都不吉利。假如太岁在子位，天下的人都不得往南北方向搬迁，盖房子嫁女娶妇也都要避开这个方位。如果人们向东或向西搬迁，或者向四角的方位搬迁，互相往来的话，全都是吉利的。为什么呢？是因为没有与太岁相触犯，也没有面对着与太岁相对的冲位。如实相问：避开太岁，究竟是什么意思呢？要说是太岁厌恶人们搬迁吗？那么搬迁的人家都会遭受灾祸。要说是太岁不禁止人们搬迁，只是厌恶人们触犯它吗？那么不只是搬迁的人，在路上往南北方向行走的人都应该要遭受祸殃。太岁的心意，如同官长的心意一样。官长在路上，路人碰到了官长的车马，触犯了官长的随从，官长就会对他发怒，哪里只是对拿着用具、载着什物、离开住宅搬迁新居而触犯了他的人才加以责罚呢？过去，文帝出行，经过霸陵桥，有一个行人遇上了文帝的车队，就逃到桥下躲避，过了一会认为文帝的车子已经过去了，就从桥下赶快跑出来，惊吓到了文帝的车马。文帝发了怒，把他交给廷尉张释之处理，张释之定了他的罪。要说太岁之神出行像文帝出行一样吗？那么人们触犯太岁的情形，一定有点像那个从桥下跑出来的人一样。现在行走在道路上的人，如果突然得病倒地而死，怎么知道他们不是触犯了正在出行的太岁神而死的呢？为什么只有搬迁的人才会触犯太岁？宣扬搬迁禁忌的人对此又不能判明。既然他们自己都不能判明，那么是否触犯了太岁神就无法知道。既然是否触犯太岁神都无法知道，那么太岁神出行或不出行也是不可确知的了。

且太岁之神审行乎？则宜有曲折，不宜直南北也。长吏出舍①,行有曲折。如天神直道不曲折乎②? 则从东西、四维徙者,犹干之也。若长吏之南北行,人从东如西,四维相之如,犹抵触之。如不正南北,南北之徙又何犯? 如太岁不动行乎? 则宜有宫室营堡③,不与人相见,人安得而触之? 如太岁无体,与长吏异,若烟云虹霓直经天地④,极子午南北陈乎⑤? 则东西徙若四维徙者亦干之。譬若今时人行触繁雾蛾气⑥,无从横负乡皆中伤焉⑦。如审如气,人当见之⑧,虽不移徙,亦皆中伤。

【注释】

①舍:官舍,官吏的住所。

②如:如果。

③营堡:指宫室的外围建筑。

④虹霓:指彩虹。经:贯穿。

⑤极:尽。子午:指正南、正北两个点。陈:分布。

⑥譬(pì)若:譬如。繁雾:浓雾。蛾(yù)气:毒气。蛾,传说中一种能含沙射人的动物。

⑦无:无论。从(zòng):直。指南北。横:指东西。乡:通"向",面对。

⑧当:面对着。

【译文】

　　要说太岁之神真的出行吗? 那么太岁神出行的道路应该有曲折,不应该笔直地纵贯南北。官长从官舍出行,出行的路也会有曲折。要说天神走的是直道而没有曲折吗? 那么,从东西方和四角搬迁的人,仍然会触犯太岁神。就像官长从南往北走,人们从东往西走,从四角相往来,仍然会触犯他一样。如果太岁出行不是走正南正北,那么往南北的搬迁又有什么触犯呢？如果说太岁神是安居不行动的吗？那么，太岁就应当有宫室营堡，不与人相见，人又怎么能够触犯它呢？如果说太岁神没有形体，和人间的官长不同，像烟云彩虹那样一直贯穿天地，从极北一直延伸到极南吗？那么，从东西搬迁与从四角搬迁的人一样也会触犯它。好像现在人们行走接触到浓雾毒气一样，无论从南北还是东西，背向还是面对它都会受到伤害。如果太岁神真的像气一样，人们面对碰到它，即使不搬迁，也都是会受到伤害的。

　　且太岁，天别神也①，与青龙无异②。龙之体不过数千丈，如令神者宜长大③，饶之数万丈④，令体掩北方⑤，当言太岁在北方，不当言在子。其东有丑⑥，其西有亥，明不专掩北方⑦，极东西之广，明矣。令正言在子位⑧，触土之中直子午者不得南北徙耳⑨，东边直丑、巳之地⑩，西边直亥、未之民⑪，何为不得南北徙？丑与亥地之民，使太岁左右通⑫，得南北徙及东西徙⑬。何则？丑在子东，亥在子西，丑、亥之民东西徙，触岁之位⑭；巳、未之民东西徙，忌岁所破⑮。

【注释】

①天别神：意思是太岁是从属于天的神。别，从属。《調时篇》有"岁月，天之从神"。

②青龙：神名。

③如令：假定。

④饶：益，增加。

⑤掩：遮盖。

⑥其：指太岁。

⑦专：全。

⑧正言：确定说。

⑨土之中：指大地的中心地区。直：正当。耳：表示限制的语气词。

⑩东边：指大地的东部地区。

⑪西边：指大地的西部地区。

⑫使：假使。左右：这里指东西。通：往来，移动。

⑬得南北徙及东西徙：据文意，疑本句"得"字前脱一"不"字。

⑭触岁之位：指犯"岁下"的忌讳。

⑮忌岁所破：指犯"岁破"的忌讳。

【译文】

况且太岁是从属于天的神，与青龙神没有什么不同。青龙神的形体不过几千丈，假如神的形体应当更加长大，增加到几万丈，让太岁的身体遮盖住整个北方，那就应当说太岁在北方，而不应当说太岁只在"子"这一个位置上。此时太岁的东边有丑，太岁的西边有亥，说明太岁神并没有将整个北方都盖住，没有将东西两边的广大区域全部占据了，这是很清楚的。如果确定说太岁是在子位，那么只有在大地的中心地区正当子午位置的人不能向南北搬迁罢了，大地的东部地区正当丑、巳位置的地方，大地的西部地区正当亥、未位置的人家，为什么不能向南北方搬迁呢？对于在丑地与亥地的人家，假使太岁在子位的同时还向东西移动的话，那么按说他们不但不能向南北方向搬迁，而且也不能向东西方向搬迁了。为什么呢？丑在子的东边，亥在子的西边，丑、亥之地的人家向东西方搬迁，就犯了"岁下"的忌讳；巳、未之地的人家向东西方搬迁，就犯了"岁破"的忌讳。

儒者论天下九州①，以为东西南北，尽地广长②，九州之内五千里③，竟三河土中④。周公卜宅⑤，经曰："王来绍上帝，自服于土中。"⑥雒则土之中也⑦。邹衍论之，以为九州之内五千里，竟合为一州，在东南位⑧，名曰赤县神州⑨。自有九州者九焉，九九八十一，凡八十一州⑩。此言殆虚⑪。地形难审，假令有之，亦一难也⑫。使天下九州，如儒者之议，直雒邑以南，对三河以北⑬，豫州、荆州、冀州之部有太岁耳⑭。雍、梁之间⑮，青、兖、徐、扬之地⑯，安得有太岁？使如邹衍之论，则天下九州在东南位，不直子午，安得有太岁？

【注释】

①天下：这里指中国。九州：传说禹将中国疆域划分为冀、兖、雍、青、豫、徐、荆、梁、扬九州。这里泛指全国领土。

②尽：全。

③五千里：传说九州纵横各五千里。

④竟：通"境"，边境，疆界。三河：汉代称黄河流域的河东（在今山西西南部）、河内（在今河南西北部）、河南（在今河南洛阳至郑州、中牟一带）三郡为三河。

⑤周公卜宅：指周成王时，周公为了加强对东方的控制，准备兴建雒邑（在今河南洛阳东北）而对建城的位置占卜。卜宅，用占卜来判断住宅位置的吉凶。

⑥"经曰"几句：引文参见《尚书·召诰》。经，这里指《尚书》。王，周成王。绍，继承。服，治理。

⑦雒：通"洛"，指雒邑。

⑧在东南位：指在天下的东南部。南，底本作"东"，递修本作"南"，据改。

⑨名曰赤县神州：本句"县"字后脱一"神"字，据《谈天篇》"赤县神州"补。赤县神州，这里指中国所在的州。

⑩凡：总共。

⑪殆：也许，可能。虚：不真实。

⑫难（nàn）：责难，诘问。

⑬对：正对。

⑭豫州：古九州之一，在今河南一带。荆州：古九州之一，在今湖北、湖南一带。冀州：古九州之一，在今山西、河北一带。

⑮雍：雍州，古九州之一，在今陕西、甘肃。梁：梁州，古九州之一，在今四川和陕西南部。

⑯青：青州，古九州之一，在今山东北部、辽宁南部。兖：兖州，在今河北东南部以及山东西部一带。徐：徐州，古九州之一，在今山东南部、江苏及安徽两省北部。扬：扬州，古九州之一，在今安徽、江苏两省南部以及江西、浙江、福建一带。

【译文】

儒者论及天下分为九州，认为从东到西，从南到北，全境的广度和长度，在九州之内纵横各有五千里，境内以三河作为大地的中心地区。周公占卜筑城位置的吉凶，《尚书》上说："周成王奉上天之命而来，亲自在全国的中心治理天下。"可见雒邑是大地的中心了。邹衍论述这个问题，认为九州之内纵横各五千里，九州全境合为一个大州，处在天下的东南部，名叫赤县神州。天下各自分为九州的大州共有九个，九九八十一，总共八十一个州。这种说法也许不真实。大地的形状很难确知，假使大地上确有八十一州，那么也可以作为对搬迁禁忌说法的一种责难。如果天下的九个州，如儒者所议论的那样，正当雒邑以南，正对三河以北，那么也只有豫州、荆州、冀州之地有太岁而已。雍州、梁州之间，青、兖、徐、扬州等的地方，怎么会有太岁呢？如果像邹衍所论述的那样，那么中国九州在天下的东南方，不正当子午，怎么会有太岁呢？

　　如太岁不在天地极，分散在民间，则一家之宅，辄有太岁①。虽不南北徙，犹抵触之。假令从东里徙西里②，西里有太岁；从东宅徙西宅，西宅有太岁。或在人之东西，或在人之南北，犹行途上，东西南北皆逢触人。太岁位数千万亿③，天下之民徙者皆凶，为移徙者何以审之④？如审立于天地之际⑤，犹王者之位在土中也。东方之民，张弓西射，人不谓之射王者，以不能至王者之都⑥，自止射其处也。今徙岂能北至太岁位哉！自止徙百步之内⑦，何为谓之伤太岁乎？且移徙之家禁南北徙者，以为岁在子位⑧，子者破午，南北徙者抵触其冲⑨，故谓之凶。夫破者，须有以椎破之也⑩。如审有所用，则不徙之民皆被破害；如无所用，何能破之？

【注释】

①辄：就。

②里：街巷。

③太岁位数千万亿：太岁所在位置的数目要以千、万、十万来计算。意为到处都有太岁。位，位置。亿，古代指十万。

④之：指太岁的位置。

⑤际：中间。

⑥以：因为。都：都城。

⑦百步之内：形容距离近。

⑧岁：太岁。

⑨抵触其冲：意思是说，不是"抵太岁"，就是"负太岁"。

⑩以：用。椎（chuí）破：打破，击毁。椎，用椎打击。

【译文】

    如果太岁不在天地的两端，而是分散在民间，那么一户人家的住宅中，就有太岁。即使不向南北方向搬迁，仍然会触犯太岁。假如从东街迁住西街，西街也有太岁；从东宅迁往西宅，西宅也有太岁。太岁或在人的东西方，或在人的南北方，如同人行走在路上，无论东西南北方太岁都会碰触到人。太岁所在位置的数目要以千、万、十万来计算，那么天下的老百姓凡搬迁的，都会因触犯太岁而遭凶，要搬迁的人怎么能确知太岁的位置呢？如果太岁果真立在天地之间，好比君王的位置在大地的中央一样。东方的百姓，张开弓箭向西射，人们不认为这是在射君王，是因为箭不能射到君王的都城，只会落在它的射程之内。现在搬迁的人难道能往北一直搬到太岁所在的位置上吗！搬迁在很短的距离内就停止了，为什么说搬迁的人侵犯了太岁呢？而且宣扬搬迁禁忌的人之所以禁止人们朝南、朝北搬迁，是由于太岁在子位，与子位相对的午位就是"岁破"，往南北方搬迁不是"抵太岁"就是"负太岁"，所以称之为凶。所谓破，必须有用来击毁对方的东西。如果太岁确实有用来椎打的东西，那么不搬迁的老百姓也都会受到椎打的伤害；如果太岁根本没有用来椎打的东西，怎么能够伤害人呢？

　　夫雷，天气也①，盛夏击折，折木破山，时暴杀人②。使太岁所破若迅雷也，则声音宜疾，死者宜暴；如不若雷，亦无能破。如谓冲抵为破，冲抵安能相破？东西相与为冲③，而南北相与为抵。如必以冲抵为凶，则东西常凶而南北常恶也。如以太岁神，其冲独凶，神莫过于天地，天地相与为冲，则天地之间无生人也④。或上十二神登明、从魁之辈⑤，工伎家谓之皆天神也，常立子丑之位⑥，俱有冲抵之气，神虽不若太岁⑦，宜有微败⑧。移徙者虽避太岁之凶，犹触十二神之害，为移徙时者⑨，何以不禁？

【注释】

①天气：指天地间碰撞、冲击的阴气、阳气。参见《雷虚篇》。

②时：有时。暴：突然。

③相与：相互，共同。

④生人：活人。

⑤或：疑为"式"字之讹，形近而误。式，通"栻"，古代一种占卜用具，后世又叫"星盘"，上圆（象天）下方（象地），可以转动。上面有十二神、天干、地支、八卦、十二星宿等名目。十二神：古代相传与十二支相应的十二个神，所主不同，神名各异。传为隋代萧吉所撰《五经大义·论诸神》引《玄女式经》载，分别是："神后主子，水神。大吉主丑，土神。功曹主寅，木神。大衡主卯，木神。天刚主辰，土神。太一主巳，火神。胜先主午，火神。小吉主未，土神。传送主申，金神。从魁主酉，金神。河魁主戌，土神。微明主亥，水神。"

⑥子丑之位：泛指十二地支所标示的方位。

⑦神：神明。

⑧微：小。败：祸害。

⑨为移徙时者：据上文"为移徙者"，疑"时"为衍文。

【译文】

雷是天上的气形成的，盛夏时节雷可以击断树木，击毁山峰，有时会突然杀死人。如果说太岁击破东西时像迅猛的雷一样，那么它的声音应当迅猛，杀死人应当很突然；如果不像雷那样迅猛，也就不能击破东西。如果认为冲抵太岁称为破，那么冲抵怎么能相互击破呢？东西方相互为冲，而南北方相互为抵。如果一定认为冲抵是凶的话，那么东西方常常是凶而南北方常常是恶了。如果认为太岁是神，与它相冲特别不吉利的话，那么世上的神没有超过天神、地神的，天地相互为冲，那么在天地之间就没有一个活人了。栻上的十二神如登明、从魁之类，工伎家说它们都是天神，常立在十二地支的方位上，全都有冲抵之气，十二神的神灵虽然不如太岁神，触犯了它们也该会造成一些微小的祸害。搬迁的人即使避开了触犯太岁所带来的凶祸,仍然会有触犯十二神所带来的祸害,宣扬搬迁禁忌的人,为什么不设立与之相关的禁忌呢?

冬气寒,水也①,水位在北方②。夏气热,火也,火位在南方。案秋冬寒、春夏热者,天下普然③,非独南北之方水火冲也。今太岁位在子耳,天下皆为太岁④,非独子午冲也。审以所立者为主⑤,则午可为大夏,子可为大冬。冬夏南北徙者,可复凶乎? 立春,艮王、震相、巽胎、离没、坤死、兑囚、乾废、坎休⑥。王之冲死,相之冲囚,王相冲位,有死囚之气。乾坤六子⑦,天下正道⑧,伏羲、文王象以治世⑨。文为经所载⑩,道为圣所信⑪,明审于太岁矣⑫。人或以立春东北徙,抵艮之下⑬,不被凶害⑭。太岁立于子,彼东北徙,坤卦近于午,犹艮以坤⑮,徙触子位,何故独凶? 正月建于寅⑯,破于申⑰,从寅申徙,相之如者,无有凶害。太岁不指午⑱,而空曰岁破⑲,午实无凶祸,而虚禁南北⑳,岂不妄哉!

【注释】

①"冬气寒"二句:阴阳五行家把天气与五行相配属,冬天属水,夏天属火。

②水位在北方:阴阳五行家把五行与五方相配属,水在北方,火在南方。

③普然:普遍是这样。

④为:是。

⑤所立者:所在的方位。

⑥艮王、震相、巽胎、离没、坤死、兑囚、乾废、坎休:八卦名称是乾(☰)、坤(☷)、震(☳)、巽(☴)、坎(☵)、离(☲)、艮(☶)、兑

（三），分别代表天、地、雷、风、水、火、山、泽八种自然事物。按照"八卦休王"的说法，八卦分属八方与八个节气相配，艮（东北）配立春，震（东）配春分，巽（东南）配立夏，离（南）配夏至，坤（西南）配立秋，兑（西）配秋分，乾（西北）配立冬，坎（北）配冬至，每一卦依节气主事四十五日，并用王、相、胎、没、死、囚、废、休分别表示它们之间关系的变化情况，例如立春时艮王（表示旺盛），震相（表示强壮），巽胎（表示孕育新生），离没（表示没落），坤死（表示死亡），兑囚（表示禁锢不出），乾废（表示废弃无用），坎休（表示退位休息）。春分时就变为震王，巽相，离胎，坤没，兑死，乾囚，坎废，艮休，之后的变化依此类推。

⑦乾坤六子：根据《周易·说卦》的解释，八卦中除乾卦为父，坤卦为母外，震、坎、艮三卦象征三男，巽、离、兑三卦象征三女，合称乾坤六子。这里泛指八卦。

⑧正道：恒常的道理。

⑨象：效法。

⑩文：文字。经：指《周易》。

⑪信：信用。

⑫明：清楚。

⑬抵艮之下：到达艮的方位。抵，到。

⑭被：遭受。

⑮犹：由，从。以：与。

⑯正月建于寅：指夏历正月北斗星的斗柄正好指向东北的寅。建，北斗星斗柄所指。寅，地支第三位，指东北方。

⑰破于申：指北斗星的斗柄指向寅时，申处于冲位。申，地支的第九位，和寅相对，指西南方。

⑱太岁不指午：太岁实际上并不破午。指，正对，冲。

⑲空：凭空。

⑳虚:无缘无故。南北:指南北方互相搬迁。

【译文】

冬天气候寒冷,是因为冬天属"水",而"水"位在北方的缘故。夏天气候炎热,是因为夏天属"火",而"火"位在南方的缘故。考察秋冬寒冷,春夏温暖,天下普遍是这样,不只是南北两个方位水火所冲的地方才寒冷和炎热。如今太岁只是位置在子位罢了,天下都受到太岁的影响,不只是子午位相冲的地方才受太岁的影响。如果真以所在的方位为主,那么午位可算是炎夏,子位可算是严冬。冬夏两季向南北方搬迁的人,还会再遇到凶吗?立春时,艮王、震相、巽胎、离没、坤死、兑囚、乾废、坎休。"王"所冲的位置是"死","相"所冲的位置是"囚",和"王""相"相冲的位置有死亡、囚禁的凶气。八卦反映了天下万物发展的正常道理,伏羲和周文王所以取法八卦来治理天下。有关八卦的文字被记载在《周易》这部经书里,八卦所含的道理被圣人所信任采用,比触犯太岁遭祸的说法清楚多了。有的人在立春那天往东北方搬迁,到达艮(东北)的方位,却不会遭受凶害。太岁正好在子位,他们往东北搬迁,坤卦(西南)接近午(正南)位,就像从艮(东北)往坤(西南)并没有遭受凶祸,搬迁时触犯了子位,为什么就一定会遭凶呢?夏历正月北斗星柄指向寅(东北)位时,申(西南)处于冲位,从寅、申方向搬迁,相互往来的人,却不会有凶害。子位的太岁实际上并不破午位,而凭空说"岁破",午位实际没有凶祸,而无缘无故禁止往南北搬迁,难道不荒唐吗?

十二月为一岁,四时节竟①,阴阳气终②,竟复为一岁③。日、月积聚之名耳,何故有神而谓之立于子位乎?积分为日,累日为月,连月为时④,纪时为岁⑤。岁则日、月、时之类也。岁而有神⑥,日、月、时亦复有神乎?千五百三十九为一统⑦,四千六百一十七岁为一元。岁犹统、元也。岁有神,统、元复有神乎？论之以为无。假令有之，何故害人？神莫过于天地，天地不害人。人谓百神[8]，百神不害人。太岁之气，天地之气也，何憎于人，触而为害？且文曰[9]："甲子不徙[10]。"言甲与子殊位[11]，太岁立子不居甲，为移徙者，运之而复居甲[12]。为之而复居甲[13]，为移徙时者[14]，亦宜复禁东西徙[15]。甲与子钧[16]，其凶宜同。不禁甲而独忌子，为移徙时者，竟妄不可用也[17]。

【注释】

①四时：四季。节：节气。竟：尽。

②阴阳气终：指一年结束。按照阴阳五行说，春天出现少阳之气，发展到夏天成为太阳之气，到秋天出现少阴之气，发展到冬天成为太阴之气。所以说阴阳气终为一年。

③竟：疑为衍文。复：又。

④时：四时。

⑤纪：总合。递修本作"结"。

⑥而：如果。神：指太阳神。

⑦千五百三十九为一统：据《调时篇》"千五百三十九岁为一统"，疑本句"九"字后脱一"岁"字。一统，当时通行的历法"三统历"中的术语，指一个计时周期。这个周期以夜半是冬至，朔旦的甲子日为起点，经过一千五百三十九年，在某一天的夜半又是冬至、朔旦，这就是一统。三统为一元，即经过四千六百一十七年，在某一天的夜半又是冬至、朔旦的甲子日，这个周期就叫一元。

⑧百神：众神，一般的神。

⑨文：可能是《移徙法》中的话。

⑩甲：天干的第一位，指东方。

⑪甲与子殊位：天干的"甲"指东方，与地支"子"所指的北方所指的方位并不一致。殊位，不同方位。

⑫运：运转，指占卜的人运转"栻"来使天干与地支相配。

⑬为：运转。

⑭为移徙时者：据上文"为移徙者"，疑为衍文。下文同。

⑮亦宜复禁东西徙：意为太岁在子就禁止南北方向的搬迁，那么甲位在东，也就应该禁止东西方向的搬迁。

⑯甲与子均："甲"是天干的第一位，"子"是地支的第一位，所以说地位相同。钧，通"均"，相同。

⑰竟：毕竟。用：信用。

【译文】

十二个月为一年，四季节气完结，阴阳之气终了，新的一年就又开始了。"岁"不过是日、月积累起来的名称罢了，为什么会有岁神而说它正好在子位呢？积累分成为日，积累日成为月，月与月相连成为季，合四季就成为年。岁也就同日、月、季之类的名称一样。岁如果有太岁神，那么日、月、季也同样有神吗？一千五百三十九年称为一统，四千六百一十七年称为一元。岁就和统、元是一样的。岁如果有神，那么统、元同样也有神吗？我论证它是不存在神的。假如有神，为什么祸害人呢？神当中没有超过天神、地神的，天神、地神就不祸害人。人们说存在百神，百神也不祸害人。太岁之气，就是天地的气，怎么会对人如此憎恨，一触犯了它就会造成祸害呢？而且《移徙法》中说："太岁在甲、子，就不能南北搬迁。"说明甲与子的方位不同，太岁在子位就不能又处于甲位，而是由于宣扬搬迁禁忌的人通过运转"栻"才使太岁又处于甲位的。既然运转"栻"使太岁处于甲位，那么宣扬搬迁禁忌的人，也应该同时禁止往东西搬迁。甲与子的地位相同，它们引起的凶祸也应当相同。不禁忌迁往甲位而唯独禁忌迁往子位，宣扬搬迁禁忌的人，毕竟说的是荒唐之言，不可信用。

　　人居不能不移徙,移徙不能不触岁,不触岁不能不得时死①。工伎之人,见今人之死,则归祸于往时之徙②。俗心险危,死者不绝,故太岁之言,传世不灭。

【注释】

①不触岁不能不得时死:据文意,疑本句句首"不"字为衍文。

②往时:过去。

【译文】

　　人们居住不可能不搬迁,搬迁不可能不触犯太岁,触犯太岁的人不可能不在某个时候死去。工伎之人,看到现在人死了,就归祸于过去的搬迁触犯了禁忌。一般人都存在着侥幸免祸的心理,死人的事又不断发生,所以有关太岁的禁忌,才会世代相传而不灭绝。

卷第二十五

诘术篇第七十四

【题解】

本篇责问、批判了当时推算住宅吉凶的迷信说法。汉代的方术之家利用五行相生相克的说法,将五行、五方和按照五音区别的姓氏拼凑出一种推算住宅吉凶的说法。宣扬"宅有五音,姓有五声",住宅的方位必须要与主人的姓氏相匹配,即符合五行相生的原则,这样就可以"富贵昌盛";若相克,"则疾病死亡,犯罪遇祸"。

王充责难说:官舍、乡亭、市肆和民宅一样,为什么不受甲乙之神的影响呢?"田间阡陌,可以制八术,比土为田,可以数甲乙",为什么田地没有受甲乙之神的影响呢?"上古之时,巢居穴处,无屋宅之居、街巷之制,甲乙之神皆何在?"远古时期没有房屋建制,甲乙之神又在哪里呢?他又指出住宅的方位与姓氏的五音二者相宜,未必"安官迁徙";不相宜,未必"失位贬黜"。匈奴人有名无姓,照样"自以寿终"。因此王充认为人的吉凶祸福与这些迷信说法毫不相关,并对之予以严厉的驳斥。

图宅术曰①:"宅有八术②,以六甲之名数而第之③,第定名立,宫、商殊别④。宅有五音⑤,姓有五声⑥。宅不宜其姓⑦,姓与宅相贼⑧,则疾病死亡,犯罪遇祸。"

【注释】

①图宅术：指专讲推算住宅吉凶的书籍。

②八术：一种推算住宅吉凶的方术，可能与住宅的东、西、南、北、东南、西南、东北、西北八个方位有关。

③六甲：古时将十天干与十二地支相配得六十组，叫六十甲子，作为纪日的符号。六甲指甲子、甲寅、甲辰、甲午、甲申、甲戌，这里泛指六十甲子。数：推算。第：排列次第。

④宫、商殊别：指各个住宅所宜的五音也就区别开了。宫、商，五音中的两个音。这里泛指五音。殊别，区别。

⑤宅有五音：指推算住宅吉凶的人，用五音来配合住宅的方位，即角东、徵南、宫中、商西、羽北。五音，即宫、商、角、徵、羽五个音阶。

⑥姓有五声：指推算住宅吉凶的人，将人们的姓氏与宫、商、角、徵、羽相配，如钱属商、田属徵、冯属羽、孔属角、洪属宫。

⑦宅不宜其姓：推算住宅吉凶的人，利用五行相生与相克的理论，将住宅的方位、户主的姓氏、五音、五行等相互匹配到一起，用来占卜吉凶。例如一所住宅的方位在东，与五音相配属角，与五行相配属木，那么姓田的人住在这里就是吉利的，因为田属徵，徵属火，木生火，这叫宅宜其姓。如果姓洪的住，就是不吉利的，因为洪属宫，宫属土，而木克土，这就叫宅不宜其姓，与下文的"姓与宅相贼"道理相同。宜，适合。

⑧贼：相害。

【译文】

推算住宅吉凶的书籍说："选择住宅有八术，按六十甲子来推算和排列住宅的次第，住宅的次序排定了，与它对应的甲子的名称也就确定了，与住宅相关的五音也就区别开了。住宅的方位与五音有关，宅主的姓氏也与五音有关。如果住宅的方位与主人的姓氏不适宜，姓氏与住宅方位相克，那么宅主就会得病死亡，犯罪遭祸。"

诘曰①：夫人之在天地之间也②，万物之贵者耳③。其有宅也，犹鸟之有巢④，兽之有穴也。谓宅有甲乙⑤，巢穴复有甲乙乎⑥？甲乙之神⑦，独在民家⑧，不在鸟兽何？夫人之有宅，犹有田也，以田饮食，以宅居处。人民所重，莫食最急⑨，先田后宅，田重于宅也。田间阡陌⑩，可以制八术，比土为田⑪，可以数甲乙。甲乙之术，独施于宅⑫，不设于田⑬，何也？府廷之内⑭，吏舍比属⑮，吏舍之形制⑯，何殊于宅？吏之居处，何异于民？不以甲乙第舍，独以甲乙数宅，何也？民间之宅，与乡、亭比屋相属⑰，接界相连。不并数乡、亭，独第民家。甲乙之神，何以独立于民家也？数宅之术，行市亭⑱，数巷街以第甲乙。入市门曲折，亦有巷街。人昼夜居家，朝夕坐市，其实一也，市肆户何以不第甲乙⑲？州、郡列居⑳，县、邑杂处㉑，与街巷民家何以异？州郡县邑，何以不数甲乙也？

【注释】

①诘（jié）：追问，询问。

②夫：发语词，无义。

③耳：表示限制的语气词，而已，罢了。

④犹：如同，就像。

⑤谓：说，认为。

⑥复：也。

⑦甲乙之神：这里指按干支的方位或时日主事的神。

⑧独：只。

⑨急：紧急，迫切。

⑩阡陌：田间纵横交错的小路。

⑪比：相连。

⑫施：施行。

⑬设：施行。

⑭府廷：官府，衙门。

⑮吏舍：官吏的住处。属（zhǔ）：连接。

⑯形制：形状，结构。

⑰乡、亭：汉代乡村的地方行政单位，一百户为一里，十里为一亭。比屋：房屋一所挨着一所。

⑱行市亭：据文意，疑本句"行"字前脱一"不"字。市亭，"市"是汉代城内的商业区，"亭"是设立于"市"内的一座楼房，又叫"旗亭"，是管理"市"的官吏办事的地方。这里"市亭"泛指商业区。

⑲市肆户：做买卖的人家。市肆，市中的店铺。

⑳州：汉代的监察区，每州设刺史一人，负责监察本州所属郡的工作。郡：行政区，每郡统县若干。这里的"州、郡"和下句的"县、邑"都指官府而言。

㉑县、邑：郡以下的行政区。

【译文】

我责问说：人在天地之间，与万物相同，只不过是万物中最尊贵的罢了。人有住宅，就如同鸟有窝，兽有穴一样。要说人的住宅有甲乙的排列顺序，那么鸟窝兽穴也有甲乙的排列顺序吗？甲乙之神，为什么只存在于人的住宅，而不存在于鸟窝兽穴呢？人有住宅，就同有田一样，靠田地来获取食物，靠住宅来求得安居。人民所看重的，没有比饮食更加迫切的了，所以先治田后修住宅，田比住宅更重要。田间的小路纵横交错，同样可以根据它来制定八术，耕地相连成片，同样也可以据此来推算甲乙顺序了。推算甲乙顺序的方法，唯独施行于住宅，而不施行于田地，这是为什么呢？官府里面，官吏的住宅一间连一间，它们的形状结构，与百姓的住宅有什么不同呢？官吏居住的地方，与百姓有什么不同呢？不用甲乙顺序来排列官邸的次第,却唯独用甲乙顺序来推算百姓的住宅,这是为什么呢? 民间的住宅,与乡、亭的房屋一座挨着一座,地界相连成片。不把乡、亭也按甲乙顺序排列,却唯独排列百姓的住宅。甲乙之神,为什么偏偏只存于百姓的家里呢? 推算住宅吉凶的方术,同样也没有施行于市亭,用甲乙顺序推算巷街顺序。进入市场的门曲折迂回,也有大街小巷。人或是昼夜在家中居住,或是早晚在市场上做生意,这实际上是一样的,做买卖的人家为什么不按甲乙顺序排列店铺呢? 州、郡的官府排列相居,县、邑的衙门混杂相处,与街巷分割的百姓住宅有什么不同呢? 州郡县邑的官府,为什么不按甲乙顺序推算呢?

　　天地开辟有甲乙邪①? 后王乃有甲乙②? 如天地开辟本有甲乙,则上古之时,巢居穴处,无屋宅之居、街巷之制,甲乙之神皆何在? 数宅既以甲乙,五行之家数日亦当以甲乙③。甲乙有支干,支干有加时④。支干加时,专比者吉⑤,相贼者凶⑥。当其不举也⑦,未必加忧辱也⑧。事理有曲直⑨,罪法有轻重⑩,上官平心原其狱状⑪,未有支干吉凶之验⑫,而有事理曲直之效⑬,为支干者何以对此? 武王以甲子日战胜⑭,纣以甲子日战负⑮,二家俱期,两军相当⑯,旗帜相望,俱用一日⑰,或存或亡⑱。且甲与子专比⑲,昧爽时加寅⑳,寅与甲乙不相贼㉑,武王终以破纣,何也?

【注释】

①邪(yé):语气助词。表疑问。

②后王:指后世。乃:才。

③五行之家:指宣扬阴阳五行的人。数日亦当以甲乙:意思是推算日子也应当用天干地支来定吉凶。

④支干有加时：天干地支又用在时辰上。

⑤专比：按照阴阳五行的说法，干支分别与五行相配，"专比"指天干与地支上下相生。例如"甲午"，甲属木，午属火，木生火，是上生下之日。"壬申"，壬属水，申属金，金生水，是下生上之日。专比之日被认为是吉日。

⑥相贼：指天干地支上下相克。

⑦举：行动，办事情。

⑧未必加忧辱也：底本"忧"后有"支"，疑涉上文"支干"衍。忧辱，忧患，灾难。

⑨曲直：是非。

⑩罪法：罪名和刑罚。

⑪原：追究，审核。

⑫验：效验。

⑬而：却。

⑭武王以甲子日战胜：据《尚书·牧誓》记载，周武王伐纣，在甲子日天刚亮的时候到达殷都朝歌（在今河南淇县）近郊。武王，周武王。以，在。

⑮负：败。

⑯相当：相遇，指两军对垒。

⑰用：以，在。

⑱或：有的。

⑲且甲与子专比：甲属木，子属水，水生木，甲子日是专比的吉日。

⑳昧爽：天将亮。寅：古代用十二地支计时，寅为凌晨三点到五点。

㉑寅与甲乙不相贼：乙，据文意，疑当作"子"字。寅属木，所以寅时与甲子日不相克。

【译文】

天地开辟之时就有了甲乙之神呢？还是后代才有的呢？假如天地

开辟之时原本就有甲乙之神,那么上古时代,人们巢居穴处,并没有房屋居住、街巷的建制,甲乙之神都去哪里了呢?推算住宅吉凶既然用甲乙,那么五行之家推算日子也应当用天干地支来定吉凶。推算日子的甲乙是用天干地支相配,天干地支又用在时辰上。天干地支用在时辰上,天干地支上下相生之日就是吉日,上下相克之日就是凶日。如果正遇上人们没有办事情,那么未必会给人们带来灾难。事理有是非,罪刑有轻有重,长官本着公正的态度审核罪状,没有用干支来推断吉凶的效验,却有判明事理曲直的效果,利用干支推断吉凶的人怎样解释这种情况呢?周武王在甲子日战胜纣王,殷纣王在甲子日被打败,双方在同一时间,两军对垒,旗帜相望,都在同一天,一方胜利而一方败亡。况且当时甲与子相生,天刚亮时属寅时,寅与甲子不相克,武王终于在甲子日寅时打败纣王,而纣王也是在此时战败,是什么原因呢?

日①,火也,在天为日,在地为火。何以验之?阳燧乡日②,火从天来。由此言之,火,日气也。日有甲乙③,火无甲乙何④?日十而辰十二⑤,日辰相配,故甲与子连。所谓日十者,何等也?端端之日有十邪⑥?而将一有十名也⑦?如端端之日有十,甲乙是其名⑧,何以不从言甲乙⑨,必言子丑何⑩?日廷图甲乙有位⑪,子丑亦有处⑫,各有部署,列布五方⑬,若王者营卫⑭,常居不动。今端端之日中行⑮,且出东方⑯,夕入西方,行而不已⑰,与日廷异⑱,何谓甲乙为日之名乎?术家更说⑲:"日甲乙者,自天地神也⑳。日更用事㉑,自用甲乙胜负为吉凶㉒,非端端之日名也。"夫如是,于五行之象,徒当用甲乙决吉凶而已,何为言加时乎㉓?案加时者㉔,端端之日加也㉕。端端之日安得胜负㉖?

【注释】

①日：这里指太阳。

②阳燧（suì）：古代取火用的凹面铜镜。乡：通"向"，对着。

③日：这里指日子。

④火无甲乙何：因为"日"有"太阳"与"日子"两种意思，在前面论述了作为"太阳"的"日"就是火，所以提出既然作为"日子"的"日"有甲乙的区别，那么"火"为什么没有甲乙的名称呢？

⑤日十：指以天干地支相配来纪日，天干从甲到癸，每一轮为十日。辰十二：指以地支来纪时辰，从子到亥，一昼夜有十二个时辰。辰，时辰。

⑥端端之日：指日之本体言。端者，正也。日体正圆，故曰"端端"（马宗霍语）。日，这里王充又根据"日"作为"太阳"的词义进行诘问。

⑦而将：还是。

⑧甲乙：泛指天干。

⑨从：随着。

⑩子丑：泛指地支。

⑪日廷图：大概是古代占卜时日吉凶用的和"栻"相类似的一种图，上面分方位列有干支、五行及二十八宿等名目。

⑫处：位置。

⑬五方：东、南、西、北、中。

⑭若：就像。营卫：护卫。

⑮中行：指在天上运行。

⑯旦：天亮时。

⑰已：止。

⑱日廷：指日廷图。

⑲术家：这里指推算住宅吉凶的人。更：又。

⑳自：本身。

㉑更：轮流，更番。用事：主事，当权。

㉒胜负：相生相克。

㉓何为：为何。

㉔案：考察。

㉕端端之日加也：意思是，时辰是根据太阳从早到晚在天上不同方位确定的，所以加时，就不能不与太阳有联系。

㉖安得：怎么能。

【译文】

太阳就是一团火，在天上称为太阳，在地上称为火。用什么来证明这一点呢？用阳燧对着太阳，火就能从天上取下来。由此说来，火就是太阳之气。日子有甲乙等名称，为什么火没有甲乙等名称呢？以天干地支相配纪日，从天干来看，一个轮回有十日，从地支来看，一天有十二个时辰，日子与时辰相配，所以甲与子等名称就相连。所谓日有十个名称，指的是什么呢？是圆圆的太阳有十个呢？还是一个太阳有十个名称呢？如果是说圆圆的太阳有十个，甲乙等是它的名称，那么为什么不只是随着天干称为甲日、乙日等，而必须提到子、丑呢？日廷图上天干有相应的位置，地支也有对应的位置，各有各的部署，排列分布在东、南、西、北、中五个方位，就像人间的君王四周的护卫一样，所处的位置不会变动。现在圆圆的太阳在天上运行，清晨出于东方，傍晚落入西方，运行不止，与日廷图上所画的固定不动的太阳并不一样，为什么说甲乙等是太阳的名称呢？术数家又会说："称呼日子用的甲乙等名称，本身就是天上的神。他们每天轮流主事，自身按照天干和五行相配相生相克的道理来显示吉凶，并不是圆圆的太阳的名称。"如此说来，对于五行之象，只需用甲乙等来推断吉凶就可以了，为什么要说那些把干支用在时辰上的话呢？考察干支用在时辰上的原因，是根据圆圆的太阳早晚不同的方位而确定。圆圆的太阳怎么会自己相生相克呢？

　　五音之家①，用口调姓名及字②，用姓定其名③，用名正其字④。口有张歙⑤，声有外内⑥，以定五音宫商之实⑦。

【注释】

①五音之家：利用五音宣扬吉凶忌讳的人。

②字：表字，别名。

③定：制定。

④正：制定。

⑤张歙（xī）：开合。指发音时，嘴唇的动作或张开，或合拢。歙，合。

⑥外内：指古代韵学根据发音时口舌的动作所区分的外音与内音。
　　如"而"属外音，"乃"属内音。

⑦宫商：指五音中的某一音。

【译文】

　　五音之家，讲究根据发音来使姓、名、字协调而不出现相克的情况，根据姓的发音来确定名，又根据名的发音制定表字。发音时口有开合，声音分外音和内音，根据口的开合和音的内外来确定某个字属于五音中的某个音。

　　夫人之有姓者，用禀于天①。天得五行之气为姓邪②？以口张歙、声外内为姓也？如以本所禀于天者为姓，若五谷万物禀气矣③，何故用口张歙、声内外定正之乎？古者因生以赐姓④，因其所生赐之姓也。若夏吞薏苡而生⑤，则姓苡氏；商吞燕子而生⑥，则姓为子氏；周履大人迹⑦，则姬氏。其立名也⑧，以信、以义、以像、以假、以类⑨。以生名为信，若鲁公子友生⑩，文在其手曰"友"也⑪。以德名为义，若文王为昌、武王为发也⑫。以类名为像，若孔子名丘也⑬。取于物为假,若宋公名杵臼也⑭。取于父为类⑮,有似类于父也。其立字也,展名取同义⑯,名赐字子贡⑰,名予字子我⑱。其立姓则以本所生⑲,置名则以信、义、像、假、类⑳,字则展名取同义,不用口张歙、外内㉑。调宫商之义为五音术㉒,何据见而用?

【注释】

①用:以,由于。禀:承受。天:自然。

②天:据文意,疑当作"人"字。得:以,根据。

③若:象。

④古者:古时候。因:根据。

⑤夏:这里指夏朝的第一个君主禹。薏苡(yì yǐ):一种草本植物,果实可以食用或药用。

⑥商:这里指商的始祖契(xiè)。燕子:燕卵。

⑦周:这里指周的始祖弃。履(lǚ):踩踏。大人:巨人。迹:脚印。

⑧立名:取名。

⑨信:表记,特征。义:意义。像:形象。假:借用。类:类似。

⑩鲁:春秋时鲁国,在今山东西南部。公子友:鲁桓公的儿子成季友。

⑪文:纹理。

⑫文王:周文王姬昌。昌:昌盛。武王:周武王姬发。发:发达。

⑬孔子名丘:传说孔子的头部中间低,四周高,像丘陵,所以取名叫丘。丘,丘陵。

⑭宋公:这里指宋昭公,前619—前611年在位。宋,春秋时宋国,在今河南商丘一带。杵臼(chǔ jiù):舂捣粮食或药物等用的木杵和石臼。

⑮取于父为类:根据类似父亲之处来取名叫"类"。例如父子同日

生,儿子就叫"同"。

⑯展:转。

⑰名赐字子贡:王充认为由于"贡"与"赐"是同义词,所以端木赐要取这样的字。赐,端木赐,字子贡。

⑱予:宰予,字子我。

⑲本所生:原来出生于什么。

⑳置:立,取。

㉑不用口张歙、外内:据文意,疑本句"外"字前脱一"声"字。

㉒五音术:指上面所说的用五音定姓名的一套办法。

【译文】

人之所以有姓,是由于承受了自然之气的缘故。人是以获得的五行之气来定姓呢?还是以口的开合、音的内外来定姓呢?如果是根据原来从自然承受的气来定姓,就像五谷万物承受自然之气一样,那么为什么要用口的开合、音的内外来定姓呢?古时候,是根据人的出生来赐姓的,是根据他出生的情况来给他赐姓。例如夏禹是由于他母亲吃了薏苡怀孕而生的,就以苡为姓;契是由于他母亲吃了燕卵怀孕而生的,所以他的姓就为子;弃是由于他母亲踩了巨人的脚印怀孕而生的,因此他的姓就为姬。取名是根据信、义、像、假、类这几种原则来取的。根据出生时的特征来取名这叫"信",如鲁公子友生下来的时候,手上的掌纹像个"友"字,所以取名叫友。根据德行来取名这叫"义",像周文王取名为昌、周武王取名为发。根据类似的东西来取名这叫"像",像孔子取名为丘。借用器物的名称来取名这叫"假",像宋昭公取名为杵臼。根据类似于父亲之处来取名这叫"类",是因为儿子有类似于父亲的地方。人们取表字,是把名转成它的同义词来取的,端木名赐字子贡,宰名予字子我。人们取姓是根据原来出生的情况来取的,取名则根据信、义、像、假、类这几种原则来取,取字则是把名转成同义词,并不是根据口的开合、发音的内外来取的。根据协调宫、商等五音的道理而产生的"五音术",有什么根据而值得采用呢?

　　古者有本姓,有氏姓^①。陶氏、田氏^②,事之氏姓也^③;上官氏、司马氏^④,吏之氏姓也^⑤;孟氏、仲氏,王父字之氏姓也^⑥。氏姓有三:事乎^⑦,吏乎,王父字乎。以本姓则用所生,以氏姓则用事、吏、王父字,用口张歆调姓之义何居^⑧? 匈奴之俗,有名无姓、字,无与相调谐,自以寿命终,祸福何在?《礼》^⑨:"买妾不知其姓则卜之。"不知者,不知本姓也。夫妾必有父母家姓,然而必卜之者,父母姓转易失实,《礼》重取同姓^⑩,故必卜之。姓徒用口调谐姓族^⑪,则《礼》买妾何故卜之?

【注释】

①"古者有本姓"二句:古人的姓与氏本来是有区别的,最早的姓反映母系氏族社会的特点,同一始祖母生下的子女及其后代就是一姓,同姓不得通婚。由于年代长久,子孙繁衍,为了区别同姓的贵族,又往往以封地、官职、爵位等立氏。实际上"氏"就是同一姓下的支系。秦汉以后姓、氏的区别就消失了。

②陶:制陶。田:管理大田。

③事:行业。

④上官:上官邑(春秋时楚国邑名)的大夫。司马:古代官名,掌管兵事。

⑤吏:官职。

⑥王父:祖父。

⑦乎:表示停顿的语气词。

⑧何居:有什么根据。

⑨《礼》:《礼记》,儒家经书之一。

⑩重:严。取:同"娶",娶妻。

⑪姓:据文意,疑为"如"字之讹,形近而误。

【译文】

　　古时候姓有本姓,有氏姓。陶氏、田氏,是根据职业制定的氏姓;上官氏、司马氏,是根据官职制定的氏姓;孟氏、仲氏,是根据他们祖父的字制定的氏姓。氏姓有三种来源:根据职业、根据官职、根据祖父的字。制定本姓则根据出生时的情况,制定氏姓则根据职业、官职和祖父的字,根据口的开合协调姓的道理有什么根据呢? 匈奴的习俗,有名而没有姓、字,没有什么来与名调谐,照样活到老才死,祸福又表现在哪里呢?《礼记》说:"买妾不知道她的姓就要占卜求问她的姓是否与自己相同。"所谓不知道,是指不知道她的本姓。妾必然有父母家的姓,然而一定要占卜她的姓,是因为妾的本姓可能由于她被辗转变卖而不确定了,《礼记》上把娶同姓的女子看作是严重的事,所以必须占卜她是否与自己同姓。如果仅仅根据人的发音协调不同姓的家族就可以了,那么《礼记》为什么规定买妾要占卜她的本姓呢?

　　图宅术曰:"商家门不宜南向①,徵家门不宜北向②。"则商金,南方火也;徵火,北方水也。水胜火,火贼金,五行之气不相得③,故五姓之宅④,门有宜向⑤。向得其宜,富贵吉昌;向失其宜,贫贱衰耗⑥。夫门之与堂何以异⑦? 五姓之门,各有五姓之堂,所向无宜何? 门之掩地⑧,不如堂庑⑨,朝夕所处,于堂不于门。图吉凶者,宜皆以堂。如门人所出入,则户亦宜然⑩。孔子曰:"谁能出不由户?"⑪言户不言门。五祀之祭⑫,门与户均⑬。如当以门正所向,则户何以不当与门相应乎? 且今府廷之内,吏舍连属,门向有南北;

长吏舍传⑭，闾居有东西⑮。长吏之姓，必有宫、商；诸吏之舍⑯，必有徵、羽。安官迁徙⑰，未必角姓门南向也⑱；失位贬黜⑲，未必商姓门北出也⑳。或安官迁徙㉑，或失位贬黜何？

【注释】

①商家：指姓属于商音的人家。

②徵家：指姓属于徵音的人家。

③得：适合。

④五姓：指按照宫、商、角、徵、羽五音来分类的姓。

⑤宜向：适合的方向。

⑥衰耗：衰败。耗，减损。

⑦堂：堂屋，正厅。

⑧掩：遮盖。

⑨庑（wǔ）：廊庑，堂屋周围的走廊、廊屋。

⑩户：单扇门。这里指大门以外的旁门，房门。

⑪"孔子曰"二句：引文参见《论语·雍也》。

⑫五祀：说法不一，一般指祭祀门神、户神、井神、灶神、中霤（liù）（宅神）。参见《祭意篇》。

⑬均：平等，一样。

⑭舍传：即"传舍"。这里泛指长官的宿舍。传，古代为使臣与过往官吏所设的住处。

⑮闾（lǘ）居：指屋门所在。闾，里巷的大门，这里指传舍的门。居，所在。

⑯诸：众，指一般的。

⑰安官：仕途顺利。迁徙：这里指官位提升。

⑱南：据上文"商家门不宜南向"，疑此处当作"北"字。

⑲贬黜（chù）：降职罢官。

⑳北：据文意，疑当作"南"字。

㉑或：有的人。

【译文】

图宅术说："姓属商音的人家门不宜朝南开，姓属徵音的人家门不宜朝北开。"这是因为"商"属"金"，南方属火；"徵"属"火"，北方属水。水胜火，火克金，五行之气相互不协调，所以按照五音的分类，各个姓氏人家的住宅，开门各有合适的方向。谁家门的朝向与姓相适宜，就会富裕尊贵，吉祥昌盛；谁家门的朝向与姓不适宜，就会贫穷低贱，衰弱破败。门与厅堂有什么不同呢？有五姓的大门，就有五姓的厅堂，为什么厅堂的朝向没有适宜不适宜的问题呢？门所占据的地方，不如厅堂、走廊占的地方大，人朝夕居住的地方，在厅堂而不在门。用图宅术推断吉凶的人，应当都根据厅堂来推断。如果说大门是人所出入的地方，应该规定朝向，那么旁门也应该如此。孔子说："谁能够不经过屋门走出屋外去呢？"孔子只说屋门而不说大门。对五种神的祭祀中，门神与户神是相等的。如果应该以大门来确定住房的方向，那么旁门为什么不该和大门相应用来确定住宅的方向呢？况且现在官府之内，官员的房屋一间接一间，门的朝向有南有北；长官的宿舍，门所处的方向有东有西。长官的姓，一定有属于宫音、商音的；众官吏的宿舍中，一定有姓属徵音、羽音的人居住。官职稳定官位提升，不一定是因为姓属于角音的人门朝北开；丢掉官职，被降职罢官，不一定是因为姓属商音的人门朝南开。有的人仕途顺利官位提升，有的人丢掉官职，被降职罢官是为什么呢？

姓有五音，人之质性亦有五行①。五音之家，商家不宜南向门，则人禀金之性者，可复不宜南向坐、南行步乎？一曰②：五音之门，有五行之人。假令商姓口食五人③，五人中各有五色④，木人青，火人赤，水人黑，金人白，土人黄。五色之人,俱出南向之门,或凶或吉,寿命或短或长。凶而短者未必色白⑤,吉而长者未必色黄也⑥。五行之家何以为决⑦?南向之门,贼商姓家,其实如何?南方火也,使火气之祸,若火延燔径从南方来乎⑧?则虽为北向门,犹之凶也。火气之祸,若夏日之热四方洽浃乎⑨?则天地之间皆得其气⑩,南向门家何以独凶?南方火者,火位南方。一曰:其气布在四方⑪,非必南方独有火,四方无有也,犹水位在北方,四方犹有水也。火满天下,水辨四方⑫,火或在人之南,或在人之北。谓火常在南方,是则东方可无金,西方可无木乎?

【注释】

①质性:这里指人所承受的气质、特性。有五行:指具有五行中某一行的特性。

②一曰:以下是王充的驳斥。

③假令:如果。口食:据本书《辨祟篇》"夫食口十人",疑为"食口"之误倒。食口,指人口。

④五色:青、赤、黑、白、黄五种颜色,这里指面部的气色。

⑤凶而短者未必色白:根据阴阳五行的说法,白色属金,南方属火,火克金,所以凶。

⑥吉而长者未必色黄:根据阴阳五行的说法,黄色属土,火生土,所以吉。

⑦决:判定。

⑧燔(fán):焚烧。径:直接。

⑨洽浃(qià jiā):周遍。洽,周遍,广博。浃,遍及、满。

⑩气:这里指热气。

⑪布:分布。

⑫辨:通"遍",遍及,周遍。

【译文】

　　姓有五音之分,人的气质特征也具有五行之别。按照五音之家的说法,姓属商音的人家不适宜朝南方开门,那么禀性属金的人,是否又不能朝南坐、朝南走呢? 我要驳斥说:有姓属五音人家的门,就有气质归属五行中某一行的人,如果一个姓属商音的人家有五口人,这五个人中各自有五种面部气色,禀木性的人脸色是青的,禀火性的人脸色是红的,禀水性的人脸色是黑的,禀金性的人脸色是白的,禀土性的人脸色是黄的。有五种气色的人,都从朝南的门出来,有的遇凶有的遇吉,有的寿命短有的寿命长。遇凶而短命的不一定是脸色白的人,遇吉而长寿的不一定是脸色黄的人。五行之家根据什么来做出判断呢? 要说朝南开的门,克姓属商音的人家,它的真实情况怎样呢? 南方属火,如果说火气造成的祸害,就像烈火漫延一样直接从南方来吗? 那么即使是朝北开门,也同样要遭受凶祸。要说火气造成的祸害,就像夏天的热气一样遍及四方吗? 那么天地之间都要受到热气之害,为什么唯独朝南开门的人家遭凶害呢? 南方属于火,是因为火位在南方。我要驳斥说:火气分布在四方,未必仅仅南方才有火,四方就没有火,如同水位在北方,四方仍然有水一样。火布满天下,水流遍四方,火有时在人的南面,有时在人的北面。如果说火一直在南方,照此说来,东方可以说没有金,西方可以说没有木吗?

解除篇第七十五

【题解】

本篇旨在批驳为了解除灾祸而举行祭祀以求驱除凶神恶鬼的世俗迷信。当时认为人的祸福是由鬼神造成的,因此"祭祀必有福""解除必去凶"。王充认为"祭祀无鬼神",祸福的产生也是"在人不在鬼,在德不在祀"。"行尧、舜之德,天下太平,百灾消灭","行桀、纣之行,海内扰乱,百祸并起"。因此"论解除,解除无益;论祭祀,祭祀无补;论巫祝,巫祝无力",并且认为迷信鬼神是礼义败坏的结果。"衰世好信鬼,愚人好求福","不修其行而丰其祝,不敬其上而畏其鬼","通人"是不会干这种事情的。王充将祸福的产生归结于人事,否定鬼神的作用,这种见解可以说是十分深刻的。

世信祭祀,谓祭祀必有福;又然解除①,谓解除必去凶。解除初礼,先设祭祀。比夫祭祀②,若生人相宾客矣③。先为宾客设膳④,食已⑤,驱以刃杖。鬼神如有知,必恚止战⑥,不肯径去⑦,若怀恨⑧,反而为祸。如无所知,不能为凶,解之无益,不解无损。且人谓鬼神何如状哉⑨? 如谓鬼有形象,形象生人,生人怀恨,必将害人。如无形象,与烟云同,驱逐云烟,亦不能除。形既不可知,心亦不可图⑩。鬼神集止人宅⑪,欲何求乎? 如势欲杀人⑫,当驱逐之时,避人隐匿⑬,驱逐之止⑭,则复还,立故处。如不欲杀人,寄托人家⑮,虽不驱逐,亦不为害。

【注释】

①然:相信。解除:一种为了消除灾祸而举行祭祀、驱除凶神恶鬼的活动。

②夫:语中助词,无义。

③若:象。生人:活人。相:交接,招待。

④膳:饭食。

⑤已:完毕。

⑥恚(huì):愤怒,怨恨。止:停留下来。战:搏斗。

⑦径:即,就。

⑧若:或。

⑨何如状哉:像什么样子呢?

⑩图:推测。

⑪集止:停留。集,止。

⑫势:势必,一定。

⑬隐匿(nì):躲藏。

⑭之:若,如果。

⑮寄托:寄居,暂住。

【译文】

世俗迷信祭祀,认为祭祀必定有福佑;又相信解除,认为解除一定能消除灾祸。"解除"的第一项仪式是先举行祭祀。比照祭祀,就如活人招待宾客一样。首先为宾客安排饭食,吃完后,又用刃杖驱赶鬼神。鬼神如果有知,一定会发怒而停下来与祭主搏斗,不肯就这样离开,或者心里怀恨，反而因此造成灾祸。如果鬼神无知，不能造成灾祸，那么人们进行解除的仪式并不会有什么益处，不进行解除的仪式也不会有损害。况且人们所说的鬼神像什么样子呢？如果认为鬼有形状，像活人一样，那么活人怀恨在心，是一定会害人的。如果鬼没有形状，如烟云一样，那么即使驱逐去烟云，也是不能消除灾祸的。既然鬼神的形状不能知晓，鬼神的想法也就不可推测了。鬼神停留在人的住宅中，是想干什么呢？如果鬼神一定想要杀人，那么当驱逐它们的时候，就会避开人而躲藏起来，驱逐鬼神的仪式若停止，鬼神就又会返回原处。如果鬼神并不想杀人，只是寄居在人的家里，那么即使人们不驱逐它，也不会造成什么灾害。

　　贵人之出也，万民并观，填街满巷，争进在前。士卒驱之，则走而却①；士卒还去，即复其处；士卒立守，终日不离，仅能禁止②。何则？欲在于观③，不为壹驱还也。使鬼神与生人同④，有欲于宅中，犹万民有欲于观也，士卒驱逐，不久立守，则观者不却也。然则驱逐鬼者⑤，不极一岁⑥，鬼神不去。今驱逐之，终食之间⑦，则舍之矣⑧。舍之，鬼复还来，何以禁之！暴谷于庭⑨，鸡雀啄之，主人驱弹则走⑩，纵之则来⑪，不终日立守，鸡雀不禁。使鬼神乎？不为驱逐去止；使鬼不神乎？与鸡雀等，不常驱逐，不能禁也。

【注释】

①走：跑。却：退却。

②仅：才。

③欲：目的。

④使：假如。

⑤然则：这样看来，那么。

⑥极：终，尽。

⑦终食之间：一顿饭的时间。

⑧舍：抛开，不管。

⑨暴（pù）：晒。

⑩弹：用弹弓射击。

⑪纵：放任。

【译文】

地位显贵的人外出时，百姓都来围观，人们挤满了大街小巷，都争着挤到前面去看。士卒驱赶围观的人，他们就跑开退避；士卒一离开，他们立马又回到原处；只有士卒站立守卫，整天不离开，才能制止他们。为什么呢？因为百姓的目的在于观看贵人，不会因为一驱赶就退去。假如鬼神同活人一样，是因为有什么目的而留在人的家中的话，那就如同百姓目的在于观看贵人一样，士卒驱逐他们，如果不能长久地站在那里看守，那么围观的人是不会退走的。这样看来，那些驱逐鬼神的人，如果不是一年到头地一直驱赶鬼神的话，鬼神是不离开的。现在驱逐鬼神的仪式，仅仅是吃完一顿饭的时间，就抛开鬼神不过问了。一不过问鬼神，鬼神就又回来了，怎么能驱逐它们呢？在庭院中晒谷子，鸡雀来啄食，主人用弹弓射击驱赶时，鸡雀就跑开了，一旦放任不管，鸡雀就又回来了，如果不整天站在那里守着，就不能禁止鸡雀啄食谷子。要说鬼很神灵吗？那么它就不会因为人的驱赶而去留；要说鬼并不神灵吗？那就同鸡雀一样，不经常驱逐，就不能禁止他们。

虎狼人都①，弓弩巡之②，虽杀虎狼，不能除虎狼所为来之患③。盗贼攻城，官军击之，虽却盗贼，不能灭盗贼所为至之祸④。虎狼之来，应政失也⑤；盗贼之至，起世乱也⑥。然则鬼神之集，为命绝也⑦。杀虎狼，却盗贼，不能使政得世治⑧。然则盛解除,驱鬼神,不能使凶去而命延。

【注释】

①都:城。

②弓弩:这里指弓弩手。巡:往来查看。

③患:祸根。

④灭:消除。

⑤"虎狼之来"二句:当时人认为本该在山野活动的老虎出现在城市,这是一种异变,是应当地官员政治不好而发生的。此处说法与王充在《遭虎篇》中的观点相反,参见《遭虎篇》。应,感应,应和。失,过失,错误。

⑥"盗贼之至"二句:王充认为盗贼产生的原因是"饥寒并至",而饥寒是由自然条件决定的,而自然条件的变化发展有它自己的周期,与统治者的德行与政策的好坏无关。参见《治期篇》。

⑦"然则鬼神之集"二句:王充认为鬼神是一种太阳之气构成的妖象,人将死时,鬼神就会作为一种凶兆出现。参见《订鬼篇》。命,王充也称其为天命,认为这是一种决定人生死寿夭和贵贱贫富的神秘力量,具体分为寿命与禄命两种,是人胚胎于母体时,受了不同的气而形成的。参见《命义篇》。

⑧政得:指国家治理得好。世治:社会安定。

【译文】

虎狼进入城里,派弓弩手往来察看,即使杀了虎狼,也并不能消除那些招致虎狼到来的祸根。盗贼攻城,官军反击他们,即使打退了盗贼,也并不能消除那些引起盗贼到来的祸根。虎狼到城里来,是应和着当地政治上的过失;盗贼的到来,是社会的动乱引起的。这样说来,鬼神的停留,是人的寿命当终绝了。杀掉虎狼,击退盗贼,并不能使国家政治清明社会安定。这样说来,大力举办解除活动,驱逐鬼神,并不能使凶祸离去而寿命延长。

病人困笃①，见鬼之至，性猛刚者，挺剑操杖②，与鬼战斗，战斗壹再，错指受服③，知不服必不终也。夫解除所驱逐鬼，与病人所见鬼无以殊也。其驱逐之，与战斗无以异也。病人战斗，鬼犹不去④，宅主解除，鬼神必不离。由此言之，解除宅者，何益于事？信其凶去，不可用也。且夫所除，宅中客鬼也⑤。宅中主神有十二焉，青龙、白虎列十二位⑥。龙虎猛神，天之正鬼也，飞尸流凶安敢妄集⑦，犹主人猛勇，奸客不敢窥也⑧。有十二神舍之⑨，宅主驱逐，名为去十二神之客，恨十二神之意⑩，安能得吉？如无十二神，则亦无飞尸流凶。无神无凶，解除何补⑪？驱逐何去？

【注释】

①困笃（dǔ）：指病重。

②挺：举。操：拿。

③错指：这里指停手，不再战斗。错，停止。指，手指。

④犹：尚且。

⑤客鬼：外来的鬼。

⑥"宅中主神有十二焉"二句：主神，对"客鬼"而言，指家中的神。当时认为，宅中有十二主神，子是"司命"，丑是"勾陈"，寅是"青龙"，卯是"明堂"，辰是"天刑"，巳是"朱雀"，午是"金匮"，未是"天德"，申是"白虎"，酉是"玉堂"，戌是"天牢"，亥是"玄武"。

⑦飞尸：能飞的尸体。流凶：奔跑流窜的怪物。

⑧窥（kuī）：窥视，这里指侵犯。

⑨舍：留宿。之：指十二神留宿的"客鬼"。

⑩恨：违背，不听从。

⑪补：益，好处。

【译文】

　　病情严重的病人，看到鬼到来时，性格勇猛刚强的，就会举剑拿杖，与鬼进行战斗，战斗一两个回合，病人就停下手表示屈服，因为他知道如果不屈服战斗就不会终结。用解除法所驱逐的鬼，与病人所看到的鬼没有什么不同。宅主驱逐鬼的行为，与病人和鬼战斗没有什么不同。病人与鬼战斗，鬼尚且不肯离去，宅主用解除法驱鬼，鬼神必然不会离去的。据此说来，在家中举办解除的仪式，对于解除灾祸有什么好处呢？认为这样做能去掉宅中的凶祸，这种说法是不可信的。况且所要驱除的，是住宅中的客鬼。住宅中的主神有十二位，青龙和白虎位列十二神之中。青龙白虎是勇猛的神，是天上的正鬼，飞尸流凶怎么敢随便聚集到住宅中来，这就好比宅主人勇猛，奸邪之人不敢来侵扰一样。有十二神留宿客鬼，宅主却驱逐它们，这就叫驱逐十二神的客人，违反十二神的意志，宅主怎么会得吉利呢？如果住宅中没有十二神，那么也就没有什么飞尸流凶。既然没有十二神没有飞尸流凶，那么进行解除活动有什么好处呢？所谓驱逐又是要去除什么东西呢？

　　解逐之法，缘古逐疫之礼也①。昔颛顼氏有子三人，生而皆亡②，一居江水为虐鬼③，一居若水为魍魉④，一居欧隅之间主疫病人⑤。故岁终事毕，驱逐疫鬼，因以送陈、迎新、内吉也⑥。世相仿效，故有解除。夫逐疫之法，亦礼之失也⑦。行尧、舜之德，天下太平，百灾消灭，虽不逐疫，疫鬼不往。行桀、纣之行，海内扰乱，百祸并起，虽日逐疫，疫鬼犹来。

【注释】

①缘:因袭。疫:疫鬼,指使人得病的鬼。

②生而皆亡:指生下来就变化而去变为鬼了。关于此事参见《订鬼篇》。

③江水:指长江。虐鬼:一种使人得重病(如瘟疫)的鬼。虐,暴。

④若水:古河名,即今雅砻江,在四川西部。魍魉(wǎng liǎng):疫神。传说颛顼之子所化。

⑤欧:通"区",小屋。隅(yú):角落。主疫病人:专门用疫病害人。

⑥因以:借以。陈:旧。内:同"纳"。

⑦失:败坏。

【译文】

举行祭祀驱逐鬼神的方法,是因袭古代驱逐疫鬼的仪式而来的。过去颛顼氏有三个儿子,一生下来就变化成鬼了,一个居住在长江成为虐鬼,一个居住在若水成为魍魉,一个居住在小屋角落之间专门用疫病害人。所以每当年终事情都干完了,人们就驱逐疫鬼,借以送旧、迎新、纳吉。世间相互仿效,所以就有了解除之法。其实驱逐疫鬼的方法出现,也是礼仪败坏的结果。推行尧、舜的德政,天下太平,各种灾祸都会消失,即使不驱逐疫鬼,疫鬼也不会来害人。推行桀、纣的恶行,海内纷扰混乱,各种灾祸一齐出现,即使每天驱逐疫鬼,疫鬼仍然会来害人的。

衰世好信鬼,愚人好求福。周之季世①,信鬼修祀,以求福助。愚主心惑,不顾自行②,功犹不立③,治犹不定,故在人不在鬼,在德不在祀。国期有远近④,人命有长短,如祭祀可以得福,解除可以去凶,则王者可竭天下之财⑤,以兴延期之祀,富家翁妪可求解除之福⑥,以取逾世之寿。案天下人民⑦,夭寿贵贱⑧,皆有禄命⑨,操行吉凶⑩,皆有衰盛⑪。祭祀不为福,福不由祭祀。世信鬼神,故好祭祀。祭祀无鬼神,故通人不务焉⑫。祭祀,厚事鬼神之道也⑬,犹无吉福之验⑭,况盛力用威⑮,驱逐鬼神,其何利哉!

【注释】

①周:周朝。季世:末期。

②不顾自行:指不顾礼仪进行祭祀。

③立:成。

④国期有远近:王充认为国家的治乱兴衰是由自然条件决定的,而自然条件的变化发展有它自己的周期,与统治者的德行与政策的好坏无关。国期,指一个国家存在的时期。期,时期,期数。远近,长短。参见《治期篇》。

⑤竭:尽。

⑥翁:老头。妪(yù):老妇。

⑦案:考察。

⑧夭:短命。寿:长寿。

⑨禄:指禄命。命:指寿命。

⑩操行:指行为。

⑪衰盛:指"命"的好坏。参见《命义篇》。

⑫通人:通达事理的人。务:从事。

⑬事:侍奉。

⑭验:效验,效果。

⑮盛力:拼命使用武力。盛,大。

【译文】

没落衰败的时代喜好迷信鬼神,愚昧无知的人喜好祈求福佑。周朝末期,世风迷信鬼神讲究祭祀,借以祈求福助。昏庸的君王心思迷乱,不顾礼仪而自行祭祀,功业仍然不能成就,统治依旧不稳定,所以国家的兴衰治乱在于人事而不在于鬼神,在于德政而不在于祭祀。国家延续的时期有长短,人的寿命也有长短,如果祭祀可以求得福佑,举行解除可以消掉凶祸,那么君王可以耗尽天下的财富,用来举行延长国统的祭祀,富贵之家的老头老妇可以通过解除的方法求得福佑,以取得超过一般人的寿命。考察天下的百姓,他们寿命的长短与地位的贵贱,都有由禄命与寿命注定的,行为所造成的吉凶,都是由"命"的好坏决定的。祭祀不会得福佑,福佑也不由祭祀得来。世人迷信鬼神,所以喜好祭祀。祭祀并没有什么鬼神,所以通达事理的人是不会干这种事的。祭祀,是优厚侍奉鬼神的办法,尚且没有带来吉福的效果,更何况拼命使用武力驱逐鬼神,这会有什么好处呢!

祭祀之礼,解除之法,众多非一,且以一事效其非也①。夫小祀足以况大祭②,一鬼足以卜百神③。世间缮治宅舍④,凿地掘土,功成作毕⑤,解谢土神⑥,名曰解土。为土偶人,以像鬼神⑦,令巫祝延⑧,以解土神。已祭之后,心快意喜,谓鬼神解谢,殃祸除去。如讨论之,乃虚妄也。何以验之?夫土地犹人之体也,普天之下,皆为一体,头足相去⑨,以万里数⑩。人民居土上,犹蚤虱着人身也⑪。蚤虱食人,贼人肌肤⑫,犹人凿地,贼地之体也。蚤虱内知⑬,有欲解人之心,相与聚会,解谢于所食之肉旁,人能知之乎? 夫人不能知蚤虱之音⑭,犹地不能晓人民之言也。胡、越之人⑮,耳口相类,心意相似,对口交耳而谈,尚不相解,况人不与地相似,地之耳口与人相远乎! 今所解者地乎? 则地之耳远,不能闻也。所解一宅之土? 则一宅之土犹人一分之肉也,安能晓之! 如所解宅神乎? 则此名曰解宅,不名曰解土。礼,入宗庙,无所主意⑯,斩尺二寸之木⑰,名之曰主⑱,主心事之,不为人像。今解土之祭,为土偶人,像鬼之形,何能解乎?神,荒忽无形⑲,出入无门,故谓之神。今作形像,与礼相违,失神之实,故知其非。象似布藉⑳,不设鬼形,解土之礼,立土偶人。如祭山可为石形㉑,祭门户可作木人乎?

【注释】

①且:姑且。

②况:比拟。

③卜:占卜,推断。

④缮治:修建。缮,修。

⑤功:工程。作:兴建。

⑥解谢:祭祀禳解。解,禳解,向神祈求解除灾祸。谢,酬谢。

⑦神:底本作"形",递修本作"神",据改。

⑧祝延:祷告。

⑨相去:相离,相距。

⑩数:计算。

⑪着:附着。

⑫贼:伤害。

⑬内:内心。

⑭知:闻,听到。

⑮胡:泛指北方少数民族地区。越:泛指南方少数民族地区。

⑯主(zhù):通"注",灌,这里指倾心。意:心意。

⑰斩:砍。

⑱主:指宗庙里所立的祖先牌位,又称神主。

⑲荒忽:恍惚。

⑳象似布藉：此句疑有脱误，大意是按照礼的规定，祭祀鬼神只是象
　　征性地设一个座位。布，铺。藉，垫子，席子。

㉑形：据文意，疑当作"人"字。

【译文】

祭祀的礼仪，解除的方法，各种各样不止一种，姑且用一个事例来证
明它是错误的。小型的祭祀足以比拟大型的祭祀，以一个鬼的情况为例
就足以推知众神的情况。世间修建住宅房舍，要挖掘土地，工程兴建完
毕以后，就解谢土地神，这叫"解土"。首先做一个土偶人，以象征鬼的
形象，然后让巫师祷告，以禳解大地。祭祀过后，心快意喜，认为向鬼神
举行了解谢，殃祸就会除去了。如深入讨论这种做法，就知道这实在是
虚妄之举。用什么来证明这一点呢？土地好比是人的身体，整个天下都
是一体，头与足相距，要以万里来计算。百姓居住在土地上，就好比蚤虱
附着在人的身上一样。蚤虱吸人的血，伤害人的肌肤，就如同人挖地，伤
害地的形体一样。如果蚤虱内心有知，抱着想要解谢被咬人的心思，相
互聚在一起，在它们所咬伤的肌肤旁进行解谢，人能够知道这些吗？人
不能听到蚤虱的声音，如同土地神不能明白人的语言一样。胡地、越地
的人，口耳相类同，心意也相似，但是即使对口交耳进行交谈，尚且不能
相互了解，何况人与土地神并不相似，地的口耳与人相隔甚远啊！现在
所要解谢的是土地神吗？那么土地神的耳朵距人很远，不可能听得到。
所要解谢的是一宅之土吗？而一宅之土好比人身上的一部分肉，怎么能
明白这一点呢？所解谢的是宅神吗？那么这名称就该叫"解宅"，不该
叫"解土"。根据礼的规定，人们到宗庙里去祭祀，由于没有一个集中表
达心意的地方，就砍一根一尺二寸长的木棒，称之为神主，倾心侍奉它，
但并不设人的形象。现在解土的祭祀，设置土偶人，像鬼神的形象，怎么
能解谢呢？神，恍恍惚惚没有固定的形体，出入不需门径，所以称为神。
现在却制作形象，与礼的规定相违背，违反了神"荒忽无形"的事实，所
以知道这种做法是错的。按礼的规定，祭祀时应该只安设一个象征性的

座位,不设立鬼的形象,而解土的仪式,却设立了土偶人。如果祭山神可以做一个石人,那么祭门神户神可以制作一个木人吗?

　　晋中行寅将亡①,召其太祝②,欲加罪焉,曰:"子为我祀③,牺牲不肥泽也④? 且齐戒不敬也⑤? 使吾国亡,何也?"祝简对曰⑥:"昔日吾先君中行密子有车十乘⑦,不忧其薄也⑧,忧德义之不足也。今主君有革车百乘⑨,不忧义之薄也,唯患车之不足也⑩。夫船车饬则赋敛厚⑪,赋敛厚则民谤诅⑫。君苟以祀为有益于国乎⑬? 诅亦将为亡矣。一人祝之,一国诅之,一祝不胜万诅⑭,国亡,不亦宜乎⑮? 祝其何罪!"中行子乃惭。今世信祭祀,中行子之类也。不修其行而丰其祝⑯,不敬其上而畏其鬼;身死祸至,归之于祟⑰,谓祟未得⑱;得祟修祀,祸繁不止⑲,归之于祭,谓祭未敬。夫论解除,解除无益;论祭祀,祭祀无补;论巫祝,巫祝无力⑳。竟在人不在鬼㉑,在德不在祀,明矣哉!

【注释】

①晋:春秋时晋国,在今山西、河北西南部、河南北部。中行寅:姓荀,名寅,氏中行,春秋时晋国大夫。亡:逃走。这里是指中行寅被赵氏打败后,逃离晋国。

②太祝:掌管祭祀的官。

③子:你。

④牺牲:祭祀用的牲畜。泽:光润。

⑤且:还是。齐戒:即"斋戒",古代在祭祀前,不喝酒,不吃荤,沐浴更衣以表示虔诚,叫"斋戒"。齐,同"斋"。

⑥简:太祝的名字。

⑦先君:已故的君主。中行密子:中行寅的父亲。乘(shèng):古代
　四匹马拉的一辆兵车称为一乘。

⑧薄:少。

⑨主君:指中行寅。革车:指用皮革包车厢的车子。

⑩唯:只。患:忧,愁。

⑪饰:装饰。赋敛:税收。厚:重。

⑫谤诅:非议,咒骂。谤,指责。诅,诅咒,祈祷鬼神降祸于所恨的人。

⑬苟:如果。

⑭胜:超过。

⑮宜:应当,理所当然。

⑯修:修养。行:操行。丰:厚。

⑰祟:凶神作怪。

⑱得:知道。

⑲繁:频繁,屡次发生。

⑳无力:无能为力。

㉑竟:毕竟,归根结底。

【译文】

　　晋国中行寅将要逃亡时,召见他的太祝,想要追究他的罪责,说:"你替我祭祀,是所用的牺牲不肥美光润呢? 还是斋戒时不严肃认真呢? 使我的国家灭亡,究竟是什么原因呢?"太祝简回答说:"过去我们的先君中行密子有车十乘,但不为战车少而发愁,却为自己的德义不足而忧虑。现在主君有革车上百乘,但是不为自己德义少而忧虑,只愁战车不足。船和车装饰得越好,征收的赋税就越重,赋税重那么百姓就要指责诅咒您。您认为祭祀有益于国家吗? 那么百姓的诅咒也会使国家灭亡。一个人替您祝祷,而一国人诅咒您,一个人的祝祷肯定抵不过一万人的诅咒,国家灭亡,不也是理所当然的吗? 当太祝的又有什么罪呢?"中行子这才感到惭愧。现在社会上迷信祭祀者,就同中行子这类人一样。一个

人不注重修养自己的操行而是隆重地进行祭祀,不尊敬祖先而是害怕鬼神;将要死亡,祸殃到来时,就归罪于凶神作怪,认为是由于没有搞清楚是什么凶神在作怪的缘故;等到了解了是什么凶神在作怪,就去祭祀它,而祸乱仍然不断发生,于是又归罪于祭祀,认为是祭祀的人不恭敬造成的。若论解除,解除并没有什么好处;若论祭祀,祭祀也于事无补;若论巫祝,巫祝也无能为力。归根到底吉凶在人不在鬼,在于人的德义而不在于对鬼神的祭祀,这是很明白的了!

祀义篇第七十六

【题解】

　　本篇意在批驳祭祀鬼神可以得福的观点。当时世人认为"祭祀者必有福，不祭祀者必有祸"。他们相信"死人有知，鬼神饮食，犹相宾客，宾客悦喜，报主人恩矣"。王充针对这种观点，提出"今所祭死人，死人无知，不能饮食"；"人之死也，口鼻腐朽，安能复歆？"如果鬼神因为是否能享受到祭品而有喜怒，会赐福降祸于人，那么人们"壹祭壹否，则神壹饥壹饱，壹饥壹饱，则神壹怒壹喜矣"，这种饥饱还需仰仗人的神，怎么能认为它们神灵呢？

　　王充认为，祭祀的用意主要是为了报答被祭祀者的功德。用祭品来祭祀，是根据活人报答别人恩德的办法类推而出的。所谓鬼神享用祭品，是因为祭祀的人看到祭品"肥香"，引起了自己的食欲，所以推想出如果被祭祀者有知，也会来享用祭品的。这些其实都只是人们根据活人的经验推想出来的行为，是站不住脚的。

　　世信祭祀①，以为祭祀者必有福，不祭祀者必有祸。是以病作卜祟②，祟得修祀③，祀毕意解④，意解病已⑤，执意以为祭祀之助，勉奉不绝⑥。谓死人有知，鬼神饮食，犹相宾客⑦，宾客悦喜，报主人恩矣。其修祭祀，是也；信其享之，非也。

【注释】

①世：世人，一般人。

②是以：因此。病作：发病。卜：占卜。祟：凶神妖魔害人。

③得：找到，搞清楚。修祀：举行祭祀。

④意：指心中的疑虑。

⑤病已：病好了。已，止。

⑥勉：努力。奉：供奉，指祭祀。

⑦犹：好像。相：交接，招待。

【译文】

世人迷信祭祀，认为祭祀的人一定有福，不祭祀的人一定有祸。因此生了病就占卜是什么鬼神在作怪，弄清楚是哪个鬼神在作怪了，就举行祭祀，祭祀结束后心中疑虑就消除了，疑虑消除了病也就好了，这样一来就固执地认为是祭祀产生的作用，因而就会更加尽力地去一直祭祀。认为死人有知觉，鬼神能饮食，好像招待宾客一样，宾客高兴，就会报答主人的恩情了。他们举行祭祀，这是对的；相信鬼神能享受供物，那就错了。

实者①，祭祀之意②，主人自尽恩勤而已③，鬼神未必歆享之也④。何以明之？今所祭者报功⑤，则缘生人为恩义耳⑥，何歆享之有！今所祭死人，死人无知，不能饮食。何以审其不能歆享饮食也⑦？夫天者，体也，与地同。天有列宿⑧，地有宅舍。宅舍附地之体，列宿着天之形⑨。形体具⑩，则有口乃能食。使天地有口能食⑪，祭食宜食尽⑫。如无口，则无体，无体则气也，若云雾耳⑬，亦无能食。如天地之精神，若人之有精神矣，以人之精神，何宜饮食⑭？中人之体七八尺⑮，身大四五围⑯，食斗食，歠斗羹⑰，乃能饱足，多者三四斗。天地之广大，以万里数⑱。圜丘之上⑲，一茧栗牛⑳，粢饴大羹㉑，不过数斛㉒，以此食天地㉓，天地安能饱？天地用心，犹人用意也，人食不饱足，则怨主人，不报以德矣。必谓天地审能饱食㉔，则夫古之郊者负天地㉕。

【注释】

①实者：实际上。

②意：意义，道理。

③恩勤：心意。

④歆（xīn）享：指鬼神享受供物。歆，底本作"欲"，递修本作"歆"，据改。

⑤报功：报答功德。

⑥缘：遵循。

⑦审：确知。其：这里泛指祭祀的对象。

⑧列宿：众星宿。列，众。宿，星宿。

⑨着（zhuó）：指使接触别的事物或附在别的事物上。此指附着。

⑩具：具备。

⑪使：假使。

⑫祭食：上供的食物。宜：应该。

⑬若：如同。

⑭宜：能。

⑮中人之体：中等人的身体。七八尺：约合今五六尺。

⑯围：多指两手或两臂之间合拱的长度。

⑰歠（chuò）：喝。羹（gēng）：用肉类或菜蔬等制成的带浓汁的食物。

⑱数：计算。

⑲圜（yuán）丘：古代帝王冬至祭天的地方。后亦用以祭天地。

⑳茧栗牛：指祭天时用的牛犊，这种牛犊的角刚长出来，只有蚕茧与栗子那么大，用这种牛祭天是古代的制度。茧，蚕茧。栗，栗子。

㉑粢（zī）：特指古代祭祀时用的谷物。饴（yí）：麦芽糖。大羹：即太羹，古代祭祀用的不加调料的肉汤。

㉒斛（hú）：量词。多用于量粮食。汉代十斗为一斛。

㉓食天地：给天地吃。食，特指使鬼神享受祭献的供品。

㉔审：真，确实。

㉕郊：古代帝王在南郊祭天叫"郊"。

【译文】

　　实际上，祭祀的意义，只是主人自己尽到对鬼神的心意，鬼神未必会享受供物。用什么来证明这一点呢？如今祭祀的目的是为了报答被祭者的功德，乃是遵循活人报答恩义的办法而已，其实鬼神哪里会享受供物呢？现在所祭祀的死人，死人没有知觉，是不可能吃东西的。根据什么确知受祭祀者不能享用供物呢？天是实体，与地相同。天上有各种星宿，地上有住宅房舍。住宅房舍依附在大地的形体上，各种星宿依附在天的形体上。形体具备，就有口，才能吃东西。假使天地有口能吃东西，那么上供的食物应该会被吃光。如果没有口的话，那也就没有形体，没有形体就是气了，如同云雾一样罢了，也就不能吃东西了。如果说天地的精神，就像人具有的精神一样，就人的精神来说，怎么能吃喝东西呢？中等身材的人高七八尺，身宽四五围，要吃一斗食物，喝一斗羹汤，才能吃饱喝足，吃得多的更是要三四斗才够。天地的广大，要以万里来计算。圜丘上面，只有一头小牛犊，加上谷物、麦芽糖和羹汤，不过几斛食物而已，用这一点点东西给天地吃，天地怎么能吃得饱呢？天地的心思就同人的心思一样，人吃不饱喝不足，就会埋怨主人，不会用恩德来回报他。一定要说这一点点祭品天地确实能吃得饱的话，那么古代郊祀的帝王就对不起天地了，怎么还能得到天地的福佑呢？

山，犹人之有骨节也；水，犹人之有血脉也。故人食肠满，则骨节与血脉因以盛矣①。今祭天地，则山川随天地而饱。今别祭山川②，以为异神，是人食已，更食骨节与血脉也③。

【注释】

①盛：强壮。

②别：另外。

③更：再。

【译文】

山，好比人身上拥有的骨骼一样；水，好比人身上拥有的血脉一样。所以人吃饱了，那么骨骼和血脉也就随之强健旺盛起来了。现在祭祀天地，那么山川也会随天地而吃饱的。如今又另外祭祀山川，认为它们是与天地不同的神，这就好比人吃完了，还要让骨骼和血脉再吃一次饭一样。

社稷①，报生谷物之功。万民生于天地②，犹毫毛生于体也。祭天地，则社稷设其中矣③，人君重之④，故复别祭⑤。必以为有神，是人之肤肉当复食也。五祀初本在地⑥，门、户用木与土⑦，土木生于地，井、灶、室中霤皆属于地⑧，祭地，五祀设其中矣，人君重之，故复别祭。必以为有神，是食已，当复食形体也。风伯、雨师、雷公，是群神也。风，犹人之有吹煦也⑨；雨，犹人之有精液也；雷，犹人之有腹鸣也⑩。三者附于天地，祭天地，三者在矣，人君重之，故复别祭⑪。必以为有神，则人吹煦、精液、腹鸣当复食也。日、月，犹人之有目;星辰,犹人之有发。三光附天[12],祭天,三光在矣,人君重之,故复别祭。必以为有神,则人之食已,复食目与发也。

【注释】

①社稷:这里指祭祀社稷。社,土地神。稷,谷神。

②万民:人民。

③设:设置,在。

④人君:君主。重:尊重。之:指社稷。

⑤复:又。

⑥五祀:五种祭祀。说法不一,这里指祭祀门神、户神、灶神、井神、中霤神。

⑦户:单扇门。

⑧中霤(liù):家中祭祀的宅神。

⑨吹煦(xǔ):呼气。

⑩腹鸣:肚子里发出响声。

⑪故复别祭:底本无“别”,递修本“故”字下有一“别”字,据补。

⑫三光:指日、月、星。

【译文】

祭祀社稷,是为了报答它们生育谷物的功德。人民生长在天地之间,好比毫毛生长在人体上一样。祭祀天地,社稷也包括在其中了,但因为君王尊重社稷,所以又另外去祭祀。一定要认为社稷神灵,这等于说人吃饱后皮肤和肌肉还要再吃东西。五种祭祀的对象起初都来源于土地,门、户是用土和木制造的,土和木生于地,井神、灶神、室中霤都属于地,祭祀土地,五祀的对象就都包括在其中了,但因为君王尊重五祀,所以又另外去祭祀。一定认为五祀的对象神灵,这等于说人吃饱了还要再给身体的其他部分吃东西。风伯、雨师、雷公,是一般的神。风,好比人有呼吸一样;雨,好比人有精液一样;雷,好比人有腹鸣一样。风、雨、雷三者都附属于天地,祭祀天地时,这三者都包括在其中了,但因为君王尊重这三者,所以又另外祭祀。一定认为风、雨、雷神灵,那么人的呼吸、精液、腹鸣都应当在人吃饱了以后还要再去吃东西了。日月,好比人有眼睛;星辰,好比人有毛发。日月星辰依附于天,祭祀天时,日月星辰就都包括在其中了,但由于君王尊重日月星辰,所以又另外祭祀它们。一定认为日月星辰神灵,就等于是说人吃饱了,还要给眼睛和毛发再吃东西。

宗庙①,己之先也②。生存之时,谨敬供养③,死不敢不信④,故修祭祀,缘生事死⑤,示不忘先⑥。五帝三王郊⑦,宗黄帝、帝喾之属,报功重力⑧,不敢忘德,未必有鬼神审能歆享之也。夫不能歆享,则不能神;不能神,则不能为福⑨,亦不能为祸。祸福之起,由于喜怒;喜怒之发,由于腹肠。有腹肠者辄能饮食⑩,不能饮食则无腹肠,无腹肠则无用喜怒⑪,无用喜怒则无用为祸福矣。

【注释】

① 宗庙:古代祭祀祖先的地方。

② 先:祖先。

③ 谨:谨慎。

④ 信:诚,虔诚。

⑤ 生:底本作"先",据他本改。事:侍奉。

⑥ 示:表示。

⑦ 郊:古代祭天时以祖先配祭。

⑧ 重:底本作"坚",递修本作"重",据改。重,尊重。力:辛劳。

⑨ 为:造。

⑩ 辄:就。

⑪无用：无从，不能。

【译文】

　　宗庙，是人们祭祀自己祖先的地方。祖先活着的时候，谨慎恭敬地供养他们，祖先死了以后对他们也不敢不虔诚，所以举行祭祀，遵循侍奉活人的道理去侍奉死去的祖先，表示不忘记祖先的功德。五帝三王祭天时常配祀黄帝、帝喾等的祖先，是为了报答他们的功德，崇尚他们的辛劳，不敢忘记祖先的功德，未必有鬼神真能享用供物。既然不能享用供物，就不能成为神；既然不能成为神，就不能赐福于人，也不能为祸于人。祸福的产生，是由于鬼神的喜怒；喜怒的产生，出于鬼神的腹肠。有腹肠就能吃喝，不能吃喝就说明没有腹肠，没有腹肠就不能产生喜怒之情，不能产生喜怒之情就无从造成祸福了。

　　或曰①："歆气②，不能食也。"夫歆之与饮食，一实也。用口食之，用口歆之。无腹肠则无口，无口，无用食，则亦无用歆矣。何以验其不能歆也？以人祭祀有过③，不能即时犯也④。夫歆不用口则用鼻矣。口鼻能歆之则目能见之，目能见之则手能击之。今手不能击，则知口鼻不能歆之也。

【注释】

①或：有的人。

②歆气：指鬼神吸取祭品的香味。

③以：根据。过：差错。

④即时：立即。犯：侵犯，这里指处罚。

【译文】

　　有人说："鬼神只是吸取供品的香气，并不是真的能吃供品。"吸取香气与吃喝，是同一回事。用口吃供品，也是用口吸取供品的香气。没有腹肠就没有口,没有口,就无法吃东西,也就无从吸取供品的香气了。根据什么证明它们不能吸取香气呢?根据人们祭祀时如果出现了差错,鬼神却不能立即惩罚他们就可以作为证明。吸取香气不用口就用鼻。口鼻能吸取香气眼睛就能看见供品,眼睛能看到供品手就能打到祭祀犯错的人。现在手不能打到祭祀犯错的人,就知道口鼻不能吸取供品的香气了。

或难曰①:"宋公鲍之身有疾②。祝曰夜姑③,掌将事于厉者④。厉鬼杖楫而与之言曰⑤:'何而粢盛之不膏也⑥?何而刍牺之不肥硕也⑦?何而珪璧之不中度量也⑧?而罪欤⑨?其鲍之罪欤?'夜姑顺色而对曰⑩:'鲍身尚幼⑪,在襁褓⑫,不预知焉⑬。审是掌之⑭。'厉鬼举楫而捂之⑮,毙于坛下⑯。此非能言用手之验乎⑰?"

【注释】

①难:责难,反驳。

②宋公鲍:春秋时宋国君主宋文公,名鲍,前610—前589年在位。

③祝:主持祭祀的官。夜姑:人名。

④掌:主管。将事:奉命行事。厉者:厉鬼。

⑤杖:拄。楫(jí):船桨。

⑥而:你。粢(zī)盛:装载于祭器里以供祭祀的谷物。膏:肥美,丰富。

⑦刍(chú)牺:祭祀用的吃草长大的牲畜,指牛羊。刍,同"刍",草。牺,祭祀用的纯色牲畜。肥硕:肥大,肥胖。硕,大。

⑧珪璧:两种玉器。中(zhòng):符合。度量:指标准尺寸。

⑨欤(yú):表示疑问的语气词。

⑩顺色:和颜悦色。

⑪身:自身,本人。尚:还。

⑫在襁褓(qiǎng bǎo):形容孩子小。襁褓,背负婴儿用的宽带和包
　裹婴儿的被子。后亦泛指婴儿包。

⑬预知:过问。预,参与。

⑭审:确实。

⑮掊(pǒu):砸。

⑯毙:死。坛:祭祀用的土台。

⑰验:效验,证明。

【译文】

　　有人反驳说:"宋文公鲍的身体有病。主持祭祀官名叫夜姑,奉命掌管祭祀厉鬼的事。厉鬼拄着船桨对夜姑说:'为什么你上供的谷物不丰富?为什么你上供的牺牲不肥大?为什么你用的圭璧不符合标准尺寸?这是你的罪过呢?还是宋公鲍的罪过呢?'夜姑和颜悦色地回答说:'宋公鲍本人还年幼,仍在襁褓之中,没有参与过问这件事。确实是我在主管此事。'于是厉鬼举起船桨打夜姑,将之打死于祭坛下。难道这不是鬼能说话能用手打人的证明吗?"

　　曰:夫夜姑之死,未必厉鬼击之也,时命当死也①。妖象厉鬼②,象鬼之形则象鬼之言,象鬼之言则象鬼而击矣。何以明之?夫鬼者,神也,神则先知。先知则宜自见粢盛之不膏,珪璧之失度,牺牲之臞小③,则因以责让夜姑④,以楫击之而已,无为先问⑤。先问,不知之效也⑥;不知,不神之验也。不知不神,则不能见体出言⑦,以楫击人也。夜姑,义臣也⑧,引罪自予已⑨,故鬼击之。如无义而归之鲍身,则厉鬼将复以楫掊鲍之身矣。且祭祀不备⑩,神怒见体,以杀掌祀⑪。如礼备神喜,肯见体以食赐主祭乎?人有喜怒,鬼亦

有喜怒。人不为怒者身存⑫，不为喜者身亡⑬，厉鬼之怒，见体而罚。宋国之祀，必时中礼，夫神何不见体以赏之乎？夫怒喜不与人同⑭，则其赏罚不与人等⑮；赏罚不与人等，则其掊夜姑，不可信也。

【注释】

①时：当时。命：这里指寿命。

②妖：妖象。王充认为，国家或人将亡，会有凶的征兆出现，一般将其称为"妖"；国家或人将兴，会有吉祥的征兆出现，称为"祥"。参见《纪妖篇》《订鬼篇》。

③臞（qú）小：瘦小。臞，瘦。

④责让：责备。

⑤无为：用不着。

⑥效：证明。

⑦见（xiàn）体：现行。见，同"现"。出言：说话。

⑧义：正直。

⑨已：疑为衍文。

⑩备：完善，周全。

⑪掌祀：主持祭祀之人。

⑫存：存在，出现。

⑬亡：消失。

⑭夫怒喜不与人同：意思是，人的身体不因为喜怒存亡，而鬼却是发怒现身，欢喜就不现身，二者是不同的。

⑮则其赏罚不与人等：意思是，既然鬼神怒喜与人不同，那么赏罚也就与人两样，怒不一定要罚人，喜不一定要赏人。

【译文】

我以为：夜姑的死，未必是因为厉鬼打他造成的，而是他命里注定当时该死。妖象以厉鬼的形象出现，以厉鬼的形象出现就会以厉鬼的形象说话，以厉鬼的形象说话就会以厉鬼的形象打人。用什么来证明这一点呢？鬼，很神灵，既然很神灵就会有先知先觉。有先知先觉就应当亲自能看到谷物不丰厚，圭璧不合尺寸，牺牲的瘦小，就可以用这些理由去责备夜姑，用船桨打他就行了，用不着事先提问。既然事先提问，就是它不能先知先觉的证明；没有先知先觉，就是它不神灵的证明。既然没有先知先觉也不神灵，就不能现形说话，用船桨去打人。夜姑是正直的臣子，把罪过归到自己头上，所以鬼打死了他。如果他不正直而把罪过推到宋文公鲍身上，那么厉鬼又会用船桨去打宋文公鲍了。况且祭祀准备不周全，鬼神就会发怒而现出形体，因而杀死掌管祭祀的人。如果祭祀的礼节周到鬼神高兴了，它会显现形体把食品赐给主祭的人吗？人有喜怒，鬼神也有喜怒。人不会为有发怒的事才使自身存在，也不会为有高兴的事而使自身消失，厉鬼发怒，表现为显露形体而进行惩罚。宋国的祭祀，必定有符合礼节的时候，为什么鬼神不显现形体而赏赐他们呢？既然鬼神的喜怒与人不同，那么鬼神的赏罚也与人不相同；鬼神的赏罚与人不一样，那么关于厉鬼因为发怒而击打夜姑的说法，就不可信了。

　　且夫歆者，内气也①；言者，出气也。能歆则能言，犹能吸则能呼矣。如鬼神能歆，则宜言于祭祀之上。今不能言，知不能歆，一也。凡能歆者，口鼻通也。使鼻鼽不通②，口钳不开③，则不能歆矣。人之死也，口鼻腐朽，安能复歆？二也。《礼》曰："人死也，斯恶之矣。"④与人异类，故恶之也。为尸不动，朽败灭亡，其身不与生人同，则知不与生人通矣⑤。身不同，知不通，其饮食不与人钧矣⑥。胡、越异类⑦，饮食殊味⑧。死之与生，非直胡之与越也⑨。由此言之，死人不歆，三也。当人之卧也⑩，置食物其旁，不能知也。觉乃知

之⑪,知乃能食之。夫死,长卧不觉者也,安能知食?不能歆
之,四也。

【注释】

①内:同"纳",吸入。

②鼽(qiú):鼻子堵塞不通。

③钳:闭住。

④"《礼》曰"几句:引文参见《礼记·檀弓下》。《礼》,《礼记》。斯,
　即,就。恶(wù),讨厌,憎恨。

⑤知:知觉。

⑥钧:通"均",一样。

⑦胡:泛指北方的少数民族。越:泛指南方的少数民族。类:族类。

⑧殊味:口味不同。

⑨非直:不仅仅。直,仅仅。

⑩卧:睡眠。也:表示停顿的语气词。

⑪觉:睡醒。

【译文】

　　况且所谓的"歆",是吸入气;"言",是呼出气。能吸入香气就能说
话,就好比能吸就能呼一样。如果鬼神能吸入供品的香气,那么就应当
能在祭坛上说话。现在它们不能说话,就可知鬼神不能吸入香气,这是
第一点。凡是能吸入香气的,那么口鼻就是通畅的。假使鼻子堵塞不
通,口紧闭不张开,就不能吸入供品的香气了。人死后,口鼻都腐朽了,
怎么还能吸入香气呢?这是第二点。《礼记》上说:"人死了,就会被人厌
恶。"死人与活人不同类,所以人们厌恶死人。人死后变成尸体不动,很
快就会朽败灭亡,他的身体与活人不相同,那么知觉也就不能和活人相
通了。身体不同,知觉不通,他们的饮食就与活人不一样了。胡、越是不
同的族类,口味大不相同。死人与活人的差别,可不仅仅是胡人和越人

的区别啊。由此说来，死人不会吸取供品的香气，这是第三点。当人睡觉的时候，把食物放置在他的旁边，他是不能知道的。只有等他睡醒了才知道有食物在旁边，也只有知道了以后才能去吃食物。死人，就等于是长卧不醒的人，怎么会知道吃东西呢？可见死人是不能享用供物的香气的，这是第四点。

或难曰："'祭则鬼享之'①，何谓也？"曰：言其修具谨洁②，粢牲肥香，人临见之③，意饮食之④。推己意以况鬼神⑤，鬼神有知，必享此祭，故曰"鬼享之"也。

【注释】

①祭则鬼享之：参见《孝经·孝治章》。

②修具：指准备贡品。谨：谨慎。洁：整洁。

③临：面对着。

④意：想。

⑤况：比方，比拟。

【译文】

有人反驳说："《孝经》上说'祭祀时鬼就来享用祭品'，这是什么意思呢？"我以为：这是说人准备祭品又认真又整洁，谷米清香牺牲肥大，人面对着这些祭品，就会想吃这些东西。人拿自己的想法去推知鬼神的想法，认为鬼神如果有知觉，必定会来享用这些祭品，所以说"鬼来享用祭品"。

难曰："《易》曰：'东邻杀牛，不如西邻之祠祭①。'夫言东邻不若西邻，言东邻牲大福少，西邻祭少福多也。今言鬼不享，何以知其福有多少也？"曰：此亦谓修具谨洁与不谨洁也。纣杀牛祭，不致其礼^②；文王礿祭，竭尽其敬。夫礼不至^③，则人非之；礼敬尽，则人是之^④。是之则举事多助^⑤，非之则言行见畔^⑥。见畔，若祭不见享之祸；多助，若祭见歆之福，非鬼为祭祀之故有喜怒也。何以明之？苟鬼神^⑦，不当须人而食^⑧。须人而食，是不能神也。信鬼神歆祭祀^⑨，祭祀为祸福，谓鬼神居处何如状哉^⑩？自有储偫邪^⑪？将以人食为饥饱也^⑫？如自有储偫，储偫必与人异，不当食人之物。如无储偫，则人朝夕祭乃可耳。壹祭壹否，则神壹饥壹饱，壹饥壹饱，则神壹怒壹喜矣。

【注释】

① "《易》曰"几句：引文参见《周易·既济》。意思是说东邻杀牛盛祭不如西邻用饭菜薄祭为好。《易》，《周易》。东邻，指纣王，因为商朝的都城朝歌（在今河南淇县）在周的东方，所以称为"东邻"。西邻，指周文王姬昌。当时周是一个诸侯国，因为它的国都岐（在今陕西岐山东北）在商朝都城的西方，所以称他为"西邻"。杀牛，杀牛祭祀。礿（yuè）祭，一种薄祭的名称。祭品只用饭菜，不用杀牲。《王注》曰："牛，祭之盛者。禴，祭之薄者。"

② 致：尽到。

③ 至：周到。

④ 是：赞成，肯定。

⑤ 举：兴，办。多助：帮助的人多。

⑥ 见畔：遭到反对。畔，通"叛"。

⑦ 苟：假如。

⑧ 须：等待。

⑨ 信：真。

⑩居处：指日常生活。

⑪储偫（zhì）：储备，特指存储物资以备用。偫，储备。

⑫将：还是。

【译文】

　　有人反驳说："《周易》上说：'东邻杀牛祭祀，比不上西邻用饭菜来祭祀。'说东邻不如西邻，是说东邻上供的牲畜大却得到的福佑少，而西邻的祭品少却得到的福佑多。现在说鬼不能享用供物，那么又怎么能知道它所赐的福有多少呢？"我以为：这也是讲准备供品认真不认真，整洁不整洁的问题。纣王杀牛祭祀，却没有尽到礼节；文王用饭菜祭祀，却竭尽了他对鬼神的诚敬。礼节不周到，人们就要非议他；礼节虔诚周到，就会得到人们的肯定。得到人们的肯定，那么他办事情赞助他的人就多；遭人非议，那么他的言行就会遭到反对。遭到反对，就好像是祭品不被鬼神享用而带来的灾祸；赞助的人多，就好像是祭品被鬼神享用而带来的福佑，其实并不是鬼神由于祭祀好坏的缘故而有喜有怒。用什么来证明这一点呢？假如鬼是神灵的，就不应当等人们上供才吃东西。等人们上供才吃东西，这就是不神灵的表现。如果鬼神真的能享受祭祀的供品，因为祭祀的好坏而带来祸福，那么鬼神的日常生活是什么样子的呢？是鬼神自有储备的食物呢？还是以人们上供与否作为饥饱的条件呢？如果自有储备，那么鬼神储备的食物必然和人的食物不同，那么就不该吃人的食物。如果没有储备，那么鬼神就要人们每天早晚都祭祀才行。有时祭祀有时不祭祀，那么鬼神就会有时饥有时饱，时而饥时而饱，那么鬼神就会时而愤怒时而欢喜了。

　　且病人见鬼，及卧梦与死人相见①，如人之形②，故其祭祀如人之食。缘有饮食，则宜有衣服，故复以缯制衣③，以象生仪④。其祭如生人之食，人欲食之，冀鬼飨之⑤。其制衣也,广纵不过一尺若五六寸⑥。以所见长大之神贯一尺之衣⑦,其肯喜而加福于人乎？以所见之鬼为审死人乎？则其制衣宜若生人之服。如以所制之衣审鬼衣之乎⑧？则所见之鬼宜如偶人之状⑨。夫如是也,世所见鬼非死人之神,或所衣之神非所见之鬼也。鬼神未定⑩,厚礼事之,安得福祐而坚信之乎？

【注释】

①及：以及。卧梦：睡梦中。

②如：象。

③缯（zēng）：丝织品的总称。

④仪：仪表,外表。

⑤冀：希望。飨（xiǎng）：通"享",神鬼享用祭品。

⑥广纵：指衣服的肥瘦长短。若：或。

⑦贯：穿。

⑧鬼衣（yì）之乎：此"衣"为"穿"意。

⑨偶人：指泥塑或木雕的假人,一般都很小。

⑩未定：还不能确定。

【译文】

况且病人看见鬼,以及睡梦中见到的死人,都像人的形状,所以祭祀时摆的祭品和人吃的东西一个样。根据鬼要吃饭来推论,那么鬼也应该有衣服,所以又用丝绸给鬼做衣服,以仿效活人的仪表。祭祀鬼神的供品如同活人吃的食物,活人想吃这些东西,所以也希望鬼能享用这些祭品。人们给鬼做衣服,长短不过一尺或五六寸。让所见到的又高又大的鬼神来穿一尺长短的衣服,难道鬼会高兴而给人们带来福祐吗？认为所见到的鬼果真是死去的人吗？那么给它做衣服就应该像活人的衣服一样。如果把所做的小衣服真的给鬼穿上啊，那人们在睡梦中所见到的鬼就该像木雕泥塑的偶人的样子。这样说来，世人所见到的鬼并不是死人的神灵，或许能穿这种衣服的神并不是所见到的鬼。鬼神是什么还不能肯定，就用丰厚的礼节去侍奉它，怎么会得到鬼神的福祐，而对它坚信不疑呢？

祭意篇第七十七

【题解】

    本篇是对《祀义篇》的补充与发挥，进一步论述了祭祀的意义。王充通过对各种祭祀仪式来源的追溯，指出世间所有的祭祀，其目的都是"皆为思其德，不忘其功也"。就是说，祭祀的意义就在于尊重祖先的恩德与纪念有功之人、有功之物两个面。举行祭祀使人们依据活人赏功养老的道理推演出来的，"未必有鬼而享之者"。祭祀的目的是为了勉励活人尽力，提倡尊崇恩德，是圣人实现"功立化通"的手段。

    王充在本篇中多次重申"人死无知，其精不能为鬼"的观念，反对祭祀可以招致吉凶祸福的理论，更是在结语中断言"鬼神无喜怒，则虽常祭而不绝，久废而不修，其何祸福于人哉？"从《四讳篇》到《解除篇》，就是王充批判当时流行的各种忌讳的八篇文章。而之后《祀义篇》与《祭意篇》则表达了王充对于祭祀的看法，综合这几篇文章，可以全面了解王充对于当时所流行迷信活动的观点。

    《礼》，王者祭天地，诸侯祭山川，卿、大夫祭五祀[①]，士、庶人祭其先[②]。宗庙、社稷之祀[③]，自天子达于庶人[④]。《尚书》曰："肆类于上帝，禋于六宗，望于山川，遍于群臣。"[⑤]

《礼》曰⑥："有虞氏禘黄帝而郊喾⑦，祖颛顼而宗尧⑧；夏后氏亦禘黄帝而郊鲧⑨，祖颛顼而宗禹；殷人禘喾而郊冥⑩，祖契而宗汤⑪；周人禘喾而郊稷⑫，祖文王而宗武王⑬。燔柴于大坛⑭，祭天也，瘗埋于大折⑮，祭地也，用骍犊⑯。埋少牢于大昭⑰，祭时也⑱；相近于坎坛⑲，祭寒暑也；王宫⑳，祭日也；夜明㉑，祭月也；幽禜㉒，祭星也；雩禜㉓，祭水旱也；四坎坛㉔，祭四方也。山林、川谷、丘陵能出云，为风雨，见怪物㉕，皆曰神。有天下者祭百神㉖。诸侯在其地则祭㉗，亡其地则不祭㉘。"此皆法度之祀㉙，礼之常制也。

【注释】

①五祀：说法不一，《白虎通义·五祀》指祭门、户、井、灶、中霤五种神。

②庶人：平民。先：祖先。

③宗庙：古代祭祀祖先的地方。社稷：古代帝王、诸侯所祭的土地神和谷神。社，指土地神。稷，指谷神。

④达：到。

⑤"《尚书》曰"几句：引文参见今本《尚书·舜典》。肆，遂，于是。类，在常规的祭天时间以外，临时根据情况（如战争）祭天叫"类"。禋（yīn），古代祭天的一种仪式，先烧柴冒烟，再加牲及玉帛烧之。六宗，说法不一，据文意，王充指的是上、下、四方间的游神。望，祭祀山川叫望。臣，今本《尚书·舜典》作"神"。

⑥"《礼》曰"几句：引文参见《礼记·祭法》。《礼》，《礼记》。

⑦有虞氏禘（dì）黄帝而郊喾（kù）：指舜时把黄帝作为远祖来祭祀而以帝喾配祭。有虞氏，指舜的时期。禘，古代祭名，君主祭祀他所追尊的始祖以前的远祖叫"禘"。郊，古代君主祭天配以祖先叫"郊"，这里泛指配祭。喾，传说中的上古帝王，传说是尧的父亲。

⑧祖颛顼（zhuān xū）而宗尧：传说颛顼是舜的六世祖，所以舜把颛顼作为始祖来祭祀，而以尧配祭。祖，始祖庙，这里指祭祀始祖。颛顼，传说中的上古帝王。宗，宗庙，尊贵地位次于始祖庙。

⑨夏后氏：指夏朝。鲧（gǔn）：禹的父亲，传说是颛顼的儿子。

⑩殷：商朝。冥（míng）：传说是商朝的祖先，契的后代。

⑪契（xiè）：传说是商朝的始祖。汤：商朝的第一个君主。

⑫稷：后稷，传说是周朝的始祖。

⑬文王：周文王，周朝的奠基人。武王：周朝的第一个君主。

⑭燔（fán）柴：祭天时举行的一种仪式。燔，焚烧。大坛：同"太坛"，君主祭天的地方。坛，筑土为台，用于祭祀。

⑮瘗（yì）埋：指把祭品埋入地下。瘗，埋。大折：同"太折"，祭地的地方。

⑯骍（xīng）犊：毛色纯赤的小牛。

⑰少牢：古代祭祀时牛、羊、猪三牲俱全（或单用牛）称"太牢"，只用羊和猪（或单用羊）称"少牢"。大昭：同"太昭"，祭祀的地方。

⑱时：指四时，即春、夏、秋、冬。

⑲相近：据《礼记·祭法》郑玄注，"相近"是"禳祈"之误，禳祈是求神消灾降福的意思。坎坛：古代挖地为坎，垒木为坛。坎以祭寒、月等神，坛以祭暑、日等神。

⑳王宫：日坛。

㉑夜明：月坛。

㉒幽禜（yǒng）：星坛。禜，古代一种禳灾的祭祀。禜，底本作"宗"，递修本作"禜"，据改。下文"雩禜"之"禜"同此。

㉓雩（yú）禜：祭水旱坛。雩，求雨的祭祀。

㉔四坎坛：东、南、西、北四方各设一坎一坛，合称四坎坛。

㉕见：同"现"，显现，显露。

㉖有天下者：统治天下的人，指帝王。

㉗在：拥有。地：封地。

㉘亡：丧失。

㉙法度：法制。

【译文】

按照《礼》的规定：君主祭祀天地，诸侯祭祀山川，卿、大夫祭祀五祀，士及百姓祭祀自己的祖先。对祖先、土地神及谷神的祭祀，是从天子一直到平民都要举行的。《尚书》说："于是对上天进行'类'祭，对六宗进行'禋'祭，祭祀山川，遍祭群神。"《礼记》说："指舜时把黄帝作为远祖来祭祀而以帝喾配祭，把颛顼作为始祖来祭祀而以尧配祭；夏朝也把黄帝作为远祖来祭祀而以鲧配祭，把颛顼作为始祖来祭祀而以禹配祭；商朝把帝喾当作远祖来祭祀而以冥配祭，把契作为始祖来祭祀而以汤配祭；周朝把帝喾作为远祖来祭祀而以稷配祭，把文王作为始祖来祭祀而以武王配祭。在太坛上烧柴以祭天，在太折下埋祭品以祭地，祭天地都用纯赤色的小牛作为牺牲。埋少牢在太昭以祭四时，在坎坛襢祈以祭寒暑，在日坛祭日，在月坛祭月，在幽禜祭星，在雩禜祭水旱之神，在四坎坛祭四方之神。山林、川谷、丘陵能生出云，产生风雨，出现怪物，都称为神。统治天下的天子祭祀百神。诸侯拥有封地就举行祭祀，失去了他的封地就不祭祀了。"这些都是法定的祭祀，是礼所规定的常规制度。

王者父事天①，母事地，推人事父母之事②，故亦有祭天地之祀。山川以下③，报功之义也④。缘生人有功得赏⑤，鬼神有功亦祀之。山出云雨润万物，六宗居六合之间⑥，助天地变化，王者尊而祭之，故曰六宗。社稷，报生万物之功，社报万物，稷报五谷。五祀报门、户、井、灶、室中霤之功，门、户人所出入，井、灶人所饮食，中霤人所托处⑦，五者功钧⑧，故俱祀之。

【注释】

①事:侍奉。

②推:类推。

③山川:指山林、川谷、丘陵等神。

④义:意思。

⑤缘:根据。生人:活人。

⑥六合:指上、下、东、西、南、北。

⑦托处:依托和居处。

⑧钧:通"均",等同。

【译文】

　　君王像对待自己的父亲一样侍奉天,像对待自己的母亲一样侍奉地,根据人们侍奉父母的事例来类推,所以也就有了对天地的祭祀。祭祀山林、川谷、丘陵等诸神,用意在于报答它们的功劳。根据活人有功劳就获得奖赏的道理类推,鬼神有了功劳也应祭祀来报答它们。山川涌出云雨来滋润万物,六方游神居处在六合之间,辅助天地的变化,君王尊重它们而祭祀它们,所以称为六宗。祭祀社稷神是为了报答它们生育万物的功劳,其中祭祀社神是报答它生育万物的功劳,祭祀谷神是报答它生育五谷的功劳。进行五祀,是报答门神、户神、井神、灶神、室中霤神的功劳,门、户是人们出入的地方,井、灶是供人饮食的处所,中霤是人依托和居住的地方,五种神的功劳相等,所以都应当祭祀它们。

　　传或曰①:"少昊有四叔,曰重,曰该,曰修,曰熙,实能金、木及水②。使重为句芒③,该为蓐收④,修及熙为玄冥⑤,世不失职⑥,遂济穷桑⑦,此其三祀也⑧。颛顼氏有子曰犁⑨,为祝融⑩;共工氏有子曰句龙⑪,为后土⑫,此其二祀也。后土为社。稷,田正也⑬。有烈山氏之子曰柱⑭,为稷,自夏以上祀之。周弃亦为稷[15]，自商以来祀之[16]。”《礼》曰：“烈山氏之有天下也，其子曰柱，能殖百谷。夏之衰也，周弃继之，故祀以为稷。共工氏之霸九州也，其子曰后土，能平九土，故祀以为社。”[17]传或曰：“炎帝作火，死而为灶。禹劳力天下，水死而为社。”[18]《礼》曰：“王为群姓立七祀，曰司命，曰中霤，曰国门，曰国行，曰泰厉，曰户，曰灶。诸侯为国立五祀，曰司命，曰中霤，曰国门，曰国行，曰公厉。大夫立三祀，曰族厉，曰门，曰行。適士立二祀，曰门，曰行。庶人立一祀，或立户，或立灶。”[19]社稷、五祀之祭，未有所定，皆为思其德，不忘其功也。中心爱之[20]，故饮食之[21]。爱鬼神者祭祀之。自禹兴[22]，修社稷[23]，祀后稷，其后绝废[24]。

【注释】

① “传或曰”以下几句：引文参见《左传·昭公二十九年》。传或，底本作“周弃”，章录杨校宋本作“传或”，据改。

② “少昊有四叔”几句：少昊，传说中的上古帝王，黄帝的儿子。四叔，指子孙四人。重，人名，传说当过木官（“木正”）。该，人名，传说当过金官（“金正”）。修，人名，传说当过水官（“水正”）。熙，人名，传说他接替修当过水官。

③ 句（gōu）芒：即“木正”。

④ 蓐（rù）收：即“金正”。

⑤ 玄冥：即“水正”。

⑥ 世：世世代代。

⑦ 济：成。穷桑：古地名，传说在今山东曲阜北，少昊在此地登位。这里指少昊。

⑧三祀:指报答"木正""金正""水正"功劳的祭祀。

⑨犁:人名。

⑩祝融:即火官"火正"。

⑪共工氏:这里指传说中神农氏之前的一位水官,曾在伏羲氏、神农氏之间称霸。参见《汉书·律例志下》。句(gōu)龙:人名。

⑫后土:即土官("土正")。

⑬田正:田官。

⑭烈山氏:即神农氏。柱:人名。

⑮弃:人名,传说中周代的始祖,尧时为农师,舜时称为后稷。

⑯自商以来祀之:传说商灭夏后,废除夏朝祭祀的谷神柱,立弃为谷神。

⑰"《礼》曰"几句:引文参见《礼记·祭法》。殖,种植。霸,武力征服。九州,古代中国分为九个州,这里泛指全国。九土,九州的土地,即全国的土地。

⑱"传或曰"几句:引文参见《淮南子·氾论训》。炎帝,即神农氏。灶,即灶神。水死,死于治水的事业。社,即社神。

⑲"《礼》曰"几句:引文参见《礼记·祭法》。群姓,百姓。司命,掌管人生死的神。国门,城门神。国行,路神。泰厉,没有后嗣的帝王的鬼魂。这种鬼魂据说无所归依,常祸害人,所以要单独祭祀他。公厉,没有后嗣的诸侯的鬼魂。族厉,没有后嗣的大夫的鬼魂。適(dí)士,士的嫡长子一支世代为"士",称"適士"。適,同"嫡"。

⑳爱:思慕。

㉑饮食:供给吃喝。

㉒兴:兴起,指治洪水有功。

㉓修:整治,这里指举行祭祀。

㉔绝废:废除。

【译文】

有的传上说:"少昊有子孙四人,名叫重、该、修、熙,他们确实能主管金、木和水。指派重任句芒,该任蓐收,修和熙任玄冥,世代没有失职,于是完成了少昊传下来的功业,这就是报答木正、金正、水正功劳的祭祀。颛顼氏有个儿子叫犁,担任火正;共工氏有个儿子叫句龙,担任土正,这就是报答火正、土正功劳的祭祀。后土是社神。后稷是田正。烈山氏的儿子叫柱,担任田正,夏朝以前一直都祭祀他。周弃也担任田正,从商朝以来一直都祭祀他。"《礼记》说:"烈山氏拥有天下,他的儿子叫柱,能种植百谷。对他的祭祀在夏朝衰落后,周弃接替了柱的位置,所以又把弃当作谷神来祭祀。共工氏称霸九州时,他的儿子叫后土,能安定九州的土地,所以把他当土地神来祭祀。"有的传说:"炎帝创造了火,死后就被当成灶神来祭祀。禹历尽辛苦治理天下水患,死后就被当成土地神来祭祀。"《礼记》说:"帝王为百姓规定了七种祭祀对象,分别是司命、中霤、国门、国行、泰厉、户、灶。诸侯为国人规定了五种祭祀对象,分别是司命、中霤、国门、国行、公厉。大夫规定了三种祭祀对象,分别是族厉、门、行。嫡士规定了两种祭祀对象,分别是门、行。庶人规定了一种祭祀对象,是户神,或灶神。"关于社稷、五祀的祭祀,其对象没有具体的规定,但其目的都是为了思念他们的恩德,不忘记他们的功劳。人们心中思慕他们,因此供给他们吃喝。思慕鬼神的人就祭祀它们。自从夏禹因治水有功而被当作土地神祭祀,后稷被当作谷神祭祀,其后这些祭祀就全都废除,祭祀的对象也从禹和后稷变为别人了。

　　高皇帝四年[①],诏天下祭灵星[②];七年,使天下祭社稷。灵星之祭,祭水旱也[③],于礼旧名曰雩。雩之礼,为民祈谷雨,祈谷实也。春求雨,秋求实[④],一岁再祀[⑤],盖重谷也。春以二月[⑥],秋以八月。故《论语》曰:"暮春者,春服既成,

冠者五六人,童子六七人,浴乎沂,风乎舞雩,咏而归。"⑦暮
春,四月也。周之四月,正岁二月也⑧。二月之时,龙星始
出⑨,故传曰:"龙见而雩。"⑩龙星见时,岁已启蛰而雩⑪。春
雩之礼废,秋雩之礼存,故世常修灵星之祀⑫,到今不绝。名
变于旧,故世人不识;礼废不具,故儒者不知。

【注释】

①高皇帝四年:指汉高祖四年,即前203年。

②诏:指皇帝发布的命令。灵星:王充认为即是传说中主管农业的
　龙星(大火星),祭祀灵星是为了祈求丰收。

③祭水旱:由于干旱,祭祀灵星以求雨。

④"春求雨"二句:底本作"春求实",递修本作"春求雨,秋求实",
　据改。

⑤再:两次。

⑥以:在。

⑦"故《论语》曰"几句:引文参见《论语·先进》。王充对此段话
　的理解见于《明雩篇》。暮春,春末。冠者,指成年人。古代男子
　二十岁加冠礼,表示成年。冠,帽子。乎,于。沂,沂水,源出山东
　邹城东北,西流经曲阜城南,西入泗河。舞雩,舞雩台,古代祭天
　求雨的地方。咏,唱歌。

⑧正岁二月也:周朝以十一月为正月,所以周历的四月即夏历的二
　月。正岁,指夏历。

⑨龙星始出:龙星初见。指大火星在春季黄昏的初次出现,古代以
　此作为农耕的重要标志。

⑩"故传曰"二句:引文参见《左传·桓公五年》。传,指《左传》。
　龙,指龙星。

⑪启蛰：即惊蛰，二十四节气之一。据文意，疑本句"而雩"前脱"故又曰启蛰"五字。

⑫修：进行，举行。

【译文】

高祖四年，诏令天下祭祀灵星；七年，又令天下祭祀土地神和谷神。对灵星的祭祀是由于天旱而求雨，按照礼来说这种祭祀的旧名称叫雩。举行雩祭之礼，是为百姓祈求降下滋润谷物的雨水，祈求谷物有好的收成。春天祈求降雨，秋天祈求有收成，一年要祭祀两次，这是由于重视谷物的缘故。春天在二月祭祀，秋天在八月祭祀。所以《论语》上说："暮春时节，春天的衣服已经做好穿上了，相约五六个成年人，六七个小孩，在沂水里洗澡，在舞雩台上吹风，一路唱着歌回家。"暮春时节，是四月份。周历的四月是夏历的二月。二月的时候，龙星刚刚出现，所以《左传》上说："龙星出现就举行雩祭。"龙星出现的时候，节气已经到了惊蛰，所以又说："到了惊蛰时就举行雩祭。"春天求雨的祭祀被废除了，而秋天求雨的祭祀仍然保存了下来，所以社会上常年举行对灵星的祭祀，到现在一直没有间断。但是祭祀的名称和从前不一样了，所以世人不明白祭祀的起源；春天的祭礼废除不用了，所以儒者不知道祭祀的意义。

　　世儒案礼①，不知灵星何祀，其难晓亦不识②，说县官③，名曰"明星"，缘明星之名，说曰"岁星"④。岁星，东方也⑤。东方主春⑥，春主生物，故祭岁星，求春之福也。四时皆有力于物，独求春者，重本尊始也⑦。审如儒者之说⑧，求春之福，反以秋祭⑨，非求春也。《月令》祭户以春⑩，祭门以秋，各宜其时。如或祭门以秋，谓之祭户，论者肯然之乎？不然，则明星非岁星也⑪，乃龙星也。龙星二月见，则春雩祈谷雨；龙星八月将入⑫，则秋雩祈谷实。儒者或见其义，语不空生⑬。春雩废，秋雩兴，故秋雩之名，自若为明星也⑭，实曰灵星。灵星者，神也；神者，谓龙星也。群神谓风伯、雨师、雷公之属⑮。风以摇之，雨以润之，雷以动之，四时生成⑯，寒暑变化。日月星辰，人所瞻仰。水旱，人所忌恶⑰。四方，气所由来。山林川谷，民所取材用⑱。此鬼神之功也⑲。

【注释】

①案：考察。

②亦：底本作"而"，递修本作"亦"，据改。

③说：告诉。县官：古代称天子所居住的都城以及周围地区为县，所以称天子为县官。这里指汉代皇帝。

④岁星：木星。

⑤东方：根据阴阳五行说，木星与东方相配。

⑥东方主春：据阴阳五行说，东方是与春天相配属的。主，主管。

⑦本：根本。始：开始。

⑧审：果真。

⑨反：底本作"及"，递修本作"反"，据改。

⑩《月令》：《礼记》中的一篇。

⑪明星非岁星也：意思是，明星后来是在秋天祭祀的，岁星主春，应该在春天祭祀，所以二者不能混淆。

⑫将入：将要看不见了。

⑬空：凭空。

⑭自：自然。若：像。

⑮属：类。

⑯生：生长。成：成熟。

⑰忌恶（wù）：憎恨。

⑱材用：指物资。

⑲鬼神：王充在此处指百神，也就是自然的力量。

【译文】

世儒考察祭礼，不知道为什么要祭祀灵星，因为它难懂也就不知道，就告诉皇帝，说它叫"明星"，再根据明星这一名称，把它解释为"岁星"。岁星，与东方相配属。东方与春天相配属，春天掌管生长万物，因此祭祀岁星，是祈求春天的福佑。四季对万物的生长都有贡献，之所以只在春天进行祈求，是因为重视根本尊重一年的开始的缘故。如果真像儒者所说的那样，祈求春天的福佑，反而是在秋天举行祭祀，这就不是祈求春天之福了。《月令》中规定在春天祭户神，在秋天祭门神，各自根据合适的季节祭祀。如果有人在秋天祭门神，却说是祭户神，评论的人能同意这种说法吗？不是这样的话，那么明星就不是岁星，而是龙星。龙星在二月出现，就举行春雩祈求滋养谷物的雨水；龙星在八月将要隐没不见了，就举行秋雩祈求谷物丰收的雨水。有的儒者可能明白其中的意思，所以他们的话也不是凭空说的。春雩废除了，秋雩兴起了，所以秋雩的名称，自然就像是对明星的祭祀了，实际上它应该叫灵星。灵星是神，这里的神，讲的就是龙星。众神指的是风伯、雨师、雷公之类的神。风摇动万物，雨滋润万物，雷震动万物，四季使万物生长、成熟，寒暑使万物发生变化。日月星辰，是人们所瞻仰的。水旱灾害，是人们所憎恨的。四方，是气产生出来的处所。山林川谷，是百姓取得资财的地方。这就是百神造化的功劳。

凡祭祀之义有二：一曰报功，二曰修先①。报功以勉力②，修先以崇恩③。力勉恩崇，功立化通④，圣王之务也⑤。是故"圣王制祭祀也，法施于民则祀之，以死勤事则祀之，以劳定国则祀之，能御大灾则祀之，能捍大患则祀之"⑥。

"帝喾能序星辰以著众⑦。尧能赏均刑法以义终⑧。舜勤民事而野死⑨。鲧勤洪水而殛死⑩。禹能修鲧之功。黄帝正名百物,以明民共财⑪。颛顼能修之。契为司徒而民成⑫。冥勤其官而水死⑬。汤以宽治民而除其虐⑭。文王以文治,武王以武功去民之灾⑮。"凡此功烈⑯,施布于民⑰,民赖其力⑱,故祭报之。宗庙先祖,己之亲也,生时有养亲之道,死亡义不可背,故修祭祀,示如生存。推人事鬼神,缘生事死⑲,人有赏功供养之道,故有报恩祀祖之义。

【注释】

①修先:敬奉祖先。

②勉:勉励。

③崇:尊崇。

④功:事业。立:建立。化:教化。通:普及。

⑤务:职责,任务。

⑥"圣王制祭祀也"几句:引文参见《礼记·祭法》。制,规定。劳,功劳,这里指战功。定国,安定国家。御,防御,抵御。捍,抵御。患,灾难,危险。

⑦序星辰:指了解星辰的位次和它们在不同的季节出没的规律。著众:著名于众人。

⑧义终:善终,指尧禅位给舜,安享晚年。义,善。

⑨舜勤民事而野死:传说舜死在南方的苍梧。野,荒野,指边远的地方。

⑩鲧勤洪水而殛(jí)死:鲧因为治水无功而被尧诛死。殛死,处死。

⑪明:启发。

⑫司徒:官名,掌管教化。成:指教化有成效。

⑬水死：死于治水的事业。

⑭除其虐：指商汤放逐夏朝最后一位君主夏桀。

⑮武王以武功去民之灾：指武王消灭商朝的最后一位君主纣。

⑯功烈：功业。

⑰施布：赐给。

⑱赖：依靠。

⑲缘：根据。事：侍奉。

【译文】

　　大凡祭祀的意义有两点：一是报答功劳，二是敬奉祖先。报答功劳是为了勉励尽心尽力的人，敬奉祖先是为了尊崇有恩德的人。尽心尽力的人受到勉励，有恩德的人受到尊崇，使功业树立教化广布，是圣王的职责。所以"圣王制定了祭祀的标准，凡制定法律能在民间施行的人就祭祀他，凡勤劳国事而死的人就祭祀他，凡有战功安定国家的人就祭祀他，凡能防御大灾害的人就祭祀他，凡能抵御大祸患的人就祭祀他"。"帝喾因能了解星辰的位次及出没的规律而在众人中著名。尧能赏罚分明施刑以法，禅位于舜而得到善终。舜辛勤地为民办事而死在荒野。鲧辛辛苦苦地治理洪水因无功而被处死。禹能完满地完成鲧治水的事业。黄帝给百物确定了名称，以便老百姓能够明白并一起享受这些财富。颛顼能使黄帝的事业更加完备。契当司徒教化百姓很有成效。冥尽到了水官的职责而死于治水的事业。汤以宽厚统治百姓并放逐了夏桀。文王用文治，武王用武功，为百姓诛杀了纣王解除了灾祸。"所有这些功业，普遍地给百姓带来了好处，百姓依靠他们的力量得以生存，所以祭祀报答他们的功德。宗庙供奉的祖先，是自己的亲人，他们活着的时候有赡养他们的道义，死亡后按礼义不能背弃他们，所以举行祭祀，表示会和活着的时候一样对待他们。根据人间的事例来侍奉鬼神，依照对待活人的道理来侍奉死人，人有赏赐功劳供养亲人的道理，因此也有报答恩德祭祀祖先的义务。

孔子之畜狗死①,使子赣埋之②,曰:"吾闻之也,弊帷不弃,为埋马也;弊盖不弃,为埋狗也。丘也贫,无盖,于其封也,亦与之席,毋使其首陷焉。"③延陵季子过徐④,徐君好其剑⑤,季子以当使于上国⑥,未之许与。季子使还⑦,徐君已死,季子解剑带其冢树⑧。御者曰:"徐君已死,尚谁为乎⑨?"季子曰:"前已心许之矣,可以徐君死故负吾心乎?"遂带剑于冢树而去⑩。祀为报功者,其用意犹孔子之埋畜狗也;祭为不背先者,其恩犹季子之带剑于冢树也。

【注释】

①畜狗:家犬。

②子赣(gòng):即子贡,孔子的学生。

③"吾闻之也"几句:引文参见《礼记·檀弓下》。弊,破旧。帷,帷幕。弃,扔掉。盖,伞形的车盖。丘,孔子的自称。封,聚土为坟称"封",这里指埋葬。席,席子。陷,陷入泥土。

④延陵季子:季子,即季札,春秋后期吴王寿梦的儿子,封于延陵(在今江苏常州),故称延陵季子。过徐:指季札出使中原各国时路过徐国。徐,春秋时国家,国都在今江苏泗洪南。

⑤徐君:徐国的君主。

⑥使:出使。上国:指中原地区各国。

⑦使还:指出使回来时又经过徐国。

⑧带:挂。其:指徐君。冢(zhǒng):坟墓。

⑨尚:还。

⑩遂带剑于冢树而去:上事参见《史记·吴太伯世家》。

【译文】

孔子养的狗死了,派子贡去埋葬它,并说:"我听说,破旧的帐幕不要丢掉,可以用来埋死去的马;破旧的车盖不要丢掉,可以用来埋死去的狗。我家贫穷,没有车盖,埋葬狗的时候,也要给它用一床席子,不要让它的头陷在泥土中。"延陵季子路过徐国,徐国的国君喜欢他的剑,季札因为正要出使到中原各国去,不佩剑不符合礼仪,所以没有答应把剑赠送他。季札出使回来路过徐国,徐国的国君已经死了,季札就解下佩剑挂在徐君坟墓的树上。驾车的人问:"徐君已经死了,剑还赠给谁呢?"季札说:"先前我心里已答应赠剑给他了,难道能够因为徐君已经死了的缘故而违背我的本心吗?"于是就挂剑在坟墓的树上离开了。祭祀是为了报答有功的人,用意就同孔子埋葬所养的狗一样;祭祀是为了不背弃祖先,这种情义就如同季札挂剑在徐君坟墓的树上一样。

　　圣人知其若此,祭犹斋戒畏敬①,若有鬼神,修兴弗绝②,若有祸福。重恩尊功,殷勤厚恩③,未必有鬼而享之者④。何以明之? 以饮食祭地也。人将饮食,谦退⑤,示当有所先⑥。孔子曰:"虽疏食菜羹,必祭,必斋如也。"⑦《礼》曰:"侍食于君,君使之祭,然后饮食之。"⑧祭,犹礼之诸祀也⑨。饮食亦可毋祭,礼之诸神,亦可毋祀也。祭、祀之实一也,用物之费同也⑩。知祭地无神,犹谓诸祀有鬼,不知类也⑪。

【注释】

①犹:还。斋戒:古代在祭祀之前,不喝酒,不吃荤,沐浴更衣,表示
　虔诚,叫斋戒。

②修兴:指举行祭祀。弗:不。

③恩:爱。

④享:指鬼神享受供物。

⑤谦退:谦让。

⑥示当有所先：表示应当先祭祀产生五谷食物的地，以报其恩德。

⑦"孔子曰"几句：引文参见《论语·乡党》。疏食，粗饭。菜羹，菜汤。必，底本作"瓜"，据《论语·乡党》改。

⑧"《礼》曰"几句：引文参见《礼记·玉藻》。侍，伺候。

⑨祀：指前述对天、地、山川等神的祭祀。

⑩用物：指使用祭品。费：耗费。

⑪类：类推。

【译文】

圣人知道祭祀的意义是这样，可是祭祀前还要斋戒，祭祀时还要严肃恭敬，好像真有鬼神一样，还要连续不断地举行祭祀，好像鬼神真能消祸降福一样。实际上这是尊重祖先的恩德和前人的功绩，殷勤地厚爱他们，未必有鬼神来享用祭品。用什么来证明这一点呢？用吃饭时祭地这件事就可以证明。人们将要吃饭时，要先表示谦让，表示应当先祭地。孔子说："即使吃的是粗米饭蔬菜汤，也一定要祭祀，而且一定要像斋戒那样诚心敬意。"《礼记》上说："伺候君王吃饭时，君王要让人先祭祀，然后才吃饭。"吃饭前祭地，就像礼所规定的各种祭祀一样。吃饭之前也可以不祭地，礼所规定要祭的各种神，也可以不祭祀。饮食之祭和诸神之祀实质上是一样的，使用祭品的耗费也是相同的。知道祭地时并没有什么神，但是还要说其他各种祭祀都有鬼，这是不懂得类推啊。

经传所载，贤者所纪①，尚无鬼神，况不著篇籍②！世间淫祀非鬼之祭③，信其有神为祸福矣④。好道学仙者⑤，绝谷不食，与人异食，欲为清洁也。鬼神清洁于仙人，如何与人同食乎？论之以为人死无知，其精不能为鬼⑥。假使有之，与人异食。异食则不肯食人之食，不肯食人之食则无求于人，无求于人则不能为人祸福矣。凡人之有喜怒也，有求得与不得。得则喜，不得则怒。喜则施恩而为福，怒则发怒而为祸。鬼神无喜怒，则虽常祭而不绝，久废而不修，其何祸福于人哉？

【注释】

①纪：记载。

②况：何况。著：著录，记载。篇籍：书籍，典籍。籍，书。

③淫祀：不合礼制的祭祀。不当祭的祭祀。淫，多，滥。

④为：造成。

⑤道：指成仙的法术。

⑥精：精神。

【译文】

经传上与贤者所记载的，尚且没有鬼神，何况没有写在书上的呢！社会上滥祭不该祭的鬼，迷信它们有神灵能给人造成祸福。那些好道求仙的人，不吃谷食，和一般人吃的不相同，是想要保持身心的清洁。鬼神比仙人更清洁，怎么会跟人吃同样的东西呢？评论认为人死后是没有知觉的，他的精神不会变成鬼。假使有变成鬼的，和人吃的也不一样。吃的东西不同就不肯吃人的食物，不肯吃人的食物就对人无所求，对人无所求就不能给人造成祸福。大凡人之所以喜怒，在于对所追求的东西得与不得。得到了就欢喜，不得就愤怒。欢喜就施恩而为福，愤怒就发怒而成祸。鬼神没有喜怒之情，那么即使经常不断地进行祭祀，或长时间地废弃而不进行祭祀，对人又会有什么祸福呢？

卷第二十六

实知篇第七十八

【题解】

本篇重点考察知识的来源问题。汉代认为圣人是"不学自知"的人，从官方的《白虎通义》中对于圣人描述"圣人所以能独见前睹，与神通精者，盖皆天所生也"，以及民间儒生提倡的"前知千岁，后知万世，有独见之明，独听之聪，事来则名，不学自知，不问自晓"，都是对圣人"不学自知"之说的认同与宣扬。

王充在此篇中批驳了这种观念，他指出"天地之间，含血之类，无性知者"；"圣贤不能知性，须任耳目以定情实"；"不学自知，不问自晓，古今行事，未之有也"。他认为所谓的"先知之见方来之事"，都离不开"案兆察迹，推原事类"，也就是要根据事情发生的苗头而加以推理，才能够正确地预见未来之事，这是一般人都能够通过精密的思虑所办到的。圣人与贤人之所以表现出能够预见未来的能力，是因为他们相较于一般人，对于一些事物能"阴见默识，用思深秘"，而一般人则往往忽略这些事情，因此"见贤圣之名物，则谓之神"。其实"天下之事，世间之物，可思而知，愚夫能开精；不可思而知，上圣不能省"。"所谓圣者，须学以圣"，贤圣的才智是通过学习而得到的，并没有"生而知之"这种事情，只不过是有人"智明早成"，又加上后天的问学，造成了他们"生而知之，不学而成"的假象，而他们的神奇又因为世俗的夸大而被吹得神乎其神。

在本篇的结尾,王充又提出一种不可知论,表现出王充思想的复杂性。

儒者论圣人,以为前知千岁,后知万世,有独见之明①,独听之聪②,事来则名③,不学自知,不问自晓,故称圣则神矣。若蓍、龟之知吉凶④,蓍草称神,龟称灵矣。贤者才下不能及,智劣不能料⑤,故谓之贤。夫名异则实殊,质同则称钧⑥,以圣名论之,知圣人卓绝⑦,与贤殊也。

【注释】

①明:视力,这里指洞察事物的能力。

②聪:听力,这里指辨别事物的能力。

③则:就。名:说出名目。

④若:就像,好比。蓍(shī):俗称锯齿草,古人常用它的茎来算卦。

　龟:乌龟,古人常用它的甲来占卜。

⑤劣:差。料:及,比。

⑥钧:通"均",相等。

⑦卓绝:超凡出众,无与伦比。

【译文】

儒生评论圣人,认为圣人前知千年以前的事,后知万年以后的事,有独到的洞察力与辨别力,事物一出现就能说出它的名目,圣人不学习自己就能感知知识,不询问自己就能通晓事物,所以一提到圣人就认为和神一样了。就像用蓍草和龟甲能预测吉凶,就称蓍草为神,龟甲称为灵一样。贤人才能低下比不上圣人,智能差而比不了圣人,所以称之为贤人。名称不同就是实质不同,实质相同那么名称也就一样,就"圣"这个名称来说,就可知圣人超凡出众,与贤人不一样。

孔子将死，遗谶书曰①："不知何一男子，自谓秦始皇，上我之堂，踞我之床②，颠倒我衣裳③，至沙丘而亡④。"其后，秦王兼吞天下⑤，号"始皇"，巡狩至鲁⑥，观孔子宅，乃至沙丘，道病而崩⑦。又曰："董仲舒乱我书⑧。"其后，江都相董仲舒论思《春秋》⑨，造著传记⑩。又书曰："亡秦者，胡也。"⑪其后，二世胡亥竟亡天下⑫。用三者论之，圣人后知万世之效也⑬。孔子生不知其父，若母匿之⑭，吹律自知殷宋大夫子氏之世也⑮。不案图书⑯，不闻人言，吹律精思⑰，自知其世，圣人前知千岁之验也⑱。

【注释】

①谶（chèn）书：专门记载谶语的书。谶，预言吉凶的文字、图箓。

②踞（jù）：坐。

③颠倒：弄乱。

④沙丘：古地名，在今河北巨鹿东南。

⑤兼吞：并吞。吞，并。

⑥巡狩：古代称帝王离开京城到外地去巡游或视察叫"巡狩"。鲁：指原来春秋时的鲁国地区，在今山东西南部。

⑦崩：古代称帝、后死为"崩"。

⑧乱：治，整理发挥。

⑨江都：汉景帝儿子刘非的封国，在今江苏北部。相：这里指汉代诸侯国的王国相，地位相当于郡太守。论思：研究。

⑩造著：编写。传记：这里指的是董仲舒的《春秋繁露》。

⑪"又书曰"几句：引文参见《史记·秦始皇本纪》。

⑫胡亥（前230—前207）：秦始皇的小儿子，在位三年，为赵高所杀。竟：果真。

⑬效：证明。

⑭若：其，他的。匿（nì）：隐瞒。

⑮律：律管，古代用来定音的竹制乐器。殷宋：周灭商后，将商的后代封于宋（在今河南商丘南），所以称为殷宋。大夫：爵位。子氏：殷人为子姓，所以宋的宗室贵族称子氏。世：世系，后代。

⑯案：根据，参考。图书：泛指书籍。

⑰精思：精心思考。

⑱验：证明。

【译文】

孔子临死的时候，留下谶书说："不知是一个什么样的男子，自称是秦始皇，走上我的内堂，坐在我的床上，弄乱了我的衣裳，以后他到沙丘就会死去。"以后，秦王统一了天下，号称"始皇"，巡游到达鲁国地区，观瞻了孔子的住宅，才到沙丘，就在途中生病死了。又说："董仲舒整理发挥我著的书籍。"以后，江都相董仲舒研究《春秋》，编写了《春秋繁露》。又写道："灭亡掉秦朝的，是胡。"以后，秦二世胡亥果然灭亡了秦朝的天下。通过这三件事来论证，这就是圣人能预知万年以后之事的证明。孔子生下来以后不知道他的父亲是谁，是因为他的母亲向他隐瞒了他的生父是谁，孔子通过吹律管的办法知道了自己是殷宋大夫子氏的后代。孔子不参考书籍，不听别人的传言，依靠自己吹律管，精心思考，知道了自己的身世，这就是圣人前知千年以前之事的证明。

曰：此皆虚也。案神怪之言，皆在谶记①，所表皆效图书②。"亡秦者胡"，河图之文也。孔子条畅增益③，以表神怪；或后人诈记④，以明效验。高皇帝封吴王⑤，送之，拊其背曰⑥："汉后五十年，东南有反者，岂汝邪？"到景帝时，濞与七国通谋反汉⑦。建此言者⑧，或时观气见象⑨，处其有反⑩，不知主名⑪，高祖见濞之勇，则谓之是。

【注释】

①谶记：即谶书。

②表：表述，记载。

③条畅：对文字进行加工，使其通畅有条理。增益：增添，润色。

④诈记：伪造。

⑤高皇帝：指汉高祖刘邦。吴王（前215—前154）：刘濞（bì），刘邦的侄子，被封为吴王，发起七国之乱，后失败被杀。

⑥拊（fǔ）：拍。

⑦七国通谋反汉：指七国之乱。景帝时，晁错为了加强汉中央的权力，巩固统一，建议削藩。七国借口"请诛晁错，以清君侧"，发动叛乱，不久即被镇压。七国，指汉初分封的同姓诸侯国吴、楚、赵、胶东、胶西、济南、淄川。参见《史记·吴王濞传》。

⑧建此言者：指向刘邦提出"汉后五十年，东南有反者"这句话的人。

⑨或时：或许。观气见象：通过观察天象看到社会上将要发生的事情的征兆。气，气象，天象。

⑩处：归结，判断。其：指东南地区。

⑪主：发动叛乱的主谋。

【译文】

我认为这些说法都是虚妄不实的。考察神怪的说法，全在谶书之中，它所记载的内容都是从河图、洛书那里仿效来的。"亡秦者胡"，就是仿效河图上的话。孔子对文字进行加工润色，使它条理通畅，用来记载神怪的事情；也许是后人伪造的，用其来作为圣人能知前测后的效验。高祖封刘濞为吴王，给他送行的时候，拍着他的背说："汉朝开国五十年后，东南地区将会有谋反的人，难道会是你吗？"到景帝的时候，刘濞与七国串通反叛汉朝。向高祖提出这一预测的人，也许是通过观察天象，判断东南地区将会有反叛发生,并不知主谋的名字,高祖见刘濞勇武,就认为他会是叛乱的主谋。

原此以论①,孔子见始皇、仲舒②,或时但言"将有观我之宅""乱我之书"者③,后人见始皇入其宅,仲舒读其书,则增益其辞,著其主名④。如孔子神而空见始皇、仲舒⑤,则其自为殷后子氏之世,亦当默而知之,无为吹律以自定也⑥。孔子不吹律,不能立其姓⑦,及其见始皇,睹仲舒,亦复以吹律之类矣⑧。

【注释】

①原:根据。

②见:知道,预见。

③但:仅仅。

④著:标明。

⑤空:凭空。

⑥无为:用不着。

⑦立:确定。

⑧亦复:也还是。以:用。

【译文】

根据这点来推论,孔子所预知秦始皇、董仲舒所做的事,也许仅仅只是说过"将有人观览我的住宅""整理我的著作"这样的话,后人见秦始皇进入孔子的住宅,董仲舒翻阅孔子的书,就将孔子说过的话进行增添篡改,标明了当事人。如果孔子真的神明,能够凭空预知秦始皇、董仲舒所做的事,那么他自己是殷宋子氏的后代一事,也应该默默无声地就知道这一点,用不着以吹律管的办法来自己确定。孔子不吹律管,就不能确定自己的姓,至于他预知到秦始皇、董仲舒的事,也应当还是用了吹律管以定姓氏的这类办法了。

　　案始皇本事①,始皇不至鲁,安得上孔子之堂,踞孔子之床,颠倒孔子之衣裳乎?始皇三十七年十月癸丑出游②,至云梦③,望祀虞舜于九嶷④。浮江下⑤,观藉柯⑥,度梅渚⑦,过丹阳⑧,至钱唐⑨,临浙江⑩,涛恶,乃西百二十里⑪,从陕中度⑫,上会稽⑬,祭大禹,立石刊颂⑭,望于南海。还过吴⑮,从江乘⑯,旁海上⑰,北至琅邪⑱。自琅邪北至劳、成山⑲,因至之罘⑳,遂并海西㉑,至平原津而病㉒,崩于沙丘平台㉓。既不至鲁,谶记何见而云始皇至鲁?至鲁未可知,其言孔子曰"不知何一男子"之言,亦未可用㉔。"不知何一男子"之言不可用,则言"董仲舒乱我书"亦复不可信也。

【注释】

①本事:本来的事迹。

②始皇三十七年十月癸丑:前201年的夏历十月癸丑日。

③云梦:古泽名,在今湖北长江南北。江北为"云",江南为"梦",合称云梦。

④望:古代君主祭祀山川叫"望"。虞舜:即舜。九嶷:山名,在今湖南宁远南,传说舜葬于此。

⑤江:长江。下:顺流而下。

⑥藉柯:古地名,不详。一种说法认为是一种木船。《史记·秦始皇本纪》作"籍柯"。

⑦度:泛指过,用于时间或空间。梅渚(zhǔ):古地名,在今安徽当涂西,《史记·秦始皇本纪》作"海渚"。

⑧丹阳:县名。秦置,属鄣郡,治所在今安徽当涂东北。

⑨钱唐:县名。秦置,属会稽郡,治所在今浙江杭州西。

⑩浙江:即钱塘江。

⑪西:向西行。

⑫陕:用同"狭"。

⑬会稽:山名,在今浙江绍兴东南。传说夏禹巡狩东方时,死于会
　稽,并葬在那里。

⑭刊:刻。

⑮吴:县名。战国秦置,为会稽郡治,治所即今江苏苏州。

⑯江乘:县名。秦置,属鄣郡,治所旧云在江苏句容北。《史记·秦
　始皇本纪》"乘"字后有一"渡"字。

⑰旁:用同"傍",靠,沿着。

⑱琅邪:山名,在今山东胶南市南海滨。

⑲劳:山名,今名"崂山",在今山东崂山县。成山:又名"荣成山",
　在今山东荣成东北。

⑳因:由,从此。之罘(fú):山名,亦作"芝罘",在今山东烟台北。

㉑遂:于是。并:用同"傍",依傍,沿着。

㉒平原津:古黄河渡口名,在今山东平原县南。

㉓平台:沙丘宫中的一个台名,在今河北巨鹿东南。

㉔用:信用,相信。

【译文】

　　考察有关秦始皇的史事记载,秦始皇并没有到鲁,怎么会上孔子的内堂,坐在孔子的床上,弄乱孔子的衣裳呢?秦始皇于三十七年十月癸丑出游,到达云梦泽,在九嶷山对虞舜举行"望"祭。乘船顺长江而下,在藉柯观览,渡过梅渚,经过丹阳,到达钱塘,亲临钱塘江,因为波涛险恶,就往西行一百二十里,从江面狭窄处渡过钱塘江,登上会稽山,祭祀大禹,立石碑刻颂辞,对南海举行"望"祭。回来经过吴县,从江乘渡江,

沿着海北上，向北直到琅邪。从琅邪往北到崂山、成山，由这里到之罘，于是沿着海边航行，往西到达平原津就病了，最后死在沙丘平台。既然秦始皇没有到过鲁，谶书依据什么说秦始皇到鲁呢？连秦始皇是否到过鲁尚且不知道，书上记载孔子说的"不知是一个什么样的男子"的话，也就不可信了。既然"不知是一个什么样的男子"这句话不可信，那么记载的"董仲舒整理我的著作"这句话也就不可信了。

　　行事①，文记谲常人言耳②。非天地之书③，则皆缘前因古④，有所据状⑤；如无闻见，则无所状。凡圣人见祸福也，亦揆端推类⑥，原始见终⑦，从闾巷论朝堂⑧，由昭昭察冥冥⑨。谶书秘文⑩，远见未然⑪，空虚暗昧⑫，豫睹未有⑬，达闻暂见⑭，卓谲怪神⑮，若非庸口所能言⑯。

【注释】

①行事：已有的事实。

②文记：文字记载，泛指书籍。谲（jué）：疑为"遹"字之讹，形近而误。遹（yù），遵循。

③非：除非，只要不是。

④缘：遵循。因：因袭。

⑤状：描述。

⑥揆（kuí）端：估量事物的端倪。揆，度量，揣度。端，开端，苗头。

⑦原：考察。

⑧闾（lú）巷：里巷，民户聚居处。

⑨昭昭：指显而易见的事。冥冥：指昏暗不明的事。

⑩秘文：神秘的记载，这里指对儒家经书作神秘解释的纬书。

⑪未然：指尚未发生的事。

⑫空虚：空洞。暗昧：暧昧。

⑬豫：预先。睹：看到。

⑭达：乍，突然。

⑮卓谲（jué）：诡异，奇异。卓，高超。谲，奇异。

⑯庸口：一般人的嘴。

【译文】

已有的事实是这样，文字记载的都是寻常人的话。只要不是天上掉下来、地下冒出来的书，就都得遵循前人因袭古人，有所依据地加以描述；如果从来没有听说过或看到过，那么也就没有什么可供依据进行描述的了。大凡圣人预见祸福，也是根据事物出现的苗头而加以类推，考察事物的开端而预见到它的结果，从民间小事推论到朝廷大事，由显而易见的事而察知昏暗不明的事。谶书中的神秘记载，预见很遥远的尚未发生的事，大多说得空洞而含糊，预见尚未出现的事，乍一听，猛一看，显得离奇古怪，好像不是一般人的口里所能说得出来的。

放象事类以见祸①，推原往验以处来，事者亦能②，非独圣也。周公治鲁③，太公知其后世当有削弱之患④；太公治齐，周公睹其后世当有劫弑之祸⑤。见法术之极⑥，睹祸乱之前矣⑦。纣作象箸而箕子讥⑧，鲁以偶人葬而孔子叹⑨，缘象箸见龙干之患⑩，偶人睹殉葬之祸也。太公、周公俱见未然，箕子、孔子并睹未有，所由见方来者⑪，贤圣同也。

【注释】

①放（fǎng）象：仿效。放，仿效，模拟。

②事：据文意，疑当作"贤"字。

③周公治鲁：西周初年，周公封于鲁。但据《史记·鲁周公世家》记

载,他一直留在周王朝廷中,并未亲自治理过鲁国。

④太公:姜尚,周武王的主要谋臣,西周初年封于齐。

⑤周公睹其后世当有劫弑之祸:据说有一次姜太公与周公谈论如
何治理国家,太公主张"尊贤上功",周公主张"亲亲上恩"。姜
尚由此预见到鲁国的公族必将日益强大,而有削弱君权之患;周
公则预见到齐国必将会出现权臣,而有杀君篡国之祸。劫,用武
力威逼。弑,古代称臣杀君、子杀父、下杀上为"弑"。上事参见
《吕氏春秋·长见》《淮南子·齐俗训》。

⑥法术:治国的方法和驾驭臣下的手段。极:终极。

⑦前:先兆,苗头。

⑧纣作象箸(zhù)而箕子讥:传说纣王制作了象牙筷子使用,箕子
通过这件事预见他还会做玉杯,吃龙肝豹胆,生活将会越来越奢
华,从而给殷朝的统治带来危机,因此对纣王进行了讥刺。纣,殷
代最后一个君主。象箸,象牙筷子。箕子,殷末贵族。讥,讥刺。
参见《龙虚篇》。

⑨鲁以偶人葬而孔子叹:此即孔子所言"始作俑者,其无后乎!"
(《孟子·梁惠王上》),意思是用俑陪葬必将导致人殉。偶人,古
代随葬用的木雕或泥塑的假人,又叫"俑"。在殷、周时,贵族会
杀死大量的活人来殉葬。春秋时期,人殉制度渐渐被废除,开始
用"俑"来代替。

⑩干:通"肝"。

⑪方来:将来,未来。

【译文】

仿效同类的事情以预测祸患,推究过去的经验以判断未来,贤人也
能做到这点,并非只有圣人才能做到。周公谈论如何治理鲁国,太公就
能预知周公的后代必将有君权被削弱的祸患;太公谈论如何治理齐国,
周公以此预见到太公的后代必将有被篡弑的祸乱。彼此都预见到对方

采用的治国方法和手段所导致的最终结果,预见到祸乱产生的先兆。纣王制作了象牙筷子而箕子对此事进行了讥刺,鲁国用偶人随葬而孔子为此发出慨叹,这是通过制作象牙筷子预见到纣王要吃龙肝的祸患,由用偶人随葬预见到用活人殉葬的灾祸。太公、周公都预见到了尚未发生的事情,箕子、孔子都看到了还没有出现的事情,用来预见未来的推理方法,贤人和圣人是一样的。

　　鲁侯老①,太子弱,次室之女倚柱而啸②,由老弱之征,见败乱之兆也。妇人之知③,尚能推类以见方来,况圣人君子,才高智明者乎!秦始皇七年④,严襄王母夏太后薨⑤。孝文王后曰华阳后⑥,与文王葬寿陵⑦,夏太后子严襄王葬于范陵⑧,故夏太后别葬杜陵⑨,曰:"东望吾子,西望吾夫,后百年,旁当有万家邑⑩。"其后皆如其言⑪。必以推类见方来为圣,次室、夏太后圣也。

【注释】

①鲁侯:指鲁穆公。

②次室之女倚柱而啸:据说次室的一个女子曾靠着柱子长啸悲叹,别人问她为什么,她说是因为看到鲁侯年老,太子年幼,担忧鲁国快灭亡了。次室,鲁国地名,在今山东枣庄东南。啸,指唉声叹气。参见《列女传·贞女》。

③知:见识。

④秦始皇七年:前240年。七年,底本作"十年",据《史记·吕不韦列传》改。

⑤严襄王:即庄襄王,秦始皇的父亲,名子楚,前249—前247年在位。东汉为避明帝刘庄的讳,改"庄"为"严"。夏太后:秦孝文

　　王的妃子，秦庄襄王的生母。薨：古代称诸侯和他们的妻子死为
　　"薨"。

⑥孝文王：秦始皇的祖父，前250年即位，三日后崩。

⑦寿陵：秦孝文王的陵墓，在今陕西西安东北路家湾附近。

⑧夏太后子严襄王葬于范陵：本句"后"字后脱一"子"字，据《史
　　记·吕不韦列传》补。范陵，《史记·吕不韦列传》作"藏阳"，在
　　今陕西西安东北曹家堡附近。

⑨杜陵：县名。西汉元康元年（前65）改杜县置，属京兆尹，治所在
　　今陕西西安长安区东。

⑩邑：城镇。

⑪其后皆如其言：指汉宣帝后来葬在那里，周围迁进了三万户人家。

【译文】

　　鲁侯年老，太子幼弱，因此次室邑的女子靠在柱子上长啸叹息，是依
据鲁侯年老，太子幼弱的现象，预见到鲁国败乱的先兆。妇人的见识，尚
且能够推究同类事情而预见到未来，何况圣人君子，才高智明的人呢！
秦始皇七年，庄襄王的生母夏太后死了。秦孝文王的王后叫华阳后，与
秦孝文王同葬在寿陵，夏太后的儿子庄襄王埋葬在范陵，所以夏太后另
外埋葬在杜陵，她说："向东可以看到我的儿子庄襄王的墓，向西可以看
到我的丈夫孝文王的墓，此后百年，旁边将会出现万户人家的城镇。"那
以后出现了正如她所说的情况。如果一定要把能用类推的方法预见未
来的人称为圣人，那么，次室女子、夏太后就都是圣人了。

　　秦昭王七年①，樗里子卒②，葬于渭南章台之东③，曰：
"后百年，当有天子宫挟我墓④。"至汉兴，长乐宫在其东⑤，未
央宫在其西⑥，武库正值其墓⑦，竟如其言。先知之效，见方
来之验也。如以此效圣，樗里子圣人也；如非圣人，先知见方

来,不足以明圣。然则樗里子见天子宫挟其墓也,亦犹辛有知伊川之当戎⑧。昔辛有过伊川,见被发而祭者⑨,曰:"不及百年,此其戎乎⑩!"其后百年,晋迁陆浑之戎于伊川焉⑪,竟如⑫。辛有之知当戎,见被发之兆也;樗里子之见天子挟其墓⑬,亦见博平之墓也⑭。韩信葬其母,亦行营高敞地⑮,令其旁可置万家。其后竟有万家处其墓旁。故樗里子之见博平王有宫台之兆⑯,犹韩信之睹高敞万家之台也。先知之见方来之事,无达视洞听之聪明⑰,皆案兆察迹,推原事类。

【注释】

①秦昭王七年:指前300年。七年,底本作"十年",据《史记·樗里子甘茂列传》改。秦昭王,秦昭襄王。

②樗(chū)里子:嬴姓,名疾,秦惠文王的异母弟,住在樗里,称为"樗里子",曾任秦国的左丞相。卒:死。

③渭南:渭水南岸。章台:秦宫殿中一座建筑物的名称。

④挟:夹着。

⑤长乐宫:西汉都城长安的主要宫殿,在今陕西西安西北郊长安故城的东南角。

⑥未央宫:西汉都城长安的主要宫殿,在今陕西西安西北郊长安故城的西南角。

⑦武库:兵器库。值:对着。

⑧辛有:人名,东周初大夫。伊川:指伊河流域,今河南嵩县一带。戎:古代西北地区的少数民族。

⑨被发:披头散发。被,通"披"。

⑩此其戎乎:这里将要变成戎族所居的地区吧。

⑪晋:春秋时晋国,在今山西、河北西南部、河南北部一带。陆浑之

　　戎：戎族的一支，原居西北地区，春秋时被秦、晋诱迁到伊川。参
　　见《左传·僖公二十二年》。
⑫竟如：据文意，疑本句"如"后脱"其言"二字。
⑬樗里子之见天子挟其墓：据文意，疑"之"字后脱一"宫"字。
⑭墓：疑为"基"字之讹，形近而误。博平之基，广阔平坦的地基，指
　　具有修建宫殿的地理条件。
⑮行：巡视，觅取。营：营建。
⑯王：疑为"土"字之讹，形近而误。
⑰达视洞听：这里指超乎常人的视力和听力。达视，看得非常远。
　　洞听，听得非常透彻。

【译文】

　　秦昭王七年，樗里子死了，埋葬在渭水南岸章台的东面，他说："此后一百年，必定有天子的宫殿夹着我的墓。"到了汉朝兴起，长乐宫建在他的墓的东面，未央宫建在他的墓的西面，武器库正对着他的墓，果真同他说的完全一样。这些先知的事例，都是能预见未来的证明。如果用这种情况来检验衡量圣人，那么樗里子就算圣人了；如果他不算是圣人，那么只凭能够先知、预见未来，就不足以说明是圣人。这样说来樗里子预见到百年后天子的宫殿夹着他的坟墓，也就像辛有预知伊川一带将会变成戎族居住的地区一样。从前辛有经过伊川，见到披头散发祭祀的人，就说："不超过一百年，这个地方将会变成戎族居住的地区了！"那以后一百年，晋国迁移陆浑之戎到伊川一带居住，果真像辛有所预言的一样。辛有预见到伊川将变成戎族居住的地区，是由于见到了人们披头散发进行祭祀的先兆；樗里子预见到天子的宫殿会夹着他的坟墓，也是由于见到了墓旁有广阔平坦的地基。韩信埋葬他的母亲，也设法营建在又高又宽敞的地方，让墓的旁边可以安置万户人家。以后果然有万户人家居住在墓旁。所以樗里子见到广阔平坦的土地有修建宫台的征兆，就像韩信看到又高又宽敞的地方会出现万户人家一样。他们能够先知预见到未

来的事情,并不是因为有超过一般人的观察力与辨别力,都是通过考察事情的征兆和迹象,根据同类事物进行推论得来的。

春秋之时,卿、大夫相与会遇①,见动作之变②,听言谈之诡③,善则明吉祥之福,恶则处凶妖之祸。明福处祸,远图未然,无神怪之知,皆由兆类。以今论之,故夫可知之事者④,思虑所能见也;不可知之事⑤,不学不问不能知也。不学自知,不问自晓,古今行事,未之有也。夫可知之事,惟精思之,虽大无难;不可知之事,厉心学问⑥,虽小无易。故智能之士,不学不成,不问不知。

【注释】

①卿、大夫:古代官名,卿的地位高于大夫。相与:互相交往。会遇:聚会。

②变:异常。

③诡:异常。

④可知之事:这里是指通过自己思考就能知道的事情。

⑤不可知之事:这里指单凭自己思考不能知道的事情。

⑥厉心:用心钻研。

【译文】

春秋的时候,卿、大夫相互交往聚会,看到动作异常,听见言谈反常,善的就说明有吉祥的福祐,恶的就判断有凶妖的祸患。能预先判明祸福,老早就考察到尚未出现的事情,这并不是有神怪的才智,都是由于察觉了事物的先兆而类推得出的。以现在的情况来说,那些通过思考就能知道的事,通过精密的思虑就能预见到;那些单凭思虑不能够知道的事,如果不学不问是不能够知道的。不学就能自己知道,不问就能自己通

晓,从古到今已有的事例中,还没有见到过。通过思虑就可以知道的事,只要精心去思考它,事情再大也不难明白;不可以通过思虑知道的事,即使用心学习和请教别人,事情再小也不容易弄懂。所以即使有智能的人,不学就没有成就,不请教别人就不会知道。

难曰①:"夫项讬年七岁教孔子②。案七岁未入小学而教孔子,性自知也③。孔子曰:'生而知之,上也;学而知之,其次也。'④夫言生而知之,不言学问,谓若项讬之类也。王莽之时,勃海尹方年二十一⑤,无所师友,性智开敏⑥,明达六艺⑦。魏都牧淳于仓奏⑧:'方不学,得文能读诵,论义引五经文,文说议事⑨,厌合人之心⑩。'帝征方⑪,使射蜚虫⑫,筮射无非知者⑬,天下谓之圣人。夫无所师友,明达六艺,本不学书⑭,得文能读,此圣人也。不学自能,无师自达,非神如何?"

【注释】

①难:责难。

②项讬:又作"项橐(tuó)",春秋时人。传说他"七岁而为孔子师"。参见《战国策·秦策》。

③性:天生。

④"孔子曰"几句:引文参见《论语·季氏》。

⑤勃海:郡名,又作"渤海郡"。西汉文帝十五年(前165)析河间国置,治所在浮阳县(今河北沧县东南)。尹方:人名。

⑥开敏:聪明。

⑦明达:通晓。六艺:即六经,指《易》《诗》《书》《礼》《乐》《春秋》。

⑧魏都:指西汉末年曾为冀州治所的邺县(在今河北临漳西南)。

邺县在战国时曾为魏文侯的国都，汉代一直是魏郡的治所，所以人们称为魏都。当时勃海郡归属于冀州管辖。牧：州牧，西汉后期把一州的军政长官名称从刺史改为州牧。淳于仓：人名。

⑨文说：解释文字。

⑩厌：满足。合：符合。

⑪征：召。

⑫射：猜测，辨认。蜚（fēi）虫：即鸟虫书，一种变体隶书，以像鸟虫之形而得名。蜚，通"飞"。

⑬笇（cè）射：即策试。又名"射策""对策"策问"。汉代的选拔考试方法，将试题写在竹简上，让被考人回答。无非知者：没有不知道的。笇，同"策"，古代考试取士，以问题令应试者对答谓策。

⑭书：写字。

【译文】

有人责难说："项讬年仅七岁就教导孔子。考察七岁的小孩尚未进入小学而能教导孔子，这是天生而自知了。孔子说：'天生就知道的，是上等；通过学习而知道的，是次一等。'孔子只说天生就知道的，不讲学习和请教别人而能知的，说的就是像项讬这样的人。王莽的时候，勃海郡的尹方才二十一岁，没有老师也没有学友，却天生智慧聪明，通晓六艺。魏都牧淳于仓向皇帝上奏：'尹方不用学习，拿到文章就能读诵，论说道理能引用五经经传，解释文字议论事理，都能使人们满意。'皇帝征召尹方，让他辨认鸟虫书，又对他进行策试，他没有不知道的，天下人称他是圣人。没有老师、学友，却通晓六艺，从未学习过写字，拿到文章却能诵读，这是圣人了。不学自己就能知道，没有老师自己就能通晓，这不是神而先知又是什么呢？"

曰：虽无师友，亦已有所问受矣①，不学书，已弄笔墨矣。儿始生产，耳目始开，虽有圣性，安能有知？项讬七岁，其三四岁时,而受纳人言矣。尹方年二十一,其十四五时,多闻见矣。性敏才茂,独思无所据,不睹兆象,不见类验,却念百世之后②,有马生牛,牛生驴,桃生李,李生梅,圣人能知之乎?臣弑君,子弑父,仁如颜渊③,孝如曾参④,勇如贲、育⑤,辩如赐、予⑥,圣人能见之乎?孔子曰:"其或继周者,虽百世可知也。"⑦又曰:"后生可畏,焉知来者之不如今也?"⑧论损益⑨,言"可知",称后生,言"焉知"。后生难处,损益易明也。此尚为远,非所听察也。使一人立于墙东,令之出声,使圣人听之墙西,能知其黑白、短长、乡里、姓字所自从出乎⑩?沟有流澌⑪,泽有枯骨⑫,发首陋亡,肌肉腐绝,使人询之⑬,能知其农商、老少、若所犯而坐死乎⑭?非圣人无知,其知无以知也。知无以知,非问不能知也。不能知,则贤圣所共病也⑮。

【注释】

①问受:提问与接受指教。

②却念:退思,往后推想。却,退。

③颜渊:颜回,孔子的学生。

④曾参(shēn):孔子的学生。

⑤贲、育:孟贲与夏禹,传说中古代的两个大力士。

⑥辩:能言善辩。赐:端木赐,即子贡,孔子的学生。予:宰予,孔子的学生。

⑦"孔子曰"几句:引文参见《论语·为政》。继周,继承周的制度。知,预见。

⑧"又曰"几句:引文参见《论语·子罕》。后生,后辈,后来的人。

⑨损益：增减，这里是指对周代礼义制度的增减改易。

⑩所自从出：指家族渊源。

⑪澌（sī）：借指尸体。

⑫泽：山泽，野地。

⑬之：这里指"圣人"。

⑭若：与，以及。所犯：犯什么罪。坐死：被处死。

⑮病：缺陷。

【译文】

回答说：即使没有师友，也已经有所问学与接受指教了；没有学习过写字，却已经摆弄过笔墨了。小孩刚生下来，耳目才开始张开，即使有圣性，又怎么能有知识呢？项讬虽然才七岁，但他三四岁时，就已经开始接受人们的教诲了。尹方虽然才二十一岁，但他十四五岁时，就已经有许多所闻所见了。天性聪明才智过人，但是如果独自思考而无所依据，没有觉察到预兆，不见类似的效验，往下推想到百世之后，会有马生牛，牛生驴，桃树结李子，李树结梅子，圣人能预见到这些情况吗？会有臣杀君，子杀父，像颜渊那样的仁人，像曾参那样的孝子，像孟贲、夏育那样的勇士，像子贡、宰予那样的能言善辩的人，圣人能预见到这些情况吗？孔子说："如果将来有人继承周朝的礼制，即使经过一百代，它的损益情况也还是可以预见得到的。"又说："后辈是令人敬畏的，怎么能知道后来的人不如现在的呢？"孔子论后来朝代对礼制的增减改易，称为"可以预见到"，讲后辈，称为"怎么能知道"。这是因为后辈的情况难以断定，而制度的增减改易容易判明的缘故。这些例子都比较遥远，不是人们所能耳闻目见的。让一个人站立在墙的东面，叫他发出声音，让圣人在墙的西面听他的声音，圣人能知道这个人皮肤黑白、身材高矮、籍贯、姓名和家族渊源吗？水沟里有流尸，山泽里有枯骨，头发和面孔都烂掉了，肌肉都腐烂消失了，让人去询问圣人，圣人能知道死尸曾经是务农还是经商，年龄大小，以及是因为犯什么罪而被处死的吗？这并不是圣人无知，而是因为只凭他的才智是无从知道的。仅凭他的才智无从知道,就是说不问就不能知道。不问就不能知道,这是贤人与圣人同样具有的缺陷。

　　难曰:"詹何坐^①,弟子侍,有牛鸣于门外。弟子曰:'是黑牛也,而白蹄。'詹何曰:'然^②,是黑牛也,而白其蹄。'使人视之,果黑牛而以布裹其蹄^③。詹何,贤者也,尚能听声而知其色,以圣人之智,反不能知乎?"

【注释】

①詹何:人名。

②然:对,是的。

③果黑牛而以布裹其蹄:上事参见《韩非子·解老》。

【译文】

　　有人责难说:"詹何坐在屋中,他的学生在旁边侍候,有一头牛在门外面鸣叫。学生说:'这是一头黑牛,而蹄子是白色的。'詹何说:'对,这是一头黑牛,而它的蹄子是被人弄白的。'派人看这头牛,果然是黑牛而牛蹄被人用白布裹上了。詹何,是位贤人,尚且能够听声音就知道牛的颜色,凭圣人的才智,反而不能知道吗?"

　　曰:能知黑牛白其蹄,能知此牛谁之牛乎?白其蹄者以何事乎?夫术数直见一端^①,不能尽其实。虽审一事^②,曲辩问之^③,辄不能尽知^④。何则?不目见口问,不能尽知也。鲁僖公二十九年^⑤,介葛卢来朝^⑥,舍于昌衍之上^⑦,闻牛鸣,曰:"是牛生三牺^⑧,皆已用矣。"或问^⑨:"何以知之?"曰:"其音云。"人问牛主,竟如其言。此复用术数,非知所能见也。

【注释】

①术数：这里指阴阳五行、占卜、星相等神秘的方术。直：仅仅，只是。一端：一个方面。

②审：明了。

③曲：曲折，反复，这里指多方面地。

④辄：就。

⑤鲁僖公二十九年：前631年。

⑥介：春秋时的小国，在今山东胶县西南。葛卢：人名，介国君主。

⑦舍：住。昌衍：古地名，即昌平乡，在今山东曲阜东南。

⑧牺：祭祀用的纯色牲畜，这里指纯色牛。

⑨或：有人。

【译文】

回答说：能够知道是黑牛而牛蹄被人用白布裹上了，能够知道这头牛是谁的牛吗？把它的蹄子弄白是为什么呢？术数仅仅能见到一个方面，不能弄清全部的事实。即使明了一件事，但如果多方面地加以辩驳和追问，往往就不能全部知道了。为什么呢？不亲眼看见、亲口询问，就不可能对一件事全部了解。鲁僖公二十九年，介国葛卢来朝见，住在昌衍旁，他听见牛叫，就说："这头牛生过三头纯色牛，都已经被用来祭祀了。"有人问："你怎么知道这些的呢？"他回答说："它的叫声这样说的。"这个人去问牛的主人，情况果然同葛卢说的完全一样。这又是通过术数所知道的，不是凭智慧所能见到的。

广汉杨翁仲能听鸟兽之音①，乘蹇马之野②，田间有放眇马③，相去数里④，鸣声相闻。翁仲谓其御曰⑤："彼放马知此马，而目眇。"其御曰："何以知之？"曰："骂此辕中马蹇，此马亦骂之眇。"其御不信，往视之，目竟眇焉。翁仲之知马声,犹詹何、介葛卢之听牛鸣也,据术任数^⑥,相合其意^⑦,不达视听遥见流目以察之也^⑧。夫听声有术,则察色有数矣。推用术数,若先闻见,众人不知,则谓神圣。若孔子之见兽,名之曰狌狌^⑨;太史公之见张良,似妇人之形矣。案孔子未尝见狌狌,至辄能名之;太史公与张良异世^⑩,而目见其形。使众人闻此言,则谓神而先知。然而孔子名狌狌,闻野人之歌^⑪;太史公之见张良,观宣室之画也^⑫。阴见默识^⑬,用思深秘。众人阔略^⑭,寡所意识,见贤圣之名物^⑮,则谓之神。推此以论,詹何见黑牛白蹄,犹此类也。彼不以术数,则先时闻见于外矣。

【注释】

①广汉:郡名。西汉高帝六年(前201)分巴、蜀二郡置,初治乘乡(亦作绳乡,在今四川金堂东),后徙治梓潼县(今四川梓潼)。杨翁仲:人名。能听:"听"字上脱一"能"字,据《艺文类聚》卷九十三引《论衡》文补。

②蹇(jiǎn)马:指跛脚的马。蹇,跛,腿脚有病走不快。之:到,往。

③眇(miǎo):瞎了一只眼。

④数里:底本无,据《艺文类聚》卷九十三引《论衡》文补。

⑤御:车夫。

⑥任:依靠。

⑦相:察看,考察。

⑧流目:转眼看。

⑨狌狌(xīng):同"猩猩"。

⑩异世:不在同一时代。

⑪野人:山野之民。

⑫宣室:汉朝未央宫前殿正室。

⑬识（zhì）:记住。

⑭阔略:马虎大意。

⑮名物:说出事物的名称。

【译文】

　　广汉郡的杨翁仲能听懂鸟兽的话,他乘坐由一匹跛马拉的车到野外去,田间放牧有一匹瞎了一只眼的马,两马相距几里远,鸣叫声却相互听得见。杨翁仲对他的车夫说:"那匹放牧在田间的马知道我们这匹马是跛的,而它有一只眼睛是瞎的。"他的车夫问:"你怎么知道这些呢?"翁仲回答说:"那匹马骂这匹车辕中的马是跛的,这匹马也骂那匹马是瞎子。"他的车夫不相信,就去看那匹马,那马果真是瞎了一只眼。杨翁仲听得懂马的声音,就像詹何、介国的葛卢听得懂牛叫一样,是依靠术数,把两匹马叫声的意思合在一起考察出来的,不是凭借强大的洞察力而转眼就看出来的。既然可以通过术数来听声音,那么也就可以通过术数来察看颜色了。运用术数来推算,就像事先听到和见到过似的,大家不明白这一点,就认为他是神是圣了。就像孔子看见一头野兽,马上能说出它是猩猩;司马迁看到画上的张良,说他相貌像女人这类事情一样。考察孔子并没有见过猩猩,而见到了就能说出它的名字;司马迁和张良不在同一个时代,而眼睛一看就知道画的是张良。假如大家听到这些话,就一定会认为他们是神而先知的人。然而孔子能说出猩猩的名字,是听到过山野之民唱的歌;司马迁看出画的是张良的形象,是因为先前在宣室看见过张良的画像。贤圣暗中看到过而默记在心,运用心思深沉而隐秘。众人马虎大意,很少留心周围的事物,见到贤圣说出事物的名称,就认为他们很神。以此推论,詹何预见到黑牛被弄白了蹄子,也是这类情况。他如果不是靠术数推算出来的,那就是先前已经在外边听见或见过这件事了。

方今占射事之工^①,据正术数^②,术数不中,集以人事^③。人事于术数而用之者,与神无异。詹何之徒,方今占射事者之类也。如以詹何之徒性能知之,不用术数,是则巢居者先知风^④,穴处者先知雨^⑤。智明早成,项讬、尹方其是也^⑥。

【注释】

①占射事之工:以通过占卜猜度事物预测吉凶为职业的人。

②正:判断。

③集:杂,掺杂。

④巢居者:在树上搭窝住的动物,指鸟类。

⑤穴处者:在地里凿洞而居的动物,指蚯蚓、蚂蚁之类。

⑥其:表示推测的语气词,相当于"大概"。

【译文】

当今从事占卜推测吉凶的人,首先依据术数来判断吉凶,术数判断不中,就掺杂以人事来判断。能把人事和术数结合起来运用的人,就和神没有什么不同了。詹何这类人,就同当今占卜推测吉凶的人一样。如果认为詹何这类人天生就能预知那些事,不依靠术数来推算,那他们就像鸟类能预知刮风,蚯蚓蚂蚁之类能预知下雨一样了。聪明、才智早熟,项讬、尹方大概就属于这一类人吧。

难曰:"黄帝生而神灵,弱而能言^①。帝喾生而自言其名^②。未有闻见于外,生辄能言,称其名,非神灵之效,生知之验乎?"

【注释】

①弱:幼小,这里指刚出生。

②帝喾生而自言其名:上事参见《史记·五帝本纪》。

【译文】

有人责难说:"黄帝天生就很神灵,刚生下来就能说话。帝喾生下来就能自己说出自己的名字。他们并没有外面的见闻,生下来就能说话,能叫自己的名字,这难道不是神灵和天生预知的证明吗?"

曰:黄帝生而言,然而母怀之二十月生①,计其月数,亦已二岁在母身中矣。帝喾能自言其名,然不能言他人之名,虽有一能,未能遍通。所谓神而生知者,岂谓生而能言其名乎? 乃谓不受而能知之,未得能见之也。黄帝、帝喾虽有神灵之验,亦皆早成之才也。人才早成,亦有晚就②,虽未就师③,家问室学④。人见其幼成早就,称之过度。云项讬七岁,是必十岁;云教孔子,是必孔子问之。云黄帝、帝喾生而能言,是亦数月。云尹方年二十一,是亦且三十⑤;云无所师友,有不学书⑥,是亦游学家习。世俗褒称过实⑦,毁败逾恶⑧。世俗传颜渊年十八岁升太山⑨,望见吴昌门外有系白马⑩。定考实,颜渊年三十,不升太山,不望吴昌门。项讬之称,尹方之誉,颜渊之类也。

【注释】

①"黄帝生而言"二句:参见《吉验篇》。

②晚就:指后天的学习所得。就,成。

③就师:从师,请教老师。

④室:家。

⑤且:将近。

⑥有（yòu）：通“又”，复，更加。

⑦褒称：称赞。

⑧毁败：诽谤，说别人坏话。逾：超过。

⑨太山：即泰山。

⑩吴：指春秋时吴国的国都，在今江苏苏州。昌门：即阊门，吴国国都的西城门。系：拴。上事参见《书虚篇》。

【译文】

　　我认为：黄帝生下来能说话，然而他的母亲怀他二十五个月才生下他来，计算这个月数，他在他母亲的身体中也已经有两年了。帝喾生下来能自己说出名字，然而他不能说出别人的名字，即使有一方面的才能，却不能通晓所有的事情。所谓的神灵能天生而知的人，难道讲的只是生下来就能说出他自己的名字吗？乃是说没有经过传授就能知道，没有接触过就能预见未来。黄帝、帝喾虽然有神灵的证明，也都是早成之才。人的聪明才智有成熟得早的，也有经过后天学习才成就的，即使没有跟随老师学习，在家里也已经向人请教和学习过了。人们见他年幼而才智早成，就称赞他过头了。说项讬七岁，这一定是有十岁了；说他教孔子，这一定是孔子去问过他。说黄帝、帝喾生下来就能说话，这也一定是生下来几个月了。说尹方二十一岁，他也一定是将近三十岁了；说他没有什么师友，又没有学习过写字，这也一定是他出外或在家学习过了。世间习俗称赞别人时总是超过实际情况，诽谤别人时往往夸大他的罪恶。世俗传说颜渊十八岁时登泰山，望见吴都阊门外有一匹拴着的白马。考查实际情况可以断定，颜渊是三十岁，没有登泰山，也没有望见过吴都的阊门。对项讬、尹方的称誉，就如称誉颜渊这类情况一样。

　　人才有高下，知物由学。学之乃知，不问不识。子贡曰："夫子焉不学，而亦何常师之有？"①孔子曰："吾十有五而志乎学。"②五帝、三王，皆有所师。曰："是欲为人法也③。"

曰：精思亦可为人法，何必以学者？事难空知，贤圣之才能立也④。所谓神者，不学而知；所谓圣者，须学以圣。以圣人学，知其非圣⑤。天地之间，含血之类，无性知者。狌狌知往⑥，鶅鹊知来⑦，禀天之性⑧，自然者也。如以圣人为若狌狌乎？则夫狌狌之类，鸟兽也。僮谣不学而知⑨，可谓神而先知矣。如以圣人为若僮谣乎？则夫僮谣者，妖也。世间圣神，以为巫与⑩？鬼神用巫之口告人⑪。如以圣人为若巫乎？则夫为巫者亦妖也⑫。与妖同气，则与圣异类矣。巫与圣异，则圣不能神矣。不能神，则贤之党也⑬。同党，则所知者无以异也。及其有异⑭，以入道也⑮。圣人疾⑯，贤者迟⑰；贤者才多，圣人智多。所知同业，多少异量；所道一途⑱，步骑相过⑲。

【注释】

①"子贡曰"几句：引文参见《论语·子张》。夫子，古代对男子的尊称，这里指孔子。焉，这么，哪儿。常，固定。

②"孔子曰"二句：引文参见《论语·为政》。乎，于。

③法：标准，榜样。

④立：具备。

⑤圣：据文意，疑当作"神"字。

⑥狌狌知往：此句参见《淮南子·氾论训》。据高诱注，猩猩见人走过就能叫出他的姓名。

⑦鶅（gān）鹊知来：此句参见《淮南子·氾论训》，据高诱注，人将有喜事，喜鹊就会叫起来。鶅鹊，喜鹊。

⑧禀天之性：王充认为万物的本性都是承受天自然而然施放的气形成的。禀，承受。性，本性。

⑨僮谣：即童谣，流传在儿童中的歌谣，王充认为它是一种阳气构成的妖象，能预言吉凶。参见《订鬼篇》。僮，同"童"。

⑩巫：古代以侍奉鬼神替人求福消灾为职业的人。与：表示疑问的语气词。

⑪告：指示。

⑫为巫者亦妖也：王充认为巫是一种含有阳气而显现妖象的人。参见《订鬼篇》。

⑬党：类。

⑭及：至于。

⑮以：因为。道：王充指"先王之道"。

⑯疾：快。

⑰迟：慢。

⑱道：走。

⑲步驱（qū）：犹步趋。行进的方向、步调。驱，通"趋"，快走。

【译文】

人的才智有高低之分，认识事物要通过学习才行。通过学习才能有知识，不请教别人就不能获得才识。子贡说："我的老师怎么不学习呢，可是又哪里有固定的老师呢？"孔子说："我十五岁就有志于学问。"五帝、三王，都是有从学的老师的。有人说："这是为了给人们做榜样，并不是他们需要跟随老师学习。"我说：精心思虑也可以作为人们的榜样，为什么一定要以勤学做榜样呢？事理很难凭空思考而得知，贤圣的才能却可以通过学习而具备。那些称为"神"的，是不学而知的；哪些称为"圣"的，必须通过学习才能成为圣人。因为圣人也需要学习，所以知道他并不是神。天地之间，含有血气的动物，没有天生就知道一切的。猩猩知道路过的人的姓名，喜鹊知道未来的喜事，是因为它们承受了天的本性，自然就是如此的。如果认为圣人是像猩猩那样的吗？那么猩猩之类可是鸟兽啊。童谣是可以不学而知，可以算是神而先知了。如果认为圣人是像童谣那样的吗？那么童谣可是一种妖象啊。世间圣、神的东西可以认为是巫吗？鬼神通过巫的口来指示人。如果认为圣人是像巫那样的吗？那么做巫的人也是一种妖象啊。巫与妖象同属一种气，那么与圣人就不属于一类了。巫与圣人不同，那么圣人也就不能称为神了。不能称为神，那就属于贤人一类的了。与贤人同属一类，那么圣人所知的就与贤人没有什么不同了。至于他们有所差别，是由于他们所掌握的"道"不一样。圣人入道快，贤人入道慢；贤人才能多，圣人智慧多。他们所掌握的是同一种"道"，只是量的多少不同而已；他们所走的是同一条路，只是走得快的圣人超过了走得慢的贤人而已。

　　事有难知易晓，贤圣所共关思也①。若夫文质之复②，三教之重③，正朔相缘④，损益相因⑤，贤圣所共知也。古之水火，今之水火也；今之声色，后世之声色也。鸟兽草木，人民好恶，以今而见古，以此而知来。千岁之前，万世之后，无以异也。追观上古，探察来世，文质之类，水火之辈⑥，贤圣共之；见兆闻象，图画祸福⑦，贤圣共之；见怪名物，无所疑惑，贤圣共之。事可知者，贤圣所共知也；不可知者，圣人亦不能知也。何以明之？使圣空坐先知雨也⑧，性能一事知远道⑨，孔窍不普⑩，未足以论也。所论先知性达者，尽知万物之性，毕睹千道之要也⑪。如知一不通二，达左不见右，偏驳不纯⑫，踦校不具⑬，非所谓圣也。如必谓之圣，是明圣人无以奇也。詹何之徒圣，孔子之党亦称圣，是圣无以异于贤，贤无以乏于圣也⑭。贤圣皆能，何以称圣奇于贤乎？如俱任用术数，贤何以不及圣？

【注释】

①关思：关心，动脑筋。

②文质：这里指两种不同的统治倾向。文，文采。质，质朴。复：重复。

③三教：指夏、商、周三代统治者所施行的不同的教化。儒家认为夏朝注重"忠"，结果"忠"的末流之弊是"野"；商代以"敬"来救"野"之弊，结果"敬"的末流之弊是"鬼"；周代以"文"来救"鬼"之弊，结果"文"的末流之弊是"儇"。参见《齐世篇》。

④正朔：指历法。正，指夏历正月，一年的开始。朔，夏历每月初一，一个月的开始。

⑤因：因循，沿袭。

⑥辈：类。

⑦图画：描绘，说明。

⑧使：假使。

⑨远道：远见先知。

⑩孔窍：指耳、目、口、鼻等感觉器官，这里泛指人的聪明才智。普：普遍，全面。

⑪毕：完全。要：要领。

⑫偏驳：不纯正。偏，片面。驳，杂乱。

⑬踦（qī）校：残缺。踦，亏缺，不足。校，通"骹（qiāo）"，此指器物的脚。具：完备。

⑭乏：缺少，不如。

【译文】

事情有难以知道的有容易明白的，这都是圣人与贤人所共同关心的。就像社会发展中文质的反复，三种教化的循环，历法的相互沿用，典章制度的增减和沿袭，这都是圣人与贤人所共同知道的。古代的水火，就同现在的水火一样；现在的声色，就同后代的声色一样。无论是鸟兽草木，还是人民的好恶，根据现在的情况可以推知古代，根据当前的情况可以预知未来的状况。千年之前，万代之后，没有什么不同的。往前观察上古，往后探察后世，知道"文质""水火"一类的事情，这是贤人圣人同样能做到的；看见了征兆，察觉了迹象，就能说明祸福，这是贤人圣人同样能做到的；见到奇怪的东西能够说出它的名称，不会有什么疑惑，这是贤人圣人同样能做到的。可知的事物，贤人圣人同样都能知道；不可知的事物，即使是圣人也不可能知道。用什么来证明这一点呢？假如圣人凭空坐在那里就能事先知道天要下雨，也只是说明他生来能够在这一件事上有先知远见，他的聪明才智并不全面，不值得一提。所谓先知先觉生来就能通达事理的人，就是能尽知万物的本性，能完全看清各种"道"的要领。如果是知道一个部分而不通晓另一个部分，通达左边却看不见右边，认识片面杂乱而不纯，残缺而不完备，就不能称作圣人了。如果一定要说他是圣人，这反而说明圣人并没有什么神奇的。詹何这类人被称为圣人，孔子这类人也被称为圣人，这就是说圣人没有什么不同于贤人的地方，贤人并不比圣人差。既然贤人圣人都有才能，为什么还要说圣人比贤人神奇呢？如果都要运用术数推算，贤人为什么比不上圣人呢？

实者①，圣贤不能知性②，须任耳目以定情实。其任耳目也，可知之事，思之辄决；不可知之事，待问乃解。天下之事，世间之物，可思而知③，愚夫能开精④；不可思而知，上圣不能省⑤。孔子曰："吾尝终日不食，终夜不寝以思，无益，不如学也。"⑥天下事有不可知，犹结有不可解也。兒说善解结⑦，结无有不可解。结有不可解，兒说不能解也。非兒说不能解也，结有不可解，及其解之，用不能也⑧。圣人知事，事无不可知。事有不可知，圣人不能知。非圣人不能知，事有不可知，及其知之，用不知也。故夫难知之事，学问所能及也；不可知之事，问之学之，不能晓也。

【注释】

①实者：实际上。

②知性：据文意，疑当作"性知"。

③可思而知：底本无"知"，据下文"不可思而知"，疑本句"而"字后
　脱一"知"字，补。

④开精：开悟，明白。

⑤省（xǐng）：明白。

⑥"孔子曰"几句：引文参见《论语·卫灵公》。

⑦兒（ní）说：底本作"见说"，据《吕氏春秋·君守》改。下同。兒
　说，战国时宋国人，善辩。曾持"白马非马"说折服齐稷下辩者。
　又"以弗解解之"的诡辩方法为宋王解闭结，有名于时。事见
　《韩非子·外储说左上》《淮南子·人间训》。

⑧用：因此。能：疑为"解"字之讹，形近而误。

【译文】

　　实际上，圣贤不能天生地知道一切，必须依靠耳听、眼看来确定事
情的真相。他们使用耳目去判断考察事物，凡是可以知道的事，经过思
考就可以理解清楚；不能知道的事，要等到请教了别人才能理解。天下
的事情，世间的万物，凡是可以通过思考而知道，再愚蠢的人也能明白；
那些通过思考不能知道的事物，即使是上圣也不能明白。孔子说："我曾
经整天不吃饭，整夜不睡觉地去思考，结果没有获得任何好处，还不如去
学习。"天下的事物有不可知的，好比绳结有不能解开的一样。兒说善
于解绳结，绳结对他来说没有解不开的。但如果绳结有解不开的，那么
兒说也不能解开了。并不是兒说不会解绳结，而是有的绳结根本就解不
开，等到他去解这种结时，当然也解不开了。圣人知晓一切事物，世上的
事物对于圣人来说没有什么不能知道的。但是事物还是有不能知道的，

那么即使是圣人也不能知道了。并不是圣人不能知道这些,而是有的事物根本就不可以知,等到圣人想去知道这种事物时,当然也就不可能知道了。所以较难知道的事物,通过学习和请教别人就能够知道;根本不能知道的事物,即使通过学习和请教别人,仍然是不能知道的。

知实篇第七十九

【题解】

本篇是《实知篇》的后续，意在《实知篇》论述知识来源的理论基础上，引用实际事例来进一步证明《实知篇》论点的正确。王充深知"凡论事者，违实不引效验，则虽甘义繁说，众不见信"，因此为了证明他提出的"圣人不能神而先知，先知之间，不能独见"的观念，王充在本篇中列举了十六个当时公认的圣人孔子不能先知的例子，以作为自己理论成立的证明。并且王充将圣人与贤人放在了并列的位置，认为二者的区别只是学习修为程度深浅的差异，圣人与贤人的程度都是可以通过学习而达成的，并非如当时人所认为的，圣人是"生而知之"的。

凡论事者，违实不引效验①，则虽甘义繁说②，众不见信③。论圣人不能神而先知，先知之间，不能独见④，非徒空说虚言⑤，直以才智准况之工也⑥。事有证验，以效实然⑦。何以明之？

【注释】

①效验：证据。

②甘:甜,美。繁:多。

③众:通"终"。见:被。

④独见:独到非凡的见解。

⑤徒:仅仅。

⑥直:只。准况:类推。工:巧妙。

⑦效:证明。

【译文】

　　凡是论述事理的人,如果违背了事实而又不举出证据,那么,即使道理讲得再动听,说辞再繁复,最终也还是不被相信。我论述圣人不能像神一样有先知先觉,在那些能够有先知的人中间,也并不是只有圣人才能预见,这不只是凭空瞎说,也不只是凭自己的才智类推得巧妙。我的这种看法是有事实证明的,可以证明事实确实是这样。有哪些事实可以用来证明它呢?

　　孔子问公叔文子于公明贾曰①:"信乎,夫子不言、不笑、不取②,有诸③?"对曰:"以告者过也④。夫子时然后言⑤,人不厌其言⑥;乐然后笑,人不厌其笑;义然后取⑦,人不厌其取。"孔子曰:"岂其然乎⑧? 岂其然乎⑨?"天下之人,有如伯夷之廉,不取一芥于人⑩,未有不言不笑者也。孔子既不能如心揣度⑪,以决然否,心怪不信,又不能达视遥见⑫,以审其实⑬,问公明贾,乃知其情⑭。孔子不能先知,一也。

【注释】

①公叔文子:姓公叔,名拔,春秋时卫国大夫,"文"是死后的谥号。

　公明贾:姓公明,名贾,公叔文子的使臣。

②夫子:古代对男子的一种尊称,这里指公叔文子。

③诸："之""乎"的合音。

④过：过分，夸大。

⑤时：适时。

⑥厌：讨厌。

⑦义：指符合儒家的礼义。

⑧岂其然乎：难道真是这样吗？意思是，那个传话的人怎么把公叔
　文子说成不言、不笑、不取呢？

⑨岂其然乎：上事参见《论语·宪问》。

⑩芥（jiè）：小草，此处引申指细微的事物。

⑪如心：按照自己的心意。揣度（duó）：揣测，估量。

⑫达视遥见：看得非常透彻、非常远。

⑬审：弄清楚，明了。

⑭乃：才。情：真实情况。

【译文】

　　孔子向公明贾打听公叔文子，说："真的吗，公叔文子不说话、不笑、不索取别人的东西，有这样的事吗？"公明贾回答说："这是告诉你的人把话说过了头。公叔文子在该说的时候才说，所以人们不讨厌他说的话；该高兴的时候才笑，所以人们不讨厌他笑；符合礼义才接收财物，所以人们不讨厌他对财物的索取。"孔子说："难道真是这样吗？难道真是这样吗？"天下的人，有如伯夷那样廉洁的人，不取别人丝毫财物，但是从来没有不说话、不笑的人。孔子既不能按照自己的心意去估量判断是非，心有疑问不能相信，又不能看得非常透彻，有远见卓识，以弄清楚事实的真相，问了公明贾之后才知道了真实情况。孔子不能先知，这是第一条证据。

　　陈子禽问子贡曰①："夫子至于是邦也②，必闻其政③。求之与④？抑与之与⑤？"子贡曰："夫子温、良、恭、俭、让以

得之⑥。"温、良、恭、俭、让，尊行也⑦。有尊行于人，人亲附之。人亲附之，则人告语之矣。然则孔子闻政以人言，不神而自知之也。齐景公问子贡曰："夫子贤乎？"子贡对曰："夫子乃圣⑧，岂徒贤哉⑨！"景公不知孔子圣，子贡正其名；子禽亦不知孔子所以闻政，子贡定其实。对景公云"夫子圣，岂徒贤哉"，则其对子禽亦当云"神而自知之，不闻人言"。以子贡对子禽言之，圣人不能先知，二也。

【注释】

①陈子禽、子贡：二人皆为孔子的学生。

②是：此，这个。邦：国，指春秋时期的诸侯国。

③闻：知道。

④与：表示疑问的语气词。

⑤抑：还是。

⑥温、良、恭、俭、让：温和、善良、恭敬、节俭、谦让，是儒家推崇的个人品质。上事参见《论语·学而》。

⑦尊行：高贵的品德。尊，高。

⑧乃：乃是。

⑨岂：哪里。上事参见《韩诗外传》卷八。

【译文】

　　陈子禽问子贡说："孔子每到一个国家，必定知道这个国家的政治情况。是他自己打听来的呢？还是人们主动告诉他的呢？"子贡说："他是凭着温、良、恭、俭、让这些美德得来的。"温、良、恭、俭、让，是高尚的德行。用高尚的德行对待人，人们就会亲近他。人们亲近他，那么人们就会告诉他本国的政治情况了。既然如此，那么孔子就是通过人们告诉他了解当地的政治情况的，并不是神而自知的。齐景公问子贡说："孔子是个贤人吗?"子贡回答说:"孔子乃是圣人,哪里只是个贤人呢?"齐景公不知道孔子是圣人,子贡为孔子正名;陈子禽也不知道孔子是用什么办法知道当地政治情况的,子贡确定孔子知道各国政治情形的真正原因。既然子贡回答齐景公时说"孔子乃是圣人,哪里只是个贤人",那么子贡对子禽也应当说"他是神而自知的,不是听别人说的"。就子贡回答陈子禽的话来说,圣人不能先知,这是第二条证据。

颜渊炊饭①,尘落甑中②,欲置之则不清③,投地则弃饭,掇而食之④。孔子望见,以为窃食⑤。圣人不能先知,三也。

【注释】

①颜渊:孔子的学生。炊饭:烧火做饭。

②甑(zèng):古代蒸饭用的炊器。殷周时代有以青铜制,后多用木制。

③置:放。

④掇(duō):拾取。

⑤以为窃食:上事参见《吕氏春秋·任数》。

【译文】

颜渊烧火做饭时,灰尘掉到饭甑里,想放置不管的话,饭就不干净了,想把有灰的饭倒掉,就会浪费掉一些饭,所以颜渊就把落了灰尘的饭挑出来吃了。孔子远远地看见了,认为颜渊是在偷饭吃。圣人不能先知,这是第三条证据。

涂有狂夫①,投刃而候②;泽有猛虎③,厉牙而望④。知见之者,不敢前进。如不知见,则遭狂夫之刃,犯猛虎之牙矣⑤。匡人之围孔子⑥,孔子如审先知⑦,当早易道⑧,以违其害⑨。不知而触之,故遇其患。以孔子围言之,圣人不能先知,四也。

【注释】

①涂:道路。狂夫:暴徒。

②投:疑为"拔"字之讹,形近而误。候:等候。

③泽:山泽。

④厉:磨砺。

⑤犯:触犯,碰上。

⑥匡人之围孔子:前496年,孔子从卫国到陈国去,路过匡,因为鲁国的阳虎曾经暴虐此地的百姓,匡人误认为孔子是阳虎,于是将孔子围困起来。匡,春秋时卫国地名,在今河南长垣西南。参见《论语·子罕》《史记·孔子世家》。

⑦审:真的。

⑧易:改变。道:道路。

⑨违:避。

【译文】

路上有个暴徒,拔出刀子等着行凶;野泽中有只猛虎,磨利牙齿等着猎物。知道或看到的人,就不敢再向前走了。如果不知道或者没有看见而继续往前走,那么就会被暴徒杀掉,或者被老虎吃掉。匡人曾经围困了孔子,如果孔子真能先知,那就该早早地改换道路,以避开这场灾祸。孔子因为事先不知道,所以才遇上匡人,遭了这场灾祸。以孔子被困这件事来说,圣人不能先知,这是第四条证据。

子畏于匡①,颜渊后②。孔子曰:"吾以汝为死矣③。"如孔子先知,当知颜渊必不触害,匡人必不加悖④。见颜渊之来,乃知不死;未来之时,谓以为死。圣人不能先知,五也。

【注释】

①子:指孔子。畏:惧,这里指受到威胁。

②后:指颜渊最后才逃出来。

③汝:你。上事参见《论语·先进》。

④悖(bèi):昏乱,惑乱。这里指杀害。

【译文】

孔子在匡地被围困受到威胁,颜渊最后才逃出来。孔子说:"我以为你已经死了。"如果孔子先知,就应该知道颜渊一定没有遇害,匡人一定没有杀害他。孔子看到颜渊回来了,才知道他没有死;孔子在没有看见颜渊回来的时候,说过认为颜渊已经死了。圣人不能先知,这是第五条证据。

阳货欲见孔子①,孔子不见,馈孔子豚②。孔子时其亡也③,而往拜之,遇诸涂④。孔子不欲见,既往,候时其亡⑤,是势必不欲见也⑥。反⑦,遇于路。以孔子遇阳虎言之,圣人不能先知,六也。

【注释】

①阳货:即阳虎,鲁国季孙氏的家臣。

②馈(kuì):赠送。豚(tún):小猪。这里指蒸熟的小猪。

③时:通"伺",等候。亡:无。这里指不在家。

④遇诸涂:上事参见《论语·阳货》。

⑤候时:窥伺。候,侦查。

⑥势:情形。

⑦反:同"返",返回。

【译文】

阳货想见孔子,孔子不想见他,阳货就送给孔子一只蒸熟了的小猪。

孔子等到阳货不在家的时候去拜谢他,不料在半路上碰见了阳货。孔子本来是不想见阳货的,既然去拜谢他,却又等到他不在家的时候才去,这种情况说明孔子坚决不想见到阳货。可是返回时,却在路上碰上了他。就孔子碰见阳货这件事来说,圣人不能先知,这是第六条证据。

长沮、桀溺耦而耕①,孔子过之②,使子路问津焉③。如孔子知津,不当更问④。论者曰⑤:"欲观隐者之操⑥。"则孔子先知⑦,当自知之,无为观也⑧。如不知而问之,是不能先知,七也。

【注释】

①长沮(jǔ)、桀溺:两个农夫的名字。耦(ǒu)而耕:耦耕,两人合作耕地。

②过:指路过。

③子路:孔子的学生。津:渡口。上事参见《论语·微子》。

④更:再。

⑤论者:指替孔子辩护的人。

⑥隐者:隐士。操:操行。

⑦则:如果。

⑧无为:不必,用不着。

【译文】

长沮、桀溺两人合作在一起耕地,孔子从旁边经过,派子路问他们渡口在什么地方。如果孔子预先知道渡口在什么地方,就不该再派人去询问。替孔子辩护的人说:"孔子这是想考察一下两位隐士的品行。"既然孔子先知,那他就该自己知道二人的操行,用不着去考察。如果孔子因为不知道而去问他们,这正好说明他不能先知,这是第七条证据。

孔子母死，不知其父墓，殡于五甫之衢^①，人见之者，以为葬也^②。盖以无所合葬，殡之谨^③，故人以为葬也。邻人邹曼甫之母告之^④，然后得合葬于防^⑤。有茔自在防^⑥，殡于衢路，圣人不能先知，八也。

【注释】

①殡：停放棺材，这里指临时性的浅葬。五甫（fǔ）之衢（qú）：五甫衢，一作"五父衢"，路名，在今山东曲阜东南。衢，大路。

②葬：这里指正式埋葬。

③谨：郑重。

④邹曼甫：人名。

⑤防：防山，在今山东曲阜东。上事参见《礼记·檀弓上》。

⑥茔（yíng）：坟地。自：本来。

【译文】

孔子的母亲去世了，因为孔子不知道他父亲的坟墓在何处，所以就把他母亲临时葬在五甫衢，别人看见就认为是正式下葬了。大概是因为没找着他父亲的墓地与其母合葬，所以在临时埋葬他母亲时，礼仪也很郑重，所以别人就认为这是正式下葬了。邻居邹曼甫的母亲把孔子父亲坟墓的所在地告诉了他，孔子才得以把他的母亲与他的父亲合葬在防山。他父亲的坟地本来就在防山，而孔子却把他的母亲临时葬在五甫衢路旁，圣人不能先知，这是第八条证据。

既得合葬，孔子反。门人后^①，雨甚至^②。孔子问曰："何迟也？"曰："防墓崩。"孔子不应^③。三^④，孔子泫然流涕曰^⑤："吾闻之，古不修墓^⑥。"如孔子先知，当先知防墓崩，比门人至^⑦，宜流涕以俟之^⑧。人至乃知之，圣人不能先知，九也。

【注释】

①门人:孔子的学生。

②雨甚至:雨下得很大。

③应:回应,应答。

④三:再三,指说了好几遍。

⑤泫(xuàn)然:形容泪流满面的样子。

⑥古不修墓:参见《礼记·檀弓上》。修墓,垒坟头。

⑦比:等到。

⑧俟(sì):等候。

【译文】

下葬之后,孔子先返回家里。门人后回来,雨下得很大。孔子问:"怎么回来得这么晚啊?"门人回答说:"防山的墓倒塌了,我们在那里修墓。"孔子没有吭声。门人说了好几遍,孔子才泪流满面地说:"我听说,自古是不修墓的。"如果孔子先知,应当事先知道防山的墓会倒塌,等到门人回来的时候,应该是流着泪等着他们。门人到家之后才知道墓倒塌了,圣人不能先知,这是第九条证据。

　　子入太庙,每事问①。不知故问,为人法也②。孔子未尝入庙,庙中礼器众多非一,孔子虽圣,何能知之?以尝见,实已知,而复问,为人法。孔子曰:"疑思问。"③疑乃当问邪!"实已知,当复问,为人法",孔子知五经,门人从之学,当复行问,以为人法,何故专口授弟子乎?不以已知五经复问为人法,独以已知太庙复问为人法,圣人用心,何其不一也?以孔子入太庙言之,圣人不能先知,十也。

【注释】

①"子入太庙"二句：参见《论语·八佾》。太庙，天子或诸侯的祖庙，这里是鲁国君主的祖庙，即周公庙。

②为人法：给人们做榜样。

③"孔子曰"二句：引文参见《论语·季氏》。

【译文】

　　孔子进入太庙，每件事都要发问。因为他不知道所以才问，这是为了给人们做榜样。孔子从来没有进过太庙，庙里的礼器众多不止一种，孔子即使是圣人，又怎么能都知道呢？太庙里的礼器孔子曾经都见过，实际上他已经知道，然而还要再问一问，这是为了给别人做榜样。孔子说："有了疑问要想到请教别人。"这是说有了疑难才应该问啊！如果说"实际上已经知道，还应当再问，以此给人做榜样"，那么孔子通晓五经，学生们跟他学习，他也应该再去请教一下别人，以此来给人做榜样，为什么孔子只是给学生讲课而不请教别人呢？不用自己已经知道五经还去请教别人这种行为给人做榜样，唯独以自己已经知道太庙里的礼器而再问别人这种事给人做榜样，圣人的用心，怎么这样不一致呢？就孔子进太庙这件事来说，圣人不能先知，这是第十条证据。

　　主人请宾饮食，若呼宾顿若舍①。宾如闻其家有轻子泊孙②，必教亲彻馔退膳③，不得饮食；闭馆关舍，不得顿。宾之执计④，则必不往。何则？知请呼无喜，空行劳辱也。如往无喜，劳辱复还，不知其家，不晓其实。人实难知⑤，吉凶难图⑥。如孔子先知，宜知诸侯惑于谗臣⑦，必不能用，空劳辱己，聘召之到，宜寝不往⑧。君子不为无益之事，不履辱身之行⑨。无为周流应聘⑩，以取削迹之辱⑪；空说非主⑫，以犯绝粮之厄⑬。由此言之，近不能知⑭。论者曰："孔子自知不用,圣思闵道不行^⑮,民在涂炭之中^⑯,庶几欲佐诸侯^⑰,行道济民^⑱,故应聘周流,不避患耻。为道不为己,故逢患而不恶;为民不为名,故蒙谤而不避。"

【注释】

①顿:止,住宿。若:其,他的。舍:客房。

②轻子泊孙:轻薄的子孙。泊,底本作"洦",据递修本改。泊,通"薄",轻薄。

③亲:指父母。彻:撤除,撤走。馔(zhuàn):食物,菜肴。

④执计:拿定主意。

⑤人实:人事。

⑥图:预料。

⑦谗臣:进谗言的臣子。

⑧寝:搁置起来。

⑨履:履行,做。

⑩周流:指周游列国。

⑪削迹之辱:指孔子到卫国去,刚一离开,百姓就将他车轮碾过的痕迹铲平,以表示对他的憎恶。参见《庄子·天运》。

⑫说(shuì):劝说别人听从自己的意见。这里指游说。非主:不好的君主,这里指不采用孔子主张的君主。

⑬绝粮之厄:前489年,孔子一行因受到邀请欲前往楚国,陈、蔡两国为防止孔子被楚国重用,于是在陈、蔡两国边境将孔子包围,七天没有吃上一顿饭。厄,困苦。参见《荀子·宥坐》。

⑭近:接近。

⑮闵:怜惜。

⑯涂炭之中:水深火热之中。涂,泥污。

⑰庶几:表示希望的意思。

⑱济:拯救。

【译文】

主人请宾客饮酒吃饭,或者请客人住在他的家里。客人如果听说他家有轻薄子孙,轻薄子孙必定会叫他的父母端走酒菜,使客人吃不上、喝不上;还会关上房门,使客人不能留宿。那么客人会拿定主意,肯定不会去了。为什么呢?因为客人知道被请去了也不会有遂心的事,只是白跑一趟受一番劳累和侮辱罢了。如果去了没有什么遂心的事,又白劳累一场受顿侮辱回来,那是因为客人不了解主人的家庭,不了解他家的具体情况的缘故。人事难知,吉凶也很难预料。如果孔子有先知之明,就应该知道诸侯已经被谗臣所迷惑,是一定不会任用自己的,只能空跑一趟还使自己受到侮辱,聘书和诏令到了,也应该搁置起来不去上任。君子不去做那种毫无益处的事情,不做使自己受到侮辱的事。不必周游列国去答应诸侯的聘请,而自取"削迹"之辱;不应该白费力气去游说那些不会采用自己主张的君主,而自找"绝粮"的灾祸。由此说来,孔子似乎并没有先知之明。为孔子辩护的人说:"孔子自己知道是不会被任用的,圣人忧虑的是'道'行不通,百姓生活在水深火热之中,他是希望能辅佐诸侯,推行他的道而拯救百姓,所以才周游列国,希望得到诸侯的任用,不躲避灾祸和耻辱。由于他为的是行道而不是为自己,所以遇到灾祸也不怨恨;为的是百姓而不是为了名利,所以遭受诽谤也不顾忌。"

曰:此非实也。孔子曰:"吾自卫反鲁,然后《乐》正,《雅》《颂》各得其所。"①是谓孔子自知时也。何以自知?鲁、卫,天下最贤之国也②。鲁、卫不能用己,则天下莫能用己也,故退作《春秋》③,删定《诗》《书》④。以自卫反鲁言之,知行应聘时,未自知也。何则?无兆象效验⑤,圣人无以定也。鲁、卫不能用,自知极也⑥;鲁人获麟⑦,自知绝也。

道极命绝,兆象著明,心怀望沮⑧,退而幽思⑨。夫周流不休,犹病未死,祷卜使痊也,死兆未见⑩,冀得活也。然则应聘,未见绝证,冀得用也。死兆见舍⑪,卜还医绝⑫,揽笔定书⑬。以应聘周流言之,圣人不能先知,十一也。

【注释】

①"孔子曰"几句:参见《论语·子罕》。乐正,指孔子对当时的乐加以订正。正,订正。《雅》《颂》,《诗经》中的两类,当时颂诗都配有乐曲,《雅》是天子诸侯朝聘宴飨时唱诵的诗;《颂》是举行祭祀时唱诵的诗。各得其所,指恢复了各自相应的地位。

②最贤之国:指礼义最完备的国家。

③《春秋》:儒家经书之一。

④《诗》《书》:指《诗经》《尚书》。

⑤兆象:征兆,迹象。

⑥极:尽头,穷途末路。

⑦鲁人获麟:鲁哀公时,鲁人获得一头怪兽,孔子看到后,说这是麒麟,认为象征祥瑞太平的麒麟出现在乱世,象征着自己坚持的仁义之道的完结。参见《指瑞篇》。麟,麒麟,传说中的祥瑞之兽。

⑧望沮:怨恨沮丧。望,怨恨。沮,沮丧。

⑨幽思:冥思苦想。

⑩见:同"现",显现。

⑪死兆见舍:病人的家中出现了死人的征兆。比喻当时的周朝制度已经土崩瓦解。

⑫卜还医绝:占卜的人回头就走,医生也拒绝治疗。指孔子对于周朝制度的崩溃已经无可奈何了。

⑬揽笔:提笔。定书:指删定《诗经》《尚书》。

【译文】

我说：这些都不是真实的。孔子说过："我从卫国到鲁国后，着手将《乐》进行了整理，使《雅》和《颂》各得其适当的位置。"这就是说孔子是了解当时的形势的。根据什么说他自己知道呢？鲁国和卫国，是天下保有礼制最完备的国家。鲁国和卫国都不能任用自己，那么天下就没有什么国家会任用自己了，所以他才回到鲁国作《春秋》，删改编定《诗经》《尚书》。以孔子从卫国回到鲁国这件事来说，可以知道孔子周游应聘时，还不知道自己的前途如何。为什么呢？没有兆象而无从察考，圣人是无法做出判断的。等到鲁、卫两国不任用自己，这才知道已经到了穷途末路；等到鲁国人捉到了麒麟，他才知道自己再也没有什么希望了。先王之道已经到了穷途末路之时，自己的生命也即将到达尽头，征兆明明白白地显现出来，内心怀着怨恨、沮丧，只好回去冥思苦想。孔子不停地周游列国，如同生了病又不到死的地步，所以祈祷占卜希望病好，因为死的征兆还没有出现，还有希望能活下去。这样说来，孔子应聘是因为没有看到彻底绝望的证据，还是希望自己能被任用。等到家中出现了要死人的征兆，占卜的人回头就走，医生也拒绝治疗，孔子这才死心，拿起笔来删定《诗经》《尚书》。以孔子应聘周游这件事来说，圣人不能先知，这是第十一条证据。

孔子曰："游者可为纶，走者可为矰。至于龙，吾不知，其乘云风上升。今日见老子，其犹龙邪！"[①]圣人知物知事，老子与龙，人、物也，所从上下，事也，何故不知？如老子神，龙亦神，圣人亦神，神者同道，精气交连，何故不知？以孔子不知龙与老子言之，圣人不能先知，十二也。

【注释】

①"孔子曰"几句：引文参见《史记·老子韩非列传》。游者，指鱼类。纶，指鱼线。走者，指兽类。矰（zēng），指系着绳子的箭。

【译文】

孔子说："鱼类可以钓到，兽类可以射获。至于龙，我不知道该怎么办，因为它能乘着云与风上天。今天见到老子，他大概就像龙一样吧！"圣人既知道物，也知道事，老子和龙，一个是人，一个是物，龙的活动从上到下，从下到上，都是事，孔子为什么不知道呢？如果老子是神，龙也是神，圣人也是神，那么神有相同的行事方式，他们的精气可以互相沟通，为什么会不知道呢？以孔子不知道龙和老子这件事来说，圣人不能先知，这是第十二条证据。

孔子曰："孝哉，闵子骞！人不间于其父母昆弟之言。"①虞舜大圣，隐藏骨肉之过，宜愈子骞②。瞽叟与象③，使舜治廪、浚井④，意欲杀舜⑤。当见杀己之情，早谏豫止⑥，既无如何，宜避不行，若病不为。何故使父与弟得成杀己之恶，使人闻非父弟⑦，万世不灭？以虞舜不豫见，圣人不能先知，十三也。

【注释】

①"孔子曰"几句：引文参见《论语·先进》。闵子骞（qiān），孔子的学生，传说他能忍受后母的虐待，符合儒家的孝悌之道，被吹捧为孝子。人不间于其父母昆弟之言，意思是，由于闵子骞能掩盖父母兄弟的过失，因而人们对他的父母兄弟没有可非议的话。间，离间，非议。昆弟，兄弟。

②愈：胜过。

③瞽叟（sǒu）：传说中舜的父亲。象：传说是舜的异母弟。

④治廪（lǐn）：修谷仓。浚（jùn）井：淘井。

⑤意欲杀舜：据《史记·五帝本纪》记载，舜的父亲与弟弟让他去修筑谷仓和淘井，意图借机杀死他，但舜都设法脱险了。

⑥豫：预先。

⑦非：非议，指责。

【译文】

孔子说："闵子骞真是孝顺啊！人们对他的父母兄弟没有可非议的话。"虞舜是个大圣人，他在掩藏亲属的错误方面，应该超过闵子骞。舜的父亲瞽叟和异母弟象让他修理谷仓和淘井，打算借机杀害他。舜应当看出他们有要杀害自己的意思，应该早早地规劝他们预先防止事情的发生，已经无可奈何了，也应该躲避不去或装病不干。为什么要使他父亲和弟弟构成谋杀自己的罪名，使人们知道这件事而指责他的父亲和弟弟，以至万世之后他们的罪行还不能磨灭呢？就虞舜不能预见这件事来说，圣人不能先知，这是第十三条证据。

武王不豫①，周公请命②，坛墠既设③，策祝已毕④，不知天之许己与不⑤，乃卜三龟⑥，三龟皆吉⑦。如圣人先知，周公当知天已许之，无为顿复卜三龟⑧。知圣人不以独见立法⑨，则更请命⑩，秘藏不见。天意难知，故卜而合兆。兆决心定，乃以从事。圣人不能先知，十四也。

【注释】

①武王：周武王。不豫：古代称君主生病为"不豫"。

②周公请命：据《尚书·金縢》记载，有一次武王得病，周公祭祀请求上天让自己替代武王去死，并把祈祷文书封装在金属封固的盒

子中。后来武王病愈，周公也没有死。请命，指请求天命。

③坛：祭祀用的土台。墠（shàn）：为进行祭祀而经过清扫的地面。

　既：已经。设：设置，安排好。

④笑（cè）：同"策"，古代书写用的竹简和木简。祝：祈祷。

⑤不（fǒu）：同"否"。

⑥卜三龟：指到"太王（武王的曾祖父）""王季（武王的祖父）""文
王（武王的父亲）"三个祭坛前去用龟甲占卜。龟，乌龟，这里指
用龟甲进行占卜。

⑦三龟皆吉：上事参见《死伪篇》。

⑧顿：立刻，紧接着。

⑨圣人：这里指周公。

⑩则：而。

【译文】

周武王生病，周公乞求上天延续武王的寿命，设置祭坛，读完祝文以后，还不知道上天是否答应了自己的请求，于是就用龟甲占卜了三次，结果兆象都很吉利。如果圣人是先知的，周公就应当知道上天已经答应了自己的请求，不必紧接着又用龟甲占卜三次。知道圣人不以个人的意见来决定事情，所以周公还要请求天命，并且把祝文秘藏起来不让人看见。由于天意很难知道，所以三次进行占卜，把得到的兆象合起来加以对照。兆象定了心也就定了，于是就根据兆象的指示去办事。圣人不能先知，这是第十四条证据。

　　晏子聘于鲁①，堂上不趋②，晏子趋；授玉不跪，晏子跪。门人怪而问于孔子。孔子不知，问于晏子。晏子解之，孔子乃晓③。圣人不能先知，十五也。

【注释】

①聘：出使。

②趋：小步快走。

③"晏子解之"二句：据《韩诗外传》卷四记载，晏子的回答是：朝堂的礼节，国君走一步，臣子走两步，现在国君走得快，我怎敢不快走呢？国君亲自授给我礼物，我怎敢不跪下来接呢？

【译文】

晏子出使到鲁国，使臣在朝堂上不应该小步快走，而晏子却快步走了；君王授予玉时，使臣不应该跪着接，而晏子却跪下来接了。学生们感到奇怪而去请教孔子。孔子也不知道是为什么，于是就去请教晏子。晏子解释之后，孔子才明白。圣人不能先知，这是第十五条证据。

陈贾问于孟子曰①："周公何人也？"曰："圣人。""使管叔监殷②，管叔畔也③。二者有诸？"曰："然④。""周公知其畔而使，不知而使之与⑤？"曰："不知也。""然则圣人且有过与⑥？"曰："周公，弟也；管叔，兄也。周公之过也，不亦宜乎⑦？"孟子，实事之人也，言周公之圣，处其下⑧，不能知管叔之畔。圣人不能先知，十六也。

【注释】

①陈贾：战国时齐国大夫。

②管叔：名鲜，周武王的弟弟，周公的哥哥。监：监视。殷：武王灭商后，封纣王的儿子武庚于殷（在今河南安阳）。

③畔：通"叛"，叛变。上事参见《史记·鲁周公世家》。

④然：是这样的。

⑤与：疑问语气词。

⑥且：尚且。

⑦不亦宜乎：上事参见《孟子·公孙丑下》。

⑧处其下：指管叔是周公的哥哥。

【译文】

陈贾问孟子，说："周公是个什么样的人呢？"孟子回答说："是圣人。"又问："周公派管叔去监视武庚，后来管叔等人叛乱了。这两件事都有吗？"孟子回答说："是有的。"又问："周公是知道管叔要叛乱而仍然派他去的，还是不知道所以派他去的呢？"孟子回答："不知道才派他去的。"又问："如此说来，圣人尚且也有过错吗？"孟子回答说："周公是弟弟，管叔是哥哥。周公有过错，不也是可以理解的吗？"孟子是个讲求实际的人，既说周公是圣人，又认为他处在做弟弟的地位，是不能预知管叔会叛乱的。圣人不能先知，这是第十六条证据。

孔子曰："赐不受命而货殖焉，亿则屡中。"①罪子贡善居积②，意贵贱之期③，数得其时④，故货殖多，富比陶朱⑤。然则圣人先知也⑥，子贡亿数中之类也。圣人据象兆，原物类⑦，意而得之。其见变名物⑧，博学而识之⑨。巧商而善意⑩，广见而多记，由微见较⑪，若揆之今睹千载⑫，所谓智如渊海。孔子见窍睹微⑬，思虑洞达⑭，材智兼倍⑮，强力不倦，超逾伦等⑯，耳目非有达视之明，知人所不知之状也。使圣人达视远见⑰，洞听潜闻，与天地谈，与鬼神言，知天上地下之事，乃可谓神而先知，与人卓异⑱。今耳目闻见，与人无别；遭事睹物，与人无异，差贤一等尔⑲，何以谓神而卓绝！

【注释】

①"孔子曰"几句：引文参见《论语·先进》。赐，端木赐，即子贡。

命,天命。货殖,做买卖。亿,臆测,预料。屡,屡次。中(zhòng),
　　泛指击中,这里指猜中行情。

②罪:责怪。居积:囤积居奇。

③意:猜测。贵贱:指物价涨落。

④数(shuò):屡次。

⑤陶朱:陶朱公。据《史记·越王勾践世家》记载,春秋末期越国大
　　夫范蠡弃官后经商致富,自称"陶朱公"。

⑥也:表示停顿的语气词。

⑦原:推究。物类:同类事物。

⑧变:怪,指奇异的事物。名物:说出事物的名目。

⑨识(zhì):记住。

⑩巧商:善于做买卖。

⑪较:明显,显著。

⑫揆(kuí):度量,揣度。

⑬窍:小孔,形容细微。

⑭洞达:透彻。

⑮兼倍:比常人加倍。

⑯伦等:同辈,一般人。

⑰使:假使。

⑱卓异:大不一样。

⑲差:略微。贤:高明。

【译文】

　　孔子说:"子贡不听从天命而去经商营利,他猜测市场行情常常很准
确。"孔子责备子贡善于囤积,善于估计物价涨落的时机,屡次抓住时机,
所以赚了很多钱,就跟陶朱公一样富有。由此看来圣人的先知,也不过
是像子贡屡次猜中行情一样。圣人也是根据一定的迹象和征兆,考察推
究同类的事物,然后经过判断而得出结论。圣人见到异常的事物能叫出

它的名称,是由于他们博学强识的缘故。圣人巧于推算,善于估计,见识广,记得多,从微小的苗头看到明显的结局,如同根据今天的事物进行推测而预见到千年以后的情况一样,这可以说是才智浩如渊海了。孔子能够看到细微而不明显的事物,思考问题透彻,才智比常人高很多倍,而又努力不懈,超过了一般的人,但他的眼睛并没有超人的视力,能知道别人所不能知道的情况。如果圣人看得透彻看得远,听得清楚无所不闻,能与天地交谈,能跟鬼神说话,知道天上地下的事情,这才能称得上是神而先知,与一般人大不一样。但是,现在圣人耳闻目见,与一般人没有什么差别;遇到的事情看到的东西,和一般人没有什么不同,只是比贤人略微高明一点罢了,怎么能说像神一样无可比拟呢?

夫圣犹贤也,人之殊者谓之圣①,则圣贤差小大之称②,非绝殊之名也③。何以明之?

【注释】

①殊:特殊,杰出。

②差:等差,区别。

③绝殊:截然不同。

【译文】

圣人跟贤人一个样,如果把才能特殊的人称为圣人,那么圣人与贤人只不过是区别才能大小的称呼,并不是完全不同的两种名号。怎么来证明这个道理呢?

齐桓公与管仲谋伐莒①,谋未发而闻于国②。桓公怪之,问管仲曰:"与仲甫谋伐莒③,未发,闻于国,其故何也?"管仲曰:"国必有圣人也。"少顷,当东郭牙至④。管仲曰:

"此必是已⑤。"乃令宾延而上之⑥,分级而立⑦。管仲曰⑧:"子邪⑨,言伐莒?"对曰:"然。"管仲曰:"我不伐莒,子何故言伐莒?"对曰:"臣闻君子善谋,小人善意。臣窃意之⑩。"管仲曰:"我不言伐莒,子何以意之?"对曰:"臣闻君子有三色⑪:欢然喜乐者,钟鼓之色⑫;愁然清净者⑬,衰绖之色⑭;怫然充满手足者⑮,兵革之色⑯。君口垂不唫⑰,所言莒也;君举臂而指,所当又莒也⑱。臣窃虞国小诸侯不服者⑲,其唯莒乎⑳!臣故言之㉑。"

【注释】

①莒(jǔ):齐国附近的一个小国,在今山东莒县一带。

②发:行动。

③仲甫:又作"仲父",是齐桓公对管仲的尊称。

④东郭牙:春秋初期齐国人。

⑤已:表示肯定的语气词。

⑥宾:负责招待客人的官。延而上之:将他引上殿堂。延,引进。

⑦级:等次,行列。

⑧管仲曰:底本无"仲"字,据递修本补。

⑨子:古代对男子的尊称。邪:表示疑问的语气词。

⑩窃:私下,表示个人意见的谦词。

⑪色:神色,表情。

⑫钟鼓:两种乐器,这里表示婚庆喜事。

⑬愁然:忧愁的样子。

⑭衰绖(cuī dié):丧服。衰,粗麻布做的丧服。绖,古代丧服所用的麻带。扎在头上的称首绖,缠在腰间的称腰绖。

⑮怫(fèi)然:愤怒的样子。

⑯兵革：战争。

⑰唵（yǎn）：闭口。

⑱当：对着。

⑲虞：料想。

⑳其：表示揣测的语气词。

㉑臣故言之：上事参见《管子·小问》《吕氏春秋·重言》。

【译文】

　　齐桓公与管仲谋划讨伐莒国，谋划好后还没有行动，国内的人却都知道了。桓公感到很奇怪，问管仲说："我与仲父谋划讨伐莒国，还没有开始行动，国内的人却都知道了，这是什么原因呢？"管仲回答说："国内一定有圣人。"一会儿，正好东郭牙来了。管仲说："一定是这个人了。"于是就派官员把他请到殿堂上，分别按宾主的位置站好。管仲说："是您说我们要讨伐莒国吗？"东郭牙说："是的。"管仲说："我没说过要讨伐莒国，你凭什么推测出我们要讨伐莒国呢？"东郭牙回答说："我听说君子善于谋划，小人善于推测，我是私下推测出来的。"管仲说："我没有说要讨伐莒国，你根据什么推测的呢？"东郭牙回答说："我听说君子脸上有三种神色：欢乐高兴，是婚庆喜事时表露出的神色；愁苦哀伤，是举办丧事时表露出的神色；非常愤怒以致气得四肢发抖，是发生战争时表露出的神色。您的口开而不闭，说的正是'莒'字；你抬起手臂指的方向，所对着的又是莒国的方向。我私下想国家小而又不服从的诸侯，大概只有莒国吧！因此我就说要攻打莒国了。"

　　夫管仲，上智之人也，其别物审事矣。云"国必有圣人"者，至诚谓国必有也①。东郭牙至，云"此必是已"，谓东郭牙圣也。如贤与圣绝辈②，管仲知时无十二圣之党③，当云"国必有贤者"，无为言"圣"也④。谋未发而闻于国，管仲谓

"国必有圣人",是谓圣人先知也。及见东郭牙⑤,云"此必是已",谓贤者圣也。东郭牙知之审⑥,是与圣人同也。

【注释】

①至诚:很诚心。

②绝:截然不同。辈:类。

③十二圣:指黄帝、颛顼等十二人,参见《骨相篇》。党:类。

④无为:不应当。

⑤及:等到。

⑥审:准确,清楚。

【译文】

管仲是很有智慧的人,他善于区别事物考察事理,他说"国内一定有圣人",是真心诚意地说国内一定有圣人的。东郭牙来了,管仲说"一定是这个人",就是说东郭牙是圣人。如果圣人与贤人是根本不同的两类人,那么管仲明知当时并没有像黄帝等十二圣之类的人,他就应该说"国内一定有贤人",不应当说是"圣人"了。谋划好的计策还没有施行而国内的人都知道了,管仲说"国内一定有圣人",这是说圣人有先知。等到看见了东郭牙,说"一定是这个人",是说贤人就是圣人。东郭牙对计划攻打莒国的事情了解得这样清楚,这和圣人是一样的啊。

　　客有见淳于髡于梁惠王者①,再见之②,终无言也。惠王怪之,以让客曰③:"子之称淳于生,言管、晏不及④。及见寡人⑤,寡人未有得也。寡人未足为言邪⑥?"客谓髡。曰⑦:"固也⑧!吾前见王志在远⑨,后见王志在音⑩,吾是以默然。"客具报⑪,王大骇曰:"嗟乎⑫!淳于生诚圣人也⑬?前淳于生之来,人有献龙马者⑭,寡人未及视,会生至⑮。后来，人有献讴者⑯，未及试，亦会生至。寡人虽屏左右⑰，私心在彼⑱。"夫髡之见惠王在远与音也⑲，虽汤、禹之察⑳，不能过也。志在胸臆之中㉑，藏匿不见，髡能知之。以髡等为圣㉒，则髡圣人也㉓；如以髡等非圣，则圣人之知，何以过髡之知惠王也？观色以窥心㉔，皆有因缘以准的之㉔。

【注释】

①客：这里指梁惠王的宾客。见(xiàn)：介绍，荐举。淳于髡(kūn)：姓淳于，名髡，齐国人。梁惠王：即魏惠王，战国时魏国君主。

②再：第二次。

③让：责备。

④管、晏：管仲与晏婴。

⑤寡人：古代诸侯的自称。

⑥为：与，跟。

⑦曰："曰"字前脱一"髡"字，据《史记·孟荀列传》补。

⑧固也：是的。固，然。

⑨志在远：心思集中在远方，这里指梁惠王聚精会神地在想能跑得很远的龙马。志，心思。

⑩音：音乐。

⑪具：原原本本地。

⑫嗟乎：叹词。

⑬诚：真。

⑭龙马：高大的骏马。

⑮会：恰逢，正碰上。

⑯讴(ōu)者：歌伎。讴，唱歌。

⑰屏(bǐng)：使退避。

⑱私心：内心。

⑲见：看出。

⑳汤、禹：商汤与夏禹。

㉑胸臆（yì）：内心。臆，心间。

㉒等：等同。

㉓则髡圣人也：据文意，疑"圣"字前脱一"非"字。

㉔色：面部表情。

㉕因缘：凭借。准的："准"和"的"都是目标的意思，这里作动词，
　　意为射中目标。

【译文】

　　有个宾客把淳于髡引荐给梁惠王，梁惠王一连两次接见他，淳于髡始终一言不发。梁惠王对此很不高兴，因此责备那个宾客说："你赞扬淳于先生，说连管仲、晏婴都赶不上他。等到他来见我，我并没有什么收获。难道我不值得跟他谈话吗？"这个宾客把惠王的话告诉了淳于髡。淳于髡说："是的，我前一次见惠王时，他的心思放在远处，后一次见他时，他的心思在音乐上，我因此没有说话。"宾客把淳于髡的话原原本本地汇报给惠王，惠王听后大吃一惊，说："哎呀！淳于先生实在是个圣人呀！前一次淳于先生来，正好有人献来一匹龙马，还没来得及看，正碰上淳于先生来了。后一次他来，正好有人来献歌伎，我还没来得及听，正巧他又来了。我虽然屏退了左右的人，然而我的心思都在其他地方。"淳于髡能观察到惠王的心思在远处和音乐上，就是成汤、夏禹那样明察的人，也不能超过他。一个人的心思藏在心里，并没有表现出来，淳于髡却能知道。如果把淳于髡等同于圣人，淳于髡却并不是圣人了；如果认为淳于髡不是圣人，那么所谓圣人的明智，又怎么能超过淳于髡对于梁惠王的了解呢？通过观察人的面部表情来探测内心的活动，都是由于有所依据才能推测得那么准确。

楚灵王会诸侯①。郑子产曰："鲁、邾、宋、卫不来②。"及诸侯会，四国果不至。赵尧为符玺御史③，赵人方与公谓御史大夫周昌曰④："君之史赵尧且代君位⑤。"其后尧果为御史大夫⑥。然则四国不至，子产原其理也；赵尧之为御史大夫，方与公睹其状也⑦。原理睹状，处著方来⑧，有以审之也。鲁人公孙臣⑨，孝文皇帝时⑩，上书言汉土德⑪，其符黄龙当见⑫。后黄龙见成纪⑬。然则公孙臣知黄龙将出，案律历以处之也⑭。

【注释】

①楚灵王：春秋时楚国君主。会：召集。

②鲁、邾、宋、卫：春秋时期的诸侯国，鲁在今山东西南部，邾（即邹）在今山东邹城一带，宋在今河南商丘一带，卫在今河南滑县一带。上事参见《左传·昭公四年》，四国作"鲁、卫、曹（在今定陶一带）、邾"。

③赵尧：西汉初年人。符玺（xǐ）御史：皇帝的鉴印官，隶属于御史大夫。符，古代朝廷传达命令或征调士兵的凭证。玺，印信。秦以前以金玉银铜制成，尊卑通用。秦以来专指皇帝的印，以玉制。

④方与公：人名，一说是方与县令。御史大夫：三公之一，相当于副丞相。周昌：西汉初年人。

⑤史：副官。且：将要。

⑥其后尧果为御史大夫：上事参见《史记·张丞相列传》。

⑦睹：看到。状：迹象。

⑧处：判断。著：明。

⑨公孙臣：西汉初年人。

⑩孝文皇帝：汉文帝。

⑪书：奏章。土德：按照邹衍提出的五德终始说，朝代的更替是按照
　　五行相克的顺序进行的，秦为水德，所以汉为土德。

⑫其符黄龙当见：按照阴阳五行说，土是与黄色相配属的，汉为土
　　德，所以出现的祥瑞就是黄色的。符，符瑞，吉祥的征兆。

⑬成纪：县名。西汉置，属天水郡，治所在今甘肃静宁西南。上事参
　　见《汉书·文帝纪》。

⑭案律历以处之也：是根据乐律与历法判断出来的。律，指乐律。
　　历，指历法。

【译文】

　　楚灵王召集各国诸侯。郑国的子产说："鲁、邾、宋、卫四国不会来。"
等到各国诸侯聚会时，这四国果然没有到。赵尧是符玺御史，赵人方与
公对御史大夫周昌说："你手下的赵尧将要代替你的职位。"后来，赵尧
果然做了御史大夫。这样说来，四国诸侯不来参与盟会，郑子产是根据
情理推断出来的；赵尧做御史大夫，方与公是通过某种迹象观察出来的。
推究情理、观察状况，推断未来，都是有所依据而考察出来的。鲁人公孙
臣，在文帝时上奏章给皇帝，说汉朝是土德，它的符瑞黄龙该要出现了。
后来，黄龙果然在成纪这个地方出现了。公孙臣知道黄龙将要出现，是
根据乐律和历法推断出来的。

　　贤圣之知，事宜验矣①。贤圣之才，皆能先知。其先知
也，任术用数②，或善商而巧意，非圣人空知。神怪与圣贤，
殊道异路也。圣贤知不逾③，故用思相出入；遭事无神怪④，
故名号相贸易⑤。故夫贤圣者，道德智能之号；神者，眇茫恍
惚无形之实⑥。实异，质不得同；实钧⑦，效不得殊⑧。圣神
号不等，故谓圣者不神，神者不圣。东郭牙善意，以知国情；
子贡善意，以得货利。圣人之先知，子贡、东郭牙之徒也⑨。

与子贡、东郭同,则子贡、东郭之徒亦圣也。夫如是,圣贤之实同而名号殊,未必才相悬绝⑩,智相兼倍也。

【注释】

①宜:应该。验:验证。

②术、数:指方法、谋略,这里包括各种推测吉凶的手段。

③知(zhì):同"智"。逾:超过。

④遭:遇,对待。

⑤贸易:交换。

⑥实:事物。

⑦钧:通"均",等同。

⑧效:表现。

⑨徒:流,辈。

⑩悬绝:悬殊,大不相同。

【译文】

　　贤圣的智慧如何,通过事实应该说已经得到验证了。贤圣的才能,是都能先知。他们的先知,是运用各种术数,或者是善于估计和巧妙地推算,并不是圣人凭空就知道的。神怪与圣贤,是完全不同的两种事。圣人与贤人的才智差不多,所以他们思考问题的深度不相上下;他们对待事情并没有什么神奇怪异的地方,因而圣和贤这两种名号可以相互更换。所以,贤、圣是道德高尚、智能卓越的称号;而"神"却是一种渺茫恍惚无形的事物。事物不同,性质也就不会一样;事物相同,表现就不会有别。圣和神的名号是不同的,所以说圣不是神,神也不是圣。东郭牙因为善于推测,所以能知道国家的内情;子贡善于估计,所以能够致富。圣人的先知,就如同子贡、东郭牙这类人的先知一样。圣人既然与子贡、东郭牙相同,那么子贡、东郭牙这类人也就是圣人了。既然如此,圣人与贤人的实质是一样的而只是名号不同罢了,他们之间才能不一定相差很远,智慧也不会成倍相差。

　　太宰问于子贡曰^①:"夫子圣者欤? 何其多能也!"子贡曰:"故天纵之将圣^②,又多能也^③。"将者,且也。不言已圣,言且圣者,以为孔子圣未就也^④。夫圣若为贤矣,治行厉操,操行未立,则谓且贤。今言且圣,圣可为之故也。孔子曰:"吾十有五而志于学,三十而立,四十而不惑,五十而知天命,六十而耳顺。"^⑤从知天命至耳顺,学就知明,成圣之验也。未五十、六十之时,未能知天命、至耳顺也,则谓之且矣。当子贡答太宰时,殆三十、四十之时也^⑥。

【注释】

①太宰:官名,这里指一个当太宰的人。

②故:本来。纵:放任,让。将:将要。圣:成为圣人。

③又多能也:上事参见《论语·子罕》。

④就:成。

⑤"孔子曰"几句:引文参见《论语·为政》。有,通"又",复,更加。　志,立志。立,独立,有主见。耳顺,一听到别人的话,就能辨别是　非真假。

⑥殆:大概。

【译文】

　　太宰向子贡问道:"孔子是个圣人吧? 他怎么这样多才多艺呢?"子贡回答说:"这本来是上天有意让他将成为圣人,又使他这么多才多艺的。"将,就是将要的意思。子贡不说孔子已经是圣人,而说将要成为圣人,是他认为孔子当时还没有成为圣人的缘故。成为圣人和成为贤人一样,要通过修养磨炼自己的操行,操行还没有磨炼成功的时候,那只能说是将要成为贤人。现在子贡说孔子将要成为圣人,是因为圣人是可以通过努力成就的缘故。孔子说:"我十五岁立志于学业,三十岁有了自己的见解,四十岁能明白事理不迷惑,五十岁懂得了天命,六十岁一听到别人说的话,就能辨明是非真假。"从"知天命"到"耳顺",学习有了成就,智慧更加通达,这是成了圣人的证明。还没有到五十、六十岁的时候,就不能"知天命",达到"耳顺"的程度,所以子贡就称之为将要。当子贡回答太宰的问话时,大概是孔子三十、四十岁的时候吧。

魏昭王问于田诎曰①:"寡人在东宫之时②,闻先生之议曰'为圣易',有之乎?"田诎对曰:"臣之所学也。"昭王曰:"然则先生圣乎?"田诎曰:"未有功而知其圣者,尧之知舜也。待其有功而后知其圣者,市人之知舜也③。今诎未有功,而王问诎曰:'若圣乎④?'敢问王亦其尧乎⑤?"夫圣可学为,故田诎谓之易。如卓与人殊,禀天性而自然,焉可学⑥?而为之安能成⑦?田诎之言为易,圣未必能成;田诎之言为易,未必能是⑧。言"臣之所学",盖其实也⑨。

【注释】

①魏昭王:战国时魏国君主,前295—前277年在位。田诎(qū):人名。
②东宫:太子的住处。
③市人:指一般人。
④若:你。
⑤敢:自言冒昧的副词。其:这里是表示揣测的语气词。
⑥焉:怎么。
⑦安:怎么。
⑧是:如此。

⑨盖：大概。

【译文】

魏昭王向田诎问道："我做太子的时候，听说先生有这样的议论，说'做圣人容易'，有这回事吗？"田诎回答说："圣人是我所要学着去做到的。"昭王问："这么说先生是圣人吗？"田诎说："没有做出功绩之前就能知道他是圣人，这是尧对舜的认识。等到有了功绩之后才能知道他是圣人，这是一般人对舜的认识。现在我还没有什么功绩，而王就问我'你是圣人吗？'敢问大王你也是尧一样的圣人吗？"圣人是可能通过学习做到的，所以田诎说做圣人容易。如果圣人高超卓绝与一般人大不一样，是禀受天性自然而生的，那怎么能学呢？学习做圣人又怎么能成功呢？田诎说做圣人容易，圣人未必能做成；田诎说做圣人容易，也未必是对的。但他所说的"圣人是我所要学着做到的"，这大概倒是符合实际的。

贤可学①，为劳佚殊②，故贤圣之号，仁智共之。子贡问于孔子："夫子圣矣乎？"孔子曰："圣则吾不能。我学不餍③，而教不倦。"子贡曰："学不餍者，智也；教不倦者，仁也。仁且智④，夫子既圣矣⑤。"由此言之，仁智之人，可谓圣矣。孟子曰："子夏、子游、子张，得圣人之一体；冉牛、闵子骞、颜渊，具体而微。"⑥六子在其世，皆有圣人之才，或颇有而不具⑦，或备有而不明，然皆称圣人，圣人可勉成也⑧。孟子又曰："非其君不事，非其民不使，治则进，乱则退，伯夷也。何事非君，何使非民，治亦进，乱亦进，伊尹也。可以仕则仕，可以已则已，可以久则久，可以速则速，孔子也。皆古之圣人也。"⑨又曰："圣人，百世之师也，伯夷、柳下惠是也。故闻伯夷之风者，顽夫廉，懦夫有立志；闻柳下惠之风者，薄夫敦，鄙夫宽，奋乎百世之上，百世之下闻之者，莫不兴起，非圣而若是乎？而况亲炙之乎？"⑩夫伊尹、伯夷、柳下惠不及孔子，而孟子皆曰"圣人"者，贤圣同类，可以共一称也。宰予曰："以予观夫子，贤于尧、舜远矣。"⑪孔子圣，宜言圣于尧、舜，而言贤者，圣贤相出入，故其名称相贸易也。

【注释】

①贤可学：据文意，疑本句"可"字前脱一"圣"字。

②佚（yì）：安逸，安乐。

③餍（yàn）：满足。

④且：又。

⑤既：已经。上事参见《孟子·公孙丑上》。

⑥"孟子曰"几句：引文参见《孟子·公孙丑上》。子夏、子游、子张，三人都是孔子的学生。一体，一个方面。冉牛、闵子骞、颜渊，三人都是孔子的学生。具，具备。微，微小，粗浅。

⑦颇：略微。

⑧勉：努力。

⑨"孟子又曰"几句：引文参见《孟子·公孙丑上》。事，侍奉，这里指辅佐。使，驱使。伊尹，商初的大臣，辅佐成汤建立商王朝。已，止，指不当官。久，久留。速，迅速离开。

⑩"又曰"几句：引文见《孟子·尽心下》。柳下惠，春秋时鲁国大夫，儒家认为他是操行廉洁的典范。参见《刺孟篇》。顽夫，贪婪的人。懦夫，软弱无能的人。立，坚定。薄夫，刻薄的人。敦夫，厚道的人。鄙夫，吝啬、心胸狭窄的人。宽，宽宏大量。奋，奋起，有所作为。乎，于。而（néng），通"能"，能够。亲炙（zhì），指直接受到教诲熏陶。炙，受到熏陶或教诲。

⑪"宰予曰"几句：引文参见《孟子·公孙丑上》。宰予，宰我，孔子的学生。

【译文】

　　贤人、圣人可以通过学习做到,只是用功的程度不同,所以贤人圣人的称号虽有区别,但在仁与智方面是共同的。子贡问孔子道:"您已经是圣人了吗?"孔子说:"圣人,我达不到。但我学习不知满足,教人从不觉得疲倦而已。"子贡说:"学习不满足,就是智;教人不疲倦,就是仁。有仁又有智,您就是圣人了。"由此说来,具有仁智的人,就可以称为圣人了。孟子说:"子夏、子游、子张,都学到了圣人的一个方面;冉牛、闵子骞、颜渊,他们学到了圣人的各个方面,但却程度不深。"这六个人在当时,都具有做圣人的才能,有的略有圣人之才而不全面,有的具备圣人之才而不够高明,然而都称他们是圣人,这说明圣人是可以经过努力学习而达到的。孟子又说:"不是他理想的君主就不去辅佐,不是他理想的百姓就不去支使,天下太平时出来做官,天下大乱时退去归隐,伯夷是这样的人。什么样的君王都可以辅佐,什么样的百姓都可以支使,天下太平时可以做官,天下大乱时也可以做官,伊尹是这样的人。可以做官就做官,做不成官就不做,可以久留官场就久留,该离开就赶快离开,孔子就是这样的人。他们都是古代的圣人。"孟子还说:"圣人,是百代的师表,伯夷,柳下惠正是这样的人。因此,听到伯夷品性的人,贪婪的人就变得廉洁了,懦弱的人也有了坚定的志向;听到柳下惠品性的人,刻薄的人就变得厚道了,心胸狭隘的人就变得宽宏大度了,他们兴起在百代以前,百代以后知道他们事迹的人,没有不受感动鼓舞的,难道不是圣人才能够达到这样的境界吗?更何况亲身受到他们熏陶教育的人呢?"伊尹、伯夷、柳下惠比不上孔子,然而孟子都把他们称为"圣人",说明圣人、贤人同是一类人,可以共用一个称号。宰予说:"据我看孔子,要比尧、舜贤良得多。"孔子是圣人,宰予应当说"比尧、舜更圣明",然而他说"贤",正说明圣、贤差不多,所以圣、贤这两个名称可以互相交换。

卷第二十七

定贤篇第八十

【题解】

　　王充在本篇通过设问的形式,批驳了汉代考察贤人的标准,并提出了自己关于断定贤人的标准。文章列举了汉代流行的十四种评价贤人的标准,均被王充一一反驳,认为依据当时的标准,只会使得不肖之人获得贤良的名声而真正的贤人却会因这些标准被埋没。

　　而王充认为判断贤人真正的标准就是"观善心"。他认为"心善则能辩然否",心不善就会"白黑不分,善恶同伦,政治错乱,法度失平"。那些有善心的贤人"才能未必高也,而心明,智力未必多,而举是","虽贫贱困穷,功不成而效不立,犹为贤矣"。他因此特别在篇末推崇孔子与东汉的桓谭,认为只有像他们这样的人才可以称之为汉代的贤人,所以尊称孔子为"素王",桓谭为"素相"。

　　圣人难知①,贤者比于圣人为易知。世人且不能知贤②,安能知圣乎③?世人虽言知贤,此言妄也。知贤何用④?知之如何⑤?

【注释】

①难知:不易于识别。

②且:尚且。

③安:怎么。

④知贤何用:何以知贤。用,以。

⑤知之如何:如何知之。

【译文】

　　圣人很难识别,贤人比起圣人来要容易识别些。一般人尚且不能识别贤人,又怎么能识别圣人呢? 一般人虽然说能识别贤人,但这话肯定是虚假的。那么应该以什么来识别贤人呢? 怎样才能识别贤人呢?

　　以仕宦得高官身富贵为贤乎①? 则富贵者天命也。命富贵,不为贤;命贫贱,不为不肖②。必以富贵效贤不肖,是则仕宦以才不以命也。

【注释】

①仕宦:做官。

②不肖:不贤,不成材。

【译文】

　　可以把做官居高位而自身富贵的人称为贤人吗? 但是富贵是由天命所决定的。命定富贵的人,不等于是贤人;命定贫贱的人,不等于是不贤的人。如果一定要以是否富贵来检验一个人贤还是不贤,那么这等于说决定能不能当官的因素是个人的才能而不是命了。

　　以事君调合寡过为贤乎①? 夫顺阿之臣②,佞幸之徒是也③。准主而说④,适时而行,无廷逆之郄⑤,则无斥退之患⑥。或骨体娴丽⑦,面色称媚⑧,上不憎而善生⑨,恩泽洋溢过度⑩,未可谓贤。

【注释】

①事：侍奉。调合：和谐。寡过：很少犯错。

②顺：顺从，驯服。阿（ē）：曲从，迎合。

③佞幸之徒：通过谄媚逢迎而得到宠幸的人。佞幸，谄媚逢迎。

④准主：揣摩君主的意图。准，估量，揣测。

⑤郤（xì）：同"隙"，嫌隙，隔阂。

⑥斥退之患：被贬职罢免的危险。

⑦或：有的。娴（xián）丽：优雅美丽。娴，优雅，美。

⑧称：美好，漂亮。媚：可爱。

⑨上：指君主。善：指喜爱的心情。

⑩恩泽：恩惠。

【译文】

　　可以把君王侍奉得舒心，很少有过错的人称为贤人吗？这些不过是阿谀奉承之臣，谄媚逢迎之徒罢了。他们揣测出君王的心思后才说话，寻找到适当的时机才行事，不曾有在朝廷上抵触君王而产生隔阂，就不会有被贬职和罢官的危险。有的人身姿优雅，面貌漂亮可爱，让君王对他不会产生憎恶的感觉，而会生出喜爱的心情，对他的恩宠多得超过了限度，这种人不能称他是贤人。

　　以朝庭选举皆归善为贤乎①？则夫著见而人所知者举多②，幽隐人所不识者荐少③，虞舜是也④。尧求，则咨于鲧、共工，则岳已不得⑤。由此言之，选举多少，未可以知实。或德高而举之少，或才下而荐之多。明君求善察恶于多少之间，时得善恶之实矣。且广交多徒⑥，求索众心者⑦，人爱而称之；清直不容乡党⑧，志洁不交非徒⑨，失众心者，人憎而毁之。故名多生于知谢⑩，毁多失于众意⑪。

【注释】

①庭：通"廷"，朝廷。选举：汉代由皇帝下诏书规定中央和地方的主要官吏选拔、推荐人才。归善：称赞。

②著：著名。见（xiàn）：同"现"，这里指出头露面。而：为。

③幽隐：隐居之士。幽，不著名。隐，潜藏，不出头露面。

④虞舜是也：舜就是这样的人。据《尚书·尧典》与《史记·五帝本纪》记载，舜是尧登位七十年后才被人推荐给尧的，又经过二十年的考察试用，尧才禅位给舜。

⑤"尧求"几句：以上三句疑有脱误。据《尚书·尧典》记载，尧征用贤人，驩兜推荐共工，众人推荐鲧，尧不同意，四岳希望尧先试用一下他们再做定夺，最后尧采纳了四岳的意见，用鲧去治水。而此处则说的是尧寻求贤人，大家推荐鲧与共工，而四岳阻止尧任用此二人，使得尧没有得到像舜这样的贤人。咨，商量，这里指推荐。鲧（gǔn），传说是禹的父亲，奉尧的命令治水，九年未成，被舜处死。共工，传说是尧时的水官，后被流放。则，而。岳，四岳，传说是尧时四方诸侯的首领。已，止。

⑥多徒：指各式各样的人。徒，类。

⑦求索：笼络。索，取。

⑧乡党：泛指乡里。

⑨非徒：和自己志向不同的人。

⑩名：名望，好名声。知谢：知交之间的相互宣扬。

⑪毁：毁谤，坏名声。

【译文】

可以把朝廷选拔和举荐官吏时大家都称赞的人称为贤人吗？那么那些经常出头露面为人们所熟知的人，举荐他的人就多；不经常出头露面为人们所不知的人，举荐他的人就少，舜就是这样的人。尧曾经寻求贤人，大家就推荐鲧和共工，但由于四岳的阻制，致使尧没有得到像舜这样的贤人。由此说来，举荐的人的多少，不能用来作为识别被举荐者贤与不贤的依据。有的人道德高尚而举荐他的人少，有的人才能低下而举荐他的人多。圣明的君王在举荐人的多少之间求善察恶，有时是可以得到善恶的真实情况的，有时却不然。况且广泛结交各种人物，会笼络众心的人，人们因为喜欢而称赞他；清廉正直而不为乡里所容，志向高洁不结交与自己志向不同的人，不讨好众心的人，人们就会因怨恨而毁谤他。所以一个人的好名声多半是由于知交之间的相互宣扬而得来，坏名声多半是因为不会讨好众人而造成。

　　齐威王以毁封即墨大夫，以誉烹阿大夫，即墨有功而无誉，阿无效而有名也①。子贡问曰②："乡人皆好之③，何如？"孔子曰："未可也④。""乡人皆恶之⑤，何如？"曰⑥："未可也。不若乡人之善者好之，其不善者恶之⑦。"夫如是，称誉多而小大皆言善者⑧，非贤也。善人称之，恶人毁之，毁誉者半，乃可有贤。以善人所称，恶人所毁，可以知贤乎？夫如是，孔子之言可以知贤，不知誉此人者，贤也？毁此人者，恶也？或时称者恶而毁者善也！人眩惑无别也⑨。

【注释】

①"齐威王以毁封即墨大夫"几句：上事参见《史记·田敬仲完世家》。据说齐威王在很多人毁谤即墨大夫的情况下，派人调查，得知即墨大夫很有治理才能，便赐给他万家封地，相反在很多人吹捧阿大夫的情况下，他派人调查后，发现阿大夫没有治理地方的能力，只是通过贿赂来邀得名誉，便将他烹了。齐威王，战国时齐国君主，前356—前320年在位。封，赐给封地。即墨，齐国邑名，在今山东平度东南。大夫，治理一邑的地方长官，相当于县

令。誉,称赞。烹,煮。阿,齐国邑名,在今山东阳谷东北。效,功
效,功绩。

②子贡:孔子的学生。

③好(hào):喜爱,爱好。

④可:肯定。

⑤恶(wù):憎恨。

⑥曰:指孔子说的话。

⑦其不善者恶之:上事参见《论语·子路》。

⑧小大:年少的和年老的,泛指所有人。

⑨眩(xuàn)惑:迷惑。无别:不能辨别。

【译文】

　　齐威王在很多人毁谤即墨大夫的情况下赐给他万家封地,在很多
人称誉阿大夫的情况下烹了他,这是因为即墨大夫有政绩但没有受到称
赞,阿大夫没有功绩而通过贿赂邀得名誉的缘故。子贡问道:"同一乡的
人都夸奖他,这个人怎么样?"孔子说:"还不能肯定。"子贡又问:"同一
乡的人都讨厌他,这个人怎么样?"孔子说:"也还不能肯定。最好是同
一乡的好人都夸奖他,同一乡的坏人都讨厌他。"这样说来,受称誉多且
所有的人都说他好的人,他不一定是贤人。好人称赞他,坏人毁谤他,毁
谤和称赞的人各占一半,这样的人才可能是贤人。那么根据好人所称赞
的,坏人所毁谤的,就能够识别贤人了吗?如果是这样,根据孔子的话可
以识别贤人,但是不知道称赞这个人的,是不是好人呢?毁谤这个人的,
是不是坏人呢?也许称赞这个人的是坏人而毁谤这个人的是好人呢!
如此,人们照样会感到迷惑而无法去识别贤人啊。

　　以人众所归附、宾客云合者为贤乎①?则夫人众所附归
者,或亦广交多徒之人也,众爱而称之,则蚁附而归之矣②。
或尊贵而为利,或好士下客③,折节俟贤④。信陵、孟尝、平

原、春申⑤，食客数千⑥，称为贤君⑦。大将军卫青及霍去病门无一客⑧，称为名将。故宾客之会，在好下之君⑨，利害之贤⑩。或不好士，不能为轻重⑪，则众不归而士不附也。

【注释】

①云合：像云一样聚合在一起，形容人极多。

②蚁附：像蚂蚁聚集在一处，比喻归附的人很多。

③下客：以谦逊的态度对待客人。

④折节：屈己下人。折，屈。这里指改变。节，等级，等次。俟（sì）：等待。

⑤信陵：信陵君，战国时魏国贵族魏无忌。孟尝：孟尝君，战国时齐国贵族田文。平原：平原君，战国时赵国贵族赵胜。春申：春申君，战国时楚国贵族黄歇。

⑥食客：古代贵族与高官门下所养的宾客。

⑦君：此指有封地的贵族。

⑧卫青（？—前106）：字仲卿，河东平阳（今山西临汾西南）人。汉武帝时封长平侯，官至大将军。霍去病（前140—前117）：河东平阳（今山西临汾西南）人。封冠军侯，官至骠骑将军。

⑨好下之君：喜好养士能谦逊待客的封君。

⑩利害之贤：能给人以利或害的人，即有权势的达官贵人。

⑪轻重：指利害。

【译文】

可以把众人归附、宾客很多的人称为贤人吗？那些众人所归附的，也许是广泛结交各色人物的那种人，众人都喜欢他而称赞他，就像蚂蚁聚集一样去归附他。有人处于显贵的地位而能给人带来利益，有的喜好养士，能够谦逊地对待宾客，放下尊贵的姿态以等待贤人的到来。信陵君、孟尝君、平原君、春申君，豢养了几千个食客，都被称为贤君。大将军卫青及霍去病，门下却没有养一个宾客，仍然被称为名将。所以宾客的聚集，关键在于有喜好养士能谦逊待客的封君，在于有权势，能给人以利害的达官贵人。如果有的人不喜好养士，不能给人以利或害，那么众人与士人也就不会去归附他了。

　　以居位治人①，得民心歌咏之为贤乎②？则夫得民心者，与彼得士意者③，无以异也。为虚恩拊循其民④，民之欲得，即喜乐矣。何以效之？齐田成子、越王句践是也⑤。成子欲专齐政，以大斗贷、小斗收而民悦。句践欲雪会稽之耻⑥，拊循其民，吊死问病而民喜⑦。二者皆自有所欲为于他⑧，而伪诱属其民⑨，诚心不加⑩，而民亦说⑪。孟尝君夜出秦关⑫，鸡未鸣而关不闿⑬，下坐贱客鼓臂为鸡鸣⑭，而鸡皆和之，关即闿，而孟尝得出。又鸡可以奸声感⑮，则人亦可以伪恩动也。人可以伪恩动，则天亦可巧诈应也⑯。动致天气⑰，宜以精神⑱。而人用阳燧取火于天⑲，消炼五石⑳，五月盛夏，铸以为器㉑，乃能得火。今又但取刀、剑、恒铜钩之属㉒，切磨以向日㉓，亦得火焉。夫阳燧、刀、剑、钩能取火于日，恒非贤圣，亦能动气于天。若董仲舒信土龙之能致云雨㉔，盖亦有以也㉕。夫如是，应天之治，尚未可谓贤，况徒得人心，即谓之贤，如何？

【注释】

①居位：居官在位。治人：统治人民。

②歌咏：歌颂。

③彼：那些。

④拊循：抚慰，安抚。拊，保护，抚养。

⑤田成子：田常，死后谥号"成子"，春秋末期齐国大夫。据《史记·田敬仲完世家》记载，他借贷时通过用大斗借出，小斗收进的方式争取到群众的拥护，后杀死齐简公，另立齐平公，掌握了齐国的政治。越王句践（？—前465）：春秋末期越国君主，据《史记·越王句践世家》记载，为报被吴国击败之仇，他卧薪尝胆，争取民心，二十年后终于灭掉吴国。

⑥雪：洗去。会稽：在今浙江绍兴东南，句践被吴国打败后曾被困在这里。

⑦吊死：慰问死者的亲属。

⑧他：别的，另外。

⑨诱属：诱致，引诱招致。

⑩加：施加。

⑪说：同"悦"，喜悦。

⑫孟尝君夜出秦关：据《史记·孟尝君列传》记载，孟尝君曾作为使者出使秦国，被秦昭王留用。后秦昭王要杀死他，他带领门客出逃，半夜到达边境。秦国规定，边塞关卡要等到天亮鸡鸣后才能开门，有一个门客就学鸡叫，附近的鸡就跟着叫起来，孟尝君才得以逃出秦国。

⑬阖（kǎi）：开启。

⑭下坐贱客：指食客。下坐，地位低下的人的席位。鼓臂为鸡鸣：十五卷本作"鼓掌伪鸣"。

⑮又：据《乱龙篇》"夫鸡可以奸声感"，疑当作"夫"字。奸声：伪装的声音。

⑯巧诈：巧妙的欺骗手段。诈，欺骗。应：感应。

⑰动：感到。致：招致。天气：这里指气象的变化。

⑱精神：指精诚，真心实意。

⑲阳燧（suì）：古代取火用的凹面铜镜。

⑳五石：指丹砂、雄黄、曾青、白矾石、磁石。据说古代铸造铜器必须
　　加入五石。

㉑器：指阳燧。

㉒但：只。恒：普通的。铜钩：有弯曲锋刃的铜制武器。

㉓切磨：摩擦，打磨。

㉔董仲舒（前179—前104）：西汉时广川（今河北景县西南）人。西
　　汉宣扬天人感应说的代表人物。土龙：用土堆成的龙，董仲舒认
　　为通过设置土龙的方式可以感应上天下雨。参见《乱龙篇》。

㉕以：缘故，理由。

【译文】

可以把居官在位统治百姓，得到百姓拥护，受到百姓歌颂的人称为
贤人吗？而这些得民心的人，和那些得宾客欢心的人，并没有什么不同。
用虚假的恩惠去安抚百姓，百姓的欲望得到满足，于是就高兴而乐意归
附他了。用什么来证明这一点呢？齐国的田成子和越王句践就是这样
的人。田成子想掌握齐国的政权，于是用大斗借出、小斗收进的方法使
百姓感到高兴。句践想洗去被困在会稽山的耻辱，就安抚他的百姓，慰
问死者的亲属和病人从而使百姓高兴。这两个人都各自另有想要达到
的目的，因而虚伪地引诱招致他们的百姓，并没有诚心地对待百姓，但百
姓同样也很高兴。孟尝君半夜要逃出秦关，因为鸡没有叫关门就不开，
他的一位食客就鼓动手臂学鸡叫，附近的鸡都应和而叫了起来，关门立
即打开，孟尝君得以逃出秦关。鸡能够被虚假的声音感动，那么人也可
以被虚假的恩惠感动了。人可以被虚假的恩惠感动，那么上天也可以用
巧妙的欺诈手段去感动。感动招致天气变化，应当用精诚之心。至于人
们使用阳燧从天上取火，需要熔炼五石，在盛夏的五月，将它浇铸成阳
燧，才能取得火。现在只要把刀、剑和普通的曲刃铜兵器这类东西拿来，
打磨光亮以后把它向着太阳，也能从天上取到火。阳燧、刀、剑、钩能从

太阳那里取火,那么普通的人,即使不是贤人、圣人,也能够感动上天而使得气象产生变化了。就像董仲舒相信用土龙能招来云雨一样,大约也是有他的理由的。如果是这样,顺应上天的统治者,尚且不能说是贤人,何况仅仅是获得民心,就说他是贤人,这样怎么能说得通呢?

　　以居职有成功见效为贤乎①?夫居职何以为功效②?以人民附之,则人民可以伪恩说也③。阴阳和④,百姓安者,时也⑤。时和,不肖遭其安⑥;不和,虽圣逢其危⑦。如以阴阳和而效贤不肖,则尧以洪水得黜⑧,汤以大旱为殿下矣⑨。如功效谓事也,身为之者,功著可见;以道为计者⑩,效没不章⑪。鼓无当于五音⑫,五音非鼓不和。师无当于五服⑬,五服非师不亲。水无当于五采⑭,五采非水不章。道为功本⑮,功为道效,据功谓之贤,是则道人之不肖也。高祖得天下⑯,赏群臣之功,萧何为赏首⑰。何则?高祖论功,比猎者之纵狗也⑱。狗身获禽,功归于人。群臣力战⑲,其犹狗也;萧何持重⑳,其犹人也。必据成功谓之贤,是则萧何无功。功赏不可以效贤,一也。

【注释】

①居职:做官。

②何以:以何,拿什么。

③说:同"悦",取悦。

④阴阳和:阴阳之气调和,指风调雨顺等。王充认为国家的治乱是由自然决定的。参见《治期篇》。

⑤时:时势,时运。王充认为,一个人的遭遇是由"命"决定的,是碰

到一定的外在条件偶然实现的。参见《偶会篇》。

⑥不肖:这里指不成材的统治者。

⑦危:指乱世。

⑧黜:贬斥。

⑨汤:成汤。殿下:最下等。殿,古代对官吏进行考核,不称职的称
　　为"殿"。

⑩道:王充指的是"先王之道",即儒家遵循的孔孟之道。关于"道"
　　与"事"的关系,参见《非韩篇》《程材篇》。

⑪没:埋没。章:明显,众所周知。

⑫五音:指宫、商、角、徵、羽五种音调。

⑬师:老师,师傅。五服:指五种不同期限的丧服,这里泛指各种亲
　　属关系。

⑭五采:青、赤、黄、白、黑五种颜色。

⑮功:具体的功效。

⑯高祖:指汉高祖刘邦。

⑰萧何(? —前193):沛县(今江苏沛县)人。西汉开国功臣,被封
　　为鄼侯,官至相国。

⑱比猎者之纵狗:据《史记·萧相国世家》记载,刘邦封赏功臣,认
　　为萧何功最高,众人不理解,他就用猎人与猎狗做比喻,说萧何是
　　指挥猎狗的猎人,而其他功臣是被驱使的猎犬。纵,放,驱使。

⑲力战:尽力作战。力,底本作"手",递修本作"力",据改。

⑳持重:把握权力、法令。

【译文】

可以把任职做官有功绩成效的人称为贤人吗?那么用什么来检验
任职做官的功绩和成效呢?如果是以百姓归附他为标准,那么百姓是可
以用虚假的恩惠来讨好的啊。阴阳之气调和,百姓安居乐业,这是时运
决定的。时运当治,即使是不成材的统治者也会碰上太平治世;时运当

乱，即使是圣王也会遇上乱世。如果根据阴阳之气是否调和来检验贤与
不贤，那么尧就会由于在位时洪水泛滥而被贬斥，汤就会由于在位时的
旱灾而被认为统治才能是最下等的了。如果功效指的是具体的事情，那
么亲身干这些事的人，功效就会显著可见；运用先王之道来出谋划策的
人，功绩就会被埋没而不为人所知。鼓声不合于五音，然而五音没有鼓
声的配合就不和谐。老师不属于"五服"之亲，然而"五服"之内的亲属
没有老师的教导就不懂得互相亲爱。水不属于五色，然而五种颜色没有
水来调和就不鲜明。"道"是具体功绩的根本，具体的功绩是"道"的表
现，根据把有具体功绩的人称为贤人这条原则，这就是说掌握"道"的
人反而会被当做不成材的人了。高祖得到天下，赏赐群臣的功劳，萧何
是受赏赐的群臣中的第一名。为什么呢？高祖论功劳的大小时，用猎人
驱使猎狗来做比喻。猎狗本身捕获了禽兽，功劳归于猎人。群臣奋力战
斗，他们就好比是猎狗一样；萧何把握权力、法令，他就好比是猎人一样。
一定要根据成效和功绩来判定贤人，这就是说萧何毫无功绩了。这是根
据功绩不可以检验贤人的第一点理由。

　　夫圣贤之治世也有术^①，得其术则功成，失其术则事
废。譬犹医之治病也^②，有方^③，笃剧犹治^④；无方，虿微不
愈^⑤。夫方犹术，病犹乱^⑥，医犹吏，药犹教也^⑦。方施而药
行，术设而教从，教从而乱止^⑧，药行而病愈。治病之医，未
必惠于不为医者^⑨。然而治国之吏，未必贤于不能治国者，
偶得其方，遭晓其术也。治国须术以立功，亦有时当自乱^⑩，
虽用术，功终不立者；亦有时当自安，虽无术，功犹成者。故
夫治国之人，或得时而功成，或失时而无效。术人能因时以
立功^⑪，不能逆时以致安^⑫。良医能治未当死之人命，如命穷
寿尽，方用无验矣。故时当乱也，尧、舜用术，不能立功；命

当死矣,扁鹊行方,不能愈病。

【注释】

①治世:治理国家。术:方法。

②譬犹:譬如。

③方:药方。

④笃(dǔ)剧:病情严重。

⑤毚(chán)微:犹轻微。

⑥乱:指国家发生的动乱。

⑦教:教令,教化。

⑧从:顺从,这里指得到推行。

⑨惠:通"慧",高明。

⑩时当自乱:指社会本身处在该当变乱的时期。王充认为,国家的治乱是由自然决定的,自然的变化有一定的周期,所以国家的治乱就有一定的期数,与统治者的才能无关。参见《治期篇》。

⑪术人:治国有方法的人。因:顺应。

⑫逆:违背。

【译文】

圣贤治理国家也有一定的方法,掌握了治理的方法就能功业成就,治理国家不得法就要失败。譬如医生治病,有了良方,病情再严重也能治好;没有良方,仅仅是一点轻微的病也治不好。药方就像治理国家的方法,疾病好比国家的祸乱,医生如同官吏,用药好比教化。采用良方,药力就发生作用,制定了有效的治国方略,教化就会得到推行,教化推行祸乱就会停止,如同药力发生作用病就会治好一样。能把病治好的医生不一定比没有把病治好的医生高明。这样说来能把国家治理好的官吏,不一定比不能治理好国家的官吏贤明,只是偶然得到某种药方,碰巧懂得了这种治理的方法而已。治国必须要掌握好的方法来建立功业,但也有时运当乱,即使运用了好的治国之术,功业也始终不能建立的;也有时运当治,即使没有好的治国之术,功业仍能成就的。所以那些治理国家的人,有的正当时运而功业成就,有的背离时运而毫无成就。治理有术的人能顺应时运而建立功业,但不能够违背时运而使天下安定。良医能医治命不该死之人的命,如果命数已完,寿限已尽,尽管用了良方也不会生效了。所以时运当乱的时候,即使是尧、舜施用好的治国之术,也不能建立功业;一个人生命该当死亡的时候,即使是扁鹊施用良方,也不能治好病。

　　射御巧技①,百工之人②,皆以法术,然后功成事立,效验可见。夫治国③,百工之类也;功立,犹事成也。谓有功者贤,是谓百工皆贤人也④。赵人吾丘寿王⑤,武帝时待诏⑥,上使从董仲舒受《春秋》⑦,高才,通明于事,后为东郡都尉⑧。上以寿王之贤,不置太守⑨。时军发,民骚动,岁恶⑩,盗贼不息。上赐寿王书曰⑪:"子在朕前时⑫,辐凑并至⑬,以为天下少双⑭,海内寡二⑮,至连十余城之势,任四千石之重⑯,而盗贼浮船行攻取于库兵⑰,甚不称在前时⑱,何也?"寿王谢言难禁⑲。复召为光禄大夫⑳,常居左右,论事说议,无不是者㉑。才高智深,通明多见。

【注释】

①射:射箭。御:驾车马。巧:递修本作"之"。
②百工:泛指各种手工业。
③夫:底本作"观",递修本作"夫",据改。
④是谓:这就是说。
⑤吾(yú)丘寿王:姓吾丘(虞丘),名寿王,字子赣,汉武帝时赵人。

⑥待诏：皇帝的近侍官。

⑦上：指汉武帝。受：从师受业。

⑧东郡：郡名。秦王嬴政五年（前242）置，治所濮阳县（今河南濮阳西南）。都尉：汉代负责掌管郡中军事的长官。

⑨太守：郡的最高行政长官。

⑩岁恶：年成不好。

⑪书：诏书。

⑫子：你。朕：皇帝的自称。

⑬辐凑并至：形容吾丘寿王富于谋略。辐凑，也作"辐辏"，集中，聚集。

⑭少：递修本作"无"。

⑮寡二：无二。

⑯任：担负。四千石：太守与都尉的年俸都是两千石，因为吾丘寿王身兼二职，所以称四千石。重：重任。

⑰浮船：乘船。行：流动。攻：攻打。取：夺取。库兵：仓库中的武器。

⑱甚：很。

⑲谢：谢罪。难禁：指骚乱难以禁止。

⑳光禄大夫：皇帝的顾问，参与议论朝政。

㉑无不是者：上事参见《汉书·吾丘寿王传》。

【译文】

射箭驾车的技师，从事各种手工业的人，都要运用自身的方法技术，然后事业才能取得成功，成绩可以明显地表现出来。治理国家，也像从事各种手工业的人运用技术一样；治国功业的建立，就像是手工业者事业有成一样。如果说做事有功绩的人是贤人，这就是说从事各种手工业的人都是贤人了。赵人吾丘寿王，是武帝时的待诏，武帝派他向董仲舒学习《春秋》，他才能很高，通晓事理，后来做了东郡都尉。武帝因为寿王很贤明，没有向东郡再派遣太守，由其身兼两职。当时由于不断兴兵打仗，百姓骚动不安，年成也不好，因此盗贼不断出现。武帝赐诏书给寿王说："你在我跟前的时候,很有谋略,我认为你是天下无双,海内无二的人,以至于拥有统辖十几座城的权力,一身担负都尉、太守的重任,而现在盗贼却乘船流窜,攻占并夺取了库中的兵器,这和从前你在我身边时的表现很不一样,是什么原因呢?"寿王向武帝谢罪,说骚乱很难禁止。之后武帝又召他为光禄大夫,经常在皇帝的左右,论事说理,没有不对的地方。他才能高智谋深,通晓事理而很有见识。

　　然其为东郡都尉,岁恶,盗贼不息,人民骚动,不能禁止。不知寿王不得治东郡之术邪①?亡将东郡适当复乱②,而寿王之治偶逢其时也?夫以寿王之贤,治东郡不能立功,必以功观贤,则寿王弃而不选也。恐必世多如寿王之类,而论者以无功不察其贤。燕有谷③,气寒,不生五谷。邹衍吹律致气④,既寒更为温⑤,燕以种黍,黍生丰熟,到今名之曰"黍谷"⑥。夫和阴阳,当以道德至诚。然而邹衍吹律,寒谷更温,黍谷育生。推此以况诸有成功之类⑦,有若邹衍吹律之法⑧。故得其术也,不肖无不能;失其数也⑨,贤圣有不治。此功不可以效贤,二也。

【注释】

①邪:表示疑问的语气词。

②亡(wú)将:或是,还是。亡,不论。适:碰巧。

③燕:战国时燕国,在今河北北部、辽宁西部和南部。谷:山谷。

④邹衍:战国时齐国人,阴阳家的代表人物。律:古代一种竹制的定音乐器。

⑤既:不久之后。

⑥到今名之曰"黍谷":上事参见《寒温篇》。

⑦况：准况，推论。

⑧有若：犹如。

⑨数：通"术"，技术，方法。

【译文】

然而他做东郡都尉时，年成不好，盗贼不断出现，百姓骚动不安，他却没有办法加以禁止。不知是因为寿王没有掌握治理东郡的正确方法呢？还是因为东郡碰巧时运该当有祸乱，而寿王去治理时恰好又遇上这种时运呢？凭寿王的贤明，治理东郡却不能建立功绩，一定要以是否建立功绩来看是不是贤人，那么寿王就该被贬斥而不该被征用了。恐怕世间有很多如寿王这样的人，而评论者却因为他们没有功绩就看不出他们的贤能。燕国有一个山谷，谷中气候寒冷，庄稼不能生长。邹衍吹奏律管招来暖气，不久之后寒谷变成温谷，燕国用它来种黍，黍长得很好获得了丰收，到今天还称它叫"黍谷"。使阴阳之气调和，应当依靠道德至诚之心。但是邹衍吹奏律管之后，使得寒谷变成温谷，使庄稼能够生长成熟。根据这种情况来推论各种办得成功的事情，就犹如邹衍吹奏律管的办法一样。所以只要掌握了得当的方法，即使是不贤的人也没有做不到的事；违背了得当的方法，即使是贤圣，也有治理不好国家的时候。这是根据功绩不可以检验贤人的第二点理由。

人之举事①，或意至而功不成②，事不立而势贯山③。荆轲、医夏无且是矣④。荆轲入秦之计，本欲劫秦王生致于燕⑤，邂逅不偶⑥，为秦所擒。当荆轲之逐秦王⑦，秦王环柱而走⑧，医夏无且以药囊提荆轲⑨。既而天下名轲为烈士⑩，秦王赐无且金二百镒⑪。夫为秦所擒，生致之功不立，药囊提刺客，益于救主⑫，然犹称赏者，意至势盛也。天下之士不以荆轲功不成不称其义⑬，秦王不以无且无见效不赏其志。志善不效成功,义至不谋就事⑭。义有余,效不足,志巨大,而功细小,智者赏之,愚者罚之。必谋功不察志,论阳效不存阴计⑮,是则豫让拔剑斩襄子之衣⑯,不足识也⑰;伍子胥鞭笞平王尸⑱,不足载也;张良椎始皇误中副车⑲,不足记也。三者道地不便⑳,计画不得㉑,有其势而无其功,怀其计而不得为其事,是功不可以效贤,三也。

【注释】

①举:行。

②意:心意。

③立:成功。势:气势。贯:贯穿,这里指震撼。

④荆轲(?—前227):姜姓,庆氏(古时"荆""庆"音近),字次非,战国末期卫国人。被燕太子丹收买,刺杀秦王政未遂,被秦王政用剑砍伤后被其侍卫杀死。夏无且(jū):秦王政的御医,在荆轲追杀秦王时,用药囊投掷荆轲,保护秦王。

⑤秦王:即秦始皇嬴政。致:送到。

⑥邂逅(xiè hòu):偶尔,一旦。不偶:不巧。

⑦逐:追逐。

⑧环:绕。走:奔逃。

⑨提:投掷。

⑩既而:后来。名:称。

⑪镒(yì):古代重量单位,二十两(一说二十四两)为一镒。

⑫益于救主:据文意,疑本句"益"字前脱一"无"字。

⑬以:因为。

⑭谋:计议,考虑。就:成就。

⑮存:考察。

⑯是则豫让拔剑斩襄子之衣：据《史记·刺客列传》记载，智伯被赵襄子灭后，豫让处心积虑地要杀掉赵襄子为智伯报仇，但几次刺杀都没有成功。最后一次被捕时，他要求用剑砍赵襄子的衣服，以表达替智伯报仇的心意，赵襄子满足了他的要求。是则，那么。豫让，晋国大夫智伯的家臣。襄子，赵襄子，名无恤，晋国大夫。

⑰识（zhì）：记载。

⑱伍子胥鞭笞（chī）平王尸：据《史记·伍子胥列传》记载，伍子胥因为父兄被楚平王杀死，逃往吴国，后率领吴国攻破楚国都城，当时楚平王已死，楚昭王出奔，他便把楚平王的尸体挖出来打了三百鞭子。伍子胥，伍员，春秋末期楚国人。笞，用鞭、杖或竹板打人。

⑲张良椎始皇误中副车：据《史记·留侯世家》记载，秦始皇统一中国后，他想为韩国报仇，趁秦始皇巡游时，指使一个大力士用椎谋刺秦始皇，但只是打中了随从的车子。张良，韩国贵族的后代，后成为刘邦的重要谋臣，被封为留侯。椎，用椎击打。副车，随从的车辆。

⑳道地不便：指客观环境不利。

㉑画：谋划。

【译文】

人们办事情，有的心意尽到了而事情却没有办成，事情没有办成功但是气势却震撼山岳。荆轲和御医夏无且就是这样的人。荆轲到秦国去的计划，原本是想劫持秦王将他活捉到燕国，但却不巧，被秦国捉住了。当荆轲追逐秦王，秦王环绕殿上的柱子奔逃的时候，御医夏无且用药囊投掷刺客荆轲。后来，天下的人都称荆轲是壮烈之士，秦王赏赐夏无且二百镒金。荆轲被秦国捉住，没有立下活捉秦王的功劳，夏无且用药囊投掷刺客，对救护君王并没什么用处，然而人们之所以仍然称赞荆轲，秦王仍然赏赐夏无且，是因为他们的心意尽到了气势也很强盛的缘故。天下的人士不会因为荆轲没有立下功劳而不称赞他的道义，秦王也不会因为夏无且没有做出实效而不赏赐他的心意。心意好就不必检验是否成功,道义尽到了就不必考虑事情是否办好了。道义有余,功效不足,志向远大而功劳细小,明智的人就会赏赐这样的人,昏庸的人就会惩罚这样的人。如果一定只考虑功绩而不考察心意,只论表面效果而不考察内心意图,那么,豫让拔剑砍赵襄子衣服这件事,就不值得记载;伍子胥鞭打楚平王尸体这件事,就不值得记载;张良使人椎击秦始皇误中随从的车子这件事,也不值得记载。三个人都是由于客观环境不利,考虑谋划得不周全,仅仅有气势而没有实际功效,心怀报仇的计划而不能达到报仇的目的,这是以功效为标准不可以检验贤人的第三点理由。

　　以孝于父、弟于兄为贤乎①?则夫孝弟之人,有父兄者也,父兄不慈,孝弟乃章②。舜有瞽瞍③,参有曾皙④,孝立名成,众人称之。如无父兄,父兄慈良,无章显之效,孝弟之名,无所见矣。忠于君者,亦与此同。龙逢、比干忠著夏、殷⑤,桀、纣恶也;稷、契、皋陶忠暗唐、虞⑥,尧、舜贤也。故萤火之明⑦,掩于日、月之光;忠臣之声,蔽于贤君之名⑧。死君之难,出命捐身⑨,与此同。臣遭其时,死其难,故立其义而获其名。大贤之涉世也⑩,"翔而有集"⑪,"色斯而举"⑫;乱君之患⑬,不累其身;危国之祸,不及其家,安得逢其祸而死其患乎?

【注释】

①弟(tì):通"悌",顺从和敬爱兄长。

②章:显著,出名。

③瞽瞍(gǔ sǒu):传说是舜的父亲,曾几次想要害死舜,但舜仍旧对他竭尽孝道。

④参（shēn）：曾参，孔子的学生。曾晳：曾参的父亲，孔子的学生，据说他曾虐待曾参，但曾参仍非常孝顺他。

⑤龙逢：关龙逢，传说是桀的大臣，因规劝桀被杀。比干：殷末贵族，传说他因规劝纣王，被剖心而死。

⑥稷：后稷，传说是尧时掌管农业的官。契（xiè）：传说是尧时掌管教化的官。皋陶（yáo）：传说是舜时掌管刑罚的官。唐：尧的时代。虞：舜的时代。

⑦萤：萤火虫。

⑧蔽：掩盖。

⑨出命：献出生命。捐生：舍身，牺牲自己。

⑩涉：经历。

⑪翔而有集：要像鸟那样来回飞翔，察看形式，然后再落到树上。比喻处事稳重沉着。集，鸟落在树上。今本《论语·乡党》作"翔而后集"。

⑫色斯而举：引文参见《论语·乡党》。感到惊恐就赶快起飞，比喻为了保存自己而善于随机应变。色，作色，惊恐。举，飞起来。

⑬乱君：昏庸无能的君主。

【译文】

可以把对父亲孝顺、对兄长尊敬的人称为贤人吗？那些遵循孝悌之道的人，都是有父兄的人，由于父兄不仁慈，他们孝悌的表现才能出名。舜由于有想要谋害他的父亲瞽瞍，曾参由于有虐待他的父亲曾晳，他们才能成就孝子的名声，众人都称赞他们。如果没有父兄，或者父兄很慈爱善良，便不会有明显的孝悌表现，孝悌的名声，也就不会被发现了。忠于君王的人，也与这种情况相同。关龙逢和比干忠君的名声在夏、殷两代得以彰显，是由于君王桀、纣都很坏；稷、契、皋陶忠君的名声在唐、虞时代不显著，是由于尧、舜很贤明。所以萤火虫的亮光，会被日月之光所掩盖；忠臣的名声，会被贤明君王的名声所遮蔽。为君王的危难而死，献出生命，捐弃身躯，与这种情况相同。臣子遇到国家动乱之时，为君王的危难而死，由此才能显出忠君的节义而获得忠臣的美名。大贤人经历世事，"像鸟儿那样来回飞翔，察看形势，然后再落下来"，"受到惊吓就赶快飞走"；昏乱的君王所造成的祸难，是不会连累到大贤人本身的；危害国家的变乱，不会牵连到大贤人的家庭的，怎么会遇到昏君所造成的祸乱而死在那种祸乱中呢？

齐侯问于晏子曰①："忠臣之事其君也，若何？"对曰②："有难不死，出亡不送。"侯曰："列地而予之③，疏爵而贵之④，君有难不死，出亡不送，可谓忠乎？"对曰："言而见用，臣奚死焉？谏而见从，终身不亡，臣奚送焉？若言不见用，有难而死，是妄死也；谏而不见从，出亡而送，是诈伪也。故忠臣者能尽善于君，不能与陷于难。"⑤案晏子之对以求贤于世⑥，死君之难、立忠节者不应科矣⑦。是故大贤寡可名之节，小贤多可称之行。可得棰者小⑧，而可得量者少也。恶至大⑨，棰弗能；数至多，升斛弗能⑩。有小少易名之行⑪，又发于衰乱易见之世，故节行显而名声闻也。浮于海者，迷于东西，大也；行于沟⑫，咸识舟楫之迹⑬，小也。小而易见，衰乱亦易察。故世不危乱，奇行不见；主不悖惑⑭，忠节不立。鸿卓之义⑮，发于颠沛之朝⑯；清高之行，显于衰乱之世。

【注释】

①侯：底本作"詹"，当为"侯"字之讹，"侯"异体"矦"与"詹"形近而误。《新序·杂事》亦作"侯"。下文"詹曰"同此。齐侯，指齐景公，春秋时齐国君主。

②对：回答。

③列地而予之：赏赐给封地。列，通"裂"，分离，分裂。予，给。

④疏爵而贵之：赏给他爵位使其地位尊贵。疏，分，分予。

⑤"对曰"几句：参见《晏子春秋·问上篇》。见，被。奚，何，怎么会。尽善，提供最好的建议。

⑥案：按照，根据。

⑦科：标准。

⑧锤：这里指秤锤。

⑨恶：疑为"器"字之讹，形近而误。器物。

⑩升：疑当作"斗"字。斛（hú）：古代容量单位，汉代以十斗为一斛。

⑪易：差异，不同。递修本作"异"。

⑫沟：河沟。

⑬咸：都。舟楫（jí）：泛指船只。楫，船桨。

⑭悖（bèi）惑：乖戾，昏乱。

⑮鸿卓：高尚卓越。鸿，大。卓，卓越。

⑯颠沛：战乱，不安定。

【译文】

齐侯问晏子说："忠臣侍奉他的君王，应该怎样做呢？"晏子回答说："君王遭遇祸乱的时候不为他而死，君王避难逃亡的时候不去护送。"齐侯说："君主分封土地赏赐给他，封爵位而使他地位尊贵，君王有难却不为君王去死，君王出逃却不去护送，可以称为忠臣吗？"晏子回答说："臣子的建议如果能被君王采用，臣子怎么会因祸乱而死呢？臣子的劝谏如果能被君王听从，君王就一辈子不会出逃，臣下怎么会去护送呢？如果建议不被采用，君王有难时为他而死，这是白白地送死；如果劝谏不被听从，君王出逃时去护送，这是装模作样的行为罢了。所以忠臣能尽力做到给君王提出最好的建议，而不能与君王共同陷于灾难之中。"依照晏子的回答在世间寻求贤人，为君王之难而死，树立忠节的臣子都不符合标准了。所以大贤人很少有值得称道的节操,小贤人却有许多可赞美的行为。能够用秤锤称的东西是因为它体积小,能够用斗斛量的东西是因为它的数量少。器物非常大,用秤锤就不能称了;数量非常多,用升和斛就不能量了。稍微有一点特殊名声的行为,又产生在一个衰乱而容易显示节操的时代,所以节操就显著而名声传遍天下了。漂洋过海的人,辨别不清方向,是因为海洋太大了;航行于河沟之中,谁都能辨别船只的行迹,是因为河沟小。小的东西就容易看清,衰乱的时代也容易发现人的节操。所以社会不处在危乱之中,特异的行为就不会被发现;君王不昏庸,忠臣的节义就不会树立起来。崇高的节操,产生于战乱不安的朝代;清高的品行,显现于衰落混乱的社会。

以全身免害①,不被刑戮②,若南容惧"白圭"者为贤乎③?则夫免于害者幸④,而命禄吉也⑤,非才智所能禁,推行所能却也⑥。神蛇能断而复属⑦,不能使人弗断⑧。圣贤能困而复通⑨,不能使人弗害⑩。南容能自免于刑戮,公冶以非罪在缧绁⑪,伯玉可怀于无道之国⑫,文王拘羑里⑬,孔子厄陈、蔡⑭,非行所致之难,掩己而至⑮,则有不得自免之患,累己而滞矣⑯。夫不能自免于患者,犹不能延命于世也⑰。命穷,贤不能自续;时厄,圣不能自免。

【注释】

①全身:保全自身。

②戮(lù):杀。

③若南容惧"白圭"者为贤乎:据《论语·公冶长》与《论语·先进》记载,孔子非常赞赏南宫适,说他在一个国家有道时会做官,在国

家无道时不会受刑罚,并因南宫适反复诵读用白圭作比喻的诗,就把自己哥哥的女儿嫁给了他。南容,南宫适(kuò),字子容,孔子的学生。惧"白圭",指南宫适被用白圭作比喻的诗所震惊。白圭,原指君主和大臣行礼时拿在手中的一种玉器,这里指《诗经·大雅·抑》中的四句诗"白圭之玷,尚可磨也;斯言之玷,不可为也"。意思是,白圭上的污点可以磨掉,言语中的错误却无法挽回。告诫人们说话要小心谨慎。

④幸:侥幸。

⑤命禄:这里指禄命。

⑥推:据文意,疑为"操"字之讹。却:避免。

⑦属(zhǔ):连接。

⑧弗:不。

⑨通:亨通,顺利。

⑩害:加害。

⑪公冶:公冶长,孔子的学生。非罪:无辜,无罪。缧绁(lěi xiè):捆绑犯人的绳索,泛指监狱。上事参见《论语·公冶长》。

⑫伯玉:蘧(qú)伯玉,春秋时卫国大夫。怀:藏。上事参见《论语·卫灵公》。

⑬拘:囚禁。羑(yǒu)里:古地名,在今河南汤阴北,传说周文王曾被纣王监禁在这里。

⑭厄陈、蔡:前489年,孔子与其学生被围困在陈、蔡两个国家之间,七天没能吃上一顿饱饭。参见《荀子·宥坐》。厄,困,陷入困境。陈、蔡,春秋时两个小国,陈在今河南淮阳一带,蔡在今河南新蔡一带。

⑮掩:掩袭,突然侵袭。

⑯累:牵累,损害。滞:停滞,这里指处于困境。

⑰延命:延长寿命。

【译文】

可以把保全自己免遭侵害，不被刑罚杀戮，像南宫适那样被"白圭"诗句所震惊的人称为贤人吗？那些免于受到侵害的人是由于侥幸，是禄命吉利，并不是靠才智就能避免遭祸的，靠操行就能避免遇害的。神蛇能使它断开的躯体再连接起来，但却不能让人不斩断它。圣贤能使自己从困境中解脱出来，却不能让人不加害于他。南宫适能自己免于刑戮之难，公冶长无辜地被关在监狱中，蘧伯玉在危乱的国家里能深藏自己的政治主张，周文王被拘禁在羑里，孔子被围困在陈、蔡之间，这都不是由于操行不好带来的灾难，灾难突然侵袭自己，就会有自己无法避免的灾难，使自己受害而陷入困境之中。那些不能自免于祸患的人，就不能在世间延长寿命。寿命到了尽头，贤人也不能自己使它延长；时运该当受困，圣人也不能自免。

以委国去位^①，弃富贵就贫贱为贤乎^②？则夫委国者，有所迫也。若伯夷之徒^③，昆弟相让以国^④，耻有分争之名，及大王亶甫重战^⑤，其故民皆委国^⑥；及去位者，道不行而志不得也，如道行志得，亦不去位。故委国去位，皆有以也^⑦，谓之为贤，无以者，可谓不肖乎？且有国位者，故得委而去之，无国位者何委^⑧？夫割财用及让下受分^⑨，与此同实。无财何割？口饥何让？"仓廪实，民知礼节；衣食足，知荣辱。"^⑩让生于有余，争生于不足。人或割财助用，袁将军再与兄子分家财^⑪，多有以为恩义。昆山之下^⑫，以玉为石；彭蠡之滨^⑬，以鱼食犬豕^⑭。使推让之人，财若昆山之玉、彭蠡之鱼，家财再分，不足为也。韩信寄食于南昌亭长^⑮，何财之割？颜渊箪食瓢饮^⑯，何财之让？管仲分财取多^⑰，无廉让之节,贫乏不足,志义废也。

【注释】

①委:放弃。位:指君主的位置。

②就:归,趋。

③伯夷:殷末人,传说是孤竹国君主的儿子,因为跟他的弟弟叔齐
　互相推让君位,最后二人均弃国出走。参见《史记·伯夷叔齐列
　传》。

④昆弟:兄弟。

⑤大王亶甫(dǎn fǔ):即古公亶父,周文王的祖父。传说周人在邠
　地(在今陕西彬州一带)建国的时候,屡次遭受狄人的侵扰,古公
　亶父不忍百姓遭受战争的苦难,就离开邠地而迁到岐山(今陕西
　岐山县东北)重新建立城邑。大王,即太王。甫,通"父"。

⑥重战:不轻易作战。重,难。

⑦以:缘故,理由。

⑧何委:放弃什么呢?

⑨割财用:分出自己的财物。割,分。让下受分:让在下位的人得到
　分给的财物。

⑩"仓廪实"几句:引文参见《管子·牧民》。仓廪(lǐn),粮仓。实,
　充实。

⑪袁将军:名字与事迹不详。

⑫昆山:传说中盛产玉石的山。

⑬彭蠡(lǐ):古泽名,即今鄱阳湖。

⑭食(sì):喂养。豕:猪。

⑮寄食:在别人家里吃饭。南昌:亭名,在今江苏淮阴东南。亭长:
　秦代地方官吏。

⑯颜渊:颜回,孔子的学生。箪(dān)食瓢饮:形容家境穷苦。箪,

　　古代盛饭的盛器,以竹或苇编成,圆形,有盖。

⑰管仲分财取多:据《史记·管晏列传》记载,管子贫穷时,曾与鲍叔
　　牙一起经商,每次分利时,他都多分,鲍叔牙很体谅他,并不计较。

【译文】

　　可以把放弃君王之位、放弃富贵而归于贫贱的人称为贤人吗?那些放弃国家的人,是因为遭到了某种逼迫。像伯夷这类人,兄弟之间以国相让,以有争夺王位的名声为耻,以及太王古公亶甫不想打仗,他原有的百姓跟着他弃国而去;至于那些放弃王位的人,都是由于道行不通又不得志的缘故,如果道行得通又很得志,也就不放弃王位了。所以放弃国家、王位,都是有一定缘由的,如果因此而称之为贤人,那么没有任何理由放弃国家、王位的君王能称之为不肖吗?况且有国家、王位的人,才能够放弃它,没有国家、王位的人能放弃什么呢?拿出自己的财物让在下位的人分到财物,和这种情况是同一回事。没有财物的人拿什么来分呢?自己都没有吃的又能推让什么呢?"粮仓充实,百姓才知道讲礼节;衣食丰足,百姓才懂得荣辱。"推让产生于财物有余,纷争产生于财物不富足。有的人拿出财物资助别人,袁将军一再把家财分给他哥哥的儿子,很多人都认为这是一种讲究恩义的行为。昆山之下,人们把玉当作石头一样;彭蠡湖边,人们用鱼来喂狗和猪。假如推让的人,家财像昆山的玉、彭蠡的鱼那样多,家财无论分多少出来,也不值得称赞。韩信在南昌亭长家寄食的时候,有什么财产来分割呢?颜渊家境贫穷之时,有什么财物来推让给别人呢?管仲分财取利时自己都要多拿,没有谦让的礼节,可见由于贫穷不富足,志气节义都会因此丧失了。

　　以避世离俗①,清身洁行为贤乎?是则委国去位之类也。富贵,人情所贪,高官大位,人之所欲,乐去之而隐②,生不遭遇③,志气不得也。长沮、桀溺避世隐居④,伯夷、於

陵去贵取贱⑤,非其志也。

【注释】

①避世离俗:远离世俗,隐居。

②之:指高官,富贵。

③遇:遇合,指受到君主的赏识重用。

④长沮、桀溺:春秋末期两个农夫的名字,传说是两个隐士。

⑤於(wū)陵:战国时齐国地名,在今山东邹平东南。这里指陈仲子,据《孟子·滕文公》记载,陈仲子的哥哥陈戴是齐国的卿,俸禄优厚,陈仲子认为这是"不义之禄",拒绝领受,因此隐居于於陵,自称"於陵仲子"。

【译文】

可以把远离世俗隐居,身心行为洁净的人称为贤人吗?这就同放弃国家、王位的人是一类情况。富贵,是人情所追求的,高官大位,是人们所向往的,那些甘于放弃高官与富贵而隐居的人,是由于没有受到君王的赏识,自己的抱负无法得以实现啊。长沮、桀溺避开世俗隐居,伯夷、於陵仲子放弃富贵而自取贫贱,这并不是他们的本意。

恬憺无欲①,志不在于仕②,苟欲全身养性为贤乎③?是则老聃之徒也④。道人与贤殊科者⑤,忧世济民于难。是以孔子栖栖⑥,墨子遑遑⑦。不进与孔、墨合务,而还与黄、老同操⑧,非贤也。

【注释】

①恬憺(dàn)无欲:据文例,疑本句"恬"字前脱一"以"字。恬憺,清静无为。憺,恬淡,清静。

②仕：做官。

③苟：苟且。全身：保全性命。

④老聃（dān）：春秋末期楚国人，传说就是老子，道家学派的创始人。

⑤科：类。

⑥栖栖：忙碌不安的样子。

⑦遑遑：匆忙不安的样子。

⑧还：后退，回头。黄、老：汉代将黄帝与老子并论，认为他们都是道
家学派的创始人。

【译文】

　　可以把清静无为没有欲望，志向不在于做官，只是想保全自身修养
情性的人称为贤人吗？这就是老聃这一类人。道家与贤人所以不同类，
在于贤人忧伤世道而企图拯救百姓脱离苦难。因此孔子日夜忙碌，墨子
匆忙不安。不进一步与孔子、墨子这样的人从事同样的事业，而倒与黄、
老那样的人修养同样的品性，这就不是贤人。

　　以举义千里①，师将朋友无废礼为贤乎②？则夫家富
财饶③，筋力劲强者能堪之④。匮乏无以举礼⑤，羸弱不能
奔远⑥，不能任也⑦。是故百金之家，境外无绝交⑧，千乘之
国⑨，同盟无废赠⑩，财多故也。使谷食如水火，虽贪吝之
人，越境而布施矣。故财少则正礼不能举一⑪，有余则妄施
能于千，家贫无斗筲之储者⑫，难责以交施矣。举檐千里之
人⑬，杖策越疆之士⑭，手足胼胝⑮，面目骊黑⑯，无伤感不任
之疾⑰，筋力皮革必有与人异者矣⑱。推此以况为君要证之
吏⑲，身被疾痛而口无一辞者，亦肌肉骨节坚强之故也。坚
强则能隐事而立义⑳，软弱则诬时而毁节㉑。豫让自贼㉒，妻

不能识;贯高被棰^㉓,身无完肉。实体有不与人同者,则其节行有不与人钧者矣^㉔。

【注释】

①举义千里:东汉时特别重视名节、义气,如果老师、知交或赏识自己的长官死亡、判罪、流放,门徒、好友、下属就要远道奔丧、护送,叫"举义千里"或"千里赴义"。能这样做的人,名望就会升高。

②师:老师。将:这里泛指长官。无:不。

③饶:富足。

④堪:胜任,承当。

⑤匮乏:贫困。

⑥羸(léi)弱:瘦弱多病。

⑦任:负担。

⑧境:指郡、县、诸侯国的境界。

⑨千乘(shèng)之国:这里指大国。乘,古代称四匹马拉的一辆兵车为一乘。

⑩废:废弃。赠:馈赠的礼节。

⑪正礼:正常的礼节。

⑫筲(shāo):古代盛饭的盛器,容积有异说,或一斗二升,或一斗,一说容五升。

⑬檐(dàn):扁担。

⑭杖策:拄着手杖。

⑮胼胝(pián zhī):手掌和脚底因长期劳动磨出的茧子。

⑯骊(lí)黑:深黑色。

⑰伤感:感染疾病。

⑱皮革:皮肤。

⑲况:比较对照。为君要证之吏:指在东汉时期,为了抬高自己的名

望,情愿忍受残酷的刑罚,去替犯罪的长官作证,以开脱其罪责或辨明其冤枉的下级官吏。君,汉代属吏对长官亦尊称为"君",这里泛指长官。

⑳隐事:掩盖事实。立义:树立节操。

㉑诬时:歪曲事实,为了免除刑罚而乱招供。时,通"是",此,这。毁节:败坏名节。

㉒豫让自贼:据《战国策·赵策一》《史记·刺客列传》记载,豫让为替智伯报仇,为避免赵襄子认出他,便在身上涂漆,使皮肤溃烂,又吞炭毁坏声带。自贼,毁伤自身。贼,伤害。

㉓贯高被棰:据《史记·张耳陈余列传》记载,贯高因刘邦对待张敖态度傲慢而欲在张敖不知情的情况下刺杀刘邦,失败后被人告发,虽然被拷打,也没有连累张敖。贯高,西汉初年赵王张敖的相国。棰,鞭打。

㉔钧:通"均",相同。

【译文】

可以把千里赴义,不废弃对老师、长官、朋友礼节的人称为贤人吗?只有那些家财富足,筋力强劲的人才能胜任这种事情。生活贫困的人就拿不出财物来讲究礼节,体弱多病的人就不能奔波千里讲究忠义,因为他们承受不了。所以拥有百金的富贵人家,就是远在境外的亲朋也没有断绝交往的;有千乘战车的大国,盟国之间不会废弃相互赠馈的礼节,这是由于财富多的缘故。假如谷物粮食像水火那样容易得到,即使是贪吝的人,也会跨越境界给人们施舍财物。所以财物少就连正常的礼节也不能遵循,财富有余就能随意地施舍给上千的人,家境穷得没有一筲粮食的人,就难以用交往和布施来责备他了。挑着担子千里奔波的人,拄着手杖跨越疆界的人,手脚磨出了硬皮,面孔晒得黝黑,不会患体力不支的疾病,他们的筋力皮肤一定有与常人不同之处。据此来推论比照那些为长官作证的官吏,他们之所以能做到自身受刑吃苦而不肯供出一字,也是由于他们的肌肉骨节坚强的缘故。骨肉坚强就能掩盖事实树立节义，骨肉软弱就会胡乱招供而败坏名节。豫让毁伤自身，连妻子都认不出他；贯高被拷打，全身没有完整的皮肉。身体与众人有不同之处的人，他的气节操行就有与众人不相同的地方。

以经明带徒聚众为贤乎①？则夫经明，儒者是也。儒者，学之所为也。儒者学；学，儒矣。传先师之业，习口说以教，无胸中之造②，思定然否之论③。邮人之过书④，门者之传教也⑤，封完书不遗⑥，教审令不遗误者⑦，则为善矣。传者传学⑧，不妄一言，先师古语，到今具存⑨，虽带徒百人以上，位博士、文学⑩，邮人、门者之类也。

【注释】

①经明：精通经书。带徒：带徒弟，教学生。聚众：纠集门徒讲学。

②胸中之造：自己的创见。

③思定：判断。

④邮人：指传递文书的差役。过书：递送文书。

⑤门者：守门人。传：送达。教：教令，长官的指示和命令。

⑥封：古代递送文件时，用绳子捆扎后，在绳结上用泥封住，盖上印章，叫"封泥"或"泥封"。

⑦遗：据文意，疑为衍文，涉上句"遗"字而衍。

⑧传者：传，据文意，疑为"儒"字之讹，形近而误。

⑨具：详尽，全部。

⑩博士：指汉武帝时开始设立的专门传授五经的博士。文学：官名，即博士的助理。

【译文】

可以把精通经书，带学生，聚集门徒讲学的人称为贤人吗？那些精通经学的，是儒者。儒者，是靠学习经书才成儒者的。儒者靠的是勤学经书；勤学经书，也就成为儒者了。传授前辈老师的学问，把老师讲的东西背诵下来再用它去教育学生，心中没有一点创见，也没有判断是非的观点。像差役递送文书，守门人传达长官的命令一样，封记完整文书没有遗失，传达命令清楚转达指示没有错误的人，就是很好的了。儒者传授学问，不随便改动一字，前代老师的古训，至今全部详尽地保存下来，即使带领门徒百人以上，位居博士、文学之列，也不过是邮人、门者这类人罢了。

以通览古今①，秘隐传记无所不记为贤乎②？是则传者之次也③。才高好事④，勤学不舍⑤，若专成之苗裔⑥，有世祖遗文⑦，得成其篇业⑧，观览讽诵⑨。若典官文书⑩，若太史公及刘子政之徒⑪，有主领书记之职⑫，则有博览通达之名矣。

【注释】

①通览古今：博览古今群书。

②秘隐传记：珍贵罕见的历史文献。

③传：据文意，疑为"儒"字之讹，形近而误。次：同列，同类。

④好事：对事物有广泛的兴趣。

⑤不舍：不止，不间断。

⑥专成：即"专城"，指地方长官或有封地的人。又"专成"可能是"容成"之误，容成是传说中黄帝的史官。苗裔：后裔。

⑦世祖：祖上。

⑧成：通"承"，继承。

⑨讽诵：诵读。

⑩若：或者。典：主管。

⑪若：如。太史公：即司马迁。刘子政：刘向，曾受成帝的命令校勘整理皇家藏书。

⑫主领：主管。书记：书籍文献。

【译文】

可以把博览古今图书，把熟记珍贵罕见历史文献的人称为贤人吗？这不过是与儒者同类的人。这种人才智高，对事物有广泛兴趣，勤奋学习而不间断，就像容成的后代，有祖上留下来的著作，得以继承祖上的书籍，细心阅览认真诵读。或者掌管图书档案，就像司马迁和刘子政这类人，有主管书籍文献的职位，也就有了博览群书学问通达的名声了。

以权诈卓谲①，能将兵御众为贤乎②？是韩信之徒也。战国获其功③，称为名将；世平能无所施，还入祸门矣。"高鸟死，良弓藏；狡兔得，良犬烹。"④权诈之臣，高鸟之弓，狡兔之犬也。安平身无宜⑤，则弓藏而犬烹。安平之主⑥，非弃臣而贱士，世所用助上者⑦，非其宜也。向令韩信用权变之才⑧，为若叔孙通之事⑨，安得谋反诛死之祸哉⑩？有功强之权⑪，无守平之智，晓将兵之计，不见已定之义，居平安之时，为反逆之谋，此其所以功灭国绝⑫，不得名为贤也⑬。

【注释】

①权诈：权术诈谋。卓谲（jué）：奇异，变化多端。

②将：率领。御：统率，指挥。

③战国：指国家战乱的时代。

④"高鸟死"几句：引文参见《史记·淮阴侯列传》。高鸟，高飞的

　　鸟。得，被捕获。

⑤宜：合适，这里是有用处的意思。

⑥安平：安定和平。

⑦世：一生，生平。

⑧向：从前。令：假如。

⑨叔孙通：生卒年不详，薛县（今山东枣庄滕州官桥镇）人，曾帮助
　　刘邦制定朝仪。

⑩安得：怎么会有。

⑪功强：攻打强敌。功，通"攻"，攻打。权：权谋。

⑫国绝：封国被取消。

⑬名：称。

【译文】

　　可以把权术诈谋变化多端，能率领士兵统率众将的人称为贤人吗？
这是韩信这类人。他们在国家战乱时建立功勋，称为名将；在社会安定
时才能没有地方施展，反倒陷入灾祸之中了。"高飞的鸟被射死，良弓就
被收藏起来了；狡兔被猎获，优良的猎犬就被煮了。"有权术诈谋的大臣，
就像射飞鸟的良弓、获狡兔的良犬一样。安定和平的时代，这种人就没
有用处了，就像良弓被收藏猎犬被烹煮一样。安定和平时代的君王，并
不是要抛弃有权术的大臣，轻视有战功的将士，而是他们生平用来辅助
君王的本领，已经完全不适用了。假如当初韩信运用善于权变的才能，
做出像叔孙通那样的事业来，怎么会有因谋反而被诛死的灾祸呢？具有
攻打强敌的权谋，没有安守太平的智慧，懂得领兵的计谋，却看不到天下
已经稳定的大势，处在和平安定的时期，却做出叛逆的谋划，这就是他之
所以功劳、封国被取消，不能称为贤人的理由。

　　辩于口①，言甘辞巧为贤乎？则大子贡之徒是也。子
贡之辩胜颜渊，孔子序置于下②。实才不能高，口辩机利③，

人决能称之④。夫自文帝尚多虎圈啬夫⑤,少上林尉⑥,张释之称周勃、张相如⑦,文帝乃悟⑧。夫辩于口,虎圈啬夫之徒也,难以观贤。

【注释】

①辩于口:据文例,疑本句"辩"字前脱一"以"字。辩,善辩。

②孔子序置于下:据《论语·先进》记载,孔子把得意门徒分为四类,颜渊排在第一类(德行),子贡排在第二类(言语)。

③机:机智。利:锋利。

④决:必定。

⑤自:即使,纵然。文帝:汉文帝。多:称赞。虎圈:皇帝园林中养虎的地方。啬(sè)夫:古代官吏名。汉时小吏的一种。

⑥少:斥责。上林尉:管理供皇帝游猎的园林上林苑的官吏。

⑦张释之:字季,堵阳(今河南南阳方城)人。汉文帝时为廷尉。周勃(?—前169),泗水郡沛县(今江苏沛县)人。西汉时期开国将领、宰相,被封为绛侯。张相如(前229—前165):汉初名将,西汉开国功臣,被封为东阳侯。

⑧文帝乃悟:据《史记·张释之列传》记载,汉文帝到上林苑游玩,询问上林苑中的情况,上林尉回答不出来。虎圈啬夫却回答得十分详细,文帝很赏识他,命令张释之给啬夫升官。张释之以周勃和张相如为例,说这两个人虽然不善言辞,但都是了不起的人,所以不能仅凭口舌来衡量人。汉文帝因此觉悟,没有给啬夫升官。

【译文】

可以把有口才而善辩,言语动听言辞巧妙的人称为贤人吗?那就是子贡这类人。子贡的口才超过颜渊,孔子却把他排在颜渊之下。真实的才能并不高,而口才机智锋利的人,人们必定会称赞他。即使文帝还赞赏虎圈啬夫,斥责上林尉,张释之仍举周勃、张相如为例,文帝因此才醒悟。那些以口才善辩的人,就如虎圈啬夫这类人一样,很难用他们来观察一个人是不是贤人。

以敏于笔①,文墨两集为贤乎②?夫笔之与口,一实也。口出以为言,笔书以为文③。口辩,才未必高;然则笔敏,知未必多也④。且笔用何为敏?以敏于官曹事⑤?事之难者莫过于狱⑥,狱疑则有请谳⑦。盖世优者莫过张汤⑧,张汤文深⑨,在汉之朝,不称为贤。太史公序累⑩,以汤为酷⑪,酷非贤者之行。鲁林中哭妇⑫,虎食其夫,又食其子,不能去者⑬,善政不苛⑭,吏不暴也。夫酷,苛暴之党也⑮,难以为贤。

【注释】

①敏于笔:文章写得快。敏,敏捷。

②文墨两集:两,据《自纪篇》"笔泷漉而雨集",疑为"雨"字之讹,形近而误。形容文思敏捷,落笔快得像雨点洒下来一样。

③书:写。

④知(zhì):同"智"。

⑤官曹:官府。曹,汉代官府中分科办事的部门。

⑥狱:审理案件。

⑦疑:疑难。请谳(yàn):汉代下级遇到疑难案件不能决断时,请求上级机关审定案件,称为"请谳"。谳,审判定罪。

⑧盖世:举世。优:这里指善于决断案件。张汤(?—前116):字号不详,京兆杜陵(今陕西西安长安区)人。汉武帝时任廷尉,御史大夫,以执法严明著称。

⑨文深:指制定或援引法律条文非常苛刻。

⑩序累:排列高下。

⑪以汤为酷：指司马迁将张汤的事迹写在《酷吏列传》中。酷，残忍
　暴虐。

⑫鲁林中哭妇：据说孔子在鲁国的山林中遇到一个妇人在哭。孔子
　问她为什么哭，她说去年老虎吃了她的丈夫，今年又吃了她的儿
　子。孔子问她为什么不离开这里，她说因为这里的政治宽松，没
　有酷吏苛政。鲁，春秋时鲁国，在今山东西南部。参见本书《遭
　虎篇》。

⑬去：离开。

⑭善：赞许，以为善。

⑮党：类。

【译文】

　可以把文思敏捷，落笔快得像雨点洒下的人称为贤人吗？笔头快与
口才好，实际上是一回事。口说出来就是言语，笔写出来就是文章。口
头善辩的人，不一定才高；这样说来，下笔敏捷的人，也不一定多智了。
而且文章写得快是应用在什么地方呢？是应用在对官府的事务上吗？
官府的事务最难办的莫过于审理案件，审理案件有疑难就用"请谳"的
办法。举世善于断案的莫过于张汤，张汤援用法律条文苛刻，在汉朝，并
不称他为贤人。太史公排列人物高下，认为张汤是酷吏，残酷并不是贤
人的行为。鲁国树林中痛哭的妇人，老虎吃了她的丈夫，又吃了她的儿
子，她之所以不愿离开那里，是因为爱那里政策不苛繁，官吏不残暴。酷
吏，是苛刻残暴的那类人，很难称他们为贤人。

　　以敏于赋、颂①，为弘丽之文为贤乎②？则夫司马长卿、
扬子云是也。文丽而务巨③，言眇而趋深④，然而不能处定是
非⑤，辩然否之实⑥。虽文如锦绣，深如河、汉⑦，民不觉知是
非之分，无益于弥为崇实之化⑧。

【注释】

①赋、颂：两种文体。

②弘丽：宏伟华丽。

③务：事业，工作，这里指作品。巨：篇幅大。

④眇（miào）：通"妙"，精微。趋：趋向，旨趣。

⑤处：判断。定：确定。

⑥辩：通"辨"，辨别，区分。

⑦河：黄河。汉：汉水。

⑧弥：通"弭"，止。为：通"伪"，欺诈。

【译文】

　　可以把善于作赋、颂，能写出宏伟华丽文章的人称为贤人吗？那么司马长卿、扬子云就是这样的人。文章华丽而且篇幅巨大，言辞精妙而且旨趣高深，然而文章却不能判断确定是非，分别不出正确与错误的真实情况。即使文章像锦绣那样美，含意像黄河、汉水那样深，百姓却不能从中明白是与非的界限，这对于制止弄虚作假，崇尚实际教化没有一点好处。

　　以清节自守，不降志辱身为贤乎？是则避世离俗，长沮、桀溺之类也。虽不离俗，节与离世者钧，清其身而不辅其主，守其节而不劳其民①。大贤之在世也，时行则行②，时止则止③，铨可否之宜④，以制清浊之行。子贡让而止善⑤，子路受而观德⑥。夫让廉也，受则贪也。贪有益，廉有损，推行之节⑦，不得常清眇也⑧。伯夷无可，孔子谓之非⑨。操违于圣⑩，难以为贤矣。

【注释】

①劳：慰问，关怀。

②时行则行：指时势适宜做官就出来做官。时，时势。行，行动，指
　　做官。

③时止则止：指时势适宜隐居就隐居。止，停止，指隐居。

④铨（quán）：衡量，鉴别。

⑤子贡让而止善：据《吕氏春秋·察微》记载，鲁国法令规定，谁要
　　是赎回一个在国外当奴隶的人，就可以从官府中领取一笔钱当补
　　偿。子贡赎了一个人，却没有领钱。孔子批评说，这是开了恶例，
　　以后就不会有赎人的人了，因为别人会拿子贡作为范例，赎人的
　　人领取补偿就会受到非议，只能白花钱，这是一般人不肯干的。
　　这里的意思是，子贡让财，却起了阻碍别人行善的作用。

⑥子路受而观德：据《吕氏春秋·察微》记载，有一次子路救了一
　　个落水的人，那人送给他一头牛以表示谢意，子路接受了。孔子
　　赞扬说，这样做，今后救人的人就会多起来，因为可以得到报酬。
　　这里的意思是，子路受财，起到了勉励别人行善的作用。观，通
　　"劝"，勉励。

⑦推：疑为"性"字之讹，形近而误。性行，操行。

⑧清眇（miǎo）：清高。指避世离俗，洁身自好。眇，高。

⑨"伯夷无可"二句：据《论语·微子》记载，孔子说伯夷是一个不肯
　　降低自己意志和屈辱自己身份的人，在伯夷看来，时势很坏，绝不
　　可出来做官，而孔子则不同，他认为要相机行事，"无可无不可"。
　　原文中这两句话的意思是，伯夷避世离俗，一概否定入世，孔子认
　　为这是不对的。

⑩操：指"清节自守，不降志辱身"的操行。圣：指孔子。

【译文】

　　可以把自守清白的节操，不降低志气，不屈辱身份的人称为贤人
吗？这就是远离世俗隐居，像长沮、桀溺一类的人。即使不远离世俗，节
操却与远离世俗隐居的人一样，保持自身的清白而不辅助君王，坚守节

操而不关怀老百姓。大贤人生活在世上,时势适宜做官就出来做官,时势适宜隐居就去官隐居,权衡时势是否适宜,以此来确定操行的清浊以便选择。子贡让财却阻止了别人行善,子路受财却勉励了别人做好事。推让被认为是廉洁,那么受财就是贪婪了。贪财而有益于人,廉洁却有损于人,行为节操,并不可能常常是清高的。伯夷不愿出来做官,孔子反对他的做法。他们操行与圣人违背,很难称他们为贤人。

或问于孔子曰①:"颜渊何人也?"曰:"仁人也,丘不如也。""子贡何人也?"曰:"辩人也,丘弗如也②。""子路何人也?"曰:"勇人也,丘弗如也。"客曰:"三子者皆贤于夫子③,而为夫子服役④,何也?"孔子曰:"丘能仁且忍⑤,辩且讷⑥,勇且怯⑦。以三子之能,易丘之道,弗为也⑧。"孔子知所设施之矣⑨。有高才洁行,无知明以设施之,则与愚而无操者同一实也。

【注释】

①或:有人,这里指子夏。

②弗:不。

③三子:指颜渊、子贡、子路。

④服役:奔走效劳。

⑤忍:残酷无情。

⑥讷(qū):言语钝拙。

⑦怯:懦弱,胆怯。

⑧弗为也:上事参见《列子·仲尼》《说苑·杂言》。

⑨设施:采取措施,这里指随机应变。

【译文】

有人问孔子说："颜渊是什么样的人呢?"孔子说："他是个仁人,我不如他。"又问："子贡是什么样的人呢?"孔子说："他是个有口才的人,我不如他。"又问："子路是什么样的人呢?"孔子说："他是个勇敢的人,我不如他。"客人说："颜渊、子贡、子路三个人都比你贤明能干,而愿为你奔走效劳,是什么原因呢?"孔子说："我既能仁爱又能残酷无情,既善辩却又言语迟钝,既勇敢又胆怯。如果用他们三个人的才能和我的这套本领交换,我是不干的。"孔子是知道随机应变去处理问题的。有很高的才能和廉洁的品行,但缺乏明智以随机应变地处理问题的人,那就和愚昧而无操行的人是一个样了。

　　夫如是,皆有非也①。无一非者,可以为贤乎?是则乡原之人也②。孟子曰:"非之,无举也;刺之,无刺也。同于流俗,合于污世,居之似忠信③,行之似廉洁④,众皆说之,自以为是,而不可与入尧、舜之道。故孔子曰:'乡原,德之贼也。'"⑤似之而非者,孔子恶之。

【注释】

①非:缺点。

②乡原(yuàn):指乡里的老好人。

③居:平居,指平日为人。

④廉洁:指不贪财货,立身清白。

⑤"故孔子曰"几句:引文参见《孟子·尽心下》。

【译文】

如此说来,人人都有缺点。没有一点缺点的人可以称为贤人吗?这就是乡原那种人。孟子说:"乡原这种人,要想指责他,又举不出什么大过错；要想讥刺他，却又无可讥刺。他总是迎合流俗，讨好污世，平日为人好像忠厚老实，行动也好像正直清白，大家都喜欢他，他自己也觉得很不错，但实际上和尧舜之道是格格不入的。所以孔子说：'乡原是破坏道德的人。'"这种似乎很有德行实际上却并非如此的人，孔子很厌恶他。

夫如是，何以知实贤①？知贤竟何用？世人之检②，苟见才高能茂③，有成功见效，则谓之贤。若此甚易④，知贤何难？《书》曰："知人则哲，惟帝难之。"⑤据才高卓异者则谓之贤耳⑥，何难之有？然而难之，独有难者之故也。夫虞舜不易知人，而世人自谓能知贤，误也。

【注释】

①实贤：真正的贤人。

②检：检验，指考察标准。

③苟：如果。茂：盛，多。

④若此：像这样。

⑤"《书》曰"几句：引文参见《尚书·皋陶谟》。《书》，《尚书》。哲，
　　明智。帝，指舜。

⑥卓异：杰出。

【译文】

如此说来，怎样识别真正的贤人呢？识别贤人究竟根据什么呢？世人的考察标准是，如果见他才高多能，有取得成功的功效，就认为他是贤人。像这样就太容易了，识别贤人有什么困难呢？《尚书》说："能真正了解一个人的人就是明智的人，这一点连舜也感到很困难。"根据才能高超杰出的人就被称为贤人的标准来看，识别贤人还有什么困难呢？但是《尚书》既然说难，也自有认为难的理由。连舜也不容易识别贤人，而世

人自认为能识别贤人，就错了。

　　然则贤者竟不可知乎？曰：易知也。而称难者，不见所以知之，则难圣人不易知也①；及见所以知之，中才而察之②。譬犹工匠之作器也③，晓之则无难，不晓则无易。贤者易知于作器，世无别，故真贤集于俗士之间④。俗士以辩惠之能⑤，据官爵之尊，望显盛之宠⑥，遂专为贤之名⑦。贤者还在闾巷之间⑧，贫贱终老，被无验之谤⑨。

【注释】

①难：疑为"虽"字之讹，繁体"難""雖"形近而误。

②中才：中等才能的人，一般人。而（néng）：通"能"，能够。

③作：制造。

④集：混杂。

⑤惠：通"慧"，聪明。

⑥宠：荣耀，荣誉。

⑦专：垄断。

⑧还：退居。闾巷：乡里。

⑨验：功效。

【译文】

　　这样说来贤人就不可识别吗？我说：很容易识别。之所以说它难，在于不了解用什么来识别贤人，在这种情况下，即使是圣人也不容易识别贤人；等到知道了用什么方法来识别贤人，就是仅有中等才智的人也可以看出贤人了。譬如工匠制造器物，掌握了制作方法就不难，不掌握方法就不容易了。识别贤人比工匠制造器物还容易，世人没有区别的能力，所以真正的贤人就混杂在俗士之中。俗士凭能言善辩的小聪明，占据官爵的尊位,享有显耀的荣誉,于是就垄断了称为贤人的名声。贤人退居在闾巷之间,贫贱到老死,还要蒙受不立功绩的毁谤。

　　若此,何时可知乎?然而必欲知之,观善心也。夫贤者,才能未必高也,而心明①,智力未必多,而举是②。何以观心?必以言。有善心,则有善言。以言而察行,有善言则有善行矣。言行无非,治家亲戚有伦③,治国则尊卑有序④。无善心者,白黑不分,善恶同伦⑤,政治错乱,法度失平。故心善,无不善也;心不善,无能善。心善则能辩然否⑥。然否之义定,心善之效明,虽贫贱困穷⑦,功不成而效不立⑧,犹为贤矣。

【注释】

①明:指能够明辨是非。

②举:行动,举止。

③亲戚有伦:指亲属长幼之间的关系符合道德伦理。伦,人伦,人与人之间的道德关系。

④序:指上下等级次序。

⑤伦:类。

⑥然否:是非。

⑦困穷:政治上不得意。

⑧功不成而效不立:指在政治上没有成就。

【译文】

　　如此说来,到什么时候才能识别贤人呢?如果一定要想识别贤人,就看他有没有善心。贤人,不一定才高但能明辨是非,不一定多智但行止没有错误。用什么来判断一个人是否有善心呢?必须根据他的言论。

有善心，就有善言。根据他的言论考察他的行为，有善言就有善行了。言论行为没有错，治家时亲属之间的关系符合伦理道德，治国就能使尊卑上下有序。没有善心的人，黑白不分，视善恶为同类，会使政治错乱，法度不公。所以只要心善，其他一切就没有什么是不好的；心不善，其他一切就没有什么是好的。心善就能辨明是非。是非的道理能够确定，心善的功效也就显明了，即使贫穷低微，境遇艰难，功名不成，业绩不立，但他们仍然是可以称为贤人的。

故治不谋功，要所用者是①；行不责效，期所为者正②。正、是审明，则言不须繁，事不须多。故曰："言不务多，务审所谓；行不务远，务审所由。"③言得道理之心④，口虽讷不辩⑤，辩在胸臆之内矣⑥。故人欲心辩，不欲口辩。心辩则言丑而不违⑦，口辩则辞好而无成。

【注释】

①要：关键的是。是：正确。

②期：预期，预想。

③"故曰"几句：引文参见《荀子·哀公》。

④心：核心，根本。

⑤讷（nè）：说话迟钝，口齿笨拙。

⑥臆：胸。

⑦言丑：言辞不漂亮。不违：不违正道，不出差错。

【译文】

所以治国不一定要考虑功绩，关键在于所依据的道理是否正确；行动不一定要求功效，那要看动机是否纯正。行事的动机纯正、遵循的道理正确，那么言语不必繁琐，事效也不必很多。所以说："说话不必追求长篇大论，应当努力使所说的话在理；做事不必好高骛远，应当力求所做的事符合原则。"说话能深得道理的核心,口才即使迟钝而不善辩说,而辩已在心胸之中了。所以人追求的是内心的明辨,而不应该追求口辩。内心明辨即使言辞不华丽动听,也不会违背正道;口辩即使言辞华丽,却没有什么用处。

　　孔子称少正卯之恶曰:"言非而博,顺非而泽。"①内非而外以才能饬之②,众不能见,则以为贤。夫内非外饰是,世以为贤,则夫内是外无以自表者③,众亦以为不肖矣。是非乱而不治,圣人独知之。人言行多若少正卯之类,贤者独识之④。世有是非错缪之言⑤,亦有审误纷乱之事⑥,决错缪之言⑦,定纷乱之事,唯贤圣之人为能任之。圣心明而不暗,贤心理而不乱。用明察非,非无不见;用理铨疑,疑无不定。

【注释】

①"孔子称少正卯之恶曰"几句:引文参见《荀子·宥坐》,原文作"一曰:心达而险;二曰:行辟而坚;三曰:言伪而辩;四曰:记丑而博;五曰:顺非而泽"。少正卯(?—前496),春秋时期鲁国的大夫。参见本书《讲瑞篇》注。博,博学。泽,润色,修饰。

②饬(shì):通"饰",巧饰,巧伪。

③自表:自我表露。

④者:递修本作"圣"。

⑤错缪(miù):颠倒。缪,错误。

⑥审:真实,正确。

⑦决:确定,判明。

【译文】

孔子列举少正卯的罪恶说:"言论错误且很博学,附和错误的东西并加以润饰。"内心歹毒而外表却用才能将它粉饰起来,众人不能发现,就认为他是贤人。内心歹毒而外表却掩饰得很好,世人认为他是贤人,那么内心善良外表却无法自我表露的人,众人也就认为他是不贤之辈了。是非混乱而不清楚,唯独圣人能识别是非。人的言行大多如少正卯这类人,唯独贤人能识别他们。世间有是非颠倒的言语,也有正确与错误混淆不清的事情,判明颠倒的言语,判断混淆不清的事情,只有贤良圣明的人才能够胜任。圣人的心清明而不昏暗,贤人的心有条理而不紊乱。用清明之心去考察谬误,就没有什么看不明的;用条理清醒的头脑解释疑难,就没有疑难是不能断定的了。

　　与世殊指①,虽言正是,众不晓见。何则? 沉溺俗言之日久②,不能自还以从实也③。是故正是之言为众所非,离俗之礼为世所讥④。《管子》曰:"君子言堂满堂,言室满室。"⑤怪此之言,何以得满? 如正是之言出,堂之人皆有正是之知,然后乃满。如非正是⑥,人之言剌异⑦,安得为满? 夫歌曲妙者,和者则寡;言得实者,然者则鲜⑧。和歌与听言,同一实也。曲妙人不能尽和,言是人不能皆信。"鲁文公逆祀,去者三人;定公顺祀,畔者五人。"⑨贯于俗者⑩,则谓礼为非。晓礼者寡,则知是者希。君子言之,堂室安能满?

【注释】

①殊:不同。指:旨意,意向。

②沉溺:指陷入不良的境地。

③自还:自拔。还,归,返。这里指摆脱。

④离俗之礼:违背世俗标准的礼节。

⑤"《管子》曰"几句:引文参见《管子·牧民》。《管子》,托名管仲

的著作,实际上成书于春秋战国至秦汉时期,《汉书·艺文志》归入道家类,《隋书·经籍志》列入法家类。是书篇幅宏伟,内容复杂,思想丰富。如《牧民》《形势》等篇讲霸政法术;《侈靡》《治国》等篇论经济生产,此亦为《管子》精华,可谓齐国称霸的经济政策;《七法》《兵法》等篇言兵法;《宙合》《枢言》等篇谈哲学及阴阳五行等;其余如《大匡》《小匡》《戒》《弟子职》《封禅》等为杂说,是研究我国古代特别是先秦学术文化思想的重要典籍。

⑥正是:指"正是之知"。

⑦言:底本作"乖",递修本作"言",据改。刺:违背。

⑧鲜:少。

⑨"鲁文公逆祀"几句:引文参见《公羊传·定公八年》。鲁文公逆祀,据《公羊传·文公二年》记载,鲁文公违背祭祖的正常顺序,在祖庙中将他生父鲁僖公的牌位放在了鲁闵公之下。鲁文公(?—前609),姬姓,名兴,春秋时鲁国君主。畔者五人,指当时有五个臣子已经习惯于"逆祀",对于"顺祀"反倒不满意,因而离开了。畔,通"叛",背离。

⑩贯:通"惯",习惯。

【译文】

如果和世人的意见不同,即使话说得很正确,众人也不能理解。为什么呢?如果沉溺在俗言之中日子久了,就不能自拔而服从正确的言论。所以正确的言论往往为众人所反对,违背世俗标准的礼节为众人所指责。《管子》说:"君子在堂上说话能符合满堂人的心意,在室内说话能符合全室人的心意。"这样的说法很奇怪,说的话怎么能让所有的人都满意呢?如果正确的言论说出来,全堂的人都有正确的观点,然后所有的人才会满意。如果在座的人没有正确的观点,人说的话违背了他们的理解而显得怪异,怎么能使人人都满意呢?歌曲很绝妙,能附和的人就很少;说的话符合实际,认同的人也很少。和歌和听人说话,是同一回事。歌曲虽然美妙，却不可能让每个人都跟着唱和；言论虽然正确，也不可能让人人都相信。"鲁文公违反祭祖的正常顺序，有三个大臣因不满而离开祖庙；鲁定公按照礼法祭祀，却有五个大臣因不满而离开祖庙。"习惯于世俗之法的人，就说按照礼法行事是错的。通晓礼法的人少，那么能够识别正确与否的人就稀少。君子说的话，堂室中的人怎么能都满意呢？

　　夫人不谓之满①，世则不得见口谈之实语②，笔墨之余迹，陈在简策之上③，乃可得知。故孔子不王④，作《春秋》以明意⑤。案《春秋》虚文业⑥，以知孔子能王之德。孔子，圣人也。有若孔子之业者，虽非孔子之才，斯亦贤者之实验也⑦。夫贤与圣同轨而殊名，贤可得定，则圣可得论也。

【注释】

①谓：通"为"。

②口谈之实语：所说的真实内容。

③陈：排列。简策：古代书写用的竹简。

④不王：没有当王。

⑤意：意图，政治主张。

⑥案：考察。虚文：指没有得到实行只存在于文字上的政治主张。

⑦斯：这。

【译文】

　　听话的人不可能都满意，那么世人也就不可能知道说话者所说的真实内容，只有通过笔墨写出的痕迹，排列在简策上面，才能得知。所以孔子没有当上君王，就写作《春秋》以表明政治主张。考察《春秋》所阐明的没能得以实行的政治主张，就可以知道孔子具有当君王的品德。孔子是圣人。如果有像孔子那样业绩的人,即使不具备孔子那样的才能,这也是贤人的实际证明。贤人与圣人所遵循的道相同只是名称不一样,贤人既可以确定,那么圣人也就可以论定了。

　　问:"周道不弊①,孔子不作《春秋》。《春秋》之作,起周道弊也②。如周道不弊,孔子不作者,未必无孔子之才,无所起也③。夫如是,孔子之作《春秋》,未可以观圣;有若孔子之业者,未可知贤也。

【注释】

①周道:指周朝的礼仪制度。弊:败坏。

②起:起因,由于。

③起:动因。

【译文】

　　有人问:"周代的礼制不败坏,孔子就不会编写《春秋》。《春秋》的写作,起因于周代礼制的败坏。如果周道不败坏,孔子不编写《春秋》,未必他就不具备作为孔子的才能,只是没有理由来促使他从事著述而已。如果是这样,单从孔子编写《春秋》这件事,不能够看出他是圣人;如果有像孔子那样业绩的人,还不足以识别他是贤人。"

　　曰:周道弊,孔子起而作之,文义褒贬是非①,得道理之实,无非僻之误,以故见孔子之贤,实也。夫无言则察之以文,无文则察之以言。设孔子不作,犹有遗言②,言必有起,犹文之必有为也。观文之是非,不顾作之所起③,世间为文者众矣,是非不分,然否不定,桓君山论之④,可谓得实矣。论文以察实,则君山汉之贤人也。陈平未仕,割肉闾里,分均若一,能为丞相之验也⑤。夫割肉与割文⑥,同一实也。如君山得执汉平⑦,用心与为论不殊指矣。孔子不王,素王之业在于《春秋》⑧。然则桓君山不相⑨,素丞相之迹⑩,存于《新论》者也⑪。

【注释】

①文义:指《春秋》思想内容。

②遗言:留下来的别的言论。

③作之所起:写作文章的起因,动机。

④桓君山(约前23—56):桓谭,字君山,沛国相(今安徽淮北相山区)人。汉代经学家,通五经,疾谶纬,官至议郎给事中。著有《新论》二十九篇。

⑤能为丞相之验也:据《史记·陈丞相世家》记载,陈平还是百姓的时候,因为替乡里分祭肉很公平,曾受到人们的称赞,后人因此论说,这就是他当丞相的苗头。

⑥割文:指评论文章。

⑦执汉平:指掌管汉朝治理国家的大权。平,衡,指秤。

⑧素王:指具有圣王的品德而没有王位的人。

⑨然则桓君山不相:递修本本句"桓君山"后有"不相"两字,据补。

⑩素丞相:指具有当丞相的才能而没能当上丞相的人。迹:事迹,功绩。

⑪《新论》:桓谭的著作,原本已经亡佚,今有辑本。

【译文】

　　我认为:周代礼制败坏,使得孔子起而作《春秋》,《春秋》的文义褒贬是非,深得道理的真实内涵,没有违背礼义、不合正道的错误,所以据此可以看到孔子的贤明,这就是事实。没有言论就以文章来考察,没有文章就以言论来考察。假设孔子不编写《春秋》,也还会有别的言论遗留下来,发表言论必定有原由,如同写文章必定有目的一样。考查文章的好坏,而不考虑写作的起因动机,世间写文章的人多得很,时常是非不分,对错不定,桓君山对此的评论,可以说是符合实际的。依据文章来考察这个人的真实情况,桓君山就是汉代的贤人。陈平没有做官时,在乡里分祭肉,每份肉分得完全一样,这是他能当丞相的证明。分肉与评论文章,实质上是一回事。如果桓君山得以掌握汉朝治国的大权,他的用心与论文意旨不会不同。孔子没有当上君王,素王的业绩反映在《春秋》上。这样说来,即使桓君山没有当上丞相,素丞相的功绩已留存在他的《新论》之中了。

卷第二十八

正说篇第八十一

【题解】

本篇针对汉代关于五经篇题方面的荒诞说法加以纠正，反对儒生对于经书过度的神话。汉代经学的核心是天人感应，讲究微言大义。这种学说发展到末流，就会将经书的内容全部加以神话，以通过神道设教来增加经书的权威性，符合天人之际的思想，但同时又会使得对经书的解释越来越牵强附会，失去其原本的意义。

王充就认为当时的儒生好"空生虚说"，使"平常之事，有怪异之说；径直之文，有曲折之义"。他们稍微在经学上有一点成就，就急于做官，难以再专心钻研经书，经书只是成为他们利禄之途的敲门砖，从而使得"虚说传而不绝，实事没而不见，五经并失其实"。因此使得那些好"神道恢义"的说法泛滥而不能及时得到纠正。王充认为理解经书首先就要理解它们的版本流传的基本信息，才能循序渐进地了解其中的微言大义，因此才会在本篇中针对这一现象提出自己对相关方面的理解。

儒者说五经①，多失其实。前儒不见本末②，空生虚说③。后儒信前师之言，随旧述故④，滑习辞语⑤。苟名一师之学⑥，趋为师教授⑦，及时蚤仕⑧，汲汲竞进⑨，不暇留精用心⑩，考实根核⑪。故虚说传而不绝⑫，实事没而不见⑬，五经并失其实。《尚书》《春秋》事较易，略正题目粗粗之说⑭，以照篇中微妙之文⑮。

【注释】

①说：论说，解释。

②本末：首尾，来龙去脉。

③生：产生，这里指捏造。

④述：遵循。故：旧。

⑤滑习：熟习。

⑥苟：如果。

⑦趋：急。

⑧蚤：通"早"，指时间在先的，和"迟"相对。

⑨汲汲：形容心情迫切的样子。竞：争。进：往上爬。

⑩暇：闲暇。留精：集中精力。用心：动脑筋。

⑪根核：本源。

⑫传：流传。

⑬没：埋没。见（xiàn）：同"现"，显露。

⑭正：纠正，考订。粗粗：浅陋。

⑮照：明白，弄清。

【译文】

儒生解说五经，大多不符合五经的真实情况。前辈儒生不见五经的始末，凭空编造许多虚妄之说。后来的儒生迷信前辈老师的说法，遵循旧有的解释，把那些辞语背得滚瓜烂熟。如果因研习经书而有点名气，就急于当老师教人，及早做官，迫切地争着往上爬，没有时间再去集中精力用心钻研，以考订核实五经的本源。所以虚妄之说流传不绝，真实面目被埋没而不被发现，五经全都失去了它真实的面貌。《尚书》《春秋》

中记载的事比较容易弄清,这里对有关五经题目方面的各种浅陋说法略加纠正,便可以弄清有关经书内容方面的微妙解说。

　　说《尚书》者,或以为本百两篇①,后遭秦燔《诗》《书》②,遗在者二十九篇③。

【注释】

　　①或:有的人。本:本来。

　　②燔(fán):焚烧。

　　③遗在:遗存。在,存。二十九篇:指今文《尚书》二十九篇。

【译文】

　　解说《尚书》的人,有人认为它本来有一百零二篇,后来遇到秦始皇焚烧《诗经》《尚书》,因此遗存下来的只有二十九篇。

　　夫言秦燔《诗》《书》,是也;言本百两篇者,妄也。盖《尚书》本百篇,孔子以授也①。遭秦用李斯之议,燔烧五经,济南伏生抱百篇藏于山中②。孝景皇帝时③,始存《尚书》④。伏生已出山中,景帝遣晁错往从受《尚书》二十余篇⑤。伏生老死,《书》残不竟⑥。晁错传于倪宽⑦。至孝宣皇帝之时⑧,河内女子发老屋⑨,得逸《易》《礼》《尚书》各一篇⑩,奏之。宣帝下示博士⑪,然后《易》《礼》《尚书》各益一篇⑫,而《尚书》二十九篇始定矣。至孝武帝时⑬,鲁共王坏孔子教授堂以为殿⑭,得百篇《尚书》于墙壁中⑮。武帝使使者取视⑯,莫能读者⑰,遂秘于中⑱,外不得见。至孝成皇帝时⑲,征为古文《尚书》学⑳。东海张霸案百篇之序㉑,空造百两之篇㉒,献之成帝。帝出秘百篇以校之㉓,皆不相应㉔,于是下霸于吏。吏白霸罪当至死㉕,成帝高其才而不诛㉖,亦惜其文而不灭㉗。故百两之篇,传在世间者,传见之人则谓《尚书》本有百两篇矣。

【注释】

①以:用来。

②济南:郡名。西汉初年分齐郡置济南郡,治东平陵(今山东章丘西北)。伏生:名胜,字子贱,秦朝济南郡(治今山东章丘西北)人。秦始皇时曾任博士,汉文帝时曾传授晁错《尚书》。

③孝景皇帝:汉景帝。

④始存《尚书》:指开始设立博士官,教授《尚书》。据《后汉书·翟酺传》,立《尚书》博士是在汉文帝时。存,立。

⑤晁错(前200—前154):颍川(治今河南禹州)人。景帝时任御史大夫。从受《尚书》:据《史记·儒林传》记载,派晁错向伏胜学习《尚书》的是汉文帝。

⑥竟:周遍,全。

⑦倪宽(?—前103):字仲文,西汉武帝时千乘郡(今山东高青东北)人。汉武帝时任御史大夫。

⑧孝宣皇帝:汉宣帝。

⑨河内:郡名。西汉高帝二年(前205)置,治所在怀县(今河南武陟西南)。发:开,拆除。老屋:旧房子。

⑩逸:失传。

⑪示:展示,传阅。博士:指汉武帝时期开始设立的教授儒家经书的五经博士。

⑫益:增加。

⑬武:底本作“景”,据《案书篇》以及《汉书·楚元王传》改。

⑭鲁共王:汉景帝子刘余。共(gōng),通"恭"。坏:拆毁。

⑮得百篇《尚书》:据《汉书·艺文志》记载,鲁恭王拆毁孔子住宅
　所得的用古文书写的《尚书》,比当时通行的《尚书》多十六篇。

⑯使:派遣。使者:使臣。

⑰莫:没有。

⑱秘:秘藏。中:指官中藏书的地方。

⑲孝成皇帝:汉成帝。

⑳古文《尚书》:汉朝《尚书》有两个渊源:一为伏生所传,二十九
　篇,用汉朝通行的隶书书写,叫今文《尚书》,即流传至今的版本;
　一为鲁恭王从孔子旧宅墙壁中发现的,用汉代以前的文字写成,
　叫古文《尚书》,东汉时已失传,现存的古文《尚书》为东晋梅赜
　伪造的。

㉑东海:郡名。秦置,治所在郯县(今山东郯城北)。张霸:人名。
　案:根据。百篇之序:指《尚书》原有一百篇,每篇均有孔子对本
　篇所作之由的介绍。序,序言。

㉒空造百两之篇:据《汉书·儒林传》记载,张霸把二十九篇《尚
　书》分为数十篇,又采《左传》的有关记载以及一百篇《尚书》的
　序言,伪造出一百零二篇版的《尚书》。

㉓秘百篇:指官中秘藏的百篇古文《尚书》。校:校勘,互相核对。

㉔应:符合。

㉕白:上报。当:古代判罪叫"当"。

㉖高:看重。

㉗亦:又。

【译文】

　　说秦始皇焚烧《诗经》《尚书》,这是对的;但是说《尚书》本来就有
一百零两篇,这就错了。《尚书》本来有一百篇,孔子曾用它们来教授学
生。遇上秦始皇采纳李斯的建议,焚烧五经,济南郡伏生抱着一百篇的

《尚书》隐藏在山中。景帝时，开始设立博士官传授《尚书》。伏生从山中出来以后，景帝派晁错去跟伏生学习《尚书》二十余篇。伏生年老死去，《尚书》因此残缺不全。晁错将《尚书》传授于倪宽。到宣帝时，河内郡的女子拆除旧房子，得到失传的《易》《礼》《尚书》各一篇，把它们呈奏给朝廷。宣帝交给博士们传阅，这以后《易》《礼》《尚书》又各增加了一篇，于是《尚书》二十九篇才确定下来了。到武帝的时候，鲁恭王拆毁孔子的教授堂来修建宫殿，在墙壁中得到了百篇《尚书》。武帝派使臣去取来看，没有谁能读懂，于是就把它秘藏在宫中，外面的人不能看到。到成帝时，征求能治古文《尚书》的学者。东海郡的张霸根据百篇《尚书》的序言，凭空编造出一百零两篇本的《尚书》，把它献给成帝。成帝就拿出秘藏的百篇本《尚书》来校对百两篇本，两者全都不符合，于是把张霸交给司法的官吏治罪。官吏上报张霸的罪当判死刑，成帝看重他的文才而没杀他，又爱惜他的著述而没销毁它。所以一百零两篇本的《尚书》流传在世间，传阅的人就说《尚书》本来有一百零两篇了。

或言秦燔诗书者，燔《诗经》之书也，其经不燔焉。

夫《诗经》独燔其诗①。"书"，五经之总名也。传曰②："男子不读经，则有博戏之心③。"子路使子羔为费宰④，孔子曰："贼夫人之子⑤。"子路曰："有民人焉，有社稷焉⑥，何必读书，然后为学⑦？"五经总名为"书"。传者不知秦燔书所起⑧，故不审燔书之实⑨。秦始皇三十四年，置酒咸阳宫⑩，博士七十人前为寿⑪。仆射周青臣进颂秦始皇⑫。齐人淳于越进谏⑬，以为始皇不封子弟，卒有田常、六卿之难⑭，无以救也，讥青臣之颂，谓之为谀⑮。秦始皇下其议丞相府，丞相斯以为越言不可用，因此谓诸生之言惑乱黔首⑯，乃令史官尽烧五经，有敢藏《诗》《书》、百家语者刑⑰，唯博士官乃得有之。五经皆燔,非独《诗》家之书也[18]。传者信之,见言"诗书",则独谓经谓之书矣[19]。

【注释】

①独:乃,正是。

②传:泛指儒家经书以外或解释经书的书籍。

③博戏:这里指游手好闲。博,指博戏,又叫"局戏",古代的一种游戏,六箸十二棋。

④费(bì):春秋时期鲁地,在今山东费县西北。宰:地方长官。

⑤贼:害。

⑥社稷:祭祀土地神与谷神的地方,是国家或政权的代称。

⑦然后为学:上事参见《论语·先进》。

⑧起:起因。

⑨审:清楚,了解。实:实际情况。

⑩咸阳宫:秦朝都城咸阳(在今陕西咸阳东北)内的皇宫。

⑪博士:秦代官名,负责掌管图书,同时当作皇帝的顾问。

⑫仆射(yè):这里指博士仆射,是博士的长官。周青臣:人名。

⑬淳于越:姓淳于,名越,当时任博士。

⑭卒:最终。田常:田恒,即田成子,因其家族出自陈国,也称为陈恒,汉朝为避汉文帝刘恒讳,改称"田常"。前481年,田成子发动政变,杀死了阚止和齐简公,拥立齐简公的弟弟为国君,就是齐平公。之后,田恒独揽齐国大权。六卿:指春秋后期晋国的韩氏、赵氏、魏氏、范氏、中行氏、知氏。他们掌握晋国大权,互相兼并,最后由其中的胜利者韩、赵、魏三家瓜分了晋国。

⑮谀:阿谀奉承。

⑯诸生:儒生。黔首:百姓。

⑰《诗》:底本作"诸",据《语增篇》《史记·秦始皇本纪》"天下敢

有藏《诗》《书》、百家语者"改。刑:判刑。

⑱非独:不仅。

⑲谓经:据文意,疑当作"诗经","诗""谓"形近而误。

【译文】

有人说秦朝焚烧诗书,烧的是解释《诗经》的著作,《诗经》本文并没有被烧毁。

《诗经》被烧掉的正是它的诗本身。"书",是五经的总名称。传上说:"男子不读经书,就会产生游手好闲不务正业的思想。"子路让子羔去费地做宰,孔子说:"这简直是害人子弟。"子路说:"费地有老百姓,有土地社稷,为什么只有读书才叫学习呢?"这些都证明五经的总名叫"书"。传授经书的人不知道秦朝焚烧书的起因,所以不了解五经被焚烧的实际情况。秦始皇三十四年,在咸阳宫设酒宴,七十位博士上前为秦始皇敬酒祝寿。仆射周青臣进前称颂秦始皇。齐人淳于越进谏,认为秦始皇不封赐子弟,终有一天会出现像田常、六卿篡权那样的祸乱,到时就无法挽救了,讥讽周青臣的称颂,认为是对秦始皇的阿谀奉承。秦始皇把淳于越的议论交给丞相府去评议,丞相李斯认为淳于越的建议不能采用,并据此说儒生的议论在百姓中造成了迷惑与混乱,就命令史官将五经全部烧掉,有敢于私藏《诗经》《尚书》及百家著述的就要被判刑,只有博士官才能保存五经。可见五经都烧了,不光是烧掉了解释《诗经》的书籍。传授经书的人相信了只烧掉了解释《诗经》的书籍的说法,看到焚书令中的"诗书"二字,就认为烧的只是解释《诗经》的书籍了。

传者或知《尚书》为秦所燔,而谓二十九篇,其遗脱不烧者也①。

【注释】

①遗:亡。脱:失。

【译文】

传授经书的人也许知道《尚书》被秦朝所焚烧,但以为二十九篇是其中在当时已经亡失而没有被烧掉的部分。

审若此言,《尚书》二十九篇,火之余也。七十一篇为炭灰,二十九篇独遗邪?夫伏生年老,晁错从之学时,适得二十余篇,伏生死矣,故二十九篇独见,七十一篇遗脱。遗脱者七十一篇,反谓二十九篇遗脱矣。

【译文】

如果真像这种说法的话,《尚书》二十九篇,就是秦焚书后的剩余的部分。七十一篇被烧成了炭灰,为什么这二十九篇唯独会遗留下来呢?伏生年纪大了,晁错跟他学习《尚书》时,恰好学得二十多篇,伏生死了,所以唯独这二十九篇出现在世间,而七十一篇就亡失了。本来亡失的是这七十一篇,反而说成是二十九篇曾一度亡失了。

或说《尚书》二十九篇者,法曰斗七宿也①。四七二十八篇,其一曰斗矣②,故二十九。

【注释】

①法曰斗七宿:据文意,疑当作"法斗四七宿"。法,效法。斗,北斗星。四七宿,即二十八宿。古代学者将二十八宿按照东、南、西、北划分,各为七宿。宿,星宿。

②其:彼,那。

【译文】

有人说《尚书》的二十九篇,是效法天上的北斗星和二十八宿。四七二十八篇,另外那一篇说成是效法北斗星,所以有二十九篇。

　　夫《尚书》灭绝于秦,其见在者二十九篇,安得法乎^①? 宣帝之时,得佚《尚书》及《易》《礼》各一篇^②,《礼》《易》篇数亦始足,焉得有法? 案百篇之序,阙遗者七十一篇^③,独为二十九篇立法^④,如何? 或说曰:"孔子更选二十九篇^⑤,二十九篇独有法也。"盖俗儒之说也,未必传记之明也。二十九篇残而不足,有传之者,因不足之数^⑥,立取法之说,失圣人之意,违古今之实。夫经之有篇也,犹有章句^⑦;有章句,犹有文字也。文字有意以立句,句有数以连章,章有体以成篇,篇则章句之大者也。谓篇有所法,是谓章句复有所法也^⑧。《诗经》旧时亦数千篇,孔子删去复重^⑨,正而存三百篇^⑩,犹二十九篇也。谓二十九篇有法,是谓三百五篇复有法也。

【注释】

①安得法乎:意思是,《尚书》现存的篇数是伏生碰巧传下来的,哪里有效法北斗七宿的说法?

②佚:散失。

③阙:残缺。

④立法:效法北斗七宿的说法。

⑤更:另外。

⑥因:根据。

⑦犹:就像。章句:章节句读。

⑧复:也。

⑨复重:重复。

⑩正而存三百篇：《诗经》有三百零五篇，故约称三百篇。

【译文】

《尚书》在秦始皇焚书时就灭绝了，现存的二十九篇，怎么谈得上是效法星宿之数呢？宣帝时，得到散失了的《尚书》和《易》《礼》各一篇，《礼》《易》的篇数也才补足，又哪会有所效法呢？根据百篇《尚书》的序言，缺遗的有七十一篇，单单为二十九篇编造效法星宿的说法，怎么行呢？有人解释说："孔子另外选了二十九篇，唯独这二十九篇有所效法。"这大概是俗儒的解释，不一定是传记上的明文。二十九篇残缺不全，有些传授二十九篇《尚书》的人，根据这个不完整的篇数，编造出效法星宿的说法，既失去了圣人的本意，又违背了古今的事实。经书有篇数，就像有章节句读一样；有章节句读，就像有文字一样。文字具有一定的意义以构成句子，句子具有一定的数目以构成章节，章节具有一定的体例以缀结成篇，篇就是章节句读的结合。说篇数有所效法，这就是说章节句读也有所效法了。《诗经》在古时候也有几千篇，孔子删去重复的篇数，订正而保存下三百零五篇，如同《尚书》现有二十九篇一样。说《尚书》二十九篇有所效法，这就是说《诗经》三百零五篇也有所效法了。

　　或说《春秋》，十二月也①。

【注释】

①十二月：意思是《春秋》纪鲁国十二位君主在位时期的事件，是为了效法每年有十二个月。

【译文】

有人解释《春秋》，说是效法每年十二个月的。

　　《春秋》十二公①，犹《尚书》之百篇，百篇无所法，十二公安得法？说《春秋》者曰："二百四十二年，人道浃，王道备,善善恶恶,拨乱世,反诸正,莫近于《春秋》。"②若此者,人道、王道适具足也③。三军六师万二千人④,足以陵敌伐寇⑤,横行天下,令行禁止,未必有所法也⑥。孔子作《春秋》,纪鲁十二公,犹三军之有六师也⑦;士众万二千,犹年有二百四十二也⑧。六师万二千人,足以成军;十二公二百四十二年,足以立义。说事者好神道恢义⑨,不肖以遭祸⑩。是故经传篇数,皆有所法。考实根本,论其文义,与彼贤者作书诗⑪,无以异也。故圣人作经,贤者作书,义穷理竟,文辞备足⑫,则为篇矣。其立篇也,种类相从⑬,科条相附⑭。殊种异类,论说不同,更别为篇。意异则文殊,事改则篇更。据事意作,安得法象之义乎?

【注释】

①十二公:指《春秋》所载鲁国的十二个国君,即隐公、桓公、庄公、闵公、僖公、文公、宣公、成公、襄公、昭公、定公、哀公。

②"说《春秋》者曰"几句:引文参见《公羊传·哀公十四年》。人道,做人的道理,即儒家遵奉的伦理道德。浃(jiā),遍及,满。这里指周全。王道,王者治理天下的道理,即儒家宣扬的"礼制、德政"。备,完备。善善,表彰好的。恶(wù)恶,谴责坏的。拨,治,整顿。反,同"返"。诸,"之""乎"的合音。近,接近,这里是比得上的意思。

③适:正好。

④三军:这里泛指一国的军队。六师:指一国的军队按照六个师进行的编制。万二千人:指六师一共一万二千人。古代有一种说法,认为精干的军队,只要一万二千人就足以战胜敌人,横行天下。

⑤陵:侵辱。

⑥未必有所法也：意思是一万二千人的军队是根据战争的现实需要所编制的，而不是为了效法什么（《白虎通义·三军》认为一万二千人的军队是为了效法十二个月）。

⑦犹三军之有六师也：意思是孔子记述十二公时期的历史事件就足以完整表达他的治国理念，就像是一万二千人的军队是根据战争的现实需要所编制的，而不是为了效法什么。

⑧犹年有二百四十二也：意思是一万二千人的军队打击敌人正合适，就像是孔子只论述二百四十二年的历史是因为阐述自己观点正合适。

⑨说事者：论说事情的人。恢：夸大。

⑩不肖：不遵从。肖，相似。

⑪彼：那些。诗：据下文"贤者作书"，疑为衍文。

⑫备足：完备。

⑬相从：相随，归类。

⑭科条：这里指文章的章节。附：连接。

【译文】

《春秋》按鲁国十二公编年纪事，如同《尚书》有一百篇一样，既然一百篇无所效法，十二公怎么会有所效法呢？解释《春秋》的人说："二百四十二年历史中，人伦之道周全，圣王之道完备，表彰好的，谴责坏的，整顿乱世，使它返回正道，没有比得上《春秋》的。"如此说来，通过二百四十二年的历史，为人之道和治国之道正好全部讲透了。一国的军队有六师一万二千人，就完全可以攻伐敌寇，横行天下了，有令即行动有禁即停止，不一定是效法了什么东西。孔子编写《春秋》，只记载了鲁国十二公，正像一国的军队有六师一样；将士有一万二千人，正像《春秋》纪年有二百四十二年一样。六师一万二千人，就完全可以组成一国的军队；十二位君主经历的二百四十二年的历史，也完全可以阐明自己的道理了。论说此事的人喜欢把道理说得神乎其神，把意义夸大得毫无边际，认为不遵循经书上的道理就会遭受祸殃,所以经传的篇数,都被说成是有所效法的了。考订核实根本,研究《春秋》的文义,就可以知道孔子编写《春秋》和那些贤人写书,并没有什么不同。所以圣人写经,贤者作传,意义和道理讲尽了,文辞完备了,就构成了一篇。他们编写一篇文章,就把同一个方面的内容归在一起,把章节互相连接起来。如果种类不同,论说不同,就另成一篇。意义不同文章就不同,事情改变了,篇目也就更换了。根据事情的意义来作文章,又有什么效法模仿的意思呢?

　　或说《春秋》二百四十二年者,上寿九十,中寿八十,下寿七十,孔子据中寿三世而作^①,三八二十四,故二百四十年也。又说为赤制之中数也^②。又说二百四十二年,人道浃,王道备。

【注释】

①世:代。

②为赤制之中数:按照谶纬之说,孔子作《春秋》是为汉代制法。为赤制之中数可能是说《春秋》二百四十二年是孔子预先为汉朝制定的享国年数的一半。赤制,指汉朝。据五德终始说,汉朝为火德,与五色中的赤色相对。中数,半数。

【译文】

　　有人解释《春秋》记载的二百四十二年,认为上寿九十年,中寿八十年,下寿七十年,孔子是根据中寿年数的三代而作《春秋》的,三八二十四,所以是二百四十年。又解释说这是孔子为汉朝制定的享国年数的一半。又解释说这二百四十二年,将为人之道、君王治国之道都讲得很完备。

　　夫据三世,则浃备之说非;言浃备之说为是,则据三世之论误。二者相伐而立其义^①，圣人之意何定哉？凡纪事言年月日者，详悉重之也。《洪范》五纪^②，岁月日星，纪事之文，非法象之言也。纪十二公享国之年，凡有二百四十二^③，凡此以立三世之说矣^④。实孔子纪十二公者，以为十二公事适足以见王义邪？据三世，三世之数适得十二公而足也？如据十二公，则二百四十二年不为三世见也。如据三世，取三八之数，二百四十年而已，何必取二^⑤？说者又曰："欲合隐公之元也。不取二年，隐公元年，不载于经。"夫《春秋》自据三世之数而作^⑥，何用隐公元年之事为始？须隐公元年之事为始，是竟以备足为义，据三世之说不复用矣。说隐公享国五十^⑦，将尽纪元年以来邪？中断以备三八之数也？如尽纪元年以来，三八之数则中断^⑧；如中断以备三世之数，则隐公之元不合，何如？且年与月日，小大异耳，其所纪载，同一实也。二百四十二年谓之据三世，二百四十二年中之日月必有数矣。年据三世，月日多少何据哉？夫《春秋》之有年也，犹《尚书》之有章。章以首义^⑨，年以纪事。谓《春秋》之年有据，是谓《尚书》之章亦有据也。

【注释】

①相伐：相互冲突。
②《洪范》：《尚书》中的一篇。五纪：指岁、月、日、星辰、历数。
③凡：总共。
④立：确立。
⑤"如据三世"几句：指应该取二百四十年的整数，为什么要多加两年。
⑥自：本来。

⑦说：疑为"设"字之讹，形近而误。假设。

⑧中断：这里指破坏。

⑨首义：揭示要旨。

【译文】

如果根据中寿三世而确定《春秋》年数的这个说法是正确的，那么所谓把人伦之道、圣王之道讲透的说法就不对了；如果说所谓把人伦之道、圣王之道讲透的说法正确，那么根据中寿三世而确定年数的说法就错了。两种说法互相冲突而又想确定二百四十二年的含义，圣人的本意要怎么来确定呢？凡是记载事情而标明年月日的，是为了记得详尽以表示对事情的重视。《洪范》用五纪，岁、月、日、星，是记录事情的文字，不是效法模仿的说法。《春秋》记载鲁十二公在位的年数，总共有二百四十二年，这些就成了确立中寿三世说的根据。实际上，孔子记载鲁国十二公的历史，是认为十二公的事情正好足以阐明圣王之道呢？还是根据中寿三世的说法，而中寿三世的年数正好是由十二公的享国年数才凑足的呢？如果根据记载十二公的事情足以阐明圣王之道，那么二百四十二年就不是为了凑足中寿三世的年数才出现的。如果是根据中寿三世的年数，取三八二十四之数，那么只要取二百四十年就行了，为什么一定要多取二年呢？解释的人又说："这是想要配合鲁隐公纪元的开始。不多取二年，隐公元年的事就不能记载在经书里了。"如果《春秋》本来是根据中寿三世的年数而作的，那么何必一定要用隐公元年的事情作为开端呢？必须要用隐公元年的事情作为开始，这是以完整记载一个年代为目的，根据中寿三世年数的说法就不再适用了。假如隐公享国五十年，是把隐公元年以来的事情都记载下来呢？还是从中间断开以符合中寿三世二百四十年的年数呢？如果把隐公元年以来的事情全记载下来，那么中寿三世二百四十年的年数就被破坏了；如果从中断开以符合中寿三世的年数，那么就与以隐公元年为开始是为完整记录一代史实的意图又不符合了，怎么能行呢？况且年和月日只不过是时间长短不一样罢了，它们所记载的，同样都是历史事实。如果二百四十二年说它是根据中寿三世的年数确定的，那么二百四十二年中的日月数也就必定有什么数字作为根据了。年数是根据中寿三世，月日的多少又是根据什么呢?《春秋》有年数，就同《尚书》有章一样。用章揭示要旨，用年来记载事情。说《春秋》的年数有根据，这就是说《尚书》的章数也是有所根据的了。

　　说《易》者皆谓伏羲作八卦[①]，文王演为六十四[②]。夫圣王起，河出图[③]，洛出书[④]。伏羲王[⑤]，河图从河水中出，《易》卦是也。禹之时得洛书，书从洛水中出，《洪范》九章是也[⑥]。故伏羲以卦治天下，禹案《洪范》以治洪水[⑦]。古者烈山氏之王得河图[⑧]，夏后因之曰《连山》[⑨]；归藏氏之王得河图[⑩]，殷人因之曰《归藏》[⑪]；伏羲氏之王得河图，周人曰《周易》[⑫]。其经卦皆六十四，文王、周公因象十八章究六爻[⑬]。世之传说《易》者，言伏羲作八卦，不实其本，则谓伏羲真作八卦也。伏羲得八卦，非作之；文王得成六十四，非演之也。演作之言，生于俗传。苟信一文，使夫真是几灭不存[⑭]。既不知《易》之为河图，又不知存于俗何家《易》也，或时《连山》《归藏》[⑮]，或时《周易》。案礼夏、殷、周三家相损益之制[⑯]，较著不同[⑰]。如以周家在后，论今为《周易》，则《礼》亦宜为周礼[⑱]。六典不与今《礼》相应[⑲]，今《礼》未必为周，则亦疑今《易》未必为周也。案左丘明之《传》[⑳]，引周家以卦，与今《易》相应，殆《周易》也[㉑]。

【注释】

　　①伏羲：传说中的上古帝王。八卦：相传为伏羲创制。构成《易》的

八个基本符号,分别由"—"(阳爻),"- -"(阴爻)组成,名称是乾(☰)、坤(☷)、震(☳)、巽(☴)、坎(☵)、离(☲)、艮(☶)、兑(☱),分别代表天、地、雷、风、水、火、山、泽八种自然事物。

② 文王演为六十四:传说周文王通过把八卦两两重合配成六十四组,成为六十四卦,每一卦都有说明,这就是《易》的正文,被称为经。演,推演,发展。

③ 河出图:传说伏羲时有图从黄河中出现。河,黄河。

④ 洛出书:传说夏禹治水时有书从洛水中出现。洛,洛水。在今河南西部。

⑤ 王(wàng):称王。

⑥ 《洪范》九章:即《尚书·洪范》九畴,指五行,五事,八政,五纪,皇极,三德,稽疑,庶徵,五福、六极。

⑦ 案:根据。

⑧ 烈山氏:传说中上古帝王神农氏的别称。

⑨ 夏后:指夏王朝。因:继承。《连山》:传说是《周易》前的古《易》。

⑩ 归藏氏:底本作"烈山氏",据文意改。传说中的上古帝王。

⑪ 《归藏》:传说是《周易》前的古《易》。

⑫ 周人曰《周易》:据文例,疑本句"周人"后脱"因之"二字。

⑬ 彖(tuàn):彖辞,《周易》中解释卦的文字。十八章:指《周易·彖辞》十八章。究六爻(yáo):指研究卦象,写出卦辞。究,推究。六爻,八卦本来每一卦为三爻,相配为六十四卦后,每卦为六爻。爻,组成卦象的基本符号,分为"—""- -"两种,称为阳爻和阴爻。

⑭ 真是:真实情况。几:几乎。

⑮ 或时:也许是。

⑯ 损益:删减增加。

⑰ 较著:明显。

⑱ 《礼》:当时专指《礼经》,即《仪礼》。

⑲六典：指《周礼》中的六典，书中将朝廷事务分属于六个主管部门，即天官治典（主管行政），地官教典（主管风俗教化），春官礼典（主管礼仪制度），夏官政典（主管军事），秋官刑典（主管刑法），冬官事典（主管建筑与手工生产）。典，法。

⑳《传》：指《左传》。

㉑殆：大概。

【译文】

解释《易》的人都认为是伏羲制作了八卦，周文王把它推演为六十四卦。圣王兴起时，黄河中出图，洛水中出书。伏羲氏称王时，河图从黄河中出现，这就是《易》的八卦。夏禹治水时得到洛书，书从洛水中出现，这就是《尚书·洪范》中的九畴。所以伏羲氏用八卦治理天下，夏禹依据《洪范》来治理洪水。上古烈山氏称王时得到河图，夏后氏继承了它而称之为《连山》；归藏氏称王时得到河图，殷朝继承了它而称之为《归藏》；伏羲氏称王时得到河图，周代人继承了它而称之为《周易》。它们的卦象都是六十四个，周文王和周公根据《象辞》十八章推究卦象，写出卦象中每一爻的爻辞。世间传授解释《易》的人，说是伏羲制作八卦，如果不切实地考究《易》的本源，那就会认为八卦真是伏羲制作的了。伏羲氏得到八卦，并不是制作了八卦；周文王得到的已经是现成的六十四卦，并不是他推演成六十四卦。推演制作的说法，产生于俗传之中。如果相信了他们的说法，就会使那些真实情况几乎全部被抹杀而不存在了。既不知道《易》就是河图，又不知道存在于世间的是哪一家的《易》，也许是《连山》《归藏》，也许是《周易》。依据夏、殷、周三代删减增加的礼制，有显著的区别。如果因为周代处在三代的最后，就说今天的《易》是《周易》，那么今天的《礼》也就应该是周代的礼了。然而《周礼》的六典和现存的《礼》却并不相符合，如果如今保存的《礼》不一定就是周礼，那么也应该怀疑现存的《易》不一定就是周易了。但是，考察左丘明在《左传》中引用的周代的卦辞和如今的《易》又相符合，据此来说，现存的《易》大概就是《周易》了。

　　说《礼》者,皆知礼也为《礼》^①,何家礼也? 孔子曰:
"殷因于夏礼,所损益,可知也。周因于殷礼,所损益,可知
也。"^②由此言之,夏、殷、周各自有礼。方今周礼邪? 夏、
殷也? 谓之周礼,《周礼》六典。案今《礼经》,不见六典。
或时殷礼未绝,而六典之礼不传,世因谓此为周礼也^③。案
《周官》之法不与今礼相应^④,然则《周礼》六典是也。其不
传,犹古文《尚书》《春秋左氏》不兴矣^⑤。

【注释】

①为:谓。

②"孔子曰"几句:引文参见《论语·为政》。

③此:指《礼经》。

④《周官》:即《周礼》。

⑤《春秋左氏》:即《左传》,本书《案书篇》认为它在西汉初失传,汉
　　武帝时期才和古文《尚书》一同被发现。

【译文】

　　解释《礼》的人,都知道礼制记载于《礼》中,但是《礼》记载的是哪
个朝代的礼制呢? 孔子说:"殷代承袭的是夏代的礼制,其中增删了什么
是可以知道的。周代承袭的是殷代的礼制,其中增删了什么也是可以知
道的。"由此说来,夏、殷、周三代各自有自己的礼制。现在流传的《礼》
保存的是周代的礼制呢? 还是夏、殷时代的礼制呢? 如果认为它是周代
的礼制,那么《周礼》有六典。而考察今天的《礼》,却不见关于六典的
记载。也许由于殷礼并没有全部绝迹,而记载六典的礼书却没有流传下
来,世人根据周代处在三代的最后,因此就认为《礼》记载的是周代的礼

了。考察《周礼》记载的礼仪制度，与今天的《礼》并不相合，那么《周礼》应该是记载六典的礼书了。《周礼》一度失传，就像古文《尚书》和《春秋左氏传》一度不流传一样。

　　说《论》者①，皆知说文解语而已②，不知《论语》本几何篇③；但周以八寸为尺④，不知《论语》所独一尺之意。夫《论语》者，弟子共纪孔子之言行，敕记之时甚多⑤，数十百篇，以八寸为尺，纪之约省⑥，怀持之便也⑦。以其遗非经，传文纪识恐忘⑧，故以但八寸尺，不二尺四寸也⑨。汉兴失亡，至武帝发取孔子壁中古文⑩，得二十一篇⑪，齐、鲁、河间九篇，三十篇。至昭帝读二十一篇⑫，宣帝下太常博士⑬。时尚称书难晓，名之曰传，后更隶写以传诵。初，孔子孙孔安国以教鲁人扶卿⑭，官至荆州刺史⑮，始曰《论语》。今时称《论语》二十篇，又失齐、鲁、河间九篇。本三十篇，分布亡失，或二十一篇，目或多或少，文赞或是或误⑯。说《论语》者，但知以剥解之问⑰，以纤微之难⑱，不知存问本根篇数章目。温故知新，可以为师⑲；今不知古，称师如何？

【注释】

①《论》：指《论语》。

②说文解语：解释字义和文意。

③本：原来。几何：多少。

④但：仅仅。据文例，疑本句"但"字后脱一"知"字。

⑤敕：告诫，教导。

⑥约省：简要。

⑦怀:怀藏。持:携带。便:方便。

⑧纪识(zhì):记录,记载。

⑨二尺四寸:指二尺四寸长的竹简,汉代用这种尺寸长的竹简写经书。

⑩发:发掘,指鲁恭王拆毁孔子的旧宅。取:指汉武帝派人取视。

⑪二十一篇:指古文《论语》二十一篇。

⑫昭帝:汉昭帝。底本"昭帝"后有"女"字,疑为衍,据《汉书·昭帝纪》删。

⑬宣帝:汉宣帝。太常:汉官名,掌管宗庙礼仪。五经博士隶属于太常。

⑭孔安国(前156—前74):字子国,汉代鲁国人。孔丘后裔,汉武帝时曾任谏议大夫。曾用汉代通行的隶书抄写孔子旧宅墙壁中发现的《尚书》《论语》。扶卿:汉武帝时人。

⑮荆州:汉武帝时划分的全国十三个监察区之一,主要管辖今湖北、湖南两省。刺史:州的长官。

⑯文赞:这里指文辞。赞,一种文体。

⑰剥解:这里形容琐碎。剥,割裂。解,分解。

⑱纤微:细小。

⑲"温故知新"二句:引文参见《论语·为政》。

【译文】

解释《论语》的人都只是知道解释字义和文意,不知道《论语》原本有多少篇;仅仅知道周代以八寸为尺,却不知道《论语》只用一尺长的竹简来书写的用意。所谓《论语》,是孔子的弟子共同记录的孔子言行的著作,由于他们接受教导时需要记录的时候很多,多达几十几百篇,以八寸为一尺的竹简记录,是为了记录简要,怀藏携带方便。因为《论语》不是作为经书遗存下来的,而是怕忘记孔子的教导而作为传文记录下来的,所以只用八寸为一尺的竹简来记录,而不用写经书用的二尺四寸长的竹简。汉朝兴起时《论语》就失传了,到武帝时拆毁孔子旧宅,武帝派人取视孔子壁中的古文,得到古文《论语》二十一篇,加上齐、鲁、河间等地呈上的九篇,正好合为三十篇。到昭帝时读到古文《论语》二十一篇,到宣帝时把古文《论语》交给太常博士。当时还说它的文字难懂,给它取名叫传,后来改用隶书抄写以便于传授和诵读。当初,孔子的十二世孙孔安国把它传授给鲁人扶卿,扶卿官至荆州刺史,才开始称这部书为《论语》。现在称为《论语》的只有二十篇,是又散失了齐、鲁、河间的九篇。原本有三十篇,分散遗失,有的只剩二十一篇,篇目有多有少,文字辞句有对有错。解释《论语》的人,仅仅知道用些琐碎的问题来提问,用些细微的问题来互相责难,却不知道追问最早存有的篇数章目。温习旧有的知识就能有新的体会和收获,这就可以当老师了;现在不了解古代的情况,怎么能称作老师呢?

孟子曰:"王者之迹熄而《诗》亡,《诗》亡然后《春秋》作。晋之《乘》,楚之《梼杌》,鲁之《春秋》,一也。"①若孟子之言②,《春秋》者,鲁史记之名,《乘》《梼杌》同。孔子因旧故之名③,以号《春秋》之经④,未必有奇说异意,深美之据也⑤。今俗儒说之:"春者岁之始⑥,秋者其终也⑦。《春秋》之经,可以奉始养终⑧,故号为《春秋》。"《春秋》之经何以异《尚书》?《尚书》者⑨,以为上古帝王之书,或以为上所为下所书⑩,授事相实而为名⑪,不依违作意以见奇⑫。说《尚书》者得经之实,说《春秋》者失圣之意矣⑬。《春秋左氏传》:"桓公十有七年冬十月朔⑭,日有食之。不书日,官失之也⑮。"谓"官失"之言,盖其实也。史官记事,若今时县官之书矣⑯,其年月尚大难失,日者微小易忘也。盖纪以善恶为实,不以日月为意。若夫公羊、穀梁之传⑰,日月不具⑱,辄为意使⑲。失平常之事⑳,有怪异之说;径直之文,有曲折之义,非孔子之心。夫《春秋》实及言夏^㉑,不言者,亦与不书日月,同一实也。

【注释】

①"孟子曰"几句:引文参见《孟子·离娄下》。王者,指尧、舜、禹、汤、文武这些圣王。迹,事迹。熄,消失。《乘》(shèng),春秋时晋国史书的名称。《梼杌》(táo wù),春秋时楚史书的名称。《春秋》,指未经过孔子删改过的鲁国原有的史书。一,一类,同类。

②若:按照。

③因:沿袭。旧故:原来,原有。

④号:称。

⑤深:深奥。美:美妙。

⑥春者岁之始:指春天庄稼开始生长。岁,年成。

⑦秋者其终也:指庄稼在秋天成熟。终,成。

⑧奉始养终:有始有终,涵盖始终。

⑨《尚书》者:据文意,疑本句"尚书"前脱一"说"字。

⑩上:指帝王。下:指臣子。书:记录。

⑪授:据文意,疑为"援"字之讹,形近而误。援事相实,根据事实,从实际情况出发。授,依据。相,看,根据。

⑫依违:模棱两可,没有事实依据。作意:故意,随心所欲。

⑬圣:指孔子。

⑭有(yòu):通"又",用于整数与零数之间。朔:阴历每月初一。

⑮官:这里指史官。

⑯县官:古代称呼天子所居住的都城以及周围地区为县,所以称呼天子为县官。

⑰公羊:指公羊高,战国初期齐国人,据传是《公羊传》的作者。穀梁:指穀梁赤,战国初期鲁国人,据传是《穀梁传》的作者。

⑱具：具备。

⑲辄（zhé）：副词。每每，总是。

⑳失：据文意，疑为"夫"字之讹，形近而误。

㉑夫《春秋》实及言夏：据文意，疑本句"夏"字前脱一"冬"字。王充此句意在说明《春秋》书名为何叫做"春秋"而不及"冬夏"。从上古的历法习惯看，起初一年只分为春秋二时，没有冬夏，大约到了西周末期才被春夏秋冬"四时"所代替。在以后很长的一段时间内，人们在说到"四时"时还习惯地称"春秋冬夏"而不是"春夏秋冬"，受这种春秋两时观念的影响，编年纪事的史书也就通称为《春秋》了。

【译文】

孟子说："圣王采诗的制度废除了，《诗》也就不作了，《诗》不作了写作《春秋》之事就兴起了。晋国的《乘》，楚国的《梼杌》，鲁国的《春秋》，都是同一类的史书。"按照孟子的说法，《春秋》是鲁国史书的别称，跟《乘》和《梼杌》是同样的。孔子沿袭旧有的名称，用来称呼《春秋》这部经书，不一定有什么与众不同的解释和深奥美妙的道理。现在的俗儒解释《春秋》说："春天庄稼开始生长，秋天庄稼成熟。因此《春秋》这部经书，可以概括一年的始终，所以称为《春秋》。"《春秋》这部经书和《尚书》有什么不同呢？解释《尚书》的人，认为它是上古帝王的书，有人又认为是帝王所做的事，而由臣子们记录成书的，是根据事实而给它取的名称，不是没有事实根据、随心所欲地命名以表现它的神奇之处。解释《尚书》的人掌握了这部经书的真实情况，解释《春秋》的人却违背了孔子的本意。《春秋左氏传》记载："桓公十七年冬十月初一，出现了日食。不写明纪日的干支，这是史官失职。"说"史官失职"这句话，大概是符合实际的。史官记录事件，如同现在记录皇帝言行的书，年月因为还比较大而不容易遗漏，日子则因为较小而容易被遗忘。因为记录历史是以记载善恶为主要内容，而不在意事情发生的具体时间。就像《公羊传》

和《穀梁传》一样，日月并不具体，往往是故意这样做的。本来是极平常的事情，却故作怪异的解释；本来是直截了当的记载，却增添了许多曲折复杂的道理，这并不是孔子的本意。《春秋》实际上也讲到了冬夏的事情，书上所以不写冬夏二字，也和不写具体的日月一样，同属一回事情。

　　唐、虞、夏、殷、周者①，土地之名。尧以唐侯嗣位②，舜从虞地得达③，禹由夏而起④，汤因殷而兴⑤，武王阶周而伐⑥，皆本所兴昌之地，重本不忘始，故以为号，若人之有姓矣。说《尚书》谓之有天下之代号唐、虞、夏、殷、周者，功德之名，盛隆之意也。故唐之为言，荡荡也⑦；虞者，乐也⑧；夏者，大也；殷者，中也⑨；周者，至也⑩。尧则荡荡民无能名⑪；舜则天下虞乐⑫；禹承二帝之业，使道尚荡荡，民无能名；殷则道得中；周武则功德无不至⑬。其立义美也，其褒五家大矣⑭，然而违其正实，失其初意。唐、虞、夏、殷、周，犹秦之为秦，汉之为汉。秦起于秦⑮，汉兴于汉中⑯，故曰犹秦、汉⑰，犹王莽从新都侯起⑱，故曰亡"新"⑲。使秦、汉在经传之上，说者将复为秦、汉作道德之说矣。

【注释】

①唐：古地名，传说是尧的封地。虞：古地名，传说是舜祖先的封地。夏：古地名，传说是禹最早的封地。殷：指成汤的都城亳，在今河南偃师西。周：指周文王先祖的居地，在今陕西岐山县东北。

②嗣：继承。

③达：显达，此处指称为帝王。

④起：兴起。

⑤因：由。

⑥阶:凭借。伐:建功立业。

⑦荡荡:浩大无边。

⑧乐:安乐。

⑨中:适当。

⑩至:完,极。

⑪名:形容,称赞。

⑫虞乐:娱乐。虞,通"娱"。此指安定欢乐。

⑬周武则功德无不至:以上的说法参见《白虎通义•号篇》。

⑭襃:赞扬。五家:指上面的五代。

⑮起于秦:秦朝起于秦地。秦,古地名,在今甘肃清水县东北。

⑯汉中:郡名。战国楚怀王置,前312年秦惠王又置,治南郑县(今陕西汉中)。西汉时移治西城县(今陕西安康西北)。

⑰犹:据文意,疑为衍文。

⑱新都:王莽称帝前的封地,在今河南新野东。

⑲亡"新":灭亡了的新朝。

【译文】

　　唐、虞、夏、殷、周,都是地名。尧以唐侯的身份继承帝位,舜以虞地得以显达,禹由夏地兴起,成汤由殷地而兴盛,周武王凭借周地而建功立业,这些都是他们得以兴盛发达的地方,因为尊重根本不忘初始,所以用来作为国号,就像人有姓一样。解释《尚书》的人,都认为这些统治天下的朝代号称唐、虞、夏、殷、周,是表示功德的名称,包含有兴盛昌隆的意义。因此说"唐"这个字的意思,是浩大无边;"虞"这个字的意思,是安乐;"夏"这个字的意思,是广大;"殷"这个字的意思,是适中;"周"这个字的意思,是周至。尧在位时功德浩大无比,百姓简直不知道怎样来称赞他;舜在位时,天下安定欢乐;禹继承尧、舜的帝业,使先王之道发扬光大,浩荡无边,百姓无法用言语来称赞他;成汤奉行圣王之道,恰如其分;周武王治理天下,功德周密无所不至。这些解释的立义极美,对唐尧、虞舜、夏、殷、周五代的赞颂也是够高的了,然而却违背了它们真正的实情,背离了它们最初的含意。以唐、虞、夏、殷、周为国号,如同秦朝以秦为国号,汉朝以汉为国号一样。秦朝兴起于秦地,汉代兴起于汉中,所以国号就称为秦、汉,如同王莽从新都侯兴起,因此国号称为"新"一样。如果秦、汉两代记载在经传上,这些解释经传的人又会把秦、汉名称的由来从道德上去作一番解释了。

尧老求禅①,四岳举舜②。尧曰:"我其试哉③!"说《尚书》曰④:"试者,用也;我其用之为天子也。"文为天子也。文又曰:"'女于时⑤,观厥刑于二女⑥。'观者,观尔虞舜于天下⑦,不谓尧自观之也。"若此者,高大尧、舜,以为圣人相见已审,不须观试,精耀相炤⑧,旷然相信⑨。又曰:"'四门穆穆,入于大麓,烈风雷雨不迷。'⑩言大麓,三公之位也⑪。居一公之位,大总录二公之事⑫,众多并吉,若疾风大雨。"夫圣人才高,未必相知也。圣成事⑬,舜难知佞⑭,使皋陶陈知人之法⑮。佞难知,圣亦难别。尧之才,犹舜之知也⑯。舜知佞,尧知圣。

【注释】

①禅:禅让,指古代君主让位给别人。

②四岳:传说是东、西、南、北四方诸侯的首领。举:推举。

③其:这里用来表示拟议的口气,相当于"姑且"。上事参见《尚书·尧典》。

④说《尚书》曰:据文例,疑本句"曰"字前脱一"者"字。

⑤女:把女儿嫁人。时:通"是",此,指舜。

⑥厥:代词,其,他的。刑:通"型",示范。引文参见《尚书·尧典》。

⑦尔:疑为"示"字之讹,形近而误。

⑧炤(zhào):同"照"。

⑨旷然:坦然。旷,宽阔。

⑩"四门穆穆"几句:引文参见《尚书·舜典》。穆穆,形容恭敬的样子。大麓,深山老林。麓,山脚。

⑪三公:太师、太傅、太保。泛指辅佐天子的最高官吏。

⑫大总录:总揽。

⑬圣:疑为衍文。成事:已有的事例。

⑭佞:善于花言巧语、谄媚奉承的人。

⑮皋陶(gāo yáo):传说是舜时掌管司法的官吏。陈:陈述。知人之法:识别一个人是贤是佞的方法。上事参见《尚书·皋陶谟》。

⑯知(zhì):同"智",智慧。

【译文】

尧年老了,寻求能够继承帝位的人,四岳推举舜来继位。尧说:"我姑且试一试看!"解释《尚书》的人却说:"试,就是用的意思;我姑且任用舜当天子吧。"《尚书》的文字记载是尧要舜试做天子。《尚书》的记载又说:"'我要把女儿嫁给舜,从我的两个女儿那里考察他治家的情况。'所谓观察,是把虞舜放在天下人的面前让大家来考察,不是说尧自己考察他。"这样说的目的,是为了使尧、舜的形象更加高大,认为圣人互相认识已经很清楚了,不须再观察试用,就像日月之光互相照耀一样,很坦然地相互信任。《尚书》上又说:"'都门四开,让舜去迎候四方诸侯,态度十分恭敬严肃,又让舜进入深山老林,即使在烈风暴雨中他也不会迷路。'解释经书的人说大麓,指的是三公的位置。身在一公之位,却总揽另外二公的事务,事务虽多,都处理得很好,就像在疾风大雨中不迷路一样。"圣人的才智高,却未必就互相了解。已有的事例是,舜也难以识别佞人,让皋陶陈述识别的方法。佞人难于看清,圣人也难以识别。尧的才能,如同舜的智慧一样。舜识别佞人的能力,就如同尧识别圣人的能力一个样。

尧闻舜贤，四岳举之，心知其奇^①，而未必知其能^②，故言"我其试哉"^③。试之于职，妻以二女^④，观其夫妇之法，职治修而不废^⑤，夫道正而不僻^⑥。复令入大麓之野^⑦，而观其圣，逢烈风疾雨，终不迷惑。尧乃知其圣，授以天下。夫文言"观""试"，观试其才也。说家以为譬喻增饰^⑧，使事失正是^⑨，诚而不存^⑩；曲折失意，使伪说传而不绝。造说之传^⑪，失之久矣。后生精者^⑫，苟欲明经^⑬，不原实^⑭，而原之者，亦校古随旧^⑮，重是之文^⑯，以为说证。经之传不可从，五经皆多失实之说。《尚书》《春秋》，行事成文，较著可见，故颇独论^⑰。

【注释】

①奇：罕见，杰出。

②能：指管理国家的能力。

③我其试哉：底本作"我其试我"，疑第二个"我"为"哉"字之讹，形近而误。

④妻：以女嫁人。

⑤职治修：职务治理得好。修，善。

⑥僻：邪。

⑦入大麓：底本作"人庶"，据《吉验篇》"使入大麓之野"增改。

⑧譬喻：比喻。增饰：渲染。

⑨正是：真相。

⑩诚：疑为"灭"字之讹，"灭"繁体"滅"与"诚"形近而误。

⑪造：伪造。

⑫后生：后辈。精：聪明,精干。

⑬明经：会讲解儒家经书。汉代时,明经是当官的一条重要途径。

⑭原实：考察根本。

⑮校(jiào)：考核,对照。

⑯重：重复。是：此,这。

⑰颇：略微。

【译文】

　　尧听说舜是贤人,四岳都推举他,心里知道他很杰出,但未必了解他治理国家的才能,所以说："我姑且试一试看!"在职责上测试他,又把女儿嫁给他,观察他处理夫妻关系的方法,结果是舜在职务上治理得很好而没有荒废,夫道正而不邪。又让他进入深山老林,从而观察他圣明之处,结果遇上烈风疾雨,他始终不会迷惑。尧才知道他圣明,于是把天下传给他。《尚书》上用的是"观"字和"试"字,是说观察测试舜的才能。解释《尚书》的人把它们当作比喻和渲染的字,使得事情失去了真相,真相湮灭而不复遗存;事实被歪曲而失去原意,使得不真实的解释流传而不断绝。那些伪说的流传,使事情的真相迷失很久了。后辈中精明的人,只想能够解释经书,根本不去考察史实,即使是想考察经书根本情况的人,也只是用古人的说法来对照,追随陈旧的解释罢了,重复这类文字,把它当作自己议论的根据。解释经书的文字不可相信,对五经的解释中多有失实的说法。从《尚书》《春秋》中已有的事例和现存的文字,明显地可以见到其中不合事实的说法,因此单对它们略微作一番评论。

书解篇第八十二

【题解】

　　本篇意在肯定诸子百家著述的价值。五经在汉代被立为官学,成为汉代意识形态构建的重要材料,因此五经的地位变得十分崇高,而那些诸子著作却被冷落在一边,时人认为诸子之书只是些"失经之实","于世无补"的"玉屑",更是不可采用的"妄"作。王充则认为"世儒"说经都是"虚说",而"文儒"的著作才是"实篇"。"书(诸子著作)亦为本,经亦为末,末失事实,本得道质"。决不能仅仅以遭秦焚烧而残缺不全的经书的是非为绝对的标准。经书的写作与诸子书的写作具有一样的背景,因此保存完整的诸子著作反而可以订正由于经书残缺而造成的在流传中产生的错误,体现了王充对于诸子著作的重视。

　　或曰[①]:"士之论高[②],何必以文[③]?"

【注释】

①或:有的人。

②论:议论,见解。高:高明。

③以:凭借,依靠。文:文采。

【译文】

有人说:"士人的见解高明,为什么一定要依靠借助文采呢?"

答曰[1]:夫人有文,质乃成。物有华而不实[2],有实而不华者。《易》曰:"圣人之情见乎辞。"[3]出口为言,集札为文[4],文辞施设[5],实情敷烈[6]。夫文德[7],世服也。空书为文,实行为德,著之于衣为服[8]。故曰:德弥盛者文弥缛[9],德弥彰者人弥明[10]。大人德扩[11],其文炳[12];小人德炽[13],其文斑[14]。官尊而文繁,德高而文积[15]。华而睆者[16],大夫之箦[17],曾子寝疾[18],命元起易[19]。由此言之,衣服以品贤[20],贤以文为差。愚杰不别,须文以立折[21]。非唯于人,物亦咸然[22]。

【注释】

①答曰:这是王充的回答。下文"答曰"同此。

②华(huá):开花。实:结果。

③"《易》曰"二句:引文参见《周易·系辞下》。见(xiàn),同"现",显示,表示。乎,于,在。

④札:古代写字用的竹简或木简。

⑤施设:陈列,摆出来。

⑥敷烈:充分表达出来,显现。敷,布,陈列。烈,通"列",罗列。

⑦文德:指体现德行的文采,即礼义规定的文饰,主要表现在衣服上。德高官尊享用的文饰就繁。

⑧著:附着,装饰。

⑨弥:越。缛(rù):繁,这里指多采。

⑩彰:明显。人:据文意,疑当作"文"字。

⑪大人:指官大位尊的人。扩:充,盈。

⑫炳：鲜明。

⑬小人：相对"大人"而言,指地位较"大人"低的君子,以上两句可参见《周易》"'大人虎变',其文炳也……'君子豹变',其文蔚也"。炽：盛。

⑭斑：华丽。

⑮积：厚,盛。

⑯睆（huǎn）：平整光滑的样子。

⑰箦（zé）：用竹片芦苇编成的床垫子。

⑱曾子：曾参,孔子的学生。寝疾：患病卧床不起。

⑲命元起易：据《礼记·檀弓上》记载,曾子临死时睡在季孙氏送给他的席子上,一个伺候的童子说："多么华丽的席子,这是只有大夫等级的人才能使用的啊！"曾参听到童子的话以后,立马就叫曾元换席子,刚换好还没躺下,曾参就死了。元,曾元,曾参的儿子。易,更换。

⑳品：区分。

㉑立：确定。折：判断,区别。

㉒咸：都。然：如此。

【译文】

我认为：人要具备了文,才能成就质的方面。植物有只开花不结果的,也有只结果不开花的。《周易》上说："圣人的情感通过文辞表达出来。"说出口就成了语言,把写在简札上的言辞编在一起就成了文章,文辞书写出来,真实的情感就显现出来了。按礼仪规定能够体现德行的文采,主要表现在世人所穿的衣服上。只见之于文字叫"文",实际去做叫"德",装饰在衣上叫"服"。所以说：德越高的人能享用的文饰就越多采,道德越明显的人享用的文饰就越鲜明。官大位尊的人道德丰盈,他使用的文饰就鲜明；地位相对低下的君子道德高尚,他使用的文饰就华丽。官高位尊使用的文饰就繁多,道德高尚使用的文饰就丰盛。华丽而又光滑的,是大夫享用的席子,曾子病重卧床,发现自己身下躺的是大夫才能使用的席子,就让儿子把这种席子换掉。由此说来,以穿的服饰可以来区别贤人,贤人是以文采的多少来区分高低的。愚昧与俊杰不能分别,必须要靠文采来判断。不仅人类是如此,万物也都是这样。

　　龙鳞有文,于蛇为神;凤羽五色,于鸟为君;虎猛,毛蚡蜦①;龟知②,背负文。四者体不质③,于物为圣贤。且夫山无林,则为土山;地无毛,则为泻土④;人无文,则为仆人⑤。土山无麋鹿⑥,泻土无五谷,人无文德不为圣贤。上天多文而后土多理⑦,二气协和⑧,圣贤禀受,法象本类⑨,故多文彩。瑞应符命⑩,莫非文者。晋唐叔虞⑪,鲁成季友⑫,惠公夫人号曰仲子⑬,生而怪奇,文在其手。张良当贵,出与神会⑭,老父授书,卒封留侯⑮。河神⑯,故出图⑰;洛灵⑱,故出书⑲。竹帛所记怪奇之物⑳,不出潢洿㉑。物以文为表,人以文为基。棘子成欲弥文,子贡讥之㉒。谓文不足奇者,子成之徒也㉓。

【注释】

①蚡蜦(fén lún):同"纷纶",花纹很多的样子。

②龟知(zhì):古人用龟甲占卜吉凶,因此就认为龟有智慧。知,同"智",智慧。

③不质:不朴素,华丽。

④泻土:不生草木的盐碱地。

⑤仆:用同"朴",未成器的东西。

⑥麋(mí):鹿的一种。

⑦文:指日、月、星辰等。后土:地。理:纹理,这里指山陵川谷等。

⑧二气:指阴阳二气。

⑨法象:仿效。本类:指天、地。

⑩瑞应:祥瑞。符命:指帝王受命于天的吉兆。

⑪晋唐叔虞:周武王的儿子,名虞,封于唐,后因唐改为晋,所以称晋唐叔虞。据《左传·昭公元年》记载,他生下来,手上就有"虞"的字样。

⑫鲁成季友:春秋时鲁国君主鲁桓公的小儿子,名友,字成季。据《左传·昭公三十二年》记载,他生下来,手上就有"友"的字样。

⑬惠公:指鲁惠公,春秋时鲁国君主。仲子:指宋仲子,春秋时宋国君主宋武公的女儿。据《左传·隐公元年》记载,她生下来时,手上就有"为鲁夫人"的字样,后来嫁给了鲁惠公。

⑭出与神会:据传张良在下邳时,曾遇见一个黄石变化的老人,送给他一部《太公兵法》,张良熟读此书,帮助刘邦平定天下。参见《史记·留侯世家》。

⑮卒:终于。留侯:张良的封爵。留是其封地,在今江苏沛县东南。

⑯河:黄河。

⑰图:指河图。传说伏羲时,有图从黄河中出现。

⑱洛:指洛水,即今洛河,在河南西部。

⑲书:指洛书,传说夏禹治水时,有书从洛水中出现。

⑳竹帛:古代书写用的竹简与丝织品,这里泛指书籍。

㉑潢洿(wū):小水坑。洿,指停滞不流的水。

㉒"棘子成欲弥文"二句:据《论语·颜渊》记载,棘子成认为只要具有遵守礼仪的思想就行了,不必要表面的礼仪。子贡讥讽他说,如果把毛去掉,虎豹皮和全羊皮就没法区别了。棘子成,卫国大夫。弥,通"弭",止息,这里指取消。文,指礼节仪式。子贡,孔子的学生。

㉓徒:类。

【译文】

龙的鳞上有花纹,它在蛇类中是神物;凤的羽毛有五色,它在鸟类中是首领;老虎威猛,它的毛色花纹很多;龟具有智慧,它的背甲上有花纹。这四种动物的躯体毛色华丽,在动物中是圣贤。如果山没有林木,就是土山;地上不长草木,就是盐碱地;人没有文采,就是不成器的人。土山上不会有麋鹿,盐碱地上不会生五谷,人没有体现德行的文采就不会是圣贤。上天有众多星辰而大地多有山川陵谷,阴阳二气协和,圣贤禀受此二气,仿效天地,所以文采繁多。祥瑞吉兆,没有不以文来显现的。晋唐叔虞,鲁成季友,惠公夫人名叫仲子,他们生下来就令人感到奇怪,都有文字显现在他们手上。张良命该显贵,外出时与黄石变化的老人相会,黄石老人授以兵书,终于被封为留侯。黄河神异,所以出现河图;洛水神灵,所以出现洛书。书籍所记载的怪奇异常之物,不会出现在小水坑之中。万物以文采为外表,人以文采为根基。棘子成想取消礼节仪式,子贡就讥讽他。认为文采不足为奇的人,就和棘子成这类人一样可笑。

著作者为文儒①,说经者为世儒②。二儒在世,未知何者为优。或曰:“文儒不若世儒③。世儒说圣人之经,解贤者之传,义理广博,无不实见,故在官常位④;位最尊者为博士⑤,门徒聚众,招会千里,身虽死亡,学传于后。文儒为华淫之说⑥,于世无补,故无常官,弟子门徒不见一人,身死之后,莫有绍传⑦,此其所以不如世儒者也。”

【注释】

①文儒:指能撰文著书的儒生。
②说:解释。世儒:指能够传承师说,解说一经的儒生。
③若:如,比得上。

④故在官常位：据文意，疑本句"常"字当在"故"字后。

⑤博士：指汉武帝时期设立的专门以传授五经为职业的五经博士。

⑥华淫之说：华而不实的言论。淫，过分。

⑦绍传：继承。绍，继续。

【译文】

能著书立说的是文儒，能解释经书的是世儒。这两种儒生生在当世，不知哪一种更优秀一些。有人说："文儒不如世儒。世儒解释圣人的经书，解说贤人的传书，经书中广博的道理，没有不能真实地解说表达出来的，所以他们常居官位；其中地位最高的是五经博士，他们聚集了许多门徒，招引会集了千里之外的学生，即使他本人死了，他的学说仍然流传于后代。文儒发表的是华而不实的议论，对社会无所补益，所以没有固定的官职，不见他们有一个弟子门徒，他们本人死亡之后，没有人能够继承他们的学业，这就是文儒不如世儒的道理。"

答曰：不然。夫世儒说圣情①，共起并验，俱追圣人。事殊而务同②，言异而义钧③。何以谓之文儒之说无补于世？世儒业易为，故世人学之多，非事可析第④，故官廷设其位⑤。文儒之业，卓绝不循⑥，人寡其书⑦，业虽不讲，门虽无人，书文奇伟，世人亦传。彼虚说⑧，此实篇⑨。折累二者⑩，孰者为贤⑪？案古俊乂著作辞说⑫，自用其业，自明于世⑬。世儒当时虽尊，不遭文儒之书⑭，其迹不传。周公制礼乐，名垂而不灭⑮。孔子作《春秋》，闻传而不绝⑯。周公、孔子难以论言。汉世文章之徒，陆贾、司马迁、刘子政、扬子云，其材能若奇，其称不由人⑰。世传《诗》家鲁申公⑱，《书》家千乘欧阳、公孙⑲，不遭太史公⑳，世人不闻。夫以业自显，孰与须人乃显？夫能纪百人，孰与廑能显其名㉑？

【注释】

①夫世儒说圣情:据文意,疑"世儒"前脱"文儒"两字。

②殊:不同。务:勉力从事。

③钧:通"均",相同。

④非:据文意,疑为"其"字之讹。析:区分。第:等级,高下。

⑤官:官府。廷:朝廷。

⑥卓绝不循:卓越非凡,不循常规。

⑦寡:浅闻少见。

⑧彼:指世儒。虚说:荒诞无稽的言论。王充此说的原因参见《正说篇》。

⑨此:指文儒。

⑩折:分。累:重叠,比较。

⑪孰:哪一个。

⑫案:考察。俊乂(yì):贤能的人。

⑬明:显明,指出名。

⑭不遭文儒之书:不被文儒写进书里。

⑮垂:流传。

⑯闻:名声。

⑰称:名声。

⑱《诗》:《诗经》。申公:申培,又叫申培公,鲁(今山东曲阜一带)人,汉文帝时博士。他注释解说的《诗经》称为"鲁诗"。

⑲《书》:《尚书》。千乘(shèng):郡名。西汉置,治所千乘县(今山东高青东北)。欧阳:欧阳生,字和伯,西汉千乘(治今山东高青东北)人。以精通《尚书》闻名。公孙:可能是指公孙弘,汉武帝时任丞相,封平津侯。据史籍记载,公孙弘精通《公羊传》,而非《尚书》。故"公孙"前疑有脱文。

⑳太史公:指司马迁,他在《史记》中记载了申公、欧阳生、公孙弘的

事迹。

㉑堇(jǐn):通"仅",才,只不过。

【译文】

　　我认为:并非如此。文儒、世儒解说圣人的思想,是出于同一个动机,有同样的效验,都是要追随圣人之道。从事的事情虽然不同但勉力从事的精神与努力是一致的,说的话不一样但道理却是相同的。怎么能说文儒的议论对社会没有补益呢?世儒的学问容易做,所以世人学习的就多,这些事情都可以分出高低来,所以官府朝廷中都设置了他们的职位。文儒的学问,卓越非凡不循常规,人们很少能读到他们的书,他们的学问即使没有直接传授给学生,门下即使没有弟子,但他们的著作文章奇伟不凡,世上同样流传他们的著述。那些世儒传授的都是虚妄的言论,只有这些文儒写作的才是有实际内容的文章。分别并比较这两种儒生,哪一类更为贤明呢?考察古代贤能的人著书立说,都是自己致力于自己的学问,自己在社会上显名。世儒即使在当时尊贵,但如果没有被文儒写进书里,他们的事迹就不会流传下去。周公制礼作乐,名声流传而不可泯灭。孔子编写《春秋》,名声流传而不得灭绝。周公、孔子难以作为例子来论证人才。汉代从事著作的人有陆贾、司马迁、刘子政、扬子云等人,他们的才能如同奇人一样,他们的名声不是靠别人得来的。世人传闻的《诗》家鲁申公,《书》家千乘郡的欧阳生和公孙弘,如果不是遇上太史公将他们记载下来,世人就不会知道他们的事迹。凭自己的学问而出名的人与依赖别人的记录才出名的人相比,哪个更好呢?能够记载一百个人的事迹使他们出名,与仅仅能使自己出名的人相比,哪个更高明呢?

　　或曰:"著作者,思虑间也①,未必材知出异人也②。居不幽③,思不至。使著作之人,总众事之凡④,典国境之职⑤,汲汲忙忙⑥,或暇著作⑦?试使庸人积闲暇之思⑧,亦能成篇八十数⑨。文王日昃不暇食⑩，周公一沐三握发⑪，何暇优游为丽美之文于笔札⑫？孔子作《春秋》，不用于周也。司马长卿不预公卿之事⑬，故能作《子虚》之赋⑭。扬子云存中郎之官⑮，故能成《太玄经》，就《法言》⑯。使孔子得王，《春秋》不作；长卿、子云为相，《赋》《玄》不工籍⑰。"

【注释】

①间（xián）：同"闲"，闲暇，有空闲。

②知（zhì）：同"智"，智慧。

③幽：静。

④总：总揽。凡：大要，要领。

⑤典：掌管。

⑥汲汲忙忙：忙忙碌碌。

⑦或：表疑问语气的代词，谁。

⑧试：假使。

⑨成篇八十数：写成八十多篇文章。王充在此将自己视为文儒，因此以自己八十五篇《论衡》为例。

⑩文王日昃（zè）不暇食：传说周文王因忙于处理政事，太阳偏西了，还没有功夫吃饭。昃，太阳偏西。参见《尚书·无逸》。

⑪周公一沐三握发：传说周公礼贤下士，因为忙于接待士人，洗一次头都要中断三次。沐，洗头。参见《史记·鲁周公世家》。

⑫优游：悠闲自在。

⑬预：参与。公卿：三公九卿，这里指高级官吏。

⑭《子虚》之赋：即《子虚赋》，司马相如的代表作。

⑮存：在。中郎：皇帝的侍从官。

⑯就：完成。

⑰赋：指《子虚赋》。玄：指《太玄经》。工：细致，精巧。籍：通
　"藉"。据文意，疑本句"籍"字当在上句"使孔子得王"前。犹
　"借使"，假如。

【译文】

　有人说："从事著述的人，只是有空闲时间来思考罢了，不一定是他
们才智出众不同于常人。居住的地方不幽静，文思就不会到来。如果让
从事著述的人，总揽各方面的大事，在国境之内担任职务，忙忙碌碌，谁
还有空闲去从事著述呢？假使让一个平庸的人把闲暇时的思虑积累起
来，也能写出八十多篇文章。周文王忙于政务，等到太阳偏西也没有空
吃饭，周公洗一次头要中断三回来接待客人，还有什么空余时间悠闲自
在地用笔在简札上写出华美的文章呢？孔子写成了《春秋》，是因为没
有被周天子重用。司马长卿因为不能参与公卿的事务，所以能写成《子虚
赋》。扬子云因为只当了中郎这样一个闲官，所以才能写成《太玄经》和
《法言》。如果孔子能当上君王，《春秋》就写不出来了；假如司马长卿和
扬子云做了丞相，《子虚赋》和《太玄经》就不会写得如此细致工巧了。"

　答曰：文王日昃不暇食，此谓演《易》而益卦①。周公
一沐三握发，为周改法而制②。周道不弊③，孔子不作④，休
思虑间也⑤，周法阔疏⑥，不可因也⑦。夫禀天地之文，发于
胸臆⑧，岂为间作不暇日哉⑨？感伪起妄，源流气烝⑩。管
仲相桓公，致于九合⑪；商鞅相孝公，为秦开帝业。然而二
子之书⑫，篇章数十。长卿、子云，二子之伦也⑬。俱感，故
才并⑭；才同，故业钧。皆士而各著⑮，不以思虑间也。问事
弥多而见弥博，官弥剧而识弥泥⑯。居不幽则思不至，思不
至则笔不利⑰，嚚顽之人⑱，有幽室之思，虽无忧，不能著一
字。盖人材有能，无有不暇。有无材而不能思，无有知而不

能著。有鸿材欲作而无起,细知以问而能记^⑲。盖奇有无所因,无有不能言,两有无所睹,无不暇造作。

【注释】

①演《易》而益卦:传说周文王将八卦两两相配成六十四卦。谓,通"为",是。演,推演,发展。益,增加。

②制:制礼乐。

③周道:指周代的礼仪制度。弊:败坏。

④作:著书,指写《春秋》。

⑤休思虑间:指孔子不是有空闲的时间来进行思考。休,息止,这里表示否定。

⑥阔疏:粗疏,不周密。

⑦因:因袭,沿用。

⑧胸臆(yì):内心。臆,心间。

⑨不暇日:不荒废日月。

⑩烝(zhēng):上升。

⑪九合:指多次召集诸侯举行会盟。九,形容次数多。

⑫二子之书:指《管子》《商君书》。两部书其实是由后人编写成的。

⑬伦:辈。

⑭并:并列。

⑮士:通"仕",当官。

⑯官:官位。剧:繁忙。泥:固执,坚定。

⑰利:流利。

⑱嚚(yín)顽:愚昧顽钝。嚚,愚顽。顽,愚笨。

⑲细:小。

【译文】

我认为:周文王忙得到太阳偏西时还没有空去吃饭,这是为推演

《周易》增加卦数。周公洗一次头要中断三回，这是忙于为周朝改订法度和制礼作乐。周朝的礼制不败坏，孔子就不会写作《春秋》，并不是因为他有空闲时间来思考，而是因为周代的礼制已经不完备，不能再沿用了。他承受了天地的文采，发自内心而写作，哪里是因为闲着无事而写作以免荒废日月呢？这乃是有感于虚妄之说，就像水源会流淌热气会蒸腾一样非写不可。管仲辅佐齐桓公，多次召集诸侯会盟；商鞅辅佐秦孝公，为秦国开创了帝王之业。然而他们两人写的书，也有几十篇之多。司马长卿和扬子云，也是管仲、商鞅这类人。由于他们都有所感触，因此他们的才干不相上下；才干相同，因此从事著作的成就也相当。他们都在做官而又各自著书，并不是因为他们有空闲。过问的事情越多见识也就越广博，官务越繁忙主见也就越坚定。如果是居住的地方不幽静文思就不会到来，文思不来下笔就不流畅的话，那么顽固愚笨的人，即使有幽室供他思考，即使他无所忧虑，还是写不出一个字来。大概人的才华有能与不能，而不在于有没有空闲。有缺乏才智而不能思考的人，不存在具备才智而不能写作的人。有才智很高想写作而无所缘起的人，也有才智很低而由于勤学好问而能记录成文的人。大概奇才有因无感触而无从下笔的，没有不会写作的，大才与小智两者有看不到的地方，没有缺乏时间进行写作的。

或曰："凡作者精思已极[①]，居位不能领职。盖人思有所倚着[②]，则精有所尽索[③]。著作之人，书言通奇[④]，其材已极，其知已罢[⑤]。案古作书者，多位布散槃解[⑥]，辅倾宁危，非著作之人所能为也。夫有所偪[⑦]，有所泥，则有所自，篇章数百。吕不韦作《春秋》[⑧]，举家徙蜀[⑨]；淮南王作道书[⑩]，祸至灭族；韩非著治术[⑪]，身下秦狱[⑫]。身且不全[⑬]，安能辅国？夫有长于彼，安能不短于此？深于作文[⑭]，安能不浅于政治[⑮]？"

【注释】

①极：尽。

②倚着：偏重。

③精：精力。索：竭。

④通：通达，精深。奇：奇特，杰出。

⑤罢（pí）：疲惫不堪，消耗殆尽。

⑥布散：闲散。槃：同"盘"，盘桓，徘徊。解（xiè）：通"懈"，懈怠，懒惰。

⑦偪（bī）：催逼，推动。

⑧吕不韦（？—前235）：姜姓，吕氏，名不韦，卫国濮阳（今河南安阳滑县）人。为秦国丞相，因密谋叛乱被撤职罢官，贬居洛阳封地，后因其与门客仍旧有密切的交往，引起秦王的警觉，赐书斥责吕不韦并要迁吕不韦去蜀地，吕不韦因此自杀。《春秋》：指《吕氏春秋》，是吕不韦召集门客编写的书。

⑨举家徙蜀：吕不韦自杀后不久，其家属被流放到蜀地。举，全。徙，迁徙，这里指流放。

⑩淮南王：指淮南王刘安，汉武帝时因谋反被察觉，畏罪自杀，全家被处死。道书：指《淮南子》，是刘安召集宾客撰写的著作。

⑪韩非：战国末期法家代表人物，主要著作有《韩非子》。治术：治理国家的政治主张，指《韩非子》。

⑫身下秦狱：战国末年，韩非到秦国，由于李斯、姚贾嫉妒李斯的才能，将其诬陷并害死在狱中。参见《史记·韩非列传》。

⑬全：保全。

⑭深：精通，擅长。

⑮浅：短。

【译文】

有人说："凡是著书立说的人，他的精力与思虑已经用尽，即使居官，也不能胜任职责。大约人的思想偏重于某个方面，那么精力也就会在这方面用尽。著书立说的人,写的东西精深奇特,他的才智已经到了极限,他的智慧已消耗殆尽。考察古代著书立说的人,大多处在闲散无事的地位,至于辅佐将要倾覆的社稷,安定将要危亡的国家,这不是著书立说的人所能做到的。有所推动,有所坚持,就会有所开端,写出成百篇的文章来。吕不韦写《吕氏春秋》,导致全家被流放蜀地;淮南王作《淮南子》,招引灾祸至全家被处死;韩非著《韩非子》一书,使得自己被害死在秦国的狱中。他们尚且不能保全自身,又怎么能辅佐国家呢?一个人在那方面有所擅长,怎么能在这方面没有短板呢?精通于写文章,怎么能不短于政治呢?"

　　答曰:人有所优,固有所劣①;人有所工,固有所拙②。非劣也,志意不为也;非拙也,精诚不加也。志有所存,顾不见泰山③;思有所至,有身不暇徇也④。称干将之利⑤,刺则不能击⑥,击则不能刺,非刃不利,不能一旦二也⑦。蚡弹雀则失鷃⑧,射鹊则失雁;方员画不俱成⑨,左右视不并见,人材有两为,不能成一。使干将寡刺而更击蚡⑩,舍鹊而射雁,则下射无失矣。

【注释】

①固:必。

②拙:笨拙。

③顾:看。

④有:据文意,疑为衍文,涉上句"有"字而衍。徇:谋求。

⑤干将:传说中的宝剑。利:锋利。

⑥击:砍。

⑦一旦:一时,同时。

⑧蚌(píng)：一种甲虫。此处可能有误。据上文以"干将"为喻，"蚌"大概是一种弹丸的名称。或"蚌"为"羿"的误字，羿是夏代一个少数民族的首领，以善射著称。弹：击。鹁(lǔ)：俗称布谷鸟。

⑨员：同"圆"，圆形。

⑩寡：疑为"置"(真)字之讹，形近而误。置，废弃。更：改为。

【译文】

我认为：人有优的地方，必然也有劣的地方；人有工巧的一面，必然也有笨拙的一面。这并不是由于生来就有不足，而是心思没放在这方面；并不是由于笨拙，而是精神没有集中于这方面。心中有某种思虑，就连泰山也会看不见；思想集中到了某种境地，自己就没有空闲来谋求别的东西。世人称赞干将的锋利，但用它能刺时就不能用它砍，用它砍时就不能用它刺，不是剑刃不锋利，而是宝剑不能同时发挥两种功用。用蚌射麻雀就不能同时射布谷鸟，用弓射鹊就不能同时射雁；方和圆不能同时画成，眼睛只能看到左右的某一边，不能同时把两边都看见，一个人如果同时做两件事，一件事也做不成。如果干将不去刺而去砍，后羿不用蚌射鹊而改为射雁，就一定能砍下来，一定能射中而不会失误了。

人委其篇章①，专为攻治②，则子产、子贱之迹③，不足俟也④。古作书者，多立功不用也。管仲、晏婴，功书并作；商鞅、虞卿⑤，篇治俱为。高祖既得天下，马上之计未败，陆贾造《新语》，高祖粗纳采⑥。吕氏横逆⑦，刘氏将倾，非陆贾之策，帝室不宁。盖材知无不能，在所遭遇，遇乱则知立功，有起则以其材著书者也。出口为言，著文为篇。古以言为功者多，以文为败者希。吕不韦、淮南王以他为过，不以书有非。使客作书，不身自为⑧，如不作书，犹蒙此章章之祸⑨。

人古今违属⑩，未必皆著作材知极也。邹阳举疏，免罪于梁⑪；徐乐上书，身拜郎中⑫。材能以其文为功于人，何嫌不能营卫其身⑬？韩蚤信公子非⑭，国不倾危。及非之死，李斯妒奇⑮，非以著作材极，不能复有为也。春物之伤⑯，或死之也；残物不伤，秋亦不长。假令非不死，秦未可知⑰。故才人能令其行可尊，不能使人必法己⑱；能令其言可行，不能使人必采取之矣。

【注释】

①委：放弃。

②攻：疑为"政"字之讹，形近而误。

③子贱：虙（fú）不齐，字子贱，孔子的学生，被认为是有政治才能的人。

④侔（móu）：齐等，相当。

⑤虞卿：战国时人，著有《虞氏春秋》，已亡佚。

⑥高祖粗纳采：上事参见《史记·陆贾列传》。据记载，陆贾常对刘邦称说儒家经书，刘邦认为自己以武力征服天下，不需要文治。陆贾认为，能靠武力征服天下，却不能依靠武力治理天下，必须"文武并用"，刘邦于是改变了观念，让陆贾撰写文章总结国家成败存亡的教训。陆贾于是写出十二篇文章，集结为《新语》。高祖，指汉高祖刘邦。马上之计，指使用武力征伐的主张。败，坏，这里指改变。粗，大略，大体。纳采，采用。

⑦吕氏横逆：据《史记·陆贾列传》记载，刘邦死后吕后专权，吕后死后吕禄、吕产密谋篡位，陆贾与陈平、周勃等人多次计议，诛灭了吕氏，迎立代王刘恒为帝。吕氏，指汉初的外戚吕氏，主要为刘邦的皇后吕雉与她的侄子吕禄、吕产等人。

⑧身：亲自。

⑨章章：显著。章，明显，显著。

⑩违：错失，指犯罪。属（zhǔ）：接连不断。

⑪"邹阳举疏"二句：据《史记·邹阳列传》记载，邹阳因事被汉文帝的儿子梁孝王逮捕，在狱中上书自述冤屈，因而获释，并被梁孝王拜为上客。邹阳（约前206—前129），西汉人。疏，奏章。梁，指梁孝王刘武。

⑫"徐乐上书"二句：徐乐为汉武帝时人，曾因上书论事而受到赏识，被任命为郎中。郎中，皇帝的侍从官。

⑬嫌：疑。营卫：保护。

⑭韩：指战国末期的韩国君主韩王安。蚤：通"早"。信：听从。公子非：指韩非。因其出身韩国贵族，因此称为"公子非"。

⑮妒：底本作"如"，据文意当为"妒（妬）"，形近而误。

⑯物：指植物。

⑰"假令非不死"二句：如果韩非不死，秦朝的前途就很难说了。意为如果韩非不死，秦朝未必会那么快就能灭亡韩国，统一天下。

⑱法：效法。

【译文】

有能力从事著作的人如果放弃写作的事业，专心搞政治，那么子产和子贱的事迹就不值得一比了。古代著书的人，很多都是能建立功业的人，只是没有受到重用。管仲和晏婴，在立功与立言方面都有所成就；商鞅和虞卿，文章和政治都有所建树。高祖得天下之后，使用武力治国的主张没有改变，陆贾写出《新语》，高祖大体采用了陆贾的建议。吕氏阴谋篡权，刘氏的天下将要倾覆，如果不是陆贾的政策，汉家帝室就不可能安宁了。有才智的人没有办不到的事情，关键在于他的遭遇如何，如果遇到乱世，就会去建立功业，有所感触，就会以他的才智从事著述。说出口就是语言，写成字就是文章。古代因发表议论而建功的人多，因写文章而遭受败家灭族的人极少。吕不韦、淮南王是由于别的事而犯罪，不是因为著书才有罪的。他们是让门客来写书,并不是自己写,即使不写书,他们也仍然要蒙受大灾祸。从古至今犯罪的人接连不断,不一定都是在写作上才智用尽了的人。邹阳在狱中上书,被梁孝王赦免了罪行;徐乐给武帝上书,被拜为郎中。凭借才智能以文章建功立业于人,为什么要怀疑他不能保护自身安全呢?韩王安如果早点听从韩非的意见,国家就不会有倾覆的危险。至于韩非的死,是因为李斯嫉妒他才能出众,并不是由于他著书才智竭尽,不能在政治上再有作为的缘故。春天时植物受到伤害,有的因此就死了;有些被摧残过的植物如果不再受伤害,到秋天也不会长大成熟。如果韩非不死的话,秦王朝的前途就很难说了。所以有才学的人能够使自己的德行受人尊敬,却不能使别人必定效法自己;能够使自己的议论切实可行,却不能使别人必定采纳自己的主张。

　　或曰:"古今作书者非一,各穿凿失经之实传①,违圣人质,故谓之蕞残②,比之玉屑。故曰:'蕞残满车,不成为道;玉屑满箧③,不成为宝。'前人近圣,犹为蕞残,况远圣从后复重为者乎?其作必为妄,其言必不明,安可采用而施行?"

【注释】

①穿凿:牵强附会。经之实传:疑当作"经传之实"。

②蕞(zuì)残:支离破碎的东西。蕞,细小。

③箧(qiè):小箱子。

【译文】

　　有人说:"从古到今写书的人不止一个,各自牵强附会,失去了经传的真实内容,违背了圣人的本意,所以称之为残破之物,把它比作玉屑。因此说:'残缺之物装满车,也不能代表道;玉屑装满箱子,也不能成为宝物。'前人接近圣人,著述还被称为残缺之物,何况远离圣人跟随前人重新从事著作的人呢？他们的著作必定是愚妄的，他们的言论必定是不贤明的，怎么能够采用他们的意见而施行呢？"

　　答曰：圣人作其经，贤者造其传，述作者之意，采圣人之志，故经须传也。俱贤所为，何以独谓经传是^①，他书记非？彼见经传，传经之文^②，经须而解，故谓之是。他书与书相违，更造端绪，故谓之非。若此者，韪是于五经^③。使言非五经，虽是不见听。使五经从孔门出，到今常令人不缺灭^④，谓之纯壹^⑤，信之可也。今五经遭亡秦之奢侈^⑥，触李斯之横议^⑦，燔烧禁防^⑧，伏生之休^⑨，抱经深藏。汉兴，收五经，经书缺灭而不明，篇章弃散而不具^⑩。晁错之辈，各以私意分拆文字^⑪，师徒相因相授，不知何者为是。亡秦无道，败乱之也。

【注释】

①是：对。

②传：解释。

③韪（wěi）：指好的或正确的。

④缺灭：残缺亡佚。

⑤纯：纯粹。壹：完整。

⑥奢侈：糟蹋，浪费。

⑦横议：蛮横的议论，这里指李斯关于焚毁五经的提议。

⑧燔（fán）烧：焚烧。禁防：指禁止经书的流传。

⑨伏生：名胜，字子贱，济南（今山东章丘西）人。秦始皇时曾任博士，汉文帝时曾传授晁错《尚书》。休：据文意，疑当作"徒"字。

⑩具：完备。

⑪分拆文字：割裂文字，指对经书进行支离破碎、牵强附会的解释。

【译文】

　　我认为：圣人写经，贤人作传，要阐述著书人的本意，收集圣人的思想，所以经书的内容必须要通过作传来加以解释。都是圣贤人所写的，为什么偏要认为经传是对的，而其他的书籍都不对呢？那些见到的经传，是解释经书的文章，经书必须要传才能解释清楚，因此认为它们是对的。其他的书与经书的内容相抵牾，别创一说，所以说它们不对。像这样的话，一切以五经作为是非的标准。假如说的话不符合五经，即使完全正确，也不会被人所听信。假使五经从孔子门中出来后，至今毫无残缺散失，称得上是纯粹完整的东西，相信它是可以的。现在五经已经遭受了秦朝的焚毁，受到李斯的非议，被焚烧并禁止流传，伏生这些儒生，怀抱经书藏在深山中。汉朝兴起，征收五经，经书已经残缺散失而下落不明，篇章亡佚散失而不完备。晁错这类人，各自按自己的想法，分割拆散文字的本意，对经书进行支离破碎、牵强附会的解说，师徒相继沿袭传授，不知道哪一个是对的。秦朝无道，败乱了经书的本来面貌。

　　秦虽无道，不燔诸子①。诸子尺书②，文篇具在，可观读以正说③，可采掇以示后人④。后人复作，犹前人之造也。夫俱鸿而知⑤，皆传记所称⑥，文义与经相薄⑦，何以独谓文书失经之实⑧？由此言之，经缺而不完，书无佚本⑨，经有遗篇。折累二者，孰与蕞残⑩？《易》据事象，《诗》采民以为篇⑪，《乐》须不欢⑫，《礼》待民平⑬。四经有据，篇章乃成。《尚书》《春秋》，采掇史记⑭。史记兴⑮，无异书⑯，以民、事一意⑰，六经之作皆有据。由此言之，书亦为本，经亦为末⑱，末失事实，本得道质。折累二者，孰为玉屑？知屋漏者在宇下⑲，知政失者在草野⑳，知经误者在诸子。诸子尺书，文明实是㉑。说章句者㉒，终不求解扣明㉓，师师相传，初为章句者,非通览之人也㉔。

【注释】

①诸子:指先秦诸子的著作。

②尺书:指儒家经书以外的书籍。经书写在二尺四寸长的竹简上,其他书籍写在一尺二寸长的竹简上,所以叫"尺书"。

③正:纠正。说:言论,主张。指儒家经书以及对经书的各种解释。

④采掇(duō):采取,拿来。掇,拾取。

⑤俱:指解释儒家经书的人和诸子两个方面。鸿:大,这里指博学。

⑥传记:指史书。

⑦相薄:不相上下。薄,接近。

⑧文书:指诸子百家的著作。

⑨书:指诸子百家的著作。佚:散失。

⑩与:为,是。

⑪采:采集。民:民间。

⑫须:等待,依赖。不:据文意,疑当作"民"字。

⑬平:平定,安居乐业。

⑭史记:指古代史官的记载。

⑮兴:作。

⑯无异:没有区别。

⑰以:与。

⑱末:末节。

⑲宇:这里指房屋。

⑳草野:指民间。

㉑文:文字。明:明白。实:事实。是:真实。

㉒章句:指经书的段落与字句。

㉓不求解扣明:不想求得彻底地理解而去问个清楚。扣,同"叩",问。

㉔通览:指学识渊博,通晓古今。

【译文】

但是秦朝即使无道,却并没有烧毁诸子的著作。诸子的著作,文章篇目全都存在,可以阅读用来纠正经书中的错误,可以拿来给后人察看。后人重新写书,就和前人创作一样。都博学而有智慧,全是史书所称道的,其文义与经书不相上下,为什么单认为诸子的著作偏离了经书的意旨呢? 由此说来,经书残缺而不完整,诸子百家的书却没有散失不全的,而经书反而有遗失的篇目。分析比较二者,谁是支离破碎的呢?《周易》是根据事物的表象写成的,《诗经》是向民间采集诗歌而编辑成篇的,《乐》的成书有赖于百姓的欢歌曼舞,《礼》的成文全靠百姓安居乐业讲究礼节。以上四经都有所依据,它的篇章才能写成。《尚书》和《春秋》,都采取了史官的记载。史官的记载与诸子的著作没有区别,与依据百姓和事象写成的经书是同一个道理,六经的写作全都有所依据。由此说来,先秦诸子的书当是根本,而经书反是枝节了,五经偏离了事实,诸子之书却具备了道的实质。分析比较二者,谁才是玉屑呢? 知道房屋漏雨的人在房屋下,知道政治有失误的人在民间,知道经书错误之处在诸子。诸子的著述,文句明白,事情真实。解释经书章句的人不想求得彻底地理解而去问个一清二楚,只是师承递传,那些为经书作章句的人,不是通晓古今的人啊。

卷第二十九

案书篇第八十三

【题解】

本篇是王充所作的一篇书评，故以《案书》为名。案即为作案语之意，评论各书的是非得失。

王充在本篇中列举了自先秦至东汉的一些著作，粗略地分析了它们的优缺点。从他的评论中，我们可以知道王充坚持著书立说必须"得实"，即真实地记录与反映实际情况，而不应"华虚夸诞，无审察之实"；要有益于"富民丰国，强主弱敌"，而不应"无道理之较，无益于治"；要在书中表达明确的观点，解决众说纷纭的问题，对"言非是伪"的东西要"剖破浑沌，解决乱丝"，使"言无不可知，文无不可晓"，而不应自相矛盾，两说并传，文意难晓。总之写文章要内容真实可靠，有利于国计民生，论点要鲜明，有自己的见解。在品论作者和作品时，王充反对"珍古不贵今"，认为"才有高下，言有是非"，古今都无例外。认为"马效千里，不必骥𫘧；人期贤知，不必孔、墨"，认为要客观实在地评价作者与作品。

以上这些主张，可以说是王充撰写《论衡》时遵循的原则，可以将此作为了解王充思想的工具。

儒家之宗^①，孔子也。墨家之祖，墨翟也^②。且案儒道传而墨法废者^③，儒之道义可为，而墨之法议难从也^④。何以验之？墨家薄葬右鬼⑤，道乖相反违其实⑥，宜以难从也⑦。乖违如何？使鬼非死人之精也⑧，右之未可知。今墨家谓鬼审人之精也⑨，厚其精而薄其尸，此于其神厚而于其体薄也。薄厚不相胜⑩，华实不相副，则怒而降祸，虽有其鬼⑪，终以死恨⑫。人情欲厚恶薄⑬，神心犹然。用墨子之法，事鬼求福⑭，福罕至而祸常来也。以一况百⑮，而墨家为法，皆若此类也。废而不传，盖有以也⑯。

【注释】

①宗：创始人。

②墨翟：春秋战国之际鲁国人，墨家学派的创始人。

③且：连词，表示进一步发表议论。案：考察。

④议：通"义"，道义。

⑤右：尊崇，信奉。

⑥道乖相反违其实：道理自相矛盾，违背实际情况。关于王充对墨家的评价，在《薄葬篇》中有详细的论述。乖，违，背离。

⑦宜：当然。

⑧使：假使，如果。精：精神。

⑨今墨家谓鬼审人之精也：据上文"使鬼非死人之精也"，疑本句"人"字前脱一"死"字。审，确实。

⑩不相胜：不相称。

⑪有：据文意，疑为"右"字之讹，形近而误。

⑫死：指死人的尸体。

⑬恶（wù）：讨厌，憎恨。

⑭事：侍奉。

⑮况：推论。

⑯以：原因。

【译文】

　　儒家的创始人，是孔子。墨家的鼻祖，是墨翟。考察一下儒家之道流传下来而墨家学说被废弃不用的原因，在于儒家的道理可行，而墨家的主张难从。用什么来证明这一点呢？墨家主张薄葬而又尊崇鬼神，主张与行为互相矛盾违背了实际情况，当然叫人难以顺从了。墨家的观点是怎样自相矛盾、违背事实的呢？假如鬼不是死人的精神变的，那么即使尊崇它，它也不会知道。现在墨家认为鬼确实是由死人的精神变的，尊崇死人的精神却又薄待死人的尸体，这是对死人的精神尊重而对死人的尸体鄙薄啊。薄厚的待遇不相称，表里不一致，那么就会触怒鬼神而降下灾祸，即使尊崇精神变的鬼，最终也会因为薄待了尸体而怨恨活人。人之常情是希望被优待而憎恶被薄待的，鬼神的心也同样如此。如果采用墨子的主张来侍奉鬼以祈求福佑，那么恐怕福佑极少而祸害反而常至了。以一种情况来推论其他各种情况，那么墨家的主张，大都属于此类的情况，往往自相矛盾。所以墨家的主张被废弃而不流传，是有一定的原因的。

　　《春秋左氏传》者①，盖出孔子壁中。孝武皇帝时，鲁共王坏孔子教授堂以为宫②，得佚《春秋》三十篇③，《左氏传》也。公羊高、穀梁寘、胡母氏皆传《春秋》④，各门异户，独《左氏传》为近得实。何以验之？《礼记》造于孔子之堂⑤，太史公汉之通人也⑥，左氏之言与二书合⑦，公羊高、穀梁寘、胡母氏不相合⑧。又诸家去孔子远⑨，远不如近，闻不如见。刘子政玩弄《左氏》，童仆妻子皆呻吟之⑩。光武皇帝之时，陈元、范叔上书连属，条事是非，《左氏》遂立⑪。范叔寻因罪罢⑫。元、叔天下极才⑬，讲论是非，有余力矣。陈元言讱^⑭，范叔章诎^⑮，《左氏》得实，明矣。言多怪^⑯，颇与孔子不语怪、力相违返也^⑰。《吕氏春秋》亦如此焉^⑱。《国语》^⑲，《左氏》之外传也^⑳，左氏传经，辞语尚略，故复选录《国语》之辞以实^㉑。然则《左氏》《国语》，世儒之实书也^㉒。

【注释】

①《春秋左氏传》：即《左传》。

②鲁共王（？—前128）：汉景帝的儿子刘余。共，通"恭"。坏：拆毁。

③佚（yì）：失落，散失，失传。

④公羊高：战国初期齐国人，相传是《春秋公羊传》的作者。穀梁寘（zhì）：又名"穀梁赤"，战国初期鲁国人，相传是《春秋穀梁传》的作者。胡母氏：即胡母子都，"胡母"是复姓，又作"胡毋"，汉景帝时因精通《公羊传》而为博士。

⑤《礼记》造于孔子之堂：《礼记》，儒家经书之一，是儒生解说《礼》经的一部著作，因为被认为是孔子弟子所作，所以王充说"造于孔子之堂"，意思是掌握孔子的思想到达登堂入室的地步。

⑥通人：博览群书，通晓古今的人。

⑦二书：指《礼记》与《史记》。

⑧不相合：指与《礼记》《左传》不相符合。

⑨诸家：指除《左传》以外其他解释《春秋》的各家。去：距离。

⑩"刘子政玩弄《左氏》"二句：参见《太平御览》卷六一六引桓谭《新论》。刘子政，刘向。玩弄，这里指欣赏和喜爱。玩，观赏。弄，摆弄。童仆，奴仆。童，僮仆，奴仆。呻吟，诵读。

⑪"光武皇帝之时"几句：这里指立《左传》博士一事。《左传》只在西汉末和王莽时立过博士。新朝灭亡后，《左传》博士也被废除。《后汉书·范升传》记载，汉光武帝时，又发起了设立《左传》博士的议论，陈元赞成而范升竭力反对，两人接连上书朝廷，论辩是

非。后光武帝采纳了陈元的建议,设立了《左传》博士。光武皇帝,汉光武帝刘秀。陈元,汉光武帝时曾任郎官。范叔,指范升,汉光武帝时曾任议郎、博士等官。连属（zhǔ）,接连不断。条,条陈,上书陈述。

⑫寻:不久。罢:罢官。

⑬极才:最上等的人才。

⑭讷:用同"纳",被采纳。

⑮章:奏章。诎:通"黜",排斥,摒弃。

⑯言多怪:指《左传》的记载中有很多关于占卜、占梦的事。

⑰颇:稍。孔子不语怪、力:出自《论语·述而》,全文是"子不语怪、力、乱、神"。力,暴力。返:同"反"。

⑱《吕氏春秋》:吕不韦召集门客编写的著作。

⑲《国语》:据说是左丘明编著的一部国别史,内容以记载西周末年和春秋时期各国贵族官吏、政客的言论为主。

⑳《左氏》之外传:据说《左传》《国语》都是左丘明编著的,《左传》被认为是解说《春秋》的,故称为"内传",《国语》被认为是补充《左传》不足的,又名《春秋外传》。

㉑复:又。实:充实。

㉒世:世间。实书:真实可靠的书籍。

【译文】

《春秋左氏传》,大约是出现于孔子家的墙壁中。孝武帝时,鲁恭王拆除孔子的教授堂以扩建宫室,得到失传的《春秋》三十篇,这就是《左氏传》。公羊高、穀梁寘、胡毋氏都传授《春秋》,各立门户,自成一家,只有《左氏传》比较接近《春秋》的本意。用什么来证明这一点呢?《礼记》出于孔子后学高足弟子之手,太史公是汉代通人,《左传》中的记载与《礼记》和《史记》是相合的,而公羊高、穀梁寘、胡毋氏的说法则与这两部书中的内容不相符合。再说其他解释《春秋》的各家与《左传》的作者左丘明相比距离孔子的时代较远,时代相距远的不如近的,记录传闻之事不如亲眼所见到的。刘子政欣赏《左传》,他的仆人、妻子都能诵读《左传》。光武帝的时候,陈元、范升接连不断地上书,陈述设立《左传》博士一事的是非,于是《左传》的博士就设立了。不久范升由于犯罪而被罢官。陈元、范升是天下最上等的人才,辩论是非,才力绰绰有余。陈元的建议被采纳,范升的奏章被否定,《左传》符合《春秋》的本意,这就很清楚了。至于《左传》记载了许多关于占卜、占梦的事,略与孔子"不谈论怪异、勇力、叛乱、鬼神之事"的宗旨相违背。《吕氏春秋》也是这样的一部书。《国语》是《左传》的外传,《左传》解释《春秋》,辞语还比较简略,所以又选录《国语》的辞语去充实《左传》的内容。这样说来,《左传》和《国语》,应该是世间儒生所传习的最符合《春秋》实情的书了。

公孙龙著《坚白》之论①,析言剖辞,务折曲之言②,无道理之较③,无益于治。齐有三邹子之书④,瀇洋无涯⑤,其文少验⑥,多惊耳之言。案大才之人,率多侈纵⑦,无实是之验;华虚夸诞⑧,无审察之实。商鞅相秦,作《耕战》之术⑨。管仲相齐,造《轻重》之篇⑩。富民丰国,强主弱敌,公赏罚,与邹衍之书并言⑪。而太史公两纪⑫,世人疑惑,不知所从。案张仪与苏秦同时⑬,苏秦之死,仪固知之⑭。仪知各审⑮,宜从仪言以定其实,而说不明,两传其文⑯。东海张商亦作列传⑰,岂《苏秦》商之所为邪⑱?何文相违甚也!《三代世表》言五帝、三王皆黄帝子孙⑲,自黄帝转相生⑳,不更禀气于天㉑。作《殷本纪》㉒,言契母简狄浴于川㉓,遇玄鸟坠卵㉔,吞之,遂生契焉。及《周本纪》言后稷之母姜嫄野出㉕,见大人迹㉖,履之则妊身㉗,生后稷焉。夫观《世表》,则契与后稷，黄帝之子孙也；读殷、周《本纪》，则玄鸟、大人之精气也。二者不可两传，而太史公兼纪不别[28]。案帝王之妃，不宜野出、浴于川水。今言浴于川，吞玄鸟之卵；出于野，履大人之迹。违尊贵之节[29]，误是非之言也[30]。

【注释】

①公孙龙（约前320—前250）：战国时名家，著有《公孙龙子》。他在同别人的辩论中，强调概念的规定性与差别性，对古代逻辑学的发展有一定贡献，但由于过度夸大了这种差别性而往往陷入诡辩。《坚白》：《公孙龙子》中的一篇。

②务：致力于。折曲：曲折。

③较：用同"校"，考校，研讨。

④齐：战国时齐国，在今山东北部。三邹子：子，底本作"衍"，据《史记·孟子荀卿列传》改。指邹忌、邹衍、邹奭，都是齐国人。邹忌曾任齐威王相，邹衍、邹奭都是阴阳家。

⑤潢（wǎng）洋：汪洋。潢，水深广貌。涯：边际。

⑥验：验证，证据。

⑦率：大都。侈纵：谓言语夸大，行为放纵。侈，夸大。纵，放纵，狂妄。

⑧夸诞：虚妄不实。夸，夸张。诞，荒诞，虚妄。

⑨《耕战》之术：指《商君书》中的《耕战篇》，今本作《农战篇》。

⑩《轻重》：指《管子》中的《轻重篇》。

⑪邹衍之书：据《汉书·艺文志》著录，邹衍的著作有《邹子》《邹子终始》，今皆亡佚。

⑫两纪：把它们一同记载下来。

⑬张仪：战国时政治家，主张"连横"，即关东六国与秦结为联盟。苏秦：战国时政治家，主张"合纵"，即关东六国联合抗秦。

⑭固：本来。

⑮各（gě）：独特。多指人的性行与众不同，这里指特别。审：清楚，明白。

⑯两传其文：《史记》中对于苏秦之死有两种记载，《苏秦列传》说，苏秦当时在齐国当客卿，齐国大夫与他争宠，派人把他刺死。《张仪列传》说，苏秦在齐国做官，与燕国通谋，事情败露后被齐王车裂而死。两传，并传。

⑰东海：郡名。秦置，治所在郯县（今山东郯城北）。楚汉之际为郯郡，后复为东海郡。张商：据《汉书·艺文志》记载，汉成帝时长安人冯商曾奉命续修《史记》。"张"疑当作"冯"。

⑱岂：其。表示估计、推测，相当于也许、莫非。《苏秦》：指《苏秦列传》。邪：表示疑问的语气词。

⑲《三代世表》：《史记》中的一篇，记载从黄帝到周厉王时的世系。

⑳转相生：辗转相生，一代生一代。

㉑不更禀气于天：意思是并非是另外从天禀受精气而生的。更，另外。禀，承受。参见《奇怪篇》。

㉒《殷本纪》：《史记》中的一篇，记述商王朝的世系和大事。

㉓契（xiè）：传说是商朝的始祖。简狄：人名。

㉔玄鸟：燕子。

㉕《周本纪》：《史记》中的一篇，记述周王朝的世系和大事。后稷：传说是周朝的始祖。姜嫄：人名。野出：到野外去。

㉖大人：巨人。迹：脚印。

㉗履：踩。妊身：怀孕。

㉘兼纪不别：同时记载下来而不加以区别对错。

㉙节：礼节。

㉚误：惑乱，混淆。

【译文】

公孙龙有《坚白》之论，剖析言辞，致力于语意逻辑的曲折变化，并没有对道进行探讨,对于治国毫无益处。齐国有三邹子的著作,内容似汪洋广大而无边际,虽然书中言辞少有证据,却多有惊人耳目的言论。考察具有大才的人,大都好作夸张狂妄的言辞,没有实事求是的验证;好写浮华虚妄夸大荒诞的文章,并不详细明察事物的实际内容。商鞅辅佐秦孝公,写了《耕战篇》;管仲辅佐齐桓公,写了《轻重篇》。他们的著作致力于使百姓富足,国家强盛,强大本国削弱敌国,使赏罚变得公平,邹衍的书不能与它们并称。而司马迁把它们一起记载下来,让世人感到疑惑,不知所从。考察张仪和苏秦处在同一时代,关于苏秦的死,张仪本来是知道的。张仪对苏秦的死亡情况很清楚,就应该遵照张仪的说法,来确认他死亡的真实情况,而《史记》的说法却不明确,记载了有关苏秦之死的两种说法。东海郡的冯商也曾应诏续写《史记》,难道说《苏秦列传》是冯商写的吗?否则,为什么这两种说法有如此大的矛盾呢?《三代世表》称五帝、三王是黄帝的子孙,从黄帝开始代代相传,并非是另外从天承受了精气而出生的。但在《殷本纪》中,却又说契的母亲简狄在河中洗澡,遇上燕子产卵,契母吞下燕卵,于是生下了契。写到《周本纪》时说后稷的母亲姜嫄到野外去,看到巨人的脚印,踩了脚印就怀孕,生下了后稷。看《三代世表》,那么契与后稷确是黄帝的子孙;读殷、周《本纪》,那么契与后稷却是燕子和巨人的精气所生的。这两件事分别不能有两种说法,而太史公却一并记载而不加以区别。考察帝王的妃子,不应该到野外去,在河水中洗澡的。现在司马迁说简狄在河中洗澡,吞下了燕子的卵;姜嫄到野外去,踩了巨人的脚印。这是违反了尊贵者应遵守的礼节,是混淆是非的说法。

《新语》①,陆贾所造,盖董仲舒相被服焉②,皆言君臣政治得失,言可采行,事美足观。鸿知所言③,参贰经传④,虽古圣之言,不能过增⑤。陆贾之言,未见遗阙⑥,而仲舒之言雩祭可以应天⑦,土龙可以致雨⑧,颇难晓也⑨。夫致旱者以雩祭,不夏郊之祀⑩,岂晋侯之过邪⑪?以政失道,阴阳不和也⑫?晋废夏郊之祀,晋侯寝疾⑬,用郑子产之言⑭,祀夏郊而疾愈。如审雩不修,龙不治,与晋同祸,为之再也⑮。以政致旱,宜复以政。政亏⑯,而复修雩治龙,其何益哉!《春秋》公羊氏之说:"亢阳之节⑰,足以复政⑱。"阴阳相浑⑲,旱湛相报⑳,天道然也㉑,何乃修雩设龙乎㉒?雩祀,神喜哉?或雨至,亢阳不改,旱祸不除,变复之义㉓,安所施哉?且夫寒温与旱湛同,俱政所致,其咎在人㉔。独为亢旱求福㉕,不为寒温求祐㉖,未晓其故。如当复报寒温㉗,宜为雩、龙之事。鸿材巨识,第两疑焉㉘!

【注释】

①《新语》:陆贾的著作。

②相被服:形容受影响之深,如同被子、衣服贴在身上一样。

③鸿:大。知(zhì):同"智",智慧。

④参贰:指可以与经传合成为三,或与其中之一合成为二,意思是可以并列。

⑤过增:有所超过和增加。

⑥遗阙(quē):遗漏缺失。阙,残缺,不完善。

⑦雩(yú)祭可以应天:通过举行雩祭,可以感动上天降雨。王充对于此说的反驳,参见《明雩篇》。雩祭,古代求雨的一种祭祀。应,感应。

⑧土龙可以致雨:董仲舒认为遇到旱灾就用土堆成土龙,举行祭祀,这样就能感动上天降雨。参见《春秋繁露·求雨》。王充在《明雩篇》对此说曾进行了反驳,又在《乱龙篇》承认了此说。土龙,

用土堆的龙。致,招致。

⑨晓:理解。

⑩夏郊:传说夏代在祭天时以夏禹的父亲鲧配祭,这种祭祀叫"夏郊"。郊,古代君主在都城的南郊祭天叫"郊"。

⑪岂:这里用来表示推测的语气。晋侯:指春秋末期的晋国君主晋平公。据说一次晋平公生病,子产认为是由于没有祭祀鲧的缘故。后晋国按照子产的建议,祭祀了鲧,晋平公的病就好了。王充曾对此说法加以反驳,参见《死伪篇》。

⑫阴阳不和:阴气阳气不协调,指天气不好,造成旱灾。

⑬寝疾:卧病不起。

⑭郑:春秋时期郑国,在今河南新郑一带。

⑮再:继续。

⑯亏:损,坏。

⑰亢阳:阳气过盛,这里指君主骄横。亢,高。节:节操,操行。

⑱复政:据《顺鼓篇》"人君亢阳致旱",疑当作"致旱"。

⑲浑:混杂。

⑳湛(yín):大水,涝。

㉑天道:自然之道。

㉒乃:却。

㉓变复:宣扬"天人感应"理论的人把自然灾害与不正常现象说成是天降灾异,进行谴告,只要君主行先王之道或进行祭祀祈祷,就可以使灾异消失,叫"变复"。变,指自然灾害或不正常现象。

㉔咎:罪过。

㉕亢旱:大旱。

㉖求祐:求神保佑。

㉗报:指报答恩德而举行祭祀。

㉘第:但,姑且。

【译文】

《新语》为陆贾所作,是对董仲舒有深刻影响的著作,书中所说的都是君臣之道,政治得失的道理,书中的言论可以采用施行,记事流畅足以供人观赏。鸿材大智之人的言论,可以与经传并列,即使是古代圣人的言论,也不能有所超过和增加。陆贾的著作,不见遗散残缺,而董仲舒说通过举行雩祭可以感动上天,堆制土龙可以招来雨水,就让人很难理解了。招致旱灾是因为没有举行雩祭,就像郊祭时不以鲧配祭,难道是晋侯的过错吗?还是由于政治偏离了正道,导致阴阳之气不调和而造成旱灾呢?晋国废除了郊祭时对鲧的祭祀,晋侯因此病重卧床不起,在采用了郑子产的主张祭祀了鲧以后,晋侯的病就好了。如果确实是因为没有举行雩祭,没有堆制土龙,与晋侯一样因没有祭祀而遭祸,这是可以继续做的。如果是由于政治上的原因招致了旱灾,就应该从政治上想办法来消除旱灾。政治上有偏颇失误,而去举行雩祭,堆制土龙,这样做能有什么益处呢?《春秋》公羊氏的说法是:"君王行为骄横,就足以招致旱灾。"阴阳之气相混杂,旱涝灾祸就会交替发生,自然规律本就是如此的,为什么要去举行雩祭、设置土龙呢?举行雩祭是要神灵高兴吗?有时候虽然下了雨,然而酷热的天气并没有改变,旱灾并没有消除,那么举行雩祭能消除旱灾的道理,又如何运用呢?况且天气的寒温与旱涝灾害相同,都是出于政治上的原因所引起的,其罪过在于人本身。唯独为大旱祈求福佑,而不为寒温求神保佑,不能理解这样做是什么原因。如果是为报答寒温的恩德而去举行祭祀,那么也应该用举行雩祭、设置土龙的办法来祭祀寒温了。高才博学的人,对雩祭可以感天、土龙可以致雨这两种观点请姑且存疑吧。

董仲舒著书不称子者,意殆自谓过诸子也[①]。汉作书者多,司马子长、扬子云,河汉也[②],其余泾渭也[③]。然而子长少臆中之说[④],子云无世俗之论[⑤]。仲舒说道术奇矣,北方三家尚矣⑥。谶书云"董仲舒乱我书"⑦,盖孔子言也。读之者,或为"乱我书"者,烦乱孔子之书也⑧;或以为"乱"者,理也,理孔子之书也。共一"乱"字,理之与乱,相去甚远。然而读者用心不同,不省本实⑨,故说误也。夫言"烦乱孔子之书",才高之语也。其言"理孔子之书",亦知奇之言也。出入圣人之门⑩,乱理孔子之书,子长、子云无此言焉。世俗用心不实,省事失情⑪,二语不定⑫,转侧不安⑬。案仲舒之书,不违儒家,不及孔子⑭,其言"烦乱孔子之书"者,非也,孔子之书不乱。其言"理孔子之书"者,亦非也。孔子曰:"师挚之始,《关雎》之乱,洋洋乎盈耳哉!"⑮乱者,于孔子言也⑯。孔子生周,始其本;仲舒在汉,终其末,尽也⑰。皮续《太史公书》⑱,盖其义也。赋颂篇下其有"乱曰"章⑲,盖其类也。孔子终论,定于仲舒之言,其修雩始龙⑳,必将有义,未可怪也㉑。

【注释】

①殆:大概。过:超过。

②河汉:这里形容司马迁和扬雄的学问如同黄河、汉水一样博大精深。河,黄河。汉,汉水。

③泾渭:这里指水势比黄河、汉水小的河流,比喻其他人不如司马迁、扬雄。泾,泾河。渭,渭河。

④臆中:主观判断。

⑤世俗:意为世俗之人能够理解的论说。

⑥北:疑为"比"字之讹,形近而误。三家:三,据文意,疑当作"二",指司马迁,扬雄。尚:上。

⑦谶书：记载谶语的书。谶，谶语，一种预言。董仲舒乱我书：据说是孔子死前的话，其实是后人伪造的。王充在《实知篇》批驳了此种说法。

⑧烦乱：扰乱，弄乱。

⑨省（xǐng）：明了。本实：根本事实。本，根本。实，事实。

⑩圣人：这里指孔子。

⑪失：违反。情：实情。

⑫二语：指"烦乱"和"整理"这两种说法。

⑬转侧：翻来覆去。转，辗转。侧，反覆，反复。

⑭及：疑为"反"字之讹，形近而误。

⑮"孔子曰"几句：引文参见《论语·泰伯》。师挚，春秋时鲁国的乐师，名挚。始，乐曲的开端，序曲。《关雎》，《诗经》中的第一首诗。乱，乐曲结尾的一段，一般由多种乐器合奏。洋洋，形容乐音丰富优美。乎，句中语气词。盈，充满。

⑯于：疑为"终"字之讹，"于"繁体"於"与"终"形近而误。

⑰尽也：据文意，疑为衍文，后人注释误入正文。

⑱皮续《太史公书》：疑本句"皮"字前脱"班书"二字。据《后汉书·班彪传》记载，班彪曾作《史记后传》数十篇，其子班固据此写成《汉书》。《太史公书》，指《史记》。皮，指班彪，字书皮。

⑲有"乱曰"章：先秦两汉的辞赋，最后一章常用"乱曰"开始。

⑳始：疑为"治"字之讹，形近而误。

㉑"必将有义"二句：王充关于雩祭以及设土龙求雨的看法，参见《明雩篇》《乱龙篇》。

【译文】

董仲舒著的书不称"子"，意思大概是他自认为超过了诸子。汉代写书的人很多，司马迁、扬雄的才学如黄河、汉水一样博大渊深，其余的人不过像泾河、渭河一样。然而司马迁很少有主观论见，扬雄的论述过于高深，世人很难理解。相比之下董仲舒论说道术很杰出，比起司马迁、扬雄二人更为高明。谶书上说"董仲舒乱我书"，这大概是孔子说的。读了这句话的人中，有人认为"乱我书"的意思，是弄乱孔子的著述；有认为"乱"，是整理的意思，就是整理孔子的著述。同是一个"乱"字，被解释为整理与弄乱两种含意，相差得太远了。然而读者用心各不相同，不明了根本的事实，所以就解释错了。说董仲舒"烦乱孔子之书"，这句话是为了表明他的才能高超。说董仲舒"理孔子之书"，这句话也是表明他的才智出奇。出入于孔子门下，弄乱或整理孔子的书，对于司马迁和扬雄都没有这种说法。世俗的人用心不实际，考察事物违反了实情，因此两种说法的对错难以确定，被反复拿来论说。考察董仲舒所写的书，并没有违背儒家的思想，没有违背孔子的原意，那些说"烦乱孔子之书"的人，是错的，孔子的书没有弄乱。那些说"理孔子之书"的人，也是错的。孔子说："从师挚开始演奏，到结尾演奏《关雎》的时候，耳朵里充满了丰富优美的音乐。"所谓"乱"，其实是指总结孔子的言论。孔子生在周代，开创了儒家学说；董仲舒生在汉代，总结了孔子的学说。班彪续写《太史公书》，大约就是这个用意。赋颂的篇末有"乱曰"这一章，大概也属于这一类。孔子学说的全貌，是经过董仲舒的阐述而最后确定下来的，因此，董仲舒所说的搞雩祭设土龙，一定有它的道理，没有什么可奇怪的。

颜渊曰："舜何人也，予何人也。"[①]五帝、三王，颜渊独慕舜者，知己步骤有同也[②]。知德所慕，默识所追[③]，同一实也。仲舒之言道德政治，可嘉美也[④]。质定世事[⑤]，论说世疑[⑥]，桓君山莫上也[⑦]。故仲舒之文可及，而君山之论难追也[⑧]。骥与众马绝迹[⑨]，或蹈骥哉。有马于此，足行千里，终不名骥者[⑩]，与骥毛色异也。有人于此[⑪]，文偶仲舒[⑫]，论次君山[13]，终不同于二子者[14]，姓名殊也[15]。故马效千里[16]，不必骥騄[17]，人期贤知[18]，不必孔、墨。何以验之？君山之论难追也。两刃相割[19]，利钝乃知；二论相订[20]，是非乃见。是故韩非之《四难》[21]，桓宽之《盐铁》[22]，君山《新论》之类也。世人或疑[23]，言非是伪[24]，论者实之[25]，故难为也。卿决疑讼[26]，狱定嫌罪[27]，是非不决，曲直不立，世人必谓卿狱之吏才不任职。至于论，不务全疑[28]，两传并纪，不宜明处[29]，孰与剖破浑沌[30]，解决乱丝[31]，言无不可知，文无不可晓哉？案孔子作《春秋》，"采毫毛之善，贬纤介之恶"[32]。可褒，则义以明其行善[33]；可贬，则明其恶以讥其操。《新论》之义，与《春秋》会一也[34]。

【注释】

①"颜渊曰"几句：引文参见《孟子·滕文公上》。颜渊，即颜回，孔子的学生。予，我。

②步骎（qū）：犹步趋。行进的方向、步调。

③默识（zhì）：记在心里。识，牢记。

④嘉美：赞美。

⑤质定：考订。

⑥世疑：指社会上没有定论的疑难问题。

⑦莫上：没有比他更高明的了。

⑧难追：很难追得上。

⑨骥：好马，千里马。绝迹：足迹不相同。

⑩名：称为。

⑪有人：这里王充指自己。

⑫偶：比得上。

⑬次：并列。

⑭二子：指董仲舒与桓谭。

⑮殊：不同。

⑯效：实效，这里指实际上能达到。

⑰骤（lù）：骤耳，良马名。周穆王"八骏"之一。

⑱期：期望。

⑲相劖：相砍。

⑳订：订正，交锋。

㉑《四难》：指《韩非子》中的《难一》《难二》《难三》《难四》四篇文章。

㉒桓宽之《盐铁》：桓宽，字次公，汉代汝南郡（治今河南上蔡西南）人。宣帝时举为郎，后官至庐江太守丞。根据汉昭帝时召开的盐铁会议的记录，整理为《盐铁论》一书。《盐铁》，即《盐铁论》。

㉓或：通"惑"。

㉔是：肯定。

㉕实：核实，订正。

㉖卿：这里指汉代中央主管司法的廷尉。决：判决。疑讼：疑难的案件。讼，诉讼案件，官司。

㉗狱：狱吏，指负责审判的官吏。嫌罪：疑难案件。

㉘全：用同"诠"，订正。

㉙宜：据《薄葬篇》"故其立语，不肯明处"，疑为"肯"字之讹，形近而误。

㉚孰与：表示抉择的习惯用语，相当于"与……相比，怎么样？"浑沌：形容糊涂不明的事物。

㉛乱丝：比喻杂乱无章的事物。

㉜"采毫毛之善"二句：引文参见《说苑·至公》。介，通"芥"，小草，形容轻微细小的事物。

㉝义以明其行善：此句文字错乱，据下文"明其恶以讥其操"例，疑
　　当作"明其善以义其行"。义，认为正确，赞扬。

㉞会一：合一，一致。会，合。

【译文】

　　颜渊说："舜是什么样的人，我就做什么样的人。"五帝、三王之中，颜渊唯独仰慕舜，是因为自己的步调和舜有一致的地方。有智有德的人所追慕的，同默记心中的人所追求的，是一回事。董仲舒谈论道德政治，值得赞美。但是考订世间之事，论说社会上的疑难，没有比桓君山更高明的人了。所以董仲舒的文章水平人们是可以达到的，而桓君山的论述就很难赶得上了。骥与一般的马相比足迹绝不相同，然而有些马还是能赶上千里马的。有些马同样能日行千里，然而终究不能称为千里马，是因它与骥的毛色不同。如果有个人，文章同董仲舒不相上下，论述与桓君山并驾齐驱，声望却始终不能与此二人相比，是因为姓名与他们不同。所以马能日行千里的，不一定要叫骥或騄，人们期望出现的贤智之人，不一定非孔子、墨子不可。用什么来证明呢？桓君山的论述很难追得上就是证明。两把刀相砍，就能知道它们的利与钝；两种论点交锋，就能看出它们的是与非。所以韩非的《四难》，桓宽的《盐铁论》，是桓君山《新论》一类的著作。社会上有人产生疑惑，论说错误而肯定虚假的东西，论述者想要核实订正它们，是很难办到的。官员判决案件，狱吏断定疑案，如果无法决断是非，无法分清曲直，世人必然会认为官员和狱吏的才干不能胜任自己的职务。至于论述，不致力于订正疑难，将两种不同的说法一并记载，不肯作出明确的判断，与能够剖析模糊不清的事理，解决杂乱无章的事情，言论没有别人不可知晓的，文章没有不可理解之处的人相比，谁更好呢？考察孔子作《春秋》，"表彰极小的善事，贬斥细微的恶行"。值得褒奖的人，就宣扬他的美德称赞他的善行；需要贬斥的人，就揭露他的罪恶讥刺他的丑行。《新论》的宗旨与《春秋》完全是一致的。

　　夫俗好珍古不贵今,谓今之文不如古书。夫古今一也,才有高下,言有是非,不论善恶而徒贵古,是谓古人贤今人也①。案东番邹伯奇、临淮袁太伯、袁文术、会稽吴君高、周长生之辈②,位虽不至公卿③,诚能知之囊橐④,文雅之英雄也。观伯奇之《元思》⑤,太伯之《易章句》⑥,文术之《咸铭》⑦,君高之《越纽录》⑧,长生之《洞历》⑨,刘子政、扬子云不能过也。善才有浅深⑩,无有古今;文有伪真,无有故新。广陵陈子迴、颜方⑪,今尚书郎班固⑫,兰台令杨终、傅毅之徒⑬,虽无篇章⑭,赋颂记奏,文辞斐炳⑮,赋象屈原、贾生⑯,奏象唐林、谷永⑰,并比以观好,其美一也。当今未显⑱,使在百世之后⑲,则子政、子云之党也⑳。韩非著书,李斯采以言事㉑;扬子云作《太玄》,侯铺子随而宣之㉒。非、斯同门㉓,云、铺共朝,睹奇见益㉔,不为古今变心易意㉕;实事贪善㉖,不远为术并肩以迹相轻㉗,好奇无已㉘,故奇名无穷。扬子云反《离骚》之经㉙,非能尽反,一篇文往往见非,反而夺之㉚。《六略》之录万三千篇㉛,虽不尽见,指趣可知㉜,略借不合义者,案而论之。

【注释】

①贤:胜过。

②东番:地名,不详。邹伯奇:东汉人。临淮:郡名。西汉置,治所徐县(今江苏泗洪东南)。袁太伯:人名。袁文术:人名。会稽:郡名。秦置,汉因之,治所吴县(今江苏苏州)。吴君高:吴平,东汉人,王充的同乡。周长生:东汉人,王充的同乡。辈:类。

③公卿:三公九卿,泛指高官。

④诚能知之囊橐（tuó）：形容才能和智慧博大精深。诚，确是。囊橐，指口袋。知，同"智"，智慧。

⑤《元思》：书名，今已亡佚。

⑥《易章句》：书名，今已亡佚。章，底本作"童"，形近而误，今改。

⑦《咸铭》：书名，今已亡佚。

⑧《越纽录》：即今《越绝书》，袁康与吴君高合著。

⑨《洞历》：书名，今已亡佚。

⑩善：疑为"盖"字之讹，形近而误。

⑪广陵：郡名。东汉建武十八年（42），以广陵国改置，治所广陵县（今江苏扬州西北）。陈子迴、颜方：王充同时代的人，事迹不详。

⑫尚书郎：东汉皇帝的秘书机构尚书台中担任处理具体事务的官吏。

⑬兰台：汉代官中藏书的地方，长官叫"兰台令"。据《后汉书》杨终、傅毅传，两人没有当过兰台令，疑"兰台令"下脱一"史"字。兰台令史，是整理图书的官吏。杨终：汉明帝时曾任兰台校书郎。傅毅：汉章帝时，曾任兰台令史。

⑭篇章：这里指大部头的著作。

⑮斐炳：很有文采的样子。

⑯贾生：贾谊。

⑰唐林：西汉人。谷永：西汉人。

⑱显：显赫，出名。

⑲使：假使。

⑳党：类。

㉑采：采纳，指采纳韩非的政治主张。

㉒侯铺子：侯芭，扬雄的弟子。宣：宣扬。

㉓同门：李斯、韩非都是荀子的学生。

㉔益：疑为"异"字之讹，篆书形音皆近而误。

㉕不为古今变心易意：意思是不根据作品产生的早晚而改变评价的

标准。易，改变。

㉖贪：仰慕不已。

㉗远：据文意，疑为衍文。术：据文意，疑为衍文。

㉘无已：没有止境。已，止。

㉙扬子云反《离骚》之经：据《汉书·扬雄传》记载，扬雄写文凭吊屈原，喜欢用《离骚》中的话，反其意而用之，取名《反离骚》。《离骚》，战国时楚国人屈原的作品，后人尊称它为《离骚经》。

㉚"一篇文往往见非"二句：此二句疑有脱误，大意应为：一篇作品往往因为被驳难，反而使它更突出。

㉛《六略》：指刘歆根据西汉内府藏书所编纂的目录《七略》，分为六艺略、诸子略、数术略、诗赋略、兵书略、方技略与辑略七个部分。其中辑略是总论。原书已经失传，但《汉书·艺文志》中保留了其中的大部分内容，共著录书籍一万三千二百六十九卷。

㉜指趣：宗旨，大意。指，旨意，意向。

【译文】

社会习惯于贵古而贱今，认为当代的书籍不如古代的文章。实际上古代与现代是一样的，著书的人才能有高有低，言论有对有错，不区分好坏而只是珍视古代的书，这就是说古人比今人更贤明。考察东番的邹伯奇、临淮的袁太伯和袁文术、会稽的吴君高和周长生这些人，地位虽然没能位列公卿，但确实是才智博大精深，是文雅人物中的出类拔萃者。看邹伯奇的《元思》、袁太伯的《易章句》、袁文术的《咸铭》、吴君高的《越纽录》、周长生的《洞历》等书，连刘子政、扬雄也不能超过他们。人的才智有深浅，而与古今无关；文章的内容有对有错，这与新旧无关。广陵的陈子迴和颜方，当今的尚书郎班固，兰台令史杨终、傅毅这些人，虽然没有大部头著作，但他们写的赋颂记奏，言辞极有文采，赋就同屈原、贾谊的一样，奏记好像唐林、谷永的一样，放在一起来比较它们的长处，其优美的程度是一样的。在当今之世他们还没有出名，假如在百代以后，他们就是刘子政和扬子云一类的人物了。韩非写的书,李斯引用来议论事理;扬子云作《太玄》,侯芭随即就为之宣扬。韩非与李斯同在一个老师门下,扬子云和侯芭共在一个朝代,目睹奇妙之书,不因为作品写作的年代而改变评价标准;实事求是,凡是好的都表示仰慕,不因为与作者是同时代的人就认为其经历平凡而轻视他,爱好奇书而没有止境,所以奇书名声久传不绝。扬子云反《离骚》作赋,然不能全反《离骚》之意,一篇文章往往由于被非难,反而使它更加夺目突出。《六略》著录有一万三千卷书籍,即使不能全都见到,但书籍的宗旨还是大体可以知道的,所以稍微列举其中不合理的地方,进行考订并加以评论。

对作篇第八十四

【题解】

本篇阐述了写作《论衡》的动机和目的,因为采用了对答的形式,所以取名为《对作》。王充在本篇中反复强调《论衡》之作不是为了"调文饰辞",而是由于"众书并失实,虚妄之言胜真美",老师"赋奸伪之说",官员"读虚妄之书",社会上"是反为非,虚转为实","世人不悟,是非不定",王充面对此种社会现实"疾心伤之","不得已,故为《论衡》"。王充在文中明确说明,《论衡》的写作目的就在于"铨轻重之言,立真伪之平","解释世俗之疑,辩照是非之理,使后进晓见然否之分",希望自己的主张能够被君主采纳,以有益于教化。

同时王充在本篇中还多次讨论"圣人作,贤者述"的概念。汉儒一直秉持着"作"是圣人才能够担当的任务,贤人只能是"述"。虽然王充在文中多次强调《论衡》只是地位低于"作"的"论",但在文末又多次强调"故夫有益也,虽作无害也",可见在王充心目中,《论衡》一书是超越诸子传记而能够与圣人之言相提并论的。

或问曰①:"贤圣不空生②,必有以用其心。上自孔、墨之党③,下至荀、孟之徒④,教训必作垂文⑤,何也?"

【注释】

①或:有的人。

②空生:虚度一生。

③孔:孔子。墨:墨子。党:类。

④荀:荀子。孟:孟子。

⑤教训:教导。垂文:留下文章。垂,自上施下。

【译文】

有的人问:"贤人和圣人不会虚度一生,一定有其用心之所在。上至孔子、墨子之类,下至荀子、孟子之辈,教导世人一定要有文章留下来,这是为什么呢?"

对曰:圣人作经,艺者传记①,匡济薄俗②,驱民使之归实诚也。案《六略》之书万三千篇,增善消恶③,割截横拓④,驱役游慢⑤,期便道善⑥,归正道焉。孔子作《春秋》,周民弊也,故采求毫毛之善⑦,贬纤介之恶⑧,拨乱世⑨,反诸正⑩,人道浃⑪,王道备⑫,所以检押靡薄之俗者⑬,悉具密致⑭。夫防决不备⑮,有水溢之害⑯;网解不结⑰,有兽失之患⑱。是故周道不弊,则民不文薄⑲;民不文薄,《春秋》不作。杨、墨之学不乱传义⑳,则孟子之传不造㉑;韩国不小弱,法度不坏废,则韩非之书不为;高祖不辨得天下㉒,马上之计未转㉓,则陆贾之语不奏㉔;众事不失实,凡论不坏乱㉕,则桓谭之论不起㉖。故夫贤圣之兴文也㉗,起事不空为,因因不妄作。

【注释】

①艺者传记:据《正说篇》"圣人作经,贤者作书",《案书篇》"圣人作其经,贤者造其传",疑"艺"当作"贤"字。传记,指解释经书

的著作。

②匡济:匡正救助。匡,纠正。济,挽救。薄俗:不良的风俗。

③增善:表彰好的。消恶:制止坏的。

④割截:制裁,阻止。横拓:横行,放纵。

⑤驱役:驱使。游慢:游手好闲,不务正业。

⑥道:引导。

⑦采:采取,这里指表彰。毫毛:形容细小。

⑧贬:贬斥,指责。纤介:形容细微。介,通"芥",小草。引申指细
　　微的事务。

⑨拨:治,整顿。

⑩反:同"返"。诸:"之""乎"的合音。

⑪人道:做人的道理,即儒家遵奉的伦理道德。浃(jiā):遍及,满。

⑫王道:王者治理天下的道理,即儒家遵循的礼治。备:完备。

⑬检押:亦作"检柙",矫正,纠正。靡薄:奢侈,轻薄。

⑭悉具密致:极为完备详尽。

⑮防:堤岸。决(quē):通"缺",破裂。备:完备,这里指修好。

⑯溢:泛滥。

⑰解:散,坏。结:织补。

⑱失:逸,奔逃。

⑲文薄:浮华轻薄。

⑳杨:指杨朱(约前395—约前335),杨姓,字子居,魏国人。道家
　　杨朱学派的创始人。

㉑造:作。

㉒高祖:汉高祖刘邦。辨:通"辩",争论。

㉓马上之计:指以武力征服的主张。转:变。

㉔陆贾之语:指陆贾的《新语》。据《史记·陆贾列传》记载,陆贾
　　常在刘邦面前称引儒家经书。刘邦认为自己是以武力征服天下

的,不需要"文"。陆贾认为能靠武力征服天下,但不能以武力治理天下。于是刘邦改变了看法,让陆贾写作文章总结国家兴败的经验教训。陆贾共进奏了十二篇文章,后集合为《新语》。

㉕凡论:指社会舆论。

㉖桓谭之论:指桓谭的著作《新论》。

㉗兴文:著书。

【译文】

　　我认为:圣人作经,贤人述传,目的在于纠正挽救不良的风气,驱使百姓让他们回归到质朴淳厚的风俗上去。考察《六略》中著录的书籍多达一万三千卷,内容全是表彰善行,制止恶迹,制止放荡的行为,驱使游手好闲的人,希望能够引导人们向善,回归到正道上来。孔子之所以作《春秋》,是因为周代的民风已经败坏,所以要表彰很细微的善事,贬斥极细小的恶行,整顿乱世,使它返回正道,书中人伦之道周全,先王之道完备,所以用以矫正奢侈轻薄风俗的方法,都制定得极为完备详尽。如果河堤决口而不即时修补,就会有洪水泛滥的灾祸;如果网破了洞而不织补,就会有野兽奔逃出来的危险。所以说如果周代的礼制不败坏,周代的百姓就不会变得浮华轻薄;百姓不浮华轻薄,孔子就不会作《春秋》。如果杨朱、墨翟的学说没有搞乱经传的本义,那么孟子也就不会著书了;如果韩国不弱小,法度没有废坏,那么韩非也就不著书了;如果高祖不争论得天下的道理,使用武力征伐的主张没有转变,那么陆贾的《新语》就不会写出来了;各种事情的记载如果不失实,社会舆论如果不坏乱,那么桓谭的《新论》就不会创作出来了。所以贤圣们著书,都是因事而作不是凭空所为,言必有据而不虚妄造作。

　　作有益于化①,化有补于正②,故汉立兰台之官③,校审其书④,以考其言⑤。董仲舒作道术之书⑥,颇言灾异政治所失⑦,书成文具⑧,表在汉室⑨。主父偃嫉之⑩,诬奏其书。天子下仲舒于吏①,当谓之下愚⑫,仲舒当死,天子赦之⑬。夫仲舒言灾异之事,孝武犹不罪而尊其身,况所论无触忌之言⑭,核道实之事⑮,收故实之语乎⑯? 故夫贤人之在世也,进则尽忠宣化⑰,以明朝廷⑱;退则称论贬说⑲,以觉失俗⑳。俗也不知还㉑,则立道轻为非㉒;论者不追救㉓,则迷乱不觉悟㉔。

【注释】

①化:教化。

②正:通"政",政治。

③兰台:东汉皇宫中的藏书处。

④校:校勘。审:审定。

⑤考其言:考订书中的文字。言,字。

⑥道术之书:指董仲舒解释天人感应与儒家伦理道德的书籍。董仲舒的著作有《春秋繁露》《天人三策》等。

⑦颇:大,甚。

⑧具:完备,成。

⑨表在汉室:把所写的文章上表呈奏给朝廷。表,一种奏章。

⑩主父偃(yǎn,? —前126):姓主父,名偃,临淄(今山东临淄)人。武帝时任郎中。

⑪天子:指汉武帝。

⑫当:判罪。

⑬天子赦之:上事参见《史记·儒林列传》。

⑭况:何况。所论:指王充自己在《论衡》中所发的议论。触忌之言:指触犯朝廷的言论。触,触犯。忌,忌讳。

⑮核:考核。道实之事:符合实际道理的事情。

⑯收:疑为"考"(攷)字之讹,形近而误。故实:史实。

⑰进：仕进，做官。宣化：宣扬教化。

⑱明：显扬。

⑲退：不当官。

⑳觉：唤醒，指矫正。失俗：不良的风气。

㉑也：句中表示停顿的语气词。还：回头，指回到正道上来。

㉒立：树立，伸张。轻：轻视，指责。

㉓追救：补救。

㉔迷乱：迷失正道的人。

【译文】

作文有益于教化，教化施行有益于政治，所以汉代设立了兰台官吏，校勘审定宫中的藏书，考订书中的文字。董仲舒撰写的意在推广道术的著作，文中大讲灾异是因政治败坏而产生的，写完之后，将要上呈朝廷。主父偃嫉妒他，就诬告此书有问题。武帝把董仲舒交给官吏审理，判决董仲舒所说为愚妄之辞，董仲舒被判处死刑，后来武帝赦免了他。董仲舒大讲灾变，武帝仍然不判他的罪反而很尊重他本人，何况《论衡》中的议论并没有触犯朝廷的话语，只是核实各种事情是否符合道理，考证总结史事的言论呢？所以贤人生活在世上，做官就要尽忠宣扬教化，以显扬朝廷的圣德，退隐就著书评论是非，以矫正不良的世风。世俗如果还不知道回到正道上来，就应该伸张道义指斥做坏事的人；著书的人如果不去补救，那些迷失在歧途的人就不会察觉醒悟过来的。

是故《论衡》之造也，起众书并失实，虚妄之言胜真美也。故虚妄之语不黜①，则华文不见息②；华文放流③，则实事不见用④。故《论衡》者，所以铨轻重之言⑤，立真伪之平⑥，非苟调文饰辞⑦，为奇伟之观也⑧。其本皆起人间有非⑨，故尽思极心⑩，以机世俗⑪。世俗之性，好奇怪之语，说虚妄之文[12]。何则？实事不能快意[13]，而华虚惊耳动心也[14]。是故才能之士，好谈论者，增益实事[15]，为美盛之语；用笔墨者，造生空文[16]，为虚妄之传。听者以为真然[17]，说而不舍[18]；览者以为实事，传而不绝。不绝，则文载竹帛之上[19]；不舍，则误入贤者之耳。至或南面称师[20]，赋奸伪之说[21]；典城佩紫[22]，读虚妄之书。明辨然否[23]，疾心伤之[24]，安能不论？

【注释】

①黜（chù）：摈弃。

②华文：华而不实的文章。见：被。息：止息，制止。

③放流：泛滥。

④用：采纳。

⑤铨：权衡。轻重：是非。

⑥立：确立，判断。平：衡，标准。

⑦调文饰辞：玩弄笔墨，修饰文辞。

⑧观：外观，样子。

⑨本：根源。

⑩尽思极心：用尽心思。

⑪机：用同"讥"，讥讽。

⑫说（yuè）：同"悦"，喜好，喜爱。

⑬快意：快人心意。

⑭华虚：这里指华而不实的言辞和文章。

⑮增益：夸大。

⑯造生：制作，编造。空文：无根据的文字。

⑰真然：确实如此。

⑱说：谈论，传说。舍：止。

⑲竹帛:古代书写用的竹简和丝织品。

⑳南面称师:指当老师的人。南面,面朝南而坐,指居于尊位。

㉑赋:诵读,宣扬。奸伪:奸诈虚伪。

㉒典城佩紫:泛指各级官吏。典城,泛指地方长官。典,掌管。佩紫,汉代相国、丞相、太尉、将军、列侯的印章上都束有紫色丝带。紫,指印章上的紫色丝带。

㉓然否:是非。

㉔疾:痛。伤:忧伤。

【译文】

因此《论衡》的写作,缘起于许多书的内容都已失实,虚妄的言辞超过了真美的论说。因此虚妄的言语不废除,那么华而不实的文章就不会被废止;华而不实的文章泛滥,那么实事求是的文章就不会被采用。所以《论衡》这部书是用来权衡是非之言,确立判断真伪标准的,并不是随意玩弄笔墨,修饰文辞,故作奇伟的样子的。写作它的本因是世间之人有许多错误的言论,所以我用尽心思,以此来讥刺世俗之人。世俗的特性,是喜好奇异怪诞之语,喜欢虚幻荒诞的文章。为什么呢?因为实事求是的言论不能快人心意,而华而不实的言辞文章却往往能惊人耳目。所以有才能的人,喜好谈论的人,往往夸大实事,故作溢美的言辞;写文著书的人,往往编造一些毫无根据的文字,作虚假荒谬的解释。听到的人认为确实如此,于是传说不止;读到的人以为是真实的事实,就久传而不断绝。久传不绝,那么文字就会被记载在竹帛之上;谈论不止,那么论说就会误入贤者之耳。至于有些当老师的人,宣扬的都是奸诈虚伪的学说;各级官吏,读的也都是虚妄不实的书。明辨了这些是与非的人,都会为此痛心忧伤,怎么能不对此加以评论呢?

孟子伤杨、墨之议大夺儒家之论①,引平直之说②,褒是抑非③,世人以为好辩④。孟子曰:"予岂好辩哉!予不得已！"⑤今吾不得已也！虚妄显于真，实诚乱于伪，世人不悟，是非不定，紫朱杂厕⑥，瓦玉集糅⑦，以情言之，岂吾心所能忍哉！卫骖乘者越职而呼车⑧，恻怛发心⑨，恐上之危也⑩。夫论说者闵世忧俗⑪，与卫骖乘者同一心矣。愁精神而幽魂魄⑫，动胸中之静气，贼年损寿⑬，无益于性⑭，祸重于颜回⑮，违负黄、老之教⑯，非人所贪，不得已，故为《论衡》。

【注释】

①夺：取而代之，压倒。

②平直：公平正直。

③褒：赞扬。抑：贬斥。

④辩：争辩。

⑤"孟子曰"几句：引文参见《孟子·滕文公下》。予，我。

⑥紫朱：比喻真伪。杂厕：混杂在一起。紫，暗红，是间色。朱，大红，是正色。

⑦集糅（róu）：混杂。

⑧卫骖乘（cān chéng）者越职而呼车：据《说苑·善说》记载，西周时卫国的将军桓司马有一次上朝时急于赶路，赶车的人太慌张，几乎使马受惊，"骖乘"连忙叫喊赶马，赶车的人说他越职。由于他的本意是出于救险，后来并未受罚。骖乘，陪主人乘车的人。

⑨恻怛（cè dá）：哀伤，痛惜。恻，忧伤，悲痛。怛，悲伤，愁苦。发心：发自内心。

⑩上：底本作"土"，据文意，当为"上"字之讹。上，主人，主上。

⑪论说者：指王充本人。闵（mǐn）：忧虑。

⑫幽：闭，苦闷。

⑬贼：伤害。损：减。

⑭性：生命，这里指寿命。

⑮颜回：孔子的学生。

⑯负：背弃。黄、老之教：指汉初黄老学派主张的自然无为的人生哲学。黄，指黄帝，传说中的上古帝王，被认为是道家学派的创始人。老，指老子，相传是道家学派的创始人。

【译文】

孟子痛惜杨朱、墨子的议论大有压倒儒家学说之势，便援引公平正直的论说，赞扬正确的主张，贬斥错误的言论，而世人却认为孟子好争辩。孟子说："我哪里是好争辩呢？我是不得已啊！"现在我也是不得已而发表议论啊！虚妄之说比真实的言论更显于世，真实迷乱于虚伪之中，世人不能醒悟，是非不能判定，如同紫色与朱红混杂在一起，瓦块和宝玉夹杂在一堆一样，从情感上来说，难道我的心能忍受得了吗！卫国的陪车侍从越职帮着叫喊赶车，是因为他的痛惜忧伤发自内心，担心主人有危险。我为世俗而忧虑，同卫国的陪车侍从是同一种心情。精神忧愁内心苦闷，扰动了胸中的静气，减损了年寿，对自己的性命毫无益处，所受之祸比颜回更重，违背了黄、老学说的处世之道，这并不是人们所要贪求的结果，只是因为迫不得已，所以才写了《论衡》这本书。

文露而旨直①，辞奸而情实②。其《政务》言治民之道③。《论衡》诸篇，实俗间之凡人所能见，与彼作者无以异也④。若夫九虚、三增、《论死》《订鬼》⑤，世俗所久惑，人所不能觉也。人君遭弊，改教于上；人臣愚惑⑥，作论于下。下实得⑦，则上教从矣。冀悟迷惑之心⑧，使知虚实之分。实虚之分定，而华伪之文灭；华伪之文灭，则纯诚之化日以孳矣⑨。

【注释】

①露：浅显，通俗易懂。旨：意思，指文章的思想内容。

②奸（gān）：干犯，冒犯。此指言辞直率。

③《政务》：王充的著作之一。

④彼作者：指王充本人。

⑤九虚：指《论衡》中的《书虚篇》《变虚篇》《异虚篇》《感虚篇》《福虚篇》《祸虚篇》《龙虚篇》《雷虚篇》《道虚篇》九篇文章。三增：指《论衡》中的《儒增篇》《艺增篇》《语增篇》三篇文章。《论死》《订鬼》：《论衡》中的两篇文章。

⑥愚：用同"遇"，遭遇。

⑦下实得：底本无"下"，递修本本句"实"字前有一"下"字，据补。

⑧冀：希望。悟：唤醒。

⑨孳（zī）：滋生，增益。

【译文】

文字浅近而思想平直，言语直率而感情真实。其中《政务篇》谈论的是治理百姓的道理。《论衡》中的各篇，所论说的问题实际上都是世人日常所能见到的，与作者本人所能见到的没有什么不同。如像九虚、三增、《论死》《订鬼》等文章，所谈论的问题已经迷惑世俗很久了，只是一般人不能有所觉察啊。君王遇到世风败坏的情形，就要在上面改变政教；臣下遇到世俗被迷惑的情况，就要在下面发表议论。如果臣下的议论符合实际的道理，那么君王改变政教时就会采纳它了。希望能唤醒那些受到迷惑的心，使他们知道虚与实的区别。实与虚能够明确被区分了，浮华虚假的文章就会绝灭了；浮华虚假的文章绝灭了，那么纯真、诚实的教化就会日渐增长。

或曰："圣人作①，贤者述②。以贤而作者，非也。《论衡》《政务》可谓作者。"

【注释】

①作：创作。

②述：指阐述别人的东西。

【译文】

有人说："圣人创作，贤人阐述义理。以贤人的身份而从事创作，是不对的。《论衡》《政务》，也可以说是创作啊。"

非曰作也，亦非述也，论也①。论者，述之次也。五经之兴②，可谓作矣。太史公《书》、刘子政《序》、班叔皮《传》③，可谓述矣。桓君山《新论》、邹伯奇《检论》④，可谓论矣。今观《论衡》《政务》，桓、邹之二论也，非所谓作也。造端更为⑤，前始未有，若仓颉作书⑥，奚仲作车是也⑦。《易》言伏羲作八卦⑧，前是未有八卦⑨，伏羲造之，故曰作也。文王图八⑩，自演为六十四⑪，故曰衍⑫。谓《论衡》之成，犹六十四卦，而又非也。六十四卦以状衍增益⑬，其卦溢⑭，其数多。今《论衡》就世俗之书，订其真伪⑮，辩其实虚⑯，非造始更为，无本于前也⑰。儒生就先师之说诘而难之⑱，文吏就狱卿之事覆而考之⑲，谓《论衡》为作，儒生、文吏谓作乎？

【注释】

①论：发表议论。

②兴：兴起，产生。

③太史公《书》：指司马迁撰写的《史记》。刘子政《序》：指刘向的著作《新序》。班叔皮《传》：指班彪的著作《史记后传》。

④桓君山：桓谭。邹伯奇：东汉人。《检论》：书名，今已亡佚。

⑤造端：起头，开创。更：另外。为：创作。

⑥仓颉：传说是黄帝时期的史官。书：文字。

⑦奚仲：传说中夏朝之人，古代车子的创造者。

⑧伏羲（xī）：传说中的上古帝王。

⑨前是：在此以前。

⑩图：画。八：指八卦。

⑪演为六十四：传说文王把八卦两两相配成六十四卦。演，推演，发展。

⑫衍：发挥，扩展。

⑬状：形象。

⑭溢：超出，增多。

⑮订：考订。

⑯辩：通"辨"，辨别。

⑰本：根据。

⑱诘（jié）：追问。难：责难。

⑲文吏：掌握和熟习文书、法令的官吏。狱卿之事：这里指司法案件。狱，狱吏，这里指负责审讯的官吏。卿，这里指汉代中央主管司法的最高长官廷尉。

【译文】

《论衡》《政务》并不是创作，也不是阐述圣人经传的义理，而是发表议论。发表议论是次于阐述经传义理的。五经的编纂，才可以被称为创作。太史公的《史记》、刘子政的《新序》、班叔皮的《史记后传》，可以被称为阐述别人成说的传。桓君山的《新论》、邹伯奇的《检论》，可以被称为议论。现在来看《论衡》和《政务》，和桓君山、邹伯奇二人的议论是一样的，并不是所说的创作。所谓开创性的制作，是指从前根本没有的，如仓颉创造文字，奚仲造车才是创作。《周易》说伏羲制作八卦，在此以前没有八卦，伏羲制作了它，所以称为创作。周文王把八卦画出来，自己将其推演成六十四卦，所以称为扩展。说《论衡》的写作，就像推演六十四卦一样，但又不全是如此。六十四卦是根据卦象扩展而增生出来的，它的卦增加了,它的数增多了。现在《论衡》只是针对世俗之书,考订它们的真伪,辨别它们的虚实,并不是另外创作,于前人之说毫无凭借。儒生对先师的经说追问责难,文吏将官吏判决的案件覆核考查,说《论衡》是创作,那么儒生、文吏的做法也是创作吗?

　　上书奏记①,陈列便宜②,皆欲辅政③。今作书者,犹上书奏记④,说发胸臆⑤,文成手中,其实一也。夫上书谓之奏,奏记转易其名谓之书⑥。建初孟年,中州颇歉,颍川、汝南民流四散,圣主忧怀,诏书数至⑦。《论衡》之人,奏记郡守,宜禁奢侈,以备困乏。言不纳用,退题记草⑧,名曰《备乏》⑨。酒縻五谷⑩,生起盗贼,沉湎饮酒⑪,盗贼不绝,奏记郡守,禁民酒。退题记草,名曰《禁酒》⑫。由此言之,夫作书者,上书奏记之文也。记谓之造作上书⑬,上书奏记是作也。

【注释】

①奏记:指官吏给皇帝或上司写的报告。

②陈列:陈述,列举。便宜:指有关治理国家的建议和办法。

③辅:辅助,有助于。

④犹上书奏记:递修本本句"书"字前有一"上"字,据补。

⑤说:言论,主张。胸臆:内心。

⑥转易:变换。

⑦"建初孟年"几句:参见《后汉书·章帝纪》。建初,汉章帝年号,76—88年。孟年,初年。中州,即中土,中原,指今河南一带。歉,歉收。颍川,郡名。秦王政十七年(前230)置,治所阳翟县(今河南禹州)。汝南,郡名。西汉高帝四年(前203)置,治所在上蔡县(今河南上蔡西南)。流,流亡。圣主,这里指汉章帝。数

　　(shuò)，屡次。

⑧记：奏记。草：草稿。

⑨《备乏》：王充的一篇作品，今已失传。

⑩縻(mí)：通"靡"，浪费。

⑪沉湎(miǎn)：沉溺。

⑫《禁酒》：王充的一篇作品，今已失传。

⑬记：据文意，疑为衍文。

【译文】

　　下级给皇帝、上司写奏章、报告，陈述应采取的政策措施，都是想有助于政治。当今写书的人，如同下级写奏章、报告一样，议论发自内心，文章写成于手，它们的实质是相同的。上书称为"奏"，奏记换一个名称就叫"书"。建初初年，中原一带连年歉收，颍川、汝南的百姓流离失所四处逃荒，圣主心中忧虑，屡次下诏免租。《论衡》的作者，向郡守上奏，认为应该严禁奢侈，以防备困乏。建议不被郡守采用，回来后就在奏记的草稿上加上一个标题，叫《备乏》。酿酒浪费五谷，容易滋生盗贼，嗜酒无度，盗贼就不会断绝，于是我又向郡守上奏，建议禁止百姓酿酒。回来后在奏记的草稿上加了一个标题，叫《禁酒》。由此说来，所谓的书，就是写奏章、报告一类的文章。说它是创作，那么上书奏记也都该叫创作了。

　　晋之《乘》①，而楚之《梼杌》、鲁之《春秋》②，人事各不同也。《易》之"乾坤"③，《春秋》之"元"④，杨氏之"玄"⑤，卜气号不均也⑥。由此言之，唐林之奏⑦，谷永之章⑧，《论衡》《政务》，同一趋也⑨。汉家极笔墨之林⑩，书论之造，汉家尤多。阳成子张作《乐》⑪，扬子云造《玄》⑫，二经发于台下⑬，读于阙掖⑭，卓绝惊耳，不述而作，材疑圣人⑮，而汉朝不讥。况《论衡》细说微论，解释世俗之疑，辩照是非之理^⑯，使后进晓见然否之分^⑰。恐其废失，著之简牍^⑱，祖经章句之说，先师奇说之类也^⑲。其言伸绳^⑳，弹割俗传^㉑。俗传蔽惑，伪书放流，贤通之人，疾之无已^㉒。孔子曰："诗人疾之不能默，丘疾之不能伏。"^㉓是以论也。

【注释】

①晋：春秋时晋国，在今山西、河北西南部和河南北部。《乘》：晋国史书的名称。

②而：及，和。楚：春秋时楚国，在今湖北、湖南北部、河南南部和安徽西南部。《梼杌》(táo wù)：楚国史书的名称。鲁：春秋时鲁国，在今山东西南部。《春秋》：鲁国史书的名称。

③乾坤：指阴阳二气。乾，八卦之一，代表天、阳。坤，八卦之一，代表地、阴。

④元：开端。《春秋》的"元"，指君即位的开始，这里的意思是指天地万物的本源。

⑤杨氏：指扬雄。玄：扬雄在他的著作《太玄》中，把"玄"解释为万物的本源。

⑥卜：赋予。号：称号。

⑦唐林：唐子高，沛（今江苏沛县）人。仕王莽，以谏疏著世。

⑧谷永：字子云，西汉时长安（今陕西西安西北）人。博学经书，工于笔札。多次上书成帝，曾任太常丞、光禄大夫，后任大司农。

⑨趋：旨趣，意向。

⑩笔墨之林：形容写文章的人很多。

⑪阳成子张：《超奇篇》作"阳城子长"，姓阳城，名衡，西汉末年人。曾补《史记》、作《乐》。《乐》：书名，今已佚。

⑫《玄》：指扬雄所作的《太玄》。

⑬二经：指《乐》《太玄》。台：指兰台，汉代官中藏书的地方。阳城
　子张与扬雄都在兰台做过官。

⑭阙（què）掖：这里指皇帝处理事务的地方。阙，宫门、城门两侧的
　高台。中间有道路，台上起楼观。掖，掖门，宫殿两旁的小门。

⑮疑：通"拟"，比拟。

⑯照：明。

⑰后进：指后辈读书做官的人。晓：明白。然否：是非。

⑱简牍（dú）：古代书写用的竹木片。亦泛指书写用品。牍，古代书
　写用的木板。

⑲"祖经章句之说"二句：疑有脱误，十五卷本无"祖"字，"经"字
　前空一字，递修本和十五卷本"先"字和"奇"字后均各空一字。
　两句大意是：《论衡》和祖述经书的章句之学以及前辈老师的不
　同一般的议论同属一类，是很常见的东西。章句之说，章句之学，
　指汉代经学家将经书分段、断句，并按照一段、一句来解说经义的
　治学方式。通习一家章句，即可入仕。奇，异，不同一般。

⑳伸绳：伸张法度。绳，绳墨，木工用来取直线的工具，这里指法度。

㉑弹：抨击。割：剖析。俗传：庸俗的书传。

㉒无已：不止。

㉓"孔子曰"几句：引文参见《盐铁论·相刺》。默，沉默。伏，藏在
　心里不说。

【译文】

晋国的《乘》，与楚国的《梼杌》、鲁国的《春秋》都是史书，只是记的
人和事不同而已。《周易》的"乾坤"，《春秋》的"元"，扬雄《太玄》中的
"玄"，讲的都是气，只是赋予气的称呼不同罢了。由此说来，唐林、谷永
的奏章，和《论衡》《政务》是同一种旨趣的东西。汉代文人林立，因此
书籍文章的写作在汉代尤多。阳成子张写《乐经》，扬子云著《太玄经》，

这两部书都写于兰台之中，诵读于宫廷之内，内容卓绝，惊人耳目，不是阐述而是创作，二人才智可与圣人相比，而在汉朝并没有人讥刺他们。何况《论衡》只是细说微论，解释世俗的疑惑，辨明是与非的道理，让后辈的读书人明白是非的分别。由于害怕它们废弃散失，于是就著录在简牍之上，它和祖述经书的章句之学以及前辈老师与众不同的议论同属一类，是极常见的东西。它的目的在于伸张法度，批判剖析庸俗的书传。世俗所传常蒙蔽迷惑人心，伪书泛滥，贤明通达的人，痛恨不已。孔子说："诗人有所痛恨就不能沉默不语，我有所痛恨就不能藏在心中不说。"因此我要发表议论。

　　玉乱于石①，人不能别，或若楚之玉尹以玉为石②，卒使卞和受刖足之诛③。是反为非，虚转为实，安能不言？俗传既过④，俗书又伪。若夫邹衍谓今天下为一州，四海之外有若天下者九州⑤。《淮南书》言共工与颛顼争为天子，不胜，怒而触不周之山，使天柱折，地维绝⑥。尧时十日并出，尧上射九日⑦。鲁阳战而日暮，援戈麾日，日为却还⑧。世间书传，多若等类，浮妄虚伪，没夺正是⑨。心渍涌⑩，笔手扰⑪，安能不论？论则考之以心，效之以事，浮虚之事，辄立证验⑫。若太史公之书，据许由不隐⑬，燕太子丹不使日再中⑭。读见之者，莫不称善。

【注释】
①乱：混杂。
②玉尹：指管理玉工的官吏。
③卒：终于。卞和：春秋时楚国的玉工。据《韩非子·和氏》记载，卞和在山中找到一块包着玉的石头，先后献给楚厉王与楚武王，

都被认为是假的,以欺君之罪被砍掉双脚。楚文王即位后,他抱着玉哭于荆山下。文王使人剖开石头,果然得到一块宝玉。刖(yuè):古代砍掉脚或脚趾的刑罚。

④过:错误。

⑤"若夫邹衍谓今天下为一州"二句:事见《史记·孟子荀卿列传》。邹衍把中国称为"赤县神州",认为中国境内的九州仅仅是小九州,而像中国一样的大州共有九个。可参见《谈天篇》。邹衍(约前324—前250),战国末期齐国人,稷下学宫学者,阴阳家的代表人物。主要提出"五德终始说"与"大九州说"。著作有《邹子》《邹子终始》,皆已亡佚。有若,有如,像。天下,指中国。

⑥"《淮南书》言共工与颛顼争为天子"几句:事参见《谈天篇》,王充曾在此篇中对以上说法予以驳斥。《淮南书》,即《淮南子》。共(gōng)工,传说中的上古诸侯。颛顼(zhuān xū),传说中的上古帝王。不周之山,不周山,传说中的古山名。天柱,古代神话中支撑天的柱子。折,断。地维,古代神话中系地的绳子。维,绳。绝,断。

⑦"尧时十日并出"二句:事参见《感虚篇》《说日篇》,王充曾对此说法加以驳斥。尧上射九日,传说尧时十日并出,禾苗、草木枯焦。尧派羿射下九日。

⑧"鲁阳战而日暮"几句:传说鲁阳公和别人交战时,看到太阳快要西落,便向太阳挥戈,结果太阳又回到中天。对这种说法,王充在《感虚篇》曾加以驳斥。鲁阳,战国时楚国地名,在今河南鲁山县。这里指鲁阳的地方长官鲁阳公。戈,古代的一种兵器。麾,通"挥",挥舞。却,退。

⑨没:淹没。

⑩濆(pēn)涌:翻腾汹涌。

⑪笔手扰:笔和手安静不下来。

⑫辄：就。

⑬据许由不隐：参见《史记·伯夷列传》。据，证实。许由，传说尧
　　时人，尧要让位给他，他拒不接受，逃到箕山隐居。

⑭燕太子丹不使日再中：传说燕太子丹在秦国做人质的时候，秦王
　　政提出如果他能使偏西的太阳回到正中，天降粟，就放他回去。
　　后来据说这些条件都实现了。司马迁在《史记·刺客列传》中论
　　述这种说法，认为"太过"。王充在《感虚篇》曾对这种说法加以
　　批驳。燕太子丹（？—前226），燕国的太子，名丹。

【译文】

　　宝玉和石头混杂在一起，一般人不能识别，就像楚国的玉尹把宝玉
当作石头，最终使卞和遭受了刖足的刑罚。对的反而变成了错的，虚假
的反倒成了真实的，我怎么能不发表议论呢？世俗所传已经是错的了，
世俗之书所说又是假的。就如邹衍说现今中国只是天下的一个州，四海
之外有如中国这样的州有九个。《淮南子》上说共工与颛顼争当天子，没
有获胜，因此生了气而撞不周山，折断了天柱，也弄断了系着大地的绳
子。尧时十个太阳一同出来，尧派羿从天上射下九个太阳。鲁阳公与人
交战时太阳偏西了，便向太阳挥戈，太阳因此又回到中天。世间流行的
书传，内容大多如上述这类事例一样，空泛虚假，淹没和压倒了正确的事
实。看见这一现象，我思潮喷涌而出，握笔的手骚动不安，怎么能不发表
议论呢？发议论时对问题用心加以思考，用事实加以证明，那些浮夸虚
假的事情，马上就被检验出来了。如太史公在《史记》中，证实许由没有
归隐，燕太子丹也没有使西偏的太阳再回到中天。读到见到的人，没有
不称好的。

　　《政务》为郡国守相、县邑令长陈通政事所当尚务①，欲
令全民立化②，奉称国恩③。《论衡》九虚、三增，所以使俗务
实诚也④；《论死》《订鬼》，所以使俗薄丧葬也。孔子径庭丽

级⑤，被棺敛者不省；刘子政上薄葬⑥，奉送藏者不约；光武皇帝草车茅马⑦，为明器者不奸⑧。何世书俗言不载？信死之语汶浊之也⑨。今著《论死》及《死伪》之篇，明死无知⑩，不能为鬼，冀观览者将一晓解约葬⑪，更为节俭。斯盖《论衡》有益之验也⑫。言苟有益⑬，虽作何害？仓颉之书，世以纪事；奚仲之车，世以自载⑭；伯余之衣⑮，以辟寒暑⑯；桀之瓦屋⑰，以辟风雨。夫不论其利害，而徒讥其造作，是则仓颉之徒有非，《世本》十五家皆受责也⑱。故夫有益也，虽作无害也；虽无害，何补⑲？

【注释】

①守：郡守，郡的行政长官。相：国相，这里指诸侯王国的行政长官。县、邑：郡以下的统治机构。令、长：县的行政长官，万户以上的称"令"，万户以下的称"长"。陈通：陈述。尚：崇尚，重视。务：勉力从事。

②全：保全。

③奉称：颂扬。

④实诚：实事求是。

⑤孔子径庭丽级：据《吕氏春秋·安死》记载，当孔子听说阳虎要用玙璠（君主佩戴的美玉）给季平子装殓时，就不顾自己应当遵守的礼节，急忙跑去谏阻，其目的在于坚持君臣的礼节。可参见《薄葬篇》。径庭，急急忙忙穿过庭院。按古礼，客人入大门后，应该绕左侧而行，"径庭"被认为是不符合礼的。径，径直，指直接穿过。庭，庭院。丽级，一步跨上一级台阶。按古礼，上台阶应该走一步把双脚并一下，"丽级"也被认为是不符合礼的。丽，历，跨。级，台阶。

⑥上：上书。

⑦光武皇帝：汉光武帝。草车茅马：用茅草扎成车马做随葬品。据《后汉书·光武帝纪》记载，汉光武帝主张薄葬，曾称赞古人用"木车茅马"这一类简朴的东西随葬。

⑧明器：古代随葬用的器物。奸：伪，仿制。

⑨汶（mén）浊：昏暗不明，被蒙蔽。

⑩明：阐明。

⑪冀：希望。一晓解：懂得一点。

⑫斯：这。

⑬苟：假如。

⑭载：乘坐。

⑮伯余：传说中的上古帝王黄帝的名字，传说他发明了衣服。

⑯辟（bì）：驱除，躲避。

⑰桀：夏朝最后一个君主，传说用瓦盖房是从他开始的。

⑱《世本》十五家：指《世本》中记载的十五个有发明创造的人。《世本》，记载从黄帝到春秋时诸侯大夫的姓氏、世系、城邑、制作等，原书已失传，今有辑本。

⑲"虽无害"二句：疑有脱误，大意是：如果没有益处，虽然无害，又有什么用呢？

【译文】

《政务》这篇文章是为郡国守相、县邑令长陈述处理政事时应当重视而勉力从事的事情，要让守、相、令、长做到保全百姓树立教化，颂扬朝廷的恩德。《论衡》中的九虚、三增等篇，目的是使世俗努力做到实事求是；《论死》《订鬼》两篇，目的是使世俗丧葬从简。孔子违反礼仪，穿过庭院跨上台阶，是由于被装进棺材用于给季平子陪葬的物品不够俭省；刘子政上书给皇帝提倡薄葬，是因为当时陪葬器物不符合节俭的原则；光武帝称赞古人用草车茅马随葬，制作陪葬品的人却不按照这种方式去做。为什么世俗之书中不记载这些事呢？是因为那些相信人死后会变鬼的胡言乱语使人们受了蒙蔽。现在我写了《论死》及《死伪》这两篇文章，阐明了人死无知不能变鬼的道理，希望读者会因此了解一点薄葬的意义，送葬时能够变得节俭。这就是《论衡》这部书有益于社会的证明。这些言论如果有益于社会，即使创作出来又有什么害处呢？仓颉创造文字，世上的人用来纪事；奚仲制造车，世上的人用来乘坐；伯余发明衣服，世上的人用来防寒御暑；桀发明用瓦盖屋，世上的人用来躲避风雨。如果不考虑它是有利还是有害，只是讥讽他们的创作，这样的话仓颉这些人就都有错了，《世本》中记载的十五个有发明创造的人全都要受到指责了。所以说，如果是对社会有益的，即使是创作也没有什么害处；如果对社会无益，即使无害，又有什么用呢？

古有命使采爵①，欲观风俗，知下情也。《诗》作民间，圣王可云"汝民也，何发作"②，囚罪其身，殁灭其诗乎③？今已不然，故《诗》传亚今④。《论衡》《政务》，其犹《诗》也⑤，冀望见采，而云有过。斯盖《论衡》之书所以兴也。且凡造作之过，意其言妄而谤诽也⑥。《论衡》实事疾妄⑦，《齐世》《宣汉》《恢国》《验符》《盛褒》《须颂》之言⑧，无诽谤之辞。造作如此，可以免于罪矣。

【注释】

①使：使臣。采爵：当作"采诗"，草书形近而误。指采集诗歌。

②发：抒发。

③殁（mò）灭：消灭。

④亚：次。

⑤犹：好比，如同。

⑥意：疑。

⑦实事疾妄：实事求是，痛斥虚妄。

⑧《齐世》《宣汉》《恢国》《验符》《须颂》：《论衡》中的五篇文章。

　《盛褒》：今本《论衡》中此篇已佚失。

【译文】

　　古代有天子派使臣到各地采集民诗的制度，这是君王想以此来观察各地风俗，了解百姓的情况。《诗经》创作于民间，难道圣王能够说"你们是百姓，为什么要作诗"，因而囚禁降罪于他们，消灭他们作的诗吗？现在已经证明情况不是这样，所以《诗经》一直流传到今天。《论衡》《政务》，它们如同《诗经》一样，既希望能够被采集，却又被说因为是创作而有错。这就是我写《论衡》这部书的起因。况且大多写书所犯的错误，是因为怀疑书中言论荒谬又有诽谤的地方。《论衡》实事求是，痛斥虚妄，《齐世》《宣汉》《恢国》《验符》《盛褒》《须颂》中的议论，没有诽谤的言辞。写作出这样的作品，应该可以免于罪责了。

卷第三十

自纪篇第八十五

【题解】

王充作《论衡》前后凡三十年，《自纪篇》写于晚年，是《论衡》的结尾之作。本篇是王充的自传，记述了自己的家世、生平与思想性格，阐明了写作《论衡》的目的，反驳了时人对自己的攻击与污蔑，故名为《自纪篇》。

从本篇可以看出，王充生于"细族孤门"，虽担任过几任地方官吏，但终不得志。他从小好学，"居贫苦而志不倦"。因痛恨世上势利庸俗的作风而写了《讥俗》一书；对统治者欲求治而不得门道感到怜惜而写了《政务》一书；针对世俗之间"伪书俗文"泛滥的情况而写了《论衡》一书。由于王充的著作言辞过于尖锐，因此遭到了时人的多方指责，被认为是"不合于古""无类而妄生"的"妖变"。王充针对这些指责一一给予了反驳，并提出了"鸟无世凤皇，兽无种麒麟，人无祖圣贤，物无常嘉珍。才高见屈，遭时而然"的观念，以批驳当时专注于师法家法传授的学术风气，以及以"合于古"为文章好坏的标准。王充认为文章应该针对现实而作，文章的内容要做到"为世用者"，这样作者才能"名传于千载"，表明了王充作《论衡》的最终目的。

《自纪篇》可以看作王充一生言行的真实写照，是研究王充生平、思想、著述的重要资料。

王充者,会稽上虞人也①,字仲任。其先本魏郡元城②,一姓孙③。一几世尝从军有功④,封会稽阳亭⑤。一岁仓卒国绝⑥,因家焉,以农桑为业。世祖勇⑦,任气⑧,卒咸不揆于人⑨。岁凶⑩,横道伤杀⑪,怨仇众多。会世扰乱⑫,恐为怨仇所擒,祖父汎举家檐载⑬,就安会稽⑭,留钱唐县⑮,以贾贩为事⑯。生子二人,长曰蒙,少曰诵,诵即充父。祖世任气,至蒙、诵滋甚⑰,故蒙、诵在钱唐,勇势凌人⑱。末复与豪家丁伯等结怨⑲,举家徙处上虞⑳。

【注释】

①上虞:县名。西汉置(一说秦置),故治在今浙江上虞。

②先:祖先。魏郡:郡名。汉高帝十二年(前195)置,治所在邺县(今河北临漳西南)。元城:县名。西汉置,治所在今河北大名东。

③一姓孙:指前代家族中有一族姓孙。

④一:疑为衍文。以上两句疑有脱误。

⑤阳亭:地名,具体地址不详。据《汉书·地理志》记载,会稽郡乌程县有欧阳亭,在今浙江吴兴东。

⑥仓卒:变乱。卒,同"猝",突然。国绝:指失掉了受封的爵位与土地。

⑦世祖:世代祖先。

⑧任气:任性,意气用事。

⑨卒:终于。咸:都。不揆(kuí)于人:得到不到人的谅解,不容于人。揆,度,这里指谅解。

⑩岁凶:灾荒年头。

⑪横道:拦路。

⑫会:碰上。

⑬汎(fàn):王汎,王充的祖父。举家:全家。檐载:肩挑、车载,指

　　携带所有财物。檐,举,此处指肩挑。递修本作"担"。

⑭就:到。会稽:山名,在今浙江绍兴东南。

⑮留:停留,居住。钱唐县:县名。秦置,治所在今浙江杭州西灵隐
　　山麓。西汉为会稽郡西部都尉治所。

⑯贾(gǔ)贩:做买卖。事:业。

⑰滋甚:更加厉害。

⑱凌:侵。

⑲末:最后。复:又。丁伯:人名。

⑳徙处:迁居。

【译文】

　　王充,会稽郡上虞县人,字仲任。他的祖先原是魏郡元城人,有一族姓孙。祖上几代曾从军立有战功,被封于会稽郡阳亭。但才一年便因变乱而失去了爵位和封地,于是就在那里落了户,以种地养蚕为业。曾祖父王勇好意气用事,结果不容于乡里。灾荒年头,又因拦路杀伤过人,所以仇人众多。又赶上兵荒马乱,怕被仇人捉住,于是祖父王汎领着全家肩挑车载全部家当,准备到会稽郡安家,在钱唐县留居了下来,以经商为业。他有两个儿子,长子叫王蒙,次子叫王诵,王诵就是王充的父亲。王家世代任性用气,到了王蒙、王诵时更加厉害,所以王蒙、王诵在钱唐县常凭借着自己的勇力欺凌别人。后来,又与豪强丁伯等人结下了怨仇,只好全家迁居到上虞县。

　　建武三年①,充生。为小儿,与侪伦遨戏②,不好狎侮③。侪伦好掩雀、捕蝉④,戏钱、林熙⑤,充独不肯。诵奇之。六岁教书⑥。恭愿仁顺⑦,礼敬具备⑧,矜庄寂寥⑨,有巨人之志⑩。父未尝笞⑪,母未尝非⑫,闾里未尝让⑬。八岁出于书馆⑭,书馆小僮⑮,百人以上,皆以过失袒谪⑯,或以书丑得鞭⑰。

充书日进,又无过失。手书既成⑱,辞师⑲,受《论语》《尚书》⑳,日讽千字㉑。经明德就㉒,谢师而专门㉓,援笔而众奇㉔。所读文书,亦日博多㉕。才高而不尚苟作㉖,口辩而不好谈对㉗。非其人㉘,终日不言。其论说,始若诡于众㉙,极听其终,众乃是之㉚。以笔著文,亦如此焉;操行事上㉛,亦如此焉。

【注释】

①建武三年:27年。建武,汉光武帝的年号,25—56年。

②侪(chái)伦:同辈的伙伴。遨戏:游戏。

③狎(xiá)侮:轻慢侮弄。此指随意打闹。狎,态度亲昵而随便。侮,戏弄。

④掩:捉。

⑤戏钱:拿铜钱做游戏。林熙(xī):爬树一类的游戏。《淮南子·修务训》有关于"林熙"的记载,指攀上树枝做惊险动作。熙,通"嬉",游戏。

⑥书:写字。

⑦恭:恭敬。愿:老实谨慎。仁:友爱。顺:听话。

⑧礼敬具备:指对同辈与长辈都很有礼貌。

⑨矜(jīn)庄:庄重。寂寞:沉默寡言。

⑩巨:底本作"臣",递修本作"巨",据改。巨人,大人,指成年人。

⑪笞(chī):用鞭子、杖或竹板打人。

⑫非:责备。

⑬闾(lú)里:指街坊邻里。让:指责。

⑭书馆:汉代教儿童学习写字的私塾。

⑮僮:同"童"。

⑯袒谪（tǎn zhé）：指露出皮肉挨打。袒，裸露。谪，责罚。

⑰书丑：书法拙劣。得鞭：受鞭打。

⑱手书既成：学会了写字。

⑲辞师：告别老师，离开书馆。

⑳受：接受教导，学习。

㉑讽：背诵。

㉒经明：通晓经术。德就：道德有所成就。

㉓谢：辞去。专门：独立钻研学问。

㉔援笔：执笔，指写文章。奇：惊异，赞赏。

㉕博：广博，广泛。

㉖尚：崇尚，喜爱。苟：苟且，随随便便。作：写作。

㉗口辩：口才好。谈对：谈论对答。

㉘其人：指和自己意气相投的人。

㉙诡：怪异。

㉚乃：于是，才。是：认为正确。

㉛事：侍奉。上：尊长。

【译文】

建武三年，王充出生。王充小时候，跟同辈的伙伴一起玩，不喜欢随便打闹。同辈的伙伴们都喜欢捉鸟、捕蝉，拿铜钱做游戏、爬树，只有王充不愿玩这些。王诵认为这个孩子不寻常。王充六岁时，就教他认字写字。王充为人恭敬忠厚、谨慎、友爱、孝顺，很懂礼貌，庄重寡言，有成年人的气派。父亲从未打过他，母亲从未责备过他，乡邻从未指责过他。八岁进书馆学习，书馆里的小孩子有一百多人，都曾因为有过失而脱去衣服受责打，或者因为字写得难看而被鞭打。只有王充的书法日见进步，又没有过失。学会了写字，就告别老师，去学习《论语》和《尚书》，每天能背诵一千字。读通了经书，品德也修养好了，就又辞别老师而去自己独自研学，一写出文章，就得到许多人的好评。所读的书也一天天广博起来。才能虽高但不喜欢随便写作,口才很好可是不好与人谈笑对答。不碰上志同道合的人,他可以整天不说话。他的言论,初听时似乎很古怪,与众不同,直到把他的话听完了,大家才认为他说得很正确。写文章时,也是如此;行事为人和侍奉尊长方面,也是如此。

在县位至掾功曹①,在都尉府位亦掾功曹②,在太守为列掾五官功曹行事③,入州为从事④。不好徼名于世⑤,不为利害见将⑥。常言人长,希言人短⑦。专荐未达⑧,解已进者过⑨。及所不善,亦弗誉;有过不解,亦弗复陷。能释人之大过⑩,亦悲夫人之细非⑪。好自周⑫,不肯自彰⑬,勉以行操为基⑭,耻以材能为名⑮。众会乎坐⑯,不问不言;赐见君将⑰,不及不对⑱。在乡里慕蘧伯玉之节⑲,在朝廷贪史子鱼之行⑳。见污伤不肯自明㉑,位不进亦不怀恨。贫无一亩庇身㉒,志佚于王公㉓;贱无斗石之秩㉔,意若食万钟㉕。得官不欣,失位不恨。处逸乐而欲不放㉖,居贫苦而志不倦㉗。淫读古文㉘,甘闻异言㉙。世书俗说,多所不安㉚,幽处独居,考论实虚。

【注释】

①掾(yuàn)功曹:管理人事的属官。掾,掾史,汉代中央和地方机构中的属官的通称。功曹,主管人事的部门。

②都尉:郡的军事长官。

③太守:郡的行政长官。列掾:指不负责固定工作部门的掾史。列,诸,各。五官功曹行事:代理五官曹掾、功曹掾的职务。五官,五官掾,郡太守的属官,兼管功曹和其他各部门的有关事务。

④从事:汉代州郡长官自己征聘的属官,又称为"从事史"。

⑤徼(yāo)名:求取好的名声。徼,通"邀",求取。

⑥将:泛指州郡长官。

⑦希:少。

⑧未达:指没做官的读书人。达,显达,指做官。

⑨解:开脱。

⑩释:原谅。

⑪夫:句中语助词,无义。

⑫周:密,隐蔽。

⑬彰:显露,炫耀。

⑭勉:尽力。基:根本。

⑮名:此指沽名钓誉。

⑯乎:于,在。

⑰君将:泛指州郡长官。

⑱对:应对,对答。

⑲在乡里:指没有做官的时候。慕:爱慕,敬仰。蘧(qú)伯玉之节:据《论语·卫灵公》记载,孔子曾吹捧蘧伯玉只在国家有道的时候才出来做官,否则就把自己的政治主张藏在心里。这里指不违背自己的主张去追求禄位的品德。蘧伯玉,春秋时卫国大夫。

⑳贪:追求。史子鱼之行:据《论语·卫灵公》记载,孔子称赞史子鱼无论国家有道还是无道,言行都很正直。这里指始终坚持自己的主张而不见风使舵的操行。史子鱼,春秋时卫国大夫。

㉑见:被。污伤:污蔑中伤。明:表白。

㉒一亩:《礼记·儒行》有"儒有一亩之宫,环堵之室"的说法,"一亩"即"一亩之宫",指简陋的住宅。庇:遮蔽。

㉓佚:安逸,安乐。

㉔无斗石之秩:没有一官半职。斗石,指微薄的俸禄。秩,品级,

俸禄。

㉕食万钟：指享受优厚的俸禄。食，享受俸禄。钟，古代容积单位，
六十四斗为一钟。

㉖欲：欲望。放：放纵。

㉗倦：懈怠。

㉘淫读：广泛阅读。淫，无节制。

㉙甘：高兴，乐意。异：奇异，不寻常。

㉚安：妥。

【译文】

王充在县里的官至掾功曹，在都尉府的职位也是掾功曹，在太守府
任五官掾，兼管功曹的事务，最后到州里任从事史。王充不图在世上沽
名钓誉，不为个人的利害去求见州郡长官。经常讲别人的优点，很少说
别人的缺点。专爱推荐没有做官的读书人，给已经当了官的贤人开脱过
错。至于自己不满意的人，不会去称赞他；人家有了过失，即使不为他开
脱，也不会再去追究查处。能够原谅别人的大错，也惋惜别人细小的过
失。喜欢隐藏自己的才能，不好自我标榜，努力把修养操行作为做人的
根本，而羞于靠才能来沽名钓誉。众人聚会坐在一起，不问到自己便不
说话；被长官接见时，不问到自己就不作声。在乡里闲居时，非常仰慕蘧
伯玉的气节；在朝廷做官时，非常崇拜史子鱼的操行。受到污蔑中伤也
不愿自我辩解，官位不升迁也不怀恨。穷得连蔽身的简陋住宅都没有，
但内心比官高禄厚的王公大人还要安乐；卑贱得连斗石的俸禄都没有，
而心情却与享有万钟俸禄的人一样。做了官不感到高兴，丢了官也不觉
得悔恨。处在逸乐之中时不放纵自己的欲望，处在贫困的时候也不会有
所懈怠。喜爱广泛地阅读古书，喜欢听不同于流俗的言论。世俗流行的
书籍和一般言论，有许多不妥当的地方，于是就深居简出，考查论证世书
俗语的虚实真伪。

　　充为人清重①，游必择友②，不好苟交③。所友位虽微卑，年虽幼稚，行苟离俗，必与之友。好杰友雅徒④，不泛结俗材⑤。俗材因其微过⑥，蜚条陷之⑦，然终不自明，亦不非怨其人。或曰："有良材奇文，无罪见陷，胡不自陈⑧？羊胜之徒⑨，摩口膏舌⑩；邹阳自明⑪，入狱复出。苟有全完之行⑫，不宜为人所缺⑬；既耐勉自伸⑭，不宜为人所屈⑮。"答曰：不清不见尘⑯，不高不见危，不广不见削⑰，不盈不见亏⑱。士兹多口⑲，为人所陷，盖亦其宜。好进故自明⑳，憎退故自陈㉑。吾无好憎，故默无言。羊胜为谗，或使之也；邹阳得免，或拔之也㉒。孔子称命㉓，孟子言天㉔，吉凶安危，不在于人。昔人见之㉕，故归之于命，委之于时㉖，浩然恬忽㉗，无所怨尤㉘。福至不谓己所得，祸到不谓己所为。故时进意不为丰㉙，时退志不为亏㉚。不嫌亏以求盈，不违险以趋平㉛；不鬻智以干禄㉜，不辞爵以吊名㉝；不贪进以自明，不恶退以怨人。同安危而齐死生㉞，钧吉凶而一败成㉟，遭十羊胜，谓之无伤。动归于天㊱，故不自明。

【注释】

①清：清高。重：庄重。

②游：交游，结交朋友。

③苟交：乱交朋友。

④杰友：才能出众的朋友。雅徒：品德高尚的人。

⑤泛：广泛，普遍。

⑥因：凭借。

⑦蜚（fēi）条：匿名帖子。蜚，通"飞"。陷：诬陷。

⑧胡:何,为什么。陈:陈述,申辩。

⑨羊胜:西汉人,梁孝王刘武的门客,曾为梁孝王谋划当帝位继承人。参见《汉书·梁孝王传》。

⑩摩口膏舌:形容一个人的嘴巴很厉害,善于挑拨是非,诬陷别人。摩,砥砺,磨炼。膏,润。

⑪邹阳自明:据《史记·邹阳列传》记载,由于羊胜等人的陷害,邹阳曾被梁孝王逮捕下狱,后在狱中上书辩白,获得释放。邹阳,西汉人。

⑫全完:完美无缺。

⑬缺:毁伤。

⑭耐(néng):同"能",能够。伸:表白。

⑮屈:冤屈,冤枉。

⑯尘:指污染。

⑰削:减。

⑱盈:满。

⑲士兹多口:有才能有学问的人才如此遭受各方面的攻击诽谤。此句参见《孟子·尽心下》,原文为"士憎兹多口",意思是士人讨厌这种多嘴多舌。士,这里指有才能有学问的人。兹,此,这样。多口,口舌多,指来自各方面的攻击诽谤。

⑳进:仕进,做官。

㉑退:贬退,丢官。

㉒拔:解救。

㉓孔子称命:据《论语·宪问》记载,孔子的学生公伯寮在季孙氏面前诋毁子路,鲁国大夫子服景伯将此事告诉孔子,并表示可以杀掉公伯寮。孔子说:"我的主张能否施行,是由天命决定的,公伯寮怎能改变天命呢?"命,天命。

㉔孟子言天:据《孟子·梁惠王下》记载,有一次鲁平公想会见孟

子,被他的宠臣臧仓劝阻了。孟子知道后,感叹道:我得不到鲁君的重用,是天命,臧仓怎么能使我不被重用呢!

㉕昔人:古人。

㉖"故归之于命"二句:参见《偶会篇》。王充认为一个人的遭遇是由"命"决定的,是碰到一定的外在条件偶然实现的。委,归结。时,时势,时运。

㉗浩然:形容胸怀开阔的样子。恬(tián)忽:满不在乎。恬,安然,满不在意。忽,不在意。

㉘怨尤:怨恨。

㉙丰:志得意满。

㉚亏:灰心丧气。

㉛违:逃避。趋:追逐。

㉜鬻(yù):卖。干禄:求取功名利禄。干,求,取。

㉝吊名:即"钓名",沽名钓誉。

㉞同:平等看待。

㉟钧:通"均",等同。一败成:把失败与成功看成是一样的。

㊱动:动辄,往往。

【译文】

王充为人清高稳重,结交朋友一定有所选择,从不随便与人结交。所交的朋友地位虽卑微,年纪虽轻,但只要他的品行不同于流俗,就一定和他交往。喜好结交一些才能出众道德高尚的人,不喜欢滥交一些庸俗之辈。因此有些庸俗之辈就抓住王充一些微小的过失,匿名攻击陷害他,但王充始终不去辩白,也并不因此责怪怨恨那些人。有人说:"你既然有优秀的才干和出奇的文才,又是无罪而被陷害,为什么不自己去申辩呢?像羊胜那样的人,鼓动唇舌,使邹阳下了狱;邹阳自己上书申诉,结果得到释放。如果自己真有完美的德行,那就不该被人攻击;既然有能力替自己申诉,那就更不该被人冤枉。"王充回答说:不清洁的东西就不存在被污染的问题,不高的东西就不会存在什么危险,不宽广的东西就不存在被削减的危险,装得不满的东西就不会存在被损耗的问题。有才能的人受到各种攻击诽谤,被人所陷害,大概也是理所当然的。一心想往上爬的人才去自我表白,害怕丢官的人才去自我申辩。我既不想往上爬又不怕丢官,所以就沉默不言。羊胜谗陷他人,或许是有某种力量指使着他;邹阳免于祸难,也许是有某种力量在解救他。孔子称是天命,孟子说是天意,这就是说人的吉凶和安危,并不取决于人。前人明白这些道理,所以把成败归之于天命,归结于时运,因此内心坦然宁静,没有什么怨恨的。福佑到了,不认为是靠自己得来的;祸患来了,也不认为是自己招来的。所以升了官也并不因此而志得意满,降了职也并不因此灰心丧气。不因嫌弃贫贱而去追求富贵,不会因为逃避凶险的遭遇而去追逐平安舒适的生活;不卖弄聪明以求取禄位,不假意辞官来骗取名声;不因贪图高官而自我标榜,也不因怕丢官而怨恨别人。把安与危、死和生看成是一样的,把吉与凶、成和败看成是同类的,这样即使遇到十个羊胜之类的人,也会认为没有受到妨害。把一切都归结于天,所以不需要自我辩白。

　　充性恬澹①,不贪富贵。为上所知②,拔擢越次③,不慕高官;不为上所知,贬黜抑屈④,不恚下位⑤。比为县吏⑥,无所择避⑦。或曰:"心难而行易⑧,好友同志,仕不择地⑨,浊操伤行⑩,世何效放⑪?"答曰:可效放者,莫过孔子。孔子之仕,无所避矣。为乘田委吏⑫,无於邑之心⑬;为司空相国⑭,无说豫之色⑮。舜耕历山⑯,若终不免⑰;及受尧禅⑱,若卒自得⑲。忧德之不丰⑳,不患爵之不尊;耻名之不白㉑,不恶位之不迁㉒。垂棘与瓦同椟㉓,明月与砾同囊㉔,苟有二宝之质㉕,不害为世所同㉖。世能知善,虽贱犹显㉗;不能别白,虽尊犹辱。处卑与尊齐操,位贱与贵比德㉘,斯可矣㉙。

【注释】

①恬澹:淡泊,不追求名利。

②上:泛指上级官吏。

③拔擢(zhuó):提拔。越次:越级。

④贬黜(chù):贬退,罢黜。贬,贬官,降职。黜,贬降,罢退。抑屈:压抑委屈。抑,被压制。屈,受委屈。

⑤恚(huì):愤怒,怨恨。

⑥比:频,屡次。

⑦择:选。避:回避,推辞。

⑧易:平常,寻常。

⑨仕:做官。地:职位。

⑩浊:玷污。伤:败坏。

⑪效放(fǎng):效法,学习。放,仿效,模拟。

⑫乘田:官名,掌管畜牧的小吏。委吏:管理粮仓的小吏。

⑬於(wū)邑:亦作"於悒",忧郁烦闷。

⑭司空:官名,掌管土木建设的最高官员。相国:官名,相当于宰相。

⑮说(yuè)豫:兴高采烈。说,同"悦",高兴,喜悦。

⑯历山:古山名。

⑰免:指摆脱低贱的身份。

⑱禅(shàn):君主让位给别人。

⑲卒:终究。自:当然,应该。

⑳丰:厚,高尚。

㉑白:清白。

㉒迁:升迁。

㉓垂棘:春秋时晋国地名,产美玉,后被用来作为美玉的代称。楩

（dú）：柜、函一类的藏物器。

㉔明月：指珍珠。砾（lì）：碎石。

㉕质：质地。

㉖害：害怕。

㉗显：高贵。

㉘比德：品德相同。比，并，同。

㉙斯：这。

【译文】

王充的性情恬静淡泊，不贪图富贵。当被上司所了解，破格提拔的时候，并不因仰慕高官厚禄而高兴；当不被上司了解，被降职罢官受压抑的时候，也不因职位低下而怨恨。几次被任为县里的小吏，也没有挑选而推辞。有人说："你思想难得而行为却一般，专门交结志同道合的人，做官也不计较职位好坏，这岂不是玷污了你的节操败坏了你的品行吗？有什么值得人家向你学习的呢？"王充回答说：值得人们学习的人，没有谁比得上孔子。孔子做官，并未挑选职位的好坏。当他做乘田、委吏的时候，并没有郁郁不乐的心情；当他做司空、相国的时候，也没有兴高采烈的表现。舜在历山耕种，就像心甘情愿地要那样过一辈子似的；等到接受尧的禅让，又像是他本来就该得到帝王之位一样。人所担忧的应该是德行有缺，而不该担心官爵低微；人们感到耻辱的应该是声名不白，而不该耻于沉沦下僚。美玉同瓦片放在同一个匣子里，明月之珠同碎石装在同一个口袋里，如果有这两种宝珠的品质，那么是不怕被世人将之与瓦片和碎石混同看待的。世人如果能识别什么是好人，那么好人即使处于卑贱的地位也仍然是尊贵的；世人如果不能辨别好坏，那么即使你地位再高也仍然是耻辱的。如果能做到地位低和地位高的时候操行一样，身份低贱和身份尊贵的时候品德相同，这就可以了。

俗性贪进忽退①，收成弃败②。充升擢在位之时，众人蚁附^③；废退穷居^④，旧故叛去^⑤。志俗人之寡恩^⑥，故闲居作《讥俗节义》十二篇^⑦。冀俗人观书而自觉^⑧，故直露其文^⑨，集以俗言^⑩。或谴谓之浅^⑪。答曰：以圣典而示小雅^⑫，以雅言而说丘野^⑬，不得所晓^⑭，无不逆者^⑮。故苏秦精说于赵^⑯，而李兑不说；商鞅以王说秦^⑰，而孝公不用^⑱。夫不得心意所欲，虽尽尧、舜之言，犹饮牛以酒，啖马以脯也^⑲。故鸿丽深懿之言^⑳，关于大而不通于小^㉑。不得已而强听^㉒，入胸者少。孔子失马于野，野人闭不与，子贡妙称而怒，马圉谐说而懿^㉓。俗晓露之言^㉔，勉以深鸿之文，犹和神仙之药以治疟咳^㉕，制貂狐之裘以取薪菜也^㉖。且礼有所不偯^㉗，事有所不须。断决知辜^㉘，不必皋陶^㉙；调和葵韭^㉚，不俟狄牙^㉛。闾巷之乐^㉜，不用《韶》《武》^㉝；里母之祀^㉞，不待太牢^㉟。既有不须，而又不宜。牛刀割鸡^㊱，舒戟采葵^㊲，铁钺裁箸^㊳，盆盎酌卮^㊴，大小失宜，善之者希。何以为辩^㊵？喻深以浅。何以为智？喻难以易。贤圣铨材之所宜^㊶，故文能为深浅之差。

【注释】

①贪：追求，喜爱。忽：轻视。

②收：接纳，这里指巴结。成：得志的。弃：唾弃。

③蚁附：像蚂蚁成群地爬在食物上。

④废：被免官。

⑤旧故：旧交故友，老相识和老朋友。

⑥志：记载。寡恩：忘恩负义。

⑦闲居：无事在家。《讥俗节义》十二篇：王充的著作之一，今已亡佚。

⑧冀：希望。觉：悟。

⑨直露:直截了当地表露。

⑩集:掺杂。俗言:通俗的语言。

⑪谴:指责。

⑫圣典:圣人的经典,这里指深奥的著作。小雅:"雅"疑为"稚"字之讹,形近而误。小稚,指小孩子。稚,幼小。

⑬雅言:通行于文人贵族之间的典雅之语。丘野:山野,这里指知识水平低的人。

⑭晓:告诉。

⑮逆:抗拒,拒绝。

⑯苏秦精说于赵:据《战国策·赵策》记载,苏秦曾以精深的道理游说赵国大臣李兑,但遭到拒绝。

⑰王:指儒家宣扬的圣王之道。秦:秦孝公。

⑱孝公不用:商鞅初入秦时,曾以推行"王道"的主张来试探孝公的心意,不被孝公采纳。

⑲啖(dàn):给吃。脯:干肉。

⑳鸿丽:鸿大华丽。深懿:深奥美妙。懿,美。

㉑关:通"贯",通,指适用。

㉒强:勉强。

㉓"孔子失马于野"几句:事参见《逢遇篇》。野人闭不与,据《吕氏春秋·必己》记载,孔子的马吃了路旁的庄稼,因此被农夫扣留。野人,指农夫。闭,关,扣留。与,给。子贡,孔子的学生。称,说。马圉(yǔ),养马的人。谐,诙谐,说话有趣。

㉔俗晓露之言:据下文"充书形露易观",疑本句"晓"字后脱一"形"字。

㉕和:调和,配制。齁(qiú)咳:鼻塞不通,气逆作咳。齁,鼻子不通气。

㉖裘:皮衣。薪:柴草。

㉗偫(zhì):储备,积储。

㉘断决:判决。辜:罪过。

㉙皋陶(gāo yáo):传说是舜时掌管司法的大臣。

㉚葵:葵菜。

㉛俟:等待。狄牙:也称"易牙",齐桓公的宠臣,善于烹调。

㉜闾(lú)巷:居民聚集的小巷,这里指民间。

㉝《韶》:传说是舜时演奏的雅乐。《武》:传说是周武王时演奏的雅乐。

㉞里母:里社,乡里祭祀土地神的地方。

㉟太牢:古代君主祭祀时,牛、猪、羊具备,称为"太牢"。

㊱牛刀割鸡:参见《论语·阳货》,原文是"割鸡焉用牛刀"。比喻使用的手段大小不当。

㊲舒戟:长戟。戟,古代的一种兵器。

㊳铁(fǔ):通"斧",兵器。古代亦作为执法权力的象征。钺(yuè):古代的一种兵器,形似斧而较大。箸(zhù):筷子。

㊴盎(àng):盆类盛器。酌:斟酒。卮(zhī):酒杯,这里指酒。

㊵辩:善辩,指口才好。

㊶铨:衡量。

【译文】

世俗之人的情性都是重视升官的人轻视被贬退的人,巴结那些成功得势的人而背弃那些失势的人。当王充被提拔做官的时候,许多人像蚂蚁趴在食物之上一样依附在他身边;当王充被免职,贫困家居的时候,连旧交故友也背离他而去。王充为了记述俗人的忘恩负义之行,所以在家闲居的时候写了《讥俗节义》十二篇。希望俗人读到以后能有所觉悟,因此文章的表述直截了当,并且掺杂了通俗的语言。有人指责我的文章浅薄。王充回答说:拿圣人所作的精妙之文给小孩子看,把高雅的言论说给粗野之人听,他们不可能明白其中的内容,而会觉得与他们的认识格格不入。所以苏秦曾用精深的学说去赵国游说,结果李兑听了并不乐意接受;商鞅起初用先王之道去游说秦孝公,而秦孝公却不愿采纳。只要是不符合人们内心所想,即使你说的尽是尧、舜之言,那也如同把酒拿去给牛喝,用肉干喂马一样。所以那种华丽深奥的言辞,适用于大人君子而不适用于小人庸夫。人们不得已而勉强来听,那么能听进心中的人是很少的。孔子在野外丢失了马,被农夫扣留并不愿意归还,子贡用美妙的言辞去劝说农夫,反而激怒了对方,后来孔子的马夫用幽默诙谐的话去劝说,对方却认为讲得很好。一般人只懂得浅露的话语,勉强给他们讲读高深鸿大的文章,就如同配置仙丹妙药去治疗鼻塞咳嗽,缝制貂皮、狐皮做的衣服却穿着去砍柴挖野菜一样。况且礼节无论规定得怎么周到,总也会有不周备的时候,事情也有不必这样做的时候。判决罪证明显的人,不一定非要皋陶才行;烹调葵韭一类的菜蔬,也不一定要等狄牙来做才行。民间的乐曲,不一定要用《韶》《武》;乡里祭祀土地神,也用不着使用太牢。做事情既有必不必要的方面,又有适不适宜的方面。用宰牛的刀杀鸡,用长戟挖菜,用大斧削筷子,用盆罐盛酒,这些都是大小失当的做法,称赞这种做法的人很少。怎样才算口才好呢?能用浅显的语言来比喻深奥的道理就算好。怎样才算才智高呢?能用易懂的事例比喻难懂的问题就算才智高。贤圣能衡量读者的才能高低,所以能写出深浅不同的文章来。

充既疾俗情①,作《讥俗》之书;又闵人君之政②,徒欲治人,不得其宜,不晓其务③,愁精苦思,不睹所趋④,故作《政务》之书⑤。又伤伪书俗文多不实诚⑥,故为《论衡》之书。夫贤圣殁而大义分⑦,蹉跎殊趋⑧,各自开门⑨。通人观览⑩,不能钉铨⑪。遥闻传授⑫,笔写耳取⑬,在百岁之前。历日弥久,以为昔古之事,所言近是⑭,信之入骨,不可自解,故作是论⑮。其文盛,其辩争⑯,浮华虚伪之语,莫不澄定⑰。没华虚之文⑱,存敦庞之朴⑲,拨流失之风⑳,反宓戏之俗㉑。

【注释】

①疾:痛恨。

②闵:忧虑。

③务:紧要之事。

④趋:努力的方向。

⑤《政务》之书:王充的著作之一,今已亡佚。

⑥伤:痛心,痛恨。实诚:真是。

⑦殁(mò):死。分:分歧。

⑧蹉跎:失时,指时间长久。

⑨各自开门:各人自立门户,指形成各种不同的学派。

⑩通人:博通古今的人。

⑪钉铨:谓订正谬误,评量斟酌。钉,通"订",订正。

⑫遥:久远。

⑬取:听取。

⑭近是:大都是对的。

⑮是论:是,底本作"实",递修本作"是",据改。是论,指《论衡》。

⑯争:竞,激烈。

⑰澄定:澄清,订正。

⑱没:消除。

⑲敦庞:敦厚。朴:朴实的东西,指本质。

⑳拨:矫正。流失之风:指当时流行的浮华不正之风。

㉑反:同"返",恢复。宓(fú)戏之俗:指淳朴的风俗。宓戏,即伏羲氏。

【译文】

王充一方面痛恨俗人的性情,因而写了《讥俗节义》一书;一方面又忧虑君王治理国家,一心想治理好百姓,却不得要领,不知道该做些什么,尽管愁思苦想,也看不出应该遵循的道路,为此写了《政务》这本书。

又痛恨当时社会上流行的伪书俗文,内容大多不实事求是,所以又写了
《论衡》一书。自从古代圣贤死后,他们所传承的大道就发生了分裂,长
期朝着不同的方向发展,学者自立门户各成一派。就是博古通今的人读
了他们的书,也不能断定是非真假。这些伪书俗文都是久远的传闻,代
代相传,有用笔记下的,有用耳听来的,都是些上百年之前的东西。经过
的时间越是久远,人们就越是认为是古代的事情,所说的大都是对的,发
自内心地相信它,而不能自拔,因此我写了《论衡》这本书。这本书的内
容丰富,对问题的讨论很深刻,对于一切浮华虚伪的言论,无不加以澄清
订正。目的是要消除那些华而不实的文章,保存敦厚朴素的本质,矫正
当时流行的不正之风,恢复伏羲时代那种纯朴的习俗。

充书形露易观。或曰:"口辩者其言深,笔敏者其文
沉①。案经艺之文②,贤圣之言,鸿重优雅,难卒晓睹③。世
读之者,训古乃下④。盖贤圣之材鸿,故其文语与俗不通。
玉隐石间,珠匿鱼腹⑤,非玉工珠师,莫能采得。宝物以隐闭
不见⑥,实语亦宜深沉难测⑦。《讥俗》之书,欲悟俗人,故形
露其指⑧,为分别之文⑨。《论衡》之书,何为复然?岂材有
浅极⑩,不能为覆⑪?何文之察⑫,与彼经艺殊轨辙也⑬?"

【注释】
①笔敏者:擅长写文章的人。敏,敏捷。沉:深沉,内敛。
②经艺:指《乐》《易》《书》《诗》《礼》《春秋》六部儒家经典,合称
　"六经"或"六艺"。
③卒:同"猝",仓猝。
④训占:即"训诂",对古书字句加以注释,便于后人阅读古典文献。
　古,通"诂"。下:做出判断。

⑤匿：藏。

⑥见：同"现"，显露。

⑦实语：真实的话，至理名言。

⑧指：旨意，意向。

⑨分别：分明，通俗易懂。

⑩岂：莫非。浅极：浅薄到了极点。

⑪覆：掩盖，含蓄。

⑫察：明白，浅显。

⑬彼：那些。殊轨辙：比喻截然不同。轨辙，车轮碾过的痕迹。

【译文】

王充的书浅显易懂。有人说："善辩的人，讲出来的话很精深，擅长写文章的人，他的文章一定深刻含蓄。考察一下经书上的文章，圣贤的言论，都博大精深，优美文雅，很难一下子就读懂。现在阅读经书的人，必须依靠训诂文字才能做出判断。这大概是由于圣贤的才智博大，所以他们说话，写文章跟世俗之人不同。美玉隐藏在石头里，珍珠蕴藏在鱼腹中，不靠玉工和珠师，便没法采到。宝贵的东西都是隐蔽而不外露的，所以至理名言也应该深奥难懂。《讥俗节义》这本书，本意是想使俗人觉悟，所以表露其主旨，是些通俗易懂的文章。而《论衡》这本书，为什么也是这样呢？莫非是你的才能浅薄到了极点，根本写不出含蓄深刻的东西来吗？不然你的文章那么浅显，和那些经书殊轨异辙呢？"

答曰：玉隐石间，珠匿鱼腹，故为深覆。及玉色剖于石心①，珠光出于鱼腹，其隐乎犹②？吾文未集于简札之上③，藏于胸臆之中④，犹玉隐珠匿也。及出荴露⑤，犹玉剖珠出乎！烂若天文之照⑥，顺若地理之晓⑦，嫌疑隐微⑧，尽可名处⑨，且名白⑩，事自定也。《论衡》者，论之平也⑪。口则务在明言,笔则务在露文。高士之文雅⑫,言无不可晓,指无不可睹。观读之者,晓然若盲之开目⑬,聆然若聋之通耳⑭。三年盲子,卒见父母,不察察相识⑮,安肯说喜⑯? 道畔巨树⑰,堑边长沟⑱,所居昭察⑲,人莫不知。使树不巨而隐,沟不长而匿,以斯示人⑳,尧、舜犹惑㉑。人面色部七十有余㉒,颊肌明洁㉓,五色分别㉔,隐微忧喜,皆可得察,占射之者㉕,十不失一。使面黝而黑丑㉖,垢重袭而覆部㉗,占射之者,十而失九。

【注释】

①及:等到。

②其隐乎犹:据文意,疑本句"犹"字当在"其"字后。其,副词,表诘问,犹岂、难道。

③简札:用以书写的竹简木札。简,竹简。札,木简。

④胸臆:指内心。臆,胸。

⑤获(fū)露:展露。获,散布。

⑥烂:灿烂。天文:指日月星辰。照:照耀。

⑦顺:有条理。地理:地的纹理,指山脉河流。晓:清楚。

⑧嫌疑:不清楚。隐微:不明白。

⑨名:说出名目。处:做出判断。

⑩白:弄明白。

⑪论之平:衡量言论是非真伪的标准。平,衡,指秤。

⑫高士:才高学富的人。雅:不庸俗,优美。

⑬晓然:形容明白清楚的样子。

⑭聆然:形容明白清楚的样子。

⑮察察:清清楚楚。

⑯安:怎么。说(yuè):同"悦",喜悦,高兴。

⑰畔:旁边。

⑱堑(qiàn):沟壕。

⑲昭察:明显。

⑳斯:此,这个。

㉑惑:迷惑,看不清楚。

㉒人面色部七十有余:古代相面术认为人的面孔有七十多个部位,根据这些部位的气色变化,可以判断吉凶。色,气色。部,部位。

㉓颊:面颊。

㉔五色:泛指各种不同的气色。

㉕占射:猜测。占,观测。射,猜测。

㉖黝:淡青黑色。

㉗垢:污秽,肮脏的东西。重袭:重叠。覆部:遮盖了面孔上的部位。

【译文】

王充回答说:美玉隐藏在石头里面,珍珠深藏在鱼腹之中,所以都隐而不露。等到美玉从石头中剖出来,珍珠从鱼腹中取出来,难道它们还隐蔽着吗?当我的文章还没有写在简札之上,仍蕴藏于内心的时候,就如同美玉隐藏在石头之中,珍珠深藏在鱼腹中一样。等到一展胸臆,就如同美玉从石头里剖出,珍珠从鱼腹中取出一样了!它的光辉像天上的日月星辰一般灿烂,条理像地上的山脉河流一样清楚,凡是不清楚不明白的问题,全都能说得清清楚楚,而且名目弄清楚了,事情自然也就确定无疑了。《论衡》这本书,就是衡量言论是非真伪的标准。开口说话就要力求把话说明白,动笔写文章就应该力求把文章写清楚。才高学富的人文章写得优美,就在于他的文章没有人读不懂,论述的主旨没人看不明白。读了这种文章的人,就像瞎子睁开了眼睛,聋子打通了耳朵。瞎了多年的孩子,一旦看到父母,如果不看得一清二楚,怎么会欢喜呢?路边的大树,河边的长沟,所在的位置很明显,所以没有谁会看不见。如果树不大而且又隐蔽着,沟不长而又隐藏着,指着它们让人看,即使是尧、舜恐怕也看不清楚。人的面孔有七十多个部位,如果脸颊肌肤明净清洁,各种气色分明,那么即使是很细微的忧喜情绪,都可以看得清楚,给他相面的人,十个当中都不会有一个弄错。如果面色黝黑丑陋,泥垢重叠而遮盖了面部,给他相面的人,十个中有九个要弄错。

　　夫文由语也①,或浅露分别,或深迂优雅②,孰为辩者③?故口言以明志④,言恐灭遗,故著之文字⑤。文字与言同趋⑥,何为犹当隐闭指意?狱当嫌辜⑦,卿决疑事⑧,浑沌难晓⑨,与彼分明可知,孰为良吏?夫口论以分明为公⑩,笔辩以获露为通⑪,吏文以昭察为良⑫。深覆典雅⑬,指意难睹,唯赋、颂耳⑭!经传之文⑮,贤圣之语,古今言殊,四方谈异也⑯。当言事时,非务难知,使指闭隐也。后人不晓,世相离远,此名曰语异,不名曰材鸿⑰。浅文读之难晓,名曰不巧⑱,不名曰知明⑲。秦始皇读韩非之书,叹曰:“犹独不得此人同时⑳。”其文可晓㉑,故其事可思。如深鸿优雅,须师乃学,投之于地,何叹之有?夫笔著者,欲其易晓而难为,不贵难知而易造㉒;口论务解分而可听,不务深迂而难睹㉓。孟子相贤,以眸子明瞭者㉔。察文,以义可晓。

【注释】
①由:通“犹”,如同。
②迂:迂回,拐弯抹角。优雅:典雅,不通俗。
③孰:谁,哪一个。辩者:能言善辩的人。
④明:表达。志:志向,思想。
⑤著:写,记载。

⑥趋：趋向,目的。

⑦狱：狱吏,这里指负责审判的官吏。当：审判定罪。嫌辜：疑难案件。

⑧卿：这里指汉朝中央主管司法的高级官吏廷尉,是九卿之一。

⑨浑沌：含糊不清。

⑩口论：口头论说。公：通"功",功绩,功劳。

⑪通：通达。

⑫吏文：公文。

⑬典雅：引经据典,文辞优雅。

⑭赋、颂：古代两种文体,内容与修辞各方面都比较文雅。

⑮经：指儒家的经书。传：指解释儒家经书的著作。

⑯谈：言谈。

⑰鸿：大。

⑱不巧：笨拙。

⑲知明：才智高明。

⑳犹：疑为衍文。独：偏偏。

㉑其：他的,指韩非。

㉒贵：推崇。

㉓睹：了解。

㉔"孟子相贤"二句：参见《孟子·离娄上》。相,识别。眸(móu)子,瞳仁。

【译文】

写文章如同说话一样,有的浅显易懂,有的深奥曲折,哪一种属于善辩呢？说话是为了表达人的思想,说过的话恐怕遗忘消失,所以就用文字记录下来。文字与说话是同一个目的,为什么写文章要把宗旨隐蔽起来呢？如果狱吏审判罪犯,廷尉处理疑难案件,审判含糊不清难以分辨是非,和那些将审判结果办得清楚明白的相比,哪一个是好法官呢？说话以清楚明白为精妙,写文章以宗旨清楚为通达,公文以昭示明确为最佳。深奥隐晦,使人难以明白其宗旨的,只有像"赋""颂"这类文体而已。经传上的文章,圣贤的语言之所以不容易懂,是由于古今的语言不一样,各地的方言不相同的缘故。当时说话论事,并不是竭力要让人难懂,把主旨隐蔽起来。后人看不懂古人的文章,是由于时代相距太远了,这只能说是语言不同,不能认为是古人才智博大造成的。内容浅显的文章如果叫人难于读懂,这叫笨拙,不能称为才智高明。秦始皇读了韩非的书,赞叹说:"我怎么偏偏不能和这个人生活在同一时代呢!"正是由于韩非的文章可以使人读懂,所以他讲的事情才能引人深思。如果韩非的文章深奥难懂,必须有老师指导才能读懂,那么秦始皇就会把它扔在地上,还有什么赞叹可言呢? 执笔著述,应该力求作品读起来通俗易懂而写的时候却很费力,不应该推崇那种读起来晦涩难懂而写的时候却不费力的文章;口头论述要力求解释明白,使人可以听懂,而不能为了追求深奥曲折,使人难以理解。孟子鉴别贤人,是以瞳仁清亮与否作为标准。同样,考察文章好坏,要以道理是否明白作为标准。

　　充书违诡于俗①。或难曰②:"文贵夫顺合众心③,不违人意,百人读之莫谴④,千人闻之莫怪。故《管子》曰:'言室满室,言堂满堂。'⑤今殆说不与世同⑥,故文刺于俗⑦,不合于众。"

【注释】

①充:王充的自称。违诡:违反。诡,违。

②难:责难。

③顺合:符合。

④莫:不。谴:指责。

⑤"故《管子》曰"几句:引文参见《管子·牧民》。《管子》,托名春

秋时期齐国政治家管仲的著作,是后人汇集管仲的言行并加以发挥和补充而编成的。"言室满室,言堂满堂",大意为:不论在室内还是堂屋里发言,都能符合所有在座人的心意。

⑥殆:大概。说:学说,言论。

⑦剌(là):违背。

【译文】

王充的著作与世俗见解背道而驰。有人责难说:"写文章贵在符合大众的心意,不违背人们的认识,应该做到百人读了不批评,千人听了不指责。所以《管子》上说:'在屋子里讲话,全屋的人听了都满意;在厅堂里讲话,全厅堂的人听了都赞同。'现在大概你的学说与世人的见解不同,所以你的文章与大众背道而驰,不合众人的心愿。"

答曰:论贵是而不务华①,事尚然而不高合②。论说辩然否③,安得不谲常心④,逆俗耳?众心非而不从,故丧黜其伪而存定其真⑤。如当从众顺人心者,循旧守雅⑥,讽习而已⑦,何辩之有!孔子侍坐于鲁哀公,公赐桃与黍,孔子先食黍而后啖桃,可谓得食序矣,然左右皆掩口而笑⑧,贯俗之日久也⑨。今吾实犹孔子之序食也,俗人违之,犹左右之掩口也。善雅歌⑩,于郑为人悲⑪;礼舞⑫,于赵为不好⑬。尧、舜之典⑭,伍伯不肯观⑮;孔、墨之籍,季、孟不肯读⑯。宁危之计⑰,黜于闾巷⑱;拨世之言,訾于品俗⑲。有美味于斯,俗人不嗜,狄牙甘食⑳;有宝玉于是㉑,俗人投之㉒,卞和佩服㉓。孰是孰非?可信者谁?礼俗相背,何世不然?鲁文逆祀㉔,畔者五人㉕。盖独是之语㉖,高士不舍,俗夫不好;感众之书㉗,贤者欣颂,愚者逃顿㉘。

【注释】

①是：正确。

②尚：崇尚，讲究。然：正确，做得对。高：推崇。合：迎合。

③辩：通"辨"，辨别。然否：是非。

④谲（jué）：违背。

⑤丧：消除。黜：排斥，贬斥。

⑥雅：常规。

⑦讽：诵读。习：学。

⑧"孔子侍坐于鲁哀公"几句：据《韩非子·外储篇左下》记载，鲁哀公给孔子桃和黍，孔子先吃黍后吃桃，众人掩口而笑。哀公说，黍是擦桃用的，不是用来吃的。孔子回答，五谷之中黍为上，六种水果桃为下，根据贵贱高下，应该先吃黍。侍坐，陪坐。鲁哀公，春秋末期鲁国君主。啖（dàn），吃。食序，进食的先后次序。然，但是。左右，指四周的人。

⑨贯：通"惯"，习惯。

⑩善：擅长。雅歌：正声，指周代朝聘时所奏的音乐。

⑪于郑为人悲：据文意，"人"疑当作"不"字。在郑国却被认为不动听。春秋时期郑、卫两国的民间音乐大为流行，雅乐却不受欢迎。郑，春秋时郑国，在今河南新郑一带。悲，指音乐动人。

⑫礼舞：指举行各种典礼时用的舞蹈。

⑬赵：战国时赵国，在今河北西部、山西北部及河套地区。

⑭尧、舜之典：指《尚书》中的《尧典》和《舜典》。

⑮伍伯：即五霸，指春秋时期的齐桓公、晋文公、楚庄王、宋襄公、秦穆公。伍，通"五"。

⑯季、孟：指鲁国的季孙氏和孟孙氏。

⑰宁：安定。危：危乱。

⑱闾巷：这里指普通百姓。

⑲訾（zǐ）：诋毁。品：众。

⑳甘：爱好。

㉑是：此。

㉒投：抛弃。

㉓卞和：春秋时楚国著名的玉工，善于鉴别宝玉。佩服：佩戴。

㉔鲁文逆祀：据《公羊传·文公二年》记载，鲁文公违反祭祖的正常顺序，在祖庙中把他生父鲁僖公的神主牌位放到鲁闵公之上。据《定贤篇》《公羊传·定公八年》，本句后当有"去者三人，定公顺祀"八字。鲁文，鲁文公，春秋时鲁国君主。去，离开。定公，鲁定公，春秋时鲁国君主。顺祀，按照礼法进行祭祀，即将鲁僖公的神主牌位移到鲁闵公之下。

㉕畔者五人：指鲁国的五个臣子因为已经习惯于"逆祀"，反倒对"顺祀"不满而离开。畔，通"叛"，离开。

㉖独：有独到见解。独，底本作"犹"，据元本改。

㉗感：底本作"惑"，递修本作"感"，据改。

㉘顿：舍弃。

【译文】

王充回答说：议事贵在内容正确而不应追求辞藻华丽，办事情讲究符合实际而不应以迎合别人为高妙。论说既然是要来分辨是非的，它怎么能不违背世俗人的心意，不违反世俗人的见解呢？众人的意见是错的就不能听从，所以要排除和贬斥那些虚伪的东西，保存和肯定那些真实的东西。如果要求一切都应当顺从众人的心意，那就完全按照常规办就行了，诵读学习而已，哪里还需要辨别是非呢？孔子陪鲁哀公闲坐，鲁哀公把桃和黍赐给孔子，孔子先吃了黍然后才吃桃，可以说是完全符合进食的顺序的，但是当时左右的人都捂着嘴暗笑，这是由于习惯于错误的习俗时间太久的缘故。我现在的做法实际上与孔子当时按顺序进食的情形相似，世俗的人反对我，就像当时鲁哀公左右的人捂着嘴笑孔子一样。庙堂上用的雅歌，郑国人却认为不动听；典礼上用的舞蹈，赵国人却不认为优美。《尚书》中的《尧典》和《舜典》，五霸不愿观看，孔子、墨子的书，季孙氏和孟孙氏不愿意读。可以使国家转危为安的计谋，被一般百姓贬低；拨乱反正的言论，会受到一般人的诋毁。有美味在这里，俗人不喜欢，但狄牙却爱吃；有宝玉在这里，俗人会抛弃它，但卞和却会佩戴它。那么谁对谁不对呢？可以相信的是谁呢？礼法和世俗相违背，哪个时代不是如此呢？鲁文公违反祭祖的顺序，因此有三个臣子离开了；鲁定公按正确的顺序祭祖，反而又有五个臣子离开了。有独到见解的话，才高学富的人不会舍弃，而凡夫俗子是不会喜欢的；能使得众人感奋的著作，贤人会高兴地称颂它，而愚昧的人却怕逃遁不及。

充书不能纯美①。或曰："口无择言②，笔无择文。文必丽以好③，言必辩以巧。言瞭于耳④，则事味于心⑤；文察于目⑥，则篇留于手⑦。故辩言无不听⑧，丽文无不写⑨。今新书既在论譬⑩，说俗为戾⑪，又不美好，于观不快。盖师旷调音⑫，曲无不悲；狄牙和膳⑬，肴无澹味⑭。然则通人造书，文无瑕秽⑮。《吕氏》《淮南》，悬于市门⑯，观读之者，无訾一言。今无二书之美，文虽众盛，犹多谴毁。"

【注释】

①纯美：完美无缺。

②口无择言：此句参见《孝经·卿大夫章》，原文是："是故非法不言，非道不行，口无择言，身无择行。"择言，可以让旁人挑剔的话，指不合礼义的话。择，拣选，这里是挑剔的意思。

③以：而。

④瞭：明白，这里指动听。

⑤味:玩味。

⑥察:清楚,这里指值得看。

⑦留于手:不忍释手。

⑧辩言:雄辩的言论。

⑨丽文:华丽的文章。

⑩新书:近作,指《论衡》。论譬:用譬喻的方式发议论。

⑪说:议论,批评。为:则,就。戾:乖戾,不合情理。

⑫师旷:春秋时晋国的乐师。调音:奏乐。

⑬和膳:烹调食物。和,调味。

⑭肴:煮熟的鱼、肉,这里泛指菜肴。

⑮瑕秽:缺点,污点。瑕,玉石中的杂质。

⑯"《吕氏》《淮南》"二句:《吕氏春秋》成书后,吕不韦把书挂在咸阳的市门上,并摆出千金说谁能改动一字,就赏给千金。参见《史记·吕不韦列传》。《淮南子》成书后,刘安据说也曾模仿吕不韦,将书挂在市门上,并悬赏千金。参见《全后汉文》卷十三引桓谭《新论》。悬,挂。《吕氏》,指《吕氏春秋》,是秦相吕不韦命令门客集合众说编写的书籍。《淮南》,指《淮南子》,是汉武帝时淮南王刘安使其门客编写的书。

【译文】

王充的著作不可能完美无缺。于是有人说:"嘴里不该讲能让人挑剔的话,下笔不该写能让人挑剔的文辞。文章一定要宏丽而美好,讲话一定要雄辩而巧妙。话讲得动听,所说的事情才能使人在心里再三玩味;文章值得一读,那样的著作才让人爱不释手。所以雄辩的议论,人们没有不爱听的;华丽的文章,人们没有不争相传抄的。现在你著的《论衡》既然是用比喻的方式来发议论,批评世俗的见解违背事实,却又写得不漂亮,读起来很不畅快。师旷所奏的乐曲,没有不优美动听的;狄牙做的饭菜,没有味道不好的。通今博古的人写书,就不会有什么缺点。《吕氏春秋》和《淮南子》这两部书，曾悬赏在城门上，能改动一字者赏以千金，观读它的人，没能挑出一处毛病。现在你的书并不像那两本书一样完美无缺，文章虽然又多又长，仍然要遭到不少人的谴责和反对。"

　　答曰：夫养实者不育华①，调行者不饰辞②。丰草多华英③，茂林多枯枝。为文欲显白其为④，安能令文而无谴毁？救火拯溺⑤，义不得好⑥；辩论是非，言不得巧⑦。入泽随龟⑧，不暇调足⑨；深渊捕蛟，不暇定手。言奸辞简⑩，指趋妙远⑪；语甘文峭⑫，务意浅小。稻谷千钟，糠皮太半⑬；阅钱满亿⑭，穿决出万⑮。大羹必有澹味⑯，至宝必有瑕秽⑰；大简必有大好⑱，良工必有不巧。然则辩言必有所屈⑲，通文犹有所黜⑳。言金由贵家起，文粪自贱室出。《淮南》《吕氏》之无累害㉑，所由出者，家富官贵也。夫贵，故得悬于市；富，故有千金副㉒。观读之者，惶恐畏忌，虽见乖不合，焉敢谴一字？

【注释】

①实：果实。华：花。

②调：调理，修养。

③华：据文意，疑当作"落"字。英：花。

④为文：写文章。显白：公开表明。为：目的，用意。

⑤拯溺：救援溺水的人。拯，救。溺，指落水被淹的人。

⑥义：即"仪"，仪表，姿态。

⑦巧：美好。

⑧随：追逐。

⑨不暇：没时间，顾不上。调足：调整步伐。

⑩奸（gān）：通"干"，犯，直率。简：简捷，直截了当。

⑪指趋：宗旨。指，旨意，意向。妙远：深远。

⑫峭：形容遣词造句奇险、挺秀。

⑬太半：大半。

⑭阅：聚。

⑮穿：孔穴，指铜钱中心的方孔，用来穿绳。决：裂口。

⑯大羹：即太羹，古代用来祭祀的不加调料的汤。

⑰至宝：最珍贵的宝玉。瑕秽：玉的斑痕，杂质。

⑱大简：这里指写文章的高手。大：据文意，疑当作"不"字。

⑲屈：说理有亏欠、不周密的地方。

⑳黜：贬低，指责。

㉑无累害：指没有受到责备、诋毁。

㉒副：相配。

【译文】

王充回答说：种植果实的人就不会在养育花朵上费力气，修养品行的人就不在言辞上下功夫。茂盛的草丛中往往有许多落花，茂密的树林中必然会有许多枯枝。写文章是想公开表明自己的观点，怎能使自己的文章不遭受谴责和诋毁呢？忙着救火或救落水者的时候，顾不上讲究自己的仪表；辩论是非的时候，也顾不上言辞的美好。下水追捕乌龟，顾不得调整自己的步伐；入深渊中捉蛟，顾不得考虑使用哪只手。我的文章言辞直截了当，但思想内容却很精妙深远；有些文章虽然言辞华美，但思想内容却很浅薄无聊。千钟的稻谷，糠皮就要占一大半；上亿的铜钱，其中钱孔裂口的要超出一万。祭祀用的太羹必然淡而无味，最珍贵的宝石也必然有杂质；大手笔的文章难免会出差错，良工巧匠也会有不精巧之处。因此，再雄辩的言论也会有说理不周密的地方，再博古通今的文章也还会有可以指责的地方。一字千金是因为它出自权贵之口，文如粪土是因为它出自平民之手。《淮南子》《吕氏春秋》没有受到攻击和指摘，那是因为它们出自富贵官僚之手。因为作书者地位尊贵，所以才能把书挂在城门上;因为家境富裕,所以才能以千金为赏。看到这两部书的人,个个惶恐畏忌,即使见有不合理之处,谁又敢提出一个字的批评呢!

充书既成,或稽合于古①,不类前人②。或曰:"谓之饰文偶辞③,或径或迂④,或屈或舒⑤。谓之论道,实事委璅⑥,文给甘酸⑦,谐于经不验⑧,集于传不合⑨,稽之子长不当⑩,内之子云不入⑪。文不与前相似,安得名佳好⑫,称工巧?"

【注释】

①稽:考察。合:对照。

②类:似,相同。

③饰文:修饰文字。偶辞:排比字句。

④径:直截了当。

⑤屈:拐弯抹角。舒:平铺直叙。

⑥委璅:琐碎。璅,同"琐"。

⑦文给甘酸:形容文章中尽是些杂七杂八的东西。给,充足,具备。

⑧谐:合,指对照。经:指儒家经书。验:符合。

⑨集:杂,放在一起,指比较。

⑩子长:司马迁。不当:不适当。

⑪内(nà):同"纳",放入。子云:扬雄。

⑫名:称为。

【译文】

王充的书写成以后,有人拿它与古人的书对照考察,认为它不同于古人的著作。于是有人就说:"说你是在卖弄辞藻吧,你的文章却又有的直截了当,有的迂回曲折,有的拐弯抹角,有的平铺直叙。说你是在论述大道理吧,讲的又都是些现实又琐碎的事情,文章内容杂驳,与经书对照内容不符合,与传书对比内容也不相称,和司马迁的《史记》相比并不适当,与扬雄的著作归为一类也格格不入。文章不与前人的相似,怎么说得上好,称得上巧呢?"

答曰:饰貌以强类者失形①,调辞以务似者失情②。百夫之子③,不同父母,殊类而生④,不必相似,各以所禀⑤,自为佳好。文必有与合⑥,然后称善,是则代匠斫不伤手⑦,然后称工巧也。文士之务,各有所从,或调辞以巧文,或辩伪以实事。必谋虑有合,文辞相袭⑧,是则五帝不异事⑨,三王不殊业也⑩。美色不同面,皆佳于目;悲音不共声,皆快于耳。酒醴异气⑪,饮之皆醉;百谷殊味,食之皆饱。谓文当与前合,是谓舜眉当复八采⑫,禹目当复重瞳⑬。

【注释】

①貌:容貌。强类:强求类似。

②调辞:修辞。

③百夫:众人。

④殊类:不同的族类。

⑤禀:承受,指人是承受不同的气而降生的。

⑥合:指文章的修辞造句与前人相同。

⑦代匠斫(zhuó)不伤手:此句参见《老子》第七十四章,原文是"夫代大匠斫者,希有不伤其手矣"。大意是:代替大匠去砍木头的人,很少有不伤手的。斫,砍,削。用刀斧等砍或削。

⑧袭:沿用。

⑨不异事:做同样的事。

⑩不殊业:建立同样的功业。

⑪醴（lǐ）：甜酒。

⑫八采：传说尧的眉毛有八种颜色。

⑬重瞳：传说舜的眼睛中有两个瞳仁。

【译文】

　　王充回答说：修饰容貌如果强求与别人类似，便失去了自己的本来面目；修辞造句力求与前人相似，便丧失了自己原来要表达的意思。世上的众人，是由不同的父母，不同的族类所生的，他们不一定长得一样，他们各自承受了父母的精气，展现出各自的优点。如果文章必须与前人雷同才能称为好文章，这就是说只有代替木匠去砍削木柴而不会伤手的人，才能称为技艺高明了。写作文章的方式，各自有所依从，有人善于雕琢辞句使得文章很精妙，有人爱好辨别真伪以证论事情的真相。如果认为文章的构思必须与前人相同，文章的辞句必须沿袭前人，那就等于要求五帝做同样的事情，三王建立同样的功业。貌美的人面孔长得并不一样，但看起来都很漂亮；动人的音乐声调不相同，但听起来都很悦耳。各种酒的气味并不相同，但喝起来都会醉人；各种粮食的口味不同，但吃了都可填饱肚子。如果认为写文章都必须和前人一样，那就等于说舜的眉毛也应该是八种颜色，禹的眼睛也该是有两个瞳仁了。

　　充书文重①。或曰："文贵约而指通②，言尚省而趋明③，辩士之言要而达④，文人之辞寡而章⑤。今所作新书出万言⑥，繁不省，则读者不能尽⑦；篇非一，则传者不能领⑧。被躁人之名⑨，以多为不善⑩。语约易言，文重难得⑪。玉少石多，多者不为珍⑫；龙少鱼众，少者固为神⑬。"

【注释】

　　①文重：指文章篇幅多，分量大。

②约:简练。

③趋:趋向,旨趣。

④要:扼要。

⑤寡:少。章:鲜明。

⑥出万言:超过一万字,这里形容字数很多。

⑦尽:读完。

⑧传者:传诵的人。领:接受。

⑨被:受。躁人:参见《周易·系辞下》。指性情浮躁而话多不得要
　领的人。躁,浮躁。

⑩多:指《论衡》所写内容很多。

⑪难得:不容易写得恰当。得,得当,恰当。

⑫珍:珍贵。

⑬固:本来。神:神奇。

【译文】

　　王充的著作篇幅巨大。有人说:"文章以字句简练主题明确为好,说话以语言简要思想清楚为高,雄辩之士的语言须扼要而通达,鸿笔之人的作品要简洁而鲜明。现在你所著的新书超出了万言,文字繁多而不简要,读者没有耐心读完;篇幅巨大,传习的人就不能领会要旨。你所以落了个'躁人'的名声,就是因为文章写得过多就不好。语言简短就容易诉说,文章长了就难以写得恰当。玉少而石头多,多的就不珍贵;龙少而鱼多,少的就必然神奇。"

　　答曰:有是言也。盖寡言无多①,而华文无寡②。为世用者,百篇无害;不为用者,一章无补③。如皆为用,则多者为上,少者为下。累积千金,比于一百,孰为富者?盖文多胜寡,财富愈贫④。世无一卷,吾有百篇;人无一字,吾有万

言,孰者为贤？今不曰所言非,而云泰多;不曰世不好善,而云不能领⑤,斯盖吾书所以不得省也⑥。夫宅舍多⑦,土地不得小;户口众,簿籍不得少⑧。今失实之事多,华虚之语众⑨,指实定宜⑩,辩争之言,安得约径？韩非之书,一条无异⑪,篇以十第⑫,文以万数。夫形大,衣不得褊⑬;事众,文不得褊。事众文饶⑭,水大鱼多。帝都谷多⑮,王市肩磨⑯。书虽文重,所论百种。按古太公望⑰,近董仲舒⑱,传作书篇百有余,吾书亦才出百⑲,而云泰多,盖谓所以出者微⑳,观读之者,不能不谴呵也㉑。河水沛沛㉒,比夫众川,孰者为大？虫茧重厚㉓,称其出丝㉔,孰者为多㉕?

【注释】

①寡言无多:据文意,"寡"疑为"实"字之讹。"实"字繁体"實"与"寡"形近而误。大意是:内容充实的文章,再多也不嫌多。

②华文无寡:华而不实的文章,再少也不算好事。华文,华而不实的文章。

③补:益。

④愈:胜过。

⑤领:接受。

⑥省:简略。

⑦宅舍:房屋。

⑧簿籍:指户口册。

⑨华虚:浮夸虚妄。

⑩指实:指明真实情况。定宜:判断是非。

⑪一条无异:贯穿全书的思想只有一条,而没有别的。

⑫第:排列次序。

⑬褊（biǎn）：衣服狭小。

⑭饶：丰富。

⑮帝都：国都。

⑯王市：国都的集市。肩磨：肩碰肩，形容人多。

⑰太公望：吕尚，《汉书·艺文志》中兵家著录有"《太公》二百三十七篇"。

⑱董仲舒：《汉书·艺文志》著录有"《董仲舒》百二十三篇"。

⑲出百：超过一百篇。王充的著作保存至今的仅有《论衡》八十五篇，其中一篇有目无文。

⑳微：低贱。

㉑谴呵：谴责呵叱。呵，斥责。

㉒河：指黄河。沛沛：形容水势汹涌澎湃。

㉓虫茧：蚕茧。

㉔称：量轻重。

㉕孰者为多：底本"孰为多者"，递修本作"孰者为多"，据改。

【译文】

　　王充回答说：确有这样的说法。大意是内容充实的文章不嫌其多，华而不实的文章不嫌其少。只要对世道有益处的文章，即使多达百篇也没有什么妨害；如果对世道无益，即使只写一篇也没有用处。如果文章全都有益于社会，那么篇幅多的应该为上等，少的为下等。就像积累了千金，和只有百金的相比，谁是富者呢？所以文章多的胜过文章少的，钱财多的胜过钱少的。有益于世道的文章，世人拿不出一卷，而我有百篇；别人没有写一个字，我却写了上万字，哪一个为贤呢？现在不说我的文章有什么不对，而笼统地说我的文章太多；不说世人不喜欢好文章，却说他们不能接受我的文章，这正是我写的书不能简略的原因。房屋多，占地就不能小；人口多，户口册就不能薄。现在失实的事情很多，华而不实的言论也很多，那么指明真实情况判断是非，与不实进行争辩的言辞，怎么能够简短呢？韩非的书，遵循着一个确定的中心思想，篇数却要以十为单位来排列，文字要以万数来计算。体形大的人，衣服就不能瘦小；涉及内容众多的文章，内容就不能简短。事情多文章的内容就多，水量大鱼的数量就多。都城储存的粮食众多，街市上的人就有很多。我的书虽然篇幅多，但讨论的问题也有上百个。考察一下古代的太公望，近代的董仲舒，他们写的书都在百篇以上，我写的书也才超过一百篇，却有人说太多了，这大概是因为作者的身份低微，所以观读我的作品的人，不能不对我有所指责啊！黄河之水波涛滚滚，比起其他河流，究竟谁大呢？重厚的蚕茧，称一下它所出的丝，与轻薄的茧相比哪个多呢？

　　充仕数不耦①，而徒著书自纪②。或亏曰③："所贵鸿材者④，仕宦耦合⑤，身容说纳⑥，事得功立，故为高也。今吾子涉世落魄⑦，仕数黜斥⑧，材未练于事⑨，力未尽于职⑩，故徒幽思⑪，属文著记⑫，美言何补于身？众多欲以何趋乎？"

【注释】

①仕：做官。数（shuò）：屡次。耦：遇合，受上司赏识。

②徒：只能。纪：通"记"，记载。

③亏：损。

④鸿材：大材。

⑤宦：做官。

⑥身容：本身受到重用。说纳：主张被采纳。

⑦吾子：你，这里指王充。涉世：经历世事，处世。落魄：穷困潦倒，不得志。

⑧黜斥：受贬斥。

⑨练于事：在工作中充分表现。

⑩尽于职:在职务上充分显示。

⑪幽思:冥思苦想。

⑫属(zhǔ)文:写文章。属,撰写,纂辑。著记:著书。

【译文】

　　王充做官屡屡不得志,只能退而著书表明自己的思想。有人嘲笑他说:"有大材的人之所以可贵,就贵在能受到上司的赏识,自身被重用主张被采纳,能干出事业建立功名,这才算得上可贵。现在你处世如此潦倒,做官屡遭贬斥,才华并没有在工作上充分地表现出来,你的能力也没有在你担负的职务中充分显示,所以只能冥思苦想,写文章著书,言辞再美妙对你自身又有什么好处呢? 文章写得再多想以此达到什么目的呢?"

　　答曰:材鸿莫过孔子①。孔子才不容②,斥逐③,伐树④,接淅⑤,见围⑥,削迹⑦,困饿陈、蔡⑧,门徒菜色⑨。今吾材不逮孔子⑩,不偶之厄⑪,未与之等⑫,偏可轻乎? 且达者未必知⑬,穷者未必愚⑭。遇者则得,不遇失之。故夫命厚禄善⑮,庸人尊显;命薄禄恶,奇俊落魄⑯。必以偶合称材量德,则夫专城食土者⑰,材贤孔、墨⑱。身贵而名贱,则居洁而行墨⑲,食千钟之禄⑳,无一长之德,乃可戏也。若夫德高而名白㉑,官卑而禄泊㉒,非才能之过,未足以为累也㉓。士愿与宪共庐㉔,不慕与赐同衡㉕;乐与夷俱旅㉖,不贪与跖比迹㉗。高士所贵,不与俗均㉘,故其名称不与世同。身与草木俱朽,声与日月并彰㉙,行与孔子比穷㉚,文与扬雄为双㉛,吾荣之。身通而知困㉜,官大而德细㉝,于彼为荣,于我为累。偶合容说㉞,身尊体佚㉟,百载之后㊱,与物俱殁㊲,名不流于一嗣㊳,文不遗于一札㊴,官虽倾仓㊵,文德不丰,非吾所臧^㊶。德汪濊而渊懿^㊷,知滂沛而盈溢^㊸,笔泷漉而雨集^㊹,言溶渧而泉出^㊺,富材羡知^㊻,贵行尊志,体列于一世^㊼,名传于千载,乃吾所谓异也^㊽。

【注释】

①莫过:没有人能超过。

②不容:不为当世所容。

③斥逐:多次受到贬黜、驱逐。

④伐树:前492年,孔子从卫国前往陈国,路过宋国时,曾在一棵大树下与弟子演礼,宋国的司马桓魋赶来要杀孔子,当时孔子已走,桓魋便把大树砍倒了。参见《庄子·让王》。

⑤接淅:捧着已经淘湿的米。前517年,孔子在齐国时,有人想要杀他,孔子听到后匆忙把淘过的米滤干后离开齐国。淅,底本作"浙",形近而误。淅,淘米,这里指下了水的米。参见《孟子·万章下》《史记·孔子世家》。

⑥见围:前496年,孔子从卫国到陈国去,路过匡,因为鲁国的阳虎曾经暴虐此地的百姓,匡人误认为孔子是阳虎,于是将孔子围困起来。见,被。参见《论语·子罕》《史记·孔子世家》。

⑦削迹:指孔子到卫国去,刚一离开,百姓就将他车轮碾过的痕迹铲平,以表示对他的憎恶。参见《庄子·天运》。

⑧困饿陈、蔡:前489年,孔子游历到陈、蔡之地,正碰到吴出兵伐陈。楚救陈之危,军队驻扎在城父。听说孔子在陈、蔡之间,便派人去聘请他。陈、蔡两国的大夫知孔子贤能,又反对他们的主张,担心孔子一旦到了楚国,将对自己构成威胁,故派人把孔子围困起来,不让他到楚国去。孔子行动不得,缺粮断炊达七天。参见《荀子·郁坐》。

⑨菜色:指饥饿的面色。

⑩逮（dài）：及得上，比得上。

⑪不偶：不遇，不得志。厄：厄运，灾难。

⑫之：指孔子。等：相同。

⑬达者：官运亨通的人。知（zhì）：同"智"，聪明，智慧。

⑭穷：穷困，指不得志。

⑮命厚禄善：参见《命义篇》，此处的"命"与"禄"指"禄命"。

⑯奇俊：才能出众的人。

⑰专城食土：指地方长官与有爵位封地的人。

⑱贤：超过。

⑲则：超过。居：所处的地位。墨：不洁，卑鄙。

⑳食：享受。

㉑名白：名声清白。

㉒泊：通"薄"，少。

㉓累：亏，缺陷。

㉔宪：指原宪，孔子的学生，是一个能够安贫乐道的人。共庐：住同
　　一间屋子。庐，庐舍，房屋。

㉕赐：端木赐，即子贡，孔子的学生，善于经商致富。同衡：同乘一辆
　　车子。衡，车辕上的横木，这里指车子。

㉖夷：指伯夷，商末人，认为武王伐纣是以臣伐君的叛逆行为，因此不
　　吃周朝的粮食，饿死在首阳山，被认为是清高的典范。俱旅：同行。

㉗贪：求，喜欢。跖：盗跖，春秋末鲁国人。比迹：走同一条路。比，
　　同。迹，足迹。

㉘均：同。

㉙彰：明，光辉灿烂。

㉚行：行迹。比穷：同样穷困不得志。

㉛为双：成双，并列。

㉜通：达，显达。知困：才智贫乏。

㉝细:薄。

㉞容说:指受到重视和宠信。说,同"悦",敬重。

㉟佚:安逸。

㊱载:岁。

㊲物:指形体。殁(mò):消亡。

㊳流:流传。嗣(sì):子孙,后代。

㊴遗:留下来。札:简札。

㊵官:指俸禄。倾仓:满仓,形容俸禄多。

㊶臧(zāng):善,赞赏。

㊷汪濊(huì):深广貌。濊,深广。渊懿(yì):渊深美好。懿,美,美善。

㊸滂沛:水势盛大,形容富于才智。

㊹泷漉(lóng lù):雨势很大。

㊺溶瀄(kū):泉水盛涌的样子,形容语言流畅,口若悬河。

㊻羡:有余。

㊼列:陈列,出现。

㊽异:奇异,杰出。

【译文】

王充回答说:才智鸿富没有能超过孔子的了。孔子的才智不为当世所容,在鲁国遭贬斥,于宋国的树下司礼,树被砍掉,在齐国带着刚淘好的米逃跑,在匡地被围困,在卫国被铲掉车迹,在陈、蔡之间被围困七天,学生们个个面带菜色。现在我的才智不及孔子,不受重用的厄运,不能与孔子等同,为什么偏要因此轻视我呢?况且官运亨通的人未必就聪明,卑贱穷困的人未必就愚蠢。碰巧受人赏识就能富贵,没人赏识就落魄失意。所以禄命好的人,即使是庸人也会尊贵显达;禄命不好的人,即使是奇俊之才也会不得志。如果一定要以是否得志和受重用来衡量一个人的才能品德,那么那些做官吃俸禄的人,才智就都胜过孔子、墨子了。身份高贵而名声很坏,地位清高而行事污浊,享受千钟的俸禄,却毫无值得称颂的品德,这种人才是应该被嘲笑的。至于品德高尚名声清白,官职低微而俸禄微薄的人,这不能归过于他们的才能不够,也不能算作是他们的缺陷。读书人都愿与原宪同住一间房子,而不愿同子贡同坐一辆车子;愿跟伯夷同行,而不愿跟盗跖同走一条路。高洁之士所看重的事情,与一般人不同,所以他们的名声也就与世人不同。他们的身体虽然和草木一样地腐烂了,但他们的名声却同日月一样光辉灿烂,行迹像孔子那样穷困不得志,但文章却能与扬雄比美,我以此为荣光。有的人身虽显达但才智贫乏,官位虽高但德行浅薄,对他们来说认为是光荣,对我来说这才是真正的耻辱。因为迎合上司而受到赏识,身处高位生活安逸,可是百年以后,还是会和其他生物一样死去,名声流传不超过一代,文章留不下一篇,这样的人即使俸禄满仓,可是文才和德行都很浅薄,这不是我所赞赏的。有些人德行像汪洋一样宽广而深沉,智慧像大水一样盛大而横溢,下笔文章洋洋洒洒如急雨倾注一样,谈论像喷泉盛涌一样滔滔不绝,他们才能卓越智慧超群,行为高尚而志气不凡,虽然只是活于一代,可是名声却流传千载,这才是我所称道的奇俊。

充细族孤门①。或啁之曰②:"宗祖无淑懿之基③,文墨无篇籍之遗④,虽著鸿丽之论⑤,无所禀阶⑥,终不为高。夫气无渐而卒至曰变⑦,物无类而妄生曰异⑧,不常有而忽见曰妖⑨,诡于众而突出曰怪⑩。吾子何祖?其先不载。况未尝履墨涂⑪,出儒门,吐论数千万言⑫,宜为妖变⑬,安得宝斯文而多贤⑭?"

【注释】

①细族孤门:此处是与大族豪门相对而言,意为出身贫贱。

②啁(tiáo):戏谑,嘲笑。

③宗祖:祖祖辈辈。淑懿:美德。淑,善。懿,美。基:根基。

④文墨:指著述。籍:书册。

⑤鸿丽之论:指大量的作品。

⑥禀阶:这里指学术方面的师承和渊源。阶,凭借。

⑦渐:逐渐发展,这里指发展过程。卒:同"猝",突然。变:灾变。

⑧类:种类。妄:胡乱。异:怪异。

⑨见:同"现",显现。

⑩诡:异。

⑪履墨涂:指跟随墨家学习。履,行走。涂,道路。

⑫吐论:发表言论。

⑬宜:应该。

⑭多:推崇。贤:赞美。

【译文】

王充出身于寒微。有人嘲笑他说:"你的祖辈没有善良美好的根基,又没有一篇文章遗留下来,你虽然写出了大量的著作,但却没有什么师承渊源,终究算不上高明。气没经过逐渐地发展而突然发生这就叫'变',物没有同类而胡乱产生这就叫'异',不常有的东西而忽然出现这就叫'妖',不同于众类的东西而突然出现这就叫'怪'。你的祖上是什么样的人呢?你的先辈的名姓不见载于史传。何况你未曾学过墨家的学说,出入于儒家之门,现在忽然写出成千上万字的著作,这该算是一种妖变,怎么能珍视这类文章而加以推崇赞美呢?"

答曰:鸟无世凤皇①,兽无种麒麟②,人无祖圣贤③,物无常嘉珍④。才高见屈,遭时而然。士贵故孤兴⑤,物贵故独产。文孰常在⑥,有以放贤⑦,是则澧泉有故源⑧,而嘉禾有旧根也⑨。屈奇之士见⑩,倜傥之辞生⑪,度不与俗协⑫,

庸角不能程⑬。是故罕发之迹⑭,记于牒籍⑮;希出之物,勒
于鼎铭⑯。五帝不一世而起⑰,伊、望不同家而出⑱。千里殊
迹,百载异发。士贵雅材而慎兴⑲,不因高据以显达⑳。母
骊犊驿㉑,无害牺牲㉒;祖浊裔清㉓,不牓奇人㉔。鲧恶禹圣㉕,
叟顽舜神㉖。伯牛寝疾㉗,仲弓洁全㉘。颜路庸固㉙,回杰超
伦㉚。孔、墨祖愚,丘、翟圣贤。扬家不通㉛,卓有子云;桓氏
稽古㉜,遹出君山㉝。更禀于元㉞,故能著文。

【注释】

①世:世代相传。

②种:传宗接代。

③祖:祖祖辈辈。

④常:恒,永久,世世代代。嘉珍:美好珍奇。

⑤孤:单独。

⑥孰:同"熟",纯熟,精熟。

⑦放(fǎng):仿效。

⑧澧泉:甜的泉水,被古人视为一种祥瑞。澧,通"醴",甜美。

⑨嘉禾:长得特别苗壮的禾,被古人视为一种祥瑞。

⑩屈(jué)奇:杰出。屈,通"崛",突出,高起。

⑪倜傥(tì tǎng)之辞:不平凡的作品。倜傥,卓越不凡。

⑫度:风度,气派。

⑬角:古代的量器。程:衡量。

⑭罕发之迹:罕见的事迹。

⑮牒籍:犹典籍。牒,木简。

⑯"希出之物"二句:参见《儒增篇》。传说禹铸九鼎时将九州的许
　　多罕见之物铸刻在鼎上。希,少。勒,刻。

⑰起：兴起。

⑱伊：伊尹，商朝第一位君主成汤的辅佐。望：吕尚。

⑲慎兴：对做官、高升抱谨慎小心的态度。

⑳高据：指出身高贵。

㉑母骊犊骍（xīng）：典出《论语·雍也》："犁牛之子骍且角，虽欲勿用，山川其舍诸？"骊，通"犁"，耕牛。此指杂色的牛。犊，小牛，这里指生小牛。骍，纯赤色的牛。

㉒牺牲：供祭祀用的纯色全体牲畜。牺，古代供祭祀用的纯色牲畜。

㉓裔：后代。

㉔膀：通"妨"，妨碍。

㉕鲧：传说中禹的父亲，因治水失败而被舜处死。禹：传说中夏朝的第一个君主。

㉖叟：指瞽叟，传说是舜的父亲，多次试图杀害舜。顽：愚昧。

㉗伯牛寝疾：据说伯牛因患麻风病而卧床不起。伯牛，冉耕，孔子的学生。

㉘仲弓：伯牛的儿子冉雍，孔子的学生。洁全：体肤健康清洁。

㉙颜路：颜回的父亲，孔子的学生。庸固：庸俗笨拙。

㉚回：颜回，即颜渊，孔子的学生。超伦：超群。伦，同类。

㉛扬家：指扬雄的家族。不通：不显贵。

㉜稽古：底本作"稽可"，据递修本改。稽古，即"稽故"，滞留不进，官运不通。

㉝遹（yù）出：脱颖而出，冒出。遹，通"矞"，用锥子穿透东西。君山：即桓谭。

㉞更禀于元：指承受了特殊的气。王充认为，人和万物的区别，在于各自禀气不同。元，指元气，即气。王充认为它是构成人和万物的物质元素。是天、地、星宿这些物质在不断地运动中自然而然地施放出来的。

【译文】

王充回答说:鸟类没有世代相传的凤凰,兽类没有种系相传的麒麟,人没有世代相传的圣贤,物没有经常出现的珍宝。才能高超的人受到压抑,这是时运造成的。人才可贵因此单独出现,物品可贵因此才单独产生。如果文章的成熟,总是要对贤人有所仿效,这就等于说醴泉必然出自旧源,嘉禾必然发自老根。杰出人才的出现,卓越文章的产生,风度与世俗不同,一般的量器不能对它加以衡量。所以罕见的事迹,被记载于史书上,少见的东西,常被刻在钟鼎上。五帝不是在同一个时代兴起的,伊尹、太公望也不是在同一个家庭出生的。地区相隔千里则事迹各不相同,时代相距几百年则人才也不一样。士人贵在有高尚的才智而不轻易往上爬,不靠出身高贵来取得显赫的地位。杂色的母牛生下纯赤色的小牛,并不妨害用小牛来做祭品;祖辈行事污浊而后代品行清白,并不妨碍后代成为杰出的人才。鲧的行为恶劣而禹却是圣人,瞽叟愚昧而舜却很神圣。伯牛患病卧床不起,而仲弓却体肤健全清洁。颜路庸俗笨拙,而颜回却杰出超群。孔子、墨子的祖上平凡愚昧,而孔子、墨子却是圣贤。扬氏家族并不显贵,却出了才能卓绝的扬子云;桓家门第官运不通,却出了桓谭这样杰出的人。这是由于王充禀受了不同的元气而生,所以能写出好文章。

充以元和三年徙家辟诣扬州部丹阳、九江、庐江①,后入为治中②。材小任大,职在刺割③,笔札之思,历年寝废④。章和二年⑤,罢州家居⑥。年渐七十,时可悬舆⑦。仕路隔绝⑧,志穷无如⑨。事有否然⑩,身有利害。发白齿落,日月逾迈⑪,俦伦弥索⑫,鲜所恃赖⑬。贫无供养,志不娱快⑭。历数冉冉⑮,庚辛域际⑯,虽惧终徂⑰,愚犹沛沛⑱,乃作《养性》之书凡十六篇⑲。养气自守,适食则酒⑳,闭明塞聪㉑,爱精自保，适辅服药引导㉒，庶冀性命可延㉓，斯须不老㉔。既晚无还㉕，垂书示后㉖。惟人性命㉗，长短有期，人亦虫物，生死一时。年历但记㉘，孰使留之？犹入黄泉㉙，消为土灰。上自黄、唐㉚，下臻秦、汉而来㉛，折衷以圣道㉜，析理于通材，如衡之平㉝，如鉴之开㉞，幼老生死古今，罔不详该㉟。命以不延，吁叹悲哉㊱！

【注释】

①元和三年：86年。元和，汉章帝年号，84—87年。徙：搬迁。辟：征召，被征去做官。《后汉书·王充列传》记载："刺史董勤辟为从事，转治中，自免还家。"诣：往。扬州部：汉武帝分全国为十三个监察区，称为十三刺史部，简称十三部或十三州。扬州部为其中之一。东汉时，州逐渐变为郡上一级的行政区。丹阳：郡名，属扬州部。西汉元封二年（前109）以鄣郡改置，故治宛陵（今安徽宣城）。九江：郡名，属扬州部。秦置，汉因之，治所寿春（今安徽寿县）。庐江：郡名，属扬州部。汉初置，治舒县（今安徽庐江西南）。

②治中：即"治中从事史"，是州刺史的助手。

③刺：检举。割：弹劾。

④寝废：中断。寝，止。

⑤章和二年：88年。章和，汉章帝年号，87—88年。

⑥罢州：指辞去扬州治中的官职。罢，罢免，这里指辞职。

⑦悬舆：把车子吊起来不再乘坐，指告老退休。舆，车。

⑧仕路：做官的门路。

⑨志穷：志愿无法实现。无如：无奈，无可奈何。

⑩否（pǐ）：闭塞不通。

⑪逾迈：过去，消逝。迈，谓时光流逝。

⑫俦（chóu）伦：同辈的朋友。俦，辈，同类。弥索：越来越稀少。

⑬鲜：少。恃赖：依赖，凭借。恃，依靠。

⑭娱快：欢快，愉快。

⑮历数：指岁月。冉冉：慢慢地过去。

⑯庚：指庚寅年（汉和帝永元二年，90年）。辛：指辛卯年（汉和帝
　永元三年，91年）。域际：交界，间。

⑰终徂（cú）：指死亡。徂，死亡。

⑱愚：自称的谦词，指自己。沛沛：形容心潮激荡，充满活力。

⑲《养性》之书：王充的著作之一，今已亡佚。凡：总共。

⑳适食则酒：指吃饭饮酒有适合的量，不多也不少。适，适量。则，
　法，指有定量。

㉑闭明塞聪：闭塞视听，指不问世事。明，视力好，这里指眼睛。聪，
　听觉灵敏，这里指耳朵。

㉒引导：即"导引"，中医的一种治疗方法，通过活动肢体，使身体健康。

㉓庶：庶几，也许可能。冀：希望。

㉔斯须：须臾，短时间。

㉕晚：晚年。无还：无法返老还童。

㉖垂：传下去。

㉗惟：句首语助词，无义。

㉘年历但记：历年写下的东西。但，徒。记，书，写。

㉙犹：若，如果。入黄泉：指死亡。黄泉，地下水，指地下深处。

㉚黄：黄帝。唐：尧。

㉛臻（zhēn）：到。而：以。

㉜折衷：取正，作为判断事物的标准。

㉝衡：秤。

㉞鉴：镜子。开：明亮。

㉟阕：无。详该：具备，包括。该，具备。

㊱吁（xū）：叹息。

【译文】

　　元和三年，王充被刺史征辟，全家迁往扬州部的丹阳、九江、庐江等地，后来到州府里任治中从事史。才能低而责任重大，主管的是检举弹劾官吏，著书立说的念头，中断多年了。章和二年，辞去州里官职回家闲居。年纪已近七十岁，已经到了告老退休的时候。仕途已经断绝，志愿已经无法实现而无可奈何。凡事总有顺利或不顺利的时候，身体也时好时坏。头发白了，牙齿掉落，日子一天天地逝去，同辈的朋友越来越少，可以依靠的人很少了。生活贫困，得不到供养，心情很不愉快。时间慢慢过去，到了庚寅、辛卯年之交，虽然害怕死去，但我心情激荡充满活力，于是写了《养性》这本书，共有十六篇。养育精气保护身体，适量吃饭节制饮酒，闭目塞耳不问世事，爱护精力注重保养，适当地辅以药物与运动，希望寿命可以延长，短时间内不会老死。然而，既已到了晚年，无法返老还童，因此只能著书传给后人看。人的寿命，长短有一定的期限，人也和动物一样，生死总有一定的时间。如果我最终进入坟墓，化作灰土，我历年写下的文章，能托付给谁而可以使它们流传下去呢？我的著作，上自黄帝、唐尧，下至秦、汉以来，都以圣人之道为判断是非的准则，从博古通今的人那里学习分析事物的方法，对不实之事加以评论，像秤一样公平，像镜子一样明亮，一切老幼生死古今的问题，无不详细具备。我的寿命已经不长了，真令人叹息悲伤啊！

中华经典名著
全本全注全译丛书
（已出书目）

道德经	盐铁论
鹖冠子	法言
黄帝四经·关尹子·尸子	方言
孙子兵法	论衡
墨子	潜夫论
管子	政论·昌言
孔子家语	风俗通义
吴子·司马法	申鉴·中论
商君书	太平经
慎子·太白阴经	伤寒论
列子	周易参同契
鬼谷子	人物志
庄子	博物志
公孙龙子(外三种)	抱朴子内篇
荀子	抱朴子外篇
六韬	西京杂记
吕氏春秋	神仙传
韩非子	搜神记
山海经	拾遗记
黄帝内经	世说新语
素书	弘明集
新书	齐民要术
淮南子	刘子
九章算术(附海岛算经)	颜氏家训
新序	中说
说苑	帝范·臣轨·庭训格言
列仙传	坛经